國家清史編纂委員會·文獻叢刊

王興亞 等 編

清代河南碑刻資料 ④

商務印書館
The Commercial Press
创于1897

二〇一六年·北京

目　錄

博愛縣（河內縣）

捐資姓氏 1

李自奇墓碑 3

游月山寺分賦 4

游月山寺分賦 4

和同游韻 5

創建藥王殿並金塑神像碑記 5

重修湯帝寶殿碑記 6

清化鎮大王廟豎立旗干碑記 7

重修山公廟碑記 8

千載寺唐僧十力傳碑 9

清涼子未香偈 9

本山始祖空相壽公和尚碑 10

清故太學生丘君墓誌銘 10

月山寺八景詩 11

本府正堂梁諱需杞號近源太老爺河務公府趙諱溥尊號敏菴太老爺愛民均利萬民感恩
　碑記 12

水利田碑記 13

次公至曹文學招遊月山寺韻 13

重脩金龍四大王老爺廟碑記 13

除豁明月山寶光寺雜徭里甲碑記	16
登寶光寺	16
月山寺城	17
明月山寶光寺	17
碑記	19
次道臺朱公登寶光寺原韻	19
題月山寺風景詩	19
金傘山萬壽觀自然先生贊	20
登月山寺詩	20
本山風脈說	20
重修金龍四大王廟碑記	21
覃懷明月山大明寶光禪院開山空相和尚塔銘碑記	23
月山錫霖和尚行實碑記	24
重修三官大殿東頂拜殿碑記	26
月山寶光寺	27
春日重上月山寺和壁上韻	28
月山寶光寺	29
雨中過清化鎮泥滑不得上月山寺	30
聖駕巡幸明月山寶光寺記	30
重修石佛堂碑記	31
百家巖寺修葺兩佛殿記	31
重修碑記	32
夫清真正教理自主命道本	33
重修大殿挑角簷頭碑記	34
火神廟拜殿□□□□□碑	34
捐資碑	35
本山寶光院六公和尚塔銘記	38
南頂會碑記	39
劉炳墓碑記	39
清故顯祖考李公諱國順妣孺人齊氏之墓碑	39
重修泰山廟碑記	40
重修東頂聖母廟碑記	40
皇清太學生仁義李公暨配閆孺人墓碑	41
重修金龍四大王廟碑記	41

流芳百世	44
妝修碑記	45
第一次復修家祠碑	46
清化鎮三地方修寨門碑記	46
重修碑記	47
皇清應贈儒林郎李公諱騰漠字雲□暨元配繼配應贈安人里氏皇甫氏之墓碑	48
御敕王儀文	48
重修南關城樓石橋碑記	48
皇清國子監生王公諱憘合葬墓碑	49
皇清誥贈儒林郎王公諱儀合葬墓碑	49
柏山窯神廟碑	50
重修祠堂碑誌	50
重修母氏祠堂碑記	51
重修金龍四大王廟碑記	51
處士李太公諱自傑字超庵暨配毋氏之墓碑	52
處士李太公諱自恒字素庵暨元配王氏繼配張氏之墓碑	53
母元仁母觀光正糧賠糧過戶碑記	54
重修觀音大聖寶閣	54
歐陽公祠德政碑記	55
御敕王紹業文	56
重修城隍廟碑記	56
重建三官廟碑記	58
重修山公祠記	58
後街公覓吹鼓手記	59
陽邑廟前挑街碑記	60
咸豐九年重修金龍四大王廟碑記	60
敕授儒林郎議敘鹽運司□布政司經歷鑄三王君墓誌銘	62
魏公（玉印）合葬墓誌銘	63
清化西關築城碑記	63
重築清化鎮城碑記	65
本鎮重築城後記	71
劉村築寨碑記銘	72
創建大王廟碑記	72
始祖陳厚之墓碑	73

修治□□□碑記 73
河內縣東界碑 74
重脩東嶽廟司房記 75
捐資姓氏 76
祖師廟重修碑記 76
魏公墓誌 77
祖師廟重修碑記 77
清處士藍田公墓誌銘 78
禁止巫覡焚香治病議約 79
皇清誥授中憲大夫候選同知卓玉君墓誌 79
御敕王大温文 80
旱災記 80
復興德善堂兼立經書義學碑記 81
王君拯饑義行碑記 82
重修玄壇聖廟大殿後小樓碑記 83
皇清誥授奉政大夫賞戴花翎三班郎中分部行走附貢生翼菴王公（燕堂）墓誌銘 84
皇清例授文林郎辛卯科舉人武安縣訓導嵩峯邱公（所鍾）墓誌銘 84
耕織圖 86
重修祖師庙碑記 92
陽邑廟捐碑 93
皇清誥授奉政大夫賞戴花翎同知銜特授湖北荊門直隸州州同青臣王公（廷選）
　墓志銘 94
墓誌銘 95
墓誌銘 95
例授奉政大夫李公雨生暨元配王宜人繼配毋宜人墓誌銘 96
明月山 97
皇清誥封朝議大夫布政司經歷鑄三王公暨德配邱太恭人合葬墓誌銘 97
創建觀音堂地址碑記 98
喬溝村天爺廟戲樓楹聯 99
皇清誥封朝議大夫同知銜實甫王公（惟誠）暨德配李恭人合葬墓誌銘 99
重修玉皇閣碑記 100
與李恭人合葬墓誌銘 101
皇清處士魏君作幹德配梁氏合葬墓誌銘 101
墓誌銘 102

武陟縣

御製訓飭士子碑 104
重修結義廟記 104
欽差分守河北道河南布政使左恭議晉陽張公新築沁堤記 104
政濟橋碑 105
御製四子贊 106
宋公（峙）墓碑 106
新建新倉記碑記 106
御製至聖先師孔子贊並序 107
御賜王化鶴詩碑 107
御賜王化鶴詩碑 108
商王世系碑 108
嘉應觀御碑 110
御壩碑 110
御製訓飭士子碑 111
河清頌並序碑 111
祭金龍大王碑 113
重脩東嶽廟碑記 113
般若波羅蜜多心經 114
武陟陳公廟碑 115
諭東河總督白鍾山碑 115
世傳家譜碑記 116
觀音堂碑記 116
修建玉皇廟戲樓碑記 116
重修舞陽侯諸神殿宇碑記 117
重修藥王殿碑誌 117
重修廣生祠殿宇碑 118
御製平定準噶爾告成太學碑 118
創築隄工記 119
重修閆君寶殿碑記 119
御製平定回部告成太學碑 121
新修覃懷書院碑記 121

重修三官廟碑記	122
重修普寧觀碑記	122
重修昭惠王廟碑文	123
重修覃懷書院碑記	124
原字三十韻	124
重修孫真人祠並舞樓碑記	125
重建石坊碑記	125
修祠譜序	126
重修碑記	127
重修陳恪勤公祠記	127
創建三院廟碑記	128
黃大王廟重修碑	128
重修妙樂寺塔碑記	129
七公築護城隄記	129
皇清賜進士出身山東鄒平縣知縣柴公諱偉觀暨配孫張孺人合塋墓碑	130
皇清庠生柴公諱廷枚字輔承暨配宋孺人合塋墓碑	130
卹贈武功將軍副將銜江南統轄河營參將盧將軍祠記	130
謝氏先塋	131
韓文公祠記	131
重脩龍母廟碑記	132
修建安昌書院碑記	133
馬營村斷青戲碑記	134
創修祠堂碑記	134
三官廟碑記	135
重新三官廟碑記	135
重修舞陽侯廟碑記	136
邑庠生原公翔千墓誌銘	137
晉侍中吏部尚書山公墓碑	137
重修山公祠規例碑	137
重修山公祠記	139
重修玄帝廟碑記	139
重修三院廟碑記	140
重修湯王廟菩薩堂碑記	141
重修白衣菩薩堂碑記	141

皇清誥封朝議大夫從九品議敍布政司理問勝庵范君（鍾英）墓誌銘 142

邑侯駱公捐免山公祭田糧差記 143

張氏三門重修祠堂捐資碑記 144

欽加二品銜署理河南河北彰衛懷兵備道事合肥衛公去思碑頌 145

創建石壩記碑 145

地畝碑記 146

嘉應觀重定新租章程並地畝坐落畝數碑 147

嘉應觀重定租章記碑 148

嘉應觀香火地畝數目清冊 148

嘉應觀條規十則 149

欽命彰衛懷兵備道大人德政碑 150

修武縣

刑部主事成公墓誌銘 152

百家巖公捐贍田記 152

重修崇明寺暨募施齋田記 153

創建平政橋碑 155

修武縣正堂宋老爺之神位碑 156

醒灑臺詩 156

創建文昌閣記 156

創建真慶宮記 156

創建百家巖文昌閣記 157

百巖寺山林地土官給公據碑 158

真慶宮山神靈應記 158

建設橫河牖座碑記 159

增修大成門暨各工程碑記 159

順天府永清縣知縣路公(永齡)暨元配王孺人繼配范孺人合葬墓誌銘 160

御祭韓愈墓文 161

重修廟學記 161

新建修武縣勝果寺鐘樓記 162

廣東鹽運使趙公（三元）墓誌銘 162

韓文公祭田碑 164

四不碑 164

重濬新蔣二河記 ... 164
重修文廟記 ... 165
重修關帝廟記 ... 166
重修城隍廟碑記 ... 166
創修石道記 ... 167
重修平政橋記 ... 167
重濬新蔣二河暨修石橋記 ... 168
重修劉公祠記 ... 168
重修東西兩門敵樓及四周城垣碑記 ... 169
重建忠義祠碑記 ... 169
馮公路記 ... 170
吳澤十八橋題石記 ... 170
明月泉 ... 171
長泉 ... 171
重浚明月泉記 ... 171
改建隤城寨風伯祠記 ... 172
重建武安驛馬王廟記 ... 172
唐昌黎伯韓文公故里碑記 ... 173
獄空碑 ... 173
重修關帝廟牛馬王高禖祠山神龍王廟碑記 ... 173
重修洪山廟碑記 ... 174
重修百巖寺中佛殿碑記 ... 174
皇清誥封朝議大夫從九品議敍布政司理問勝庵范君（鍾英）墓誌銘 ... 175
甯城書院議立章程序碑 ... 176
捻軍過境碑 ... 176
光緒三年荒歲碑 ... 177

孟州市（孟縣）

自餘濟河重接遂村水利記 ... 178
重浚餘濟河渠記 ... 179
淳化閣帖題跋 ... 179
重修孟縣文廟記 ... 180
餘濟河紀事碑 ... 181

重建韓昌黎伯塚前碑記 182
孟縣邑侯劉公新開崇義鎮水利渠記石 183
增修韓文公廟碑記 184
重建韓文公祠碑記 185
重修儒學儀門記 186
重建學前牌坊記 186
過孟津河 187
鮑公重濬通濟河碑 187
重修餘濟河官庄東北架橋碑記 188
餘濟河斷塞私青溝碑記 189
創建孟港石橋碑記 190
重修沇河鎮石橋碑 191
邑侯李公諱麟源公斷孟邑餘濟河永利及済源縣孟民葦地碑 191
孟民公立户部史海公斷闊布照舊溫辦碑 192
重修河陽書院碑 193
繆邑侯重修河陽書院碑 194
本村廣生會序 194
過孟津河恭依皇祖聖祖仁皇帝元韻 195
重修本廟戲樓廚房周圍牆垣以及金妝廣生祠内童子神碑記 195
重建穀旦鎮石橋碑 195
孟縣重修學宮序 196
重修文昌祠碑記 196
重建馬橋碑記 197
捐修韓文公墓傍垣記 197
創建文水橋碑記 198
重修穀旦鎮石橋碑 198
巴大方伯批斷孟邑不應分辦溫解京額布碑 199
重修孟港石橋碑記 200
謁韓文公祠 201
御祭韓愈墓文 202
唐故正議大夫行尚書吏部侍郎上柱國賜紫金魚袋贈禮部尚書諡文公昌黎韓先生
　神道碑 203
仇汝瑚創建花封書院記 205
唐韓文公墓碑 206

重建唐韓文公墓前響堂碑 ... 206
重修孟縣小金隄碑 ... 207
唐昌黎韓伯文公韓子墓道碑 ... 208
皇清太學生顯達杜公（含貴）暨德配師孺人宋孺人合葬墓誌銘 ... 208
復刊永免韓家莊夫役軍需雜差及堤工差碑記 ... 209
韓金堂墓誌銘 ... 209
重修紫虛無君殿戲樓碑記 ... 210
優免韓莊村泥木工差碑記 ... 210
邑侯葉世槐重濬餘濟河碑 ... 211
韓文公故里碑 ... 212
李福根墓誌銘 ... 212
郭昂與薛夫人合葬墓誌 ... 213
杜正誼墓誌 ... 214
梁偉墓誌 ... 214
梁健墓誌 ... 215

溫縣

重修大成殿碑記 ... 217
參議張公墓表 ... 217
范印心墓表 ... 219
永豐縣知縣吳公國用墓表 ... 219
重修玄天上帝廟碑記 ... 220
王公祠碑記 ... 220
卜子古塚碑記 ... 221
重修興國寺碑記 ... 222
重修城隍廟碑記 ... 222
府君廟碑記 ... 223
河北道重勘廣濟豐稔兩河檄文 ... 223
白來貢詳請廣額去思碑 ... 224
萬石君表墓碑記 ... 225
重修大成殿記 ... 226
萬石君祠碑記 ... 226
萬石君祭田記 ... 226

創建戲樓碑記	227
王羊店白氏建立祖塋碑記	228
周大律墓表	228
吳渤墓表	229
惠濟橋碑記	229
勸捐弁言	230
重修卜里書院碑記	230
衛鎮堤記碑	231
白庄白氏碑記	232
捍禦宮碑文	233
修城河碑記	233
關帝廟碑記	234
修堤記	235
城河植楊記	235
重修三聖堂碑記	236
重修山門碑記	236
玉皇殿重修記	237
石烈女牌坊記	237
神農廟碑記	238
重修河瀆大王祠記	238
慕氏始祖碑記	239
重修神農廟碑記	239
禁賭碑記	239
重修卜里書院碑記	240
重修大雄殿及天王殿碑記	240
邑令周公生祠記	241
楊將軍祠碑記	241
清涼寺義學碑記	242
創建卜里試院記	243
夏氏祠堂碑記	244
夏公祠記跋	244
重樹岳氏高祖碑記	245
清例授昭武都尉誥贈通奉大夫都司銜原公（錫爵）墓誌銘	245
亢村禁斷碑	246

萬石君獎語 ... 248
重修三皇關帝天師殿及繼修玉皇三官四聖諸殿記 ... 248
聯珠台記 ... 248
皇清誥授奉直大夫前浙江候補知縣歷署分水縉雲桐鄉縣事加四級景通王君（運舒）墓志銘 ... 249
韓獻子墓碑記 ... 250
重修清涼寺佛殿記 ... 250
重修家祠碑記 ... 251
元奉訓大夫亳州知州靈峰慕公碑 ... 251
重修縣署碑記 ... 252

濟源市

濟源市（濟源縣）

重建三官關帝神殿二座金粧完工碑記 ... 255
明故濟源縣尉永康李公應選暨邑紳鞏縣教諭閻公士選殉難碑 ... 255
明故鞏縣教諭閻獻明先生墓表 ... 256
撫憲亢公改選漕廠碑記 ... 257
鹽院劉公請蠲鹽課碑記 ... 258
重修陽台宮記 ... 259
蘭堂段公墓誌銘碑 ... 259
重修袁老爺祠記 ... 261
修復利豐河碑 ... 261
重修龍潭延慶寺記 ... 262
創建永濟橋碑 ... 263
御祭濟瀆文 ... 264
濟源縣重興復縣署記 ... 264
邑侯尤公政事碑記 ... 265
守拙先生蕭公墓表 ... 266
邑侯甘公開河撤水建立義學碑 ... 268
邑侯俞公書院碑記 ... 269
御祭濟瀆文 ... 270

盤谷寺建立鐘樓碑記 ... 270

重修望春橋記 ... 272

重建啟運書院記 ... 272

重修玉帝閣碑記 ... 273

重修大佛殿金粧神像碑 ... 273

東陽合社等仝立玉帝聖水年年二月洛紫微宮正殿 ... 274

重修靜林寺記 ... 274

勅修濟瀆廟碑記 ... 275

重修湯帝廟記 ... 276

前任湖南嘉禾縣改補夏邑教諭侯君墓表 ... 276

重修關帝廟碑記 ... 277

盤谷考證 ... 277

重修王母殿碑記 ... 278

重建崇聖祠兩廡戟門暨各祠坊碑文 ... 279

重修明倫堂碑記 ... 280

重脩甘俞二公書院碑記 ... 281

重修石村隄記 ... 281

重開廣惠河記碑 ... 282

重興育嬰堂記 ... 283

韓愈李愿送歸盤谷序 ... 284

關公勒馬聽風圖 ... 285

延慶寺豁免雜差碑 ... 285

衛太史墓誌銘 ... 286

廣東肇羅道溴溪衛公墓誌銘 ... 287

蘇東坡長律詩碑 ... 288

重修天壇三清殿記 ... 289

順天南路廳同知映溪李公墓誌銘 ... 290

重脩延慶寺碑記 ... 291

重金廣生殿碑 ... 292

永利渠新修三賢祠題壁 ... 293

建修三公祠碑 ... 294

永利河捐施地畝碑叙 ... 295

創修永利河工三公名氏記碑 ... 296

流芳碑 ... 296

重修三清閣碑序 ... 297
重修大明寺伽藍孤魂殿並金粧神像記 ... 298
重疏永利河序 ... 299
李氏宗祠碑文 ... 300
李德崇祭祠碑記 ... 300
皇清誥授中憲大夫山西分守河東兵備道兼管鹽法事劉使君（大觀）墓誌銘 ... 301
皇清誥授榮祿大夫振威將軍御前侍衛贈太子太保欽賜西哩德克巴圖魯賞戴雙眼花翎
　紫禁城騎馬福建人全省陸路提督欽賜男爵世襲子爵世襲諡昭武馬公墓誌銘 ... 302
馬公之墓 ... 306
重修盤谷寺月臺記 ... 306
贖回井契碑 ... 306
荆王村咸豐三年水災碑記 ... 307
重修頂上東西兩配殿正陽門頂下龍王廟王公王母殿劉陳二仙廟韓文公祠八仙閣
　碑記 ... 307
重脩藥王殿碑誌 ... 308
關門啟閉碑 ... 309
皇清例授修職郎附貢懋菴燕公（芳春）暨德配例封孺人翟太孺人墓誌銘 ... 309
重脩戲樓並金粧神像記 ... 310
皇清處士環碧王公（文楷）暨德配郝氏合葬墓誌銘 ... 311
偕友遊濟瀆祠記 ... 312
重修七星殿序 ... 312
重整濟瀆廟會規碑序 ... 313
荒年碑 ... 314
邑侯曉山陳大老爺德政碑 ... 315
登紫微宮 ... 316
重修水唬魂碑記 ... 316
皇清誥授光祿大夫山東濟東泰武臨道張君愚箴墓誌銘 ... 316
重修關聖殿碑記 ... 318
皇清待贈孺子庠生王景尼先生元配呂孺人繼配李孺人墓誌銘並序 ... 318
鑿井碑記 ... 319

新鄉市

新鄉縣

王安人墓誌銘 323
胡太安人墓誌銘 324
御製訓飭士子碑 324
李夫人墓誌銘 325
重修天寧寺碑記 326
重修玄帝廟碑記 327
重修千佛寺碑記 327
汝源公墓石 328
洙源張公墓表 329
文學張公暨配合葬墓誌銘 330
省祭公墓誌銘 331
吳孺人墓表 331
重修聖壽寺碑 332
創建新鄉磚城碑記 333
菉竹楊公（文秀）墓誌銘 333
伊源公墓碑 334
重修崔府君廟碑記 335
公弼劉公暨配宜人張氏墓表 336
魯源張公墓誌銘 337
靈治庵藏經閣記 338
張公士馴惠政碑記 339
修靈治庵碑記 339
崑野劉公墓表 340
修圓覺寺兩殿碑銘序 342
重修儒學碑記 342
重修香泉寺中殿碑文 343
重修晏蕭二公廟碑記 344
蝶龕張公元配郭宜人合葬墓誌銘 345

虞絃樓記 ... 346
劉公祠堂記 ... 346
邑侯王公去思碑記 ... 347
重修興福寺廟碑記 ... 348
江西廣信府推官雪潭任公墓表 ... 349
御製至聖先師孔子贊並序 ... 350
御製四子贊 ... 350
陳夫人墓誌銘 ... 350
重修玄武廟記 ... 352
重修文廟碑記 ... 352
文廟修造禮器樂器碑記 ... 353
官建義學碑記 ... 354
重修湯王廟碑記 ... 355
重修民樂橋碑記 ... 355
重修玄帝廟記 ... 356
中水郭公標墓誌銘 ... 357
增建預備倉碑記 ... 358
省身書院記 ... 359
息訟亭碑記 ... 359
書院設塾勸士碑記 ... 360
重修明倫堂碑記 ... 361
重修縣治記 ... 362
重修德化書院記募引 ... 363
重修太公廟碑記 ... 364
錄朱熹詩 ... 364
蘧伯玉墓碑 ... 365
司空公墓誌銘 ... 365
重脩關帝廟碑記 ... 368
新鄉素菴暢公阡表 ... 369
重脩大成殿兩廡戟門櫺星門碑記 ... 369
載見公墓表 ... 370
廓城書院記 ... 371
增修廓城書院記 ... 372
郭培埔廬墓碑 ... 372

祿伯殷公（祚蕃）阡表 ... 373

新鄉夢五殷君阡表 ... 374

御製平定青海告成太學碑 ... 375

重修城隍廟碑記 ... 376

黃崗令敬修暢君墓誌銘 ... 377

修補祭樂器記 ... 378

重修梓潼祠記 ... 379

知黃崗縣事敬修暢君墓表 ... 379

增修明倫堂記 ... 380

重修迎恩橋記 ... 381

重脩西關大橋記 ... 381

重脩聚奎樓記 ... 381

鄘南書院記 ... 382

增修來雲樓記 ... 383

增脩鄘南書院記 ... 384

重修湯王廟碑記 ... 385

重修關帝廟碑記 ... 385

瘞埋聖像碑記 ... 386

聖像碑前石台記 ... 386

郭愚谷墓表 ... 387

王孺人墓表 ... 387

知縣薛祥捐修城外濠梁增植堤柳碑記 ... 388

皇清處士諱榮字光先馬公神道碑 ... 389

介三公墓表 ... 389

重修岳武穆王廟碑記 ... 390

前新鄉縣令嘉興錢葇齋祠宇記 ... 390

劉猛將軍廟碑記 ... 391

孟公鑑遠墓誌銘 ... 392

趙彥士墓表 ... 393

火神廟碑記 ... 393

重修岳武穆王廟碑記 ... 394

林先生墓碑 ... 395

重修錢公祠記 ... 395

七佔溝口黃大王廟石碑 ... 396

重修錢君祠記	396
衛健齋墓誌	397
創建瞻汴橋碑記	398
文昌閣記	398
古井記	398
昭武都尉劉公墓表	399
重修火神廟碑記	400
王忠烈公墓表	401
祝公德政碑文	402
創建祝公生祠記	403
小冀鎮築寨序	404
奎星樓記	404
奎星樓記	405
重修城隍廟碑記	405
郭玉六墓誌銘	406
杜成之墓誌銘	407
郭芳園墓誌銘	408
劉中孚墓表	409
重修興國寺碑記	410
衛中丞墓誌銘	411
明耆賓始祖諱敖張公墓	412
敖公墓碑	412
田秀嶺封翁墓表	412
大王老爺顯聖碑記	413
子蕃王公墓誌銘	413
斗捐章程碑	415
夏從龍墓誌銘	415
王靜波墓誌銘	416
衛鼎臣墓誌銘	417
蘭統公墓碑文	418
重修文昌閣記	419
劉健菴墓表	420
重修天寧寺碑記	421

衛輝市（衛輝府、汲縣）

重修儒學碑記 ... 422
謁殷太師墓碑詩 ... 422
考工殷太師廟有作 ... 423
重修殷太師比干廟記 ... 424
贊比干 ... 425
甲辰謁殷太師廟墓有懷 ... 425
分守河北道河南布政使司右參議加貳級□老爺□德碑 ... 426
清故待贈儒林郎前錦衣衛世襲正千户隆寰王公（騰鳳）府君暨元配馬孺人墓誌銘 ... 426
周姜太公塋葬處碑 ... 427
重修儒學碑記 ... 427
重修殷比干廟墓牆垣記 ... 428
殷太師忠烈公祀田記 ... 429
重修殷太師廟墓 ... 430
重修寧境寺碑記 ... 430
過殷太師比干墓贊 ... 430
御題孔子擊磬處 ... 431
乾隆弍拾伍年歲次庚辰重修戲樓兼三廟金粧聖像碑記 ... 431
創建大成殿碑記 ... 432
殷太師比干墓 ... 432
報恩寺紀恩碑 ... 432
衛輝府修復校場記 ... 433
重修河郡寺碑記 ... 434
殷太師廟重修小引 ... 435
十里衛城西五言詩碑 ... 436
比干墓詩 ... 436
謁殷太師墓 ... 436
歲暮謁殷少師比干墓有作 ... 436
獨智拒忠諫詩 ... 437
重修元帝廟碑記 ... 437
重修衛輝府城工記 ... 437
殷比干墓記 ... 438

過殷太師比干墓詩 439

輝縣市（輝縣）

中秋之望同司道登明遠樓玩月 440
敬步寧巡使明遠樓玩月韻 440
乙酉八月既望陪侍 440
敬步寧巡使明遠樓玩月韻 441
貢院秋闈四首 441
三游蘇門 442
寄馬玉筍水部四首 442
御製訓飭士子臥碑文 442
游百泉二律 443
步涉橋記畧 443
嘯臺公宴即事 444
水部馬玉筍同門邀飲清暉閣 444
蘇門二首 445
和袁石公韵二首 445
和袁小修韵二首 445
百泉行 446
蠲荒政德政碑 446
重修安樂窩記 447
百泉 448
春日登九山同劉公勇年兄二首 448
嘯臺 449
嘯臺放歌 449
步百泉偕水部兒暨張孟二子 449
弔餓夫 450
我商百代並日月以長懸碑 450
萬善同歸 450
明邑賢侯劉公聶公段三公遺愛碑 451
蠲豁黃河夫役碑 451
衛源司李拜署中月下小酌聽孫靜子彈琴 452
百泉 452

嘯臺	452
蘇門安樂窩題壁	453
攬轡蘇門□占六首	453
冀應熊識語	454
甲寅夏奉使肅藩取道游蘇門憩百泉書院三首	455
登嘯臺	455
自湧金亭泛舟至橋□	456
飲郭蘇門太史泉亭	456
孫徵君墓誌銘	456
和袁中郎二詩	459
孫徵君墓表	459
題清暉閣	461
寄王金章學長並謝陳侯升庵	461
御製至聖先師孔子贊並序	461
再游白雲寺二首	462
蘇門山雜詠六首	462
顏子贊	463
孟子贊	464
興復水利灌田碑記	464
創置義塚碑	465
重修安樂窩記	465
重修蘇門山嘯臺碑記	466
重修衛源廟記	466
和河憲大司馬潼川王公閱百門泉五閘改建石絡偶賦	467
蠲免河南賦稅碑文	467
聖諭十六條	468
復興稻田碑記	468
和藩憲李老大人百泉元韻	469
清暉閣	469
重修衛源廟碑記	470
喻公書院碑記	470
文昌閣除豁丁糧碑記	471
寧賈佟三公碑記	472
奇塚記	473

重修儒學碑記	473
重修百泉先賢祠記	474
嵇公泉記	475
嘯臺	476
敬和家大人嘯臺詩二首	476
敬和家大人嘯臺詩一首	477
重修餓夫墓小記	477
創建孫徵君祠堂記	477
創建百泉大成門碑記	478
衛源神誕拜後謁	479
改建周程祠記	480
詠蘇門飛泉	480
弔餓夫二首	481
五經閣二首	481
觀文夜坐	481
創建藥王廟碑	482
百泉觀魚	482
霍敖三公遺愛碑	482
邑贒侯趙公去思碑	483
過夏峰謁孫徵君祠款以田間雞黍（有跋）	483
百泉道上	484
蠲免永免碑記	484
清輝泉名亭記	485
登清暉閣同制府白公作二首	486
登蘇門山	486
登蘇門山次韻	487
旌表孫用正碑	487
重修百泉諸亭臺記	487
介庵碑記	488
重修孫公和祠	489
重修蘇門山孔廟記	489
重建孫公和祠碑記	490
創建百泉共姜祠碑記	490
安樂窩記	491

衛源廟詩	492
百泉詩	492
嘯臺詩	492
安樂窩詩	493
奇樹歌並敘	493
白雲寺五絕六首	493
七賢咏	494
永免黃河夫役碑記	494
重建雙溪橋記	495
臨海縣知縣王君郊墓誌銘	495
創建高子祠記	496
御製平定準噶爾告成太學碑	497
御製平定回部告成太學碑	498
遊百泉二首	498
登嘯臺	498
遊百泉作	499
新立泉西書院記	499
重修文廟碑記	499
題百泉	501
衆商協力同心督理工程碑	501
重修文昌帝君閣創建先代祠碑記	502
遊百泉口占紀事	502
輝縣出示曉諭以肅神會以安商賈事碑記	502
游穌門七首	503
垂遠	504
邑侯加州銜張大老爺頒定會廠章程諭令請復藥會商民兩便碑	505
重修關帝廟碑	506
嘯臺	506
流芳	506
改建宋包孝肅公廟記	507
神前挂袍張幔序	508
移置百泉書院城內記	508
百泉書院歲修紀畧	509
建義學碑記	510

學約十條	510
孫夫子祠碑記	512
百門八咏	513
重修姚文獻公祠堂記	515
重修衛源廟碑記	515
邵夫子祠碑記	516
勸重疏玉帶河	517
新修耶律文正公祠碑記	518
報德祠碑記	518
修三城樓記	518
重疏峪河築紅石堰碑記	519
築東石河紀畧	519
北陽里修路碑記	520
程公泉碑	520
新建文光閣記	521
重修清輝閣記	521
程子祠碑記	522
新修萬壽宮碑記	522
雲石記	523
重修嘯臺記	523
重修先農壇碑記	524
過蘇門山有序	524
游百泉喜晤周石藩年丈	525
謁孫徵君祠	525
留蘇門兩日頻行留贈石藩年丈	525
共城百泉水利碑記	525
靈源噴玉二亭綴句	526
恭和龔大人靈源噴玉二亭綴句	527
恭和龔大人靈源噴玉二亭原韻	527
恭和龔大人靈源噴玉二亭原韻	528
龔大人靈源噴玉二亭綴句次韻	528
龔大人靈源噴玉二亭綴句次韻	529
六陳行復收芝麻行帖碑記	529
自衛輝繞道遊百泉九首	530

篇名	頁碼
重修子在川上碑記	531
安樂窩	532
遊百泉七律四首	532
蘇門咏古六首	533
衆商協力同心督理工程各芳名台號開列於後	534
重刻朱柏廬先生治家格言	535
重修天爺廟戲樓碑記	536
頌九執上人短偈一章	536
嘉蔭軒兩首	536
蘇門留别十二首	538
六陳在縣麻行油坊兩行碑記	539
光緒三年魏家溝災荒碑	540
百代流芳	540
課桑亭記	541
課桑亭石柱題聯	542
弔餓夫五首	542
重修盤路碑文	543
游蘇門懷人四首	544
和子如韻示雨人及少洲	544
荒年實錄碑	545
和黄令尹作二首	546
邵雍祠拜殿石柱題聯	546
百泉漫賦三首	546
重修蘇門山聖廟記	547
百泉攬勝四章有序	548
輝縣會館捐買山西義塋碑序	549
重建孔廟於百泉蘇門記	549
甘泉記	550
秋禾碑記碑	550
蘇門懷古	551
嘯臺弔古	551
登蘇門山嘯臺	552
百泉曲六首	552
百泉	552

嘯臺	553
雨後遊百泉	553
重修百泉諸名勝一首	553
百泉宴客一首	554
水竹村散步一首	554
水竹村宴集一首	554
為安定君說水竹村一首	555
夏峰村謁孫徵君祠墓一首	555
雪後游席氏花園	555
春陰	555
辛亥人日	556
袁氏山莊二首	556
晚眺	556
西寨行	557
游山歸途中遇雨作	557
春日游蕪門山	557

原陽縣

重修觀音堂碑記	558
重修關聖帝君廟碑記	558
觀音菩薩堂修醮三年完滿碑記	559
重修廣生殿碑記	559
杏蘭科會碑記	560
重修五聖祠碑記	561
重修關帝廟碑記	562
獄空碑	562
重修佛祖寺碑記	562
張元堂合葬墓碑	563
張琴堂合葬墓碑	563
宋美合葬墓碑	563
關帝廟重修碑記	564
題古博浪沙	565

(陽武縣)

順治六年重修大成殿東西廡戟門泮池櫺星門改建鄉賢名宦祠於戟門左右記 566
姜邑侯德政碑 567
重修東嶽離宮記 567
謝邑侯生祠祀 568
潭口寺大王廟紀事 569
陳曲逆侯祠碑記 570
留侯祠碑記 570
大王廟碑記 571
劉侯生祠記 572
折漕記 572
府君廟碑記 573
學前安堤記 573
學前安堤三橋記 574
重修八蜡祠碑記 575
三皇廟碑記 575
關帝廟碑記 576
補修大成殿兩廡戟門櫺星門啟聖祠記 576
增修文廟碑記 577
關帝廟碑記 578
重修關帝廟碑記 578
重修三教堂記 579
創修正誼書院記 580

博愛縣（河內縣）

捐資姓氏

蘇家作：

李豐順仝十千一百，毋振興艮六両，毋鳳閣艮六両，毋九興艮五両五仝一卜，宋□順艮五両，毋茂勳艮五両，毋中璽艮五両，吳合順艮五両五仝，毋玉武艮四両，毋平占艮四両，毋元□艮四両二仝，毋元琳艮四両二仝，聚義號艮□両，雙盛號艮五両，李元隆艮四両，忠盛號艮三両，南雙盛艮二両，豐順號艮二両，聚成號艮二両，法昌號艮二両，義聚號艮二両，□盛號艮二両，三興□艮二両，毋玉寧艮三両，毋元達艮三両，毋元建艮三両，毋玉琢艮三両一仝，毋成軒艮三両，毋大德艮三両，李光宗艮二両四仝，毋元魁艮二両四仝，毋光宗艮二両四仝，毋有成艮一両九仝，毋又平艮一両五仝，毋秉全艮一両二仝，毋良朋艮一両二仝，毋耀會艮一両二仝，毋元凱艮一両二仝，毋玉直艮一両二仝，毋□贊艮一両二仝，毋玉□艮一両二仝，毋福艮一両二仝，毋會習艮一両二仝，毋元龍艮一両二仝，韓天香艮一両三仝，毋成熹艮二両，毋有祿艮一両，毋元松艮一両，毋中周艮一両，毋中禹艮一両，毋玉隨艮一両，毋成命艮一両，宋際昌艮一両，毋兆瑞艮一両，毋士虎艮一両，毋五強艮一両，毋士林艮一両，吳宗堯艮一両，韓鳳鳴艮一両，毋耆興艮一両，毋玉喜艮一両，毋中魯艮一両，毋元敬艮一両，毋秉昌艮一両，宋會昌艮一両，毋益增艮一両，毋元甯艮五仝，杜世貴艮五仝，杜玉美艮五仝，杜玉全艮五仝，杜玉黃艮五仝，杜玉書艮五仝，宋義昌艮五仝，宋世乾艮五仝，邱法堯艮五仝，李子正艮五仝，李光德艮五仝，李光鰲艮七仝，宋建東艮七仝，毋元位艮五仝，劉紹艮五仝，李子明艮五仝，李子溫艮五仝，郭純艮七仝五卜，毋玉聚艮五錢，毋中望艮五，毋元昇艮五，毋大富艮五，王有祿艮一仝，王有福艮六仝，毋中悅艮五，毋玉全艮五仝，毋大選艮五仝，毋中範艮五仝，毋成絨艮五仝，毋玉儒艮五仝，毋金生艮五仝，毋殿文艮五仝，毋大來艮五女，毋玉朋艮五仝，毋九儒艮七仝，毋玉珀艮五仝，武朝臣艮五錢，毋大行艮五仝，楊德貴艮六仝，毋貴興艮五錢，毋元丙艮五仝，毋有德艮六仝，毋成仕艮五錢，毋兆裕艮五仝，毋玉景艮五仝，毋士順艮五錢，毋玉強艮五仝，毋大隆艮五仝，毋士拔艮五錢，毋士旺艮五仝，毋九保艮五仝，毋元忠艮五錢，張鳳□艮五仝，毋成虎艮五仝，毋元君艮五錢，□□□艮五仝，吳宗文艮五仝，毋得富艮七錢，毋元行艮三仝，毋玉郊艮三仝，毋得增艮三錢，毋有榮艮三仝，毋玉香三錢，毋大桂艮三仝，毋耀先艮三仝，韓成業艮三仝，毋成君艮三仝，毋成祿艮三仝，毋元益艮三仝，李合艮三仝，毋元玉艮三仝，宋世廷艮二仝，吳宗□艮二仝，吳生林艮二仝，張明艮二仝，毋德保艮二仝，毋元生艮二仝，毋成林艮二仝，劉□貴艮二仝，毋春興艮三仝，李玉林艮八仝，毋鳳鳴艮五仝，毋□福仝一百，毋有枝艮二仝，毋大福仝一百，劉漢臣仝一百，韓荷元仝一百，毋成君仝一百，王文魁仝一百，宋信昌艮一仝，吳朝宦艮一仝，毋玉平艮一仝，毋成業艮一仝，毋士冠艮一仝，毋士有艮一仝，毋土元艮一仝，毋士明艮一仝，毋慰祖仝五百，毋怡祖仝六百，毋九祥仝五百，毋玉福仝七百，毋元颺仝五百，毋元廣仝五百，毋合仁仝四百，毋成旺仝四百，臧家修仝八百，宋世泮仝一百二十，毋玉德艮三仝，李有恭仝三百，李有觀仝三百，李有政仝二百，宋福昌仝二百，李善訓仝二百，李有太仝二百，杜玉成仝二百，杜玉貴仝二百，毋中隨仝四百，原憲道仝四百，毋成孟仝四百，毋成英仝四百，毋玉祥仝三百，毋中福仝二百，毋玉合仝二百，毋良金仝二百，毋魁仝二百，王文星仝二百，毋太有仝二百，毋建祥仝二百，侯三義仝二百，毋建功仝二百，毋紹先仝二百，毋玉川仝二百，毋元召仝二百，毋元倫仝二百，毋文增仝二百，毋成己仝二百，毋兆琮仝二百，林有德仝二百，毋文榜仝二百，毋海川仝二百，毋元朋仝二百，毋元臣仝二百，毋元化仝二百，毋遂世仝二百，毋中爵仝二百，毋作朋仝二百，毋成國仝二百，毋玉□仝二百，李瑞仝二百，張永和仝二百，毋衍祖仝二百，山西路建正仝三百，毋成宦仝二百，毋兆龍仝二百，毋玉湯仝二百，毋中翟仝二百，毋成鮫仝二百，郭厚仝二百，毋玉藏仝二百，韓泰和仝二百，韓孝義仝二百，韓泰康仝二百，毋文印仝二百，毋麟經仝二百，毋元庚仝三百，毋元宏仝二百，毋玉高仝一百五十，賈文孝仝二百，許建理仝二百，毋中高二百，毋化鶴仝二百，毋中平仝一百五十，毋成信仝一百，毋玉參仝一百五十，毋中君仝一百，李子高仝一百，張龍仝一百，李子紹仝一百，李子星仝一百，劉秉正仝一百，宋世林仝一百，宋中昌仝一百，宋世章仝一百，毋成玉仝一百，毋成忠仝一百，毋元香仝一百，杜玉龍仝一百，杜玉興仝一百，杜世昌艮三仝，杜玉林仝一百，杜世明仝一百，杜世康仝一百，馬有根仝一百，毋中合仝一百，毋玉俊仝一百，毋玉林仝一百，毋長文仝一百，毋振先仝一百，毋玉□仝一百，毋良富仝一百，毋良順仝一百，毋柱仝一百，毋佑龍仝一百，毋玉仁仝一百，封有昌仝一百，毋大興仝一百，毋大旺仝一百，毋□仝一百，毋大□仝一百，毋建德仝一百。[1]

齊村：

邱學礼艮一兩零三卜，邱沛艮一兩，邱士元艮一兩五仝，邱生哲艮一兩二仝，邱位世艮一兩八仝，邱生璽艮一兩，邱建忠艮一兩四仝，邱生弼艮一兩四仝，邱秉礼艮一兩一仝，邱秉經艮二兩，邱良俊艮五仝，邱道存艮五仝，邱士通艮五仝，邱士林艮三仝，邱士宗仝一百五十，賀成全艮五仝，邱山艮四仝，邱競周仝六百，邱汝正艮三仝，邱良棟艮四仝，邱良材艮三仝，邱治世艮三仝，邱祿艮三仝，邱克美艮三仝，邱道北艮三仝，邱良貴艮三仝，邱克廉艮四仝，邱克望艮二仝，邱克善仝二百，邱生祥艮二仝，邱達道艮二仝，邱明世艮二仝，邱道立艮二仝，邱長保艮二仝，王進財艮二仝，邱生春艮一仝，邱士秋艮二仝，馬起成艮二仝，邱道貴艮二仝，邱士奇艮二仝，邱士超艮二仝，程萬年仝一百，邱士奇艮二仝，邱士超艮二仝，程萬年仝一百，王玉成仝一百，邱成九仝一百，邱宇菴仝一百，喬利國

---

[1] 以下毋□□八人姓名，字殘。

个五十，邱秉智个一百，王宗信艮一个，邱克慶艮一个，邱永太艮一个，盧中華艮一个，張自□艮一个，陳萬倉艮一个，邱維艮一个，王義德艮一个，邱召艮一个，邱渭□艮一个，邱超世艮一个，邱克縱艮一个，邱士乾艮一个，邱士方艮一个，邱完初艮一个，邱克寔艮一个，邱士弘艮一个，宋世龍艮一个，宋世□艮一个，邱士端艮一个，王國荣艮一个，邱士義艮一个，邱士章艮一个，邱士良艮一个，邱士貴艮一个。[1]

賀村：

□□瑞艮六两，申玉□艮四两，趙玉海艮三两，邱士元艮二两五，□□□艮二两，□□成艮五□，趙廷選艮二两，□君明艮一两，申□君艮九个，申□□个三百，申應林个三百，邱士□个二百，王大□个一百，邱克□个一百，邱士□个一百，邱克仁个一百，邱經德个二百，邱克□个二百，李廷富个五百，□元德个二百，趙國望个一百，趙永聚个四百，□廷臣艮六个，□永全个一百，趙守富个一百五十，趙玉章艮八个，趙廷相个二百，趙廷儒个一百五十，趙九德个一百，趙漢□一百，趙廷賢个二百，申可文个二百，趙廷全个二百，趙廷彥个一百五十，趙廷珍个一百，趙廷鳳个一百，趙廷寶个二百五十，趙廷棟个三百，趙玉財艮一个，趙永清艮五，趙廷文个二百，趙廷貴个三百，趙永荣个一百，趙廷孝个一百，趙廷武个一百，趙廷良个一百，趙永和艮四个，趙廷贊个一百，趙廷江个三百五十，和君錫个四百，和君選个一百，和生礼个三百，王國周个二百，和廷財个四百，和君荣个一百，王國正个二百，王國漢个二百，和廷梅个二百五十，張建祿个一百，沈如栢个一百五十，王永德个一百，王國良个一百，和廷立个一百，王國才个一百，賀振星个一百六十，和廷白个四百，王國璧个二百，石永太个二百，申玉貴个二百，趙廷樊个一百，趙國秀艮一两七个，和生元个一百。

（碑存博愛縣博物館。王興亞）

李自奇墓碑

大清康熙二十八年歲次己巳十月初一日穀旦。

生於萬曆八年，卒於康熙六年。

嚴尊堂兄春茂師導[道]，創修傳研，游教晉陝，心意拳、六合槍宗師。

皇明庠生李公諱自奇字之奇行五配陳氏之墓

男李允字淶、李牟字沐、李參字浴。

孫懷功字明山、懷德字泰山、懷興字華山、懷恩字銀山、懷貢字金山。

曾孫朝客遷福建莆田，居朝[潮]州府。

世勝、世拔、世寶、世功、世宣、朝賓、世光　奉祀。

（碑存博愛縣孝敬鎮唐村。王興亞）

---

[1] 以下六人姓名，字殘。

游月山寺分賦

崒崔奇峰眼未經，游人屐向白雲停。
平原直洩河流赤，大地遙攢嵩嶽青。
寶剎金仙依石壁，玉芝瑤草問山靈。
斜陽不倦登臨興，風送松濤下翠屏。

上方歸閣逼諸天，苔滑梯危一徑穿。
但剩殘碑猶在目，不知松柏自何年。
鶴歸洞口如人立，月到山頭似鏡懸。
為覓招提多勝跡，古來詩句屬誰傳。

程師恭

康熙癸酉四月。

（碑存博愛縣月山寺。王興亞）

游月山寺分賦

張壎

巍閣千列宿，飛雲無端倪。冀挽諸峰環，南俯河流卑。
莽莽野綠平，謖謖高風吹。我來躡石蹬，炊煙橫松枝。
得食鳥雀過，生吾走逶迤。為謝開岩人，古洞撐殘壞。
所餘一函經，柏子香垂垂。冷眼望蘇門，長嘯意屬誰。

憑欄望嵩嶽，黃河繞其北。河嶽有真氣，蒸翁不可測。
萬里盡滂蕩，風雲多變色。所以古賢豪，於此開胸臆。
嗟彼牖下士，逼仄故偏仄。丘垤貯歸是，了焉何所得。
青鳥自南來，高飛無贈弋。回翔明月中，贈我雙飛翼。

康熙癸酉四月。

（碑存博愛縣月山寺。王興亞）

和同游韻

張壎

側身高向萬山明，一點嵩下雲里生。
有句但邀紅袖拂，飯香何待釋鐘鳴。

古柏蒼蒼入翠微，虯龍曲曲映斜暉。
涼生一夜西山雨，滿目閈雲志在飛。
康熙癸酉四月。

（碑存博愛縣月山寺。王興亞）

創建藥王殿並金塑神像碑記[1]

【額題】大清

人以真稱，誌道歟，誌德歟，余不得而知也。惟孫真人者，智圓□□明道之興，言煉修著述，迪德之□□□□□□□□□見而真人之號，嘖嘖耳目間。大都孫真人之流□□□□□真人生真赫沒真濯□作廟肇祀真所宜耳。

舊有一老子觀，東南地址真美秀壯麗，堪為真人居，維□□鎮名臣孫君、□智常君、之奇趙君，共秉真心，庀[庇]材鳩工，一旦而殿宇巍峩，一旦而神彩俊發，余覩厥事，弗禁三歎曰真人弗獲真境，真境而奉真人，真而□之奇觀也哉。彼人之造真境以奉真人者，□□亭真福澤於無窮乎。是為序。

會首趙文奇。[2]

孫承田麥五升，工五，飯二，孫守能麥五升，孫嗣興麥五升，郭清□麥五升，□文煥麥五升，孫毓淇麥五升，孫毓佩麥□□五升，史文增麥四升，郭士俊麥四升，王士思麥三升，孫毓祥麥三升工五，孫嗣茂麥三升工五飯二，鍾化鳳麥三升，孫自法麥三升工二飯一，孫嗣泰麥三升、子名卿工二，常門封氏麥三升，常國秀麥二升，王自成麥二升，孫自差麥二升，孫承橡麥二升，孫玉昌麥二升，孫承財麥二升，孫自啟麥二升，常自荣麥一升。

二十五年善友姓名開列於後：

孫名揚施銀壹両工二飯六，孫繼鼎艮三亇，常自信艮二亇，姚潢、米京兆二人施紙作

---

[1] 該碑左下角缺一塊，部分字模糊不清。

[2] 以下兩排字模糊。

艮三，孫祚昌入坡會錢八百文。

二十六年共收艮一刄，收麥二石七斗九升半。

積放數年，連二十五年布施共成艮三十刄五仐四分。

共使出艮三十刄零五仐七分。

孫培春工八，孫自木工三、飯五，孫名高工三，常自貴工三，孫承緒工二、飯一，孫承信工三。孫名貴工一、飯三，孫名振工三飯四，孫承□工二飯三，常自義飯三，孫名表飯四，孫名得工二飯一，孫名好工三飯一，閆進福工三，樂太義工二，張雲工四，蘇家子工四，林承勤工一，溫廷春工二，鍾自成工二，孫名魁工二，孫承渠工二，馮起祥工三。溫縣張慶工二，孫承寵工一，孫承德工三，孫承富工一，孫名哲工一，孫溫夏工一，黃家□工二，劉國璽工四，郭士舉工二，宋文明工二，郭守道工二，郭守辰工三，孫名傑工三，李天才工二，蘇家香工二，孫名彥工五，高明工四。[1]

康熙叁拾陸年歲次丁丑貳月吉旦。

懷慶府儒學生員孫振聲撰並書。

住持性真。刻字匠吳。

（碑存博愛縣博物館。王興亞）

重修湯帝寶殿碑記

重修湯帝寶殿募化人王明善已故，子自學頂應，馬得水已故，孫子倫頂應。李學楚、強世英、王納誨、劉民樂、王納訓、馬之聰、馬之麟、梅汝泰熏沐勒石。

懷之東二十里有村名曰東王賀，北半里許有廟在焉，即成湯聖地神也饗茲土，不知創自何代，並無碑記考稽，止存明[季]正德年間重修石碣，亦未顯始末根由。據前輩相傳，此廟建自轄王時，所以梁大頭向北故也。廟不建於村而建於通衢者，使居民與往來之人，皆有所瞻仰矣。惟帝有聖德，諸侯不義者從而徵之，伐滅韋顧昆吾，夏桀虐政，放之于鳴條。祈禱桑林，時雨以霈霖。三方解網，一面驅禽。仁乎行政，桑成樂林。是其生也。其崩也，像設本境，諸難懇請，靈應如響。明末時，流寇焚掠，闖逆禍亂，人心皆警，無可潛逃。祈神護衛，往來絡繹。從未入于村莊，月南鎮避難多人，稱為去太平鄉也。屢以旱魃為虐焰，田禾如焚。禱於聖，雲興雨霈，枯苗復甦。飛蝗為災，蔽日遮雲。懇於神，隨入隨飛，禾苗不傷。非神功之默佑，而人力豈能為哉？其可謂捍患禦災，有功於民者久矣。此以季春望日，本境男婦，四方士女，大會於祠下，欽哉！奉祀報答，九思年久，殿宇傾圮，聖像脫落，有信士王明善急欲修葺，因工程浩繁，獨力難行，糾工募化，凡功役邀庠序子中募化人、監工，一一將施財善人姓名，勒石流芳，永誌不朽。

---

[1] 以下八人姓名，字多模糊不清。

皇清康熙三十六年歲次丁丑六月丁未七日立石。

鐫字人嚴慶麟。

（碑存博愛縣博物館。王興亞）

清化鎮大王廟豎立旗干碑記

【額題】碑記

軍門鼓角必建成高牙大纛，所以立威表號也。矧廟貌巍峨，以之崇禋祀達虔誠，顧可無旌旆之懸，用壯觀瞻乎。茲於月南鎮金龍四大王廟旗干之設，而歎諸商人之盛舉，為不可沒也。益諸商人足跡半天下，風雨之所櫛沐，舳艫之所蟬聯，多蒙神庥庇蔭，此即戴記所謂有功烈則祀之遺意，而翠旌桂旗，亦猶楚辭之髣髴云爾。第鳩工選材，得之非一日之易，成非一日之功，惟諸商人或近燕都，或居淮海，青兗臨淄、渠丘太原等處，亦實繁有徒焉。於是，僉謀襄事，各解杖頭，俄而雙旌，孑孑拂日天霄與舊所立者，後先掩映。其所謂立神威，表神號，雖未敢以事人者瀆神，然而靈爽之所招徠，福佑之所憑依，未必存乎此。是役也，創首者，此直隸廣平府永年縣信商王君諱之臣，而舟車遠載，丹艧挺立者，則王君諱三鼐等也。余適館穀月南，睹茲盛舉，懼其久而磨滅，無以為後之秉處對越者勸也。於是乎書。

大清康熙四十一年歲次壬午九月吉旦。

懷慶府儒學廩膳生員鄒衍泗薰沐撰文並書。

北隸直廣平府永年縣信商王之臣、王三鼐、呂二典、郭植、趙明、崔錫玉、程範、閻守忠、張起林、白天錫、白天明、孫雲翔、王自修、趙公純、杜默亭、王天褚、王永祿、王成名、喬濟發、呂標、趙榮先。

山東清州府沂水縣信商李國寧、李國順。

江南淮安府海州信商孫之漢。

順天府信商董應選。

真定府靈壽縣信商劉漢國。

莒州信商張輔。

山西澤州府信商馬章詵、李開疆。

本鎮信商劉見明、趙宗極、趙玉錫。

公同合立。

（碑存博愛縣文物保護管理所。王興亞）

重修山公廟碑記

【額題】重修

　　從來祀典之設，匪徒隆廟貌，以飾觀美而已。蓋所以崇先賢而昭勸勉也。故士生兩大間，其德業聲望。不足以□重於當時，而□□□□□毋論窮居下寮，而勢位赫奕，亦歿則已耳。或間有傳者，甚且從而讓之詎之矣。亦安記使千百世下□之□□□□□□□□□□下之人，因各徵實，慕其行誼，想見其為人。歷久而彌顯聲於無窮哉。以是知後人之祀先賢，豈後人之隆禮無異也，亦先賢之□□□□□藉乎後人而崇禮，自不容已也。如吾鄉之有山公祠，由來舊矣。其重修□見於□□□曆在□□者建奉朝而祀典隆重，彰□□□□□□曆者，僅得諸棟上之書，且剝落不可讀，豈前人之怠忽從事，以致□□□無由歟！抑費資無幾，故畧而不載歟？憶余總卯時，家居湫□□□□□人學恃公叔大人，太史公讀書其中，每友生道，故握手同覽，慨夫風雨漂搖，鳥鼠啄齧，百年之祠頹然，徒見瓦落而牆圯，未嘗不有志修□而特恨力未逮也。歲乙亥，鄉之人聚族而謀於余曰："招提梵宮，金碧輝煌，先賢瓦屋，不蔽風雨，是為吾子憂。"余曰："唯唯。"又曰："春秋祀戊□□□□，棟宇不飾，將就蓁莽，惟吾子圖之。"余曰："唯唯。"又曰："宜舊者仍，宜新者增。即□為功，永妥先靈。詎異人在哉！"余曰："唯唯。"雖然，經之紀之，因存□□，釀金鳩役，尚需乎眾。於是，鄉人皆首肯。踴躍鼓舞，輯簿登名，將十之五者捐資吾家，十之三者勸輸村人，其餘則廣募化，而統□成□□□乙亥十一月，落成於丁丑四月，約費朱堤百陳□布金併鍰碑陰。其年秋，余叔候選州佐公濤化鶴又重修寢宮。越三載，辛巳，余叔太史公□□京邸，亦捐俸即拜殿之舊製而完葺焉。前後一新，煥然改觀。既成，鄉人屬余為文以記之。余觀公在泰始中，甄拔人物，各為品題文而奏之。人稱山公啟事，善乎！李青蓮言曰：公作冀州，甄拔三十餘人，或為侍中，尚書，先代所美，則其為冢宰典銓政且十餘年，所舉更不知幾許□□，以人事君，視夫後之嫉賢妬能，相距何如也！當其寄跡竹林，都賢以材，公以識度，雖縱情皆得如籍，箕踞而鍛如康執罣鉆□如式公，公□之終始無間。至今讀嵇叔夜書云：是下傍通多可而少怪，則其度量恢宏，無所不容，更何如也？若夫以繹吳篤外懼內憂，外甯之言何說之遠也。以違禮為不祥，廢長立少之論，何見之卓也？其於王夷甫也，何以知其貽誤蒼生也。非且知人之明，能之乎？其議罷郡兵也，若預見夫之寧之後也。非秉先幾之哲能之乎。至於操履譣冲，與物無怍，雖時事變更，而嚼然不染。□運□取革而物議不加，當上下肄忌之會而能超然獨全謂非晉室之完人，更屬史臣之所不及知耶！余既喜工之成，又樂與鄉人道公之事，使吾鄉之人瞻公之廟貌，即欲效公之行誼，安在古今人不相及也。斯又余之所厚望也夫。是為記。

　　旹康熙四十三年歲次甲申秋七月蕤飛四□之辰。

　　庚午科舉人候補內閣中書王睿撰文。

歲進士候補外翰王肅書丹。

歲進士南陽府唐縣儒學訓導王莊篆額。

石工李調元、王寬□刊。

（碑存博愛縣博物館。王興亞）

千載寺唐僧十力傳碑

大唐貞觀賜李氏，名儒子，字道武，號十力僧，游化號道子，河內人。隋大業十年二月二日，河內無極寺域三教門弟神龍降凡，馬蘭草母誕世。少即聰，目過不忘，文武醫易博藝皆修，涅磐攝論黃老經通，弘揚釋道儒三教，融《易》以《大明渡無極經》、《易筋經》、《道德經》、《黃庭經》、《千金翼方》，導引吐吶，創藝無極養生武功，研傳千載養生醫鑒秘訣，武練月雪，感之三聖。夢中授藝，功驚武林。詔住京師，造像西山，化名隱籍，藝傳東泉，醫遊揚州，授賢大明。廬山傳藝，塑藝少林，晚秋黃業，歸故育弟。師曰："三教義正，嚴律武風，勿為霸腐，拳為民生。以柔克剛，舍己從人，未成功器，勿名師門。蒼龍抬頭，千載重逢。"傳奇十力大僧，養生神通，六旬寂息十八天日，九九重陽，返老還童，星壽一百二十八載。開元中，圓寂千載寺三教堂殿。葬儀時，容體柔軟，面色如生，身穿道袍，體蓋袈裟，頭枕三教經書，手持墨劍，僧人立左，道士立右，儒官儀禮，三教經日不散。囑弟秘葬，師賢刹共，勿築志塔，而天下稀及之。大巧若拙，養生神器，故天下莫能勝譽。釋道儒三教合一，博藝修僧無極養生拳，功勝創先師之爭□。

千載寺古藏殘碑譯撰書普觀題。

大清康熙丙申年二月二日。

（碑存博愛縣唐村。王興亞）

清涼子未香偈

普觀

此花不非凡，蓬萊移月山。

枝葉似丹桂，芬噴如蕙蘭。

諸佛同慶賞，眾僧悉欣羨。

臨行折一枝，帶到西域玩。

留芳數百世，遺德幾萬年。

覃懷多梵刹，寶光寺魁元。

康熙丙申秋月書。

（碑存博愛縣月山寺。王興亞）

本山始祖空相壽公和尚碑

曹洞正宗聯芳法派偈

廣崇妙普，弘勝禧昌。繼祖續宗，慧鎮維方。

圓明淨智，德行福祥。澄清覺海，了悟真常。

聞通思修，慈光遍照。達本心空，止觀雙持。

見自性佛，三道互岩。和融秘密，洞徹法淵。

究竟無作，從體起用。果後施因，隱顯俱該。

變現平等，大願輔弼。亦度塵沙，登涅槃天。

入薩婆若。

康熙五十八年七月十五日立。

嗣祖傳法沙門淨澍書續。

住持比丘明義率衆刊石。

（碑存博愛縣月山寺。王興亞）

清故太學生丘君墓誌銘

【蓋文】

清故國子監太學生丘君之墓

【誌文】

清故國子監太學生丘君之墓

賜進士出身翰林院編脩丁酉科奉命典試山東正主考加三級年家眷侍生呂謙恒頓首撰文。

賜進士出身浙江溫州府瑞安縣知縣年家眷姻生薛儁聲頓首書丹。

戊午科舉人原授濟南府齊河縣知縣年家眷姻生李祚錦頓首篆額。

　　太學生丘君，諱世熙，字載成，歲貢生候選儒學訓導遐宣公之子，陳留縣儒學訓導建常公之孫，江西撫州府崇仁縣知縣赤水先生之曾孫也。娶趙氏，廣西道監察御史用九公之曾孫女，羅山縣儒學教諭帝簡公之孫女，太學生乾會公之女，稱未亡者也。君生於康熙三十三年八月初二日辰時，卒於康熙五十四年七月二十一日申時，於康熙五十八年十一月二十九日口時從曾大父、大父安厝於祖塋而封馬鬣焉。嗚呼！自君之生及君之殂僅二十有二齡耳。入安子舍，出奉師傅，行不自專，事無獨斷。以故當時未及赫赫著名，迄今亦乏彰彰可紀之蹟也。然負性子良則媲於麟鳳，秉資穎異則美於蘭蓀。雖未乘風波浪，聳壑昂霄，識者已知其爲王氏之佳兒，權家之名駒也。當其趨庭辟呀時，言規行矩，無貽父母之憂；順旨承顏，無忤父母之意。一門之內，高高冏間。則君所以慰二人者，約略可想矣。

若夫以事諸父，如玉樹之臨於庭階；以對戚里，則女蘿之施於松柏。姻族共愛其醇謹，儕從咸服其寬仁。守初九勿用之義，而訾議詬誶不及於身。其潛德之幽光爲何如耶。至於君既歿，而未亡人貞志如冰，柏舟永誓。代君而事舅姑，曲盡孝敬，不啻衛敬瑜之妻之不負敬瑜也。知其伉儷克偕，琴瑟靜好，有迥異尋常者矣。使天假之年，而追琢以成其相，由是獲令望於珪璋，樹勳宏於鼎呂，其光簡冊炳旂常，亦惡乎測其所至哉。乃未至入洛之年，忽來鬼伯之促，致遐宣公抱西河之慟，而增之悲焉。則聞者慘傷，又不但愛刃割腸。遐宣公爲之涕泗交流矣。君女一，幼未字。銘曰：

種無不苗，苗無不秀。凌雨急風，穎實不就。物之尤者，固如是難成。人乎天乎，不齊之數。振振公成孫，胡乃不壽。

父於康熙五十八年十一月二十九日未時抆淚勒石。

（拓片藏河南省文物考古研究所。李秀萍）

月山寺八景詩

大士閣
山勢崚嶒翠柏還，巍然寶閣插雲煙。
有時登眺空濛里，頓覺凡身入碧天。

清風殿
玲瓏古殿捧山河，松柏如虬繞砌多。
況有清風匝地起，看經步月幾回過。

蒼公洞
翠繞層崖萬木中，苔深洞古白雲通。
昔賢剩有遺蹤在，花雨香飄滿面風。

課蜜泉
甘泉曲曲接山堂，碧水如油徹底涼。
釀蜜羣歸何處去？靈源猶帶落花香。

望景台
望景台高隱翠微，遠山如畫射睛暉。
攀藤無限登臨客，閃爍雙丸任指揮。

將軍樹

將軍老樹已多年，摩月吟風倒插天。
野鶴歸來嫌寂寞，一聲啼破碧林煙。

連環井

自從雙井鑿庭前，不費軍持汲潤泉。
讀罷楞伽無個事，垂頭閑看水中天。

鳳凰台

門前咫尺有高臺，好鳥銜雲繞樹來。
仙鳳何年歸碧落，空留此地客徘徊。

本山嗣祖沙門淨澍題並書。
康熙六十年二月初旬。
住持明悟等立石。

（碑存博愛縣月山寺。王興亞）

本府正堂梁諱需杞號近源太老爺河務公府趙諱溥尊號敏菴太老爺愛民均利萬民感恩碑記

【額題】碑記

本府正堂梁諱需杞號近源太老爺、河務公府趙諱溥號敏菴太老爺愛民均利，萬民感恩。薛家村與鄔莊、唐村接壤而居，共相守望，兼多姻婭，因有泉河一道，屢為爭水，累年構訟，未有定斷。今於康熙陸拾年，復相互訐。蒙本府正堂梁太老爺愛民息訟，均利勉□。河務公府趙幫太爺移牒，批薛家屯與鄔、唐二村用水訐訟始爭終讓，固屬可嘉。嗣後，薛家屯用北來之水，毋犯東西。鄔、唐二村用南來之水，毋侵南北。□各情愿，準照求行，可也。但不立□石，恐日後復起爭端，今將彼此各用各水案由，押催鐫碑，以垂久遠。復蒙趙太老爺諭，嗣後薛家屯用北來之水，架木槽以渡，灌南北田，毋犯東西。鄔、唐二村用南來之水，以灌東田，毋侵南北。既經定斷，宜各遵行。在上流永不得別開引河以啟釁端。三村情願世世遵守，永為式好。群相感戴，復立石以志不朽云。

康熙六十年六月三村士民公立。

（碑存博愛縣文物保護管理所。王興亞）

水利田碑記[1]

河邑貢生田生桂立石。

有水利地五十畝，因前僧人如林者，竟活賣與／

利地十一畝。自賣之後，所餘之地，有水利之名，無水之利矣。數年來，荒旱頻仍，賠糧賠差，又何論／

資也，予見而憐之。無地則無僧，無僧則無寺。因捐己財，於康熙五十九年，備作奉□□□賣水□出仍入寺院，庶乎弱門不至爲强梁□無歟。利可待／

者，亦甚勿效如林之所爲，是又／

而爲之記。

歲次壬寅季夏之吉。

（碑存博愛縣博物館。王興亞）

次公至曹文學招遊月山寺韻

避暑當何處，涼尋祇樹林。
嵐光峰外迥，山色侍中深。
日現長河靜，雲垂席地陰。
幽懷聊共賞，興劇爲知音。
景仰月山寺，招遊盡日留。
蒼苔乘閑雨，綠樹喚晴久。
偶舍東林舍，那堪解帶儔。
歸來天色暮，新月上廉鈎。
中也慈
壬寅孟秋住持明登立石。

（碑存博愛縣月山寺。王興亞）

重脩金龍四大王老爺廟碑記

【額題】碑記

重脩金龍四大王老爺廟，金粧聖像一堂、兩廊、三門、牌坊，煥然聿新，創建戲樓前

---

[1] 此碑下殘，／下有缺字。標題係補加。

捲棚三間，出銀錢信士姓名開列於後：

　　署懷慶府河捕通判王授章捐銀九両式錢伍分。河內縣稅課司大使章坦捐銀壹両。駐防清化鎮千摠楊本立捐銀叄錢。新盛紬緞店捐艮四刄八仐。信義紬緞店捐艮四刄八仐。弘泰紬緞店捐艮四刄八仐。六當店信商捐艮三刄。鹽店信商捐艮壹刄。高柏之捐艮六刄，路憲章捐艮五刄，王翠還捐艮四刄，高克歧捐艮三刄，岳英吾捐艮二刄，岳崑石捐艮二刄。滎澤縣孟同□捐艮一刄三錢，謝洪公捐艮一刄。萬興号捐艮一刄零二仐。溫泰號劉雙貴、李文煥二人捐艮一刄。高升九施椿樹一株，田王之捐艮一刄、李林卿捐艮一刄、路昇之捐艮一刄、田盛公捐艮一刄、王建公捐艮一刄。劉子澍捐艮八仐、邰仁還捐艮八仐。合興號連尚發捐艮五仐、朱村張進捐艮五仐。西魁山号捐艮五仐、甫字号捐艮五仐、太盛号捐艮五仐、永新号捐艮五仐、正興号捐艮五仐、恒足号捐艮五仐、公順号捐艮五仐、北公聚号捐艮五仐、用順号捐艮五仐、東魁山号捐艮五仐。趙君之捐艮五仐、高松山捐艮五仐一卜、何天水捐艮五仐、劉全捐艮五仐、岳宗周捐艮五仐、王□育捐艮五仐、高星海捐艮五仐、蔡魁甫捐艮五仐、岳松山捐艮五仐、張世臣、任迺□二人捐艮五仐、曹遜捐艮五、興盛号王寬捐艮五仐、張天儒捐艮五仐、胡恩敬捐艮五仐、王現亭捐艮五仐。逯子玉、梁子天二人捐艮五仐、武應召、王興太二人捐艮五仐、劉万益、李文炳二人捐艮五仐、趙完美捐艮五仐、許祥生捐艮五仐、李伊三捐艮五仐、王寧宇捐艮五仐、吳存義捐艮五仐、馮崑之捐艮五仐、全盛号吳英捐艮五仐。王弼公捐艮四仐四分、高漢柏捐艮三仐八分。大成号捐艮三仐、玉字号捐艮三仐、隆興号捐艮三仐、陳魁山捐艮三仐、三同号捐艮三仐、瑞盛号捐艮三仐、和盛号捐艮三仐、□興字号捐艮三仐、泰和号捐艮三仐、茂盛号捐艮三仐、高俊、何通漢二人捐艮三仐、恒字号捐艮三仐、義盛号捐艮三仐、桑大賓捐艮三仐二分。李耀宇捐艮三仐、孫建功捐艮三仐、萬全号捐艮三仐、杜子萬捐艮三仐、岳峒捐艮三仐、邵思洪捐艮三仐、趙啟禎捐艮三仐、永興号捐艮三仐、段興山捐艮三仐、公盛号捐艮三仐、張調甫捐艮三仐、馬清泉捐艮三仐、梁君重捐艮三仐、張衡人捐艮三仐、張彥甫捐艮三仐、公興号捐艮三仐。信誠号捐艮三仐、通興号捐艮二仐、同泰号捐艮二仐、同興号捐艮二仐、昇恒号捐艮一仐六分、寧泰号捐艮二仐、趙長公捐艮二仐、義和号捐艮一仐、隆興号捐艮二仐六分、興隆号捐艮二仐、臣興号捐艮一仐、永亭号捐艮九分。永順号捐艮二仐七分，寶伸号捐艮二仐、義盛号捐艮二仐，順興号捐艮一仐六分，通興号捐艮二仐，合和号捐艮二仐，元太号捐艮二仐，同興号捐艮二仐，元盛号捐艮二仐，薛士英捐艮二仐、公正号捐艮二仐、義興号捐艮二仐、同盛号捐艮二仐、盛興号捐艮二仐、焦新盛捐艮二仐、德興号捐艮二仐、永和号捐艮二仐、永和瑞字号捐艮一仐五分、同和号捐艮一仐八分、復興号捐艮二仐、義順号捐艮二仐、義和号捐艮二仐、合義号捐艮一仐七分、魁字号捐艮一仐六分、盛兴号捐艮九分、楊忠孝捐艮九分、宋瑾捐艮九分。同盛号捐艮二仐。惠盛号捐艮二仐五分、牛文射捐艮二仐三分、和興号捐艮二仐、恒昌号捐艮一仐七分，昇恒号捐艮一仐八分，永盛号捐艮一仐八分。恒聚号捐艮一仐七分，和泰号捐艮二仐、錫字号捐艮一仐八分、義盛号捐艮一仐。弘順号捐艮一仐一分。太和号捐艮二仐、漢興号捐艮二仐、福字号捐艮二仐、王榛捐艮三仐八分，張珆捐艮二仐，高奇捐艮一仐九分，張元之捐艮一仐一分。何良臣捐艮一仐，王貴之捐艮一仐，廣兴号捐艮二仐，宋鈇捐艮一仐八分。文盛号捐艮二仐，復盛号捐艮二仐。弘運号捐艮二仐，義和号捐艮一仐，公盛号捐艮一仐，靳瑞宇捐艮一仐，李光顯捐艮一仐，刘士彦捐艮七分。韓明山捐艮一仐三分，郝創修捐艮五分，逯□捐艮五分，李宝山捐艮一仐五分，高文隆捐艮二仐，宋殿臣捐艮五分，田蘭亭捐艮一仐二分，刘福宗捐艮一仐二分，高傑捐艮一仐五分，高清公捐艮一仐二分，李元公捐艮九分，任洪萬捐艮九分，李傑還捐艮七分，李光祖捐艮九分，洪興号捐艮二仐，全盛号捐艮二仐，公盛号捐艮一仐，聞相公捐艮九分，潘相公捐艮八分，張玉美捐艮四仐四分。宋玉章捐艮一仐八分，以上共收艮乙百零四乿三仐七分。趙宗極出艮四乿，李傅出艮四乿，高岩出艮四乿，董漢傑出艮四乿，王啟祚出艮四，馬越出艮四乿，田□澤、李建國出艮四乿，趙歧出艮四乿，顧全出艮四乿，岳化麒出艮三乿四錢。十家會長自出艮四十乿。

二共□□乙百四十四乿三仐七分。

使費開列於後：

金神匠全價艮三十二乿七仐，又煤柴木炭紙張燈油使艮四乿六仐四分，補修前後殿宇泥水匠人工價使艮二乿五仐，五彩兩廊三門牌坊戲樓並油活匠人工價使二十四乿，買條磚巴磚瓦脊獸使艮九乿零五分，買柱頂條石等使艮乙乿三仐五分，油匠工價使艮五乿六仐六分，係油閣扇簾籠，開光花炮使艮四仐，創修戲樓捲棚泥水匠人工價使艮四乿五仐，小木匠人工價艮二乿五仐八分，大鋸匠人工價艮二乿二仐，做大殿閣扇抱住使艮六乿，買楊椿樹十二株使艮十一乿四仐三分，買方椽下七根使艮四乿三分，買石灰三千零二十斤使艮一乿八仐九分，擡樹忙工並各色匠人工仐飯使艮四乿一仐一分，買釘共使艮九仐二分，買干毛使艮四仐，買繩使艮四仐八分，搖鈴工仐使艮一仐五分，買黃土使艮四仐二分，打铁活使艮四仐七分，神前踏鼓一面工價艮三仐七分，吹手艮四仐，肯封艮四仐，開光各色匠役利市買肉菜蔬等項使艮十一乿三仐三分，戲艮三乿，折色艮六仐，戲艮三乿，傾折色乿六仐，以上共使工艮乙百四十一乿三 三分，除使過餘艮三乿零四分，付本廟住持作香資、外刻碑一統使艮三乿六仐，係十三家會首信義號、新盛號、弘泰號、申紹舜、馬越、趙宗極、李倬、高岩、王啟祚、趙歧、岳化麒、萬漢傑、顧全，公出。

本廟住持王守仁，徒大初。

石匠張松。

大清雍正元年八月二十四日。

（碑存博愛縣清化鎮。王興亞）

除豁明月山寶光寺雜徭里甲碑記

欽差監督河工懷慶分府李大老爺與河內縣正堂梅老爺

萬易一圖末甲一戶月山寺豁免雜徭札。

月山寺為紫陵絕境，佛香僧飯取給於數頃山田。遊人皆得以寄託者，寺興而山著也。前令於輸正賦外，雜徭永為除豁，載在邑志及山刹碑記，歷歷可考。日久，里胥蔑玩，仍爾私派，致名山勝地，復為徭役所苦，豈非後清化者之責耶？欣逢賢侯，利興弊除，風徭藹然。今住持淨吉等具詞，改立萬易一圖末甲一戶，祈批豁免雜徭，給予印照，俾奉為鐵案，永杜里甲板累，惠澤旁敷。山陵草木咸經培植，益加蔥蔚崢嶸。振興境內名勝，亦一可傳佳政，非為浮屠護法也。

月山寶光寺僧淨吉等稟為懇永免雜徭事。

寶光寺創自大定二年，本空相和尚演說三乘，祈祝萬壽之所，供佛飯僧，取給數頃山田，歷元、明以迄國朝，止辦正糧，並無里甲徭役，夫何日久弊生，人情叵測，目其糧寄藉萬易一圖十甲二里，人遂扳膺里甲。故令寺僧人逃避他方，殿堂漸圮，不聞梵唄之聲；鐘鼓生塵，誰頌阿彌之號？三寶名山，荒涼滿目，千秋佳節，祝禱無人，昔年大叢林竟一敗塗地矣。維時本寺僧具稟控縣，蒙縣主孫老爺砯擬，既系香火，完一切雜徭、堡夫、門差永免，里人不得扳累，山門前碑碣可據。重困頓釋，佛日重光，僧人戴德至於今。恭遇老爺蒞任以來，福星普照，凡屬涸轍，無不復生，叩天嘗照，永免雜差。吾等勒石，永為遵守，功德無量，為此上稟。

計開：上地一頃零五畝三分四釐七毫，中地五十一畝四分八釐五毫，下地九十八畝三分四釐四毫，山地六頃二十畝八分四釐。

河內縣梅老爺批准，改立本圖末甲，原戶名輸糧一應雜徭概行豁免，里甲人等不得板累。此照。

本山沙門淨澍書丹。

大清雍正二年歲次甲辰冬月中浣之吉。

住持淨吉率圓、明、淨、智諸僧仝立石。

（碑存博愛縣月山寺。王興亞）

登寶光寺

朱藻

性癖耽名勝，寶光別有天。柏搖半畝翠，月落萬川圓，
石滑藤攀路，閣高雲汲田。山僧談不厭，一指破孤禪。

（碑存博愛縣月山寺。王興亞）

月山寺城

課蜜泉
清流一勺隱蜂房，無限甜言鬧晚莊。
衲于青瓷頻吸取，茗烹泉水帶花香。

鳳凰台
豔說鳳凰水上游，空將台址俯荒丘。
青蓮有句君知否，鳳去台空江自流。

明月山下
尋源親履畝，晚轡復低徊。
花圃穿林出，田畦逐水開。
鐘聲鳴古寺，日影破蒼苔。
王氏翻成趣，軒車過此來。
和韻又賦十首，丁未歲詩。

（碑存博愛縣月山寺。王興亞）

明月山寶光寺

明月山城
千尋石磴閣庭除，古木蒼藤偶曳裾。僧寺光啟唐代寶，山城月冷鄭王書。
天過涼氣經秋爽，林下秋風落葉疏。自笑宮閑無所似，浮雲恰與淡緣如。

大士閣
遙指蓮華是法門，我來問道過花村。
妙香喚遍人難識，楊柳春風雨露恩。

蒼公祠
幽深靈奧萬山中，石隙玲瓏一徑通。
古洞是誰留此跡，至今名姓說蒼公。

望景台

當時砌石作層台，臨眺好壞不易開。
山間老僧高著眼，無邊光景望中來。

清風殿

為訪禪宗坐草堂，拈花不笑亦生香。
南來帶得清風至，一片冰心殿角涼。

連環井

雙雙玉宇井闌幹，汲水人來相對看。
安得有心同結綆，情長不斷似連環。

將軍樹

柏蔭深處鎖寒雲，霄漢濤聲鶴靄聞。
莫道棟樑繞氣概，參天樹亦號將軍。

課蜜泉

清流一勺隱蜜房，無限甜言鬧晚莊。
衲子青瓷頻吸取，茗烹泉水帶花香。

鳳凰台

豔說鳳凰水上游，空將台址俯荒丘。
青蓮有句君知否，鳳去台空江自流。

明月山下

尋源親履畎，晚轡復低徊。
花圃穿林出，田畦逐水開。
鐘聲鳴古寺，日影破蒼苔。
王氏翻成趣，軒車過此來。
彭廷梅撰文。
丁未歲侍。

（碑存博愛縣月山寺。王興亞）

碑記

　　玄壇老爺三門，始於皇清康熙五十八年十月二十二日啟造，至雍正戊申歲年春告竣，勒石永垂不朽。今將施財姓氏開列於後。

　　時皇清雍正六年三月十五日。

　　主持王守全。

（碑存博愛縣文物保護管理所。王興亞）

次道臺朱公登寶光寺原韻

寶光前代寺，清迥逼諸天。月破千山綠，泉涌萬相圓。
香雲迷下界，花雨灑平田。佛口經過處，心空及第禪。
馬驌雲。

（碑存博愛縣月山寺。王興亞）

題月山寺風景詩

馬驌雲

大士閣
大士千手眼，慈雲偏靉靆。
高閣俯宸環，那能觀自在。

課蜜泉
愛蓮偏棄心，避蜂卻嗜蜜。
清冽似寒泉，苦甜渾如一。

將軍樹
結根在岩阿，蜿蜒器蒼鬱。
莫嗟名山老，千年外神物。

蒼公洞
百雲常住山，洞以蒼公著。

蒼公今何在，白雲再來去。

(碑存博愛縣月山寺。王興亞)

金傘山萬壽觀自然先生贊

漢大夫東方朔奉詔東幹，特謁金傘山萬壽觀主自然先生劉公口，追慕其德，乃留贊曰：
妙哉至道，無極無窮。無影無形，無始無終。細無不入，大無不容。分判混沌，運幹元穹。造化川谷，備列西東。生育萬物，孕產禽蟲。五行否泰，八卦屯蒙。隨緣禍福，應兆吉凶。非道能著，惟人可宏。昔者自然，天錫英雄。作用法則，動止謙恭。時若溟海，聲如巨鍾。解慾剄銳，知白知清。深達奧旨，洞曉真宗。金傘山側，萬壽觀中。持誦精懇，焚修至誠。飛符走籙，斬妖滅凶。迎神役鬼，降虎伏龍。拯濟水旱，時稔歲豐。制服靈液。采餌赤松。吞日飲月，單衣拒冬。一百十九，貌若嬰童。迴光返照，聖智圓通。靈丹濟鼎，彩霞飛虹。舊緣宿行，相契是功。金書赫赫，鶴駕騰騰。仙樂嘹亮，嘯歌雍雍。祥雲蔽日，瑞氣凌空。履石遺跡，以記名崇。麾幡鼓節，迎歸洞宮。飄飄仙袂，隱隱玎冬。信士繼踵，洪波立封。秦室墮廢，戰國奸雄。歲月既久，觀宇頹崩。千載之後，再闡元風。自然遠嗣，重躍仙縱。興修大廈，宏壯孤峰。寒灰復熾，枯木重榮。四方歸奉，萬里和同。聖躬萬壽，帝道興隆。

雍正十一年邑老靳文錄文，明月山僧錫霖重書勒石於三教堂。

(碑存博愛縣月山寺。王興亞)

登月山寺詩

乙卯季夏登月山寺閣，時方苦旱，感而賦此，用壁間楊似翁丈韻。
躡梯直欲叩天公，帝座依稀紫霧籠。
址鶴無聲雲飲岫，鉢龍種臥日當空。
晴霞遠映千林外，禾黍平翻一望空。
安得甘霖傾似注，郊原沾灑樂無窮。
雍正十三年。

(碑存博愛縣月山寺。王興亞)

本山風脈說

上刹子山午向，兼壬丙三分一白。入中宮屬水，《洪範》五行屬火，斗五行屬土，三合五行亦屬水。古續三層，頗為合局。迨後起藏經殿而局破矣。嗣此人丁遂不興旺，非無故也。其最凶者，走西北一帶殺氣之路，此主敗絕。然猶不絕綫，寥寥四分，僧衆不滿二十。佛力保護，以待重典。今上元甲子，白水星管事，當興之候也。丙子年，拆造大士閣，又犯太歲、戊都等凶曜，宜乎損傷人口。前左辰方高樓，不知起自何年，據云為風水修補。此術家不達紫白八卦五行之理。臆見催報，甚屬無謂。而不知又添殺曜矣。凶星一到，即能為禍。所謂不揣其本而齊其末也。茲於乙酉清和下浣，偶從遊眺山水之下，略為指撥，未必無小補云。若夫建造興修選擇，務按紫白卦爻，元經斗首，以候後來高明君子，慎勿如前造樓人，又孟浪舉動耳。

從清風殿走至藏經殿，自藏經殿走至大士閣，此皆殺位殺曜，絕路絕地，斷斷不可行走，舊路宜截斷。清風殿南，大宜蓋房住人。清風殿北，只宜安靜，舊路永絕。東方丈左首，原有一門，僅存狹路，即為石堪砌斷，並無上山階級，此在生氣方，速宜辟路，以上大士閣。如此則藏經殿置之閑處，此截路換局法也。路須三折而上，從山神廟經過。大士閣之左，課蜜泉之前，宜興建殿宇一所，若閣右只宜空閑。十方院舊基一帶，斷斷不可修作，右首築牆一堵，界斷更妙。

西南角上靜室，今已傾頹荒廢，然此處在閣寺為生氣之位，宜加修葺，住一學道之人，可成正果，且晚宜聞魚子梵誦之聲。屋角石牆，加粉飾華煥。麒麟山乃從小嶺劈脈，到頭亥龍入首，秀峰重疊，旗鼓把門，本是成形一佳地，宜扦壬山丙向。普同塔院慎勿惑于白虎昂頭之謬說。灶房移歸舊位，火門向南向西為順。明月洞門首，應築牆截斷，開一小小圈門。蒼公洞前只宜種植花木，以為遊玩之所。續起看家樓，其意為巽地文峰，殊不知此辰地非巽地也。三合五行，正在墓位，主人昏晦，何謂文星必移置山門之外？從毗盧殿正梁之下放盤，將線牽准巽位上，起建鐘樓，以鎮一寺風水。鐘樓一如看家樓之高。

康熙乙酉年四月二十八日河內令偶筆。

天理地理，互相為用，然天理幽而難明，地理顯而可測。愚偶適清風殿，錫霖和尚持此論示予，議勒貞珉，命贅跋於後。蓋深服前人見解，正恐後人作俑也。

邑人婁書樓題。

沙門淨澍書。

雍正十三年秋月之吉。

執事明楊及淨、智字和尚同立。

（碑存博愛縣月山寺。王興亞）

重修金龍四大王廟碑記

【額題】碑記

金龍四大王老爺廟前戲樓三間，補修牌坊三門，大殿兩廊道院煥然聿新，出銀錢信士姓名列後：

廣東羅定州直隸州知州加六級記錄二次逯宅捐四兩。

信義店捐艮二两五𠆤，恒足店捐銀二兩，統太店捐艮一両五𠆤，程王盛捐艮一両五𠆤，王定公捐艮一両五𠆤，傅西元捐艮一両，桂永興捐艮一両，弘盛号捐艮一両，□□捐艮一両，郭勛山捐艮一両，桂興号捐艮五𠆤，李成盛捐艮五𠆤，连合信捐艮五𠆤，敬盛号捐艮五𠆤，公興号捐艮五𠆤，同興号捐艮五𠆤，元興号捐艮五𠆤，弘泰号捐艮五𠆤，義和店捐艮五𠆤，交慶店捐艮五𠆤，有義店捐艮五𠆤，永興店捐艮五𠆤，德潤店捐艮五𠆤，通順店捐艮五𠆤，如意店捐艮五𠆤，亨茂店捐艮五𠆤，天水号捐艮五𠆤，五福号捐艮五𠆤，高金□捐艮五𠆤，路全公捐艮五𠆤，何振淮捐艮五𠆤，許祥生捐艮五𠆤，靳玉甫捐艮五𠆤，張公盛捐艮五𠆤，趙順□捐艮五𠆤，□□□捐艮五𠆤，協和号捐艮四𠆤，正英号捐艮四𠆤，馬慶宇捐艮四𠆤，正興号捐艮四𠆤，□□号捐艮四𠆤八分，路正号捐艮四𠆤八分，西公号捐艮二𠆤八分，公盛号捐艮□𠆤七分，魁盛号捐艮四𠆤八分，西魁山号捐艮四𠆤八分，通順号捐艮四𠆤三分，岳公順捐艮四𠆤六分，張公順捐艮四𠆤五分，東王興捐艮四𠆤二分，王君相捐艮四𠆤六分，逯甫臣捐艮四𠆤七分，義順号捐艮三𠆤，太興号捐艮三𠆤，福生号捐艮三𠆤，太順号捐艮三𠆤，煥興号捐艮三𠆤，連昇号捐艮三𠆤，東盛興捐艮三𠆤，同興号捐艮三𠆤，金順号捐艮三𠆤，大成号捐艮三𠆤，太盛号捐艮三𠆤，公盛号捐艮三𠆤，大興号捐艮三𠆤，生茂号捐艮二𠆤，隆興号捐艮二𠆤七分，元字号捐艮三𠆤，太恒号捐艮三𠆤，安興号捐艮三𠆤，均太号捐艮三𠆤，寧太号捐艮三𠆤，李應宇捐艮三𠆤，大吉号捐艮三𠆤，牛敬盛捐艮三𠆤，恒裕号捐艮三𠆤，周瑞宇捐艮三𠆤，張君相捐艮三𠆤，昇恒号捐艮三𠆤，寶坤山捐艮三𠆤，邵景寺捐艮三𠆤，連貴之捐艮三𠆤，嶽衙泗捐艮三𠆤，龐憲革捐艮三𠆤，晉豐店捐艮三𠆤，趙成吾捐艮三𠆤，王貴之捐艮三𠆤，鳳盛号捐艮三𠆤，馬響馨捐艮三𠆤，李和号捐艮三𠆤，喬宇臨捐艮三𠆤，張□公捐艮三𠆤，诚成号捐艮三𠆤，昇太号捐艮二𠆤七分，趙□□捐艮二𠆤八分，王□甫捐艮二𠆤七分，廣興号捐艮二𠆤七分，順字号捐艮二𠆤八分，王三根捐艮二𠆤七分，原字莊捐艮二𠆤八分，孫楚文捐艮二𠆤八分，賈子全捐艮二𠆤八分，陳順興捐艮二𠆤八分，高子隆捐艮二𠆤八分，顧君甫捐艮二𠆤八分，恒太号捐艮二𠆤八分，公王号捐艮二𠆤八分，久如号捐艮二𠆤八分，元恒号各捐艮二𠆤七分，張素心捐艮二𠆤七分，吳玉之捐艮二𠆤，義順号捐艮二𠆤，連順号捐艮二𠆤，許子春捐艮二𠆤，順興号捐艮二𠆤，致和号捐艮二𠆤，趙廣生捐艮二𠆤，晉恒号捐艮二𠆤，元吉号捐艮二𠆤，元亨号捐艮二𠆤，集王号捐艮二𠆤，中太号捐艮二𠆤，玉成号捐艮二𠆤，三益号捐艮二𠆤，興盛号捐艮二𠆤，先天号捐艮二𠆤，廣盛号捐艮二𠆤，胡正乙捐艮一𠆤八分，和茂号捐艮一𠆤八分，元成号捐艮二𠆤，通興号捐艮二𠆤，公盛号捐艮二𠆤，王君祥捐艮二𠆤，楊縈亭捐艮二𠆤，恒吉号捐艮二𠆤，王東川捐艮二𠆤，趙光臣捐艮二𠆤，西盛興捐艮二𠆤，永盛号捐艮二𠆤，太岳号捐艮二𠆤，景盛号捐艮二𠆤，王亮公捐艮二𠆤，張□庵捐艮二𠆤，王子朝捐艮二𠆤，信義店捐艮二𠆤，李廷吉捐艮二𠆤，聚昇号捐艮二𠆤，盛興号捐艮一𠆤六分，大裕号捐艮九分，以上通共收艮六十三兩九𠆤八分。

會首萬興号、李林魁、趙子敬、魏順元、高柏之、路伯文、高星海、高振洛、田良臣、李敬五、路遠庵、刘子卓、王文軒、王翠邊、趙君之、孫福軒、路紹周、蔡魁甫、高聚歧、趙子華、曹顯亭、董敘之，共二十二家，共出艮二十两三仦四分。

共合計八十四两三錢二分。

使艮開列於後：

大人泥水工價□□□□，

買磚瓦石吻土坯荊芭□□合艮□叉九仦九分，

買□風錢業行畫匠油匠漆匠□□使艮□叉五仦八分，

買碑刻字匠□使艮四叉，

雜器共使艮十二叉二仦九分，

□艮少色艮四叉四仦五分，

以上共使艮八十一叉五仦□分。

除使淨餘艮二叉八仦，本庙住持以作香資。

以上共通使出艮八十四两二仦二分。

本廟住持王太初、徒清鶴。

石匠田永祿　　　立石。

大清乾隆四年十月十七日。

（碑存博愛縣清化鎮大王廟後殿。王興亞）

覃懷明月山大明寶光禪院開山空相和尚塔銘碑記

【額題】空相和尚塔

傳臨濟正宗第三十五世風穴寺方丈海月撰文。

候選縣丞杜麟正書丹。

空相和尚者，晉沁水郇氏子，從父兄遷臨汝梁縣。喪父母後，一日聞衢歌曰："莫待老來方學道，孤墳尽是少年人。"遂動無常之感，北詣少林，禮和公為師，時年二十二矣。披剃後，即深究己躬，諸决心要，依數載，了悟性宗，和公付以洞上，沿流禮辭，遊紫金山，至汴之東明，開法報恩禪院。久之，杖錫渡河至懷州，北望諸山，見峰巒聳翠，奇秀幽深，乃即山坳結庵其中，誅茅叠石，拓基展土，丸泥種柏，蓊鬱成林，子將棲焉終老。

會金大定二年，詔訪寰宇寺院有名跡者，咸勅賜名額，由是得勅賜為大明禪院。師於是力謀興葺前後殿宇、僧堂、寮舍，備諸叢林威儀。數年之間，緇衆雲集，師開堂演法，遂成叢席。師圓寂於大定甲辰九月，骨身即塔藏本山西麓，嗣後代有興廢。

編入國朝，習為應院，席虛無主，戒律禪教蕩然，無復講侍時矣。余同門錫霖和尚，幼披剃斯山，不染習塵，遍恭海內名宿，後遇先師中老人，心印相符，獲授源流，每志興復故刹藏器。雍正丙辰春，緣掃先師塔至風穴，余留過夏。每談及祖衢，念空相和尚為寶光開山鼻祖，於今藏塔傾圮，敘銘闕如，恐歲時茲久，將致湮沒。諄諄以敘銘見囑，余雖諾而未有以應也。適今上乾隆御宇，洞鑒宗門，崇覽覺愚，恩戒海內。於是，覃懷之官紳、緇素及本山耆舊罄宜、天文、六安等，自風穴迓錫霖和尚歸月山開堂傳戒，恢復叢林舊規。噫，山之開也，以金之賜額。道之興也，以聖朝恩戒，此中因緣豈偶然耶。丁巳秋，錫霖和尚塔院重新工竣，走書來索敘銘。余誼固弗容諉也，迺理前諾，敘其顛末而系之銘曰：

山川蒼鬱兮鐘秀起祥，烏兔往來兮道以彌昌，師無來去兮處空寂而難量，衢行超卓兮樹松柏之蒼蒼。創斯大刹兮留雲漢之天章，法海陵遲兮幾湮沒而弗彰，荷聖人之有道兮奕葉重光。眉毛撐漢，鼻孔昂藏，功業齊天壤而不磨兮，華興日月而永長。

傳林濟正宗第三十五世本山方丈遠孫淨澍。

當今方丈遠孫淨吉。

本年監寺淨念。

乾隆柒年歲次壬戌仲秋穀旦，兩序全立石。

刻石趙厚。

首座明義，都寺明經，監寺淨吉，摠理淨念，書記淨照，知事淨琦，知客智果，記錄淨智，知眾淨惇，倉庫淨慈，筵賓淨月，直嵗智昇，知庫知亮，知殿戒祿，莊主智奎，監牧智堯，侍者行英，殿王智璧，水頭智陽，照容智濤。

行者智觀、智遠、智存、智紹。

行□德山、德逢、德一、智通。

佛子德□、德祿、行彬、行祿、福□、德□、福□。

（碑存博愛縣月山寺。王興亞）

月山錫霖和尚行實碑記

傳臨濟正宗第三十五世風穴寺方丈海月敬撰。

候選縣丞杜麟正書丹。

師諱淨澍，字錫霖，中州懷郡河內人。父姚姓，母趙氏。公生時紅光燭室，人皆驚異。甫離繈褓，不茹葷，以佛事為兒戲。坐喜跏趺，儼若有思。因疾，父母遂送本郡明月山寶光寺，自牧尊宿為徒。至寺疾漸愈，孜勤禮誦。年十八，詣嵩山。龍潭念恆律師圓具，依止五載，詳究毗尼。一日，念問曰："毗尼耶有三決定意，那三決定意？"公曰："戒定慧。"念曰："如何戒？"公曰："攝心為戒。"念曰："三心不可得，你攝那個心？"公不能答，遂求指示。念曰："欲明此理，可就宗門參究，汝州風穴默鑒和尚當世宗匠也。"遂欣然往叩。默問曰："甚麼處來？"公曰："龍潭。"默曰："可乘龍來麼？"公曰："某甲初參，特求指示。"默便打雲板，髒叫曲漢，默授以萬法歸一句，公遂朝夕憤勵。一日，與同参覺岸、半癡山行，忽憶步行騎水牛句，不覺失聲曰："步行騎水牛。"覺問曰："那個是你的牛？"公以腳踏，以蹋雲步弓不離。半痴與覺云："此人有些奇異。"

將結冬，默和尚喚入方丈，種種示誨。公立決烈志曰："不明此事，終不放參。"遂通宵參究，未嘗就枕。第五晚，默和尚落堂，公問曰："除卻語默動靜，必竟一歸何處？"默云："我與你說了，恐有人不肯。"自此疑情愈發，如入無人之境，不知有身世矣。一晚同參，撞香板墮地，忽然有省。和尚落堂，問云："萬法歸一，一歸何處？"公曰："身穿爛布袍。"默云："誰與你做的？"公曰："不假他人力。"默云："一火燒了。"公展兩手云："燒個甚麼？"默擲下竹篦歸方丈。公憶古人三登九上，必悟到大休歇地，方為了手。會先師至風穴，與憨師翁刻塔銘。公隨師詣韶山雲門寺，每呈見解，盡被掃辟。公因眼疾告假養息。師曰："古人學道為法忘軀，豈可在皮袋上做活計，汝當會所不害的眼。"公曰："不害的眼向甚麼處會取？"師便打公曰："意旨如何？"師復打曰："死骷髏上撐活眼。"公愈加精進，疑情現前，綿綿密密，便覺得盡虛空遍法界，總是一個眼字，無內無外無自無他，東西南北都無分辨，混然成片，目前空牢牢地，胸中虛慮慮地，一坐自辰至午。師詣前以竹篦勵聲打云："汝去吃飯罷。"被師一擊，瓦解冰消，如脫重擔，返觀從前所悟，如大海一滴，遂詣師前消假。師曰："汝眼好了麼？"公一喝。師曰："我問你眼，你惡發作麼？"公曰："和尚作喝會那。"師曰："你不怎麼會，你怎麼會？"公連喝兩喝，拂袖而出。開田次，師問曰："向钁頭上道一句來。"公曰："純鋼打成。"師曰："還假鍛煉麼？"公曰："不犯鋒芒。"師曰："持柄在手時如何？"公曰："刪盡荒穢。"師曰："刪盡後如何？"公曰："閑田一片。"師曰："承誰之力？"公荷钁而歸，遂口占云：

一柄鈍钁頭，恒持空手中。揭開方寸田，八面迴玲瓏。

師將從上諸訛公案，一一垂問，隨口即答，了無疑滯。師遂付以衣，偈曰：

喜出覃懷膽氣豪，諸方看遍眼頭高。雲門棒下知端的，奕葉聯芳在爾曹。

時康熙乙酉元旦也。是歲秋八月，先老人受風穴請，隨侍充維那。

戊子春，先老人復受洛西中山寶泉之請，公遂入秦至興，善古和尚問曰："甚麼處來？"公便喝，古復打。公又喝，古復打。公再喝看，公曰："重言不當吃。"拂袖便出。相依載餘，滿漢道俗請住招慶禪院，公辭而不就，直渡黃河，赴廣修和尚講筵畢，欲上五臺。過汾州，韓謨文學請公就家佛堂閱藏三載畢。弘福寺越塵和尚，赴五臺金剛窟客期傳戒，邀公同往，遂至五臺山，登大羅頂，偶占云：

卓出五峰外，登臨天上來。乾坤在眼底，無處著塵埃。

期畢，文水縣下曲鎮淨土庵監寺義天，洎合鎮緇素請就本庵開堂，時康熙丁酉秋。結冬三載，忽憶受業師年邁，及至已趨寂矣。入塔畢，遂省觀先老人。時南陽香岩同門寶林和尚，以香岩院事讓公，公弗允，仍歸脫白之地，盧師塔焉。懷之士夫，日諮元要，朱道台有贈"山僧談不厭，一指破孤禪"之句。乾隆元年丙辰春，公來風穴掃塔，余留過夏。孟秋，公之高弟六安等，持懷之官紳士庶，諸山緇侶書幣，敦請就本山開堂。情不容卻，遂往焉。入院之後，道風遐播，緇流雲赴，檀施川積，皆不期然而然。要亦有所本，與公尋常之間，不事外飾，不尚雜學，口齒之間，惟拈提己躬事。安于一衲，初無意必，恢張法門。及夫時節既至，向之分房，煥成叢席，其間寮舍庖湢諸事，靡不周至。結冬，衆越千指，皈依弟子不計其數焉。意非公願力洪大，至誠感人，與茲山有緣，其能若是乎哉？公之門人謂予與公契闊無間，知其公之悟由履歷，丐予敘之。予曰："爾師年未及耳順，何太蚤計。今正闡揚法化，末後光明，大有不可思議者矣。"跽祈再四，義弗能拒，略述其公之生緣操履梗概云。謹實。

乾隆七年歲次壬戌仲秋。

當今方丈門人淨吉。

監寺淨念等立石。

（碑存博愛縣月山寺。王興亞）

重修三官大殿東頂拜殿碑記

【額題】流芳百世

重修三官大殿東頂拜殿。謹以施財姓名開列于後：

會首賀魁、張起高、邱儉、賀大德、劉應元、徐大□、賀利、李守文、李廷相、宋宗信、原國祥、賀□。

張進公施脊六塊，獸二對，貓頭二十個。

趙國富施艮一个，張瑞美施艮一个，和廷梅艮一个，逯君相艮一个，張梅艮二个，張化周艮一个，張化成艮一个，王見文艮一个，王明艮五个，邱得財艮一个，邱卓九艮二个，楊文希艮一个，王成美艮五个，和多春艮一个，和有名艮一个，王記祖个一百文，司景昌艮一个，王仁艮三个，吳自成艮二个，趙國昌艮二个，許□珍艮三个，申延福艮四个，楊生信艮二个，張振艮一个，張法艮一个，趙自蘭个一百文，許睿艮二个，趙宗興艮一个，劉大江艮三个，崔國化艮一个，牛自立艮一个，程吾名艮一个，邱□武艮一个，張文英艮一个，邱□相艮二个，陳門原氏艮一个，張廷周艮二个，李永潛一个三卜，庞振蕊个一百文，趙班艮一个，璩養德艮一个，璩養才艮二个，張昆艮二个，張振能艮一个，程光慶一个五卜，程孝夢艮一个，溫有龍艮二个，陳克振艮二个，楊玉海艮一个，毋玉仁不一百文，張潤艮一个，楊文綻艮二个，劉良玠艮二个，李云體艮一个，趙永貞个二百文，牛大增艮一个，侯進法艮一个，牛自孛艮一个，邱維習艮一个，陳維禮艮一个，魏朝用艮二个，王國興艮一个，梁可達艮一个，高加元艮三个，和廷贊艮一个，張法諒艮二个，李文鶴艮二个，霍玉艮二个，孫自貴艮二个，張瑞艮一个，張發祥艮一个，郭成艮二个，韓得魁艮一个，張愛仁艮一个，鮑起聖艮一个，邱臣艮三个，張世興艮一个，郭之宰艮一个，王澤艮一个，王潤艮二个，王太初艮二个，梁爾介艮一个，張宗榮艮一个，劉履中艮二个，連成珩艮一个，魏祖繩艮一个，張世忠艮一个，段永元艮一个，崔国富艮一个，崔明道艮一个，杜針艮一个，史祿艮二个，和廷堯艮二个，邱生貴艮一个，邱各艮一个，邱生廣艮一个，邱柄艮一个，楊生利艮一个，楊生林艮一个，楊生河艮二个，楊生勤艮一个，李德魁艮一个，梁元臣艮一个，梁作富艮一錢，鮑希祿艮一个，高大賓艮一个，邱渭艮一个，邱雲艮一个，王振艮一个，安文玉艮二爭，李可明艮一个，和廷秀艮一个，邱克己艮一个，邱可仁艮一个，郭魁然艮一个，楊丕元艮一个，郭尚智艮一个，郭世太艮二个，王永叔艮一个，楊友法艮一个，常永法个一百文，連盤貴艮一个，邱惟才艮一个，牛自文艮一个，侯進法艮一个，仝大那艮二个，黃大中艮五个，孫士文艮一个，鄒大京艮一个，石永富艮一个，石永修艮一个，李光平艮一个五卜，魏大章艮一个，石創業艮一个，王禹公艮一个，申必倫艮一个，趙方艮一个，郭丙己艮一个，崔守義艮二个，張文荣艮一个，張光訓艮一个，張世点艮一个，傳光宗艮一个，原進中艮一个，張進義艮一个，張大才艮一个，原法艮一个，劉怀義艮一个，李士明艮一个，李云松艮一个，李希光艮一个，李應選艮一个，李士彥艮一个，陳法貴艮一个，石冗平艮一个，邱世俊艮一个，邱惟祿艮一个，邱惟純艮一个，邱光言艮一両二个，邱惟化艮一个，齊文中艮一个，欽□賀个一百文，安軍林艮一个，薛世基艮一个，薛雷艮一个，王永貴艮一个，王門李氏艮一个，常蘭艮一个，許達蒙艮一个，許九貢艮一个，許達陽艮二个，陳洗艮一个，張同艮一个，陳恩忠艮一个，齊自中艮二个，丁初行艮三个，原景福艮二个，張錫艮二个，陳守貴艮一个，邱得成艮一个，張永才艮一个，劉大周艮二个，郭皇艮一个，邱演艮三个，張文月艮一个，高禹艮一个，趙王艮一个，楊生方艮三个，王名云艮一个，王名京艮一个，周中艮二个，張文魁艮一个，陳思治艮三个，楊生海艮一个，邱蜜艮一个，王文荣艮一个，毋進福艮一个，毋□示艮一个，毋玉興艮一个，毋元梓艮一个，韓一□一个，王天□艮一个，毋……[1]賀天喜艮一个，賀兆寧艮一个，賀兆印艮一个，賀士德艮二个，董廷玉砳一百个，小尚張艮一个，原純仁砳□□，沈恩助艮□□，吳自道艮□□，李奇才艮□□，韓羣艮□□，璩君用□□□，張應□□□，桃村[2]。

峕大清乾隆九年三月十五日立。

（碑存博愛縣博物館。王興亞）

月山寶光寺

行蹤無住暫尋幽，問訊空山古刹留。
未敢全抛身內事，且圖稍遣客中愁。
清泉出穀不知凍，紅葉滿林真是秋。

---

[1] 以下四人姓名，字殘。
[2] 該碑左下角殘。

仰止多情頻策馬，百雲堆處聳高樓。

兩行山夾萬株松，石蹬盤空過幾重。
近寺招邀來衲子，隔雲迢遞起疏鍾。
阿誰貝葉成新偈，何處蓮花問舊蹤。
慚愧有門尋進步，諸天拍手笑相逢。

蒼岩劈破自何年，攬勝人來尺五天。
日月有情依北閣，清風無意下西偏。
梅開香引蒼公洞，水落聲傳課蜜泉。
更上雲臺最高處，收將河嶽入詩篇。

石洞誰攜酒一壺，道情禪味兩模糊。
丹砂事業輸兒女，百雪心期是丈夫。
試看寒松逢歲暮，幾曾月桂有榮枯。
於今莫更分門戶，只合相從覓故吾。

麒麟山接鳳凰台，獨立蒼茫望眼穿。
我自隨緣忘去住，人誰到此賦歸來。
峰頭遠憶送雲渺，洞底清分晉水回。
何日奇包禪榻畔，檀林香月好徘徊。

禪情詩思兩河憑，小住香臺最上層。
別院清風雲作縷，空山臘月水無冰。
漫成修竹林中客，閑對梅花樹下僧。
忽憶西風鐘磬里，欲銷離恨竟誰能。
鄂容安
戊辰冬月。

(碑存博愛縣月山寺。王興亞)

春日重上月山寺和壁上韻

宿雨初晴雲盡邊，千村萬壑起春煙。
行人都在迷漫處，恰聽鐘聲落梵天。

去年曾到此岩阿，霜雪寒歸松竹多。
記取絮飛花落後，春風滿袖又重過。

倚雲高閣四山中，窗戶全開面面通。
絕少藤籬遮望眼，萬松香落九天風。

塵勞頓息入深堂，古樹當階座上涼。
空穀幽蘭花自放，不因人到有奇香。

領取清風住翠微，不知山外已斜暉。
空憐春草供品賞，可有天花聽指揮。

流水桃華年復年，人間爭惜暮春天。
山中風味清如許，一炷香消柏子煙。

梅花古洞石崖前，門外無溪座有泉。
好像此行計歸路，西來應是熟梅天。

軟塵影外山如故，流水聲中客又來。
無住生心心在否，雲臺覺路重徘徊。

乾隆十四年五月九日。

（碑存博愛縣月山寺。王興亞）

月山寶光寺

　　月地由來號月山，蜿蜒一徑入雲關。真成七寶光無定，消受三秋趣以閑。平野色含菁峭外，飛泉聲在翠微間。心疑開士幽居處，欲辨殘禪蘚已斑。
　　乾隆十五年。

（碑存博愛縣月山寺。王興亞）

雨中過清化鎮泥滑不得上月山寺

河陽連如雨，河內住行蹤。泥滑東西路，雲埋千萬峰。我甯滯遊騎，人共喜春農。空憶山陌上，花間濕梵鐘。

（碑存博愛縣月山寺。王興亞）

聖駕巡幸明月山寶光寺記

范泰恒

今皇帝念切民依，宵旰不遑。乃於乾隆十五年九月望日，恭奉皇太后巡狩觀岳，道覃懷而歸幸明月山寶光寺。

臣謹按：天壇王屋為太行首，崒律鬱盤東行二百里，景更奇絕。翠柏萬株，彌漫岩谷。背隆起，兩址相抱如環，故曰明月山。寺則創自金，歷元、明，形勢漸著，至本朝而大備。巔石嶂列，軒五楹而敞其前，嵩屏河帶，指顧可見。左側為大士閣，飛檐層構。出松杉而清流曲折於階除者，則課蜜泉也。又東有殿曰藏經。南下而勢復起，覆以茅亭，翠竹百竿，掩映蕭森。右為方亭，類四明車，緣磴而下，石室三竁，以祀呂道人。室西有洞，外狹而內寬，相傳為蒼公宴息地。循徑南出，石壁長列，廣亭翼之。左右雜植畦菊，扶疏燦爛，殆山間而具園林之觀焉。旁起石臺，青松孤出，槎椏偃蹇，拿雲攫空。上踞六面亭，朝旭東升，影出林隙，可舉目得也。隨步左右，下基平而廣，有殿三，最後曰水陸殿，旁各三楹，前為大雄殿，又前為天王殿。殿與閣相植，閣昂首，而三殿其腹也。階下雙井湧見，不竭不溢。前殿古柏數株，挺挺直立若拱衛，儼空門護法也。兩廊環繞，僧寮紆復以達於山門。其外石坊對峙，東山勢稍昂為鐘樓，西南坦而長，敞楹三以便瞻眺，蓋鳳皇臺舊基云。或曰天壇山高擬帝闕，其下千萬岩巒，若堂若室，名王屋實惟王者之居。而軒閣聳出，列奇紛綴，殿宇寮舍蔽虧山坳，此亦離宮別館也，望幸之所，於是乎在不其然乎！

皇帝恭奉皇太后清蹕蒞止，登殿瞻佛，幢幡疊掛，懸額列聯，宸翰親灑。蓋自開山建寺以後，玉趾來臨，頒賜稠疊，增重名山，而為象教光，六百年來實無倫比。抑臣恭迎聖駕，仰覲天顏，每顧黎庶，欣欣色喜。而登山正位，曠望高深，田塍如畫，溝渠交錯。凡此老幼婦子，皆我列聖以來，休養生息，我皇上十有五年撫摩鞠育，以有今日也。則所以立道之綏，動之以永奠，於爾萬姓，於茲尤切。夫求莫懷保，巡方觀化，聖天子之事也。奔走述職，以揚休命，守土諸臣之職也。而述盛德，揚芳徽，使永永年代，服我成烈，則述在史館，紀載之職之所宜任也。臣泰恒不辭不文，謹據實而紀其事。

時守土者河南巡撫臣鄂容安，懷慶知府臣甄汝舟，河內知縣臣胡睿榕，例得備書云。

（碑存博愛縣月山寺。王興亞）

重修石佛堂碑記

【額題】萬古流芳

　　清化鎮之□有石佛堂也，由來久矣。考碑記，唐朝儀封年間，□有青蓮石佛寺，規模宏大，殿宇巍峨。遭兵火之變，損其制度，改寺爲堂，屢修屢廢，不可殫述。至我朝乾隆貳拾陸年，秋雨連綿，無□□□城牆垣□□北金碧脫落，神不歆享，人不起敬，近居者咸目擊心傷。但工程浩大，獨立難舉。幸有回首張門張氏，張門王氏，孟門張氏各捐資財，兼募四方，重金聖像，再築垣牆。堂之前後，煥然一新，統固人之無善妥，亦神明之默佑矣。今工告完，故時鐫之於石，永垂不朽。

　　後學閔熏沐敬書。

　　管賬會首林文炳。

　　捐資姓名開列於後：

　　總理孫門王氏、張門張氏、孟門張氏、張門王氏。

　　旹皇清乾隆叁拾年九月吉日穀旦。

（碑存博愛縣博物館。王興亞）

百家巖寺修葺両佛殿記[1]

百家巖寺，太行山中名刹也。其懸崖叠嶂之形，清流激湍之韻，茂林密竹之 /
留遺，徜徉幽勝者，昔賢所記甚詳，奚容再贅。相傳寺建於高齊稠禪師□於 /
如寺僧慧圓瀛瀚輩，皆能前後相繼，力為修補，規模宏麗，較昔有加。乾隆庚辰 /
佛殿像泫銷滅，此佛日未明時也。寺僧隆宗急謀重新之舉，而艱拎資財，邑 /
辛巳秋，邑中突被水災。邑人救災不暇，事遂未果。厥後隆宗竭力□畫 /
□者補之，頹壞者葺之，歷三年而始告厥成功，佛像莊嚴，棟宇璀爛 /
覽之處，如楚之桃源洞□，黔之天半寺，不是過也。獨是隆宗□□□不能 /
可見天下國家無不可任之事，無不可成之功，因循推委，率 /
歲清明前七日，隆宗求記於余。予喜隆宗是舉，能難其所難，而不 /
邑人拔貢生候選教諭 /
邑人廩膳生員 /
邑人太學生范 /
乾隆三十一年歲次丙戌二 /

（碑存博愛縣博物館。王興亞）

---

[1] 此碑下殘， / 以下字缺，僅據存文錄出。

重修碑記

　　本鎮九地方舊有玄壇廟，規模□□，且神像森嚴，□祀祈福者咸曰此金輪如意神也。神之由來，吾不及考，如殿宇重建，神像再塑，則有不容不誌者。乾隆二十六年秋七月，大雨兩晝夜如注焉。鎮民房屋已多損壞，兼以山水大發，運河泛濫。鎮城西北隅衝決約數丈，治北房舍傾□□甚，而廟之前後，正當水之急流，因而殿宇傾落，神像漂沒，越月餘而廟內猶泉流不息，夫天災流行，行人被其害，神必不忍。而神無所棲，人□何安，傷心慘目，豈待言哉！鎮人胡振業、賈天錫等，災後謀所以□之。公齊月供神，會積聚錢糧，又募本鎮紳民捐助貲財。於是，庀材鳩工，俾殿宇與神像煥然復新，工程告竣，囑余為文以誌之。餘邑人也，知其事且悉其詳，故為文以道其寔云。

　　邑庠廩膳生員李龍章撰文並書。

　　諸商號捐款名稱及數量開列於後：

　　宋澤祿捐艮三兩。有義店、義興店、有恆店、信義鹽店、王允昇、馮仁還、李守經、高維周、高太和、仁字號，以上各捐艮一兩。王殿公捐艮九仒七分，何靜菴捐艮一兩，

　　逯順鄉、李天寔、高卓然、萬益店、張公順、米漢文、李太和、永和號、興茂號、璩藍石、元化樓、賈榮先、張涓後、連念玆、王發慶、源盛店、高子興，以上各捐艮五分。

　　高勳侯捐艮五仒三分，復生店捐艮四錢仒五分，全盛店捐艮四仒二分。梁天香捐艮四仒三分，大有號捐艮四仒，君盛號捐艮四仒九分，寧太店捐艮四仒九分，付士弘捐艮四仒五分，寶興店捐艮四仒，魁山店捐艮四仒，路周正捐艮四仒五分。常憲章、申太甯、胡號長、義和號、段瑞菴、李曰雲、鄒耀先、梁伯模、何澤久、高順公，以上各捐仒二百四十文。

　　公順店、茂林號、義和號、張印□、趙輝光、周繼孔、同義號、路蘊美、逯維臣、弘義號、路廣生、蘇景康、星盛店、廣寧號、積成號、廣興號、原樹勳、蕭振堂、胡今禹、張式公、聚太店、逯萬有、六合店、趙光華、李天寔、米宗泗、王如新，以上各捐艮三仒。

　　原漢儒捐艮三仒錢，張西川捐艮二仒錢。隆興號捐艮二仒，崑盛號捐艮二仒八分，白國志捐艮二仒，王仁捐艮二仒，豐裕號捐艮二仒四分，龐雲之捐艮二錢，謝明甫捐艮二仒一分，樊義衡捐艮二仒八分，高君重捐艮二仒八分。

　　趙耀先捐二仒七分。劉廷聘、馬伯公、何方全、胡存德、何成、官九成、孟萬祿、趙景公、趙簡菴、秦有義、張正先、張典、祥瑞店、李之君、趙君臣、牛丙桂、王殿魁、李榮先、天順號，以上各捐艮二仒。新宇號捐艮一仒九分，碧德號捐仒二百四十文。

　　牛得爵捐艮十兩。張兆瑞、許大章、曹永全、王再興、王天孺，以上各捐仒八百文。

　　高太和捐仒六百文。李瑞興、益興店、路東公、洪太店、萬興店、路怡菴、王煥君、宋有爵、高子貴，以上各捐仒四百文。張益泉捐仒一百六十文，張康年捐仒一百六十文，趙孟郊捐仒三百五十文。軒盛號捐仒三百文，趙□君捐仒三百文。

原惠菴、王元文、梁善長、王君明、李長之、路益安、張□章、高大貴、趙連鑒、焦生芝、常亮公、岳通順、逯寶山、高亮公，以上各捐二百四十文。官九河、官九江、宋九公、原□菴、靳子爵、二合店、常□甫、□□□，以上各捐↑二百文。王榮□捐↑一百六十文。

何恒菴、董紹馨、王清文、王孟昇、高永奇、胡維賢，以上各捐↑一百六十文。

三元會捐↑二千六百三十文。恒順号、孫天瑞各捐↑一百文。高璐、王伯侯、趙然一、許潤芳，以上各捐艮五↑。

梁玉臣捐↑八十文。李贵德捐↑一百五十七文。

本鎮傾銷鋪共捐↑三千六百廿文。

總理會首：

張禮、楊芳、王淳、高歧、賈六錫、胡振然、王素、王駒、高殿臣、牛得壽、蕭世旺、梁珍，以上十二位共捐↑十五千三百六十文。管飯八十六工。

王相、王禎、馮一壽、馮全禮、趙□。

石匠韓君進全刊。

（碑存博愛縣清化鎮大王廟後殿。王興亞）

夫清真正教理自主命道本

聖傳非比擬之說，揣摩之論，是以古今攸同，中外咸一理。全道□巨細無遺，如江河之有原委，山川之有條理也。後即賢智間出，雖有著述，亦不過略名大義，不能洞徹其至理之精微。蓋由正教始自天方，真經傳諸西域，而我輩生居此地，日久年遠，語言文字統屬東土，所以先學經文者多，而精於教理者少。此無他，道之不明不行故也。幼則親失其訓，長則已惰其學，及至有年，心回正道，意向真誠，其於可行可止之事，茫無所措，□可勝歎哉！今我同教十三人，願捐田地五十三畝五分四釐，輪流執事，迎請阿訇設立學堂，宣明大道。我教得領真傳，豈不美哉。但恐事以誌墮，因而勒石，永垂不朽云。

田地坐落畝數，開列於左：

小丁莊上地一段，系東西畛，計地二十三畝五分四。葛家莊家西上地一段，計地十一畝四分七釐，系南北畛。清真寺後上地一段，計地五畝三分，系南北畛。清真寺北丁墳前上地一段，計地四畝，系南北畛。後柳莊家南上地一段，計地四畝，系東西畛。又家南上地一段，計地二畝一分，系東西畛。家北中地一段，計地二畝，系東西畛。又下地一段，計地一畝二分八釐，系南北畛。

拾玖年天方林鄉老施楊樹貳株。

大清乾隆三十四年五月二十六日敬立。

（碑存博愛縣西關清真寺。王興亞）

重修大殿挑角簷頭碑記

　　明月山勅賜寶光寺，居太行之陽。四山環抱，翠柏森然，乃中州之勝地，寔覃懷之古剎也。累朝崇奉，勅額整修。於十五年庚午秋九月，當今皇帝陛下巡狩中州，聖母皇太后詣此拈香，恩賜匾對，莊修殿堂，迄今廿有餘年。無奈風雨剝蝕，將中佛大殿前後簷頭泥土圮拆，四隅挑角磚瓦脫落。本寺僧眾又不能坐視其敗壞，急欲補修。其工浩大，一力難成，必須仰仗護法，敬持小疏，禮募檀那，各捐貲財，共勷勝事。指日工成，煥然重新。告竣之日，爰筆而記之，以彰眾檀那好善之誠，輸金之美，勒石永垂不朽云耳。

　　本寺揔理比丘僧行英撰文。

　　淨習書丹。

　　施財善士開列於後：

　　陝西同州府韓城縣貢生衛霍捐銀拾伍兩。本寺方丈和尚六安吉捐銀拾兩。劉廷聘捐銀拾兩。劉廷□捐銀拾兩。傅士弘捐銀弍兩。逮林捐銀弍兩。劉繼业捐銀壹兩。□鳳鴻捐銀壹兩。高德潤捐銀壹兩。張琪捐錢捌伯。許献廷捐錢捌伯。王安瀾捐銀伍錢。王際唐捐銀伍錢。韩国富捐銀伍錢。胡君輔捐銀伍錢。牛占一捐銀伍錢。梁宿海捐銀伍錢。张天香捐錢弍伯。顧元勳捐銀弍錢。

　　官門監司智果、副寺智璧、錢帛福保、庫司智顯、維那智紹、庄主德□、監牧德雲、知殿德潤、悅眾行瑞、管庄德□、營辦德舟、倉庫行珍、侍者德深、知眾□□、殿主行寔、管事智端、管庄德敏、管庄德琨。

　　管事德綸、德寰。

　　香灯德純。

　　行者行左、行通、行先、德□、行盼、行□、□□。

　　木匠蔡魁声。

　　石匠司學詩刊。

　　大清乾隆四十年正月望前二日穀旦立石。

（碑存博愛縣月山寺。王興亞）

火神廟拜殿□□□□□碑

　　凡功□□□□□□□□□□□□□□火神廟拜殿，剏建於康熙四十六年，至今多歷年所，而藻采未加，地工未修，□其功有[1]布施棟梁從三采，地工則用磚輔，入廟者，上

---

[1] 以下字殘。

以仰殿宇之輝煌，下以瞻地址之[1]。

乾隆四十年又十月初三日。

北敬村修邑張應旂薰沐撰書。

太學生程文選施栢樹二株。

會首：沈廷相、沈光礼、沈光工、賈有禄，各施艮五个。

沈廷梅艮五个，沈光裕艮五个，沈廷漠艮五个，沈廷瑤艮三个，沈思壽艮三个，沈光魁艮二个，沈廷寶艮二个，刘文顯艮一个二卜、沈思忤艮一个，沈廷爵艮一个，沈思善艮一个，沈思孔艮一个，沈光夏艮一个，沈思起艮一个，沈光月艮一个，沈思銀艮一个，沈逢世艮一个，毋玉朝艮一个，[2]沈□孛艮一个，沈思魁艮一个，楊起印艮一个，楊生晉艮一个，沈光佐艮一个，沈思道艮一个，沈廷□艮一个，沈思玉艮一个，[3]沈光星艮五卜，沈振世艮五卜，沈思漢艮五卜，沈廷敬艮五卜，沈廷玉艮五卜，沈思鈞艮五卜，沈廷勳艮五卜，沈廷元艮五卜。[4]

以上施艮八又九錢四卜，買碑及壓押石使艮四又，買磚瓦使艮二又五錢五卜，粉飭殿宇使艮二又一錢，墨□使艮一錢三卜半，鋪地工艮二錢，知艮三卜。會首備出。

皆大清乾隆十五年歲次庚午季冬吉旦全立。

刻字匠裴至公。

畫匠沈恩助、沈廷琦。

鋪地匠胡之顯。

（碑存博愛縣博物館。王興亞）

捐資碑

東张茹：

皇甫天澤艮二十両，皇甫天乙艮二両，皇甫溪艮二両一个五卜，皇甫興曰个四百，皇甫秀禄个四百，皇甫魁个二百，趙生梅个三千，周自悅个一百。

武格寨：

皇甫秀艮十両，皇甫殿梅艮五両，皇甫煥艮五个。

史莊：

史普艮五个，史丙溪艮一両，史丙德艮五个，史丙讓艮八个，王嘉丙艮一両。

油王卜昌西街：

---

[1] 以下字殘。

[2] 六人姓名，字模糊不清。

[3] 以下四人姓名，字模糊不清。

[4] 以下捐資人姓名，字模糊不清。

王桂艮一两，王新文艮一两五个，王信古艮一两五个，王哲艮四个，王倉艮一两，王迪艮二个，王魁艮二个，王宗讓艮二个，王敬艮一个，王崇喜艮一个，王信良艮一个，王信德艮一个，王尭艮一个，王賓艮一个，王臣艮一个。

藥王卜昌：

王治邰个五百，王紹義艮一两，王紹□艮一两，王紹璧艮二个，王紹基艮三个，王樓艮三个，王闐尭艮三个，王如松个一百，高得仁个一百。

南田塘：

張廷富艮一两，張文煥艮三个，李高賓艮一两，張廷佐艮五个，邱含銀艮三个，程萬順艮二个，程可全艮二个，邱大周艮二个，韓應召艮二个，李生貴艮二个，韓守法艮十个，李子香个一百，邱含富艮一个，毋思信艮一个，謝怀仁个一百，原成文个一百，程五玉个一百，程五鶴个一百，張全艮一个，牛忠臣艮一个，仝有才艮一个，邱持□艮一个，和有松艮一个，韓應魁艮一个，韓廷玉艮一个。

北石澗：

陳九仁个一千，陳九全个一千，陳玉通个一千，畢起朋个四百，畢在国个二百，畢在旺个二百，王良全个二百，李全有个二百，陳玉旺个一百，陳玉武个一百，靳安□个一百，靳全公个一百，靳全儉个一百，馬士亮个一百，李泰个一千，李必有个五百，李奇謀个五百，王良宰个四百，王良相个三百，王良棟个一百，王良佐个一百，李有能个一百，李有客个一百，畢載富个一百，馮自樂艮一个，王良輔个五十。

油王卜昌：

王崇亮艮五个，王達艮一两，王崇慶艮二两，王崇高艮一两二个，王崇良个四百，王旭个四百，王振个四百，王常个四百，王明艮三个，王法艮二个，王棟艮二个，王起个一百，王祿艮二个，王秀艮一个，王迁艮一个，郭朝相个一百五十。

侯馮卜昌：

侯三謀艮二刄，馮加第艮一刄三个，路順艮一刄三个，侯文溫艮一刄三个，侯大法艮一刄，侯朝洞艮一刄，侯習孔艮一刄，侯守業艮二刄，侯三□艮一刄三个，侯三統艮一刄三个，侯三謙艮一刄，侯三友艮七个，侯朝心艮七个，侯大經艮五个，侯君弼艮五个，侯宅中艮五个，侯三多艮五个，侯文紅艮五个，侯文英五个，馮有理艮五个，馮有信艮五个，侯大富艮三个，侯君□艮三个，侯君共艮三个，馮有義艮三个，馮成国艮三个，馮有道艮三个，馮法全艮三个，馮加好艮三个，馮永隆艮二个，侯有益艮二个，高大旺艮二个，侯文立艮二个，侯三行艮二个，侯通詩艮二个，侯三林艮二个，侯文法艮二个，侯文珮艮二个，侯君悅艮一个，侯朝朝艮一个，侯有土艮一个，侯文清艮一个，侯通行艮一个，侯尚全艮一个，侯三才艮一个，侯自祥艮一个，侯三重艮一个，侯得林艮一个，侯宅西艮一个，侯尚任艮一个，侯文金艮一个，侯文傳艮一个，侯三盛艮一个，侯振国艮一个，侯憲東艮一个，侯三玫艮一个，侯得玉艮一个，馮成士艮一个，馮成賢艮一个，馮成泉艮一个，馮永存艮一个，馮成江艮一个，寧旺斗艮一个，侯有寧艮一个。

南邱村：

路尚敬艮二个，孫明祥艮二个，史紹周艮二个，孫兆興艮二个，常京艮一个，孫明貞艮一个，路振德艮一个，趙振興艮一个，孫兆富艮一个，孫兆貴艮一个，紀士君艮一个，史照艮一个，史煥艮一个，史通周艮一个，史以周艮一个，趙秉義艮一个，梁宗正艮一个，孫振龍艮一个，孫振九艮一个，郭興艮一个，郭秀艮一个，史秉乾艮一个，梁秉直艮一个，王輝宗艮一个，王元榮艮一个，王玉順艮二个五卜，王成宗艮一个，王克用艮二个，王玉府艮一个，常有仁艮一个，王元祥艮一个。

東西邱村：

王朝君艮一殳五个，蘇仁隆艮一个，邱光成艮一殳，王文法艮五个，王玉林艮二个，魏法興艮二个，樊□成艮二个，王正柱艮一个，王文友艮一个，王文富艮一个，倪大成艮一个，王玉興艮一个，王玉平艮一个，王玉高艮一个，孫兆鵬艮一个，閆成富艮一个，刘富貴艮一个，蘇玉宝艮一个，牛國效艮一个，牛國富艮一个，牛成府艮一个，樊廷府艮一个，樊太興艮一个，樊太交艮一个，孫振泰艮一个，□景祿艮一个。

大中里村：

王廷秀艮一殳，薛有堂艮八个，王廷富艮四个，薛廷舉艮三个，薛有純艮三个，王㝵位艮三个，王文興艮三个，薛廷鋪艮二个五卜，薛有璽艮三个，薛有讓艮三个，王廷用艮二个，刘錆艮二个，王貴之艮二个，薛学參艮二个，薛廷棟艮二个，薛生印艮一个五卜，韓丙艮二个，韓有合艮一个，薛学昌艮一个，王維周艮一个。薛有權艮一个五卜，薛文魁艮一个，薛宗尭艮一个，薛有功艮一个，薛有常艮一个，薛有□艮一个，趙□旺艮一个，薛有愷艮一个，薛有信艮一个，薛生義艮一个，李廷安艮一个。

小中里村：

毋中明艮一两，毋中仁艮一两，毋玉興艮四个，毋玉倫艮二个，毋玉□艮一个五卜，毋玉貴艮一个五卜，毋玉全艮一个五卜，毋玉順艮一个五卜，毋玉宝艮一个，毋玉榮艮一个，陳復蘭艮一两，陳茂□艮一两，陳敦棟艮五个，陳復會艮五个，陳復廉艮五个，陳敦明艮五个，陳敦□艮一两，顧克已个四百，顧克明艮五个，王天宝艮五个，李廷用艮四个，□宗顔艮三个，李㝵祿艮三个，司有禎艮二个，張化册艮二个，馮宗會艮二个，司宗文艮二个，張怀義艮二个，李培宝艮二个，馮宗盛艮二个，王起孝艮二个，李学文艮二个，邵成香艮二个，刘國玉艮二个，廉文才艮二个，程五禎艮二个，陳起功艮二个，高玉澤艮二个，李廷牧艮二个，馬朝印艮二个，李学信艮一个，高禹才艮一个，顧天秩艮一个，李國西艮一个，李廷明艮一个，高禹廉艮一个。[1]

（碑存博愛縣博物館。王興亞）

---

[1] 最後一排二十九人姓名，字模糊不清。

本山寶光院六公和尚塔銘記

　　六老禪師者，諱淨吉，字六安。本郡河內縣人也。自心佛法，解脫甚早。余慕其人當風雨過從時，而年已八裹矣。余尊禮之，不敢以友處。因於誦讀之暇，與其徒智杲等，嘗並侍雲衲焉。圓寂之時，歸葬之後，杲諄諄囑余以為文。余不揣荒謬，遂將所素知者述之。

　　師本喬氏，昆仲四人，序居其長。生周歲，失母，抱養在祖母之手。數歲偶得重疾，遍醫不愈，其父許從本寶光院懷公悟和尚出家。不終日，其疾大瘳。長而業儒，留心道法，不樂功名，遂違其學而祝髮，受教內典。又思佛祖，原者必貴，直截根底，摘葉尋枝，無益於事，而當今世主龍飛初年，所有大寺命筵宗匠，因茲本山耆宿，迎請錫老駐錫，大闡宗風，化利人天。教演日久，欲得後緒，訪得門人數人，師冠其首。一日，錫老落堂，見門眾講說《金剛經》，至"過去心不可得"之句，即問："過去心不可得，現在心不可得，未來心不可得。三心不得，將那個心得來呈獻。"眾無對。公就此即教以晝夜參究，追求至七七之期，獨得吾師一人悟厥妙理，遂傳法席。當是之時，師年五十有六也。開化至三三餘載，道名遠播，宗風大振，因而動感聖皇，鑾輿詣山，禮雄尊，賜金帛，整殿宇，敕匾額，且而與師傾談禪機，咨決心要，有若斯之致真，真非凡福德矣。由是修行又二十一載。一日，暇遊院西，聊寄曠覽，見有紋景其向翠屏，其背左據麒嶺，右控虎峰，心曰"是佳境也"。信占一韻云：

　　西峰憑眺一番新，花雨香風脫世塵。
　　誦畢魚山歸造化，明珠永護寄吾真。

　　即日歸告徒杲等"速作石室"，別無他囑。工就之後，將及耄壽，一靈奄化，四大歸空。才明師前命先知也。百日之期，歸葬石室，教奉香阜，術精海角，非至神美，孰語於斯，余為俚言以挽云：

　　靜悟真空道法高，西天歸赴壽將耄。
　　金雲日馭仙梵遠，鹿苑依稀欲贈袍。

　　方外弟邑庠生員竇粹然撰文。
　　丹東居士胡恒書丹。

剃度門弟子　容杲、旦、觀、　孫德一德深、□、　來元、深、□、　元□太元、　行聚、　元孫福□仝立。

　　大清乾隆四十二年菊月誌。
　　石匠司學詩刻。

（碑存博愛縣月山寺。王興亞）

南頂會碑記

【額題】乾坤

昔先王以神道設教，所以警放軼而發其良善也。或謂焚香脩祝，事近幽渺，然其竭誠盡志，要不失乎好善之初衷。

祖師尊神，為靈昭昭，武當勝跡，甲於天下。世傳此山乃其脩真得道之所。故四方善男女，不憚跋涉之勞，以伸瞻拜之誠。非徒以廟貌巍煥，金光焜耀也。本鎮地方孫天瑞等同心向善，起立南頂會，積財三年，以備公費。今歲春，朝頂進香，月餘旋歸。會之人咸樂善事之有成焉。因於本鎮祖師廟敬獻扁□，以答神庥。更於清明節設壇佩經，賑濟□□，蓋由事神以事鬼，皆此□心所難□□□不亦大乎。後世之不知向善，遜□徵逐，虛耗貲財者，觀此可以風矣。眾善士勒石□□□□。予惟□□事之而為之記。

賜進士出身乙酉科拔貢選授歸德府學正堂高次□撰文。

懷慶府府學生員高嵩壽書丹。

會首蔡□榮、孫天瑞、段維金、張名標、董六順、馬名臣、劉廷柱、高進耀、□大來、□君、程禮富、李守德、馬全惠、劉克明、□名聞、段風富、張學□、李天祿、段心□

仝勒石。

住持謝來緒。

乾隆四十六年歲次辛丑三月十五日立。

（碑存博愛縣博物館。王興亞）

劉焮墓碑記

粵稽族譜所載，我劉氏祖居洪洞，有明我始祖諱成，遷於覃懷河邑東北四十里上莊。耕讀傳家，義方訓子，皆足為後人法，既而捐館，卜葬於莊西北隅，殆以始遷為□祖之意歟。三百年來，累世積德，螽斯繁衍，漸成鉅族焉。

乾隆四十六年秋七月。

（碑存博愛縣上莊。王興亞）

清故顯祖考李公諱國順妣孺人齊氏之墓碑

【額題】碑記

乾隆伍拾肆年叁月初九日。

清故顯祖考妣李公諱國順孺人齊氏之墓

子逢俊、逢經。

孫騰漢、騰廣、騰全、騰法、騰財、騰錫、騰先、騰美。

曾孫自授、自弼、自輔、自恒、自升、自惠、自堂、自朝、自丙、自璜、自立。

玄孫崑溫、崑山、崑光、崑暢、嵩祥、嵩山；福貴、福良、京聚、京山、京成、京

重修泰山廟碑記[1]

河東岱曰泰山，於五嶽為宗。世傳能召人魂魄，記人善惡而治之。又曰："能錫人男女，及興雲致雨，動人心使之向善而去惡也，茲不具論。陽邑之有泰山廟，規模廣大，殿廊崇隆，蓋遠矣。迄於今，規模猶是，而傾倚脫落，刓剝捐折，前後廟宇訖無完美，觀者為之曰：事莫要於此者。於是，統計工之所費，約計財之所出，分任厥職，共襄其事。有□者，有掌催督布施及存貯錢財呂待用者，悉皆竭智盡力，不憚風霜寒暑，拋家□夏，工程浩大，凡越十三年而告竣。前殿後殿，拜殿串廊及山門、鐘樓之樓，無不□□射目，視舊制有過之無不及也。四方瞻仰廟貌者，咸贊其工緻壯麗，而亟盡執□□道也。福善之道存乎神，而敦善之意在於已善，敦於人倫，庶物無一事而□□□心□福而福自畢至。《書》曰："作善降之百祥"，豈不信哉！至於執事會首及四方□□□□為記。

實授歸德府寧陵縣訓導 /
懷慶府學廩膳生 /
懷慶府學生 /
皇清乾隆五十八年六月 /

（碑存博愛縣博物館。王興亞）

重修東頂聖母廟碑記

【額題】碑記

□□□□坎方，舊有東頂聖母神像一堂，攷碑記，朔自元至正十二年，社人師竹伯敬所獨辦也。迨至於明永樂二十二年□□原秀等為重為修之。嘉靖二年，社人張輔等再為修飾，迄今歷有四百餘年，鄰里鄉黨無不稱為古廟□。國朝嘉慶四年秋月，風雨傾圮，廟貌神像東倒西歪，村人公同就謀於余。余一者念東頂聖母之德□□者，恐負朔者之意，謹將余所管三官會出放利債，重加修理，較之於前，絲毫不異。雖余獨董其工，亦賴社人相幫之力。工竣后，余復不揣固陋，署具數字，勒諸貞珉，使後日有志修葺者，有所考據云。

賀振邦撰文。

---

[1] 此碑 / 下部殘毀，字缺。

賀汝翼書丹。[1]

大清嘉慶五年歲次庚申六月癸未初一日立。

金粧神像楊永華。

石匠張永年。

（碑存博愛縣博物館。王興亞）

皇清太學生仁義李公暨配閻孺人墓碑

【碑陽】

【額題】流芳百世

公諱騰美，字仁義，行六，父逢經，兄騰全、騰廣、騰先、騰漢

皇清太學生仁義李公暨配閻孺人

嘉慶七年壬戌三月初四清明立石。

（碑存博愛縣博物館。王興亞）

重修金龍四大王廟碑記

　　余素拙於為文，因拙生懶，故有求余作記序者，輒謝未遑，不知者徒責以懶而不諒其拙，冤哉。嘉慶四年秋，鎮北門火神廟興工，執事李君季椿、趙君鳳岐、何君御國輩以工事粗就，邀余增題匾聯，爾日即預以落成之碑，囑序於余。余辭以拙而不為然，以未當其時也，姑閣之。今工告竣，復因余尊戚洲溪何公，余同宗麗天公登門敦請，不獲已，遂違心諾之。雖然，余何序哉，序神之威福欤？以齊東野人之口而附會之，是誣神也，不敢也。序人之承奉歟？外民義而徒多其禱祝之殷，是誣人即以誣神也，愈不敢也。又況神之所以為神，與廟之所以建於斯者，前建言之複矣，是耶非耶，必有能辨之者，余何序哉？余憶廟之故址，原極宏濶，而一經執事之手，因其故咸易之以新，若大殿、拜殿、東西配殿併兩廊、兩山門以及舞樓，規模雖不加大，其壯麗有再倍於舊而未止者，故址以西，一切建造，又皆前之所本無者也。斯工也，不惜財力，特求精好，歷時十有三年，計費六千餘金，嗚呼，盛矣！設非預有成算，計出萬全，則取之有盡，用之易竭，雖肩其任者，屈指多人，而肥瘠難齊，必有不支其重者，欲其莫之夭閼，而始終相與以有成也，不亦難乎。執事者，盖早籌之矣，以興斯工者，皆業花砲之家，需紙為料，生息之豐約，貨紙之多寡準焉。公約每售紙若干，價外儲銀若干，以資工費，公而無私，漸而不迫，大小各如其量，參差以得其平均之布施也，非卒辦於一時，故有十倍其數，而不覺其難者，次不擇細流，河海之

---

[1] 捐資人姓名，字多不清。

所以成其大也。且夫水之積也，不厚則負大舟也，無力覆杯水於坳□之上，則芥為之舟，置杯焉則膠水淺而舟大也。以斯工言，舟不為小矣，非有不擇細流以積者負之，則置而膠焉決矣。能如是之隨波上下，聽其所止而休哉。故余□斯不言人之何以托庇於神，不言神之何以錫福於人，即廟貌巍峩，輸財慷慨等語，皆削不置□而獨深嘉夫執事者之能以道懂成而不至載焉，終矜也。余□墨久疎，手重思澁，勉為斯文，一以塞洲溪及麗天二公之責，一以報執事者諄諄再四之請，拙耶否耶，一聽諸後之覽者，余何計焉。[1]

鎮處士高鶴壽撰并書。

執事會首：李季椿、何御國、李盛公、劉克勤、孫二生、王烈、趙鳳岐、李炳、張士智、韓文錦、申行玉、高九剛、李廷揚、劉宗宇、司光宗、王承先、魏天全、王鵬年、路朝標、靳大興立石。

金石匠韓銘。

住持謝本聰暨徒少安。

嘉慶七年歲次壬戌六月之吉。

本行儲積佈施銀兩姓氏數目開後：

郜集成銀二伯七十兩零三錢七分，張大成銀二伯三十七兩六錢五分，徐合義銀二伯零七兩零七分，張浩然、孫伯林銀一伯八十九兩零九分，申應掄銀一伯七十九兩零九分，宋伯順銀一伯五十兩零八錢三分，曹正興銀一伯三十二兩五錢，路印喜銀一伯二十一兩六錢二分，韓繼德銀一伯二十一兩零七分，路越□銀一伯一十四兩零五分，王應掄銀一伯兩，路印才銀九十二兩九錢九分，路印生銀八十九兩五錢二分，曹文灼銀七十五兩一錢，璩南敬銀七十七兩零四分，張宗旺銀六十八兩七錢二分，韓純仁銀六十八兩六錢一分，王士祿銀六十一兩六錢二分，趙九成銀五十六兩零二分，李永順銀六十二兩七錢三分，孫萬育銀五十二兩四錢三分，孫□生銀四十七兩三錢五分。趙士一銀四十四兩九錢二分，張宗武銀四十四兩三錢二分，元昇号銀四十三兩七錢八分，謝朝宗銀四十兩零六錢二分，崔大鳳銀三十七兩九錢四分，璩有公銀三十七兩六錢八分，韓廷弼銀三十五兩九錢，路師仁銀三十五兩三錢九分，謝有禎銀三十三兩五錢三分，賈振遠銀三十六兩八錢五分，蘇恒昇銀三十五兩九錢八分，葛維屏銀三十三兩二錢一分，李如柏銀三十二兩三錢五分，李長興銀三十二兩三錢五分，蘇林銀二十八兩六錢，高天戊銀二十八兩六錢五分，張炳□銀二十六兩六錢□分，公盛号銀二十四兩六錢三分，張宗義銀二十三兩□錢五分，高隨銀二十三兩五錢五分，申瑄銀二十三兩二錢二分，陳□銀二十□兩□錢□分。韓純義銀二十一兩三錢七分，張梅銀十九兩五錢八分，豐太号銀十七兩三錢三分，侯建吉銀十七兩七錢八分，桂昇号銀十六兩一錢六分，張宗裁銀十五兩六錢二分，張存貴銀十八兩六錢六分，王守先銀十五兩三錢六分，路玉標銀十八兩零五分，王寶興銀十三兩九錢六分，雙太号銀十三兩六

---

[1] 此碑兩方。中間斷裂粘合。

錢，魏景亮銀十三両二錢一分，有恆号銀十三両一錢七分，王起蒙銀十五両五錢五分，□盛号銀十一両九錢九分，張發榮銀十一両六錢七分，□□□銀十四両一錢三分，□三盛銀十四両一錢五分，焦生林銀十両零四錢，趙定軒銀十両七錢七分，周漢傑銀十両七錢七分，□□行銀十両□錢。葛千倉銀十両零四分，路攀桂銀九両九錢三分，宗興号銀九両五錢三分，程元武銀十二両四錢六分，李俊祥銀八両六錢一分，路曾山銀八両六錢，韓世昌銀八両二錢三分，協泰号銀七両六錢三分，孫寶興銀七両八錢六分，陳學士銀七両六錢二分，程元興銀六両七錢四分，栗和興銀五両九錢九分，申□柏銀五両四錢一分，三同号銀中両四錢，張介銀五両二錢九分，興盛号銀五両二錢八分，清吉号銀五両一錢六分，張松銀五両二錢九分，黃君盛銀四両八錢六分，傅大玉銀十両零三錢八分，陳以堯銀四両七錢三分，王德先銀四両四錢五分。高懷銀四両四錢二分，崔大龍銀四両四錢二分，高耀甲銀四両三錢九分，天順店銀四両一錢九分，高天水銀三両九錢五分，蘇應林銀四両二錢四分，杜萬鎰銀三両一錢一分，玉盛號銀三両七錢二分，連振昇銀三両四錢三分，恒山號銀三両四錢，王永順銀六両三錢六分，萬興店銀二両九錢八分，高大士銀二両九錢八分，范萬興銀二両七錢三分，王永清銀二両六錢二分，王永年銀二両五錢，陳成興銀二両三錢四分，秀盛号銀二両一錢二分，王貞松銀二両一錢八分，孫文□銀二両一錢三分，魏瑞銀一両七錢九分，□□□銀一両七錢□分……[1]

　　□□□銀八錢九分，□四標銀八錢八分，□継宗銀八錢七分，□□□銀八錢五分，王永福銀八錢五分，王成順銀八錢八分，連步雲銀八錢五分，高增福銀八錢二分，□吾泰銀七錢九分，付振德銀七錢九分，高存貴銀七錢七分，宋元興銀七錢七分，同心號銀七錢四分，張士忠銀七錢二分，張福銀六錢六分，李三元銀六錢八分，聚泰店銀六錢七分，連玉金銀六錢四分，梁必楹銀六錢，□安仁銀六錢，李國興銀五錢九分，□□連銀五錢六分。□□□艮五仈一卜，同利号艮五仈一卜，連永太艮五仈一卜，路生明艮五仈六卜，先盛号艮五仈五卜，許丙寅艮五仈八卜，王子涂艮五仈五卜，路師孝艮五仈一卜，趙□艮四仈九卜，高伯艮四仈八卜，順成号艮四仈八卜，呂九松艮四仈八卜，王宗元艮四仈六卜，胡全學艮四仈五卜，顧東錢艮四仈四卜，李協大艮四仈四卜，呂士林艮四仈三卜，高玉成艮四仈二卜，王常春艮二仈二卜，王興艮四仈八卜，謝唐庆艮四仈，永成号艮四仈，程德艮四仈。康應福艮四仈二卜，全順号艮三仈七卜，晉盛号艮三仈七卜，路金標艮三仈七卜，申榮先艮三仈七卜，高珏艮三仈七卜，振三號艮三仈六卜，路加植艮三仈九卜，路大興艮三仈六卜，高鈺艮三仈三卜，義大号艮三仈三卜，李福元艮三仈三卜，通盛号艮三仈一卜，□興號艮三仈，段福林艮三仈，韓龍光艮三仈，謝吉慶艮二仈九卜，張天亮艮二仈九卜，□克敬艮二仈八卜，文興號艮二仈八卜，曾肇興艮二仈四卜，張進龍艮二仈四卜，復來号艮三分。張三艮二仈六卜，王魁盛艮二仈六卜，楊丙元艮二仈六卜，宋兆興艮二仈六卜，賈克勤艮二仈三卜，司掌

---

[1] 此處碑殘，有一排二十四人姓名及捐資數缺錄。

柜艮二个三卜，王魯玉艮二个二卜，路群標艮二个一卜，王之宝艮二个□卜，路新標艮一个八卜，申會艮一个八卜，魏必旺艮一个七卜，郝德全艮一六卜，田守業艮一个六卜，楊弟三艮一个六卜，永錫号艮一个六卜，合盛号艮一个八卜，王萬順艮一个六卜，王伯歧艮一个四卜，王有貴艮一个，王天□艮一个七卜，□□□艮一个一卜，□□□艮一个一卜。李永成艮一个四卜，路掌柜艮一个二卜，韓希舜艮一个五卜，高有新艮一个一卜，高璧艮一个一卜，高永建艮一个一卜，徐耀宗艮一个三卜，徐三艮一个二卜，謝洪玉艮一个四卜，閻壽艮一个六卜，郭自清艮一个二卜，胡君重艮一个三卜，蔡守安艮一个三卜，王子漢艮三卜，王應楊艮三卜，王有金艮六卜，王國楨艮□卜，李有德艮□卜，趙發堂艮□卜，□□□艮□卜，謝一水艮□卜，申明艮□卜。申復興艮三卜，連三鳳艮五卜，陳五龍艮五卜，原文艮九卜，朱一公艮六卜，田一公艮九卜，畢元興艮八卜，衛宗順艮八卜，梁掌柜艮八卜，順義号艮八卜。

黃紙炮鋪公捐个十二千十五百九十三文。

二班炮鋪外捐艮十二两零七个。

（碑存博愛縣清化鎮大王廟後殿。王興亞）

流芳百世

嘗聞清真之教，道理淵深，理出真主，明命道本，慈聖真傳。祖籍西域天方國。盖有天地以來，天方國居四極之中，日影風土可證者。人祖降生於此，始興治立教焉。今夫天地一形器也，道實於其中。上自俯仰觀察之大，下至貌言舉動之微，莫不有一，自然周行，在智者過之，愚者不及。故聖人修道以立教教者，所以納天地於軌物者也。清真一教，其說本於天，而理宗於一。一者，真主降天經，慈聖傳正道，歷歷皆有原本，一字一句，非明命真傳聖人實授，不敢輕入經文。見聞者絲絲相承，脈脈相接。以後生人漸繁，教道四達，流被日遠，隋唐□始流傳於東土，誠恐失真而向背，故隨財建寺，設立學堂，敦請明師，闡揚正教，傳誦天經，永謂垂教萬世。七日一會拜，聽講聖語，勸人為善，止人為惡，知律知法，恪守教規，清潔不汙，真實無妄。亙古至今，人安其治，家習其傳，此清真之教道，彰彰可考者也。但年久日遠，士農工商，讀儒書者多習經典者，少經文，教道幾幾乎衰弱矣。非扶持□□□，其人捐資奉公，出其財公養學堂，請師訓教，而清真之理，何以流傳於宇宙間哉？憶月南古鎮，名揚中州，豈無一二有才德者，出財出力，以扶持教道者乎！今撿選拾幅□□□伍人，各有積財，情願入寺，公費設立學堂，請明師傳誦清真正道，訓教後輩蒙童，此誠千古之美事，祈得真主之回賜者也。故設席寺中，當面議約，各出情願，毫不入己。又恐年遠志惰，別生事端，後輩之人，見財積多，存跂公肥己之意，廢公養學堂之事，此誠可慮者也。因此□□立石，永傳不朽。後人如有廢前人之事者，許在位掌教，仝合鎮鄉老，公仝送官，以不忠不孝治罪。

今將積財潔己好施鄉老姓名書後：

東十三家：買有武、程廷福、白致貞、程會朝、丹達道、丁文魁、程朝選、白聚聖、王文俊、閃德馨、買玉方、程廷選、拜有才。

西十三家：唐德寶、白致真、程貴才、閃國安、買國本、丹宗文、丁紹文、林天才、王文亮、王文沂、閃朝旺、買聚廣丁文學。

意誠齋：程廷相、程廷壽、程履敬、丹存信、丹明道、程□鳳、馬大任、白萬齡、白興旺、丁福太。

三義聚：唐文孝、丹世生、丹維道。

白積齋：武舉閃魁元。

公協同：馬玉秀、買有武、程廷福、買有禮、程廷壽、丹致富、林大章。

永樂堂：程志中、馬朝文、閃得廣、丹達道、丹致富、王純一、丹維道、白世福、丁得全、丁學貴、丹致公、買永寧、閃得法、丁文傑。

積善堂：唐永福、程景洛、馬進孝、呂廷祿、買克忠、馬洪定、馬朝臣、丁克德、程天壽、程定邦、唐文彬、丁學道、程占魁。

南講堂：白士鄉、閃金月、程廷武、買萬秀、買萬益、買永和、閃得中、呂大儒、丹致祿。

積成齋：程克新、買萬祿、買國興、唐安國、丹宗武、閃起龍、買有章、丁元儒、馬進德、買萬春、曹惠遠。

聚善堂：丁本龍、丁元章、馬祥旺、拜永富、閃得貞、程鳳朝、白九齡、買國顯、程朝鳳、郭進富、程廷道。

七賢一：買有禮、買有智、買萬全，積艮五十□，□十四五個，如數入水房工用。

清真後學白萬蒼撰文。

內閣供事候選經歷買景漢薰沐敬書。

石匠司洪太。

大清嘉慶八年閏二月十三日敬立。

（碑存博愛縣西關清真寺。王興亞）

妝修碑記

嘗聞莫爲之前，雖美而弗彰；莫爲之後，雖美而弗傳。古明月山西北，舊有呂祖大仙祠一所，不知創自何年。第考之重修碑，而今已數十載矣。風雨之所飄搖，而神像、殿宇亦漸爲之侵壞，游者莫不爲之興歎，衆僧亦俱爲之悲傷。

時有清化普濟庵僧人德舟，此年適在本寺職事，每於事餘，常觸目而密祝曰："大仙有靈，庶得信士而重修焉，於余心亦稍遂矣。"戊辰季春初旬，有善士馬君者，乃陳州西華人也，適游山中，見尊像而忽悟焉。因囑余曰："予承河北道呂公之命，去汴城訪仙，於文廟果見三仙之面，共相爲贈，答之言甚賾，而不可勝紀。自見之後，每於仙言有驗。茲又見尊像昭昭，於前有合，而能不悚然而思敬乎！"於是，糾工庀材，獨出錙銖以重修。廢者修之，墜者舉之，金妝尊像三宗，而殿宇垣墉亦俱爲之增新而壯觀。自季春興工，至仲夏告竣。而馬君之志已遂，即於衆僧之心亦無不遂矣。遂約予爲序，成垂芳年，於千古不朽云。

　　陳州府西華縣鐵爐莊信士馬明堂、山西太原府交城縣庠生孫學儒撰並書。

　　執事僧行安、德深、德舟等立石。

　　嘉慶十三年六月初三日。

（碑存博愛縣月山寺。王興亞）

第一次復修家祠碑

　　李氏祠堂創立久矣。初有祀田若干畝，族中延師費用盡出於此，年久費用不給，家族祀田窶鬻幾許。至於祠堂，亦漸頹壞，不堪觸目，屬在子姓惻然難安。嘉慶十一年春，議欲重修之，而貲無所出，因將所餘祀田莊基盡行變易，得銀三百八十一兩二錢三分，以爲重修之資。又會首李大坤存錢三千一百五十文，亦入其中公用。遂革去其故，復建祠堂三間，更廣大其規模，創修門房三間，東西厰房六間。發軔之日，福永李公總其事，衆執事佐之。莫不竭蹶圖維，踴躍赴功。不幾時，煥然一新，赫然改觀矣！而貲財亦適於用焉。自功竣之後，誠意所結，禮儀自篤。將見斯堂中本支有別，昭穆有序。春韭□夏麥，秋黍□冬稻，四時進焉。綱有廢缺，上以盡孝享，下以展慈惠，敬宗收族之意，庶幾相沿於奕世矣。是爲序。

　　邑庠生趙玉琳謹序並書丹。

　　執事自璜、自聖、自輔、大坤、福示、福元、福良、嵩山、福廣、興家、有財、興聚。

　　時大清嘉慶十五年餘月十七日立石。

（碑存博愛縣博物館。王興亞）

清化鎮三地方修寨門碑記[1]

　　清化鎮三地方朱家堂街東，舊有寨門一道，創自嘉慶元年，歷今十有餘載，風雨損拆，業將頹傾，往來行人不便。余目覩心傷，意欲重爲脩理，務期堅固，以便行人。無如心有餘而力不足，恐工程難以告竣，迺糾同志者幾人，共勷是事，尤願本社君子同施善念，捐資成美。泐石永垂不朽云。

---

[1] 標題係補加。

施財姓氏開列于左：

高廷柱捐仌六伯文，趙文瀚捐仌四伯文，玉興鋪捐仌四伯文，趙士一捐仌四伯文，米鳴盛捐仌四伯文，劉守誠捐仌四伯文，曹進忠捐仌四伯文・瓦五百個，路鄉魁捐仌三伯文，高書捐仌三伯文，高淮捐仌三伯文，李俊祥捐仌三伯文，謝成捐仌三伯文，鄒元順捐仌三伯文，謝和安捐仌三伯文，□盛行捐仌四伯文，長興行捐仌四伯文，明盛行捐仌四伯文，元興行捐仌四伯文，旺盛行捐仌四伯文，廣順行捐仌四伯文，李甫玉捐仌二伯文，趙廷陳捐仌二佰文，王大有捐仌二佰文，范廷顯捐仌二佰文，李懷捐仌二佰文，高永沛捐仌二佰文，杜玉學捐仌二佰文，閻明揚捐仌二佰文，廣瑞坊捐仌二佰文，□文金捐仌二佰文，謝興太店捐仌二佰文，申環捐仌二百文，韓廷訓捐仌二佰文，韓玉魁捐仌一伯五十文，高方捐仌一伯文，孫天炳捐仌一伯文，魏良景捐仌一伯文，陳樹興捐仌一伯文，申宣捐仌一伯文，鄒域捐仌一伯文，劉鳳章捐仌一伯文，馬長明捐仌一伯文，許大崙捐仌一伯文，劉成常捐仌一伯文，高□捐仌一伯文，何□興捐仌一伯文，申一捐仌一伯文，楊兆兵捐仌一伯文，申一泉捐仌一伯文，米洪忠捐大獸一對，趙淦捐瓦二佰個，原廣盛捐仌六伯文，胡全恩捐仌四伯文，林克禮捐仌四伯文，樊九鑄捐仌四伯文，高懷捐仌四伯文，楊振海捐仌三伯文，何盛公捐仌二伯六十文，宋興仁長治縣捐仌二伯文，曾培元捐仌二伯文，王永成捐仌二伯文，王永順捐仌二伯文，米大有捐店□一付。

會首

高元善捐仌一千二伯文，申永達捐仌一千二伯文，米鳴鐸捐仌一千二伯文，趙鳳岐捐仌八伯文，麻太興捐仌一千二伯文，申大經捐仌一千四伯文，趙鳳儀捐二千二伯九文，高琇捐仌五千一伯卅文，王俊德捐仌六伯文，王珥捐仌六伯文，王永□捐仌六伯文，申隅捐石灰一千□七伯斤。

共收仌叄拾弐千二伯一十文，共使費仌叄拾弐千二伯一十文。

國子監太學生高琇書丹。

嘉慶拾伍年歲次庚午九月十五日立石。

（碑存博愛縣博物館。王興亞）

重修碑記

本鎮舊有城隍神廟，不知創建何時，年遠□久，風雨損壞，□思城隍廟一方保障也，豈□□□傾敗而不之修。□□乾隆壬子歲，我頭班會首賈公糾合各班公議重新。我頭班出過錢二十千七百文，廟視初舊。至甲寅秋，我班會首各出己資，庀材鳩工，重置石質棹，重建鐘磬台，以及月□耳□石欄杆、儀門等，共使銀一百七十七兩二錢四分。嗣後三四五六班興工時，我輩又捐出銀十兩整。嘉慶庚申□□，重修山門，既東廊、南後牆，共使銀六百三十三兩二錢一分。丙寅歲，東西吹樓，東西看牆煥然又新，共使銀二百九十八兩五錢二分，三次通使銀一千兩零□八錢□分七厘，雖錢數無多，而毫無外求，非敢謂有功於神□，聊以盡好善之誠云爾，今將□班工完之後，重將本班捐銀會首開列于左，永垂不朽。

　　頭班會首桑□祚、胡存仁等又恒興號、□□□、□□□、□□□、□□□、□□□。
　　大清嘉慶十七年十月十五日頭班誠合會立。

（碑存博愛縣清化鎮大王廟後殿。王興亞）

皇清應贈儒林郎李公諱騰漠字雲□暨元配繼配應贈安人里氏皇甫氏之墓碑

　　皇清應贈儒林郎李公諱騰漠字雲□暨元配繼配應贈安人里氏皇甫氏之墓
　　公長子太學生輔、次子從九品銜弼降服，孫候補州同福純，曾孫太學生興江、興蛟、興河、興雨。
　　戊辰恩科舉人候選行縣孫志仁拜題。
　　嘉慶二十一年歲次丙子陽月穀旦立石。

（碑存博愛縣博物館。王興亞）

御敕王儀文

清仁宗

　　奉天承運皇帝制曰：資父事君，臣子篤躬之誼，作忠以孝，國家宏錫顏之恩。爾王儀迺捐職布政司理問，王紹業之父，善積於身，祥開厥後，教子著義方，子訓傳家，裕堂構之遺。茲爾子遵例急公，贈爾為儒林郎，錫之敕命。於戲！殊榮必逮於所親，寵命用光夫有子。欽茲優渥，長苾忠勤。

　　制曰：奉職在公，嘉教勞之。有自推恩，將母宜錫典之優隆。爾胡氏，迺捐職布政司理問。王紹業之母，壺範宜家，夙協承筐之徵，母儀貽穀，載昭畫荻之芳。茲以爾子遵例急公，贈爾為安人。於戲！彰淑德於不瑕，式榮象服，膺寵命之有赫，允賁泉壚。

　　嘉慶貳拾壹年拾貳月拾貳日。

（碑存博愛縣寨卜昌王氏家廟。王興亞）

重修南關城樓石橋碑記

　　覃懷清化鎮，古稱郊城，唐為太行縣，宋、元以來，改為清化鎮。有古城一座，環列五門，周圍七里三分，其中市民交集，商賈輻輳，城街繁勝地也。相傳明潘棠築之於始，其後萬曆年間，盧夢麟重築之。天啟年間，太守陳子玉、知縣□□與重修之。崇禎年間，知縣楊凋鼎又修之。至大清乾隆三十年，前任薩公諱廉又捐廉補修之。自薩公去任後，迄今五十餘年，各門工程、各地方皆陸續整修，惟南門城樓破壞實甚，城門外石橋虧損難堪。嘉慶二十年冬，李公祖諱璧，號蘭田，臨涖茲土坐治，斯見樓橋之情形，動工重修之，邀請紳士林公克禮等十人，先令各輸資，復命勸化眾商，約得七百餘金，擇吉二十一年正月二十日開工。公祖往來監視，朝朝董理。至八月中，城樓、石橋以及門左門右護城墙垣，俱煥然告竣。較前任貲公之隨勢補修，迥不相同，要之創始者固難，善後者亦不易，倘之後同事監公祖之苦衷，從政之暇，不時巡視，少有一缺陷，即加補綴，則城墻永蒙鞏固，休行旅長，享蕩平之倡再核焉。是為記。

嘉慶二十一年十二月廿九日穀旦。

（碑存博愛縣清化鎮。王興亞）

皇清國子監生王公諱憘合葬墓碑

【額題】永傳奕禩

<pre>
                公諱憘字欣行一
皇清國子監生王   合葬之墓
                        孫
                    母   太 君
                        楮
</pre>

子紹芳、紹庭，孫七政，曾孫乾，元孫太澤。

（碑存博愛縣寨卜昌王氏家廟。王興亞）

皇清誥贈儒林郎王公諱儀合葬墓碑

<pre>
            儒林郎公   諱儀 字子協 行二
皇清誥贈   王   之墓
                安人   母胡 太君   行一
</pre>

公子紹業，孫蘊緒、蘊彩、蘊章，曾孫啟羣、啟佑、啟祐、啟心、啟泰、啟相、啟田、啟英、啟俊，元孫□□、□□、□□、□□、□□、□□。

嘉慶二十三年二月清明節立石。

（碑存博愛縣寨卜昌王氏家廟。王興亞）

柏山窯神廟碑

【額題】碑記

吾村名爲柏山。石厚土薄，農濁隙之時燒造，缸窯不知幾何年矣。迺年深日久，百草叢生，今窯户、匠作公同商議，立寫定規，勒立於石，永垂不朽云。

一、議折半缸口准以裁尺二尺二寸，缸口一尺八寸，如過度者，照套數每一套貨罰錢三十文。窯户、匠作各出一半。其錢入會使用。

一、議自買貨車，窯院不許與引車回頭，如有違者，罰錢八千文，窯頭七分，匠作三分。其錢入會使用。

一、議自買貨車分貨、抬貨、裝車，每一套貨裝車錢十文。

一、議自買貨車，窯頭與之辦貨用錢三分，如有違者，罰錢四千文。窯头備出，其錢入會使用。

岢大清嘉慶二十三年三月吉旦。

窯户、匠作仝立。

石匠王長啓。

（碑存博愛縣博物館。王興亞）

重修祠堂碑誌

【碑陽】

康熙四十四年二月二十九日，買地一畝，係南北畛，東至土地廟山頭，西至小河心，南至母得泉，北至滴水簷，栽柏樹二十二株，東土地廟栽柏樹六株，松樹兩株。

共使錢伍仟伍百伍拾文。

母九興長人工一名，麥稭一垛，后街人工共三百一十三名，通共收錢一百五十五千四百五十文。

磚无新舊，共使錢三十七千七百八十文。

石頭共使錢二十九千四百一十文，

木植、門窗、土坯、小車共使錢十八千□百一十文，

石灰、桃杆、煤炭、荻箔共使錢十四千七百一十四文，

雜向［項］共使錢二十四千九百二十三文，

木石油匠三共工價使錢二十四千四百三十八文。

母玉祥小三千文，母玉貴小一千文，母元配小一百文，母大令小三百文，母大方小

二千文，母大興小三百文，母大喜小一百文，母大寧小一百五十文，母大年小五百五十文，母大利小二百文，母大安小一百文，母□□小一百文，母□□小一百文。

嘉慶二十四年十月初二日。

石匠吳生泰刊。

【碑陰】

禁約開列於後：

一、不許毀瓦畫墁。

一、祠堂內外不許呼雞喝廬。

一、祠堂內不許亂放物件。

一、祠堂內物件不許擅自拿取。

一、入祠堂不許胡言亂語，違約者，罰錢四百文。不遵者，重罰。

每逢大社會□村西尚前站裏，此永不更改。

（碑存博愛縣文物保護管理所。王興亞）

重修母氏祠堂碑記

【額題】萬物流芳

祠堂之建，報本追遠之意也。但年深日久，風雨漂搖，竟不能有煥然之观焉。今合族共舉總□□首母九興，糾合族人各捐貲財，重治修理，而祠堂煥然復新，則不惟祖宗之靈有所依，而子孫之所本來者，亦庶乎無憾心焉。因工告竣，勒石以誌不朽。名列開于后：

會首母士林、母玉璽、母玉堯、母玉佑、母大柱、母大河……[1]

大清嘉慶二十四年十月初二日穀旦。

（碑存博愛縣文物保護管理所。王興亞）

重修金龍四大王廟碑記 [2]

清化鎮九地方有金龍四大王廟，由來久矣。自乾隆四十一年重修，至今四十餘載，神像塵封，殿宇損壞，我輩公議復修，計算本班歷年積項，近日新捐，僅存錢一百千零，復又勸捐九十千零，擇吉元年十月初二日開工，將大殿、拜殿、東西看牆、東西兩樓、大門、儀門、旗杆、舞樓俱煥然整新，通共使費錢二百七十千零。茲值工竣之時，特將施財姓氏並本班執事同書貞珉，以誌不朽。

---

[1] 以下尚有會首八人和捐資人一百四十二人姓名，字漫漶。

[2] 此碑上部碎裂粘合。

洋河鐵貨眾商捐錢四千文。周口扶聖會捐錢四千文，七方心會捐錢四千文。隍廟馬班捐錢二千八百文。大成中號捐錢□□□□。同坤元捐錢□□□□。同吉典、信義典、豐亨典、高緣梅，以上各捐錢一千二百文。

周佾 文興□記、復茂號、松茂號、□茂號、□順號、□興號、元□號、□興號、增盛號、永春號、大興號、聚昇號、統源號、高邑豐太號、大興條店、聚源昌記、王興合記、三盛公號、復興清店、張復興號、□瑞隆號、東永□號、文泰公記、中義和號、通順源記、大盛號、端盛號、隆字號、孫志仁、聚太號、王烈、謝立本、謝立功、原振業、原振東、□永銘、張伯和、齊合盛號、和聚油坊、中和錢店、王成錢店、太順裕記、太順衣店、茂林福號，以上各捐錢一千文。

八佾同興號、董謙益號、高林盛坊、史義合號、芳興號、田存誠、寶豐店、路統法、牛自興、義盛號、元化樓，以上各捐錢八百文。

永和號捐錢七百文。君盛衣店捐錢六百文。公太号、太山号、昇昇號、洪興號、宏興號、通興號、孔三興號、申西公盛、同順允記、彭興盛號、大成公號、西同昇號、西通興號、桑長盛號、合盛號、恒裕號。以上各捐錢五百文。

寶興元、郭義和、合義號、全順號、元生號、光合號、張士楹、高天玉、元起德、路府三盛明、高平元盛記、和縣廣興永、祁縣天盛號、高邑公盛號、南全□號，以上各捐錢四百文。

正興合記、全盛合記、萬義號，以上各捐錢三百文。

修順號、秦東昇號、義和公號、路鵬飛，以上各捐錢二百文。

督工謝國良、蕭清高。

執事趙鐸、玉成號、天吉號、增泰店、廣裕號、蕭振鎬、同順店、王和盛、張軒盛、蕭增高、王泰順、東興號、王文盛、李惠興、敬成號、高瑗、善和號、李玉林、玉興號、協昇店、王萬合、劉珍、復生店、蕭太朝　公立。

住持王揚璽立石。

大清道光二年三月初一日立石。

大清道光二年三月初一日。

（碑存博愛縣清化鎮大王廟後殿。王興亞）

處士李太公諱自傑字超庵暨配毋氏之墓碑

【碑陽】

【額題】碑記

邑庠生趙玉琳敬書。

處士李太公諱自傑字超庵暨配毋氏之墓

男太學生東山、孫興烈、曾孫允奎。

皇清道光二年歲次壬午十月初一立石。

【碑陰】

　　佳城發脈，從月山伏過峽，跳躍至東金城，七星落地，九開九鎖。何爲七星？乃平洋七突是也。何爲九開九鎖？堡以東小橋曰九座是也。至城門大開，河西過峽，形如射箭，至王堡村，橫開□□□土地流金巽方，三突每每結地數百餘穴，三關不緊，水神斜飛而去，至此開帳結穴，□運河自乾方曲曲而來，行至坤方潦河，水自庚方流入，二水相合，流入丁方，張自丁方來，水流於五空橋，入運河。三水加會，青烏經云，三水來朝，主富貴。少年神童。卿水神抱向流入艮方，而云後□自壬方，水來數十餘里。又有無名小水添入抱山方，至此，水神相會龍脈氣是辛方入，首宜立乾山巽向。巽向世宗十三盤，丙辰五分山帶十三盤，丙戌五分，金前向，巽已偏線西三分，光明星照向後山，乾多偏線有二，明星照山係己酉丑金局。是故誌之，永垂於後云爾。

　　開金井深五尺三寸。

　　正中神道計寬九尺。

　　皇清嘉慶十一年歲次一月二十六日壬午時安墓。

　　石匠史恒泰刻石。

（碑存博愛縣博物館。王興亞）

處士李太公諱自恒字素庵暨元配王氏繼配張氏之墓碑

【碑陽】

【額題】碑記

邑庠生趙玉琳敬書。

處士李太公諱自恒字素庵暨元配王氏、繼配張氏之墓

孫太學生興鎬、興熙、興□、興鏞，曾孫允禮、允仁、允智。

皇清道光三年歲次癸未二月二十四日清明立石。

【碑陰】

【額題】流芳百世

　　素庵公賦性純篤，博學好鼓，行誼端方，有儒者風範。公沒，後里弓中不復見有如公者矣。子三：長曰嵩山，字鎮中；次曰昆山，字昌齡，入太學，有志爲厥考勒石。道光元年，已拉石數車，不意天步大疫，於且相月間伯仲相繼而卒，可傷哉！興熙、興奮、興鎬，公孫也，均克承父志。二年春，依然拉石十餘車，動工匠，潛鐫刻石，辭鉅費，以彰王父於貞珉。是子孫之心，不有不忘先人之意。先人之品，尤足繫乎子孫之心。勒石以誌，所謂理有固然，勢有必至者與。故爲之序。

邑庠生趙玉琳謹序並書。

工師史恒泰沐手敬鎸。

（碑存博愛縣博物館。王興亞）

母元仁母觀光正糧賠糧過戶碑記

清上四畾五甲母元仁孫名觀光，懷之河邑人也。世居蘇家作村。嘉慶年間，歲不豐亨，因貿易於鹿邑縣而入籍焉。祖孫兩戶有賠糧七錢六分九厘，屢年俱係該催頭墊補。間有計取鹿邑者，亦曾付給錢文。但境途遙遠，殊屬不便。合甲商議，公撥錢一百一十千整，令置地收課以贍賠糧之費。合甲在村南劉寨地，置地五畝，公立戶口母四。所將本地正糧並賠糧，俱過母四所名下，每年地課錢七千五百文，任每年該催頭收取。與賠糧均於母元仁子孫無干，事妥刻石，以垂不朽云。復將地基地價雜項使費清開，嗣後，如有爭端，及地界不明者，以碑為證。

地係南北畛，東至母成位、海，西至母百順，南至官路，北至母孚臨，中長一百三十一步二尺九寸，糧係六中四。下地係魚鱗尺丈量，地價錢八十五千文。總計雜項使費四拾三千文。

皇清道光九年三月穀旦。

合五甲人仝立謹志。

（碑存博愛縣文物保護管理所。王興亞）

重修觀音大聖寶閣

張沂水撰文。

本寺觀音閣，由來久矣，補修不一而足。自高宗純皇帝駕臨，迄今整八十載，磚瓦、木植陸續損壞，至本年四月間忽然倒塌，凡官宦士民游月山者無不動念。特奉河內縣正堂劉太爺與左堂谷副太爺命，變賣枯柏，重修此閣。共變銀六百餘兩，工未及半，銀已花完。苦捐寺產又湊銀七百餘兩，方告完備。工始於八月初旬，告竣於十月下弦，遠矚近視，煥然一新。因勒石著名，以傳後云。

欽加同知銜河內縣正堂加五級記錄十次劉厚滋。

特授河內縣左堂加五級紀錄十次谷啓昆。

本寺僧行征書丹。

大清道光十年十月。

本寺僧德、行、福、祥、澄字輩等三十六人仝立石。

（碑存博愛縣月山寺。王興亞）

歐陽公祠德政碑記

　　蓋聞地利莫先於經□，水利莫要於修渠。故鄭當時之渠謂水，范仲淹之設海塘委長，未忘□被之而詳□□□，趙尚寬□□巨之□而害□然借陳，然而不得其人，則事不能舉。以國家□□輪租之地，浸夷爲泥淤沙塞之堲，豈濬□之無功，□經□之哉！□此寶物，□□所以利導，而大有造於吾民也。

　　我萬北四圖下六甲後十里店等村，地勢卑窪，土性□烈，旱則爲赤地，潦則爲積流。□□所入尚不足維□之，官催稞急，則遷徙逃亡，糜所足止，甚且割地與人不□值，而胥吏復因緣爲奸，是以土荒地□，戶口彫殘，居此者□□知有□□□公□交困□命。邑侯歐陽公下車以來，循行阡陌，問民疾苦，有不□者，輔更之□嚣所及汙□盈野，□目□□□召父老，□悉其故，□□曰："河內告稱獨不毛，何荒廢若是？"謂非守土之責耶！於是，丈明三十餘頃□入沁陽書院，相厥地勢，□時而□□使河四道□高有□□□□下□以便□□□。

　　蓋泉河二道，泉源起於村之西北□，於村南注諸運前十里店，開鑿泉河一道。泉源起於太保莊之□，由村西至村南□村、□□□村□□□河一於二十里鋪之原□，李家窪之村西，至於村南入於老武河之下游，舊機磨頭村、朱莊、黃莊□諸運，長各有餘丈，□百丈不□，寬俱丈餘。丑□未□□工□成。河成，而旱魃波臣不復肆其虐。公乃召流亡，給牛糧，使□□地，薄其差徭，時或有□□之□。公不顧期年，而民無夭，室家相慶，父以告其子，兄以話其弟，謂公貸活我也。率□於堂下。爾公且謙讓未遑。夫美不自美，□有司直心乃職也。□□□公德□如□□□人感激之誠也。於是，建祠里石，既以表我公之經□，亦以杜□日之□爭，後之斯工有舉□爲云。決渠爲雨，以樂畎畝，以祝馨香，以庶以頌，公德於勿衰云。謹直書而記其事，並列條規於左。

　　計開條規八則：

　　一、所交管地成熟者，每年每畝出租錢三百文，收麥之後，均向禮房交兌。

　　一、設立莊頭，輪流催辦差役，每年每畝出薪水錢三十文。

　　一、催租差役，每年每畝出飯錢二十文。

　　一、書辦筆費，奉官面諭，由官酌給，不許地戶備出。

　　一、祠內設立義學一所。奉官面諭，每年由官酌酌請塾師，於租內撥給錢四十千文，以資修膳。

　　一、荒地□各莊頭抬申墾，隨時具稟。三年後照成熟納租，不准隱瞞遺漏。

　　一、成熟地畝由各首事、莊頭隨時稽查，不得仍前荒廢，如有荒廢者，責令賠納。

　　一、祠內每年定於十一月十九日首事莊頭議，帶分資齊至內，掃室焚香，議敘公事。對之有無，酌年豐欠為之。

欽加五級品銜賞戴藍翎孫克明撰文。

邑庠生員賞戴藍翎邵飛英書丹。

大清道光十三年十一月初十日合村公立。

（碑存博愛縣博物館。王興亞）

御敕王紹業文

清宣宗

奉天承運皇帝制曰：策勳疆圉，昭大夫之恩勤，錫賚絲綸，表皇朝之霑澤。爾王紹業迺捐職守禦所千總王啟泰之祖父，敬以持躬，忠能啟後，威宣閫外，家傳韜略之書，澤沛天邊，國有旌常之典。茲以爾孫克襄王事，貤贈爾為武德左騎尉，錫之誥命。於戲！我武惟揚，特起孫枝之秀。賞延於世，益徵遺緒之長。

制曰：樹豐功於行陣，業著文孫，錫介福於庭幃，恩推大母。爾李氏迺捐職守禦所千總，王啟泰之祖母，壼儀足式，令聞有昭，振劍佩之家聲，徽流奕世，播絲綸之國典，慶衍再傳。茲以爾孫克襄王事，貤贈爾為宜人。於戲！翟第用光，膺宏庥於天閽，龍章載煥，錫大惠於重泉。

道光貳拾年貳月拾三日。

（碑存博愛縣寨卜昌王氏家廟。王興亞）

重修城隍廟碑記

【額題】城隍廟

清化鎮舊有城隍廟，規模雖不甚宏敞，而殿宇嚴峻，頗肅觀瞻，歲時享祀，各班咸在，罔柱不恪恭。一日者瞻仰廟貌，巡視兩廊，見西廊之牆將圮焉，遂慨然有志于脩理。凡在廟事神者，無不各輸己財，以為倡率，又募化本鎮四鄉士民及各行客商，共得錢一千餘緡。次第脩葺，由大殿、拜殿、寢宮、以及兩廊、儀門、鍾鼓樓、舞樓、東西轅門、兩鼓吹樓，傍及土地殿、內而包公殿、蕭曹殿、東西客房，罔弗勤垣墉，塗墍茨，勤撲斵，金丹艧而廟宇煥然一新。工既竣，為之序，以勒諸石。并記其監工於后，以垂永久。至於在廟各班捐施數目，則勒諸碑陰。其各行客商及本鎮四鄉士民捐施姓名，則另為立石，以并垂不朽。

通共收佈施錢一千一伯五十千六伯五十一文。

使費：

泥水匠共錢千伯十文。

石頭土共錢四十四千九伯二十九文。

赤金共錢一伯二十三千九伯七十文。

☐☐☐☐ 共錢三十五千五伯零四文。

神帽衣共錢八千九伯一十文。
金塑匠共錢二伯零二千八伯四十四文。
木匠共錢二十五零一十二文。
油漆匠共錢十一千一伯九十六文。
鐵器共錢十九千八伯一十六文。
磚瓦共錢六十千零四伯四十三文。
土坯共錢十一千文。
石灰共錢十三千零六十六文。
繩蔴共錢十四千二伯五十文。
蓆共钱四千十伯五十一文。
木植共錢四十八千二伯一十七文。
煤柴共錢十二千九伯一十七文。
買杆共錢五千六伯文。
請客共錢八十四千二伯五十七文。
犒勞工匠共錢十二千八伯五十二文。
廟長夫共錢七千零二十文。
使錢四十五千九伯五十六文。
帳房共錢六十千文。
修理房共錢二十七千文。
管賬謝保共錢五十五千四伯八十三文。
住持共錢四十七千一伯二十七文。
補底少數共錢二千八伯☐十四文。
雜項共錢七十四千七伯五十一文。
又敬神懸匾立石獻戲使錢錢四十五千九伯五十六文。
督工：東院張福重、☐☐王暉垣、步坦何有金、西院孫林璽、軍河李三恒、☐☐何得祿、兵科田兆鵬、號房高立位。
邑庠生余炳文撰文。
郡庠生孫有慶篆額。
鎮人段書恩書丹。
石匠曹廣善。

住持韓禮榮。

大清道光二十九年十月穀旦立石。

（碑存博愛縣清化鎮大王廟後殿。王興亞）

重建三官廟碑記

【額題】重脩碑

本社舊有三官廟，非一日矣。然創建無考，隆慶年間重脩，僅留碑記。至順治十三年春，□□□□□。

近年來，□□□瓦背蓋皆脫落，而拜殿尤甚。□之惻然。但念其功程浩大，本社錢糧無多，因募化外社端陽會棚□捐貲若干，又於本社□□□士捐貲若干，開工於七月十七日，完工於十月二十一日。噫！自我社立廟以來，無不獲福免禍，無菑無害者，皆神之復庇也。今虔心重脩，煥然一新。庶幾，□神聖靈惠□護佑於無異也。是為序。

捐貲姓氏開列於後：

郜世昌、福全粉房 上二戶各捐錢三千文。

胡寶君、牛班 上二戶各捐錢二千捌百文。

崔德榮捐錢一千零三十七文。

張五德、李世隆、石玉章、段丙金、王惟清、高桂芳、麻桂秋、楊致荣、崔□□、李安國、岳步洲、常士溫，以上十二戶各捐錢二千文……[1]

執事會首畢萬成、岳元壽、郜廷昌、石玉章、張五德、李三恒、王惟清、李世隆、郜世□、李守國、李嘉善、何□洲。

本鎮邑庠生濟川高□□撰文並書丹。

龍飛大清道光二十九年歲次乙酉十月十五日。

（碑存博愛縣博物館。王興亞）

重修山公祠記

【額題】山高水長

武陟城西小虹橋村，晉新沓伯司徒侍中山公巨源故里也。故有祠，不詳所始。我朝康熙四十年，懷慶太守劉公維世、武陟縣主劉公廷用倡捐重修，載在祀典，春秋饗食惟謹。今百餘年矣。風雨剝蝕，廟貌頹然。道光三十年，里東西兩社士民等慮無以妥神靈，而起鄉人之嚮慕也，謀所以修葺之。既成，屬予為記。考晉史，公小有器量，介然不羣，嘗與

---

[1] 以下捐貲人姓名、錢數，字多漫漶。

嵇、阮為竹林遊，有高世之志。年四十，始仕州郡，清操遠鑒。晉武帝雅知之。受禪後，寵眷日隆，歷官稱職而深懷退讓，每進秩輒懇懇固辭，不得已而後視事。爵同千乘，室無妾媵，所得祿賜，盡散親族。視富貴洎如也。前後領選事十餘年，甄拔人物，各當其才。時人稱之。吳之初平也，武帝令天下州郡皆去兵，公獨論以為不可無武備。晚值后黨專權，公時時諷諫以為不可專任楊氏，深慮遠識，有先幾之哲，其尤不可及者。公遭母喪，爵位已崇，年逾六十，古人不毀之年也。乃居喪過禮，躬負土成墳，手植松栢，慎終如此，色養可知，非至性纏綿固結而不可解，何以能此？由是知公之雅操碩德彪炳一時，而俎豆千秋者精神之不可歿，殆皆孝思不匱之一念，有以致之，非苟然也。後之生斯土入斯祠者，考其行事，慨慕流連不忍去，則幸勿徒羨其當貴之崇高，而深致力於事親從兄之間，以勿為山公之所棄，則關於世道人心者，豈小小乎哉！斯役也，經始於道光三十年之二月，落成於咸豐元年之十月。至其助捐各姓氏，詳載碑陰，俾後之人有所考焉。

賜進士出身前太常寺少卿河內李棠階謹撰并書丹。

皇清咸豐元年歲次辛亥冬十月吉日立石。

鐵筆閆錫□。

（碑存博愛縣博物館。王興亞）

後街公覓吹鼓手記

懷之俗，婚姻死葬俗用鼓樂，後街有十餘家，無論本族外姓，均捐錢文，公覓吹鼓手吹四人，凡吉凶慶吊以及神壇社事，呼喚即至。如若不至，將原狀錢退還。及議定多用一人，外加小一百五十文。立有文約為據。事雖纖芥，亦鄉里和、風俗厚之一端也。丐余為記。聊書此以為後日炳據。

立字人董海龍同子牛頭，因事不給，今包到蘇家作村後街圈門裡響器，一切紅白喜事行賀，天地會事，每過一期事，止許來人四個，同中言明，交大錢式拾肆仟整，不出利息。以作每年事體工價。視後量還錢文，退字兩清。恐口無憑，立字存證。

大清咸豐五年十一月二十三日。立字人董海龍十。

後批：紅白大事，外加二人，工價小三百文。頭天啟門以作兩天。首事見帖發人。

同中人：母敬明、王連科、母清海、母敬文、母俊美、母法桂、母國義。

道光六年，董海龍包到祖先會響器大錢捌仟整，利息以作口每年正月初一日工價。

祖先會首母國安等仝辦。

母登俊選［撰］文。

（碑存博愛縣文物保護管理所。王興亞）

陽邑廟前挑街碑記

【額題】永垂不朽

　　東嶽行宮乃八社敬神之所，不詳創自何時。由元以來，重修數次，殿宇巍峩，衆神咸備，誠盛典也。無奈日久月長，街積愈高，廟院漸深，每歲夏秋大雨時行，廟內之水不能外出，街上之水反入廟內，□□被其害，神何以安？所係非細故也。幸我邑侯師公勤民至此，顧而慘之。諭杜人邱玉山、母柏林督挑街道，又飭差持票彈壓，俾街後其舊廟，水得出□，神人兩安，衆皆稱善，誠仁政之一則也。工竣以後，爰立石以誌之，俾傳於久遠，更將廟前與街上條規，枚列於後，以求遵行勿壞云。

　　一、東嶽廟與祖師廟門外，不許泥爐燒火，埋杆搭棚，如有犯者，罰錢一千文。

　　一、街上不許鋪家倒爐灰、泥土、磚瓦，如有犯者，罰錢一千文。

　　一、廟院內不許出恭小解，如有犯者，罰錢一千文。

　　一、廟內外住持出入巡查，如有犯條規者，即邀八社會首議罰。如循情，罰住持錢一千文。

　　一、每年三月大會以前，本年會首務令廟門內外以及街上修理如舊。若不力為妥辦，罰錢二千文。

　　咸豐八年十二月十三日八社公同立石。

（碑存博愛縣博物館。王興亞）

咸豐九年重修金龍四大王廟碑記

【碑陽】

【額題】重修碑記

【碑陰】

【額題】萬善同歸

　　復興清店諸位客商共捐錢四十千文。福興典十八千文。萬川興六千文。申復興店十一千文。同□東店十一千文。泰順帽店、泰順衣店、王生衣店、元化樓合記、合盛□記、義聚店、君順店、順興成號各十千文。協和店、恭和鹽店、際成紙行、泰順針店、路合味，以上各九千文同心北店、元盛店、義隆仁坊、義和坊、天順店，以上各六千文。文盛富　懷復店、泰裕坊、樹德堂，以上各五千文。晉升坊、同德店、大吉號、半興坊、東林盛、復盛西店、景昌裕、全泰坊、復昌永、陵川侯成泰號，以上各四千文。杜盛興、永盛增□各三千六百文。信成衣店、東西元化樓各三千四百文。周口增盛店三千二百文。　振元店、泰順理記、張復興清店、泰來帽店，以上各三千文。振盛泰衣店、春榮酒店、合興坊、東協興、福聚合、王鏡、復來坊、裕升坊、馬班，以上各三千文。馬□泰兩千八百文。公合堂兩千六百文。義和堂、全盛棗店兩千四百文。賈振遠、原萬花樓 大順東店、合盛德記 德順釘店、昌盛錢店、源福德 萬元坊、公義中店、復泰坊、義和泉、聚興合、和王正、協成合、萬興永、種天福、全順坊、□碧興、公盛坊、永盛公、聚盛協、泰順碩、萬源茶店、全益席鋪、大順和、祝興油坊、千盛號、永興益、永和成、大盛號、文合號、升順店、祁縣德盛東記，以上各兩千文。

　　洛元來、宗興元、程方盛各一千八百文。寶全釘店、福泉號各一千六百文。泰□油坊豐茂店、泰順坊、合成蠟鋪、高復泰店、裕謙布鋪各一千五百文。同興西店、梁璽盛、三合坊各一千四百文。保和條店、魏山同店、寶興樓、柏興店、聚興棗店、三盛公、寶合仁、泰山益（鐵貨行）、俊升衣店、王煥興，以上各捐錢一千兩百文。三盛布鋪捐錢一千一百文。李大□、瑞隆餘、德合公、益泰成、和興益、合興王、合興公、益泰源、東榮盛、益興正、益興鳳、敬茂典、益泰典、泰山益、元興恒、元隆永、李新泰號、福遠堂、芳興號、錫盛門神店、服愈堂、選盛行、清一行、□盛、何錦□、義昌號、東成鞋鋪、餘升元、聚字號、聚興順、天佑昌、靳公順、振興合、泰順奎、新湧復、雙合□、孫長□、天□□、誠□號、永□□店、宗□茶店、裕德堂、□和坊、□天聚、□□樓同記、□有興爐、仁和裕店、□盛泉、□興裕、義和爐、吉盛店、永和坊、福源長記、義合成、德盛坊、聚成坊、興盛坊、達盛坊、合盛坊、胡志成、天慶同、協聚東店、義聚合門神店、瑞化樓、正順店、元和紙行、義成泉油坊、同興老店、協德坊、晉生堂、天錦衣店、晉潞泰升德、鳳邑泰亨和、鳳邑貴和號、鳳邑孟合盛、德和眾、永茂瑞、東德泰、永和合、□興號、天佑成、趙永盛、林光號、廣盛昌、泰順彩記、復雙興、元盛恒、恒順德、全盛興、三盛楊、同泰裕、恒有章、路公泰、義和同、廣盛泰、同謙永、永和紙店、仁興東、興成協、建興號、全興號、福茂義、隆盛號、新順號、正順和、胡丙松、李三恒，以上各捐錢一千文。城守營拜副爺、許補升、立興號、光化樓、東泰益、玉盛公、義昌德、榮興元、公興耀、三興號、祥盛裕、郭雙盛、源盛酒店、同心合坊、張清吉，以上各捐錢八百文。萬興眾、福順泉、□恒盛、傅正興、增盛恒，以上各捐錢六百文。□盛合、光盛坊、原中和、雙泰誠、新盛號、生泰號、泰吉號、義成永、順成馬、元和中、環興公、義成田、積成義、雙盛德、復興王、元盛仁、洪昌號 順興益，以上各捐錢五百文。程希元、李瑞、路王業、王合坊、同盛合 協同坊、天成順衣鋪、龍天吉、天盛□衣鋪、益盛席鋪、協盛鋪、光興布鋪、明興爐、通興芝麻坊 廣興錫鋪、順興店、義成協、發泰蠟鋪 □錫盛、□盛和、王恒福、胡錫盛、協興酒店、榮泰酒店、逯和盛 雙合□、泰山合、源興恒、九化樓、樊協同、義成坊、開興染坊、正興同、吉來布鋪、慶餘酒鋪、泰興合、王公盛、永春號、光裕美、盈裕仁、公盛合、誠盛合、天泉號、太順元、全順德、雙盛號 源祥□、大成中、復生義、順成恒、泰興山、源昌和、豐餘興、泰順合記、王成復、協盛合、義和長、李永森、振盛西、原伯魁、義成合、五聚合、永信芝麻坊、大生永、和盛爐、程義和、□□□、□□□、□□□、

□□□、□□□協順號、□□□鋪、宗德號、公聚□、恒興德、同泰公、三合□、天成阜、泰順王記、德興公、恒益誠、李元□□、□水康、李有順 沈天禎，以上各捐錢四百文……[1]

咸豐三年、九年二次捐錢六百五十三千三百文，除三年使過錢三百二十千文，泥水匠使錢九千六百三十七文。石頭使錢十三千四百文。畫匠使錢五十三千文。管賬住持使錢十七千四百文。□匠夥錢使錢四十三千二百文。

咸豐九年十二月。

（碑存博愛縣清化鎮大王廟後殿。王興亞）

敕授儒林郎議敘鹽運司□布政司經歷鑄三王君墓誌銘

【誌文】

　　王君鑄三既歿二年，其子欽將葬君於祖塋之次，涕泣而請於余曰：先君人之□宅有日矣。欽不肖，既愧無以光先人，而□使先人之行誼湮沒而不彰，則欽之罪愈重矣。先生儻可其志而賜之銘，感且不朽，永下拜於與君無素，然稔聞君之爲人，不容以不文辭。

　　君諱大鼎，鑄三其字也，世居河內之寨卜昌村。曾祖繼勳公，諱紹業，由監生加捐布政司理問，誥贈武德佐騎尉，□賜宣武都尉。祖文淵公，諱得魁，由武生加捐衛千總□□，贈宣武都尉。考超衆公，諱啓羣，由監生加捐布政司理問，貤贈武翼都尉，世有隱德。君幼聰敏，能讀書，顧以體弱不□□力於學，未卒業，心嘗感□□□直，好施與，親故以急救濟者，不□之數十百千，無吝色。事親者尤意承旨，能得二人歡。咸豐二年，超衆公病瘋，動息必需人。君衣不解帶，周旋床榻間，日夜不少怠。其中奉湯藥，親汙穢，有爲人情所難者，四年如一日也。六年，超衆公病逝。君哀痛毀瘠，以至滅性，營喪葬咸盡禮，事邱太淑人愈謹。越一年半，君構疾節革，乃大痛曰："死者人之常，亦復何恨，惟是老母在堂而子幼，家無兄弟，是無窮之恨也，奈何死乎？"疾竟不起。嗚呼！以君之至性純篤，而天竟不永其年，亦可哀也。君以八年四月十五日戌時卒，距生於嘉慶二十一年八月十六日寅時，享年四十有三。妻邱氏。子三：長惟欽，議敘八品頂戴；次惟貞；次惟馨。女三：長適溫邑任氏，次字李氏，次字武陟申氏。男孫一：應堂，女孫一，惟欽出。十年三月二十八日酉時，葬於村北祖塋，艮山坤向。銘曰：

　　孝本性天秉，固有鮮克盡之，所難在久。亹亹王君，善事厥親。夙夜匪懈，孺慕彌真，胡天不宥，强仕告終。我銘其壙，用慰幽洞。

　　丙午科舉人大挑二等既送教諭武陟愚弟魯福澤頓首拜撰。

　　例授修職佐郎即選訓導愚表弟齊勉之頓首拜書並篆蓋。

　　安昌陳國瑞刻字。

---

[1] 以下二十家店鋪名稱和錢數，字無法辨認。

咸豐十年三月。

(銘存博愛縣寨卜昌王氏祠堂。王興亞)

魏公（玉印）合葬墓誌銘

皇清處士魏公諱玉印字国宝，兄弟四，公行二，元配璩氏，前繼配韓氏、次繼配張氏。子一，名伯智，娶司氏。女一，適師門。孫一，名守貞，娶梁氏。曾孫女一。

同治元年四月十六日。

孝男伯智誌。

(墓誌銘存博愛縣文物保護管理所。王興亞)

清化西關築城碑記

清化城西有關焉，烟户林立，車馬喧闐，蓋商賈稅□所也。余既定清化築城之議，乃與通守李君進鎮商諸人士而謀曰："鎮城有門，是以固矣。城距關數十武，其間鎮環以濠關，復引小丹水，憑以爲固，相助以守，則輔車相依也。如無以衛之，聞警驚走，勢不能禦，萬一賊踞，蓋不止於唇亡齒寒矣。關之人、鎮之人皆不忍也。守土者忍乎哉？"僉曰："請復城西關。"余曰："城之誠是也，然而實難。清化商賈輻輳，而百貨皆集於城，故籌資便關，特行李往來以束裝解橐焉耳。其地半旅舍而非市廛，其人多窮簷而少富室，欲以城鎮者，城之奚有當也。"眾曰："然。則奈何？"余曰："城也事無難，顧爲之何如耳？人情緩則相猜，急則相結，身家性命，各所自具，各欲保之。然非計無復之，必不相依爲命，至相依爲命乃深相結，勿相猜，羣相固矣。關之人，勿曰城西門也，而曰吾自保身家性命也。鎮之人勿曰西關城也，而曰吾自保身家性命也。天下有自保其身家性命而甘於畏難苟安也哉？如是而眾志固，巨費集，大工舉矣。"眾皆曰："善。"通守曰："仍以前例捐築之。"余與通守遂各捐廉以爲倡，而關外士紳王茂才慶興、程游戎金陞慨然首捐，各近千緡，復與丹茂才書轉相勸告，悉心經營。於是，士民之富者各傾囊以助，即貧者亦各計田幾畝，屋幾椽，竭力以圖，安之若固。城中士紳亦不分畛域，釀金二千緡爲助，蓋自是百堵皆興矣。余治附郭，日事郡垣，通守居鎮中，躬親板築，以時諭導。凡年餘，與鎮城先後告竣。隍濠丈尺多傚鎮爲之，而周圍差小，所費蓋亦鉅萬。余繼是役也，殆如平地爲山難矣，費無所出尤難矣。而程游戎諸君乃不畏其難，竭心力，任嫌怨，洞見利害，以力主其成。鎮人士乃同念其難而思分任焉哉，全大局一體欷助，復得賢通守不避勞怨，實心爲民，與民同患，必欲與之共濟艱難，積誠所感，使是鎮通力合作，樹茲保障，以爲是鎮萬年永固計。而□□□坐而改其成，成之，竟若無難焉。余以此知關之人、鎮之人，能各保其家性命者，惟不自私其身家性命，乃以各使者自保也。賢通守能使人各保其身家性命者，惟視如一己之身之身家性命，乃能使人以自者各保也，皆不易得也。繼自今雙城峙立，相爲犄角，奪勢聯絡，外寇不敢門門，誠厚幸也。而鎮之人互相保衛，擊柝聲聞，無事則耦俱無猜，有事則互依為命，俱無□□財，互依爲命，相結相固，永無訟爭，是尤余之所願望也。夫余瓜代有期行，與諸人士別，遂爲之記而書。而書其城工起訖，捐數用數，以及周圍寬廣、隍濠深厚各若干如左。

欽加鹽運銜特用道知懷慶府事胡嘉楷，欽加提舉銜通守懷慶府事介休李澐，欽加運司銜知河內縣事水安瀾，欽加花翎即補守汛千總王萬林，欽賜花翎前汝程金陞總理。

賜進士出身前河內縣陞周仁壽撰文。

河內縣儒學生員書丹較閱。

修武縣儒學生員丁萬芳書丹。

計開：

水地底寬二丈五尺，寨濟一丈，寨河二丈，河外路四尺，寨裡路三尺，共寬六丈二尺，周圍六百四十丈。

咸豐拾壹年十月吉日開工，同治式年二月十五日完工，六月吉日立。

後捐户列於左：

丹保鳳捐錢四千文，馬成德捐錢四千文，程朝祿捐錢四千文，拜仔貞捐錢三仟二百七十文，買萬義捐錢三千文，閃國良捐錢二千文，程明孝捐錢二千文，丹錦堂捐錢二千文，辛立本捐錢二千文，丁永貴捐錢二千文，馬振魁捐錢二千文，馬振東捐錢一千九百文，閃殿花捐錢一千文，程朝銀捐錢一千文，唐重國捐錢一千文，丹榮恩捐錢一千文，丁懷慶捐錢一千文，丹殿花捐錢一千文，馬必興捐錢一千文，程明泰捐錢一千文，李振海捐錢一千文，丁占花捐錢八百文，丁永魁捐錢八百文，馬必得捐錢六百文，丁大義捐錢伍百伍拾文，買百年捐錢伍百文，程廷林捐錢伍百文，閃聚魁捐錢伍百文，龐振公捐錢伍百文，劉本成捐錢肆百文，買成魁捐錢伍百文，白鳳□捐錢貳佰伍拾文，閃貴元捐錢貳佰文。

以上共捐錢四十三千一佰七十文，買麥秸使錢四十三千一佰七十文。

阿訇吳永華。

正長教白鴻相。

副長教：沙萬興、馬西平。

欽加知府銜即補同知正寨長王慶典。

欽加守備銜藍翎光州千總副寨長程鳴霄。

貢生林國楨。

生員書丹。

幫寨長職員閃萬忠。

監生程朝華。

五品藍翎閃萬奎。

正首事職員丹紹清、武生丹鳳岐、武生程金魁、武生丹清士。

副首事監生丁兆福、丹瑞連。

武生買天保、閃光天、唐永元。

監工買沛堂、拜明興、程朝富、白長令、買玉月、唐春元、丁占德、買清惠、買玉水、買天才、馬良富、林國棟、程明春、程朝玉、唐永令、程朝楹、買立中、買華堂、孫位元、馬振東、呂福安、閃殿富、程明福、丹錦堂。

共地七十八畝六分一釐四毫五絲，其糧於同治四年十二月間，取入在城末清真堂名下完納，除寨占河占地五十八畝六分一釐四毫五絲，下餘之地二十畝，其地出產完糧使用公同管辦。

總保買玉水、買清蘭。

保地閃殿貴、趙全興。

泥水匠馬德正、盧本元。

石匠呂士俊、曹元一。

大清同治二年歲次癸亥十一月吉日立石。

（碑存博愛縣西關清真寺。王興亞）

重築清化鎮城碑記

人誠念身家所托，則必爲自固之計，安居比屋，猶有牆以蔽惡，矧巍然大鎮，其思築城，以捍患也固宜。然恐狃於目前之安，吝惜一時之費，居官者既逡巡玩寇，以爲地方非吾湯沐，而不宜因公斂怨爲百姓者□，遂如燕雀之處堂，無復綢繆未雨，即或一二老成之人，深明時變，洞燭幾先，思與鄉人完守人保。一言既出，衆議難之。往往計未及行，而寇已薄其下者。大河以南，村鎮多坐此弊，以致烽烟狼藉，所在瘡痍，後雖悔禍，築寨樹立，而民之身家後毀已過生矣。善乎！吾邑清化士紳備禦不虞，以爲此城也。

按：清化鎮舊有城，爲前明推官潘公棠所築，萬歷、崇禎間，縣令盧公夢麟、楊公調鼎俱重脩之。我朝承平二百餘年，四方無兵革之患。此間，北阻太行，南環沁水，尤爲河北陬區，以故疆防日輕，城垣遂圮。自咸豐癸丑年，賊從東南轉擾懷郡時，城守勘賊，環城而壘，四郊多被焚掠，鎮以僻左獲全。賊退後，鎮之士紳遂有築城之議，越數年無事，遂不果築。至辛酉夏，余蒞茲土，時直東教會諸匪屢犯河北，沿及郡之邊界。而大河以南，髪捻諸逆更掠疊擾，皆意圖窺越。鎮居秦、晉之交，商賈輻輳，廛市共列，實此邦一大都會，猝有不虞，無城何以爲固？因至鎮，會商署通守朱公。朱公韙其議，遂留鎮按行基址，度其廣窄，計其高卑，以及民居之侵越者贖之，民田之開墾者購之。深濠固隍，期復舊制。議既定，共延紳士而爲之。竊以築城則必籌費，籌費則必書捐，書捐則未免以保民者累民，諸士紳輒以爲築之便，請亟從事。遂捐廉以爲闔鎮倡，□□之士民，亦皆欣然鳩貲以助是役。役方興，朱公瓜代而李□□□旋，自□□既下車，即□□捐廉，督是役益力。李公向有惠政，凡所命，人益樂從。於是，捐輸源源，朝夕設版，踰年之間，而城垣之廢圮者，煥然一新矣。

是役也，實成於前後兩通守之督率，諸士紳之贊助，大小居民之急公赴義，以紓余憂兮余勞。余唯安坐訟庭，不任一事。事成，鎮之人輒歸功於余，能無愧焉？然是役之成，余實嘉賴之，謂足以固吾圉，而尤喜鎮之人不以目前爲安，而防患於未萌，不以多事爲擾，而出貲以相助。吾議甫建而事已畢舉也。此誠思患預防，能以固一方者自固，將近之可以率勵他鎮，遠之可以風示外郡。當今之世，而有慎固封守，實心實力以任之如此者，抑亦朝廷所嘉賴也。爰爲之記。而備書城工起訖捐數、用數，及周圍寬廣，隍濠深厚於左。

欽加鹽運使銜前知懷慶府事張景蕃，欽加鹽運使銜特用道知懷慶府事胡嘉楷，欽加提舉銜前通守懷慶府事朱桂枋，欽加提舉銜通守懷慶府事介休李澧，加運同銜知河內縣事水安瀾，前署清化汛千總郭元英，守備用清化汛千總王萬林。

賜進士出身前河內知縣升任陝州直隸知州周仁壽撰文。

河內縣儒學生員何龍文校閱。

戊午舉人揀選知縣郜自樞書丹。

題守懷慶府事李澧捐錢壹百千文。知河內縣事周仁壽捐銀壹百肆拾兩。

王泰順號捐錢肆千貳百串。

福興典捐錢弍千串，萬川典各捐錢弍千串。杜盛興捐錢捌百五十串。義和糧坊、協成合、增泰糧坊、文盛富、協和店、申復興、合盛恪，各捐錢肆百五十千文。同心東店捐錢四百二十千文。乾元鹽店捐錢四百千文。懷復店、毋全泰、梁璽盛、復來糧坊、君順店、同德店、景昌祠、福聚合、裕昇糧坊、□升號、□□泉，各捐錢叁百千文。復興店、信成號、萬興中、各捐錢弍百二十五千文。□增盛、全順衣店、協聚店、義和堂、樹德堂、王煥興、公義店、路和味、裕興號、升興合，各捐錢壹百五十千文。成元和捐錢壹百一十千文。原祖良捐錢壹百零六千文。同正興捐錢壹百二十千文。□錦號捐錢壹百一十千文。裕昇坊眾客捐錢壹百一十千文。義和坊眾客捐錢壹百五十千文。東盛坊、申□□、書盛□、□□號、全益和、春榮號、茂盛成、和盛爐、同興合，各捐錢四十五千文。寶興樓捐錢四十四千文。劉聚興、晉升坊、義隆記、□然居、錢貨店、□泰豐，各捐錢四十千文。泰山益、王泰和、隆字號、泰興山、據元興、明盛爐，各捐錢三十千文。永和瑞捐錢二十八千文。聚興順、源祥號、大成中鋪、恒義布鋪、德豐號、王盛仁、瑞花樓、合盛鋪、王瑞福、豐盛號、同盛會、協同坊、仁和坊，各捐錢二十千文。王和坊捐錢十八千文。□一和、順興號、吉春號、馬廣盛、日益成、通順恒，各捐錢十五千文。天順行、保名條店，各捐錢十二千文。□□和捐錢十千零五百文。廣興號捐錢十千零八百文。協盛西、復生仁、順成恒、萬福祥，各捐錢十千文。路長福捐錢九千九百文。同心北店捐錢九千七百文。通興坊捐錢九千文。松盛坊捐錢八千九百文。韓興盛、利興號、豐昌號、寶全元、文增盛、大成號、郭三合、聚字號，各捐錢八千文。德純永、□泉廣、巨和昌，各捐錢七千文。公義和捐錢六千文。玉順合、萬盛典鋪、□泰號、永泰號、恒益茂、□興達，各捐錢五千文。復興公、全盛坊各捐錢四千四百文。永盛德、和合茂、張興隆、積盛德、增盛昌、長隆興、永興紙店、茂德公、復泰店、廣瑞坊、同興號、三合興等，各捐錢四千文。成元和捐錢壹百千文。原祖良捐錢壹百零六千文、孫榮先捐錢壹百零五十千文、傅正興捐錢壹百千文。天源合、義隆仁、晉生□坊、大順和，各捐錢壹百式千文。天錦號捐錢玖拾七千文。義聚□店捐銀五十兩。裕昇坊眾客捐錢壹百一十千文。義合坊眾客捐錢壹百五十千文。晉生坊眾客捐錢肆拾千文。義隆仁眾客捐錢肆拾千文。永和瑞眾客捐錢式拾捌千文。日新嚴、張振盛、申三成、畢世蘭、杜雙合、胡同心堂，各捐錢壹百千文。讓先社捐錢捌拾千文。程朝化捐錢陸拾千文。杜啟嚴捐錢五拾千文。同聚元、郭純監、劉文明，各捐錢肆拾千文。鐵貨店眾客商統泰豐捐錢肆拾千文。□□和捐錢肆拾千文。天津順興號捐錢拾五千文。寶全元捐錢捌千文。山東源祥號捐錢式拾千文。

鳳邑　　大成中錢式拾千文。
　　　　復生仁捐錢拾千文。

天津順成恒捐錢拾千文。周村萬蚨祥捐錢拾千文。復興公捐錢拾千文。泰山益捐錢叁拾千文。黃縣田義成捐錢拾伍千文。天津通順恒捐錢拾伍千文。聚字型大小捐錢捌千文。守城嵩捐錢捌千文。王泰和捐錢叁拾千文。潤城隆宇號捐錢叁拾千文。鳳邑泰興山捐錢叁拾千文。泰州文魁盛捐錢捌千文。聚成號捐錢捌千文。鳳邑郭三和捐錢捌千文。公義和捐錢陸千文。天津吉泰號捐錢拾五千文。馬廣盛捐錢拾千文。韓興盛捐錢捌千文。利興號捐錢捌千文。豐昌號捐錢捌千文。□□□捐錢捌千文。志成號、申光□、吉盛□、魏□□、全益□、各捐錢□□文。春榮號捐錢五拾□千文。茂盛成、付汝漠、和盛爐、同興號，各捐錢肆拾五千文。寶興樓捐錢肆拾肆千四百文。劉聚興捐錢肆拾千文。郭壽捐錢叁拾□千一百文。璩元興捐錢叁拾□千文。王印正捐錢叁拾□千文。明興爐捐錢叁拾千文。懷復店、毋全□、□至盛、陳實全、復米糧坊、右順店、同德店、景昌毋、福聚合、裕升糧坊、□生號、順泉□，各捐錢叁百千文。□□店、信成號、程方盛、萬興中、各捐錢式百二十五千文。段增盛、全順城店、協聚店、義和堂、樹德堂、王煥星、公義店、路和味、積興號、並興號，各捐錢壹百五十千文。□□□捐錢壹百四十七千四百文。天源合、義盛仁、晉生□坊、大順和各捐錢壹百式十千文。成元和捐錢壹百一十千文。源祖森捐錢壹百零六千二百文。孫榮先捐錢壹零五千文。傅正興捐錢壹百千文。天錦號捐錢玖拾七千文。義□□店捐銀五拾兩。褓貨店眾客商合盛勇捐錢捌拾千文。聚興順捐錢式拾千文。協盛西捐錢拾千文。玉順合捐錢五千文。協盛西捐錢拾千文。王順合捐錢五千文。永盛德、和合成、振興號、義和永、積成德各捐錢肆千文。魁合號、複昌合、義慎公，各捐錢式千文。德純永、統泉廣、巨和昌，各捐錢柒千文。增盛昌捐錢肆千文。溫邑張隆興捐錢肆千文。延川縣天德公捐錢叁千文。德盛東捐錢拾千文。木楽店永興紙店捐錢肆千文。□府三盛揚捐錢三千文。全盛興捐錢三千文。義合永捐錢二千文。高邑義成合捐錢壹千文。王河然捐錢肆拾四千文。劉文蘭捐錢三拾□千文。永春號、永方號、恒益成、芳興遠，各捐錢五千六百文。南大社和泰魁、永城□隆永、八佾永德公，各捐钱四千文。路重三、恒義布□、德豐號、王□義、瑞花樓、合盛蠟鋪、李龍祥、王恒福、胡成誠、豐盛號、□□□、畢守□、王紹心、裕德堂、樊俊奇、復興來永、鄧長發、張永康、段俊德、同盛合、協同坊、魏希旺、李三重、任和坊，各捐錢式拾千文。元興捐錢拾陸千文。原祖望捐錢拾陸千文。高應宗捐錢叁拾千文。王合坊捐錢拾捌千八百文。王鏡捐錢拾壹千四百文。原杏林捐錢拾壹千文。萬興肉架捐錢拾六千七百九十文。泰昌永、振元店、王盛東、永和瑞、趙福善、揚占元、樊增、樊文翰、三同店、是玉文印、路郁文、天吉號、榮昇扇鋪、榮盛肉架、東成號、吉永號、牛王廟村，（各）捐錢拾五千文。高廟村捐錢拾四千文。李振綱捐錢拾二千文。南關高莊捐錢柒千文。前官莊捐錢柒千文。中官莊村捐錢肆千文。後中官村捐錢肆千文。司文禮堂捐錢肆千文。服念堂捐錢捌拾千文。義合成捐錢五拾捌千一百六十文。杆盛行捐錢五拾六千九百文。畢廣德、明盛行、清一行，各捐錢玖拾千文。公合坊、楊矓山、東元花樓、西元□樓、□善和，（各）捐錢拾千零八百文。廣興號捐錢拾千零八百文。趙應祿捐錢拾壹千文。逯祐捐錢拾千零二百文。申澈捐錢拾千零五百文。天順行、何杰、趙景興、保和条店，各捐錢拾千文。路長福，□善和，（各）捐錢玖千九百文。同心北店捐錢玖千七百文。通興坊捐錢玖千文。松盛坊捐錢捌千九百文。高善奇捐錢捌千六百文。全盛坊捐錢捌千四百文。復泰店、廣瑞坊、任文金、高寶興、王順興、李廣祚、谢立勳、潤興號、三合興、王敏正、申永盛、董元爵、王興中、重興號、連素紳、路保德、申一本、恒義號、程公盛、李暉德、義盛醋鋪、原長興、大順東店、李興業、申德順、逯凝祥、孫保之、蕭長發、劉兆奇、張元興、張文炳、王洞源、張吉業、孫永貴、西順興、王貴元、桑清芳、段有年、張盛公、程百令、李安國、謝本鳳、田同興、岳步洲、董□□、魏福振、魏福太、麻佩、李連金、李永森、張太福、杜世□、李明新、曹振蘭、洪興号、郭傑、協盛德、高全興、連得全，各捐钱叁千文。高全喜、孫學思、劉琨，各捐錢式千四百文。王立成捐錢式千百文。丁占侯捐錢式千式百文。立成號、興盛號、張義順坊、師元魁、李德新、是七、三順坊、全□□、□□□、三官圖、越米西、高天懷、牛□儒、趙□、路□□、史大□、王樹本、原德中、原兆善、原全善、胡廷棠、李萬聚、高善元、王鳳年、王懷禮、原金儒、鄒自樞、王維公、協盛號、□合元、全盛號、□□、王□德、楊德龍、胡丙菊、華秋濟、王維舟、高玉堂、萬殿元、路學思、賈君祥、張國太、高復興、永平號、張百立、張致富、崔清吉、王萬民、張明旺、楊發科、柴桂月、陳玉和、高祖魁、王光前、李鵬皋、王在朝、高文安、高平安、高□清、高守和、羅良相、張啟成、賈萬倉、□□□、崔居源、段丙直、崔居興、李加壁、蘇廉、牛大興、牛乾元、郭殿楊、郭旺、潘定程、張如桂、胡君祥、邵鳳舉、田振合、胡丙裕、際盛敦、高位中、路恒照、趙松秀、胡丙世、張百成、王國祥、王敬丙、高□堂、梁世芳、司廷祥、李程□，各捐錢式千文。張成壽、金有學，各捐壹千四百文。畢學忠、李雲升、陳本□、靳法□、高大榮、□元順、孫□文、馮如□、趙祥捐錢□□□文。宋兆瑞、何眉壽、徐鳳崗、申一元、孫貴、孫杰、孫大慶、賈振遠、張德興、司學福、高恒太、王鳳德、張在田、高善祥、高慶達、梁桂林、王恒煥、喬自義、喬自禮、高建禎、寶興號，各捐錢壹千文。□□□捐錢柒百文。胡法文捐錢叁百文。李生□、蕭廷桂、張保麒、□□□，各捐錢四十八千文。以上共收□□錢貳萬陸千捌百五拾七千六百二十五文。

共收捐項銀壹百玖拾兩。

收團練局存項錢叁拾陸千六百文。收賣木植柳杆錢陸拾柒千五百九十八文。收□□□□□拾五千捌百三十文。收□局錢壹萬□千八百九拾三千零九十九文。共收錢叁萬捌千八百八拾柒千七百五十文。共收銀百玖拾兩，除使□餘錢□□式□□。合錢壹百叁拾式千文。通共收錢叁萬玖千零壹拾九千七百五十二文。

使費列後：

土工使錢壹萬柒千玖百四十四千一百三十九文。木匠泥水石工使錢式百伍拾式千零三十七文。伐樹刊荒使錢壹百柒拾式千九百七十二文。□□席使錢壹拾柒千八百五十八文。□□□□使錢陸拾叁千九百文。起土包價使錢式百壹拾壹千五百文。買滾木使錢陸拾玖千七百九十八文。□繩麻使錢式百零壹千九百六十二文。蒲包理□□使錢壹百陸拾四千七百八十七文。買石頭使錢捌拾壹千九百八十七文。買石灰使錢式百五拾九千七百九十一文。□□柳捎□杆蓆苫使錢玖拾柒千零零一文。□□物件使錢叁拾陸千式百零四文。蠟燭香油使錢壹百肆拾五千叁百五十文。褙貨紙張使錢五拾捌千五百文。買煤炭使錢肆拾陸千六百四十二文。鎗藥火夫使錢拾叁千四百四十文。打城垛使錢式百零八千四百五十五文。買磚使錢拾千零陸百八十六文。土坯麥稭使錢壹伯捌拾五千零七十二文。總局火食使錢叁百壹拾五千文。各地方分局火食使錢陸百柒拾式千八百五十八文。衙門差役彈壓使錢壹百五拾五千叁百九十四文。武營兵丁彈壓使錢壹百壹拾千零八百文。总小保地飯使錢壹百壹拾壹千五百文。褙項火夫使錢壹百壹拾九千叁百五十四文。以上共使錢式萬□□□□□□九百八十七文。

警變守城使費列後：

委員公館花費使錢柒拾玖千四百一十六文。屯城蒲包竹簍使錢肆拾五千壹百七十八文。買竹鎗使錢壹百零六千九百五十文。搭棚芦蓆使錢壹百五拾九千七百文。□□□□使錢叁百捌拾叁千五百三十四文。買繩麻巾使錢肆拾四千三百四十四文。買下窑灯使錢叁千式百文。火藥□炮葫芦使錢式拾柒千三百二十五文。抬鎗布使錢陸千叁百三十九文。造抬鎗使錢玖拾壹千文。火藥缸使錢叁千七百文。城上火炉燈炭灯籠使錢壹百零捌千式百八十八文。鎗藥火繩使錢肆百捌拾八千式百四十五文。大小噴桶使錢拾柒千三百七十文。鉛旦火繩鎗子使錢叁拾柒千九百六十文。各地方簿蓆草苫使錢式拾七千八百七十七文。收拾鎗炮烽火藥包使錢肆千六百九十五文。武營本局偵探使錢叁拾壹千文。雇鄉勇抬炮使錢柒拾式千文。城上搭菴抬運物件使錢玖拾五千零式十三文。挑河屯城人夫使錢壹百式拾式千八百八十八文。河上提水使錢拾壹千式百四十文。買木板使錢陸千文。差役盤查飯使錢拾壹千八百文。幫工折搭馬路使錢玖百柒拾六千九百文。幫工抬土人夫使錢陸百捌拾肆千五文。以上共使錢叁千陸百五拾陸千五百六十四文。同治元年正月起至十二月三十日使費列後：起土包價使錢肆拾七千一百五十文。買磚使錢三百玖拾九千四百九十四文。麥楷稻草柳梢使錢五百壹拾七千一百八十二文。買榮蔴繩使錢柒拾肆千九百文。買棺匣埋骨櫬使錢肆千九百文。鐵器石頭土坯使錢壹百肆拾五千八百四十文。買柳杆使錢壹百叁拾五千一百九十二文。石灰使錢叁百陸拾三千三百九十文。蔴竹器簿使錢柒千零七十文。買栢木頂使錢拾四千文。各地人夫催捐項使錢壹百玖拾三千零五十一文。各地方監工總局監工茶飯使錢叁百五拾三千五百零七文。各地方泥水石工使錢陸百千零零一百零七文。各地方木匠石鐵匠畫工使錢壹百三拾捌千叁百二十五文。請客花費進城盤纏使錢肆拾五千零四十文。燈油蠟燭使錢陸拾捌千六百式拾八文。裸項人夫茶水使錢壹百陸拾叁千叁百八十二文。李周大老爺送萬人衣傘錢五拾叁千九百五十文。分底少數使錢捌千七百零九文。以上共使足銀壹百零柒兩五錢、錢玖千□□□叁百十七文。足銀捌拾壹兩壹錢。

同治二年正月至三年五月三十日使費列後：

土工使錢式千三拾式叁佰式十二千六百 六十六文。挑城河使錢式百七拾捌千三百四十六文。磚石灰石頭石工使錢肆百肆百玖拾三千一百二十一文。泥水木匠油漆使錢式百零陸千三百文。蔴繩土坯□□使錢肆拾柒千五百七十文。稻草柳梢使錢捌拾柒千四百零五文。買柳杆榆樹使錢叁拾壹千百四十六文。打城垛使錢叁拾式千零零四文。城上栽草使錢肆千式百四十文。煤炭茶葉埋骨櫬使錢壹千七百文。油蠟裸貨使錢陸拾玖千式百八十文。各地方分局人夫使錢捌千壹百拾捌文。總局人夫火食使錢捌拾千零八百八十七文。各地方分局茶水使錢柒拾三千四百四十文。總局監工茶水使錢式拾式千四百四十一文。總局火食賬房使錢玖拾千零五百四十四文。進城來往盤費使錢拾五千玖百零三文。敬神懸匾使錢陸拾式千。五門拆房包價使錢拾玖千五百文。起土包價使錢玖拾四千四百 九十八文。縣主祝壽礼物盤費使錢拾式千式百七十文。城上掃雪人工使錢五千九百二十文。李周太老爺祿位牌入祠使錢陸千四百文。裸項花費使錢式拾叁千三百五十四文。分底少數使錢五千文。以上共使錢肆千□□拾八千八百二十四文。通共使錢叁萬玖千零拾九千七百五十二文、足銀□□□□□□。

總局執事：州同張伯源，職員胡法程，監生高恒性，歲貢謝樞、歲貢梁鳴玉、監生牛大祿、職員原玉璽、典籍陳欽、從九李三恒、舉人鄔自樞、生員何龍文、武舉梁海、監生高善元、監生胡廷棠、貢生程畏三、監生段書紳、職員胡丙檢、千總路春蕙、職員吳璽、監生胡丙選、生員申肇元。

　　管賬：佾生劉琨、褚糧行高肇魁、京貨行何崇質、鐵貨行高占元、褚貨行張鵬展。

　　管庫：王樹德、從九許補陞、監生田尚華、從九張如珂、畢純。

　　頭地方：遊府程金陞、附貢生王慶典。

　　二地方分局執事：馬有仁、監生謝光泰、路重三、武舉高七襄、何鏡、劉樹傑、協成和、增泰坊、協聚店。

　　三地方分局執事：監生謝光世、壽民高瑅、祝興號、監生樊維翰、生員麻蘊、義和堂、監生范增、王因、楊超羣、典籍王印正、監生米恒光、從九李蘭芳。

　　四地方分局執事：典籍路統傳、監生畢升、武生路承禧、監生王九經、清一行、監生路璧、監生高位南、王永慶、職員常士達。

　　五地方分局執事：武生孫肇元、監生董元爵、元化樓、合盛恪、景昌盛、福聚合、同興合、泰順允、天錦號、玉生號、信成號。

　　六地方分局執事：路學詩、百戶史萬春、監生張清世、生員賈文瀾、監生趙達、武生王清源、李鴻儒、胡法齡。

　　七地方分局執事：生員高緣璋、生員高緣禮、監生高應宗、佾生高應成、監生原祖堂、李成溪、段德位、李生東、王存性。

　　八地方分局執事：監生岳步洲、李永瑞、貢生常培元、王加芝、楊致德、生員申大本、典籍胡丙成、監生李富國、吏員岳步綱、麻珮、崔德武。

　　九地方分局執事：壽民梁士釗、曹太昌、監生郭壽、監生王維棠、畢作雲、武生張書田、典籍王謙福、靳興藩、成泰坊、杬盛合、復昇合、王履合。

　　十地方分局執事：胡丙宣、胡丙合、典籍張正福、胡君璋、胡丙南、耆賓張如桂、晉生坊、同盛合、義隆仁、裕昇坊、典籍逯謙、邵鳳舉。

　　總保王瑞祥、趙萬來、買玉水、買清蘭。

　　保地閃殿貴、劉文玉、劉全、路鈙、張連升、高善珩、郜祥、王景蘭、高書文、趙全興、楊鳳奇、楊福、王林、吉步蟾、米富元、李有壽、高千仞、趙振遠、胡丙居。

（碑存博愛縣清化鎮九街。王興亞）

本鎮重築城後記[1]

　　我鎮脩城之役，縣主周公作記，已詳言之矣。愚等烏庸復贅，但事經三年之久，用計三萬有餘，有不能不陳其概焉！我城週圍共計一千三百五十丈，高二丈二尺，底濶三丈，外廣濶一丈，深廣三丈，惟西門外爲運河所偪，濠稍狹焉。內脣之，濶以各門，馬道爲□，

---

[1] 此碑刻石四方，第二方，字多漫漶，未錄。

巡城丁並礮而行。敵台四十二座，城樓五座，仍舊制而加脩葺焉。於咸豐辛酉九月二十一日起工，至十一月中，東匪竄擾，偪進縣境，此時工僅半。就公議守城。做工人有因變而去者，有因變而停者，至東匪退後，而已天寒地凍矣。雖明知凍土難艱，工宜暫停，而餘氛未靖，有欲脩而不能者，以故將就增高，至歲終而姑符尺丈。迨壬戌春，凍消土融，頹圮大半，憑寺目擊心憂，俱有難色。適通守李公祖師歸自京差慨然捐廉，大加振作，廣爲勸募，嚴飭工人將頹圮之處盡行補築，筑口齊備，城濠深濬，至歲終而工竣，所餘者繕後事耳。至癸亥春，愚等念我城爲地所限，城唇甚狹，濠中蓄水□□□漫，宜將城濠裡崖，用石砌壘，而城根可固。因□唇之尤要者，砌築一百五十餘丈，未及多脩，至八月間，大雨連綿，而斯地又復數百丈。李公祖復命補脩，至今春而始竣焉。嗚呼！大工大役，自古難之。愚等才疏智淺，安與公事，始則賴周、朱二公祖之倡率，繼則賴李公祖之振作，以克成其事。固愚等之幸，亦闔鎮之幸也。至於積土爲高，經久易圮，土壘之，不知□甃門矣。惟冀後之執事者，秉公竭誠捐輸者，慷慨好義，甄城亦自可馴致焉。此則愚等所企慕而切示者也。

　　執事等仝誌。
　　大清同治三年歲次甲子七月穀旦立石。

（碑存博愛縣清化鎮青蓮寺。王興亞）

劉村築寨碑記銘

　　或有問於余曰：何爲而築寨也？余應之曰：三年五月，賊至河朔，焚屋舍掠馬牛，孤人之子，寡人之妻，余欲保障一鄉而築寨之思。吾族興詩、興河、允伯亦也不避艱險，□而總理其事。築三里之寨，造守寨之物，七家捐錢萬貫。鄉中之人欣然樂從，無一家不捐錢者。寨所用地基，雖心愛之物，亦皆能割愛以與之。及至興工築寨，或勞心、或勞力，僅四旬而寨工告竣矣。自始至終，無詞訟之事，可謂人和，因名之曰"人和寨"。

　　覃懷河邑李興煦序。
　　大清同治四年九月穀旦。
　　劉村人和寨士民同立。

（銘存博愛縣博物館。王興亞）

創建大王廟碑記 [1]

　　同治丁卯，藥王卜昌里創建大王廟一所。坐落里北爲正殿三楹，拜殿大門稱之，繚以牆垣，神像金粧輝煌，丹楹繢壁巍煥然。工既竣，王君□三囑記其事，予□河自／

---

[1] ／以下字模糊不清。

利賴無窮。是以濱河郡邑崇建廟宇，以享以祀，以迄於今然而斯廟之建，則□□□以 /
煽大河之尚，殺戮□□□□，殆□十有餘載，民無甯居，是河哀已而 /
波駭浪，隨時□起聚□□□水轉北流。賊窘於術，終莫之能渡。衆□□□久，□□□凡□居民□豆 /
神庥，固宜人有同情廟之建之意，賓肇此固曰：不以其常，而以其變。或曰；是歲之□□□於□□□□至 /
以興，不政君子語□而語□變而庇民。廟以祀之理之常也。若夫神絳之□□□□□□。故□而弗 /

已酉科拔貢候選教諭
邑庠生員安昌
總理會首花□同政王大溫
都司王俊昇
幫辦會首理問王漢然
衛千總王大儒
從九王全□
同知王全□、王大綸、王□□、王□□、王□□、王□□、王□□、王□□、王□□。

大清同治六年歲次丁卯季冬上浣之吉。

（碑存博愛縣寨卜昌王氏家廟。王興亞）

始祖陳厚之墓碑

【額題】報本

始祖陳厚之墓

同治八年八月穀旦合族仝立。

（碑存博愛縣清化鎮。王興亞）

修治□□□碑記[1]

丹溪居士黃鏞謹記並書丹。

　　□□□□□□□□之□沐浴更衣，誠心拜禮以聽□□□□□洗心滌慮之巨典，□通衍脈之盛舉也。近因創年久遠，簷木損□，□□□基狹，其□□□□□等，屢欲廣□□而高門路之奈屋基濱河，公項□□以故念起□□□□。乙丑，浴室後益地一區。戊辰

---

[1]　此碑上部，有些字模糊不清。

歲，已收副將閃□□□拾捌貫，先將□□□□署垣修葺，而□舊圖新，廣屋峻宇之舉仍本□□。本年秋，□□□□□公儲籌計舊料，復向尊教鄉耆量力酬捐，共得□□□□，遂鳩工庀材，修前□□而踵成之。工起於七月下旬，落成於十月□□□□□□□之牆垣廣宇，□煥□□，□然聿新。前所謂□窪狹溢不便澡潔者，公則裕如也。是工□□□□執事勤勞，既賴於尊教鄉耆之樂施，遂勞逸不一，多寡不□而心。公輸銀之□□□衍脈之心則同也。夫衍脈宗教，志行可嘉，誠急□□□□□□□□台貌，應即勒諸貞珉，以為後之重教德者勸。

計開：

□□□□捐錢拾捌仟文。

庚午職員閃萬程捐錢肆仟文。

閃萬程捐錢弍仟伍百文，閃太祥錢弍千弍百文，呂振聲錢弍千四百文，員秀錢□□□□，呂振德錢捌百文，職員程朝華錢捌百文，王鶴柏錢弍千□百文，馬龍興錢壹千弍百文，丁萬達錢壹千弍百文，

丹□永、程中一、閃□章、□鶴齡、□門麻、閃太安、閃振河、閃振橋、閃門遠、□風令、□王□、李玉春、閃王園、閃魁泰、閃□乾。于儒良、閃建安、閃□清、閃應保、馬龍泰、閃大盈、閃□龍、閃□川、閃□貲、閃□庫四百文、□龍庫、祥明元、□□□、□□□、□□□、□鳳包、牛桂興、閃繼富、閃大祥錢弍千弍百文，馬龍興錢壹千弍百文，呂振德錢捌百文，丁恒振錢陸百文。陳百元錢捌百文。濟源錢一千文。閃甫堂錢壹千文。丹鳳瑞錢捌百文。閃甫印、丹可寶、丹鳳池、丹鳳格、丁福善、買孚才、丁楊貴、丁楊花、丁揚河、丁元函、丁克順、閃甫應、丁玉蘭、閃甫山、買占義、馬復興、職員閃恩光、監生閃振清、丁萬玉、丁楊君、閃門馬氏、閃水福、丁萬祥、閃平均、丁萬和、丁萬順、拜世平、閃振武、閃振業、丁恒泰、韓名升、閃繼程、馬洪泰、買連堂，以上各捐錢肆百文。

閃應元、買萬來、買占元、買占聲、閃印侯、閃振聲、閃應詔、丁福林、蘆福才，以上各捐錢壹百文。

周桂花、拜王隆、丁克孝、丁萬倉、閃甫雲、拜玉選、閃繼魁、閃應章、孫聚庫、丹鳳彩、馬必隆、丁克隆、閃振照、馬應三、閃純興。

石匠龐希金。

大清同治拾年歲在辛未拾月二十八日勒石。

（碑存博愛縣文物保護管理所。王興亞）

河內縣東界碑

河內東界

同治十一年知河內縣事彭澤歐陽霖立．

（碑存博愛縣陽廟鎮南西尚村。王興亞）

重脩東嶽廟司房記[1]

【額題】皇清

聞之靈神之爵封三千，而泰山之位最高，天下之名山三百，而東嶽之祀乃獨，/
莫為之前，雖美弗彰；莫為之後，雖盛弗傳。康熙年間，西陽邑鄉老三樂程公創修于茲，古碑僅存，而 /
于此時者也。今有本社市首倡率西陽邑善男信士，按地畝條粮公出錢文，又 /
脩築黝堊，不數月而煥然一新。是脩也，雖無翬飛鳥革之壯觀，而已有竹苞松茂，/
祀之義。後踵前人之徽，後之視今亦猶今之視昔，而預卜于民安物阜，時和年豐 /
例授修職郎程爾忠 /
社人登仕郎程正宗 /
會首宋啟山、程爾達。
總理程汝□、程□□、程□□、程全□。
總催程凌沛、程可久、廷琛。
買辦程天泰、程作和。
首事程立傳、程淇□、程法科、程士□、□啟泰、郜恒達、□元起、文登村、程作義、布成典。

宋啟山捐錢二十一千文，程爾達捐錢十千文，程長樞捐人十千文，程□基捐人十五千文，程兆□捐人十五千文，程□型捐人八千文，程可雲捐人三千文，程元鈞捐人三千文，宋興山捐人六千文，程汝玨捐人六千文，程法盛捐人三千文，程□和捐人三千文，程學捐人三千文，程林松捐人三千文，
　布成鏌 /，程汝（精）/，
　齊成芳 /，程兆江 /，
合村公照條粮均出錢式百壹拾玖千三百八十一文。
共捐項錢壹百三十 /
　工師侯執玉。
　塑畫白玉秀。
　石匠王長壽。
　同治十三年四月中浣穀旦。

（碑存博愛縣博物館。王興亞）

---

[1] / 以後字模糊不清。

捐資姓氏

總領會首太學生楊生淑捐銀七十両。

總料理會首程德成捐銀二両，沈光魁捐銀一両。

買辦會首沈世勳捐銀十五両，沈和林捐錢二千文。

管工會首程覃捐銀五両

催錢糧張奇美捐銀五両，鮑希祥捐銀三錢。

收錢糧會首張秉章、張秉坤捐錢十三千六百。

掌錢糧會首和夢軒捐錢五両，又銀一両。

募化會首和生學捐銀三両，毋玉達捐銀二両，賀興隆捐錢一両，和有恒捐艮貳拾三両，韓登龍捐銀二両，毋中君捐銀二両，毋成貞捐錢一百。

社：

陳五珍捐銀四両，韓登文捐艮三両，毋大章捐銀十両，毋元章捐銀十両，毋元年捐銀十両，邱世煦捐錢八百文，邱煜世捐銀五錢，□□用捐銀一両八錢，毋元虎捐錢八百文，和廷照捐銀十五両，楊士策捐銀六両，和有光捐銀三両，和廷錫捐銀三両，張秉奇捐銀十五両，馬福春捐錢六千，王克昌捐錢五錢，鮑希木捐銀三両，張奇仁捐銀三両，陳起捐錢二千，梁復浩捐錢一千，陳□国捐銀一両，李漢起捐銀六両。和慶生員和維載子兆鳳、麟　施大香爐、鍍一個，又施銀一両。

賀孝詩艮五両，王孝侯艮一両，王奇慶艮一両。

馬村：

毋王禎裱艮一夂，毋松艮一夂，毋寬艮一夂，趙荣先艮一夂，李云之艮一夂，毋寿林艮一夂。

大油村：

郝建臣艮二㇏，賀得文艮二㇏，張宗堯艮五，孫文聚艮㇏半，全盛号㇏一百二十，孫文龍一百二十㇏，孫孝仁艮㇏半，李云艮一㇏，孫土龍艮一㇏，孫文元㇏一百，尚全德㇏一百，孫士成㇏一百，閆大禹㇏一百，張大照㇏一百，謝良□㇏一百，趙宗善艮一㇏，李如才㇏五十，吳自明㇏五十，謝怀智㇏五十，趙大忠㇏五十。

（碑存博愛縣博物館。王興亞）

祖師廟重修碑記

【額題】永垂不朽

嘗聞廟有開而必先，乃踵其後以增華，即如我鎮二地方南後街，有祖師廟一座，東配孫真聖像，西配呂祖聖像，外有舞樓三間，由來已久，神靈顯赫，靈應不爽。非一方之保障也哉。□歷有年所，前人已經修葺，近年來，風雨不時，未免有所凋殘。衆善士同心共濟，重出貲財，一一修葺，較之當年，煥然一新，真快事也。今值工竣之期，丐予為序。予不獲辭，因工已告竣，設而神威昭，神威昭而萬物得庇焉。惟望後之善士嗣而葺之，庶乎神其德我耳。是以為序。

　　三地方共捐錢捌仟叁佰六十文。四地方共捐錢柒仟式佰式十文。五地方共捐錢柒仟柒佰文。魏和泰捐錢陸佰文，牛兩成捐錢陸佰文。劉官清、呂連□、邰□□各捐錢四佰文。郭永安捐錢式佰文。孫法祥、□錫廕、陳士方、智福祿、□□□、曹玉光、張清□，各捐錢式佰文。王羊□捐錢壹佰五十文。申三□、高□□、武全□、□□□各捐錢壹佰文。收開光戲餘錢柒仟柒佰柒拾文。通共捐錢貳佰肆拾伍仟壹佰肆拾文。買磚瓦土灰石頭□罷匠工油漆彩畫雜項使，通共使錢貳佰肆拾伍仟壹佰肆拾文。

　　興工執事會首畢世德、高德善、任文盛、傅作舟、李守業、傅隆會、邰廣盛、韓喜慶、傅有禎、傅有祥、馮景春、邰義和、馮性良、劉本立、李心順、韓超庸、劉文玉、傅萬盛、韓士興、邰均和、韓占鰲、璩保年、韓希祿、邰永和、邰裕如、李興、韓士良、邰□和、□有志、韓桂□、梁學仁、楊鳳枝。

　　大清光緒元年孟夏月穀旦勒石。
　　例授宣武郎賞戴藍翎郡庠生高隆薰沐撰文。
　　河內縣儒學生員李蔭漢書丹。

（碑存博愛縣清化鎮。王興亞）

魏公墓誌

【盖文】
魏公墓誌
光緒元年。

（誌存博愛县博物館。王興亞）

祖師廟重修碑記

　　全泰魁、泰順號、福同和、協盛店、君順店、裕□泉、同德店等各捐錢七千六百文。復正興捐錢七千文。高寶興、永和瑞各捐錢五千文。太平南店、盛願復、王文興、廣聚合各捐錢四千八百文。王盛東捐錢四千七百文。儀文盛、如義和、邱廣盛、□心齋、□旭店各捐錢三千文。全盛店捐錢二千三百文。義和公、發太號、聚興仁、趙義興、義盛成、都盛東各捐錢二千五百文。泰合聚、同義成、復合義、東興合各捐錢一千四百文。復盛合捐錢一千六百文。同興和、眾德堂、敬盛公、德順鹵行、德盛豐、元盛號各捐錢九百文。復盛合捐錢七百五十文。德興奎捐錢七百文。□王盛、恒□號、湧合成、通興坊各捐錢六百文。廣順合捐錢五百五十文。□合興、復盛元、三順坊各捐錢五百文。聚興合、東永合、永德堂、全順公各捐錢四百文。萬興旺捐錢三百五十文。興盛同捐錢二百四十文。□仁和、順太合捐錢二百文。

大清光緒元年立夏月穀旦。

（碑存博愛縣清化鎮大王廟後殿。王興亞）

清處士藍田公墓誌銘

【誌文】

公魏氏，諱玉璧，字藍田，悲盧者，晚年自號也。河內貴屯人。祖天穆由上屯遷居貴屯。父德孝公，行四，長兄玉璽，次兄玉印，皆前母氏焦出。公與三兄玉瑞，皆母氏許出。公賦性遲鈍而專篤，其學問文章皆從工夫鍊出。三十歲以前，注意功名，晝夜攻苦，自後偶讀小學，忽然有感功名之念，渙然冰釋，由是三復不厭，矢且好讀《近思錄》、《呻吟語》，暇時，並黃術。其於日用倫常，持己待人之際，每在躬行實踐處著力。雖疑謗交乘，而志行至老不衰，且好稱揚人善。西陽邑齊姓婦有隱節，特倡本村程元純勒石以旌之。本村張世道之兒媳，孝事其翁，東馮封常紹立孝其繼母，皆作詞條陳其事，以贊揚之。與余交最久。其平日勸善規過，懃懃懇懇，皆人所不能及。至於醫不受謝，猶其末焉者也。生於嘉慶十一年二月二十六日吉時，卒於同治十二年六月初七日酉時。享壽六十有八。娶郝氏，生於嘉慶八年四月十四日巳時，卒於光緒元年九月二十八日酉時，享壽七十有三。子一，伯儉。女一，適矗村徐氏，孫三：守拙、守愚皆公命也。孫女一，俱幼。於光緒元年十月十九日葬於家西北祖塋之次。未葬之先，其子孫請銘於余。余知公最悉，猶憶十年前，公曾以自銘墓石一紙示余，余笥藏之久矣。故畧敘其生平，而仍其自銘之詞，曰：

傷生質之鈍滯，慟二親之早終。前三十年之明教有失，良田未耕，急急趨向，專在功名。其後於書之言語切己，擇觀座銘，方知非有疚而內省，奚自責而返躬，無如錮蔽日久，茅塞難通，開卷而天良發，掩卷而故態萌。事物經心，策勵鬆卒，為氣勝習移，欲寡其惡，而未能逐事點檢，逐事戰兢。前悔未已，後悔復生。戚戚然俯仰，無顏愧怍。滿意與歲，去枯落成。故援筆以自誌，示銜恨於無窮。

郡庠生愚友弟鄧長元頓首拜撰文。

愚甥師紹魯頓首拜書丹。

石工毋守現刻。

光緒元年歲次旃蒙淵獻陽月吉日穀旦。

（碑存博愛縣博物館。王興亞）

禁止巫覡焚香治病議約

　　蓋聞成風俗由於正人心，正人心先宜息邪說，如□所尚焚香醫疾者，即邪說誣民之最者矣。夫人無疾而之有疾，大抵飲食不慎，起居不節，與陰陽風雨晦明之不時。其入也深，其來也漸，即有名醫調治，尚非百無一失者，豈焚香作法可以入膏肓而洗沉痾也哉！乃有爲之說者曰：疾有正亦有邪。正者醫以人，邪者醫以神。嗚呼，無論必無邪也，即云有邪如傳所言，實沈臺駘爲祟者，亦非今之巫覡所能祈禳也。今之巫覡，惟是無賴之子，不節之婦。名爲不取財，其取財也更巧，名爲不趨勢，其趨勢也特工。以如此之人而令其往來閨閣，出入門戶，無男無女，無老無幼，療疾之時，俾夜作晝，幾何不爲奸□之門，盜賊之路也哉。所以先向來官府嚴行禁止，被獲者已治之以法，而其漏網之人，仍有杖其術以惑衆者。

　　本村舊有天地會，凡夏秋雨季，禾稼瓜菜之類，無不覓捕公看。春冬令其巡更守夜，盜賊賴以頗少，風俗賴以稍清。第無知之人，猶有延左道，此風不息，實負官府糾察之意。因合村公議，凡村中有延左道醫疾之人，除天地會會首用心糾訪外，無論鄰里親族，皆許到會中出首，再同會道術醫者逐出，延醫之□公同議處，有違抗者，送之於官。立約之後，惟願在村人等崇正道，怠邪說，庶幾人心正，風俗可成，不通以捕緝之事，□我邑侯也。

　　魏福□、陳先振、段景□、□□□、□□、陳永慶、陳□□、張光□、□□□、□□、邰宗元、□□□、□□□、□□□、□□□、□□、□□春。

　　天地會[1]

　　皇清光緒三年二月十二日立石。

（碑存博愛縣博物館。王興亞）

皇清誥授中憲大夫候選同知卓玉君墓誌[2]

【誌文】

　　光緒四年二月十四日，候選同知卓玉君□□明年□□□□將以□□□□□□於□□塋之次，遭□□□□其□又新選桂陽州州同，生□□□□行□□所以銘諸幽者僉曾□□□北王村謝氏家。時君年方□□，其英莫露爽，知爲長才，又□其□□□□□□□之及□君□□□□□言之□□也。□按狀，而銘之。□□□□王氏諱秀峰，□諱大

---

[1]　以下字多模糊不清。

[2]　此誌字多殘，不可辨識。

□，字敬□□□也。世居河內卜昌村，曰□氏間距□□誥贈武德佐騎尉□，晉贈通奉大夫，諱紹業□□□□□衛千總，誥贈宣武都尉□□□□□大夫諱蘊彰又□□□□□曰議敘有司，例授昭武尉，貤贈同□大夫，□□□□諱□，字□三十君□□□也。□□□□喜讀書，□□□□□□□□父母本生父母□□□□□世□□□三公以家□□□□□□□悉以委之，君內□外

（碑存博愛縣博物館。王興亞）

御敕王大溫文

清德宗

奉天承運皇帝制曰：嘉謨垂奕，葉允昭世。德之求殊，寵錫公朝。益展曾孫之孝，祗承新渥，用報曩徽。爾王紹業，迺指分山東試用道加三級王大溫之曾父，敦修無斁，垂教有方。種德開先，堂構益恢於來緒。詒謀裕後，箕裘克紹於前休。懿矩攸彰，恩施遂逮。茲以覃恩，貤贈爾為通奉大夫，錫之誥命。於戲！四世其昌，久聚德星之慶。九原可作，永承褒命之榮。國興存庸，家風益振。

制曰：綏柔佐治，寵既被於外，僚貞順垂，休恩聿推於內。德持敷惠澤，用播徽音。爾李氏，迺指分山東試用道加三級王大溫之曾母，肅雍可範，令善堪模，樹慈訓於後昆。著踵祥之德，傳素風於奕業，式彰詒敦之休。允作毋儀，庸昭國典。茲以覃恩，貤贈爾為夫人。於戲！九重錫慶，□邀丹誥之褒，四世承恩，益煥朱幀之色，勤宣仝門，用闡幽光。

光緒伍年肆月拾伍日。

（碑存博愛縣寨卜昌王氏家廟。王興亞）

旱災記

歲戊寅，邑侯祿主訓文萬人睦義學，日御外朝，王君以□接談，言及客歲荒旱，以不囑為文志之，以警示來茲。惟予學業荒疏，災黎情形，不足□其萬一，蓋慮舉閭閻顛連困苦之狀，□誠染翰□之以齊曰：自丁丑四月不雨，至今年三月始雨，晉、豫及秦，赤地千里，米麥每斗千八百文，紅白茭子、綠豆、黃豆，每斗千三四百不等；榆皮面每斤制錢二十文；蒺藜、蒼子、蒲草根等面每斤亦二十文上下。窮人轆轆饑腸，急何能擇，人愈食愈瘠，不底於死不止。且餓孚爭食，孰庢狐悲。骨肉相殘，甘同豺忍。此吳門謝蘭階《鐵淚圖》之所以作也。廣廈沃壤，賈用不售。夏屋三楹，難易十貫。良田一畝，僅貲數緡。鬻女棄妻，本良家而零依草木；天涯地覺，生別離而苦斷肝腸。襤衫破襖，典當一空。女□兒裸，陳列街市。餒而死、寒而死、投河懸梁而死，某縣約幾四分，某鄉計有過半。即

僕之鄰里，鵠面鳩形而登鬼籙者，亦將近千人。况饑饉薦臻，疫癘繼作，蔡深二豎，艾無三年。一家之中，有傷一二人者，三四人者，更有闔家盡殁者。屍骸枕籍，慘目傷心。雖咸豐癸□髮賊據郡盜六旬。同治丁卯，捻匪犯□□□□，未有如此之甚者也。□□而愀然曰："此言□可壽之石，保諸後矣。"安事予費詞乎，然出險耶。

夫三代之民，耕三餘一，以三十年之通，量入爲出，雖有凶旱、水溢，民無菜色。繼自今，誠能存餘三、餘九之思，謹身節用，飲食衣服無縱次，冠昏喪祭無逾禮，務使粟有贏餘，財無空匱，即遇凶荒，何至轉徙流離，委身溝壑哉！是爲記。

歲進士候選訓導王雲峰撰文。

張長年書丹。

王□字□篆額。

丙午鄉舉人□邱縣訓導王裕、□洛陽縣教諭夏邑縣訓導王輅、郡增生王奎、本科舉人蔡良賚、邑庠生郭純精、邑庠生高作梅、邑庠生尚綱、邑庠生蔡立山、邑庠生王於□、邑庠生忘允迪、邑庠生王允固詳參正。

光緒三年新鄭會首事位泰成、福泰裕、王順德、王和文、義和普、光裕額。

住持僧祥維。

大清光緒五年歲次己卯九月穀旦。

石匠□金。

台前縣副貢五品銜東阿即補直隸州王允□同校正。

（碑存博愛縣博物館。王興亞）

復興德善堂兼立經書義學碑記

事之興也難，既廢而復興也尤難。既廢而復興，允賴果毅有之人，吾茲於太學生程鄉老文藻公朝筆者得之矣。同寺釀錢立德善堂，資本裕也。漸次調零，僅餘五六千文，衆人僉謂德善堂廢矣，無以復興矣。乃程鄉老從此五六千文，獨立經營，耐意精心二十餘年，贏來利息，置地參拾畝有零，有錢二十千文，且其生也秘而不言，歿則詳留清冊，錢與地統歸寺內，而一無所私。衆人觀其遺冊，僉謂轉敗爲成者程鄉老也，起衰爲盛者程鄉老也。而程鄉老之弟武功將軍花翎協鎮衛輝營參將西園公金升，恐此項湮沒，因復立經書義學於寺中，將此項半爲立義學之資，半爲德善堂之用。兄則積少成多，不懈爲善之志，弟則興學勸讀，素存作人之心，同寺鄉老念其功德甚巨，安不可勒石以旌其功也。乃羣懇西園公丐旂爲文，旂以鄉誼寅誼，不敢辭，且念根本深則枝葉茂，鄉老有如此之德，不但義學之可立，亦且德善堂之復興，幾永興而大興也夫。謹敘其事之巔末，而並記其現存地畝房屋錢文數目於左。

道善堂首事程朝全、丹青山、唐玉鳳、丹致德、閃致銀、買立中、閃登魁、程朝元、閃口成、郭天才、程朝侯、程朝魁、呂　魁、程得寶、買有良、閃百元、唐文周、白聚成、丁占寧。

　　買到逯莊家西馬姓地一段，計地拾肆畝七分，價錢壹佰零十仟文。當到逯莊家南程姓地一段，計地二十一畝，價錢二百七十仟文。當到傅姓後大房三間，價錢伍拾仟文。當到口口家西程姓地一段，計地四畝，價錢伍拾仟文，存錢貳拾仟文。

　　監提舉銜藍翎衛輝府教授申勉旃拜撰。

　　安徽省潁州府太和縣阿訇李鴻來口閱。

　　六品軍口口口口。

　　大清光緒五年歲次己卯口月口口。

（碑存博愛縣西關清真寺。王興亞）

王君拯饑義行碑記

　　百圍之木所蔭者蕃，千里之流所滋者廣。今以羣萃州處之衆，一有家稱素封好施樂善者出乎其間，而拯災救患，雖遇水溢旱乾，人不至大為困厄。口使移境易感惠不忘者，何異茂樹之庇，長河之潤物乎？

　　光緒五年，予館於卜昌王如王君家。是冬十一月，同里及鄰村人謁予而請曰：吾鄉王君一門口口蒙口恤深矣。光緒二三年，晉、豫間，連遭荒旱，赤地千里，粒米如珠，家口流離播遷，道路相望，傷慘之狀，未堪言傳。維時王君如與其令弟青臣，暨令侄懷謨兩村、壽口等，藉殷實之資，成慈祥之念，於是，捐困倉、捐官賑、收孤幼、掩屍骸，種種義行，不可枚舉。而關懷切摯，處置周詳者，吾鄰近諸村為口。二年，麥既歉收，禾口未口，延及季秋，貧人室如懸磬，日不能謀一餐。王君目擊時艱，不忍坐視。乃於村之中設糜粥以食饑者。一時就食之人，扶老攜幼，絡繹而來，如是者由口口口。終因用事乏人暫停口。乃擇寨內之無聊者，給以口糧，俾得度歲而後已。口口春，粥廠口開，食者尤衆。自春至夏，日計數千人。所費不貲。口七月，清化官粥廠開，始息肩而口焉。是歲，麥禾俱無，情形更迫，口年之際，十室九空。市上穀口口口口精粗美惡，斗值錢千數百，以次徵積。王君此時，有口廑念梓親，曲為口護。乃於寨內空乏者，人計一月之糧，頭會而分給之。寨外口村口總核人數，約略口與，務使與寨內相符。夫當此涸轍垂危，一旦眉睫之間，天然口救，故不致山窮水盡，得緣接濟，以致豐年。迄今薦饑已去，是歲境況蕭條，而吾鄰近數村，依然如昨者，皆王君一門所賜也。用是人人感德，圖報無由，謹貞諸石，以垂不朽。特丐為文以誌之。予聞之，不覺瞿然。予於王君昆仲為口契之交，既詳顛末，欽羨倍增，雖不文，亦願表揚盛事，而吾為衆人言也。是為記。

　　邑庠生員安昌韓五雲撰文並書丹。

八社首事王成士、王全士、望丕清、王允正、王克勤、王堯甯、王銑、王連堂、王信元、王法棟、王大成、王之屏。王俊倉、郭松年、王兆合、屈發禹、喬永全、喬永祿、路冠芳、路永惠、路明俊。

　　侯廣州、侯廣屏、侯德照、侯發言、□青雲、侯立功、馮玉岐、程樹梅、馮法正仝立。

　　大清光緒六年歲次庚辰桃月仲浣之吉。

　　石工王□□鐫。

（碑存博愛縣寨卜昌王氏家廟。王興亞）

重修玄壇聖廟大殿後小樓碑記

　　蓋聞莫為之前，雖美弗彰；莫為之後，雖盛弗傳。我清化鎮玄壇聖廟大殿後，舊有小樓一所，歷年久遠，漸就摧殘，而且地址狹隘，未免嫌陋。本班人等不忍坐視，公同商議，出其公項，糾工庀材，不數日，功成告竣，檐□一新。是舉也，不惟可以增我□之光□，亦可以壯闔鎮之觀也云爾。爰為序。

　　捐項使費，開列於左：

　　傅有祥捐錢三百文，檁條一根。

　　牛玉□捐錢二百文，李恒順捐錢一千文，喬居安捐錢八百文，梁加駒捐錢四百文，□□□施樓板三□，檁條一根。

　　楊德福捐錢一千二百文，□芝□捐錢一千文，□□□捐錢六百文。

　　買磚瓦土坯使錢四千□百九十六文，

　　買石灰土、麥稭使錢三千一百五十五文，

　　買物件雜項使錢四午八百四十三文，

　　使歷年存項錢二十九千□□□二十四文。

　　共收捐項錢□□□□□□。

　　共使錢三十九千六□□□二十四文。

　　會首劉振西、傅有祥、司義合、王尚儒、趙□坤、梁加駒、趙□□、趙惟晉、葛有憑、李恒順、楊德福、李守順、陳德隆。

　　修武邑庠生員史清泗撰文。

　　本鎮後學郡庠生員劉妙選書丹。

　　南□劉守謙刻石。

　　大清光緒七年五月十五日，西灶班立石。

（碑存博愛縣文物保護管理所。王興亞）

皇清誥授奉政大夫賞戴花翎三班郎中分部行走附貢生翼菴王公（燕堂）墓誌銘

【誌文】

皇清誥授奉政大夫賞戴花翎三班郎中分部行走附貢生翼菴王公墓誌銘

公諱燕堂，字翼菴。先世由洪洞遷懷，世居河內之卜昌里。曾祖碩甫公，諱啟相，直隸州州同，貤贈昭武都尉，晉贈武功將軍。祖澄菴公諱萬清，郡庠武生，誥贈朝議大夫，晉贈通奉大夫。考懷卿公諱惟圖，誥授朝議大夫，晉贈通奉大夫。母氏謝、氏逯，俱誥封夫人。庶母氏李。公昆弟五人：公居長。次錦堂，字綱臣，附監鹽大使銜試用訓導，承胞叔慎修公嗣。俱逯夫人出。次仁堂，承胞叔步關公嗣。次義堂、禮堂，俱庶母李出。公賦形偉碩，甫垂髫，端凝如成人，見者目為國器。與人泛愛，賢不肖相與誾然。然皮裏陽秋，鑑別是非可否，愜意者恒無幾人。其為文閎中肆外，適與意貌相稱。光緒丁丑，補博士弟子。戊子鄉薦，格於例，不果售。己丑，由河南賑捐議敘中書科中書，賞戴藍翎。乙未，改捐郎中，賞換花翎。公意氣縱橫，每欲表見於世，一發其隱隱嶽嶽之奇行。當分曹供職，以規進取。會懷卿公殘年多病，旋捐館舍。公喪葬如禮，哀毀逾恒。至是杜門謝客，力矯華侈。經年出納，皆有程準可循。公先世雄於貲，直東江河，賈肆林立。公佐懷卿公經理。商號中凡有挹注，無論何房，皆所經手。析產時，因多私累，衆議闌入公中，公執不可。以謂吾每欲瘠私肥公，今縱不我瑕疵，如夙願何。且吾父素謹約，若悉其情事，恐以撤漫重隱憂。卒使按房均分股本，贏厚無計焉。公既負重有為，歷任邑侯公私緩急，皆以公為倚重。某邑侯急於量移，要款虛懸，苦難卸手。公銳身彌補始得脫。然此公之卓卓者。他如賙窮乏，卹姻族，捐巨款以□□，籌膏火以勸士，尤不可縷舉云。□□□□年九月初八日葬公祖塋□□。[1]

（拓片藏河南省文物考古研究所。李秀萍）

皇清例授文林郎辛卯科舉人武安縣訓導嵩峯邱公（所鍾）墓誌銘

【誌文】

皇清例授文林郎辛卯科舉人武安縣訓導嵩峯邱公墓誌銘

嵩峯邱公，學問宏深，操修純粹。予嘗奉為山斗，時以文就正，獲益良多。捐館後，卜葬有期。其孤殷六乞為銘以誌墓。知交既深，豈敢以不文辭。

謹按狀：公諱所鍾，字靈毓，嵩峯號也。曾祖克聲公諱德緒，階晉司馬。祖臨春公諱

---

[1] 以下缺。

世煦，名著成均。父省齋公諱可因，乾隆戊申舉人，覃恩貤贈修職郎。公生而醇粹，長而簡重。其氣和而平，其神沈而靜，其接人也謙而恭，其持己也質而樸。由外觀之，貌恂恂，言訥訥，若無甚異。而不知公之所務乃實德，非虛文也。十歲失怙，哭踊盡哀。常切遭家不造之慮，而事母薛太孺人益竭力。尤可重者，太孺人癱瘓十年，公親侍湯藥，理污穢，始終不渝。非純孝能如斯乎。兄雖出嗣，猶同爨數十年，不計財產，家政一聽於兄。已惟矢力於學，以訓子姪為急務。大節無愧類如此。雖然，第觀學行於已成，固見公之不可及。而即公致力於學行觀之，尤大有難及者矣。幼從兄學，資少鈍，咸慮難成。而公百倍其功，勵志益堅，雖隆冬盛暑，不絕吟，不停披，積久而通，業遂精於勤焉。入邑庠，文名甚噪。旋中道光辛卯舉人。大挑二等，以教諭銜借補武安縣訓導。涖任後，以振興斯文為任。盡出所學，與諸生講貫，嚴定課程，懸榜別優劣。不數年，文風丕變。顧或謂坐鎮有餘者，治事多不足。而孰知臨幾決疑，排難解紛，防禍患於未至，杜爭端於既萌，又無如公乎。方在武安也，河朔諸縣因漕滋事，效尤者風動波靡。公為邑中紳耆力陳利害，至再至三，一時渙然冰釋，上下獲安。其在鄉黨也，歲值荐饑，鄉聚有不安之勢。公乃竭力斡旋，貧富無虞。家居數年，於修宗祠、舉節孝等，尤盡心焉。古語云：有道德者必有經濟，非於公益信歟？一生不事浮華，為詩文亦然，著《對嶽齋稿》，膾炙人口。年八旬，身尚康強。眾方期以上壽。胡天不弔，竟奪我師範之速耶？吁！公生於乾隆六十年八月二十日，卒於光緒四年五月十八日，壽八十有四。元配吳孺人，生於乾隆五十九年十月二十四日，卒於嘉慶二十五年九月十五日。繼田孺人，生於嘉慶九年六月十四日，卒於道光五年五月二十四日。俱有淑德，不幸早世。繼許孺人，生於嘉慶十二年十一月初二日，卒於同治元年八月初九日，壽五十有六。事高堂得歡心，善教子女。雖隨任時，勤儉如處鄉。生男一，玉瑚，即殷六，邑廩生。女三：長適監生皇甫康田，次適溫邑庠生任樂田，次適溫邑拔貢湖北知府原乃裕。皆許孺人出。孫男一，懷新。女一。今卜於光緒六年十月初九日啟三孺人攢合葬祖塋。銘曰：

維公之德，如圭如璋。維公之心，中正齋莊。學深養邃，教子義方。況有內助，徽音遠揚。卜牛眠兮龍耳，鬱松柏以蒼蒼。

例授脩職佐郎候選訓導新鄉歲貢生愚晚張紹性頓首拜譔文。

敕授脩職郎新鄭縣教諭愚姪壻齊勉之頓首拜書丹。

例授文林郎壬戌科舉人候選知縣世再晚石懷玉頓首拜篆蓋。

安昌王鎰刻字。

（拓片藏河南省文物考古研究所。李秀萍）

86　清代河南碑刻資料

耕織圖[1]

犁地

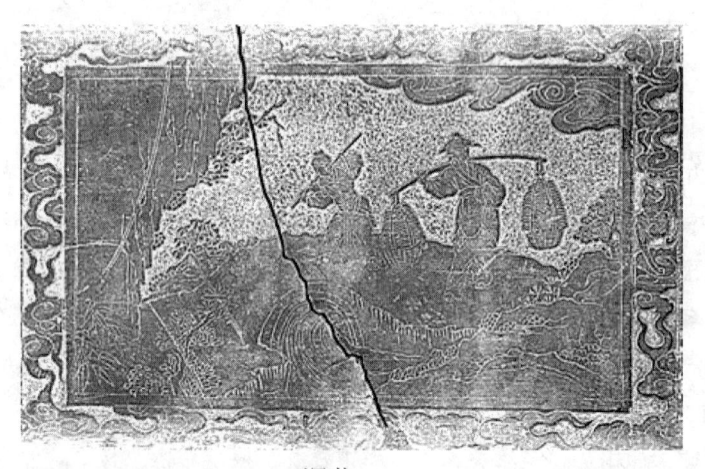

運苗

---

[1]　此圖鐫刻在四方條石上，分兩組，每组十幅，共二十幅，分耕圖與織圖，各十幅。未詳繪製姓氏，也未詳刻石姓氏与年月。圖中有"光緒捌年"四字，故將該圖刻鐫時間定於是年。該圖真實地描述了清末河南北方地區耕作與紡織生產的全過程。

焦作市　87

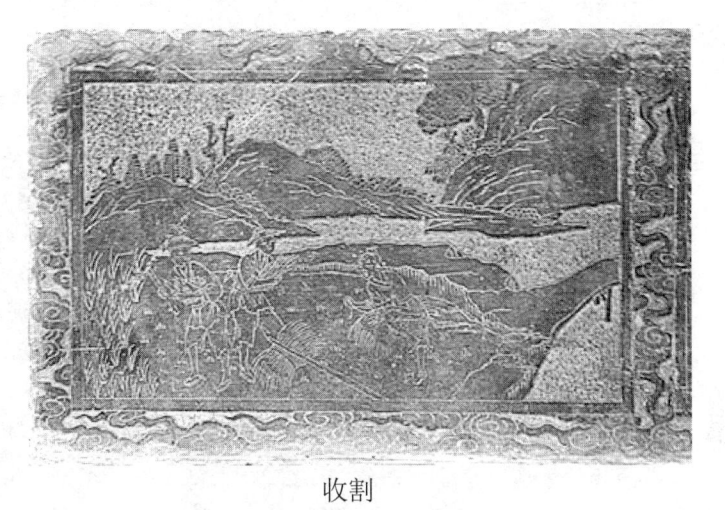

浇水

收割

運稻

碾場

裝袋

入倉

慶豐收

播種

田間管理

摘棉歸家

軋花彈花

紡線

拐線

漿線

經線

梳線

織布

光緒八年。

（石存博愛縣博物館。王興亞）

重修祖師廟碑記

　　蓋聞為善最樂。古今信然。皇后灘祖師廟有灵官殿，废有数年，今住持道胡永才自俗帶資建修，以誌永垂不朽云。

　　山施主全建。

　　羅道科捐仐三百。

　　住持道胡永才。

　　大清光緒十一年冬月穀旦。

（碑存博愛縣博物館。王興亞）

陽邑廟捐碑

　　公盛坊捐錢四百文，鹽店捐錢四百文，永盛坊捐錢四百文，全泰坊捐錢四百文，全泰□捐錢四百文，聚盛興捐錢四百文，復昌永捐錢四百文，聚盛坊捐錢四百文，楊□盛捐錢四百文，福聚□捐錢四百文，□德□捐錢四百文，全□信捐錢二百文，西□櫃捐錢二百文，□興仁捐錢二百文，元化□捐錢二百文，生化□捐錢二百文，全□號捐錢二百文，□盛協捐錢二百文，美和堂捐錢二百文，聚盛仁捐錢二百文，聚□文捐錢二百文，□□盛捐錢二百文，□盛公捐錢二百文，福恭德捐錢二百文，永成德捐錢二百文，東□□捐錢二百文，積聚合捐錢二百文，同信合捐錢二百文，義□永捐錢二百文，積德□捐錢二百文，楊德興捐錢二百文，英興號捐錢一百文，中和釘店捐錢一百文，盧興盛捐錢一百文盧□盛捐錢一百文，□興號捐錢一百文，□□平捐錢一百文，清揚□捐錢一百文，隆盛公捐錢一百文，永□德捐錢一百文，天寶樓捐錢一百文，聚興號捐錢一百文，聚盛□捐錢一百文，張兆順捐錢一百文，元花樓捐錢一百文敬盛號捐錢一百文，公興號捐錢一百文，徐喜貴捐錢一百文，來順永捐錢一百文，共捐錢拾千零貳百文。

　　西陽邑捐貲：程基捐錢一千文，程汝翼捐錢四百文，程汝顙捐錢四百文，程汝精捐錢四百文，程仁齡捐錢四百文，程禮齡捐錢四百文程長樞捐錢四百文，程文□捐錢四百文，程□來捐錢四百文，程爾達捐錢二百文，程爾和捐錢二百文，程玉盛捐錢二百文，程林松捐錢二百文，程太然捐錢二百文，程□捐錢二百文，程金薰捐錢二百文，程天增捐錢二百文，佈景□捐錢二百文，布盛典捐錢二百文，張兆昇捐錢二百文，宋天泰捐錢二百文，宋興山捐錢二百文，宋□山捐錢二百文，宋啓武捐錢二百文，李元□捐錢二百文，鄒恒達捐錢一百文，程元圖捐錢一百文，鄒鳴和捐錢一百文，程元和捐錢一百文，程青雲捐錢一百文，程天□捐錢一百文，程爾忠捐錢一百文，程元益捐錢一百文，程元泰捐錢一百文，張貴昇捐錢一百文，張永昇捐錢一百文，程玉恒捐錢一百文，程法盛捐錢一百文，程法易捐錢一百文，程元興捐錢一百文，程可久捐錢一百文，鄒學修捐錢一百文，程天和捐錢一百文，程天時捐錢一百文，程青惠捐錢一百文，程清芳捐錢一百文，程埒捐錢一百文，程元盛捐錢一百文，程運達捐錢一百文，程天全捐錢一百文佈景舒捐錢一百文，程順齡捐錢一百文，程元閣捐錢一百文，程法□捐錢一百文，程法□捐錢一百文，程清揚捐錢一百文，程元定捐錢一百文，程元惠捐錢一百文，程汝德捐錢一百文，程元聚捐錢一百文，程桂枝捐錢一百文，程清運捐錢一百文，程太然捐錢一百文，程立方捐錢一百文，程鶴齡捐錢一百文，程自然捐錢一百文，程元平捐錢一百文，程元合捐錢一百文，程鶴飛捐錢一百文，程瑞齡捐錢一百文，程法科捐錢一百文，程金生捐錢一百文，程法忘捐錢一百文，程兆江捐錢一百文，程法清捐錢一百文，程爾辰捐錢一百文，程法湯捐錢一百文，程金邦捐錢一百文，程太來捐錢一百文，程兆芝捐錢一百文，程高□捐錢一百文，程綺蘭捐錢一百文，賀長貴捐錢一百文謝玉金捐錢一百文，齊永昌捐錢一百文，齊成芳捐錢一百文，齊□

文捐錢一百文，宋啓太捐錢一百文，程法强捐錢一百文，共捐錢拾三千捌百文。

　　南馬營捐貲：陳德興捐錢八百文，周萬翹捐錢四百文，郭守智捐錢四百文，仝世喜捐錢四百文，郭明仁捐錢四百文，杜杞岩捐錢四百文，郭□民捐錢四百文，路德海捐錢二百文，郭大□捐錢二百文，郭文明捐錢二百文，李長清捐錢二百文，郭□純捐錢二百文，郭加珮捐錢二百文，姜生堂捐錢二百文，郭鳳鳴捐錢二百文周甫德捐錢二百文，郭中貴捐錢一百文，杜秀科捐錢一百文，郭成儒捐錢一百文，周世瑞捐錢一百文，仝金銘捐錢一百文，共捐錢伍千伍百文。

　　光緒十二年二月吉日。

　　王克甯施栽廟前柏樹四棵。又施栽牛里石前柏□□□□。

（碑存博愛縣博物館。王興亞）

皇清誥授奉政大夫賞戴花翎同知銜特授湖北荆門直隸州州同青臣王公（廷選）墓志銘

【誌文】

　　皇清誥授奉政大夫賞戴花翎同知銜特授湖北荆門直隸州州同青臣王公墓志銘

　　公姓王氏，諱廷選，本諱大文，字青臣，又字春卿，號璞園。先世於明初山西洪洞遷居河內之卜昌村。世有積□。曾祖諱紹業，布政司理問。祖諱蘊彰，邑庠武生，候選千總。考諱俊昇，字灼三，邑庠武生，議叙都司。三世並貤贈通奉大夫。灼三公舉丈夫子九人，公行四。幼喜讀書，天資聰敏，情性和厚，每以顯揚先人自勵。小試不利，迺以例貢生應同治甲子科鄉試，遂登賢書。丁卯冬，亳匪竄懷，公衛家人入清化驛城。聞灼三公与兄大倫在村西禦賊失散，公同弟大備縋城而出，冒險尋訪，又被邏騎衝散。越三日，始克與灼三公相見。戊辰，遂幫辦灼三公創築寨垣。晨昏靡懈，卒成義舉。邨人頌德不衰。庚午，灼三公卒。公喪葬盡礼，而且內教子姪，外持家務，凡灼三公未竟之緒，無不竭力紹述，以副先志。是年，沁河決，徐保邨施散牢丸，人賴以濟。光緒丁丑、戊寅，豫省連歲大荒，人相食。地方官設廠賑濟。公輸金累萬，相助爲理。又於所居邨煮粥以食餓者。鄰邨則計口資遣之。是時，瘟疫大作，傳染甚速，人多畏避。而公則往來兩局之間，身親照管，朝夕不離，亦竟無恙。人以是服公有卓見焉。蓋公之居家、居鄉歷歷可紀者類如此。公於光緒丙子，曾援例授直隸州州同。己卯，在河南協黔局報捐同知升銜。又於河南助賑給獎案內賞戴花翎。庚辰六月，選授湖北荆門直隸州州同，分防沙洋鎮。沙洋爲水陸通衢，五方雜處，去州稍遠，爲治頗劇。公寔心任事，除暴安良，朝夕匪……[1]

（拓片藏河南省文物考古研究所。李秀萍）

---

[1] 以下誌文失存。不能確定其撰寫時間，故置於此。

墓誌銘[1]

【誌文】

　　□公□冬，有王董家□□事。公會同滑江縣赴境拿獲鄭姓、董姓等匪□，上憲記功嘉獎。又先自拿□□案□□董、賈、徐、何等姓，均解州□辦□□傳，教匪滋事，人情警□。公微服□□□□□荊門士界□匪徒盤居，距□會營弁同往拿□，匪徒黃姓及□余楊等供稱，喫齋醫病，約匪徒上覺，宜會同滑江、京山、鍾祥、荊門等縣哥弟會，於二月下旬作亂，途□該匪一□□州嚴行□辦，□又有餘匪□饑□說公，復請□□營兵到□彈壓，□後地方一律爾請，人民始得安業矣。公嘗念積弊既除，利可隨興。故凡平斗稱，聯保甲，完稅，規禦水患，薄稅，欽立義堂，治道路，一切善政不可枚舉，故涖任數年，百姓感德政，碑匾疊次呈送焉。公積勞成疾，請□就醫，且屢蒙上憲獎。備惟願速痊，凡有所托於民者不欲稍留遺憾。迺精力耗虧，遽爾溘逝，君子惜之。公生於道光十九年二月初五日，卒於光緒十三年十二月二十七日，享年四十有九。配遊氏，誥封宜人。子三：惟敬、惟屏、惟翰。女二：長適毋連清；次適李延真。孫女一，未字。於光緒十四年三月二十二日葬於邙北先塋之次。銘曰：

　　公之居家，克盡夫孝友任恤，公之居官，克盡夫治□亡職。□世□封，不介辭勞瘁而耽安逸，於成□□之名，而著循良之績，□作此銘，□表□德。

　　敕授徵仕郎內閣中書□□□縣敬□。

　　諭丁酉科拔貢愚弟王輅頓首拜撰。

　　誥授通奉大夫前內閣侍□學生姻愚弟段晴川頓首拜書並篆蓋。

　　族人守約刻石。

（銘存博愛縣寨卜昌王氏祠堂。王興亞）

墓誌銘[2]

【誌文】

　　其□其光先其□□於念，余以公之□□，彰彰在人耳目者，固已難能可貴。余尤重公倫常之也，至性真醇，既至危急存亡之秋，猶能不有其身，而以母弟之心爲心，體於至微，猶憶逯太夫之出，視疾□□，候聞在側，見其力疾承顏。詭以鼻衄乃常事，實則咯血數斗，神志頹然。又聞之彌留時，猶命傳語吾弟，吾行當無恙，甚無以焦愁致疾，□□煩貌，至今猶哀惻動人心。籲！吾將何以□吾□□。

---

[1] 此誌上部失存。

[2] 此誌上部失存。

公生於咸豐五年四月初六日戌時，卒於光緒□□□□□□□□□酉時，享年四十七歲。□□□□□□□。子四：長其光，監生。次其綱、其藻、其碼。女一：幼。孫男二：長以旌，次以旆，其綱出。孫女二：長其光出，次其藻出。其銘曰：

公遇匪厚，猶頓稱只。公名匪顯，列宿應只。巇險危途，康衢登只。謂奈斯苦，甘礣□只。公謹醇醪，泯爰憎只。□廢汪汪，難挹澄只。懿哉孝友，民鮮能只。觀顯於微，惟公勝只。芳徽既樹，福祚凝只。桂芳蘭馥，□焉興只。蓊萃佳城，霜爽憑只。貽謀永留，繼繼繩只。

敕授文林郎候選知縣乙酉科舉人愚弟王□選頓首拜撰文。

賜進士出身誥授中憲大夫翰林院庶吉士吏部考功司員外郎愚弟閻萃峰頓首拜書丹。

賜進士出身誥授資政大夫上書房行走奉天府府丞兼學政前鴻臚寺卿歷充乙酉科四川鄉試士正考官提督湖北學政愚弟張仁□頓首拜篆蓋。

毋國同□刻石。

（銘存博愛縣寨卜昌王氏祠堂。王興亞）

例授奉政大夫李公雨生暨元配王宜人繼配毋宜人墓誌銘[1]

【誌文】

嗚呼，李生而竟死耶。昔余館於其家，從余遊者惟生爲闓，少性倜儻，讀書不求甚解，然入塾弟子禮甚恭，居恒執經問字，依依如家人。今歲正月，患病累月，總不能起生。死之後二日，其婦毋氏也死。其父獻廷囑余爲銘以誌之。曰："伉儷相繼殞命，重可哀也。"□述其事而爲之銘。余應之。

生諱延澍，字雨生。先世自晉遷河內之李窪村，繼又遷劉村。曾祖諱福隆。祖興儒。俱贈朝議大夫。父允琛，獻廷其字也。誥授中憲大夫。生聰敏，爲父所鍾愛。稍長知孝，見其父之老且衰，乃謀於諸兄，凡家政之繁冗遝雜，悉分而代理之，所有村中修寨、修壩、立學堂以及一切義舉，無不秉諸乃父，竭力而爲之，不使稍有紕漏。其處事之精勤果斷，雖老成不是過也。從此，深之以涵養，加之以諳練，其才具豈可限量哉！乃年未三十而賫志以歿，惜哉！生元配王宜人，有婦德，早卒。繼配毋宜人，優稱□婦焉。烈婦爲余姑母之甥女，幼喪母，由姑母撫養教訓，俾至於成人。其歸□……[2]

（銘存博愛縣寨卜昌王氏祠堂。王興亞）

---

[1] 此誌下部失存。不能確定其撰寫時間，故置於此。

[2] 以下缺。

明月山

光緒辛卯，公餘遊此，因題長短句：

太行起自王屋東，奔騰千里高巃嵸。中有一山曰明月，突兀直與岱嶽相爭雄。作鎮覃懷此為重，窈而深廓其有容。如人晏坐伸兩股，垂頭擁護朱寶宮。卓錫誰欤闢榛莽，老僧空相少林叢。創於大定成泰定，寶光湧起金元中。名勝矜誇六百載，朱甍碧瓦照玲瓏。大官幾人味禪悅，玉碑聳立摹蒼穹。

先帝南巡曾駐蹕，仁恩爭說百歲翁。茲遊適值侵陰冱，滿山落葉無行蹤。杖策振衣臨絕頂，迢遞眼底來征鴻。濟流如線河如帶，丹沁之水皆朝宗。龍門虎牢隱不見，但見城郭一器青。濛濛彈子種柏柏，雙老將軍爵號孰誰崇。大可十圍高百尺，鐵幹偃□成虯龍。其餘十株萬株孫曾輩，林末謖謖生長風。課蜜亭荒靈井涸，只余古洞名蒼公。木澗栲栳落仙跡，誰其往者我欲從。日暮還就四間宿，霜楓一醉衰顏紅。塵勞若夢忽先登，五更月落聞晨中。

高袖海

（碑存博愛縣月山寺。王興亞）

皇清誥封朝議大夫布政司經歷鑄三王公暨德配邱太恭人合葬墓誌銘

【誌文】

敕授修職郎癸酉科拔貢本科舉人前任鄢城縣教諭愚姪鄭濟川頓首拜撰文。

獲嘉廩生姻愚姪劉名馨頓首拜書丹。

賜進士出身翰林院庶吉士年再姪曾述榮頓首拜篆蓋。

自來巨家之興，賢父兄締造之。而植德毓基，亦必有不櫛之配。代有終，以垂型於後。彤史所紀不誣也。王母邱太恭人，河內鑄三公諱大鼎之德配。公生有儁才，幼入塾，日能背誦千百言。洎長，以體弱未卒業，士論惜之。曾祖繼勳公，諱紹業，監生，捐布政司理問。祖文淵公諱得魁，武生，捐衛千總。考超衆公諱啟羣，監生，捐布政司理問。世多懿禕，三代封贈皆如例。公孝克型家。超衆公病風癱，歷四寒暑。公率太恭人藹侍床褥，穢役不委臧婢。聆息喻指，呻楚□亦爲霽顏。事母邱太恭人唯謹。遇事喜施予，能緩急人。以公之才且義，使克竟其用，必大沾濟於世。乃緣超衆公之喪，哀瘠瀕殆，遂得衄血症。胹〔踰〕年，竟齎志以殁。悲矣夫。

當是時，姑年老。子□、霖、雲暨諸女，熒焉弱齡。太恭人承鑄三公未竟之志，奉慈闈益謹，訓諸孤益嚴。刻意延名宿，附戚□之秀者於塾，並課之。爰講《孝經》，每揭一義，率學髓語。誨諸子曰："汝輩不能淬苦掇科名，負汝父志矣。"然異途致用亦均耳。先後納粟爲諸子博榮秩，遞晉封典。孫輩亦芹桂聯芬。人謂其興方未艾也。中年，兩女繼亡，苦緒益紛。歷喪事十，婚事十三。資以嫁者，凡十有四。其他賀、賻、賙贍義舉，不能悉數也。然猶非賢母之所難。咸豐十一年，太恭人母氏避東匪之亂，中途歑逝。時烽烟四逼，逆燄燭天。太恭人於山寨聞訃，立冒險衝□□葬事，竟獲無婢，肘出殖親□衍藥洗其消□，儉勤節□，□□當於捻敗，□之緒織□袴□□給之，其□奉若此，而濟人則每出受者望外。

光緒戊寅，歲大祲。入臘□野。太恭人設粥廠、收嬰□，日必躬親拊恤。河武沁口遞決，齎糧兼施緜褚。安徽難婦趙氏送伊故葬，千里不能歸。太恭人留養二年餘，厚貲遣之。光緒八年，河工改章，長子靁以需次東河裏辦本邑沁工。太恭人聞工程險急，命捐料百垜，挪墊六千金，不求賞也。嗟乎！巾國中有此識量，固鑄三公之遺教，而太恭人之得天獨厚，足芬彤史矣。

公卒於咸豐八年四月十五日戌時，距生於嘉慶二十一年八月十六日寅時，享年四十有三。太恭人卒於光緒十八年九月二十八日子時，距生於嘉慶二十二年九月二十四日戌時，享壽七十有六。子三：長靁，譜名惟欽，同知用東河候補通判；次霖，譜名惟貞，五品頂戴，考□膳錄，議敘即選縣丞；次雲，譜名惟馨，雙月候選詹事府主簿。女三：長適溫邑任，早卒；次適本邑李；三適武邑申，早卒。孫五：應堂，辛卯科舉人；華堂、蓉堂，靁出；星堂，郡邑庠生；月堂幼，雲出。曾孫二：其耀，華堂出；其棻，星堂出。女孫七人。女曾孫二。靁等將以光緒十九年三月十五日啟鑄三公壙，奉太恭人柩合厝於卜昌北原祖塋。先期狀丐余銘。余以賓東誼厚，不吝以譾陋辭。銘曰：

才兮而鉅義也，而耆而期大裨於世，天乎胡不使公竟其志。厥志維效嘉楊，秉德寔克，□嗣公考□公敬為任艱，□而萱蔭多□其壽，沁水□深兮行□雲□子□孫□，將食無竊之報兮九泉應含笑。

趙文英刻石。

光緒十九年三月。

（銘存博愛縣寨卜昌王氏祠堂。王興亞）

創建觀音堂地址碑記

施捨不吝，足見樂善之心；捐益分明，忠本大公之量。藥王卜昌東首舊有觀音堂一所。地址佔伍分七釐貳毫三絲柒忽□□，原係埋□□祖上遺業。自康熙年間，□□先祖因生齒未衆，興□□公□立願卜此地，創建廟宇，除廟房所佔外，餘地仍屬地主。每年國□□□完納。自□□□□□□閣村平康廟前古槐一株，枝杆繁蔭，為村人休息之外，不准損折，本固材成，以□□□□□□□年所從無更議。自光緒二十七年□□王桂□等酌□從□以廟□□□□□□□□□嗣後不□□□文完納，凡事無大，懿行可嘉。如光人之善，宋□□□□□□□□□□□□□□□。永志不朽焉。

（碑存博愛縣寨卜昌王氏家廟。王興亞）

喬溝村天爺廟戲樓楹聯

聽戲亦有方開，演俗性原為青襟學子。
聽戲非無益改，良詞曲便成白话文學。
光緒二十九年。

（碑存博愛縣寨豁鄉喬溝村天爺廟。王興亞）

皇清誥封朝議大夫同知銜實甫王公（惟誠）暨德配李恭人合葬墓誌銘[1]

【誌文】

皇清誥封朝議大夫同知銜實甫王公暨德配李恭人合葬墓誌銘

人之所以為人者有格焉，倫理是也。現今新倫理有三：曰家族，曰社會，曰國家。三者缺一，時曰非人。過太行之陽，有稱為完全人格而不愧特色國民者，非王公實甫乎？

公諱惟誠，字實甫，世居河內之卜昌村。曾祖諱蘊緒，字榮先，知府銜候選同知，誥封朝議大夫，晉贈通奉大夫。祖諱啟泰，字吉亨，知府銜候選同知，誥封朝議大夫，晉贈通奉大夫。父諱大直，字坤方，候選同知，例授奉政大夫，晉贈中憲大夫。妣魏氏，例封宜人，晉贈恭人。公襲累世豐厚業，未嘗以富驕人。昆季三，公居伯。性渾厚，不為畛域。有犯之者，淡然置之不計也。少失怙，事母孝。母卒，從叔父玉如公。玉如公慷慨多大節，生平濟人利物，諸義舉不可枚數。而皆賴公為參贊，故愛公特厚。及玉如公卒於江蘇官邸，聞訃，公奔喪至濟甯，扶柩歸葬，若子焉。光緒三年，歲大饑。公偕同族，設廠賑饑民，全活無算，遠邇頌之。厥後，公中積欠巨債，頗棘手。公身赴京師，託人緩頰，債得銷銷。閤族賴之。茲數者，非公益於家族，裨於社會者乎。惟公以慈祥仁厚之質，不獲攝尺寸柄為生民造福。故經濟上之問題稍有缺點。然而公家築寨垣以捍賊，立義倉以救荒，鄉大夫所口能為者，皆出資力以佐成其事。非國家思想之熱度高潮者，能如是乎？且公之最熱心者猶不在此。方玉如公卒，其子惟楹尚幼。公待之踰於同胞，每遇事輒竭力袒護，不令有所損。所以報玉如公之愛也。嗟夫！中國墓治不興久矣。推其原，皆始於人格之不立。家累千金而骨肉成仇者，比比皆是。況社會國家能邀其幸福乎？公則以利他者為利己，以愛羣者為愛國。此其心……[2]

（墓誌銘存博愛縣寨卜昌王氏家廟。李秀萍）

---

[1] 此誌上部失存。不能確定其撰寫時間，故置於此。

[2] 下缺。

重修玉皇閣碑記[1]

【額題】彰善

　　成其終。斯意也，於我三合社興工一事。恍然遇焉。□村乾方旧有袁安國等重修東西兩廊，功雖告竣，均未勒石，延及此時，風雨剝蝕，盡皆損隳，敗而梁檁尚可支持□□□□□□□亢旱祈禱雨澤，虔意行香，靈雨既零，遂即獻戲酬神三日。爾時椽簷雖皆神明默啟我社人等以鳩工也，維時會首常大祿、程學堂、郭永順等集會眾商議捐貲動工，眾皆悅服，遂揀選我社公正之人，□戶派錢，按照地畝多寡管飯，於是，舞樓三間仿前規而增修之。玉皇閣前言而創建之東西大殿，以及兩廊殘缺者，山門兩間，擴而充之，以備異日修耳房之基，彩畫油漆，無不煥然一新。□□曰鳥革揮飛，其斯之謂歟。是舉也，起事於光緒三十年十月，前後四載，會首執事火食路費各輸己財，心竭謀慮之□躬□而苦，各司其職，各盡其誠，終始無憚煩者，此豈人斬所明默佑者非歟。余係掌神，屬余為文，謹將興工顛末□事功古，□□□□，勒諸貞珉，以垂不朽云。

　　□生魏秉乾撰文。

　　□生賀愷緒校正。

　　□員賀琪光書丹。

　　總理魏秉乾、王德平。

　　賬簿常天祿、程忠儉。

　　督工程學堂、郭永順、朱紹明、王漢章、魏安□、秦□□、馮□□。

　　掌神魏秉乾。

　　总理王德平。

　　會首秦萬年、秦玉堂、秦玉松、秦玉善、常天□、王漢□、朱紹□、朱□□。□□昇、□□恭、秉堂。

　　買辦姜全順、史穆、黃鳴金、馮登雲。

　　催飯程學蘭、劉善德、韓山林、秦世隆。

　　雜務王如恒、史法有。

　　收錢糧會首十六名。

　　藍旗常天保、王本良、程雲喜、王如恒、韓山林、王懷忠、鄭天佑、安守仁、郭永福、黃明義、孫國堂、張福貴。

　　大班頭王本□、王□義、姜全順、韓全□、李廣和、□振聲。

　　小班頭劉□□、朱□□、程忠□、王鳳廷、王守良、黃振□。

---

[1] 此碑斷爲兩截，存碑碑文不相銜接。前兩行失存，僅錄其存文。標題係補加。

住持朱元成。

石師田右軍勒石。

大清光緒三十三年十月。

（碑存博愛縣文物保護管理所。王興亞）

與李恭人合葬墓誌銘[1]

【誌文】

天鑒之矣。[2]不然，七子八婿，汾陽後罕膺此厚福，而公且過之，非天之報施善人哉！籲，可謂完全國民矣。公以同知銜報捐，四品封典。元配李恭人性淑惠，孝事翁姑，善佐內政。因鬻子恩勤，積勞成疾，先公卒。繼配徐恭人。公生於道光三十年十月二十四日，卒於光緒三十二年九月十三日，享年五十七歲。李恭人生於道光二十七年二月二十六日，卒於光緒二十三年七月二十八日。子七：長麟堂，提舉銜，候選鹽課大使；次肅堂、壽堂、芝堂、庚堂、躋堂，俱李恭人出；金堂，徐恭人出。女九：長適新鄉候選知縣衛松齡；次適同邑候選縣丞徐延真；次適溫邑候選知縣原邦慶；次適新鄉游□田；次適同邑鄧永芳；次適孟邑薛育復；次適同邑李朝典；八未字；俱李恭人出。九未字，徐恭人出。孫八：其岩，麟堂出；其義、其發、其江，肅堂出；其吉、其秋、其羣，壽堂出。女孫九：長適同邑齊思禎；三適溫邑原嘉祺；餘俱未字。將於光緒三十四年九月二十一日葬於北原祖塋，以李恭人附焉。其孤麟堂先持狀求余銘。余不獲辭，因此其事而爲之銘曰：

競爭烈，倫紀滅。國欲立憲無人格，惟公宏渾諢之量，而佐內政者，亦垂徽柔之懿，則理之幽公，永流芳澤。聖人云民鮮能久矣，斯中庸之爲德。

誥授奉政大夫典館謄錄候選知縣庚子辛□併科舉人、愚弟任廷瑚撰並書丹。

例授修職郎候選教諭武陟縣學廩膳生員愚弟珍頓首拜篆蓋。

族人守約刻石。

（碑存博愛縣寨卜昌王氏家廟。王興亞）

皇清處士魏君作幹德配梁氏合葬墓誌銘

【誌文】

魏君作幹，諱守貞，余世長也。其先晉人。前明時，徙於豫。奠居於我河內之廣濟屯。歷十數世，至國朝乾隆間，因田居於貴屯村，遂家焉。曾祖諱德孝，字敦本。祖諱玉印，

---

[1] 此銘只有後一方。

[2] 前缺。

字國寶。考諱伯智，字達明。家傳耕讀，世守勤儉。至達明公資產漸厚，頓稱小康。而羣尤屬守先型，罔或隕越。性沈而慧。幼入學。凡塾師所授，頗能揭其要旨。然以無兄弟不能寬歲月以資讀，遂輟儒就耕。弱冠承父命肩家務，條理秩然。達明公曰：魏氏自此蕃昌乎。蓋喜君必能克家也。君之教子，各因其材。嘗語人曰："順其天資而善栽培之，必成有用之器。"又曰："子弟多者，使各執一業，以互相調劑則家必興。"是君栽培子弟以起家業，詢足為後世模範。

君生於道光二十二年六月二十日，卒於光緒九年七月初八日，享壽四十有二。安葬先塋之次。配梁氏，性和順柔，溫事舅姑，勤劬訓子女，佐君治內釐然有序。君卒後，明達公尚在。氏事之尤謹，曲意承歡，惟懼有喪明之虞，亦云賢矣。生於道光十八年三月二十三日，卒於宣統三年六月二十日，享壽七十有四。子三：長長發，業農；次長安，簡易師範學堂畢業生；季長齡，業商。女二：長未字而歿；次適趙氏。孫十，以文、以正、以權、以諒、以謙，長安出；以直，高等小學堂畢業，附生；以經、以勤，長齡出。女孫七，長發出者三，長安出者一，長齡出者二。曾孫二，一以文出，一以正出。曾女孫一，以文出。將於三年閏六月二十四日，開君之壙而合葬焉。乞銘於余。余以義屬通家，不獲辭。謹按狀以聲於幽宮，銘曰：

賢哉君子，上順下篤。懿歟梁氏，堪於君匹。箕裘克綿，綱紀是立。必大魏氏，必蕃魏族。宜家聲之，隆隆宜螽。羽之蟄蟄，我為君銘，以作後人之式。

邑庠生法政學堂畢業世愚晚趙鵬圖頓首拜撰文。
郡庠生師範學堂畢業世愚晚趙登俊頓首拜書丹。
高等小學堂畢業世愚晚郜清風頓首拜篆蓋。
大清宣統三年閏六月中浣穀旦。
毋國榮勒石。

（銘存博愛縣博物館。王興亞）

墓誌銘[1]

【誌文】

世絕未繼，[2]較古有九世同居者，此雖不能頡頏於古，然公怡庭伯仲悉本大公，嘗於古人百世外，更增一席矣。奈以憂勞過度，一病不起。惜哉！元配申恭人，性行慈忠孝□翁姑，周旋兩姑之間，由古婦道，數十年如一日，毫無間言。恭人佐公懿行亦居多焉。公生於咸豐八年正月二十四日巳時，卒於宣統元年十一月二十五日□時，享年五十二歲。申恭

---

[1] 此誌只有後一方。
[2] 前缺。

人生於咸豐九年十一月二十九日辰時，卒於宣統元年三月初二日辰時，享年五十一歲。繼配李宜人，箴室衛氏。子二：長偉堂，字濟高，六品銜，申恭人出。次雅堂，衛出。女五，俱申出。女孫三，偉堂出。將於宣統三年十月葬公於北原祖塋，以申恭人祔。而其子偉堂持狀丐余銘。誼不獲辭，爰爲之銘曰：

力果志精開於天授□□非所甘恒竭蹶而恐後。公作砥柱於中流，克積先人之堂，□□天不假之年，而未獲永其壽矣，彰浩德以發幽光，當共稱斯銘之不謬。

敕授修職佐郎候選訓導武□□，郡增生愚弟毛□□拜撰文。

敕授修職佐郎候選訓導邑庠生再從堂姪筱楨拜書並篆蓋。

王之文刻石。

宣統三年十月。

（墓誌銘存博愛縣寨卜昌王氏家廟。王興亞）

武陟縣

御製訓飭士子碑[1]

清世祖
順治九年。

（碑原存武陟縣學宮，文見道光《武陟縣志》卷一《聖製》。王興亞）

重修結義廟記

【額題】重修碑記

嘗考之祀典，凡能為民禦災捍患者咸祀焉。故古來□不一。德之報，若□善/[2]三聖人，其功德尤著也。□□祚□□仗義明信，□除禍亂，君□□□□□□□□□莭秉義□□竭□之烈，光乎史冊，颺之□誦者更□□□□百代之□□□禦災捍患已也，千載而下，幾欲戶置俎豆，□廟食，茲□亦□見□一耳□。

□廟創建之始，相傳□□牢□而□□於工人有像，而祀□□隆□□□□□有□者之儀，英猛棠□□□有熊□□風之人，□容□□□而勝焉。乃歲久風雨漂摧，榱桷傾圮。本鄉善人□□□□三顏、鳴岐、□然□□相與□□亮等，發願募化，□者捐捨貲財，貧者亦願效力，爭各□□□□曠舉□□□義。厥工告成，□殿拜殿，以及應門，煥然聿新，其體勢峻起，其簷阿常□，而□□便非三聖人之功之德，有以振興□□□□□方□□□□而成功之速，如是□□□前此百年不可謂無人也，後此百年不成謂□人也。□□者以□□□人之緒□□後人不□有以光大諸君之功。事竣，屬余為文。□為□□□□□□也。故記。

大清順治十一年重陽穀旦。

（碑存武陟縣文物保護管理所。王興亞）

欽差分守河北道河南布政使左恭議晉陽張公新築沁堤記

【額題】沁堤碑記

沁之為患，其來舊矣。然時作時止，賴人力以□之，可幸無患，雖禍患亦不稱鉅。獨

---

[1] 見本書第二冊第410頁。道光《武陟縣志》卷一標題作"世祖章皇帝訓飭士子臥碑文"。"朝廷建立學校"前無"禮部題奉欽依刊立臥碑，曉生員。"

[2] /後字多漫漶，難以辨識。

壬辰迄甲午三載之內，疊遭淫霖，益大其勢。而沿河一帶隄岸卑薄，久漸化為平壤。於是，水之怒，始無所砥，一潰而北，直達於衛，再決而南，直抵於河，上下百里間，極目湮瀾，魚龍跳舞，田廬盡為漂沒，城亦幾沼。事聞，致廑宸憂，謂非屬之重臣不可。爰簡張公以參知分守其地，而治水一事於我公為專司焉。公曰："水不可與力爭也。求其故道，竣其隄防，俾中無散漫，下有歸宿，則怒可漸衰，而勢亦盛緩，吾但行所無事而已。"因請水衡金錢，廣置物料，復飛檄六縣，調集丁夫，相度地形，增隄四處。起自傅村決口，紆折而西，曰大樊，曰小董，曰南王，各限工程，添築下堌。公單騎來往，視其高卑堅薄，而勸懲之，人爭效用，畚鍤雲屯。歲未周，工成。保障水約中流，從前濤鳴波滾之地，又變而為耕耘樹藝之場矣。噫！公之明德遠矣哉！總計隄其長玖百貳拾陸丈，高捌尺，闊壹丈貳尺。而小董、大樊則高壹丈，闊叁尺，地當水衝，故工尤加倍云。一日，公行隄上，告奠麗曰："此陟民百世之利也。善後之策，仍當與邑宰圖之。"夫水性無恒，難以預料，吾於隄旁設堡，堡設有夫，候水消長得為之備，則暴漲可無恐已。隄岸無柳，土亦弗固，吾廣為種植，接陰不斷，期根以下盤而稍堪儲用，則頹壞可無慮已。抑某又聞之神有所依，乃不為厲。吾前築傅村隄時，即闢地一區，建河伯祠宇，今工已告竣。酒牢虔備，鐘鼓時聞，神之格思寧不垂茲而降祉邪！昔人於長橋廣隄，鎮以金鐵者，謂蛟螭之屬性畏之。茲鑄鐵為牛，置諸決口，且牛丑土也，土以尅水五行之理，或非誣與。凡此，皆所以保隄也，隄保而患消矣！"職麗曰："唯唯。辱公明賜教，當永永守之。惟是公既底績，天子將酬，厥庸而懋賞焉！"則繼此以往，享公之利，誰復識公苦心者，謀之不了者，第藉一片貞珉年。昔朱司空治河功成，李於鱗先生贈以句云："春流無恙桃花水，秋色依然瓠子宮。"迄今故老傳為佳話。奠麗愧之曰："雲之才，無足揚徽標美。"而公不朽之功，又不容以弗志也，用藉貞珉，以告方來。

　　公諱藩，字介屏，山西太原府孟縣人。

　　清順治十四年鐫立。

（碑存武陟縣傅村大堤下。王興亞）

政濟橋碑

　　沁橋之設，由來舊矣。往昔橋在木欒店少南，勢屬頂衝，每遇伏漲，輒以塌。今移大王廟前，水性既馴，又橋高昔三尺許，樁深入土丈七八尺不等。雖不敢謂一勞永逸，然地利人力兩者兼之，或可免一歲一修，且以備河流而淤，此風水未必無小補云。

　　清康熙十六年。

　　河南武陟縣知縣劉廷用、縣丞王萬傑立。

（碑存武陟縣文物保護管理所。王興亞）

御製四子贊[1]

清聖祖

康熙二十八年閏三月十六日戶部尚書文華殿大學士臣張玉書奉敕謹書。

（文見道光《武陟縣志》卷一《聖製》。王興亞）

宋公（峙）墓碑

【額題】聖代循良

授奉政大夫廣東瓊崖府同知俸滿題陞知府宋公諱峙在中

皇清誥　　　　　　　　　　　　　　　　　　之墓
　　贈　　　宜　　　人　　　汪　　　氏
　　封　　　宜　　　人　　　范　　　氏

（碑存武陟縣文物保護管理所。王興亞）

新建新倉記碑記

甘國垓

皇帝御極之三十有一年，河海清晏，山嶽奠安，寬仁太和，無福不集。乃以午夜之焦思，廑如傷而在抱物，令直省州縣各按上中下議所以積儲預備者。武本瘠邑，以憲綱列為中等，議應積穀八千石，議行，一時擁篲如雲，疾輪若電。邑舊倉不加容，至僦民舍，又甚慮散漫難稽，計築新倉。聚邑之紳士耆民，而經度之於治西，相得地袤二十四丈，廣七丈。乃東西建廠房各閒十六，官舍閒三，街廠房閒七，共閒四十有二。閒各六檁，共檁二百五十有二。厥工鉅哉，以四十五日落成。知縣事甘國垓作而曰：昔書盤庚稱，承汝俾汝，惟喜康共。言所以使民者，惟與民同安而已。夫民至愚，而服從乎上之德意則甚神，故有煦煦孑孑而民弗生感，大工大役而民不言勞者，有早窺其用意之所在也。今聖天子積儲之勤，豈曰富國云爾哉！頻年來，蠲租發粟。不惜數百萬之金錢，舉以惠民，而獨於積儲孜孜加意者，良以示珍惜於粒米。狼戾之時，藉補助於糞田不足之歲，此意與日月為昭耳。是以武本瀕河沙衍，地不皆闢，民不皆聚，於斯役也，知縣一手一足之烈，又勢必因民以為功，特非能家至人曉，更非能強以難從，而迫以速赴也。乃奉行之日，若紳若士若民，自城迄鄉，計二十二里，而人心踴躍。則一司事之工供畚鍤，若木石之役，皆具伐樹

---

[1] 碑文見本書第一冊第3—4頁。

燒土，為椽柱若梁，及磚及瓦皆備，磬鼓弗勝。自築基暨築堵，皆堅以厚門、墊板席，防滲、通氣之屬，纖悉皆完，由是八千石積儲，可風雨攸除，亦不致有散漫難稽矣。從此加收謹收藏，選凶有備。雖歷百千年，可指囷而為民扞患也。"噫！嘗念民力之艱也。文告先焉，而怠緩者多矣。督責繼焉，則怨苦作矣。或曰："民固若是，難用也。"或曰："民可樂成，固難與謀始也。"噫！以若所言，得無使民者之非出於與民相安邪！得無使之之意，有未足以服民心者邪！試以武邑是役驗之，何其不戒而嚴，不疾而速，有如是乎？自非聖天子誠和休養既深且久，而救死恤亡實有大孚乎民志者，而何能若是邪！今積儲徧天下矣，武邑一小隅，實足以徵聖治於無窮。垓不能文，又不敢使盛事無傳，故拜手記其大槩如此，并勒石書趨事姓名於碑陰，以誌其盛。

康熙三十一年。

（文見道光《武陟縣志》卷十九《古蹟志》。席會芬）

御製至聖先師孔子贊並序[1]

清聖祖

康熙二十五年七月初四日户部尚書文華殿大學士臣張玉書奉敕謹書。

翰藻開天，台衡承瑞。貞珉垂休，聯輝洙泗。忝尹茲城，門牆舊贄。繼事謹崇，分尊列次。翊我昌隆，萬年文治。

丁丑孟夏武陟知縣臣董之燧謹立並識。

（文見道光《武陟縣志》卷一《聖製》。王興亞）

御賜王化鶴詩碑

清聖祖

御賜翰林院編修臣王化鶴綾字一幅，書曰：

天階雪後淨氛埃，月上龍樓寶仗開。

盡道聖恩深似海，觀燈都向午門來。

康熙三十九年。

（碑原在武陟縣小虹橋王家祠堂。王興亞）

---

[1] 見本書第一冊第3頁。

御賜王化鶴詩碑[1]

清聖祖

御賜翰林院編修臣王化鶴綾字一幅，書曰：

清淺白石灘，緣浦向堪把。家住水東西，浣紗明月下。

康熙四十一年。

（碑原在武陟縣小虹橋王家祠堂。王興亞）

商王世系碑

【額題】湯王鑽

湯帝曾孫沃丁弟，太康在位二十五年。

湯帝曾孫太甲子，沃丁在位二十九年。

湯帝嫡孫太丁子，太宗在位二十三年。

舜子氏湯名履又名太，成湯在位十三年。

乙契十三世孫也。

湯帝玄孫太庚子小甲，在位十七年。

湯帝玄孫小甲弟雍巳，在位十三年。

湯帝玄孫雍巳弟中宗，在位七十五年。

湯帝五代玄孫大戊子仲丁，在位十三年。

湯帝五代玄孫仲丁弟外壬，在位十五年。

湯帝五代玄孫外壬弟河覃甲，在位九年。

湯帝六代玄孫河覃甲子祖乙，在位十九年。

湯帝七代玄孫祖乙子祖辛，在位十六年。

湯帝七代玄孫祖辛弟沃甲，在位二十五年。

湯帝八代玄孫祖辛子祖丁，在位三十二年。

湯帝八代玄孫沃甲子南庚，在位二十五年。

湯帝八代玄孫南庚弟陽甲，在位七年。

湯帝八代玄孫陽甲弟盤庚，在位二十八年。

湯帝八代玄孫盤庚弟小辛，在位二十一年。

湯帝八代玄孫小辛弟小乙，在位二十八年。

湯帝九代玄孫小乙子高宗，在位五十九年。

---

[1] 道光《武陟縣志》卷一載：御賜王化鶴詩，"二書皆雙鉤刻石，敬藏於小虹橋王氏家祠"。

湯帝十代玄孫武丁子祖庚，在位七年。

湯帝十代玄孫祖庚弟祖甲，在位三十三年。

湯帝十一代玄孫祖庚子廩辛，在位六年。

湯帝十一代玄孫祖家次子庚丁，在位二十一年。

湯帝十二代玄孫庚丁子武乙，在位四年。

湯帝十三代玄孫武乙子太丁，在位三年。

湯帝十四代玄孫太丁子帝乙，在位三十七年。

湯帝十五代玄孫帝乙子受辛，在位三十二年。

胡奉村刘清□一个，刘景□一个，刘祖漢一个，刘克員一个，刘克君一个五卜，刘君章一个五卜，刘克相一个五卜，刘克義一个，刘用中一个五卜，刘君貴一个五卜，刘克文一个五卜，刘克雲一个五分，刘克明一个五分，刘克文一个，刘中五卜，刘福一个，刘氏五卜，刘君珩五卜，刘克玉一个，刘廷伯二个，刘廷本二个，刘廷進一个，刘連亮一个五卜，刘廷五卜，刘廷右五卜，刘廷有一个五卜，刘廷瑞一个五卜，刘廷斌八卜，刘廷文五卜，刘廷現五卜，刘廷倫一个，刘廷□三卜，刘標一个，刘廷朝五卜，張傳卯一个五卜，張順發一个五卜，張美祥一个，張永高一个五卜，張興□一个，張斐□一个五卜，張自孝一个，張現孝七个，張和桂五卜，張自地五卜，馬玉環五卜，王朝五卜，王朝臣五卜，王召斗二个五卜，陳有德八个，李聚才一一卜。

大城刘運美二个五卜。

助工陳同心、陳有月、陳有禮、陳易心、陳有通、□□□、王玉才、師有義、師有禮、刘自朋、來朝貢、喬良印。

白莊會王月賢、司見□、刘□明、余化昆、王廷、王宜、張可學、刘文□、刘季賢、□□□、任可明二 。

武陟縣李之相一，李子貢一，王邦璧一。

圪墻店李廷方二个。

黃鼠張大鳳一个。

徐家庄鄭顯楊一个，徐養財一个，古文斗一个，鄭顯能一个，徐養□五卜，徐養□五卜，徐可臣五卜，徐可棟五卜。

賈家庄賈茂修五卜，賈廷奇五卜，賈□方五卜，賈振海五卜。

宋家庄宋治吾一个，宋治法五卜，宋治□五卜，宋志江五卜，宋大朝五卜，劉文玉五卜，董自明五卜，賈珍五卜。大司馬常廷蘭。[1]

康熙四十四年六月二十一日立。

（碑存武陟縣文物保護管理所。王興亞）

---

[1] 最後一排殘。

嘉應觀御碑[1]

【額題】御製

朕撫臨寰寓，夙夜孜孜，以經國安人爲念。惟茲黃河發源高遠，經行中國，紆回數千里，於淮、沁、涇、渭、伊、洛、沂、泗合流，以入於海。古稱河潤九里，其順軌安瀾，滋液滲漉，物蒙其利。然自武陟而下，土地平曠，易以氾濫，其來已久。頻歲南北隄岸衝決，波漫所及，田疇失業，而橫災運河，爲漕艘往來之患，其關於國計民生甚鉅。屢下諭旨，亟撥帑金，脩築堤防，期於瀰沈澹災，成底定之績。夫名川大瀆，必有神焉主之。《詩》云："懷柔百神，及河喬嶽。"朕思龍爲天德，變化莫測；雲行雨施，品物咸亨。又能安水之性，使行地中，無驚濤沸浪之虞，有就下潤物之益。特命河臣於武陟建造淮黃諸河龍王廟，祗申秩祭，以祈庥祐。《禮記・祭法》曰："聖王之制，祭祀也，能禦大災則祀之，能捍大患則祀之。"乃者水循故道，不失其性。自春徂秋，經時歷汛，靡有衍溢。中州兆庶離墊溺之憂，獲豐穰之樂。所謂禦災捍患有功烈於民者，至明且著。斯廟之建，誠有合於古法矣。河臣請爲文以紀，刻諸豐碑。朕用推本龍德，而明徵禮經，以示於永久。歲時戒所司奉牲牷酒醴，恪恭祀事，以邀福於神。其繼自今，風雨有節，漲潦不興，貽中土之阜成，資兆民之利濟，以庶幾于永賴之勳。是朕敬神勤民之本懷也夫。

清雍正二年九月初二日敬書。

雍正御筆之寶。

（碑存武陟縣嘉應觀。王興亞）

御壩碑

御壩[2]

雍正二年。

（碑存武陟縣二營御壩村。王興亞）

---

[1] 碑係鐵質，外復以銅，通高二百三十厘米，寬九十五厘米，厚二十四厘米。俗稱銅碑。此碑又稱《飭修淮黃諸河龍王廟記》。

[2] 雍正二年，奉旨在鄭州黃河南岸官庄峪山嘴坐灣對岸橫灘上，開挖引河，添築挑水土壩，使水勢由西北轉向東南，以緩和姚旗營、秦家廠一帶的險情。因奉旨而修，故稱御壩，並在此立石。此壩於今尚存。

御製訓飭士子碑

清世宗

　　國家建立學校，原以興行教化，作育人材，典至渥也。朕臨御以來，隆重師儒，加意庠序。近復慎簡學使，釐剔弊端，務期風教修明，賢才蔚起，庶幾樸械作人之意。乃比年士習未端，儒效罕著，雖因內外臣工奉行未能盡善，亦由爾諸生積痼已久，猝難改易之故也。茲特親制訓言，再加警飭，爾諸生其敬听之。

　　從來學者，先立品行，次及文學、學術、事功，源委有敘。爾諸生幼聞庭訓，長列宮牆，朝夕誦讀，寧無講究？必也，躬修實踐，砥礪廉隅，敦孝順以事親，秉忠貞以立志。窮經考業，勿雜荒誕之淡［談］；取友親師，悉化驕盈之氣。文章歸於醇雅，毋事浮華；軌度式於規繩，最防蕩軼。子衿佻達，自昔所議。苟［苟］行止有虧，雖讀書何益？若夫宅心不淑，行已多愆，或蜚語流言，脅制官長；或隱糧包訟，出入公門；或唆撥奸猾，欺孤凌弱；或招呼朋類，結社邀盟。乃如之人，名教不容，鄉黨不齒，縱幸脫褫撲，濫竊章縫，返之於衷，寧無愧乎？況鄉會科名，乃掄才大典，關係尤巨。士子果有實學，何患困不逢年。顧乃標榜虛名，暗通聲氣，夤緣詭遇，罔顧身家。又或改竄鄉貫，希圖進取，囂凌騰沸，網利營私，種種弊端，深可痛恨。且夫士子出身之始，尤貴以正。若茲厥初拜獻，業已作奸犯科，則異時敗檢逾閑，何所不至，又安望其所公持正，為國家宣猷樹績，膺後先疏附之選哉？朕用嘉惠爾等，故不禁反復惓惓。茲訓言頒到，爾等務共體朕心，恪遵名訓，一切痛加改省，爭自濯磨，積行勤學，以圖上進。國家三年登造，束帛弓旌，不特爾身有榮，即爾祖父亦增光寵矣！逢時得志，寧俟他求哉。若仍視為具文，玩愒勿儆，毀方躍冶，暴棄自甘，則是爾等冥頑無知，終不能率教也。既負栽培，復干咎戾。王章具在，朕亦不能為爾等寬矣。自茲以往，內而國學，外而直省鄉校，凡學臣師長，皆有司鐸之責者，並宜傳集諸生，多方董勸，以副朕懷。否則，職業勿修，咎亦難逭，勿謂朕言之不豫也。爾多士尚敬聽之哉！

　　雍正四年。

（碑原存武陟縣學宮，文見道光《武陟縣志》卷一《聖製》。王興亞）

河清頌並序碑[1]

　　清雍正五年河道總督田文鏡立石。
　　今上御極之四年冬十二月初九日，豫省黃河西自陝州以下，東至虞城縣，澄清一千餘

---

[1] 此碑殘損嚴重，多數字已不可辨識。其文與開封禹王臺《河清頌並序碑》是同一碑文。

里，至十六、十七等日而大清，與湖澱無異。五年正月初六日以後，尚爾清澈，洵上瑞也。副總河臣嵇曾筠、巡撫臣田文鏡、提督學政臣於廣、巡察户科臣張元懷先後奏。聞虞城而東南河之水清同乎豫，先經總河臣齊蘇勒具奏，內而諸王大臣恭請皇上升殿行慶賀禮。

奉旨：覽諸王大臣等所奏，以黃河澄清，恭請升殿行慶賀禮。朕思上天之錫福降災，即如人君之賞罰也。若上天嘉佑，示以休徵。而承之者，驕矜縱肆，怠惰前修，則將轉福為災矣。若上天譴責示以咎徵，而承之者戒慎恐懼，省改前愆，則將化災為福矣。天人感應，捷於影響，皆視其人之自取。而天心仁愛，雷霆雨露，均屬成就之恩。一君臣上下之間，用賞用罰，無非曲成之使其遷善改過也。如朕事皇考四十餘年，當時凡遇聖諭訓責嘉獎恩寵，此心皆以恐懼驚惕處之。一念愚誠，深蒙皇考垂鑒。御極以來，事天之心，即當日事皇考之心也。乃數年之中，休徵疊見，難心悉數，稽諸史冊，咸稱福慶。而朕受寵若驚，不以為喜，實以為懼。蓋恐前此之受祝無因，而後此不能仰副也。惟有君臣益加勉勖，一德一心，恭承天眷。昔皇考臨御初年，偶有一二災眚之事，此特兆三逆之變亂。由於氣數使然，而皇考朝乾夕惕，誠敬交孚，是以感格上蒼，錫以多福，四海寧謐，歷數綿長，此天道彰明較著者也。朕即位以來，敷政宣猷，豈足承上天嘉貺。惟孝敬思慕皇考之心，實為誠切，或者仰邀皇考，昭察代籲昊天，默祈福佑，從前疊降嘉祥，今又有河清之瑞，蓋許其已往而勉其將來也。朕祇承之下益深敬畏，黽勉不遑，若允行慶賀，則沿襲頌美之虛文，大非朕驚戒之素志矣。既蒙皇考錫以稀有之瑞，應祭告景陵，申朕感激惶悚之誠。至於上年朱家口河水潰決，朕敕諭河臣悉心修築，今於十二月十三日決口合龍，越三日即有河清之應，具見河神福國佑民，功用顯著，宜崇祀典，以答神庥，該部察例具奏。至所請升殿受賀，不必行。諸王大臣，復以聖世河清，普天同慶，再疏恭請。

又奉旨：覽諸王大臣等奏稱河水澄清二千里，期逾兩旬，為從來未有之瑞，懇請陞殿慶賀。朕嘗言天下至大，庶務至繁，斷非人主一身所能經理，必賴內外臣工協力贊襄，然後，可以成一道同風之盛。若上有涼德之主，而下皆皋、夔、稷、契之臣，則工虞水火，佐理有人，政務亦不患其不舉。若上有堯、舜之主，而下皆共工驩兜之輩，則耳目股肱無所藉，政務亦必至於廢弛。故人君之道，以得人為要。而人臣之道，以奉職為先。此一定之理也。朕統臨四方，雖刻刻有勵精圖治之念，然必賴內外臣工共矢公忠，各殫才力，然後有實政實效。及於吏治民生，方可感天和而錫繁祉。不然則朕雖有勤政之念，豈能事事躬親辦理之也。今見數年之中，荷蒙上天皇考默佑，疊降嘉祥，茲又有河清之上瑞，朕細推天人感應之理，自非無因應。是內外臣工能體朕宵衣旰食之懷，洗陽奉陰違之習，分猷效職。有數瑞之善，上合皇天皇考之心，是以錫茲福慶，以勵將來。爾等試再思人之事甫修，僅有數端之善，即邀上天皇考之嘉貺，若此倘能益竭忠誠，事事皆善，則其獲福猶當何如，或由此而侈然自足，怠惰前修，則其獲譴又當何如，可不慎乎？可不懼乎？況天道惡盈，朕心方且，因此益加戒微，所請慶賀典禮，朕必不行。朕念君臣之間，實屬一體，上天皇考既賜福於朕，朕即以此訓及諸臣。上天皇考既以福朕，朕即以此福及諸臣。凡屬京官自大學士、尚書以下，主事以上，內大臣、都統、前鋒統領、護軍統領、步軍統領以下、參領以上；凡屬外官自督撫以下，知縣以上，武官自將軍、提鎮以下，參將以上，俱著加一級。其王公等管理部院都統事務者，應如何加恩之處，着宗人府議奏。自茲以往，內外臣工當益加黽勉，精白乃心，和衷共濟，矢勤矢慎，秉公去私。凛天鑒之匪遙，念感應之不爽，以至誠至敬，仰承上天皇考之眷佑，則受福孔多，永永無替，勉之，勉之。仰見皇上聖德，謙口如天如地，惟歸功德於聖祖，福佑於河神，而仁恩又下逮於臣庶。然考之紀載，《易乾鑿度》云：天降嘉慶，河水先清。《王子年拾遺記》：黃河千年一清，為聖人之大瑞。況豫省黃河自皇上御極以來，長堤固若金湯，中泓刷深千尺，安瀾順軌，諸險悉平，今又逢此殊祥，從古未有。雖垂諸史冊，昭示萬年，而守土之臣，欣遇境內嘉庥，不敢不溯厥從來，頌揚至治。於是，率屬敬勒穹碑，以誌聖朝之盛。

（碑存武陟縣嘉應觀。王興亞）

祭金龍大王碑

維雍正五年歲次丁未，閏三月丁巳朔日，皇帝遣都察院左副都御史加一級覺羅常泰，致祭於顯佑通濟昭靈效順黃河之神，曰：惟神源通星漢，振衍昆侖，四瀆稱宗，九州滋潤，惠澤廣遠，靈運夙彰。頃者決口合壠，民居攸奠，既奏安瀾之績，旋呈清口之祥，里計二千，時經旬月。錫福固由於天眷，效靈實顯夫神功。用遣專官，虔修祀典，帷冀光昭庥佑，永慶阜安。延景福於萬年，溥純禧於兆姓。尚其歆格，鑒此精誠。

清雍正五年鐫刻，立石河南武陟縣嘉應觀。

（碑存武陟縣嘉應觀。王興亞）

重脩東嶽廟碑記

程瀾

嶽廟行祠，在在有之，非一所也。而其興廢則不一焉，何也？良由地勢之有興衰，神明之有顯晦也。邑治西去一舍許，有鎮曰寧郭，有祠曰東嶽。其祀始於古昔，而廟貌毀於兵燹，自元及今，未有能興復之者，得非地之衰而神之晦乎！景泰紀元春，上元前一日，忽廟之舊基有錢窖出，居民侯欽、申讓往白於宰邑者。宰曰："廟廢久矣，神將興復。"遂令驛丞閻文義往取其錢，以為脩廟之費。閻總厥事，其心益虔，而復捐己帑以助之。居人聞風者，咸以為神赫其靈，而探囊效力者，不啻如子之趨父事也。其若是，得非地之興而神之靈乎？廟既成，驛丞閻文義偕居民趙貴輩來白予，以作廟之由，及廟制之美曰："有正殿焉，有大門焉，廟廡、前庭又有诶乎。"好事者願丐一言以記之。予謂廟之興衰，固理數之所在，而神之顯晦，實由於地勢之使然也。故曰地靈人傑，況鬼神乎！且嶽廟乃光嶽精粹所鍾，而為神之至靈且尊者也。昔周申伯之先，嘗掌嶽神之祭，能脩其職，而神享之。故神靈和氣，降鍾厥家，生甫及申，為周室輔。今若等能興復廟貌，俾神得安處，則神之福爾！士庶也，庸有既乎！將見禦灾患，救旱潦，神必隨禱感如谷應聲，而澤被生靈矣！又豈徒尸位廟食而已哉！僉曰："然。"遂書以為記。

　　清雍正六年。

（文見道光《武陟縣志》卷十九《古蹟志》。席會芬）

般若波羅蜜多心經

　　觀自在菩薩，行深般若波羅蜜多時，照見五蘊皆空，度一切苦厄。舍利子，色不異空，空不異色，色即是空，空即是色，受想行識，亦復如是。舍利子，是諸法空相，不生不滅。不垢不淨，不增不減。是故空中無色，無受想行識，無眼耳鼻舌身意，無色聲香味觸法，無眼界乃至無意識，界無無明，亦無兼明盡，乃至無老死，亦無老死盡。無苦集滅道，無智亦無得。以無所得，故菩薩埵依般若波羅蜜多，故心無罣礙。無罣礙故無有恐怖，遠離顛倒，夢想究竟涅槃。三世諸佛，依般若波羅蜜多故，得阿耨多羅三藐三菩提故，知般若波羅蜜多是大神呪，是大明呪，是無上呪，是無等等呪，能除一切苦，真實不虛，故說般若波羅密多呪，即說呪曰揭諦揭諦、波羅揭諦、波羅僧揭諦、菩提薩婆訶。

　　武陟髮僧郭平雅慕五臺。萬曆四十六年春，夢隨文殊師利菩薩，赴會於五臺溥池，然猶以為夢幻也。泰昌改元，復之奇而白，余乃審厥像，欲花諸繪事，以圖其形。余援筆立就，與所夢相肖。嘻，異矣哉！

　　大明崇禎元年初烁之吉。

　　郭玉潤、郭堯甫、常濟、劉子桂、郭進風、劉汝登、李化龍、周之楷、李思衆、陳太諒、李化□。

　　沁陽鐵筆江錂鐫。

　　小虹橋萬書圖並撰。

　　□□十有六。晉字唐文，古今推尊之極。如唐太宗所重王右軍書瀍，集《聖教碑》可知也。但雙勾點石，無有不失其真。余每嘆摩真失真，不如不摩□。愛其書瀍之妙，即失真，有不顧耳。

　　大清雍正十年八月十五日，買碴一盤，使艮五叉四仌。

　　在會人名開列于後：王錫名、郭之義。周村王化成、郭彥、周奉、王錫亮、王九者、周進財、郭之忠。

（碑存武陟縣文物保護管理所。王興亞）

武陟陳公廟碑

　　陳公廟者，河內之人不忘故總河陳恪勤公而作也。康熙六十有一年，河決馬營口。公請於朝，凡三至河內，循故道，疏下流，飢不遑餐，倦不遑寢，病不遑藥，以身先役夫而董勸之，自秋徂冬，閱月凡五，南、北壩合而復潰者四，三誓於神，願以身殉，衆志咸奮，克成厥功，而公遂彌留矣，所謂以死勤事者也。

　　今天子御宇，上清下甯，百神受職，洪波澄澈，亘數千里，引河自開，不煩疏鑿，隄堰閘壩之工，為焉而斯成，築焉而斯固，民忘負薪捧土之劬，官有進級紀功之賞。休哉！天之所以應聖德，惠蒼黎，惜乎公既歿而不及見也。於是，河內之人聚而言曰："前者廣武山王家溝之引河不開，則馬營口不得而塞。馬營口不塞，則是魚鼈我也。公不愛其死以衛我民，俾得延朝夕，以復覩聖天子平地成天之烈於今日，若之何忘之。"乃告於邑令徐君石麟，相與伐木鳩工，為廟於郭外二浦營嘉應觀右，寢堂門廡畢具。士人荊鵬展、金永齡、張孝先等，實司厥役。父老子弟，不令而趨，有弗服勞，若撻諸市。始雍正十二年九月，越十月丙午落成。

　　徐君來請余文，刻於繫牲之石。先是，上俞撫臣請祀公河南賢良祠，而懷之人猶拳拳焉專其敬於公者，以公嘗陟降上下於茲土，其神如或臨之也。佚能思初，安能惟始，其懷人之謂乎！乃撮公潘河大畧書之，且係以銘，告後之人無怠。

　　公諱鵬年，字北溟，號滄洲，湖廣湘潭人。持身治民，所在皆著聲績，為時名臣。銘曰：

　　昔河之溢，滔滔東流。沁水交漲，漫及張秋。公來自淮，萃於廣武。道河南行，俾復其所。我芻孔丞，公涕如雨。再決再塞，有萬其杵。馬營既陂，兗冀既甯。公歿而視，遲彼河清。帝曰勞臣，鞠躬盡瘁。秩祀賢良，俞哉廷議。惟此懷民，立社以祠。匪私匪媚，明德是思。我田我廬，報以廟食。公功不刊，視此樂石。

　　武英殿正總裁內閣學士兼禮部侍郎教習庶吉士一統志館正總裁方苞撰。[1]

　　原任禮部左侍郎王圖炳書幷篆額。

　　雍正十二年十月。

（文見《續豫河志》卷二十。王興亞）

諭東河總督白鍾山碑

　　乾隆元年二月十五日奉上諭。朕聞河南武陟縣木樂店沁河堤工，關係居民廬舍，每年派民夫修築，以防水患，按地派錢，約計費銀貳仟肆百餘兩，頗爲民間之累苦。若設長夫

---

[1]　錢儀吉《碑傳集》卷七十五作"曹一士代方苞"。

叁拾名，歲支工食銀叁百陸拾兩，以省民間貳仟肆百餘金之幫貼。著該部傳諭河南總河白鍾山，照此辦理。其設立長夫，每歲在豫省存公銀兩發給，不得絲毫累民，永著爲例。倘胥役徒棍等仍有借名科派者，交與該管官嚴查，從重治罪。

清乾隆二年鐫石。

(碑存武陟縣木欒店。王興亞)

世傳家譜碑記[1]

【額題】世傳家譜

從來根之固者枝必茂，源之遠者流自長。猶憶我高祖張公諱瑨，積德深厚，故其子孫振振繩繩，相承於不替。但恐世遠族繁，支派或紊，謹序其倫次，勒之於石，以垂不朽。

峕大清乾隆三年歲次戊午九月壬戌十日癸亥吉時立。

墳地四畝八分。墳路在外。

(碑存武陟縣文物保護管理所。王興亞)

觀音堂碑記

【額題】碑記

嘗聞神道之設，所以振風俗，扶紀綱，警惕人心也。堪輿之家，或修或補，各有欣宜。武陟縣西肥人動稱名區矣。所欠者，異地空闊，風水不聚。今有本村善士王可治等，忽動修補爲念。□觀音菩薩，好生普濟，宜建此堂，但力小難以任重，因與本村信士同謀，大家施財出力，以成此之，光輝煥然。財賴楊家庄郝三海金粧之力。建堂之後，祈本村子姓繁衍瓜瓞流，五穀豐登平安，因勒石爲銘，以垂不朽云。

會首程□和、王可畏、王可傳、王文偉、王可治子王文嘉、王可揚仝立。

河內縣歲進士王祝三撰文。

石匠王成平。

大清乾隆九年十二月十八日建立。

(碑存武陟縣文物保護管理所。王興亞)

修建玉皇廟戲樓碑記

武邑東南離城十里，名曰南賈鎮，古有玉皇大廟一處。其中殿宇居多，各街分任修理，

---

[1] 此碑所載世系人名，字多模糊不清。

唯有大街蓋戲樓、山門、大殿，其工浩大，屢經損壞，難以修補。今有本街善人李辛才、楚天華各發虔心，施地十畝，東西畛，坐落莊西南，積聚錢糧，以為永遠修廟之資。余聞而贊之曰："此事最善。"悠久淹沒，故勒碑記，以垂後世云。

計開：

其地東至王福，西至馮帝□、崔定玉，南至王步雲，北至王中。北闊十三步，長五十步；南闊十步，長一百十五步。

皇清乾隆十年二月十九日穀旦。

王宗智敬書。

石匠丘起鳳。

（碑存武陟縣二鋪營鄉南賈村小學院內。王興亞）

重修舞陽侯諸神殿宇碑記

懷慶府武陟縣西南離城十五里許，舊有漢牧舞陽侯廟，意者□近□波□□□□，楚、漢爭雄，樊侯用武其間，居民樂其輩□□□立之祠。其北殿，則□蝎氏司火尊神，蓋取□離相交，水火聿成，既清之功。東配殿，西周文王后妃之廟也。義取出震□巽達東□□□□□□生於下窞焉。其在北郭村□乾之位，興隆崗屬艮寅之方，□合地理，□□兩村之保障，實乃一方之福祉也。但歷年久遠，不無風雨□□□□。有生員雒超，字大玉者，乃歲進士、教授、陝西慶陽府諱宦之玄孫也。世德相承，家法不替。其人仗義□節，約略生平□□□事，糾合會眾，□眾齊心協力，募化四方，三載之後，積有錢糧。十家之中有郭氏諱大謀，字萬全，為人小心勤慎，□□事兼不糊塗，舉以執掌錢糧。郭氏日夜焦勞，閱三載而殿宇落成，金粧神像，煥然一新。二翕□以回云，蠲貲鼓勵，□□勒石，永垂不朽云。

懷慶府儒學廩膳生員雒大夏撰文。

武陟縣儒學生員張德□書丹。

會首生員雒超、郭大謀、楊成傑、雒大松、張治、趙九福、雒善、楊德周、雒印昌。

修拜殿會首雒大受、雒大方、張可昌、雒鳴九、雒燦。

住持道人雷太祿，徒黃清誠，徒孫李一慶。

乾隆十年歲次乙丑三月庚辰既望翌日弋子良辰立。

（碑存武陟縣文物保護管理所。王興亞）

重修藥王殿碑誌

本鎮南小街舊有藥王尊神，神威顯赫，默佑一方，求者無不灵應，均皆純誠。因見殿宇損壞，本街善士鄭南王等，倡率會眾，積聚資財，擬請工匠，擇吉興修，不數日而工程告竣。寔彰神聖之靈應，亦壯本街之观望也。所有善士各姓名，勒石於左，以垂不朽。

　　會首閆珂翟氏，屈貴大李氏，李士彥韓氏，訾明□氏，荊振龍高氏，毛介王□氏，李奉周毛氏，宋坤元胡氏，李文炳張氏，鄭克昇付氏，鄭文錫王氏，李文英屈氏，鄭国玉池氏，王大邢氏，鄭国興杜氏。

　　石匠許起鳳。

　　住持和清玉。

　　大清乾隆十八年三月吉旦。

（碑存武陟縣文物保護管理所。王興亞）

重修廣生祠殿宇碑

【額題】碑記

　　甞聞生齒日繁，全賴神聖庇佑，子孫昌茂，更借欽教之誠。爰有本鎮名曰□□□觀音堂，內舊有廣生神祠，感應如響，求無不靈。奈以殿宇三楹，年代久遠，風雨傾圮。本街會首閆□等目覩難安，□集會衆，欽聚資財，不數年已得數十金，此所謂集少成多，聚毛為裘，信不誣耳。固會□□□有方，寔神人默祐之也。今擬請工匠，擇吉興修，工匠齊心，奮勇力作不歸田者。工程告竣，將見傾者復整，而舊者煥然聿新矣。不惟彰神聖之顯赫，亦大有助本街之觀望也。著將倡義善各姓名，勒石於左，以誌不忘之耳。[1]

　　計開：會首宋□元姚氏、閆珂翟氏、屈貞太李氏、荊祉劉氏。趙復興施獸一對，荊振□高氏、李□□氏、牛興仁□氏，李得財張氏、高永昇李氏、□價李氏、□國興杜氏。

　　石匠許□鳳。

　　住持和清玉，徒趙□。

　　峕大清乾隆十八年三月　　日吉旦。

（碑存武陟縣文物保護管理所。王興亞）

御製平定準噶爾告成太學碑[2]

清高宗

御製平定準噶爾告成太學碑文

乾隆二十年歲次乙亥夏五月之吉。御筆。

（碑原在武陟縣學宮。王興亞）

---

[1]　該碑中間斷裂。

[2]　見本書第一冊第29—32頁。

創築隄工記

王靖

《禹貢》九澤，既陂陂障也。築隄之所由起也。賈讓以繕完故隄，增卑培薄，為治河之下策。然以今日之形勢而論，則治河之策不外乎此。武陟縣南瀕黃河，西接溫縣之平皋，而東與滎澤為界，相距皆五十里。城東一帶，自康熙六十年河決之後，脩築大隄，梁溪嵇文敏公時為河使，有防河奏議，王犀川制府輯《河南通志》亦詳載之，可考而知也。城西舊無隄岸，惟借清風嶺以為屏藩，歷年已久。北有沁水，南有黃河，每至桃花浪湧及伏秋大汛，往往泛溢，居民苦之。乾隆十六年夏，霪雨連旬，沁黃異漲，清風嶺衝斷數處，水如奔馬，人將愁魚，廬舍田疇漂沒不少，呼號之聲徹於遠邇。邑令奉新趙侯開元蒿目傷心，既請賑卹，並議築護莊隄以衛之。明年，趙侯以卓異內遷，工未及舉，代之者醴泉王侯肯穀勸民輸貲，為興築之計，上官委縣丞戴濤司其事，而民絀於力，隄薄而卑。六月水漲，復決，王侯丁艱去任，海寧查侯開重來攝篆。下車之初，勸民補築。八月大雨，隄復傾頹。郡守甄公與令丞跋涉於泥淖中，共相籌畫，以為護莊隄，既不足以資捍禦，必將清風嶺之殘缺者脩補完固，以作重門保障。查侯乃捐薪俸以供竹楗，仍委戴丞及主簿顧秉衡、典史任經、驛丞馬宗楷為之分脩，而自董其成，蓋其才識過人，無書不讀，而尤熟於河渠書。固非徒補苴罅漏者可同年而語矣。夫興利除害，固長官分內之事，然往往視為故常，從未有勇於任事，思一民之溺若己，推而納之溝中如查侯者，且民利民築，豈非成例，亦何妨竟聽之民，況以大法小廉之世，脂膏不潤，指水盟心，猶惟恐民力之或竭，而裁冰割雪以資於成，其德又何可及哉。癸酉之春，查侯以上官具疏題授，入覲楓宸，出而撫馭花封，殷懷部屋諸事益加奮勉，所以報君恩而酬憲德亦甚切也。頻年以來，歌樂土而慶屢豐，幸免流離，各安耕鑿。則查侯之利濟斯民為甚，溥嘗讀《唐書地理志》，凡一渠之開，一堰之立，無不記之於其縣之下，論者謂其詳而有體。前朝洪武末年，奏開天下郡縣塘堰，凡四萬九百八十七處，陂渠隄岸五千四十八處。而明季懷慶有史公隄，則因沁水漲溢，齧古陽隄，募夫興築，此又近事之見於誌乘者也。余承乏是邦，習聞舊令，尹之政成規具在，敢不夙夜兢力為保固，並望後之君子念創始之最難，思守成之非易，當仁不讓，而見義必為亦如查侯，是則斯民萬世之利也夫。

清乾隆二十年。

（文見道光《武陟縣志》卷二十三《文詞下》。席會芬）

重修閆君寶殿碑記

【額題】碑記

武陟縣東北路承奉村，離城二十里許，舊有十帝閆君寶殿一所，創自萬曆十九年，迄今相延日久，殿宇不無損壞，神像亦多廢墜。合村善士信女，咸相目擊而心傷，故於雍正十年，會首劉君贊、李進孝等，同住持僧人募化，本村各捐貲財，一時自爾高堂華構，棟宇重開，誠輪奐其美，如竹苞極盛，真梓里壯觀哉。其遂已乎！《詩》有云："靡不有初，鮮克厥終。"殿宇亦既告成，而思神像之廢墜乎，但屢年時遭荒旱，又被水滂，合村人等善念雖存，而力有不足。延至乾隆二十年，住持僧人大知作為鼓舞。會首一十四家，劉君昌等聚會合□共相商議，人無論貧富，地無論多寡，隨其心之所願，各出己之所有，無相拘也，無相吝也，虔心恭意，積少成多。況塑金粧抖神威，畫棟飛雲壯人觀，又物恢然，衣冠煥然。前此善士信女，目擊而心傷者，至是不禁目觀而心快矣。聞之積善者昌後，作惡者召殃。十王爺操賞罰惡之权，村人等亦既同然興工好善，則子嗣繩繩，發福興旺，可預卜而知之矣。吾願後継此而為善者，亦當於損壞者補之，廢墜者修之。十王有靈，報施不爽。作善作惡，默默鑒察，修德修行，綿綿福祉。臨書薰沐，勿敢戲豫，勒石垂後，千石不朽云。

十閻君聖誕：

四月初八日九閻王生，三月二十七日七閻王生，正月初八日五閻王生，二月初八日三閻王生，四月初一日大閻王生，三月初一日二閻王生，二月十八日四閻王生，三月初八日六閻王生，四月初一日八閻王生，四月十七日十閻王生。

會首：

劉君賢施艮三朩，劉璜施艮三朩，劉君祥施艮四朩，劉君召施艮五朩，劉君恩施艮五朩，李進孝施艮五朩，張奉翔施艮三朩，師有義施艮三朩，劉廷冠施艮三朩，劉瑀施艮二朩，劉允忠施艮一兩，劉廷相施艮□兩，劉廷祥施艮五朩，劉廷勳施艮三朩，劉廷婉施艮二朩，劉起正施艮三朩，陳玉傑施艮三朩，劉心正施艮三朩，劉大任施艮一朩，劉□拔施艮三朩，王継成施艮二朩，張貴孝施艮三朩，張沛然施艮三朩，劉世太施錢三朩，李聚才施艮三朩，劉永令施艮三朩，張本寅施艮三朩，張志孝施艮二朩，劉振施艮二朩，張本瑞施艮二朩，劉玉美施艮二朩，劉蘭施艮二朩，康國虎施艮三朩，劉君瑤施艮二朩，王継周施艮二朩，劉廷佑施艮二朩，劉君就施艮一朩，劉廷賓施艮二朩，王克良施艮二朩，王朝府施艮一朩，劉君祿施艮一朩，劉廷瑜施艮一朩，陳王佐施艮一朩，陳王卿施艮一朩，陳有信施艮一朩，劉廷烈施艮二朩，張現孝施艮一朩，劉永達施艮一朩，王継倫施艮一朩，劉太智施艮一朩，劉廷用施艮一朩，劉燦施艮一朩，梁云保施銀一朩，王平宇施艮一朩，劉自清施艮一朩五卜，劉廷俊施艮一朩。劉萬施艮一兩五卜，劉大順施艮一兩五卜，劉廷官施艮二朩，陳有礼施艮三朩，陳有讓施艮二朩，劉廷序施艮二朩。

大清雍正十年重修殿宇工程。

生員劉永貴撰文兼書。

施工木匠閆存仁、□□虎。

泥水匠余化朋、王継宦。

乾隆二十年重修。

（碑存武陟縣文物保護管理所。王興亞）

御製平定回部告成太學碑[1]

清高宗

御製平定回部告成太學碑文

乾隆二十四年歲次己卯十二月之吉。御筆。

（碑原在武陟縣學宮。王興亞）

新修覃懷書院碑記

劉德尊

　　武陟為沁、黃交會之地，水患較甚於他邑，而人文之盛，亦為河北之最勝。凡國史所傳，志乘所載，蔚然樹鄉邦之望者，其由來久矣。余自甲午春承乏茲地，邑中多名士皆非公不至。夏月觀風覽其文，莫不有根柢法度。因於歲科兩試之外，每月初二、十六，課合邑生童，令勤乃業，予亦藉為觀摩，而諸生踴躍赴課，文彪藝襮，心竊喜之。乃懷郡他屬皆有書院，而武陟獨無，殊為缺典。予擬建之，值簿書倥傯，日不暇給。越明年，又沁溢張邨。予方尾各憲後，糾集徒衆，從事於宣房匏子之役，晝夜經營，數月始塞其潰，岌岌乎未遑事此也。觀察朱憲臺自分守河北，一切皆以愛養斯民，樂育人材為務。公退之餘，輒議斯舉。丙申秋，某體公之志，循余之責，爰與邑之首事諸公及城鄉諸紳士，各捐資，交首事經理。首事等俱歡忭趨事，公爾忘私，且視為己事，不辭勞瘁，相度於邑城之西北隅，買地一段，建講堂六楹，學舍十間，退室兩座，以為館師講學、諸生肄習之所，繚以周垣，揭以户窗，興工於四十一年，至四十二年六月落成。朱道憲顏曰："覃懷書院"，志古也。爰又擇東安邨頂河灘地七頃七十畝三分，及高邨頂河灘地一頃二十九畝七分三釐，歸之書院，以給薪糧，備膏火，具揭於碑，用垂永遠。

　　夫邑無大小，無不可以致治，民無賢不肖，無不可以學而歸於善。況茲土素號淳樸，人文濟濟，凡秀士、童子，可以登賢書而捷南宮者，指不勝屈。今天子倡明文教，廣厲學宮，遐邇胥應，羣萃而業於是，明先王之道，以聖賢為師，體立而用行。由此，士習民風蒸蒸日上，以仰副作人之雅化，是則守土者所致望於邑中，而邑人士之所以自為者，當若此也。漢有蔡司徒茂、李太守章，下暨晉、宋、元、明，其間名公鉅卿，皆懷人之表表者，行將聞其風而興起乎！是用綴其顛末，以貞諸石。

---

[1] 見本書第一冊第32—34頁。

乾隆四十二年。

（文見乾隆《懷慶府志》卷三十《藝文志》。王興亞）

重修三官廟碑記

【額題】流芳

　　三官廟舊有祀田若干畝，我朝康熙三十八年，歲饑，國稅不給，真人慧遠告艱。爰是先曾王父興同時父老好義者，計十三家，共議承糧，多寡量力，慧遠感泣，稱功德主，第相沿已久，未曾立碣。後之人恐其年遠而湮也，迺於重脩之年，勒石為記，以示不朽云。

　　三官廟坐地叁畝伍分，興佛寺坐地肆畝，住持塋地壹畝貳分，家西地伍畝，共地拾叁畝陸分陸釐，全併入三官廟。謹將認糧姓氏，開列於左。

　　生員李永蘭壹畝柒分陸釐，生員韓毓秀壹畝柒分，歲進士許達節壹畝柒分，晉國強壹畝柒分，生員晉國璧柒分伍釐，李永桂柒分伍釐，齊國才柒分伍釐，張應學柒分伍釐，陳得金柒分伍釐，李驚陸分，秦家棟壹畝柒分伍釐。內有孫之容認地壹畝，李士文貳分，沈□□伍分。□伍年將糧送回本廟。

　　增廣生員李文成撰。

　　許廣成書。

　　住持道人張福喜。

　　石工王者璧。

　　皇清乾隆四十七年十月十五日合村立石。

（碑存武陟縣文物保護管理所。王興亞）

重修普寧觀碑記

河督李公亨特

　　古者，自天子下達大夫、士各有應祀之神，其分有限，其數亦可稽焉。漢唐以來，禱祀日繁，或崇厥廟貌，或廣為象設，視古稍增矣。然準諸禦災捍患之義，若果研合，未泥古而非今也。武陟縣治之東境有二鋪營者，地進［近］黃、沁兩河，郡丞公廨在焉。予曩承乏是官，蒞任後，時與二三僚屬往來河干間，眺郊野。其東南隅有古廟數楹，地既狹隘，屋牆傾圮，入謁，神像又多雜坐不倫。詢之故老，皆莫知創建所自始。仰視梁棟間，隱隱有嘉靖紀年字，始知歷今已二百餘年矣。念予備官斯土，瞻拜之下，踽踽不能安退，而捐俸鳩工，重為增葺。其時曹單吳司馬，隱有所祝，驗若面命，聞予有是舉，欣然首先捐輸三百金，以助興作。於是，相繼樂助者不一而足。爰賣地若干畝以拓基，塓瓦甓木石，丹漆綵畫之費，竭力營辦。經始於乾隆丙午仲秋，落成於戊申季春。凡建殿宇四十餘間，前正殿以祀關聖帝君，稍東一殿祀太上老君，稍西一殿祀火帝真君，後正殿以祀北方元帝，左右二殿分祀三仙、四聖，東西兩廂廣生司瘟諸神。又建齋宿更衣之廳，凡六間，附諸其側。山門內，翼以鐘鼓兩樓，山門外，建演劇樓一，東西坊門二，敬題額曰"普寧觀"。築以繚垣，添建圍房，觀之西，因池築橋，以通往來，種花植樹，以增景物。歲時報賽，予偕諸僚友於是憩息而觀游，庶幾致齋申虔之心，藉是地之清曠幽靜，可以專一而不雜也。未幾仰蒙聖恩，遷官浙東，脩武丞褚君明哲、原武簿姚君仲等，請予為文以誌諸石。念區區敬事明神之心，幸而得遂，詎敢劉張自詡。第念是觀向日之頹廢荒涼，一旦易為壯麗輪奐，微人力不及此。夫治民事神，皆官斯土者責也。倘踵予至者，時時殫厥誠敬，使斯觀不致甫興而復廢，當必仰邀神佑，年穀順成，災厲不作，其為斯民錫福多多矣！因重褚、姚二君之請，泚筆敘其大畧如此，並歷述捐資名氏於後，同壽貞珉云。

乾隆五十三年季春。

（文見道光《武陟縣志》卷十五《建置志》。席會芬）

重修昭惠王廟碑文

【額題】皇清

昭惠王廟，踞本村巽地，巍巍鉅鎮也。年遠剝蝕。或遺址僅存，或墳迹烏有，其重賴乎修葺者，無一可緩。而正殿兩楹，及左配三官殿，圖之不早，尤有將傾難之懼。會首□□□□等慷慨身先，比户勸捐，本村士民莫不踴躍樂輸，共捐銀二百七兩有零。但工大費煩，猶苦不給，爰延鄰村信士，各自勸募，復得艮九十三兩。於是，鳩工庀材，閱二歲而兩殿益成。方其將□之母開光酹客，需用尚多，而計疇昔之金已告匱矣。幸有善士□□□□□□□□□□□□□□□，復向本村勸化，又得錢二十六千有零，則兩殿之金碧輝煌，改觀一旦者，假數人之力不及此。至於不可緩之他殿，勢固不能不得緩，然使後有壯義之士，接踵而續為之功，豈在今會首下哉！

丁酉科舉人閆國樞沐手撰文。

邑庠生□□沐手書丹。□□沐手篆額。

會首牛肇基、閆國堵、李進財、閆錫福、楊秉乾、閆國池、原文華、張士章、趙學書、鄭發幣、原發田、王會拯、王憬、閆鈴。

大清乾隆五十四年歲次己酉中浣之吉立。

（碑存武陟縣文物保護管理所。王興亞）

重修覃懷書院碑記

觀察康基田

人才者，治化之原。學校者，作人之地。國家養士百數十年來，直省郡州縣皆設立書院，所樂育而造就之者至詳且備，文教之所以日隆也。癸巳春，余守開封，旋奉命觀察河北三郡，駐劄武陟。武陟俗儉而士秀，諸生每以文質於余，余輒為評論之。惟是公冗少暇，不克朝夕與講貫，因想余既不足為人師，不如延師設教之專且久也。教數十人成材，又不如教什伯人之公且溥也。乃屬邑令劉君商之紳士，度地城西隅，建書院焉。紳士樂輸襄事，閱五月工竣，請余為文記之。余竊念文藝末也，德行本也。本何在？在孝弟忠信、禮義廉恥數大端，處則為真儒，出則為良吏，從古儲材之意旨如此。昔胡安定教授蘇、湖，立經義、治事二齋。朱子白鹿洞規條，首揭五教之目，法何善歟！使不本此以立身氣質，未化於詩書言行，弗衷於道義，則士品不醇，士風不振，非司牧者之責歟。書院之設，豈為諸生博令譽，弋科名已也。凡以孝弟忠信、禮義廉恥數大端，教化行而後斯人之性命以立，故欲造士，必先擇師。師道立，而善人多得。道德明秀、閎通博雅之儒以主講席，庶幾相與有成，騖虛聲者勿尚也。羣弟子誦讀有舍，膏火有資，請業克勤，觀摩益善。賢智無自矜焉，愚魯無自棄焉。至守令職司其事，或貌敬師儒而誠意弗孚，或廣羅寒畯而不加獎勵，又或地當爽塏，因公假館爲行轅，以致講肄就荒，輿臺雜沓，此近來沿襲之獘，可勝道哉！是非嚴立科條，時加整飭，其何以垂諸久遠也。

劉君陞任後，代之者金壇曹君雅意斯文，余嘗勉之曰："凡事留一分心於政，必有所濟。"人之好善，誰不如我。後之守茲土者，其亦加之意乎！是為記。

乾隆五十五年。

（文見道光《武陟縣志》卷十九《古蹟》。席會芬）

原字三十韻

康基田

乾坤有清氣，大雅重師承。智巧苟可寓，技進道斯凝。皇頡眺鳥跡，書契代結繩。
篆傳書言如，六義類繁興。孳乳乃為字，形聲轉相應。竹簡蝕蝌蚪，石鼓良足徵。
斯邈更古法，八體遞除乘。易篆而為隸，次仲楷先登。鉅鹿耿球碑，鵠邑同服膺。
太傅造精密，彪炳傳元燈。從簡間流行，行押踵德昇。急就詩游草，純儉變亦曾。
宏農張伯英，章章何崚嶒。上比崔杜足，下視趙羅淩。過真草不減，右軍擅鼎能。
剖析體文理，俯拾眾美增。翩翩王子敬，舉體若不勝。靈和己入化，神俊亦超恒。
許洛稱殊絕，羲獻自恢宏。自唐逮元明，作者互騫騰。咸慕山陰跡，唐法相因仍。

卓然名一家，異流源自澂。平原師筆法，要妙夙所稱。撅抑鉤抵格，希聲五字憑。
近左虛右旁，泥沙畫稜稜。何如屋漏痕，開士重百朋。真草形性異，截拽式可矜。
虛掌而實指，鷟鳳與翔升。予雲易戒體，正譌鑒邵陵。精心達妙理，會上最高層。

（文見民國《續武陟縣志》卷十四《文詞志》。王興亞）

重修孫真人祠並舞樓碑記

北嶽殿之偏西，舊有孫真人□一□，殿前之舞樓一，其創建，蓋與殿先後焉。當初，燦爛巍煥，鳥革翬飛，城巨觀矣。□□風雨摧殘，其傾圮亦相似。本鎮孫公公宜全義者，目擊心惻，糾眾捐資，謀更新焉。首其事於□□嶽殿，次及舞樓，至□□□而公忽棄世，觀者莫不痛心悼歎，以為大雅云。夫斯舉，其將半途而廢矣。傾孰意其子玉書梅克繼先志，不憚勤工，于及父捐館之日，即矢志不懈，嘔心經紀，積年餘，獲金若干□數，並前所蓄而未盡者，約可舉事，遂鳩工焉。迄於辛亥之春三月，落成於秋八月，重妝真人聖像，金碧輝煌，塗墍丹臒，藻繪繽紛，祠竣工而舞樓亦接次增舞闕區額□□章設采，鬱麗照人，猗歟休哉！真盛事矣。斯舉可妥神聖，可肅觀瞻，可崇報賽，可悅人心，眾欲勒諸貞珉，丐於余。余聞之，不禁瞿然有感也，曰：嘻！修廢補闕，世不乏人，而父子相繼，蓋往往而鮮。此可見公宜之有令嗣，而玉書之能，神道幽邈，元□莫測，而應感不爽，□固昭彰。觀之孫公，其亦可知冥矣。後之覽斯記者，不可以恍然吾毅興歟。

河內縣儒學廩膳生員辛有光紫陵氏撰文並書丹。

篆額太學生王鳳麟。

老孫全美之子太學生孫全智，壽官孫現祿。

共花費一百六十九千三百一，金妝大王聖像花費錢在內。

主持齋公孫萬聚。

石工史秉惠鐫。

皇清乾隆五十六年辛亥歲次冬律黃鍾之吉。

（碑存武陟縣文物保護管理所。王興亞）

重建石坊碑記

本族郡庠生趙□黃中黃氏書丹。

本族邑庠生趙靈芝年三氏篆額。

本族邑庠生趙雲促□□□□麟九氏撰文。

　　□□□始祖于洪武初年，自山西遷武邑東青龍鎮，遂家焉。其子有三：曰子莊、子才、子善，同刱塋於本鎮西南隅。其□地乎，地甚高，固得四方□向之勢，龍奇行山，南臨黃河，遙望廣武丹屏，層巒疊嶂，隱隱□有千古不□之氣象焉。是以應地之靈，而生者代不乏人者。明授奉議大夫諱璋，字大章者，於天順乙酉中河南鄉試，□初任山西大同府通判，擢異陝西延安府同知，首開人文之盛。後之接踵而起者，如鄉貢進士諱瑛，仕山東高苑縣知縣。歲□□□時任陝西三原縣教諭。諱中奎，任鈞州徽府教授。及監生庠生輩為尤夥。先後衣冠嗣續不衰，而大章公居事更為著之者。續介□顯名□□□□陝西趙公，載在邑誌可考。當嘉靖時，本族即□為之建坊，而適以他故寢其事。迨至隆慶，改訓導，末年本族有諱鳳橋、諱思隱，二公接骨□，遂于祖塋神道間起石坊一座，巍巍可觀，距今已二百餘年矣。然而風雨□抗物難不敝，抑見石坊為之傾覆也非一日。凡後之孝子賢孫，□自警心，以先人之遺徽不忍廢墜，而毅然復之者，其在斯時乎！有諱建極，字化源者，系合族恭舉家長，首倡其事，鳩合族衆，力出貲財，重建石坊一座于祖塋神道。在乾隆五十七年三月清明日告竣。是為記。

首事崇道、監生建中、族長玒、監生建極、大本、得祿、廣問、健、學周、宜元，率合族人等仝立。

（碑存武陟縣文物保護管理所。王興亞）

修祠譜序

祠尊祖也，譜收族也。尊祖以致孝享，收族以敦親睦，豈誇世耀俗為門第光哉！余族先世，雅尚友恭，其顯仕者，尤篤禮教。素將孝享敦親固有祠以祔。迺遭明季寇盜交訌，譜為兵燹失傳，而祠亦土崩瓦解矣。聖朝定鼎，地負天合，於茲十有餘載。時際開□之會，人生反本之思，族之中有志切修祠者，起按戶捐金，購屋敬祖，事亦未果。厥後復得十餘人，而相宅定基，最後又得十餘人，而庀材鳩工，方其工之始興也，祝祀□塋，於伏土中，獲前代隆慶年間石刻，上載族姓，自洪武以來，家政宦行甚悉。余於斯時，已有修譜之思，而未舉者，以祠未成也。今上五十三年戊申，祠成落祭，族人咸推余為家門長。余□而應之。因謂族人曰："尊祖則必敬宗，敬宗則必收族。今族雖有遠近之分，而自先祖視之□其孫子各□有□無詳，則親睦之道不講，則先祖有靈，能無怨恫，既□□□舉，烏在其能致孝享乎。"族人莫不曰□□□是之。族之中郡庠生曰：昔邑庠生曰訥□□□，廩生曰雲從者，下就□□上推先□□□。隆慶年間，君朋□所載□為□□□為門派譜□四集□，祠成，越數寒暑，當壬子清明□而藏於祠之夾室中。夾室者，祠祖石之餘室也。祠南向也，廣兩畝七分有奇，垣門不□。其□前為塾□，北為堂，堂楹間五，闢其間之三以妥神，餘為夾室。左貯祭器，右貯遺書，玫□感焉。藏之先祭告於祠，族之人無遠弗屆，雖不以此誇世耀俗為門第光，而肅肅雍雍，饒有前代友恭禮教之遺，則孝享親睦，又不能無望於後人矣。是為序。

皇清乾隆五十七年歲次壬子陽月朔日。

（碑存武陟縣文物保護管理所。王興亞）

重修碑記

【額題】碑記

五次經理首事名諱，列於左：

購屋廣忠、方齡、監生作梅、武生振先、繼宗、州同廷謨、監生玉魁、珀、良志。

置莊房殿祥、廣福、全忠、大智、一海、元善、崇德、仔雨、廣德、復善、一麒、方美、思學、廣成。

修祠廣周、元、明、太學生法程、九坤、思義、善南、生員靈芝、復善、九功、法正、登仕郎風從、存祿。

修涌道三元、學周、監生東銘、存祿、得祿、健、學舜、元先。

修譜建房立石三元、廣周、桂生、珖、崇道、太學生建中、太學生建極、大才、健、得祿、學周。

皇清乾隆五十七年歲次壬子十月初一日立石。

（碑存武陟縣文物保護管理所。王興亞）

重修陳恪勤公祠記

羅正墀

今上御極之三年，正墀奉命分巡河北。常周視河防，往來陳恪勤公祠，必瞻拜。祠創自雍正十二年，其碑記則方望溪學士所譔也。文渾灝瑋異，惜僅就公之一事一時闡揚盡美，而於生平宦跡懿行猶缺有閒焉。正墀自束髮受經，聞鄉黨閒誦陳滄洲先生事實甚悉。公由康熙辛未進士，起家浙東，西安縣尹遂寧張文端公薦其才，由海州遷知江寧府，與制府不協落職。旋起知蘇州府，制府惡其直，劾以他事。幸聖主辨其誣而免，尋署霸昌道。旋京，後隨張文端公協辦河工，未幾，署總河兼署漕督，公上沐主眷，雖極盤錯之餘，始終不移其守，而又能隨在，以實心行實政。故其在江蘇也懲惡捕，禁加稅，摘奸伏；其在霸昌也，斥豪勢，肅畿甸；其署漕督也，因旗丁糧盡，預給庫銀六萬。而後，奏其署總河也，請歸淮揚榷稅於蘇撫，俾得專力河務，俞旨報可。迨世宗即位，實授公總河，自維受兩朝優眷，不以位高而思怠，不以官久而引閒，益冰蘗自矢，夙夜寢食弗敢懈。於南河田家樓則建月隄，以保障徐、邳，於山旴汛則改北壩為南壩，另於迤北建壩，以免全河激射南隄。於文華寺則加功挑濬，以通運道；於運河徐塘口則開月河，接入彭家淺，以免歲淤。其惠政之在東南，不可更僕數。而於武邑馬家營決口一事，尤殫竭心力，厥工最鉅，維時同事，或危詞閒阻之，或緩期洩視之。公獨力排羣議，閱五月而導流建壩葳厥工，竟以是積勞成疾而終。嗚呼！是非古大臣體國公忠，曷能至此？上既嘉其功，復憫其死於勤事也。賜祭葬與謐，入祀賢良祠。而懷之人念公之以死衛吾民也，崇以專祠，垂今六十餘年，風雨漂搖多傾圮。正墀與公同井里，雖先正典型，非末學所敢規仿，而以枌榆之誼，得於歲時脩謁，親炙遺徽，亦遇之幸者。爰於履勘期會之辰，進同官而謀之，僉謂有其舉之，莫敢廢也。設祠久竟廢，則公之肸嚮奚寄，毋乃貽我同人羞。各願捐廉，庀材鳩工，凡垣墉之墬者、黝者、頹者，棟宇之宂者、蠹者、折者，舉重葺而更新之。閱匝月而工竣，乃就予所聞，參諸各名家傳集，彙紀公生平宦蹟豐功，以垂不朽云。是為記。

嘉慶三年。

（文見道光《武陟縣志》卷二十三《文詞下》。席會芬）

创建三院廟碑記[1]

嘗聞《詩》曰：清廟穆而祖考之神大。其居閟宮，淪而昭穆之序傳以永，雖然，作廟根由，要不可不昭示也。初，我三院置庄於村東頭，原為祀堂計，而別院未識其意也。至乾隆四十二年，賣地十七畝七十五厘，創成正殿。惜祖考之神位未及設，而作廟之意，尚未顯焉。是置庄、造正殿者惟我三院，納糧者亦惟我三院也。祀堂之有，實基於此。至嘉慶六年，設神位，立山門，造東廂，植院牆，至是我村別院以及伊村亦起孝思，遂各出墳樹一株，施廟重用，以為入廟之由，以達孝思之誠。然祀堂庄基偏小，東廂□□□□□□又西院牆□□□□之地，勒石以誌，永垂不朽。

　　　　高現正、
　　二門　宗寒、
三院　頭門高宗夏、
　　三門　宗秋。

（碑存武陟縣文物保護管理所。王興亞）

黃大王廟重修碑

黃大王，國初偃師縣人也。生前事績彰彰可據，身後尤赫焉。謝大王宋金龍人，行四，宋亡，矢志不食無食，顯於明，而盛於我朝。是以大原村創建廟宇，始於康熙七年，至乾隆十四年補修。廟貌巍峨，神像輝煌。保金堤之永固，司水波之不揚，庇護生靈，永安無疆。迨年湮日遠，風吹雨漂，遂土崩瓦解，棟折裱飾。善士大[太]學生吳法士等，目睹惻然，意欲重修，而力不克勝，因勸捐貲以結之。衆士施貲，以勸盛事，悉出所願，曾無難色。功成告竣，遂列善士姓名，以誌不朽云。

---

[1]　標題係補加。

清嘉慶八年六月鐫刻。

(碑存武陟縣大原村。王興亞)

重修妙樂寺塔碑記

王乙鰲

　　古之言祭義者，必禁淫祀。曰："淫祀無福，惟有功於民，及禦災捍患，能為民福者，則有其舉之，莫敢廢焉。"妙樂墟鎮，古懷城之西南隅，高聳雲表，襟帶黃沁兩河。上有銅華，蓋以發天光。下有石甃井，以通地脈，蓋神泉之奧區，如來之行宮，亦邑之淵澤井泉也。故歷任道憲，邑有旱必禱，有禱輒應。金額朱扁，盈簷滿室，其靈昭昭矣。自嘉慶五年，黃水大溢，廟內水深數尺，頹垣殘瓦，見者心惻。粵丁卯歲，邑侯陳公，承久旱之後，來蒞茲土，虔心祈禱，澍雨隨車而降。公隆禮以答神貺，更發願而圖後效。迺自捐廉俸數百緡，諏日興工，又恐假手胥役，不敬其事，特命住持僧舉里中之耆老六人，監工脩理。復擇署中從事之樸實忠誠者婁姓，專董其役。勤垣墉，塗丹艧，寺外圍墻向係土築，卑可及肩，今悉易以新磚加高脩葺，而向之目為頹垣殘瓦者煥然一新。一切需用，工匠磚瓦之費，皆公平價值，民懽趨之，不匝月而大工告竣。外則四圍完固，內則金碧輝煌，此非崇淫祀也，為民祈福，計深遠也。由此而雨暘時若，民和年豐，豈止一方之賴，一時之利已哉！因勒諸貞珉，以示民不敢忘公云。

　　清嘉慶十二年。

(文見道光《武陟縣志》卷十九《古蹟》。席會芬)

七公築護城隄記

縣尹宋佩蘭

　　七公，號椿園，滿洲正藍旗人。由進士蒞武，性至仁慈，政治深得民心。乾隆二十六年，尋村沁河決口，水東流而下，城內均成澤國，民人勸公徙居城上，北頂高地。公曰："璽俱臨顛危，我何忍獨安？"誠之所感，水僅至署前而止。縣東安居之民，日以柴米酒食，扶雲梯而上，以供公，公受之，始以其食分布於城內饑民。繼自乘小舟，載以蒸食，散布於鄉邨不能舉火者，經十數日不輟。水稍平，卽詳請賑濟。又念武邑居南北黃沁之間，水患無定，不有以隄防之害將胡底，遂倡捐廉俸，里民亦咸為樂輸。始築於乾隆二十七年冬，工竣於乾隆二十八年秋。北至麒麟塚，南至先農壇，蜿蜒數百丈，圍繞如帶。士民感其德而勒之石，曰："七公隄"。所以其後虹橋決口，張村、尋村繼決，城內固無恙。卽至嘉慶五年，唐郭村黃河漫堰，水勢甚大，又遇風浪，洶湧衝突，隄幾破，而根本堅固，稍為鑲補，卒於無患。其遺澤不誠深且遠歟？城關紳民肖像，與永道憲王縣尹並祀焉。

嘉慶十四年。

（文見道光《武陟縣志》卷十五《建置志》。席會芬）

皇清賜進士出身山東鄒平縣知縣柴公諱偉觀暨配孫張孺人合塋墓碑[1]

【額題】碑記

丙午科舉人教諭銜管武陟縣訓導事年愚再姪姬焜頓首拜題。

  賜進士出身山東鄒平縣知縣柴公諱偉觀字泰瞻
皇清   合葬之墓
        孫
  勅封七品孺人   孺人
        張

   締 在文
曾孫吉 希天 輩仝立。
   鎮 敏
      萬明

嘉慶二十年歲次乙亥三月穀旦。

（碑存武陟縣文物保護管理所。王興亞）

皇清庠生柴公諱廷枚字輔承暨配宋孺人合塋墓碑

【額題】碑記

丙午科舉人教諭銜管武陟縣訓導事年愚再姪姬焜頓首拜題。

皇清庠生柴公諱廷枚字輔承暨配宋孺人合塋之墓

曾孫鎮敏、在文 輩仝立石。

嘉慶二十年歲次乙亥三月穀旦。

（碑存武陟縣文物保護管理所。王興亞）

卹贈武功將軍副將銜江南統轄河營參將盧將軍祠記

張協鼎

將軍姓盧氏，諱順江，南桃源人也。家素清貧，以行伍起家，垂三十年，官至參將。

---

[1] 該碑斷爲兩截。

其嘉言懿行，將軍家乘中自能詳之，茲不具載。載其死事顛末，俾勒貞珉，以勵天下之國爾忘身者。

嘉慶歲己卯八月，河溢馬營壩，將軍奉調來豫堵築，將所部弁兵掌理西壩七閱月，而膚迅奏，庚辰三月十三日，金門堵合，將軍猶督弁兵不避風雨，防禦尤密。越二日，距合龍處迤西十餘丈，忽見埽面蟄裂，將軍勇以為先，亟指麾進土料填塞，語未畢而身已下陷，頃刻滅頂。募死士撈救，卒不可得，揮涕填平。嗚呼！不料馬營大壩之西，即將軍埋骨之處也。大府憨其忠於所事，具以狀聞，詔加副將銜，賜蔭如陣亡例。協鼎承乏河朔，與將軍交最久，憨其忠，又恐日久年湮，至於無所考也。亟為據事詳陳於河帥張公、中丞姚公，請建祠於二鋪營陳公祠之旁，春秋歆祀，以慰忠魂。是為記。

嘉慶二十五年歲次庚辰九月。

署黃沁同知蘭儀河北兵備道彭城張協鼎撰文。

（文見陳善同、王榮揩《豫河續志》卷二十。王興亞）

謝氏先塋

謝氏先塋

道光三年歲次癸未新正拾玖日穀旦立。

（碑存武陟縣文物保護管理所。王興亞）

韓文公祠記

世傳甌越閩多淫祀。今淫祀處處有之。眂竭其力，以奉無名之土木。牲酒之奠，缺於家可也，缺於神不可，此陸龜蒙所為欷歔而不能禁也。若昌黎伯韓文公廟，則載在祀典矣。公河陽人也，崛起布衣，篤於文行，明道先生常贊為豪傑之士。至於廟在潮州，人敬之如父母，讀蘇子瞻碑記，其頌公功德，不誠奇麗之極乎？我朝崇文重道，乾隆年間，欽賜公後裔世襲五經博士，春秋遣官致祭，與二程夫子、邵夫子無以異，豈無名之土木所敢望歟。然公祀雖隆，而廟貌罕見，獨石荊村有之，至今不朽。詢其故，曰：其地有會首宋得卿、王玖接踵五年，藉所入以脩祠宇，功未畢而卿逝，其子佩蘭克纘之。玖年老，其子復龍共襄之。於是，廟貌重新，神像煥然，且創建祭庫一所。工竣，請記於余。余深喜公廟之猶存，迥非淫祀，且喜二子之善繼光大前猷，以視竭其力以奉無名之土木，其高下為何如，故樂為之記。

清道光三年。

（文見道光《武陟縣志》卷十九《古蹟》。席會芬）

重脩龍母廟碑記

方履籛

　　夫道析八極，智幬六合，燭遠炤微，撫雲霓而應樞者，圓首之聖也。籥氣元冥超象，儵忽處昧融鑒弼泰鴻，而司契者真宅之精也。若夫質毗於陽，德毗於陰，雲紲霧駿，鬼出電入，遰棲昆侖，上蹠蒼昊，約巨而張纖，穴幽而驚明，彌綸六虛之表，常羊九淵之圍，神化而不可測者，其惟應龍之靈乎。蓋其吐漱，蓊澍卷舒，江河時動，則澤普體替，則壤奠延福祉於興萌，昭禎瑞於康時，是以欽響薦潔，比於縣沈之典祠官序，秩冠於嶽瀆之奠，宮楹嚴閟，琯牲駢闐，兆庶奉其明馨，羣方畏其肸蠻，辰耀所主，莫與京矣。

　　龍母之廟，見於記載者皆在唐宋間。昔李衛公夜游，借宿華宅，有媼語之曰："此龍宮也。"二子行雨未歸，天符遽下，倩其代役，是知羽嘉之精爽擬乎！列真端溪之遺跡，同於華渚哀牢，神媼育翠鱗之九男。張氏仙媛孕元雲之三嗣金臺石室，豈獨瑤妃玉斗璇璣？不殊李姥掌水府之籙，含太一之英歷，禩所崇慈祐丕著。沁水之濱，舊有祠舍，未詳始建之年，椽欒雖敝，蘋蘩非匱，黃陵之祀，尚摩季漢之銘，赭山之麓。時肅湘君之駕，其地當武陟縣之城北，相隔重隄。道光三年季夏，虐霖不戢，洪濤駿漾，湠涌衝激，壁立十尋，防岸傾弛，墻危一堵，闤闠竚遷於鮫室，民人相驚以魚服。知縣大興王君榮陞去。蓋禬裳姝隩埋遏禱，縈請命，糜神不舉。土豚之用既竭，車牛之享莫應。狂波彌厲，陰霮翳空。耆士有言：龍母之靈者，君乃絕流以濟涓。幣告虔乞仁宥之宏，拯下土之泪，跽祝始竟退。視急湍，竹楗方下，回洑已安；長茭徐引，填淤自見。似萬騎之疾驅，注尾閭而不復，逝川恬若，羣黎懽踴，或謂神明之庇迅於激矢，令尹之誠格於幽祇也。君感矚靈，覆亟謀仰僉，非營傝巍峩之宇，曷足昭敬事之衷。與主簿福山王君文緒同舉贏羨，集材庀工，芝栭煥於堂，桂閣蔽於寢；庭以隆敞為華，殿以靚深為美；銑瓦櫛比綺綴，糾紛因胥徒之駿奔，督斤枲之速，究遂於日月。考此邃宮，清飆入戶，如聞帝女之笙；彩霞映檐，當進陽侯之舞。五色之雲駢，允涖九真之容衛森然，儵鮴胅沙，是云息壤元崔應節，乃集廊門。其將軍於芬燎，爰報功於蕙酹，既歆既驚，以奠以熙，穰穰來祐，即黃庭司命之居。浩浩馴流，過天姥神峯之下，豈如瓠子河津。惟聞噴沫交州丹淑，但識潛靈而已哉！盛烈聿彰，穹交未泐，履籛游寄，三川行逾，六稔河伯，下林未扣，懸藤之韻，嵩高廟貌，應知鬻畚之人。見夫甲滦之波，不揚黍禾之植，滋茂實閏嘉貺，俱賴神庥是用。輯黎元之頌聲，銘麗牲之貞，石宮亭舟側，繼雅詠於曹毗，龍川碑成，慚飛毫於宗懍。辭曰：

　　神抹穆懿，德叶乾陽。溟溠毓化，膠葛舒光。俯鑒於下，捍患召祥。粵有舊時，面沁之防。稽彼沁流，導自陘谷。乘崖傾瀾，捷若飛瀑。協洽秋淫，襄陵決麓。爭嚙危陧，砰訇危蹙。王尊為政，閎惠拊循。不沒三版，鵠立川垠。惻念災眚，責躬籲神。乃荷廣幬，驅束介鱗。噏納我生，登於漸洳。蔚蔚疆圻，芼警稚愉。曷云酬功，雲旐鳥旟。曷以致之，靈宅其茶。開陽木飛，班倕巧搆。工以心競，力因懽懋。脩梲翔鷺，繁橑炫繡。釦砌光凝，珠屏影糅。鴟脾桓胡，禺強蓐收。左幢右簡，鏘珮鳴璆。工女啓扉，羽童拂簜，朝濛頳霧，宵肅青飈。碧竿丹篋，蕭芳四舉。坎坎蹲蹲，晉歌且舞。精忱不忒，懷濡恩怙。巫歈致辭，惟神假汝。遊波寬緩，鏡清砥安。歲用順成，稽民樂騑。春漪栭闕，日耀松欂。瞻此福庭，以永億年。

道光三年。

（文見道光《武陟縣志》卷十九《古蹟志》。席會芬）

修建安昌書院碑記

知縣王榮陞

肇稽三古哲王宏訓，四術四教，六鄉六遂，講射絃誦，士有攸處，赤伏承敝，秩節未興皋乎？孝武辟雍既崇，迺命郡國咸立校官。厥後，雖時有污隆，而甄類匠物之化，罔不兢兢焉。然而碩德茂宰，修明風政，皆欲闢儒肆之楹，集皮弁之侶，澂敘秀髦瑩，錯顒陋如鮑昱任延之雅尚，虞溥范甯之敦勵，斯賢代嬗，著於惇史。蓋以博士所職，疏怠易滋，倚席不講，曳裾聘辨，賴典牧之長。時振新其耳目，勸誘而漸漬之，俾鳧藻者流有以自奮也。

書院之制，始於唐元和中，衡州李寬創立"石鼓書院"，宋初遂有四大書院之名。他如嵩陽、茅山，規仿日衆。其初，皆老師宿儒養徒授業之地，多處於名山巖穴之間，後有賢吏慕其餘風，通都劇郡，往往建置。張絳帟以橫經，羅青衿而鼓篋，所以補黌序之闕，別良逸之材，演迪文軌，莫駿乎此。聖清撫運時，泰道暢洸洸乎！澤宮之上，儀曲臺之，憲極卓蹤，百世不可得，而殫稱也。至於僻輙下邑，俎豆霤陳稷山之館，無閒於十室釋菜之祀，咸秩於二序。上庠待鎔，私塾薦贄，觿鰈川流，翰籍雲委，州郡之內有未備者，有司恥之。惟斯武陟在昔為懷州，雄於河朔之間，俊喆垂聲於前，英彥嗣烈於後。隋、唐以來，宏道者鮮，而樸讓知訓不墜於學，彬彬之美，順教而安。舊有覃懷書院，在城西北隅，前河北觀察合河康公基田之所創置也。其壤潴下，為潦侵逼。垣茨頹蝕，楷坫淪潰。側踵靡所，投笈莫遑。見者噓欷，積久益廢。觀察丹徒鄒公鬯先生，苞靈曜之純，儲金鉉之望。擢自秋曹來駐旌節，遏災宣滯，播仁導和，從寮不緩於銜䘖，柔庶仰竢於切劘。政成有暇，申延學徒，詢茲故實，憫彼荒弛，爰疇爰咨，期於改作。遂進邑宰，俾亟營度。榮陞實承嘉命，心怲色眙，逡循奔走，不敢卒怠。惟沁之北，丕得吉占畛修百尺，衺亦如之。近不麗於市廛，遠不障於皋陸。有卬燥閒敞之適，無陰陽復背之疑。選巨材，程土工，瓴甓必精，粲棁必端，以詔匠氏，勤而勿促。經始於道光四年二月，迄九旬而落成。其講堂五楹，書樓五楹，皆取覃懷書院之舊宇移建於此，故仍康公之名，曰"敬業堂藏書樓"。堂左右室各三楹，樓左右室亦各三楹，翼於樓之側者，東西院各五楹；翼於堂之側者，東西院各三楹。門廡有守，庖湢維具。

是役也，共費賞錢四千緡有奇。觀察舉謙俸，以任其三之二，而榮陛亦獲佐其一焉。丹雘既飾，迺敬復於觀察，更名之曰："安昌書院。"於是，耆耈紳紱之倫，莫不登降忻樂致頌乎！鴻藻握素懷鉛之士，莫不俯仰流連，爭先於著錄，僉相謂曰："去淖而奠居，舍腐而增美，使吾企進修之津，資礱栝之益。"觀察公之惠丕亶且篤，吾儕非砥礪就正，束修厥躬，孳孳於夙夜，曷足以副觀察公之志。榮陛載忻載起而應之曰："業之不勗，俗之不美，豈非余與賢士大夫之責哉？"迺聘禮碩德，校拔羣藝，立課誦之程，備贏糧之數，書之於版，以昭永矩。又復淬削元石勉竭，雕篆述文，化之繇興，識創修之歲月，俾夫後之君子有所矜式焉！

　　清道光四年五月。

（文見道光《武陟縣志》卷十五《建置志》。席會芬）

馬營村斷青戲碑記

　　蓋聞國以民爲本，民以食爲天。自嘉慶二十四年以來，我馬營村地被沙壓，所堪耕種者，十不過一。牛、羊又從而牧之，恐懼踏青壞田苗，爲此合村商議，各自處說演戲三台，以後永不許畜羊，亦不許牛、馬踐踏田苗。倘有持［恃］强不服者，合村按地攤錢，送官究處。空口難憑，勒石以誌。

　　計開：

　　倘有外村牛、羊、驢、馬擅入境內牧放，趕之者得錢一半，下餘入會。惟除過路行客馬、牛、羊不罰。馬一匹，罰錢捌佰文。牛一具，罰錢肆佰文。驢一頭，罰錢肆佰文。羊一隻，罰錢壹佰文。

　　合村仝立。

　　大清道光柒年十月吉旦。

　　石匠秦大來、何祿。

（碑存武陟縣二鋪營鄉馬營村。王興亞）

創修祠堂碑記

　　【額題】世澤流長

　　儒學廩膳生員苗彥海沐手敬題。

　　人本乎祖，祖固不可忘也。然人有飲食以充口，禮而祖於時無所享，可乎？□□□□以風雨，而祖之神無所棲，可乎？且祖之神既無所棲，而即欲乎四時□孝享，將於何□而可乎？此祠堂之所由宜建也。

　　我李氏自洪洞遷居以來，肆伯餘年，未及立祠。至十二世□□安本與族衆論及時祭曰："祠堂不建，何以安先祖，而伸孝享乎？"慨然以□建為己任。因於嘉慶貳年，創立祠堂三間，惜功未完全，捐館而逝。庶後合族共舉□為□□□□視力薄，恐不克成功，然建祠敬祖，又不能力辭其責。因誠惶誠恐，自愧□□。夫興大功者，必賴多財。我祠堂會素無積餘，僅有墳上梨樹百株，構□壹圓出產若干耳。連年積糶。如□以集事。於是，因所得，以修造棟楹榱桷，咸庀材以構之磚瓦，垣牆□□工以理之，門屋階級，無不整飭，以曲成之，盡心竭力，幾廢寢處，閱叁拾餘春，至道光拾年而功始告竣。□爰演余□祖勒碑以誌顛末。然余敢自以為功哉。庶幾我後之人，觀斯堂而動箕□之感，□全期以深亦露之思，無忘所本焉云爾。

皇清道光拾年歲次庚寅拾壹月□□□日冬至□□。

□事人十二世□□□立石。

（碑存武陟縣文物保護管理所。王興亞）

三官廟碑記

舞樓前統鋪磚地。

善士宋景楊施財。

監工宋濬。

會首李鴻聲、張靖瀾、賀福均、王聘三、李發榮、邢月照、劉鳳山、蔣天秀、閻俊儒、邢三德。

住持何本立仝刊石。

道光二十三年八月穀旦。

（碑存武陟縣文物保護管理所。王興亞）

重新三官廟碑記

【額題】流芳

三官廟，不知創自何時，重修者屢矣。今又為風雨催剝，宜更新之。奈資財無出，莫可如何。村中齊鳳年、韓自修、秦萬林此三人，素有善念，同心整理，殿簷鐘樓，一切彩繪，楹柱門闕，俱極丹輝。殿東側火帝廟有神七尊，亦復不惜工匠，如法金粧。以是廟貌一新，稱勝觀焉。第念村無富人，捐施良艱。而三人百計圖維，於各會多年之餘項，設法勸討，漸次收用。凡三閱月而其事以成。工竣之日，余嘉三人之心甚善而誠也，故因其請而為之序。

收馬夫會仒七宗，一十一千四百七十五文。收白衣會仒兩宗，共一千一百一十九文。收火神會仒三宗，共一千七百五十六文。收天地會仒三千六百二十九文，永□會仒四千文。

齊鳳年施仌六百七十文，趙元芝施仌三百文，韓自修施仌式百文，秦萬林施式百文，晉大本施仌式百文，趙大喜施仌一百五十文，許文奇施仌一百八十文，趙万學施仌一百文，李鳴九施仌五十文，晉永安施仌五十文，晉永合施仌三十文，趙元業施沒粮地四畝。

共收仌二十四千三百零九文，共化仌二十四千六百七十八文，除收淨長化仌三百六十九文。

庠生許入官撰文。

庠生許邦傑書丹。

住持王元海。

石匠陳芳。

畫師晉大本。

工匠齊九儒立。

皇清道光二十四年三月十四日。

（碑存武陟縣文物保護管理所。王興亞）

重修舞陽侯廟碑記

【額題】流芳百世

從來創修廟宇，人知初創之難，而不知重修亦非易。我村北舊有舞陽侯殿三楹，基在火神殿之西。前人大夏雒先生者誌之最詳。自嘉慶三年，殿圮於水。厥後，廟貌漸以不振矣。過其間者，莫不欷歔悲歎，而念重修之難也。有雒君成合者，善於經理，取□□□□□□□□□□□□□□□□□□□至數十年，共計得錢伯餘千。今歲春，糾合三村衆會首欲建重修也。議莫不悅從。由是購買良材，擇期興工。時未幾，而廟院維新矣。於以知舞陽侯殿之得以重修，皆雒君之力也。是為序。

郡庠生興隆岡何最之撰並書。

總理會首北郭村雒成合。

監工會首北郭村雒萬章、雒煥文、雒復耀、雒俊儒、雒克溫、荊□芳。豐泰莊李永耀、王廷雷、和萬春、趙永康、李振京。興隆岡楊青、張學舜、雒□先、馮洪然、郭步鰲、李鳴瑞。

木作雒龍光。

泥水雒穎。

鐵筆雒成□。

皇清道光貳拾肆年歲次申辰小陽月中澣穀旦立石。

（碑存武陟縣文物保護管理所。王興亞）

邑庠生原公翔千墓誌銘[1]

　　余友原公翔千，篤實人也。今夏五月，倏聞溘逝，為慘然久之。其孤平東葬有日矣，屬銘其墓。予稔公，不敢辭。

　　按：公諱隨鳳，翔千其字，世居武陟駕部村。考文會，以義行聞鄉黨，世所稱道明先生者也。道明先生晚生三子，公其長，素聞家訓，醇樸有至性，與二弟友愛甚篤，好讀書，顧不喜為時文，雖補博士弟子，非其好也。公頗有田窶，值水旱相仍，遂貧甚。自奉儉約，衣食□□，人所不堪，而公處之晏如。□□自給，遇親故乏絕，或婚喪不□□，雖周之無吝色。人或筆之不顧也。□道明先生忍讓遺訓，終身不敢失。人侵其田，弟或欲清丈，則以遺訓戒之，且教之曰：聖賢所謂克己，所謂強恕，所謂喻義，約而言之，不過善喫虧而已。無慮困苦，自古好人皆從此中修成，打不破此關，□□□□問矣。生平沈浸於宋□子書，□□有《祠錄》二卷、《福善福淫圖》、《癸卯水災》、《記醫雜說》、《續原道》。其卒也，聞者知與不知皆哀。距生於嘉慶九年九月，年僅四十有五。惜哉！配馬，子一，平東，業儒。女三，孫一。以為謹為之銘曰：

　　公貌癡愚，公行信義。芝蘭親賢，蛇蠍惡利。

　　胡不永年，以垂後嗣。我銘其幽，貞石永記。

　　賜進士出身前太常寺少卿河內李棠階撰文並書丹。

　　道光二十九年。

（碑存武陟縣文物保護管理所。王興亞）

晉侍中吏部尚書山公墓碑

　　知武陟縣事漢川龍待建亭
　　晉侍中吏部尚書山公墓
　　知武陟縣事麻城毛驗立石。

（碑存武陟縣文物保護管理所。王興亞）

重修山公祠規例碑

【額題】典則常昭

　　晉山公濤，字巨源，封新沓伯，諡曰康。河內懷人也。事業載在史乘。祠墓坐落縣西

---

[1]　此誌已碎成三塊，字跡尚清楚可認。

二十里小虹橋村，創建不知何代。前明宏治七年，奉文重修。其時，府尊出庫金八十兩。縣主鮑公克敏、郭公良各出金五十兩，協同城官員暨本村紳耆，皆出金助修。每歲春秋上戊，奉旨致祭。嘉靖五年，縣主毛公驗建立神道碑。至國朝康熙四十年，縣主龍公待建立碑亭，奉文遵依明制典禮辦理。康熙四十年，因廟貌傾圮，府尊劉公維世捐廉八十兩，縣主劉公廷用捐廉五十兩，率勸同城官員及該村王太史化鶴、郭孝廉大受、王孝廉睿等，出金重修。康熙五十一年，劉公又書懸匾對。因二月初二日係公誕日，官為送戲，春秋二祭，一遵定例。至乾隆中年，因大虹橋沁水決口，祭戲遂廢。嘉慶五年，縣主業公龍官釐正祀典，祭儀全復。道光五年，縣主王公榮陞，詣廟致祭。又將誕戲補復，迄今未改。每歲年終，縣主奉文查考祠墓，恐致損壞。自康熙四十年重修以來，至今又百四十餘年矣。風雨飄飄，廟貌復頹，兩社紳耆具稟道憲府縣。道憲長大人臻捐廉八十兩，書懸匾額一面，對聯一付。府尊龔公瑞穀捐廉八十兩，余公炳燾捐廉五十兩，縣主許公賡謨捐廉五十兩，並書懸匾額一面。道憲又面諭縣主，飭令加函，代啟五廳，捐廉助修。於是，北河廳孫公□良捐廉五十兩，祥河廳周公樹衡捐廉五十兩，曹考廳陸公嶫捐廉三十兩，黃沁廳王公緒崑捐廉三十兩。此外，懷慶府經歷張公文耀捐廉十兩，武陟縣縣丞姚公元壽捐錢十千，儒學教諭張公敏政、訓導王公懋德共捐錢八千，典史于公湘捐錢六千，黃沁□府時公逢午捐錢八千，城守營任公榜元捐錢二千，武榮把總黃公文成捐錢二千，唐郭汛分防楊公立中捐錢一千五百文，蓮花池分防宋公守業捐錢一千文。至於遠近好善好義之士所捐輸者，勒於碑陰，以並垂不朽云。

　　附記：縣主代函敬啟者，頃奉本道憲諭：□邑舊有山吏部祠，山公為晉代名賢，載在史乘，今陵廟傾圮，該首事等，鳩工重建，惟是工程浩大，經費無資，不能不□眾擎，以助其成。余道憲與本府及□處酌量捐廉外，飭令加函給該首事職員王□□、生員常麗天，特叩台墀，務祈鶴俸宏施□□□□□□□□□□□□有所憑依，行祀事於崇朝，咸謀敬仰矣。肅函代請，敬頌丹祺，統祈荃鑒不□。許賡謨謹啟。

　　　　　　　　　　龔瑞穀、
欽命河南分守河北兵備道長臻　　懷慶府知府，即用同知知武陟縣事許賡謨、典史于
　　　　　　　　　　余炳壽，

　　　　　　　東
湘，率小虹橋　　兩社首事仝立石。
　　　　　　　西

大清咸豐元年歲次辛亥十月之吉日刊。

（碑存武陟縣文物保護管理所。王興亞）

重修山公祠記

【額題】山高水長

　　武陟城西小虹橋村，晉新沓伯司徒侍中山公巨源故里也。里故有祠，不詳所始。我朝康熙四十年，懷慶太守劉公維世、武陟縣主劉公廷用，倡捐重修，載在祀典，春秋饗食維謹。今百餘年矣。風雨剝蝕，廟貌頹然。道光三十年，里東西兩社士民等，慮無以妥神靈，而起鄉人之嚮慕也。謀所以修葺之。既成，屬予為記。

　　考晉賢公少有器量，介然不羣。當與嵇、阮為竹林遊，有高世之志。年四十始仕州郡，清操遠鑒。晉武帝雅知之，受禪後，寵眷自隆。歷官稱職，而深懷退讓。每進秩，輒懇懇固辭，不得已而後視事，爵同千乘，室無妾媵，所得祿賜，盡散親族，視富貴泊如也。前後領選事十餘年，甄拔人物，各當其才，時人稱之。

　　吳之初平也，武帝令天下州郡皆去兵，公獨論以為不可無武備。晚值后黨專權，公時時諷諫，以為不可專任楊氏。深慮遠識，有先幾之哲。其尤不可及者，公遭母喪，爵位已崇，年逾六十，古人不毀之年也。乃居喪過禮，躬負土成墳，手植松栢，慎終如此，色養可知，非至性纏綿固結而不可解，何以能此？由是知公之雅操碩德，彪炳一時，而俎豆千秋者，精神之不可沒，殆皆孝思不匱之一念有以致之，非苟然也。後之生斯土、入斯祠者，考其行事，慨慕流連不忍去，則幸勿徒羨其富貴之崇高，而深致力於事親。從兄之間，以勿為山公之所棄，則關於世道人心者，豈小乎哉！

　　斯役也，經始於道光三十年之二月，落成於咸豐元年之十月。至其助捐各姓氏，詳載碑陰，俾後之人有所考焉。

　　賜進士出身前太常寺少卿河內李棠階謹撰並書丹。

　　皇清咸豐元年歲次辛亥冬十月吉日立石。

（碑存武陟縣文物保護管理所。王興亞）

重修玄帝廟碑記

【額題】重修

　　玄帝廟在西滑封村北舊矣，年久頹剝。余謀於衆曰：此廟不修，無以繼前食禮，□□□□，踴躍捐貲，俾余董事重修。余更擇尤人佐工，始無［於］三□□月癸未，□二年正月丙寅，鳩工庀材，革故鼎新，像以金莊［妝］，壁施彩繪，用財柒拾餘緡，瓦五百餘，□□□□有奇。□□□余以□輪之勤，襄役之勞，不可沒也。爰敘而鐫諸石。

　　總理會首程光平撰文，並捐亻貳仟文。

　　督工會首王信法書丹，並捐亻貳拾三仟文。

督工會首進修捐∧二仟文，萬全捐∧六百文，王進堂捐∧四百文，王世林捐∧六百文，萬金捐∧陸仟文，萬合捐∧二仟文，王年國捐∧三千文，王□□捐∧二千三百文，程光太捐∧二千四百文，王國竒捐∧二千文，王國玉捐∧二千文，王興□捐∧二千文，王延鳳捐∧一千六百文，王進臣捐∧一千二百文，王興□捐∧一千二百文，王萬清捐∧一千文，王世舉捐∧一千文，太康縣王興曉捐∧四百文，王萬□∧八百文。王萬生∧六百文，王萬松∧六百文，王萬□∧六百文，王興鳳∧六百文，王國順∧六百文，王國保∧六百文，王清□∧四百文，王萬義∧四百文，王萬成∧四百文，王萬興∧四百文，王萬遠∧四百文，王萬太∧四百文，李士倡∧四百文，王萬書∧四百文，王萬正∧四百文、王長和∧四百文，王萬林∧三百文，王國通∧三百文，王進容∧二百文，王進善∧二百文，王進誠∧二百文。

王□□∧二百文，王□□∧二百文，王□□∧二百文，王□□∧二百文，王□□∧二百文，王□□∧二百文，王□□∧二百文，王□□∧二百文，王□□∧二百文，王□□∧二百文。[1]

塑匠梁士超。

鐵筆王占科。

皇清咸豐二年歲次壬子正月十五日立。

（碑存武陟縣文物保護管理所。王興亞）

重修三院廟碑記 [2]

嘗聞古聖賢之敬祖也，而廟堂建焉。奉祀也，而拜殿作焉。殿宇之由來久矣。初余三院廟已作，閣已立，雖屬尊祖敬宗之舉，然廟前缺一拜殿，其何以陳俎豆，而榮光祖考哉！是故余之院謀修拜殿，復出墳樹數株，以備作資。而東塋會亦承斯舉，遂獻錢文捌千，以勸工用。此我祖廟前拜殿所由基也，故丹其楹，刻其桷，祖宗遂安在天之靈，則殿宇輝煌，而子孫永世克孝矣。今工甫告竣，遂將執事人等勒石為誌，以永垂不朽云。

族長諱極字全天，副族長楣　敬宗。

三院門長椿、天良、永寧、鵬飛。

塋會門長鳳歧、普施。

大清咸豐三年歲次癸丑孟夏吉旦。

（碑存武陟縣文物保護管理所。王興亞）

---

[1]　以下六名王□□錢各二百文，十二名王□□錢各一百文。

[2]　標題係補加。

重修湯王廟菩薩堂碑記

【額題】碑記

廟貌也陋且缺，神弗安也。修而補之固宜。然修補于豐裕之時猶易，修補於荒旱之後甚難。甚難而克有成，非好善者不能。吾村舊有湯王廟、菩薩堂兩所，修補者屢矣。至道光二十九年，甫過凶荒，剝落尤甚。人咸難之。耆紳劉世魁慨然身任其事，以為欲興大工，先節浮費，延請會首，停戲二臺，以蓄貲財，籌辦既妥，即親率人衆先修堂，次修廟，幾一年而後成。又念廟與堂中神像傾倒，丹青寡色，非再積錢不可，於是，又停戲一臺，然後金粧黝堊，煥然一新。繼修禪房兩間，院牆四十餘丈，錢文不足，將已貲捐出三千六百文。蓋自開工以來，無事不理，無役不親，晝夜不懈。越三年於茲矣，乃工甫告竣，而公之天年已終。村人覩陋者新，缺者補，堂與廟之神俱獲其安。羣思公之德於勿衰，於是，公議勒諸貞珉，以垂不朽云。

郡庠廩生劉用實撰文。

郡庠增生劉孫志書丹。

石工抄鵬程刻石。

大清咸豐四年歲次甲寅三月穀旦合村仝立。

（碑存武陟縣文物保護管理所。王興亞）

重修白衣菩薩堂碑記

去歲冬，予歸自河朔書院，道經於此。見有運□精磚石，往來不絕，□功者蓋甚衆焉。予愒而詢之。僉曰："此地舊有白菩薩堂，而貌雖傾，碑記尚存。"信士張公諱□□□人，邀集村衆，共議重修，意在必成。而後□□其社□□□□心窃難之。及今予□□自河朔書院，見其煥然一新，百廢復興焉。回憶疇昔，人皆益信有志竟成，而□□事之大可為也。□舉筆而為之誌云。

懷慶府學廩膳生員樞撰文。

謹將施財善人開列於後：

□□施仝二百文，張永有施仝二千文，張永忠施仝百文，□文成施仝四百文，□□奎施仝六百文，張永成施仝二百文，張溫西施仝二百文。邢珸岩、貢生邢珸星、邢珸倫、從九邢慶元、武舉邢占科、邢占麟、邢福成、邢珸海、職員邢珸崇、廩生邢相文、邢樹奎，共施仝四千文。張□廉施仝一百文，張□□施仝一百文，余金□施仝一百文，周萬施仝八百文，張聚□施仝四百文，張□施仝二百文，張□朝施仝四百文，張□□施仝百文。田玉□施仝二百文，田玉明施仝二百文，□□□施仝二百文，□□□施仝二百文，張□鳳施仝二百文，張□□施仒二百文。

會首張振隆施仒五百文，張永炎施仒四百文，張□成施仒八百文，□□奎施仒四百文，張永德施仒百文。

大清同治五年歲次丙寅穀旦。

（碑存武陟縣文物保護管理所。王興亞）

皇清誥封朝議大夫從九品議敍布政司理問勝庵范君（鍾英）墓誌銘

【蓋文】

勝庵范君墓誌

【誌文】

皇清誥封朝議大夫從九品議敍布政司理問勝庵范君墓誌銘

修武范君勝庵考終於同治之八年。其孤榮光自陝右聞訃，歸而挾狀乞余為銘。榮光，余主講甯城時，君命其從余游者也。君生平行誼，惟余知為悉，何容以不文辭。謹按狀：君諱鍾英，字逾萬，勝庵號也。先世由山西洪洞遷修，居城之西門內。君初捐從九品，以襄辦城工有功，議敍布政司理問。榮光貴，誥封朝議大夫。君曾祖諱廷璋，縣庠生。祖諱翊。父諱師聖，貤贈朝議大夫。俱有隱德。妣張，旌表節孝，貤贈恭人。君週歲失怙，鍾愛於叔父友夏公。友夏公病篤，謂君曰：汝叔母方震。男也，則吾祀不絕矣。女也，汝其兼承吾後。後果生女，遂如友夏公命。君生有至性。不及事父，事祖父母益謹。生養死葬皆如禮。張太恭人苦志守節，君左右就養，務得其歡心。待姊妹恩義交盡，周乏恤困，初終無間。宗祠將圮，合族謀出資重修。君督工，一木一石必歸完整。嘗自憾讀書未能卒業，課榮光愈嚴，稍懈即呵責之。榮光登拔萃科，朝考以知縣用，分發陝右。瀕行，君戒曰：陝西自土匪倡亂，累年用兵，事未有不棘手者。慎勿避險就夷，萌苟安意。且州縣為親民之吏，惟不失寒士本色，方能下洽輿情。汝其勉之。及榮光署洋縣。又戒曰：洋邑兵燹之餘，瘡痍未復，務以安撫綏輯為本。堅守牧圉，與民休息，是吾所望於汝也。凡致書數十次，無他言。以故榮光治洋五載，政聲在人口，藉藉不衰，皆君教也。方范氏之修宗祠也，君分司其事。嗣宗人以君公正，推為族長。君辭以老。然事涉毗睚，皆取決於君。君反覆譬喻，必兩得其平，不使滋訟，衆皆悅服。先世鳩木工鸞槻，負債者多不償，君焚其券。傭人盜君物，君佯不知，移日以他故遣去。佃戶某送竊者於官。君恐羈累，為營救，得釋。其人感君德，卒不為非。蓋君之陰行善事，大率類此。余嘗論士君子移風易俗，不必藉於名位。東漢管幼安、王彥方諸人所至之地，薰其德而善良者，不可勝紀。蓋積誠有以感之也。若君者何多讓焉。

君生於乾隆五十八年十二月二十九日，卒於同治八年五月二十七日，壽七十七歲。原配姜，同邑庠生諱碩公女。勤織紡，躬井臼，佐君奉繼祖姑及姑，孝敬備至。人皆賢之。

生於乾隆六十年六月二十七日，先君卒二十一年，享年四十有六。誥贈恭人。繼配趙，誥封恭人。為兼承友夏公祀，又娶李。子一，榮光，知府銜，賞戴花翎，署陝西洋縣知縣，補岐山縣知縣，即補直隸州知州，咸豐辛酉拔貢。女一，適王。孫二：乃虞、乃功。女孫一，適陶。曾孫一，西安。今將於同治九年十月二十八日葬君於祖塋之次。謹撮其要而為之銘曰：

良玉在璞，不磨而光。幽蘭在谷，不採而香。惟君之心，斂抑退藏。惟君之德，化及於鄉。豈惟其鄉，並及遐方。貽子以穀，代播其芳。嵇山蒼蒼，丹水洋洋。我銘君墓，終焉允臧。

賜進士出身前湖北襄陽縣知縣愚弟武陟毛鴻順頓首拜撰。

賜進士出身吏部主事文選司兼稽勳司行走愚侄武陟周信之頓首拜書。

翟元善刻石。

（拓片藏河南省文物考古研究所。李秀萍）

邑侯駱公捐免山公祭田糧差記

【額題】碑記

從來惟賢者能尊賢，惟善者能樂善，不以年湮而少阻，不以代遠而或移。此聲應氣求之定理，而並非矯強於其間者也。晉新沓唐伯山公啟事流芳，銓衡著美，卓識宏猷，彪炳史冊，其足以動百世仰止之思者，固不僅為七賢之領袖一代之弁冕已也。祠墓坐落本村，歷年春秋上戊，牧茲土者，例以羊豕鼓樂致祭。然因公務殷繁，恒以少尉攝行，今春祭期，賢邑侯駱公躬臨於茲，周覽冢墓，巡視祠宇，載咨載詢，指示多方，越數日，復延東西兩社紳耆至署，闡揚山公之勳猷，而殷殷以祭田缺如為憾。村中士庶感公之意，因公議捐，置祭田四十七畝零，呈稟於公，蒙公蠲免徭役，捐辦糧漕，而以此田應征之課，施入祠中，為山公香火之資，詳明撫憲錢大人，並令該房註冊立案，以垂永久。復捐清俸，為公樹表墓之碑，改建祠前後門，使合體制。噫！公之尊賢樂善，豈貌為豪舉者所能希其萬一哉！方公之由臨漳而蒞茲邑也，未經接篆之先，即微行境內，潛訪民間利弊，凡各村之風俗樸漓，人情良莠，無不了了於胸，以故綰篆以來，興利剔弊，懲莠安良，幫築隄埧，加鑲埽壩，約束吏役，節減差徭，保障偕蘭絲並懋催科，與撫字同殷，善政仁施指不勝屈。而尤善禮名賢，至不惜捐其鶴俸，匡此鴻模，非所謂聲應氣求，並無矯強於其間者哉！自有公之此舉，則名賢之享祀愈著，寅恭盛世之激揚，益昭甲令，而公之令譽芳徽，亦與山公而並永千古矣。

戊午科舉人揀選知縣村人王清植薰沐謹撰。

邑庠生王恂之沐手書丹。

小虹橋首事王清植、王清祺、常太戊、常麗天、王清才、郭永芳、王謙之、王三甲、常允中、吳元魁。

地方王治世、楊繼元。

鐵筆陳國瑞。

大清同治十二年歲次癸酉季春吉日立石。

（碑存武陟縣文物保護管理所。王興亞）

張氏三門重修祠堂捐資碑記

【額題】碑記

　　書同捐仐五十五千文，英明捐仐三十千文，書山捐仐十六千文，九重捐仐十四千文，連堂捐仐十四千文，文奇捐仐八千文，書田捐仐六千文，書紳捐仐六千文，守身捐仐四千文，守典捐仐四千文，九奇捐仐三千二百文，書麟捐仐二千四百文，生元捐仐二千四百文，書文捐仐二千四百文，步德捐仐二千文，青梅捐仐二千文，來富捐仐二千文，興仁捐仐二千文，九傑捐仐二千文，履福捐仐二千文，敬業捐仐二千文，書簡捐仐一千六百文，綜捐仐一千六百文，書勳捐仐一千六百文中，文治捐仐一千文，咸元捐仐八百文，興才捐仐八百文，元奇捐仐八百文，書言捐仐八百文，締捐仐八百文，履清捐仐八百文，敬同捐仐八百文，懷玉捐仐八百文，守祿捐仐八百文，九全捐仐八百文，書元捐仐八百文，敬仲捐仐八百文，書勳捐仐八百文，文瑞捐仐四百文，金升捐仐四百文，書著捐仐四百文，保林捐仐四百文，履義捐仐四百文，保貴捐仐四百文，書明捐仐四百文，元順捐仐四百文，元祥捐仐四百文，元貞捐仐四百文，殿傑捐仐四百文，金雲捐仐四百文，劉氏捐仐四百文，喜明捐仐四百文，雷升捐仐四百文，懷文捐仐四百文，奎明捐仐四百文，法林捐仐四百文，太和捐仐四百文，連陞捐仐四百文，履祥捐仐四百文，興瑞捐仐四百文，文喜捐仐四百文，書瑞捐仐四百文，絢捐仐四百文，自立捐仐四百文，自瑞捐仐四百文，書籍捐仐四百文，明堂捐仐四百文，緒捐仐四百文，自福捐仐四百文，元太捐仐四百文，明唐捐仐四百文，九緯捐仐四百文，清山捐仐四百文，雲升捐仐四百文，興文捐仐四百文，霧升捐仐四百文，步蘭捐仐四百文，竹溪捐仐四百文，喜華捐仐四百文。維捐仐四百文，九敘捐仐二百文，九韶捐仐二百文。長門捐貲地畝錢六十六千七百六十八文，次門捐貲地畝仐二百三十四千五百三十六文，三門捐貲地畝仐三百四十六千六百三十四文，收老塋會仐四十七千文，收次門地課仐四千五百文。以上通共收仐六百九十九千四百三十八文，共化費支仐六百九十九千文。三門共地二十四頃五十畝，每三畝地出一人工。

　　自立石之後，凡祠堂與老塋地畝，樹木出產，只宜祠堂興工公用，不許三門私自分用。

　　十一代孫綏書丹。

　　裔孫首事從九品英明、青梅、奎文閣書山。

　　襄事人步德、五品軍功書田、文治、來富、六品軍功書同、奎文閣敬止、敬同、生元、九杰、九重、守典、連堂。

大清光緒十三年歲次丁亥十月朔立石。

(碑存武陟縣文物保護管理所。王興亞)

欽加二品銜署理河南河北彰衛懷兵備道事合肥衛公去思碑頌

王輅撰文。

光緒十五年十二月，合肥衛公署理河南河北彰衛懷兵備道事。既涖任，凡官吏之賢否、政治之得失、民生之休戚、士習之純淳，無不詳詢博考，洞然無疑。一切善政次第施行，固已官修其職，民服其化矣。乃次年庚寅五月，大雨兼旬，沁河陡發異漲，爲數十年來所未經。武陟木欒店爲沁水西來南折之衝，一切舊埽漂沒無餘，數百年老堤刷塌二百餘丈，僅餘新幫堤數尺，沙土虛鬆，餘未可恃。潰決之患，已在目前。鎮民男號女哭，紛紛逃散。縉紳商賈悉僑寓南北堤上。公遂乘舟渡河，親駐河幹，督率紳民，悉力抵禦。將舊存碑石盡行拋入堤根，以捍攻衝，精誠所感，明神隆鑒，遂使數尺危堤克保無虞。是鎮民數萬得以生死而肉骨者，公之恩也。鎮東數百村落得免漂沒之患者，公之力也。獲嘉、新鄉迤東，衛河不致爲泥沙淤壅者，公之功也。漲水既退，遂即更築新堤，務使土厚工堅，足資捍禦；遂即連作埽段，加築石壩，並屯貯土石、稭料，以備不虞，務令此段要工永遠無患。蓋公愛民如子，所以保護之方，無微不至有如此者。昔明代萬歷年間，沁河決木欒店蓮花池，倒引黃河東北入海。山東、直隸被害甚酷，治之十餘年而後定。使當時有能捍大患如公者，何至爲害若斯哉。然則，公之功可以永垂不朽矣。公因署事期滿，行將移旆汴垣。鎮民感恩探重，愧無以報，共謀伐石樹碑，紀公偉績。輅世居木欒店，因身受其恩者，謹拜手稽首而獻頌曰：

於皇聖代多賢良，千以任之奠四方。公束河北作保障，福我民兮惠無疆。羊頭山水恣汪洋，勢若建瓴下太行。西來南折抵此鄉，漂沒埽段壞堤防。僅餘新堤如危牆，衝激之勢已難當。男號女哭奔走忙，公遽親臨挽瀾狂。督率紳民奮激昂，拋磚沈石禦撞搪。精誠感格神降康，馮夷斂迹蛟螭藏。危堤數尺竟如常，漲水已退慮彌長。更築新堤堅且強，作埽築壩計審詳。多儲預備謀何藏，萬民戴德矢不忘。勿聞移旆共失望，挽留無計屢商量。伐石樹碑偉績彰，頌公明德薦馨香，祝公壽考如陵崗。

清光緒十六年河南武陟木欒店民衆立石。

(碑存武陟縣文物保護管理所。王興亞)

創建石壩記碑

武陟縣創修趙庄、駕部黃河石工，□□□□□□□□□□□□衡直隸州用前署理陽武縣事教習知□□□劉宗蔭書。武陟南濱□河，河北岸有堤，自縣境□□□□□

□□□□□□□孟、溫迤西來。傍河村□□嶺而處，越數百季，皆恃此嶺以爲固。近年河趨廣武山下，至孤柏嘴，一激疾折而北，直趨嶺下。嶺若趙庄，若西岩東岩以及駕部、西唐郭、王□之□於河者億萬畝，房廬亦漸傾圮。余以光緒十七年冬，來臨是邑，目見情形，心以爲憂，籌防無策。越歲壬辰，連舉大漲，水溢北趨。駕部寨□垣已圮，紳庶羣□呼□來衙。余起而告曰："今國家多事，庫款支絀，非有大工作，不敢上厪君父之憂。然事急矣，當爲吾民請命。"紳庶又曰：非徒吾民切膚之災也。嶺北距沁十里餘，地勢庫下，嶺側□□□沁入□而□□且矣，乃登□覽形勢，繪圖貼說、飛□上陳。大府命鄜□龎道判黃君殿中、前武陟教諭李君筆端，偕來余周歷勘估。遂蒙□經浙江巡撫□、布政使廖公、布政使按察使□、署布政使開歸陳許道□公、署河北道董公、新授河北道岑公，詳請河督許公、撫部裕，會銜入告。得請□□□□□□□□□其役。於是，鑿山採石，畚鍤雲集。余以時至工所，則見二君往來河干，不避寒暑，手胼足胝，□□勞瘁。疊更盛汛勢猛，險如□□□□□□秋，八月之久，共成大壩十道，石壩四十五處，鱗次節比，位置得適，固如磐石。壩基一定，沙隨水去，工成民安，若有神助焉。寨內舊建□□勤公祠堂，工竣之日，宰牲享神，民欣喜相告。且四寨外河灘相傳有栗公磚壩數座，自此壩廢而河溜北徙。今□慶此保障，吾民幸甚。余心慨然曰：嗟呼！人事之成，有天助焉。孟子曰："雖有智慧，不如乘勢，雖有□基，不如待□。"此皆我大府諸公厪念民瘼，吾□得籍手以告成功。用□用□□相對鉅感，謂余人之智不出古人下歟！二公不欲專其美，而推創始于余，並囑爲記。余仰瞻祠宇，敬答神佑，於是，記工成顛末，並刊書有事於此工者銜名於後，勒廟左，以俟後之能□此。

　　清光緒二十二年武陟知縣孫叔康撰文立石。

（碑存武陟縣文物保護管理所。王興亞）

地畝碑記

　　巨闕平兩號地一契。一段共壹百捌拾弓寬，東至黃鳳龍，西至路，北至王占百，南至河。三拾貳弓寬，東至白龍王廟村會地，西至周黑，北至劉順興，南至河。

　　白龍王廟村三官廟地貳拾零柒弓寬。

　　程懷仁地兩段共貳拾三弓寬。

　　劉順興地捌弓寬。

　　劉蘭芝地貳拾肆弓寬，又地肆弓寬。

（碑存武陟縣嘉應觀。王景荃）

嘉應觀重定新租章程並地畝坐落畝數碑

光緒二十六年立。

【額題】流芳百代

謹將壬寅年重定新租章程並地畝坐落畝數開列於後。

計開：

地畝坐落河內縣境內柳莊，其糧坐落清下山圖五甲户名嘉應觀，原存地畝共八頃九十一畝一分八厘五毫一絲七忽。內除莊院河路地二十一畝八分一厘九毫一絲七忽，實在得種地八頃六十九畝三分六厘六毫。

道光二年經前撫部院姚因畝內清苦，養贍不足，飭令懷慶府轉令河內縣詳細復量，實在地九頃三畝六分三厘五毫一絲七忽，較比原存地多出十二畝四分五厘。

光緒二十六年又經前河督部院任飭令前本管道岑、前本府江復量，與道光二年畝數相符，內除莊院河路地二十一畝八分一厘九毫一絲七忽，又除荒蕪地二十七畝零七厘。

新定地畝分上中下三等，納粟糧內分：

上地一頃七十畝零九分五厘一毫四絲，所收麥籽每倉石作足大錢二千六百文；穀豆每倉石均作足大錢一千八百文。

中地三頃二十四畝八分四厘一毫二絲五忽，所收麥籽每倉石作足大錢二千四百五十文；穀豆每倉石均作足大錢一千六百五十文。

下地三頃五十八畝九分五厘三毫三絲五忽，所收麥籽每倉石作足大錢二千二百五十文；穀豆每倉石均作足大錢一千四百五十文。

以上三共上中下三等地計實在畝數八頃五十四畝七分四厘六毫。

新定租糧除納賦並一切雜用，不論豐歉，觀中實得五月撥給倉斗小麥一百一十石，共均合作價計足大錢二百六十三千五百六十一文；十月撥給倉斗穀豆一百一十石，共均合作價計足大錢一百七五千五百六十一文。

各外刻石存留。

計開：

為爭訟地畝了案事，嘉應觀於光緒二十五年，買到滎邑鹽店莊薛珍南灘地五十畝，地價銀三拾捌兩，施捨觀內地肆拾畝以作香火之地。至二十六年，滎邑姚村胡永魁串通胡逢春將此地霸種二十七年，主持王宗義率徒李泰興稟明前道憲朱，蒙恩當經批飭武陟縣大老爺韓即移滎陽縣大老爺陳以奉尊照，道憲批示，遂集將胡逢春、胡永魁、薛珍及觀內傳齊到案。蒙恩堂斷訊明，地系無主，官准胡、薛兩姓爭地多年，各無確據，本地無主，理應入官，既經薛珍賣舍入觀，亦即准予歸觀，並將薛珍、胡逢春戒責中飭以斷葛藤。胡逢春承供地種秋禾，又斷觀內抱及胡逢春牛工籽種錢二十千，復訊當堂交明，令及觀內投稅換契，以正地界各至，具結完案存卷，恐有日久棼民人等生出奸刁，任意侵佔霸種，因此將原案前情一併刻石存留。事經日久，如有後患，以照前情原案辦理有卷。

計開：

其地坐落鹽店莊南淮中三區，系南北畛，東至關慶，正西至何福清，南至本主，北至董傳世，計地五十弓寬，四百四十弓長，二並共地玖拾畝。

（碑存武陟縣嘉應觀。王景荃）

嘉應觀重定租章記碑

【額題】永垂不朽

蓋聞：有功於民者祀之，能捍大患者祀之，即功在一邑，捍患一時，世猶感神祐而崇祀典，況觀神之默祐，豈僅一邑一時之仰賴神功哉！則崇祀自應倍極誠虔，冀仰答神庥于萬一。敕建嘉應觀于雍正三年，在當時感服英靈，不惜斗角鉤心，窮極壯麗，樓觀飛驚，殿宇宏敞，其瓦則琉璃也，其木則森杉也。刻其桷，丹其楹，鏤以百物，塗以黃金。綠芰懸插，紅萼倒生，懿歟盛哉，洵工麗之極則歟。或者曰："茅屋采椽不文不斷，不剪不桁，何謂也？"曰："此聖人自昭儉德而非所以奉神祇也。"是以八窗洞達，九階綿延，從未有議其過者，此之謂也。此廟落成後，創始者慮其無終，於是，廣集田畝以為綿延香火之資。孰知積久弊生，至光緒二十四五年，租糧幾付子虛。住持王宗義率徒李太興，赴訴于河督任，旋經批飭本管道岑、府江傅集承租各户訊明追繳，委候補知縣張會河內縣于查清地畝，重定租章，統由左右營就近代管，以免租户欺蒙。每年五月十五，住持具領，赴兩營領取租價，不得拖欠。各租户俱遵新章，代種地畝願納租價，出具甘結，在府存案。飭令住持永遠遵判辦理。從此永薦馨香，庶可稍酬神貺。茲將一切詳細章程，鐫列碑陰，以垂永久。

二品銜道員用在任候補知府懷慶府黃沁同知卓異加一級于壽之撰並書。

光緒二十八年歲在壬寅四月吉日。

住持王宗儀立石。

（碑存武陟縣嘉應觀。王景荃）

嘉應觀香火地畝數目清冊

【額題】流芳

計開：

嘉應觀香火地畝數目清冊各錄於後。

同治九年七月內經袁大老爺當堂訊明點驗清單：

雍正五年，黃沁分府孔捐香火地一頃一十畝，座落大堤外，大堤内有沙地三十九畝。于十年間，武陟縣紀捐姚旗營劉水二號灘地一頃五十三畝，措頂頭地六畝未能耕種，現在塌入河内。乾隆五年，□□公捐義塚地二十二畝，座落樊莊後□□□地二十畝。于四年間張敬遠買到民地二十八畝，座落寶村窪。廉仙居買到民地二十七畝，座落范莊堤南夾堤窯前，現種浮地二十畝。嘉慶七年，黃沁分府畢捐秦家廠夾堤九十四畝二分五厘，未耕種。並早失迷無蹤。陳公祠畝基地六畝，道光二十二年給，盧將軍廟關字號桃木捐月塾西邊地十八畝，嘉應觀廟基地一頃三十二畝一分七厘，現種浮地五十五畝，鹽店莊西南難經畝灘地四十六畝，河内縣柳莊地八頃九十一畝一分八厘五毫一絲七忽。光緒二十二年，王宗儀買到李得海地四畝，座落大堤南。于二十七年，王宗儀又買到滎澤縣鹽店莊薛珍地四十畝，供香火銀置。又鹽店莊民人薛珍施觀内香火地五十畝，以上共地十九頃四十九畝零五厘九毫一絲七忽，内除塌，並早失迷無蹤不收，共地六頃二十畝零八分七厘四毫外，實存淨地十三頃二十七畝二分八厘五毫一絲七忽。嘉應觀所有地畝，以後許增不許減，如有私自盜賣者，惟該主持王宗儀是問。

光緒三十二年閏月四月十三日，署黃沁分府許記。

（碑存武陟縣嘉應觀。王景荃）

嘉應觀條規十則[1]

【額題】碑記

欽加盐運使銜特用道並用府豫河即補分府署理懷慶府黃沁分府加一級紀錄三次許，欽加直隸州用在任候補知州大挑知縣借補武陟縣左堂加五級紀錄十次楊，為出示曉諭，並頒發條規，以冀遵守而免爭竟事。照得釋道兩教以寂淨作修持，以師徒為父子，名分攸關，豈容違背者藐視。嘉應觀住持王宗儀與賽宇安師徒也。宗儀現雖年逾六旬，而精神沿健，在觀中領袖道衆侍奉香火二十餘載，守法辦公並無債事，所以前任各分府委其專司，而不肯率行更易。賽宇安以童年入廟，受宗儀撫育之恩，訓誨之義，不思報德，反以為仇，輒使觀中公款在觀私販雜貨，藉圖肥己，其不肖已甚，乃又捏飾虛詞誣控師長，且自稱副住持，竟敢爭權觀事，以逞其能，任性妄為，殊堪痛恨。本應逐除觀中，聽其還俗，姑念初犯，格外寬容，倘能從此洗心革面，改過自新，則住持衣鉢自當以次相傳矣。至李泰尖為觀中訪查地畝，仍使合浦珠還，盡心盡力，不無微勞，然只可派其在觀辦事，不得以住持之重任推讓。況彼乃新進之人，未能服衆，詎不慮有壞清規耶。合行出示曉諭，為此示仰閤觀道衆知悉，後凡觀中各事宜，無論巨細，皆責成住持王宗儀一人當家經營，其餘道衆，

---

[1] 該碑斷爲三截，下半部字不清晰。

不過幫同照料而已，所請條規，已擬定十款，另列於後，送來觀中地畝清冊，本分府業經立案，並將冊上蓋用關防，以垂永久。所有地土許增不許減，如有不肖之徒暗自盜賣，許住持來廳稟報，以便究辦。若住持知情不舉，則所少之地，著住持自行賠補，仍按法一併嚴辦，決不姑寬爾。道衆各宜凛遵，毋違特示。

計開條規十則於後：

一、廟系敕建，凡有宜修葺處，該住持先行稟明由上□辦。

一、廟中一切事宜，俱由住持一人作主，他人不得爭持。

一、廟中土地業經立案，妥造清冊，以防為變賣，以後准增不准減。

一、廟中人各司其事，凡財物賬目俱有專責，由住持一人酌派。

一、廟中人各守清規，不得聚飲賭博，甚至有在外招搖作惡為非等事。

一、廟中人雖異姓同居，亦有上下之分，凡口角斗歐［毆］等事，由住持一人稟送，不得互為稟控。

一、廟中宜門户緊嚴，清淨整肅，無得晝夜不分，任意出入，以致招聚匪人，胡行作踐。

一、廟中樹株花木所以壯觀瞻，不得戕伐，自於罪戾。

一、廟中半系本土出家，凡回家時，宜稟明住持，以免在外滋生事非。

一、廟中住持兼理三官廟二處，凡財物帳目宜各歸各用，不得混行攪擾，滋爭論。

以上十條，著該住持勤為稽查，妥為辦理，倘有不遵約束者，准該住持具稟送案，嚴為懲辦，決不姑容。

右仰通知。

光緒叁拾貳年菊月中旬吉日，遵示酌派王宗信經管内事兼理倉房，李太興經管地畝兼理外事，裴宇傑經管賬目，應酬賓客。

住持王宗儀立石。

（碑存武陟嘉應觀金龍司大王殿前。王景荃）

欽命彰衛懷兵備道大人德政碑

蓋聞宇宙大事，功建之在上。爲德政被之於下爲□□。我白水、滑封之有沁工久矣。上下數百丈，每伏秋水發，屢瀕危險，其下□□潰決者久矣。去秋搶險後，我道憲石公祖及掄堂張父台窺之側然，遂慨然有拯溺之心。而石公祖適以委權臬篆事，遂未果。繼之者爲何公祖，廑心拯溺。因與張縣尊同爲商酌，稟請上憲發款修築。石公祖回任後，以令張縣尊稟請良卿王大老爺來縣督修。石公祖公暇之餘，仍不時監臨。

是役也，自春徂夏，五閲月而功成。共費錢六千四百餘串文。今則石霸壘壘峙於河干，沁流澤澤依然順軌。此賴我石、何兩公祖與張縣尊董其成，尤賴我王大老爺晝夜辛勤，涓滴歸功之力也。於是，歎數公之爲民請命，凡我武濱臨沁患者，莫不感再三之德，故勒詣貞珉，以垂永遠云。

清宣統三年立石。

河南省武陟縣大虹橋白水村。

（碑存河南武陟縣文物保護管理所。王興亞）

修武縣

刑部主事成公墓誌銘

陽城白印謙

　　修武成姓，其先自吾陽城徙居修武蓋久矣。然自公始用文章起家，登順治丙戌進士，仕清源知縣，有善政，數載陞刑部河南司主事。當去，百姓難其代者，戀之攀援百計。公不得已為緩其行，歸道復過陽城，祭其先人之塚，致踰多月抵部，後坐遷延踰期，故論謫公官。尋以病辭不就職，蓋順治某年月也。余之友丁酉舉人成君公瑜，字伯玉，與公同族，嘗為余訟言公忠信强直，有古人風云。及順治十七年秋，公年六十有五卒。妻薛氏，亦以其年冬卒，年六十四。明年公玉自京師下第還，往弔公於修武。又明年為康熙元年正月，余在告里居，公之子進走數百里，介伯玉以幣來，稽顙乞余銘，將刻於其墓葬公。余以弗識公於生也，反其幣已，又難伯玉□□□止，乃徐手其狀而詢諸伯玉，稍稍得其大略。謂公少績學，為諸生嘗一中庚午副科，延禮於巨姓，遇庚辰歲凶，或勸之乞貸巨姓，公恥不為，惟藜藿是甘而已，其自守之賢如此。治清源，地僻民貧，一行以悅安强教，使窮黎漸登贏裕。時姜逆鼓亂，山右無堅壘，公率士民，臥食城上七月，屢挫賊鋒，反側賴之以消。巡撫祝公世昌愛重之，每舉以屬其寮屬。故清源知縣某，因賦稅缺額不得去，公竭力為完逋負，卒資之以行。其治官之美，又如是。家居，篤族屬、嫁孤女、育孤孫、惠戚黨、恤睦鄰友，不自以為德。及遇其鄉土有疾苦弗克陳達者，侃侃言之於公，不少為色沮。夫事合之去官，清源百姓稽留，追祭陽城遠祖二事，竝今世所在，然則伯玉忠信强直之譽，豈非然哉！是故公之亢厥而有聞於世也宜矣。其可以不銘？

　　公諱觀光，字賓王，自號曰醇翁。若有志於古人之學者。考諱某，始祖陽城人，遷修武者諱伯綱，娶薛氏，修武望族，慈惠溫良，克相夫子，以不失其令名。生子一，即進。孫三人：琮、璜、珽。墓在所居紙坊屯祖塋之次，遂銘。銘曰：

　　斲彼石，鑱以文，於洪河限千秋而下，忠信道貞，墳永無頹。

　　康熙元年。

（文見乾隆《修武縣志》卷十九《墓誌銘》。李正輝）

百家巖公捐贍田記

邑人御史趙旭撰。

邑廩膳生陳潛書。

　　太行之陽，有峭壁屭屓，背天門，面穊山，環亂峯而半翠微者，曰百家巖。以其嶮巇嶔崎，故曰巖。或曰是巖也，可以容百家，故謂之百家巖云。晉劉伶、嵇康輩徜徉於此，史稱劉嗜飲、嵇好煅，今醒酒臺、淬劍池，古蹟猶存，他如明月泉、王烈泉、嘯臺、瀑布諸名勝，邑乘誌之，余不贅。巖之中，上倚立壁，下臨絕壑，有梵宇，東西對峙，《一統志》謂"天門山上有精舍"即此。寺建於高齊神僧稠禪師，師沿山創建二十餘所，此其一也。酈道元曰："南峯北嶺，多結禪棲之士。"今觀其厓洞紆曲，水石幽奧，殆信然已。建寺以來，歷唐、宋、元、明，時有補修，然皆無加於其初，地限之也。

寺舊有贍田，兵荒後，環山之地鞠為茂草，何有於贍田？順治十三年，有孝感僧性智杖錫來遊，手闢荊榛。康熙元年，邑之雅慕山水者，相與結伴登臨，流連信宿，香廚之積無三日糧，恐養贍無資，釋子不可以久留。於是，眾捐地一百五十畝，各案里籍，隨具領承糧，不以賦稅累僧人。及眾捐地二百六十畝，合前共地四百餘畝，永為贍田，糧在里甲，而地實本寺原舊之贍田也。性智手足胼胝，不遑寧處，始成熟地，即謀勒石以紀厥事。會性智遠遊未果，其徒海香恐年久歲湮，贍田不可復識也，爰議刊石，以垂永久。定其畝數，正其基址，用杜疆梁者之侵占，且以資養靜者之朝夕焉。

康熙元年。

（文見道光《修武縣志》卷六《祠祀志》。李正輝）

重修崇明寺暨募施齋田記

刑部主事蕭家芝河內人。

天門山峻嶒而尊處，割其半為巖，度地得百家之眾焉，故曰百家巖。負巖為寺，曰崇明。晉稠禪師誅茆搆舍，酈道元所謂南峰北嶺，多結禪棲之士。東巖西谷，又剎靈之圖也。余亡友范龍圖與其伯兄晴麓，往往為余道百巖幽勝。而此夢未斷，長安揖揖風塵中。頭顱半白，何為者哉？今年秋八月，始與竇子雲明、家弟樹百，選勝蘇門，過白雲寺，絕清水，土人指山半浮屠即百家巖精舍。入山二里許，浮屠甀甀可數，然見浮屠尚不見寺也；又里許，亂流潝潹，疑環珮鐘鼓之音，與風雨雜至復聲。折行茂林下，數盤而上則寺門也。歷階而東，禮大雄殿，殿後竹數十竿，秋高夜永，微風蕭颯而已。次東，又為佛殿六楹，殿後則明月池，池乘高瀉下，一瀉而南，小淳廚次，一穿叢篁中，委折而度，山門矣。池左攀藤而上，稍東有石如几案，布席可坐數十人，曰鳳凰臺。臺東數武，石壁割然成罅，水自罅中潄洌，山谷響應。寺衲曰王烈泉。清流可漱，何必清泥石髓作粳飯香乎。水濺亂石中。躡履溯洄，則伽藍殿側，有柴扉開啟。入瞻拜伽藍，夕陽曜景，金碧璀璨，蓋新搆也。寺衲具食，食竟，西導去大雄殿數十武，數椽脩潔，一羽士趺坐其間，寺衲謂范晴麓所卜築云。羽士舊識樹百，攜與俱西，石長二丈有奇，如箕舌，俯窺絕壑，大鐫其石曰"醒酒臺"，宋元祐間手筆也。臺左為嵇康液［淬］劍池，西為稠禪師庵，庵在石壁間。東連王烈泉，禿直不受纖塵，而壁上潺湲之跡，與對面浮圖正相衝擊者，寺衲以為經雨則瀑布乘簷，望如匹練，暵乾未易覯也。低佪移時，山空月白，涼秋不寐，羽乃謂余曰："子大夫見漢獻帝陵乎？銅駝石馬，鞠為茂草，此寺亦幾為敗垣矣。上人以順治十有三載，卓錫太行，募建伽藍殿四楹，蓋重繭茹茶九年，於茲而後，佛堂、廚舍，以次鳩工。工既竣，羣謀買田數十畝，資上人朝夕。"則又曰："得勿以長吏誅求累上人乎！"田遺上人，籍則檀越，合計户口共得田若干畝。

"是役也，十方金布，而領袖則范、姜二長者，將勒珉以誌不朽，子大夫加之意焉。"余惟河朔名刹，東有白雲，西有月山，而躡名賢之履蹟，續殘碣於晉元，則崇明寺實名藪也，余豈敢以不文辭哉？

寺衲名性智，楚之德安人，人稱慧元禪師。范名正宗，即晴麓；姜名豢龍，號御六，俱修武人。其他姓氏，悉載碑陰。

康熙四年。[1]

河內進士蕭家芝撰。

獲嘉廩生劉文蔚書。

天門山崚嶒而尊處，割其半為巖，度地得百家之眾焉，故曰百家巖。余亡友范龍圖與其伯兄晴麓，往往為余道百巖幽勝。今年秋八月，始與竇子雲明、家弟樹百，選勝蘇門，過白雲寺，絕清水，土人指山半浮屠即百家巖精舍。入山二里許，浮屠瓴甋可數，然見浮屠尚不見寺也。又里許，亂流洊漊，疑環珮鐘鼓之音，與風雨雜至復罄。折行茂林下，數盤而上則寺門也。歷階而東，禮大雄殿，殿後竹數十竿，秋高夜永，微風蕭颯而已。次東，又為佛殿六楹，殿後則明月泉，水瀉而南穿叢篁，委折而下，由池左攀藤而上。稍東有石如几案，布席可坐數十人，曰鳳凰臺。臺東數武，石壁成罅，水自罅中潋洌，寺衲曰王烈泉也。水濺亂石中。躡履溯洄，則伽藍殿側，夕陽曜景，金碧璀璨，蓋新搆也。寺衲具食，食竟，西導去大雄殿數十武，數椽修潔，一羽士跌坐其閒，寺衲謂范晴麓所卜築云。羽士舊識樹百，攜與俱西，有石長二丈，如箕舌，俯窺絕壑，大鐫其石曰"劉靈醒酒臺"，宋元祐閒手筆也。臺右為嵇康液劍池，西為稠禪師庵，庵在石壁閒。又西，則壁上潺湲之迹，與對面浮屠正相衝擊者，寺衲以為經雨則瀑布乘空，望如匹練，暵乾未易覯也。低佪移時，山空月白，涼秋不寐，羽乃謂余曰："子大夫見漢獻帝陵乎？銅駝石馬，鞠為茂草，此寺亦幾為敗垣矣。上人以順治十有三年卓錫太行，募建伽藍殿四楹，蓋重繭茹茶九年，于茲而後，佛堂、廚舍，以次鳩工，工既竣，羣謀買田數十畝，資上人朝夕。"則又曰："得勿以長吏誅求累上人乎！"田遺上人，籍則檀越，合計户口共得田若干畝。"是役也，十方金布，而領袖則范、姜二長者，將勒珉以誌不朽，子大夫加之意焉。"余惟河朔名刹，東有白雲，西有月山，而躡名賢之履蹟，續殘碣于晉元，則百巖寺實名刹也，余豈敢以不文辭哉？

---

[1] 道光《修武縣志》卷六《祠祀志》載文與此有異。

寺衲名性智，楚之德安人，人稱慧元禪師。范名正宗，即晴麓；姜名蓁龍，號御六，俱修武人。

（文見乾隆《修武縣志》卷十八《藝文志》。王偉）

創建平政橋碑

事可以勞民，而不可佚民者，君子不為之謀厥始。功可以利一時，而不可以及數世者，君子不為之圖厥終。故記功者，志弗諼也，志弗諼，美厥功也。三代之政，今不可得而覯矣。而其立事以便民者，其法具在。考夏令，九月除道，十月成梁，蓋以濬治之力、築作之功與斧斤畚鍤之用，雖皆預藉於民，然相高下遠近之宜，而董畫之，使事不終廢，而功底有成，則惟良牧是賴，故曰：美厥終也。

修武居丹沁之陽，卑溼湫隘，水患頗多，而大者有二，其一小丹河，源出丹林，自西而來，環城三面，屈曲紆廻如帶，折而北。每遇秋霖，則怒濤漲溢，齧城隅，沒田禾，瀕河之民且與魚鰕爭命。其一則邑之西七里橋，即今改建平政橋者，是距城約七里，為秦、涼、燕、趙之衝，達官長者，商旅往來，輪蹄相接。靈泉一泓在西南五十里許，邑志所謂苟泉陂也，舊有河道，年遠淤塞，夏秋之交，餘波泛溢，建瓴而下，沿河百里沃壤，盡付波臣，加以山水奔迅，畢匯於此，潴而不行，遂成巨壑，胥溺為災，病涉久矣。昔嘗架木為梁，屢易屢壞，且險阻不便車馬，近橋東西十餘里，蜿蜒若溝渠，微雨則滑濘難行，久雨則集水漫衍，既苦無橋，又苦於無路，則橋與路未可分緩急先後也。先是華亭張公視事，時邑庠宋作梅、范可友等有以橋路二事告者，公肯其請，工甫舉，張謝事歸，邑人憚於興作，事機幾廢。會廣川宋父母來牧是邑，問民所欲為，及所未便者，人極陳丹河水害及此地，願易石橋竝平治道塗事，公毅然曰："是余責也。"期月之間，以次興築，丹河則因勢利導，深濬高築，水已由地中行矣。至橋路則捐金倡眾，仍命董國賓主其事，勸導辦集，一以委之，且諭之曰：茲惟有作，庶永其寧，思艱圖易，實爾之功。國賓跪受。命爰攻山石，載度土功，以雕以斲，乃宣乃理。屹爾壯固，矗如長虹，如砥如矢，高聳寬平，蓋嵬然西隅之雄勝也。橋南北廣一丈六寸，長一十四丈，高一丈二尺。路闊二丈四尺，高五尺，東西延袤十餘里，兩旁徧樹楊柳，望若隋隄，使長久無崩頹焉。復疏靈泉河道，深廣有如，於昔不特水患永除，且塗泥變為膏腴矣。是役也，始於康熙十二年三月，成於十七年四月，使非我公心切民瘼，雖基始於前，安望其克成厥終哉？余故表而出之，以告夫守土之君子。

公諱師祁，字中良。真定棗强人，康熙丁未進士。

康熙十七年四月。

（文見道光《修武縣志》卷四《建置志》。李正輝）

修武縣正堂宋老爺之神位碑

乙□祖師，字中郎，直隸棗强縣人。康熙丁未科進士。于康熙十三年修武。于康熙十九年□授雲南開化府同知，遺愛，賜進士及第文林郎修武縣正堂宋老爺之位。

（碑存修武縣婦旦源鄉磨台營村。王興亞）

醒灑臺詩

教諭田發
翠壁丹崖天半開，七賢曾此共徘徊。當年酩酊堪遺世，何事仍留醒灑臺。

（碑存修武縣百家巖。王興亞）

創建文昌閣記

郡判陳芳猷

余不佞兩攝修邑，親政之暇，環視城郭，見廢墜缺略者，難以枚舉。最甚者，莫如東關居民寥落，望若晨星。城垣無壁壘，井竈半墟邱，良可慨歎。夫震為生氣，異象文明，東方震巽之位，奎壁之星應焉。今頹廢若此，宜乎？邑人之不克振拔也。訪之耆老，言東關舊有文昌閣，今土阜即其故址。閣存之日，煙火千家，室廬鱗次，科甲蟬聯，後先輝映。自毀於前明之季，六十年來，有逃徙而無生聚，土著者遷，安問流寓物換星移，凋敝遂至於此，余聞之瞿然。夫善始者，不必其善繼；善謀者，不必其善成。前後若相需也，爰進僚員洎二三子衿，而謀之曰：諸君止為我監督工役，金錢日食之需吾任之。於是，剋日興工，經營程度，凡埏埴樸斲之匠役，與塗塈丹臒之顏料，修武所不能取者，業取諸郡城，不□不責有於無，亦且不取精於麤也。築甃務期堅厚，棟宇必令美觀，崇臺聳峙，傑閣崢嶸，帝像莊嚴，門屏暢爽，固圪然東隅之巨瞻也。自是而相我文明，福我黎庶，更與易所謂：重門設險，義有合焉，詎非一舉而三善備歟。是役也，起於康熙三十二年二月，成於本年四月。

康熙三十二年四月。

（文見道光《修武縣志》卷六《祠祀志》。李正輝）

創建真慶宮記

邑人范琥

真慶宮者，雲臺頂之下院也。雲臺頂本雲臺山，昔人立廟於頂，以祀真武，廟之創始歲月不可攷。明末，饑饉頻仍，鋒鏑肆起，環山邨落悉成盜藪，徑路閉塞者十餘年。有羽士來自薊北，遙望一峯插天，孤峭秀蠹，狀猶華蓋，輒留連不忍去。翌日，裹糧伐道，凌絕頂俯視，疊嶂環拱，茲山聳拔居尊，較之天壇、武當殆無多讓，乃喟然歎曰："有如此勝概。"而顧使棟折垣頹，鍾殘碣敗，其如吾徒何因跪告於帝座前，曰："弟子某願以修葺為己責。"獨是茲頂遠在萬山中，距縣治八十里，距平陸五十里，上乏田廬，下多谿澗，石磴倒垂，崎嶇陡峻。值正二月，香火既開，男婦繽紛，車馬絡繹，計其程，必前一日入山，至次日，則置車馬於山麓，攀藤緣壁，魚貫而升。道既險復迂，由寅達午，方造其巔，復由午達中[申]，方還其麓。麓無室廬，羣露宿於榛莽荊棘間，時而風吼猨嘷，時而鬼泣虎嘯，種種驚怖，眩目搖心，擊鼓鳴金，坐以待旦。於是，羽士思建下院，以為往返接濟之所，而難其地。先是余曾祖橘亭公於頂之南有莊名曰黑石嶺，經敵荒蕪，羽士因乞諸先君，先君曰："茲業也，舊創於吾祖，而今則分析之矣。吾祖素稱善士，吾儕何敢以其所遺視為己有？"而靳之隨同先叔丁亥進士，諱正脈；先堂叔增廣生，諱正心；庠生，諱正己，咸樂施捨無異詞。不二載，而大殿兩廡俱告成，羽士復請先君譔次勒石，乃不期橐未脫，而先君竟臥疾不起矣。羽士追念疇昔，復為書以告余，余回操筆布紙，備敘始末，庶使先君之義不致湮沒而弗傳，而羽士之功亦當歷久而彌彰也。羽士梁姓，名陽龍，直隸保定人。

康熙年間。

（文見道光《修武縣志》卷六《祠祀志》。李正輝）

創建百家巖文昌閣記

邑人縣貢生趙敏

憶昔戊申歲，敏從先侍御讀書百家巖寺，書室之右，峯巒壁立，高十丈許，曲徑蜿蜒，盤折而上。有臺址平如几案，布席可坐數十人，相傳以為漢獻帝避暑樓，雖棟宇滅沒，而規模彷彿可想。先侍御輒攀緣登陟，低回流連不能去，語敏曰：是臺踞招提之上，西望瀑布奔流，崩雲捲玉；東望梵宇，參差星布棊列。又有水泉灘灘，檀欒掩映，登斯臺也，百巖勝概，不下席而盡收目中。且斯臺高不及行山之半，而遙望縣治，城郭廬舍，田園錯比，或遠或近，隱現出沒於指顧間，一邑風脈所關，其在於斯。異日建帝君閣於此而烝嘗之，吾邑文運必有蔚然丕變者乎！歲壬辰，敏攜友人輩復遊百巖，縱步徘徊，極目遠睇，而先侍御疇昔之言，不覺有觸於懷，因具以白寺僧，筮吉鳩工度地而經營之，凡棟楹瓴甋工匠傭值之費，悉捐己資。起工於二月十七日乙丑，告竣於四月十五日壬戌，高不踰尋，廣不過數武，然俯視一切，瞭若指掌，又何必榱桷峻嶒輪奐玓瓅，而後謂之閣也哉。

康熙五十一年。

（文見道光《修武縣志》卷六《祠祀志》。李正輝）

百巖寺山林地土官給公據碑

　　修武縣據百巖山崇明寺主僧守千所告，萬户邨北，自祖上山林地土四至，東至闊馬澗，西至分水嶺，南至萬户邨民田，北至天門山，蒙受理差人監查，本邨頭目人王卞等所補勘，會得委是本寺祖業，山林地土本寺為主，寺實得此文狀在案。據此須至出給公據者，右具如前，今出公據，付僧守千收執，照為正施行。元祐二年三月，洪丘官。

　　右碑係宋元祐二年，寺僧守千所管寺内山林地土四至，官給公據，寺僧刻於大唐百家巖寺邑記石後，兩碑一石。至國朝康熙二十二年，陳于鏞奉憲，行知請領李陵山邨荒地一片，東至輝縣界，南至大路，西至山嶺，北至急三鎗。至康熙五十九年，寺僧海杳因地界糧差募化十二里，分仕呈懇本縣印照批準。桑家灣荒熟地畝四至，東至闊馬澗，四里；西至分水嶺，一里多；南至車箱門，七里；北至天門谷，七里，現在寺僧照此管業。

　　康熙五十九年。

（文見道光《修武縣志》卷十《金石志》。李正輝）

真慶宮山神靈應記

　　知縣胡睿榕

　　縣北境接太行，邨人散處山麓。歲辛亥，余蒞任，屢聞有虎患，特從役往，跡之不見，見坡有廟焉，神像獰獰甚，土人曰："此山神廟也。"余因宿而禱焉，後遂不聞有虎。壬子春，忽有走告者曰："晉人某過此，為虎噉矣。"越一旬，復有來告者，曰："邨人某某為虎負去矣。"告者凡三四輩，余勃然曰："吾民朝廷之赤子也，虎何得恣食之。"若是急往山神廟瓣香，告神曰："某奉天子命來，為吏以父母斯民，除民害，職也。今爾神縱虎殘害吾民，其何以血食一方？請與神約，必盡殺之，不能，則驅使遠去，俾避天子之命吏，否則將率吾民焚神廟、毀神像，神其無悔？"禱畢，令獵者晝夜伺之，無所得。旬餘有得死虎於山之澗者，復索之，連獲虎豹，二邨人哄然曰："神殛之也。"夫走報余，且獻其皮骨，由是患遂絕。余聞漢九江太守宋均有惠政，郡中虎多渡江去。余不德，惟邀惠於山神，以誅殛之，愧滋多矣。余又聞苛政猛於虎，庶幾愛養吾民，撫摩而噢咻之，以無忘告神之言云。

　　雍正十一年歲次癸丑仲春月。

（文見道光《修武縣志》卷六《祠祀志》。李正輝）

建設橫河牐座碑記

河北道孔傳煥

查衛輝府屬之輝縣王范邨，懷慶府屬之修武縣校尉營等處，地居窪下，歲時積潦，一望汪洋，禾嫁之區沒為魚鰕之宅久矣。隨巡行相度，知此地與衛輝府屬之獲嘉頭道、二道橫河相連，擬於其地開渠二道，引水由此匯入丹河，則積潦有所歸。又擬於橫河二口建牐二座，以資啟閉，則蓄洩得其宜。爰與衛懷兩郡守率同各令定議具詳，督憲可其議，遂各捐貲庀材，於五月三日興工，迄六月十三日工竣，於時兩地積潦由二渠引入，橫河順流而入丹河，向之一望汪洋者，皆水涸而土見矣。得地四千五十四畝有零，給各地戶分領承業。爰述開濬歲月，勒石牐左，使後之官斯土者有所考焉。[1]

雍正十二年。

（文見道光《修武縣志》卷四《建置志》。李正輝）

增修大成門暨各工程碑記

國朝教諭周枚

修武向稱人文淵藪，迺近年來，掇巍科登仕籍者寥寥。說者曰：泮池四周無牆垣以收其氣，則渙者不聚也；泮池南無正門以疏其脈，則隔者不通也。戟門之榱桷傾圮，明倫堂之牆壁摧頹，更無以肅觀瞻，而示整飭也。南籠劉公來宰茲土，慨然曰："此誠非異人任矣。"首捐俸若干，爰進紳士而與謀，若者鳩工，若者庀材，若者掌出入，若者勸捐輸，一時踴躍率事者，莫不樂襄盛舉焉。泮池舊東西九丈，公則以其大而無當也，迺僅存其三分之二。聖域、賢關兩坊，昔竝峙於泮池之北，公則以其逼而未廣也，更舉其北者而南之，且增以正門，益以羣牆，而規模宏敞矣。戟門三楹，明倫堂五間，以及齋房院壁，則仍其舊制而更新之也。是役也，經始於己未之春，落成於庚申之冬。公度籌畫無虛日。余與同寅張君仲陶，以及在城諸首事之朝夕於斯者，亦覺心力之俱憊矣。事既竣，公復偕邑之紳士環顧而色喜曰：夫向所謂渙者，已無弗聚也；隔者，已無弗通也；頹者，已無弗整；而摧者，已無弗肅也。人文庶其興也乎！迺余更有說焉，事不貴求之於外，而貴決之於己，諸君子從此奮勉，則人傑而地亦靈，此又非堪輿之所得則限之也。公名建吉，字慎修，號敬庵，以己卯選拔任斯邑。余不文，謹誌其實，使後之入廟者，讀遺碑而知所景慕云。

乾隆五年。

（文見道光《修武縣志》卷五《學校志》。李正輝）

---

[1] 道光《修武縣志》加案："頭道橫河、二道橫河皆在獲嘉境內，因修武新、蔣兩河下流之通塞，有關闔邑利害，故錄之。"

順天府永清縣知縣路公（永齡）暨元配王孺人繼配范孺人合葬墓誌銘

楊應琚

公諱永齡，字彭年，先大夫執友也。昔公涖永清，先大夫效力河干，稱莫逆交。不數年，公解組歸里，余從先大夫建節粵東，關山修阻音問杳然。戊申歲，公子眉有買舟南下，亟詢公狀，知仙遊已七載矣，痛悼者久之。越十年，余奉命監司隴中，道經甯邑，過義門邨謁公之靈，束芻一奠，備悉家貧歲歉，奄喪未殯之由，余聞之，不勝於邑。辛酉歲，公子眉有持狀至陝，將以是年仲春之月，葬公於邑西承恩鎮北，乞銘於余。余識淺學疎，不足以表揚前徽，然公之碩德懿行，惟余知之最稔，焉敢以不文辭？

案公系出山右陵川，自明始遷修。祖待吾公為邑庠生，家貧好學，教授生徒，成就多人。父人路公值兵戈擾攘之際，立身清介，博學好古，以崇禎壬午孝廉終。公淵源家學，性嗜《詩》、《書》，少習舉子業，非先正不寓目，年十四甲辰遊泮宮，十六丙午補博士弟子員，二十二歲壬子膺選拔，又三年乙卯舉孝廉。公少失怙，事母盡孝，歲時不登，為里中強暴所侵，備嘗坎坷。與伯兄喬年公，異室同產，凡膏腴之田盡讓之，蓋其孝友天性然也。伯兄歿後，敬嫂如母，雖犯不校，其度量有過人者。自乙卯至甲申，閱三十年，挨選得順天之永清縣，其邑地瘠民貧，蝗災水患歲不絕書，而且徭役繁興，民不堪命。公下車，按簿徐理，百姓安堵。甫至，校士不滿五十人。畿南首善之地，文風頹敝若此，公竊憂之。爰整理學宮，延師督諭，俾人知讀書，不數年，英英鵲起者得三四百人。邑有女巫，大肆妖術，蠱惑愚民。時滿漢軍吏皆畏神而不畏法，大為地方風俗害。公急差人捕獲之，加以極刑，一時聾瞶悚然警醒。有庄頭楊姓者，夫良而婦悍，婦因怒殺其家人孕婦，其夫毫不知也。循例以求，僉云：妻有罪，應坐本夫。其人亦俯首無辭，甘心伏辜。公曰："殺人者死，固有常刑，而不知不坐，獨無明條乎？"卒斃其婦，而免其夫，邑人咸稱快云。其他善政不可枚舉。及退居林下，猶不以散佚廢事，重農桑、敦孝友，其儉樸仁讓之風，不違初志。尤好汲引後進，每月供膳饈，集邑之生童會文於庭，寒暑不輟，其賴以成名者蓋不乏人。

公生於順治八年四月一日酉時，卒於康熙六十一年十月二日酉時，享壽七十有二。元配王孺人，武陟候選通判王公維盤女。賦性溫恭，孝於翁姑，甫二年而卒。繼配范孺人，邑庠生范公之煌女。內則夙嫻，持家有要，越十餘歲而逝。[1] 爰為之銘，銘曰：

佳城鬱鬱，雲樹蒼蒼。溫潤粹美，金精玉光。慈祥整肅，春日秋霜。善人天與，卜世其昌。鳳毛璀璨，麟趾焜煌。千秋萬禩，永固金湯。

---

[1] 道光《修武縣志》卷三載文，此後有"又繼配王孺人，武陟世族文學王公敏女。公歿後，一切家政，力爲支持。俾其子專力向學。范孺人遺女一，以禮遣嫁，後公十餘年卒"。

乾隆六年。

（文見乾隆《修武縣志》卷十九《墓誌銘》。李正輝）

御祭韓愈墓文[1]

清高宗

惟爾學可稱師，才堪命世。正色逆節，履險如夷，昌言以障狂瀾。因文見道，義光廊廟，責難陳善之心，信著豚魚降嶽。騎箕之禀，遺編可守，亮節常昭。朕稽古懷賢，巡方展義。高原鬱鬱，猶疑衡嶽之祥。遺廟巍巍，想見陽山之愛。薦黃蕉與丹荔，事有司存，望靈雨與飄風，神其來格。

大清乾隆十六年歲次辛未三月上浣吉日，世襲翰林院五經博士、文公三十世裔孫法祖敬刊。

（文見《韓文公門譜》。王興亞）

重修廟學記

姜元吉

修武廟學改建自金天會中，迄今五百餘年，其閒興替因革，不知凡幾。乾隆五年，南籠劉公來宰斯邑，首以興學立教為務，鑿泮池，築圍牆，徙聖域、賢關坊，建大成門，修明倫堂、兩齋房、名宦、鄉賢祠，一時壯麗深邃，煥然改觀。至二十六年秋七月，邑被水傾圮殆盡，僅存大成殿兩廡、戟門、櫺星門耳。當是時，邑侯吳公救災不暇，且公費實繁，有難以倉卒經理者。三十年，戈老父師來蒞茲土，入廟瞻禮，不勝惻然，謂風俗之未醇，由於教化之未彰，要皆廟學之制未盡善也。朝夕籌畫，由舊者新之，宜增者建之。爰率邑之紳士，捐資以襄事，首修大成殿兩廡，重修戟門，又以櫺星門與戟門地勢相逼，則移建於南。聖域、賢關坊，改為德配天地、道冠古今坊。泮池中砌甑橋以通神道。大成門闊三楹以壯觀，瞻門前復疊石為橋，橋之下便人往來，橋之上繞以石檻，繼以圍牆，直達通衢前後，甬道平坦爽塏，堪輿家謂氣脈縣長者此耳。名宦、鄉賢兩祠，舊在戟門外左右，公曰："非制也。"分移於東西兩廡之下，而以舊址改為更衣齋戒所，以昭春秋祭祀之誠。至於明倫堂、兩齋房，以及周圍牆垣，亦皆締搆一新。學宮甫竣，公又慮學署久廢，學官寄居民舍，不獲日與士子相接，以宣教化，而勵風俗，遂於明倫堂東西兩署舊址，復營建教諭署一十四間、訓導署九間，完葺整齊，蓋至是而公之心力亦云憊矣。是役也，經始於乾

---

[1] 此文撰於乾隆十五年九月，與孟州《御祭韓愈墓文》為同一碑文，刻立時間不同。是載與現存碑載文略異，疑為錄文有誤。

隆三十三年二月，越十月而告成。公諱雲錦，字海文，直隸景州世家。

乾隆三十三年。

（文見道光《修武縣志》卷五《學校志》。李正輝）

新建修武縣勝果寺鐘樓記

李亨特

粵自勝幡西振，大化東流，佛教之興，由來舊矣。名藍巨刹，散布震旦之間。在中州為尤勝，若洛下伽藍，詳於記載。少林精舍，傳為祖庭。厥後，太行以南，大河之北，凡蘭若之巨麗，莊嚴之精工，所在多有。然或廢而弗興，興而復廢，惟修邑勝果寺者，自趙宋紹聖年間，舊址重搆，迄今將及千載，碑碣猶存，殿宇未圮。擅一邑之巨觀，據百里之形勝，然而法堂雖備，寮舍仍稀，甚至鐘鼓未懸，樓閣缺如，其何以媲寒山半夜之響，徹圓闤萬家之夢乎！值特通守覃懷行部茲邑，借宿僧房，既瞻拜於蓮臺，爰散行於竹院，山門之側，睹洪鐘焉下埋沒於塵沙旁，藏蔽於草棘，因拭苔蘚讀欸銘，則亦宋宣和間之古物也。爰進寺僧真漢詢厥由來，蓋委棄瓦礫間者，歷有歲年，實以財力不備，遂使蒲牢之鳴久歇。吁，可惜矣。爰捐廉俸，諏日鳩工。修丞褚君明哲，實襄厥事，始於乾隆戊申之夏，成於是年之秋，山門之內，兩樓遙對如翼，既妥安茲鐘，復配以巨鼓焉。從此晨朝暮夜，嗡嗡鏜鞳，大震於東，而逄逄革音，繼起於西。其足增厥寺之氣象者，匪淺鮮也。特學昧宗乘，心切皈依，恭值聖朝大慈御世，博濟萬民，廣護佛乘。凡茲琳宫紺宇，興廢起墜，不惜布金而成，詎求福田之益，而特家隸豐鎬，世受國恩，區區敬事法王之心，實由觀感興起，敢自附聚沙童子一錢，貧女希心轉輪報乎？第望後來君子，有現宰官身者，相繼起為護持，不僅茲寺之幸，亦特之幸也已。

乾隆五十三年。

（文見乾隆《懷慶府志》卷三十《藝文志》。王興亞）

廣東鹽運使趙公（三元）墓誌銘

內閣學士兼禮部侍郎茹棻

甲辰同年與殿試者凡一百十有二人，未三十年，登仕版者不乏封疆卿貳，然存者遂寥寥無幾。今春，趙海峯同年又歸道山，嗣子遷踵門以墓誌請余，遂不敢以不文辭。案狀：

君姓趙氏，名三元，字海峯，號雍北。兄弟二人，君居長，世居河南修武縣之山陽城北，曰小牆北邨。其移家恩邨者，自君祖公惠公始，三世皆以君貴，贈封如例。君生數歲，侯太淑人即去世，繼母徐太淑人，愛如己出，君亦不知為繼母也。旋入邑庠，食廩餼，丁徐太淑人憂。丁酉選拔，是年遂中副車。己亥，領本省鄉薦。甲辰，成進士，改授戶部主事。丁張太淑人憂，丁未，服闋，仍補戶部，擢員外，繼擢郎中，兼理錢法堂事。時滇銅解局，四五運率缺額定例，運員虧短至萬觔以上，即應交刑部審訊。君獨沈思滇黔事，同一例何以黔員皆得如額，獨滇員虧短如許，且又無運不然？因備詢解員，至領價裝運以及沿途水陸情形，歷歷如繪，終不得其缺額之由。遂詢及發銅砝碼，蓋滇省砝碼積久漸輕，與為內收銅砝碼不符，迺請於堂上官，咨行滇省，另請砝碼較準觔兩，竝為奏定章程，各員現短銅觔，姑準回滇賠繳，帶解歸款，於是，前後十餘運解員皆得免議。蓋君在部用心平恕，大率類此。乙卯，京察一等，分發福建，以道府用。是年，丁贈公坦齋先生憂，旋里卜兆於北鳳岡新阡，奉徐、張兩太淑人祔焉。而侯太淑人厝於祖塋之西南隅，年久難以啟壙，君於是作鳳岡阡表，誌不能合葬之故。己未服闋，仍赴福建候補，署建寧府事。發姦摘伏，務得真情，絕不肯迎合上司，亦益以此見重。嘗勘浦城張姓盜葬黃姓墳穴，而黃陰發冢匿其骨，君履勘得實，遂毀張之偽契，而懲黃之匿骨，兩造於是大服。案內有張生翹者牽連絓誤，君亟為雪之，張後領辛酉科鄉薦第一，閩人至今傳頌焉。庚申，補糧道。閩省向有畬民編戶，另設畬保，歲久與齊民無異。每遇考試，土人尚多異議。君為徧攷羣籍律以今制竝無不應與試明文，其事遂定，是年畬民即有入邑庠者，事見君所著《恕軒隨錄》。他如卹水災，清社穀，重修鼇峯書院，渡臺清鰲洋匪積案，省釋無辜。蓋君在閩凡四攝臬篆，三經秋審，故善政為最夥。丁卯，本缺奉裁，旋改補粵西左江道，以護越南貢使入京，蒙恩獎諭有加，晉攝粵西藩篆，即擢廣東運使。會辦洋匪朱濆投誠各案，寬嚴得中，務令商力不疲，而民受實惠。君自以佔畢，書生一生孤立，徒以拳拳之素，上荷主知，擢至監司，行且嚮用，思少展蘊蓄，以圖報效，而孰意竟以壬申正月二十四日卒，於使署距其生六十有八歲。配杜淑人。子五人：曰遷，庚申科舉人，現任工部屯田司員外郎；曰遫，庚午科舉人；曰邃，試用訓導；曰适，國學生；曰逵。女一，適仕族。孫六，皆業儒。余於君為同年，計惟通籍，後數年中得晨夕往還，見其醇謹端愨，語必出於至誠，心竊儀之。歲己酉，余視學山右，即丁憂旋里，而君亦以京察外補，側聞君益老成幹練，器重上游，為同譜生色，而宦轍東西，中間闊絕者幾二十年。庚午冬，余方以奉天府丞內召，得見其嗣子遷，恂恂儒雅，宛有中州家法，而因以悉君近狀，方謂君或以述職來都，得重締舊好，一傾積愫，而今迺銘君之墓門也，悲哉！銘曰：

  以君之才而不竟其施也，於閩於粵蓋僕僕於奔馳也。嗟！伊人之永歿，不覺悌洟之交頤也。幸佳兒之成立，又何愧五桂之枝也。望迢迢之遠道，魂氣固無不之也。指鳳岡之新阡，昔固卜之於地師也。想靈旗之彷彿，驂紫彪而乘文螭也。

  嘉慶十七年。

（文見道光《修武縣志》卷三《輿地志》。李正輝）

韓文公祭田碑

【碑陽】

【額題】流芳

竊惟先儒文公韓子，文起八代之衰，道濟五世之溺，誠以匹夫而為百世師者。孜之誌，乃修武人也。自李唐以來，海內人士皆仰之如泰山北斗，況其桑梓可祭鄉先生於社者乎！迺是故寧城書院設文公神位，為斯文宗主。俾肄業人士如坐於當年函文間，而祀產闕如，無以供俎豆，則崇先哲，以勵後學之義安在哉！余用是購地八十畝零九分九釐七豪［毫］為公祠祭田，即給其後裔生員韓掄元領種，輸賦之外，歲取餘資，以備酒醴粢盛春秋致祭焉。韓生務率其子孫世世力耕奉祀。《楚茨》之詩云："苾芬孝祀，神嗜飲食。卜爾百福，如幾如式。"可不敬與？余恐日久弊生，爰立石誌其事，並誌其地，以備考云。

修武知縣楊濂撰文。

【碑陰】

祭田坐落

一、在縣東北二十五里禮賢莊三十段，計地五十四畝六分五釐三豪［毫］，外莊基地三畝零。

一、在縣正南二十里南柳四段，計地一十四畝九分四釐七豪［毫］。

一、在縣正南西常村二段，計地一十一畝三分九釐七豪［毫］。

皇清嘉慶二十年仲春月立。

（碑存修武縣城關鎮趙廠村韓氏墳塋。王興亞）

四不碑

積德者不傾，擇交者不敗，讀書者不賤，守田者不饑。

道光元年辛丑秋七月中澣，淄川馮繼照書。

（文見民國《修武縣志》卷十三《金石志》。王興亞）

重濬新蔣二河記

教諭張宗泰

修邑之水，由縣西南來，繞城南而東北注者，曰小丹河，亦曰預河。由縣西平政橋來，繞城北而東注者，曰新河。皇母泉、龍王泉、大小樸泉諸水入之。雍正年間，邑令於縣東北水寨宣洩積水，開渠一道曰蔣河，馬坊泉、龍母泉諸水入之。新河至獲嘉頭道橫河入丹，蔣河至二道橫河入丹，惟是修武東北一帶地處窪下，至輝、獲二縣則其勢漸高，斷梗腐草之所棲泊，濁流浮沫之所停蓄。而輝、獲附河，居民遂以河所經由之道，墾為耕作之田矣。每至夏秋，太行山水暴漲，與夫一切溝澮之水，並會於新、蔣二河。輝縣人又築隄其北，水勢益不獲所歸，俾兩河上游之田禾，日在若滅若沒之中，遂人人抱無年之痛矣。由是言之，二河末流不通，附河居民之獲利有限，而上游諸邨之受害，無已時也。乾隆二十二年、二十五年，官斯土者屢有疏壅決滯之舉，但以地界，輝、獲二縣不免有所牽制，是以功終不就。道光初，江右魯齋明府來涖茲邑，紳士孫會一等又以濬河之議來告，明府乃親勘兩河情形，劃界繪圖，稟請上憲，遂會同衛輝、懷慶二府，輝、獲二縣，圖度形勢，折衷羣議，區處擘畫者年餘，而後克從事焉。是役也，經始於五年夏五月之朔，畢功於本月二十五日。新河自翠梧橋之北迤東，其挑五百餘丈，蔣河自頭道橫河起，二道橫河止，其挑七百餘丈，河面俱寬二丈，深五尺，河底寬八尺，共用制錢七百緡有奇，皆明府捐辦，不以累民，今而後修邑東北一帶庶免淹沒之患乎。明府涖修多善政，如重修學宮，重建書院，皆以數十年穨敗不堪之景象，煥然改觀，而新蔣二河之役，尤便民之大者，予故詳為之記云。

道光五年六月吉日立石。

（文見道光《修武縣志》卷四《建置志》。李正輝）

重修文廟記

知縣鄒光曾

古者學校之設，所以造士，而士為民望，亦用以型俗。故《周官·冢宰》有曰："儒以道得民。"三代下，郡縣莫不有學，其整飭而修治之，則司牧責也。修武學宮在城內西北方，自前明至國朝，修葺不一，比漸傾圮。光曾爰進紳士，議所以新之，僉曰必借衆力。迺退而各勸其鄉人。光曾特捐廉倡首，學博張君宗泰、郭君湘、楊君崙城、守營蕭君玉清、鹽捕廳陳君紹祖、署鹽捕廳秦君華齡協力襄事，筮吉興工，遴監修者八人，馬儀可、武重光、謝南星、張鵬翔、王灼、蔣效先、李繼文、秦懷西，或購料，或督工，或司出納，莫不勤勞終始。是役也，補葺大成殿五楹，重修戟門三楹，其戟門之東西偏各南嚮房三楹，舊為更衣齋戒所，今撤而新之，改東為名宦祠，西為鄉賢祠，而另起更衣齋戒所於櫺星門之兩傍。又據紳士等呈稱廟前隙地太長，氣渙不聚，擬改大成門為照壁，且與他處郡縣學宮體式相符，遂允其請。又德配天地、道冠古今坊二，泮池橋道一，圍牆一百五丈有奇，靡不修築。其廟前地，寬五丈五尺，長三十丈有奇，直通大街，留為神道，籌項重新大成坊，存舊蹟也。經始於甲申十月，告成於乙酉仲冬，共費制錢二千九百六十二千零。光曾竊因是而歎邑紳士之可與有成也。抑更有敬相告者，諸君既勸導鄉人成斯盛舉，使由是廣為宣布，俾知聖天子所以立學儲才之意，莫非化民成俗之計，將見四境內涼薄日革，敦厖益崇，所謂薰德而善良是亦。光曾責叨司牧，而未敢邊自信者，故因捐輸事，既竊願邑紳士更相勸勉焉，豈徒以侈美觀哉？是為記。

道光五年歲次乙酉季冬之吉。

（文見道光《修武縣志》卷五《學校志》。李正輝）

重修關帝廟記

修武縣知縣鄒光曾

修武關帝廟，建於縣治之西南，與文廟相接也，基址隘狹，制度未宏。曾蒞任後，瞻謁之下，爰進闔邑紳耆，謀所以擴新之，僉以為宜。既捐廉為倡，邑士民商賈咸樂輸恐後，因鳩工庀材，三閱月而告成。計重修廟間舞樓三間，後殿三間，拜殿三間，東側對廳三間，道院廻廊量加修飾。添建廟前角門二座，正殿東廂屋三間，廂屋前南向屋一間，月臺、甬路、廟墀竝甃石氅砌，以及垣牆堦級修整完善。是役也，朽者易之，敝者新之，樸陋者壯麗之，規模宏闊，體制尊嚴，士民共相鼓舞，而識神所憑依也。是為記。

道光七年仲秋月。

（文見道光《修武縣志》卷六《祠祀志》。李正輝）

重修城隍廟碑記

知縣趙銘彝

案邑乘城隍廟，在前明洪武丁丑年，貳尹卜君祖望刱建。天順間，貳尹聶君瑄修之。宏治辛酉，邑令張嵐漪因其舊，加潤色焉。庭院之廣狹，殿閣之高深，與夫鳩工庀材之經營圖度，問諸父老，僅能道其仿佛，蓋均不可得而考已。至嘉靖九年，耆民蔣儒因廟貌傾頹，神像暴露，矢志倡修，買王錫芳地，增而廓之。二十年，社首買資，張潤復與道士趙惟泰刱建七十二司，規模犗備。順治乙未元夜，宮殿盡燬於火，住持李演敬走募四方，閱五年，重搆大殿，寢宮、兩廊未及修復，演敬羽化去，其徒劉全中竣其事。自是以來，又幾二百年矣。丹垣剝蝕，碧瓦飄零。余於嘉慶戊寅冬蒞任山陽，俟有奉調馬工之役，庚辰冬，告養還歸，未遑修舉。茲以道光十年庚寅秋，重來斯土，乃謀諸少府陳紹祖，邑紳耆人等，捐廉百金，以為首倡。移寢宮地丈許，改建明樓五楹，重修大殿、拜殿、鐘鼓二樓，竝新砌東西兩院甎牆四十餘丈。道士陳德平慨然重修呂祖廟三楹、門樓一座。

是役也，自十一年正月興工，十二年五月竣事。是為序。

道光十二年五月。

（文見道光《修武縣志》卷六《祠祀志》。李正輝）

創修石道記

教諭張宗泰

　　修武當東西之衝，車馬往來，後先相望，則平治道塗，其要務矣。山左趙鳳崖明府蒞任，數年以來，修廢舉墜，多所興作。而於導達溝渠，修利隄防，尤所注意。如驛路則起縣之東，以達於西界，其北路則起自北關，以達於板橋，培補增築兩旁。濬其水道，中央擴其面勢，蕩然寬平，其為德於行人甚普。然諸鉅功以次就理，而細者或以不急，視之弗安也。邑東關文昌閣迤東，以迄丹河之橋，中間地勢窪下，每逢雨澤過度，輒為泥塗所積，牽車至止者，往往馬斃於濘，雖極鞭策之苦，而不能前也。爰慨然捐貲為倡，共得制錢若干緡，屬監生李國鎮、翟興仁司其事。欲其永久不敗，則拓其基，而甃以石，地勢較舊增高二尺許，寬則一丈六尺，長則十五丈有奇。是役也，創始於四月六日，畢工於五月八日。從此途人安蕩平之樂，車馬無阻滯之患，是固遠邇所深嘉而樂與之者，因次其始末而誌之。至捐貲人士例書名碑左，以不沒其善云。

　　道光十三年歲次癸巳夏五月。

（文見道光《修武縣志》卷四《建置志》。李正輝）

重修平政橋記

教諭張宗泰

　　修武縣西五里許有平政橋焉，穹然特起，亙若長虹。余每驅車其旁，為顧瞻者久之。而橋之上則闃然不見人馬之行蹤，蓋橋東西地勢竝處窪下，路與橋不相及，則橋雖設與無橋等耳。橋之初建以木，康熙十二年，棗強宋公師祁宰修武，始易以石，歷六七年之久，始克蕆事。嗣於二十九年夏，大水暴至橋面，石板為波濤擁塌幾盡。越明年，府別駕陳公來攝邑篆，重為整頓，而規模始復其舊。迄今多歷年所，又漸就傾圮矣。橋之西偏攲斜崩裂，橋上石欄亦消殘隕落，蓋僅有存者。道光十有一年，海陽趙鳳崖明府蒞任，恐其遂就頹廢也，首籌項為倡。又屬貢生蔣效先等轉募，以共成斯舉，計得制錢二百緡有奇。乃鳩工庀材，鑿山輦石，始事於癸巳歲四月八日，畢工於五月十五日。其寬、廣、高下、長短一仍其舊，而兩旁石闌悉增補完備，俾堅厚可久，又橋東之路裨補者四十丈，橋西之路裨補者一百丈，均廣二丈八尺，高七尺，令路與橋相值，而車馬便於登降。橋之西舊有小橋二，亦竝加料理焉。先是夏秋之交，大雨時行，消河之水從南來，靈泉之水從西南來，而待王鎮西北一帶山水爭奔赴於橋之左右，橋北積土為梗，而水且由橋東一路邨莊，直入縣之順城關，行道者迂回緣繞，取邪徑，敗良田，農民苦之，行旅尤稱弗便。今則水有所歸，大車轔轔，小車軋軋，輪躅往來，頌坦途焉。明府初意，尚欲東達於王官莊道塗咸增築之，以調任武陟，未暇及乎其全。而人言橋北河身迫隘，淫霖一降，水勢瀰漫，而來橋與路雖治，而西北一方田禾仍不免淹沒之患。斯皆明府未竟之志，後之人因其成規，而培補之疏瀹之，庶斯功之不朽也。

道光十三年。

（文見道光《修武縣志》卷四《建置志》。李正輝）

重濬新蔣二河暨修石橋記

教諭張宗泰

修武多水患，而東北一帶為尤甚。新、蔣二河分受皇母泉、馬坊泉及大、小樸泉諸水，每值夏秋之交，驟雨數來，山水暴漲，一切溪澗之水竝匯於二河，河身既不能容，下流復多阻滯，為倒流，為旁溢，良苗嘉禾日汨沒於波濤浩渺之中，而無告者遂眾矣。先是宰斯邑者亦嘗為導達之舉，然未能上下數十里通體疏瀹，故不數年輒堙塞如故。道光十年秋，海陽趙鳳崖明府蒞任，性喜為民，任患業於十一二兩年中，敦諭上游附河居民，各隨地畝所值，修築崖岸，決排壅滯矣。而下游之介在輝、獲二邑者，尚未遑也。嗣於十三年四月，乃多雇役夫，獨力任其經費，而少府陳蓮峯又左右之。新河下游疏鑿五百七十五丈，蔣河下游疏鑿六百二十五丈。新河由頭道堌口入丹，蔣河由二道堌口入丹，凡閱三旬而事畢，而水道遂以舒暢無滯。又由輝縣之薄壁鎮，以迄修武之官司橋，舊為大道所經，中間有新、蔣河石橋各一，常時牽車服賈者、荷擔販貿者，絡繹不絕，近因日就傾圮，遂為行旅之病。爰再捐資六十千，監生趙殿興等司其事，因其舊規，重為整理，柱石之不中程者易之，橋版之已墜地者起之，甃砌密緻，視舊加鞏固焉。是役也，值明府調任武陟之日，乃勤念民瘼，不以將去任而膜外視之，是可尚也。

道光十三年。

（文見道光《修武縣志》卷四《建置志》。李正輝）

重修劉公祠記

修武縣知縣馮繼照

道光十有三年，余奉檄視修武事，祇謁境內神祇，見龍神廟西偏，祠宇丹堊煥然，詢之吏，吏曰："此邑正東路，祀故修武令劉侯者也。"侯諱建吉，字慎修，貴州南籠人，充康熙乙卯科選拔貢生。乾隆二年，蒞任修武。侯之未來也，正東路以地不產穀草，請前任陳侯豁免武安驛芻茭，陳侯旋去任。侯來邑，人復欲派正東路，侯援前案豁除，事乃定。以故正東路感侯之德，積久不能忘，乃權奉公粟主於別室中，又公同商議醵錢買地建祠以祀之，而費用不貲。道光七年，鄒侯至龍神廟祈雨，詢知其事，倡捐廉俸，而邵侯、趙侯繼之，祠遂成，從民欲也。余歸而詢諸耆老，檢諸邑乘，得君建廛、立橋、墾荒、灌田諸善政，而開濟消河，厥功尤鉅。修武治太行山麓，雨後輒水勢坌涌，向有小丹河、新河、蔣河消納邑中諸水，獨西南境上，承武陟甯郭、李邨、河內七孔橋、楊義廟諸水，山水漲發，彌望汪洋，君從西南塞裏邨，至東北平政橋，疏鑿四十五里，以達新河，於是，積潦無患。《水經注》："漳河神壇碑載，漢修武張景明為鉅鹿太守，漳津泛濫，土不稼穡，景明原其逆順，揆其表裏，修防排通，以正水路，功績有成，民用嘉賴。"君開濟消河，使修武無泛濫憂，其功豈有異歟？宜乎邑人謳思不置，而非正東路之民所得私也。祠既成，邑紳以文請，因書以示之，俾勒諸石，祠內室宇，及捐修姓氏，悉載碑陰。

道光十三年。

（文見道光《修武縣志》卷六《祠祀志》。李正輝）

重修東西兩門敵樓及四周城垣碑記

知縣馮繼照

邑有城垣、門樓，所以重保障、慎封守、詰姦宄，而便行旅也。顧地當孔道，輪蹄出入無停，晷震動搖撼，土石陷而根腳浮，又遇積雨浸淫，狂飆怒號，木瓦垣墉，剝蝕摧折，馴致傾圮，故其工程較數而難。修武城建自何年，志乘無考，舊係土城，歲久坍塌。嘉慶十八年間，滑縣警前任楊君廉乃勸諭邑人稍事補葺，不二十年旋失舊觀矣。余下車日，即登城閱視，故壘頹垣幾如廢址，慨然曰："是誰之責也邪！"縣故有四門，業無一完整，而東西門樓并無片瓦一椽之存，計興工莫急於此，然經費無出，余乃首捐俸廉，倡勸紳士輸貲，俾購料鳩工，而分門董率其事，諏吉於道光十四年三月十一日啟工，至麥後併力成之。於是，東西城樓六間及門洞襟牆，工作堅固，加以丹雘壯觀，迄六月二十日而役竣。然後度財力之餘，於四周城垣缺者完之，殘者整之，復以次蕆事。維時工殫費罄，獨南北城樓未修，余以久旱故，患民力未舒，念邑人雖好義急公，議俟歲豐再舉，旋稟憲允行。

是役也，上不請發度支，下不假手吏胥，不妨農時，不竭物力，官民一體，眾志成城。洵守土者之幸也，爰為之記。

道光十四年。

（文見道光《修武縣志》卷四《建置志》。李正輝）

重建忠義祠碑記

教諭張宗泰

修武忠義祠，居學宮之左，南與崇聖祠毘連。國朝自雍正六年，令君陳網建修以來，經今百有餘歲矣。風雨之所飄蕩，鳥鼠之所剝蝕，牆壁崩頹，榱桷腐敗，非所以妥神靈而奠忠義之魂也。歲在道光乙未秋，商之馮荻橋明府，明府慨然身任其事，籌款為興復計。屬邑庠生秦懷西、梁悅孔董其役。始事於丙申二月之望，越四旬而蕆事。共用制錢百十有五緡，基址悉仍其舊，而瓴甓木石，一一皆就平地築起，牆垣鞏固，瓦縫密比，黝堊丹臒，咸以法人功之勤，視舊有加，而氣象乃屹然改觀焉。抑予更有說焉者，修武自道光元年以來，節婦烈女後先相望，蓋不過十餘年間已得四人，而男子之以義行著稱里黨者，乃或至百數十年之久，而闃然蔑有聞焉。豈世有其人而事蹟湮滅不彰歟？抑所以作興而獎厲之者無其道歟？然則斯祠之修葺，乃一邑人心風化之所關，是不可以無述。乃萃其事之始末而為之記。

　　道光十六年。

（文見道光《修武縣志》卷六《祠祀志》。李正輝）

馮公路記

訓導王世卿

　　縣西門大街范氏宗祠之東折而北，直達新街，左學宮，右縣署，凡往來於學者，出入所必經。兩旁地舊窪下，夏秋雨潦停積，彌望成渠，文武官朔望謁文廟，隸役捧輿控馬，沒踝泥淖中，恒惴惴。居民徒步往來，稱弗便。蓋已有年矣。道光丙申，明府荻橋馮公督率紳士集人夫培築之，高數尺，又增修學前射圃，環植以柳，鍬鉏畚揖相望，肩趾交錯，自道光十六年三月啟工，閱十七年六月告竣。昔之沮洳者，今則隆隆起焉。僚屬得循牆遵路，以將事於黌序，氓庶則行者相與歌於塗，以為我賢侯之措我於安也。父老因忻然名之曰"馮公路"，而丐余記其事。余思平治道路，《周官》所詳，賢侯惠政及民，固不止此，而此亦其一端也。是役也，監工者，新街直隸州州同李繼文等，例因牽連得書。

　　道光十七年六月。

（文見道光《修武縣志》卷四《建置志》。李正輝）

吳澤十八橋題石記

知縣馮繼照撰并書

　　修武居太行山南，而北郭之外，則吳澤焉。築道十里，儼若隄防，相間架石為橋一十有八，所以宣洩水潦也。出郭而北，綠草成茵，青萍若罽，長楊夾道，時有鶯鳴。菱荇牽絲，蘋藻漾采，麥壠風過，陌卷黃雲，樹杪炊煙，漁莊入畫。遠眺白鹿，則見翠靄烝嵐，洵一邑幽敞之境也。唯舊橋卑隘，頻歲為山水激齧，間多傾圮，迺購美材加之，恢闊以暢波流，仍惜其俗稱鄙廖，不稱風景之美，爰各錫以嘉名，昭示士庶，勒之貞石，永著無窮。

　　道光十有八年歲在戊戌春三月吉日。

（文見道光《修武縣志》卷四《建置志》。李正輝）

明月泉

明月泉
淄川馮繼照題。
道光十九年三月

(石在百家巖。民國《修武縣志》卷十三《金石志》。王興亞)

長泉

長泉
馮繼照題
跋云：長泉之名，見於《水經注》。自後人以明月為名，而長泉之名不著。今為表而出之。
道光十九年。

(文見民國《修武縣志》卷十三《金石志》。王興亞)

重浚明月泉記

山之美在石與泉。石為山骨，而泉則其脈也。然二者恒不可得兼。苟得兼之，雖在荒崖絕壑，人跡所罕到，好事者猶將爬羅剔抉，表而出之，人以為快。況近在几席之間，其清流激湍，潛發於重巖峭壁間者，竟掩蔽之，使不得成其漣漪瀁漾之觀，良可惜已。修武百家巖，千尋峭削，如石屏高張，而明月泉即由巖根涌注，誠石與泉兼美者也。迺依巖為寺，繚以短垣，巖既不得盡東西一覽之勝，而泉又處於寺後，寺僧更疊石作屋，駕三楹於其上，遂使是泉幽囚掩抑，須攀藤附葛，迺得一窺覘。遊山者憾之。余屢至百巖，欲為是泉發露其面目久矣。道光戊戌之重九日，因修邑乘，采探古蹟，又與袁君叔英、張君魯巖重遊其地，適舊僧源旭主持是寺，迺命撤泉上屋，即其基築臺，再成以亞字牆，繚其四周。泉之東西，展拓三弓有餘，用石砌作半月形，使有渟蓄之所，然後傍石壁以通溜，導之西行，又東分王烈泉一派，竝注其中。斯臺既成，俯流泉傍修竹，東望鳳凰臺，高踞樹杪，春秋佳日，攜儔選勝嘯詠，登臨泉石之秀，畢萃於目矣。泉西注，折入佛殿，庭中舊亦以石擠覆，余竝令撤去，別開一池，長丈有二尺，坐古檀之陰，而觀之碧水澄鮮，亦一勝概也。是役也，經始於己亥莫春，告成於秋杪。余捐俸以為費，邑人亦各有所助云。

道光二十年九月。
知修武縣事淄川馮繼照譔并書。

(文見道光《修武縣志》卷十《金石志》。王興亞)

改建隤城寨風伯祠記

知縣馮繼照

昔者孔子作《易傳》，以巽為風，又曰："風以散之。"蓋天地之氣，慮其鬱而不舒，風行則無所不達，而無微不入，所賴為宇宙鼓太和者不在是歟！觀師之祀，肇于《周官》，《風俗通義》又曰："飛廉，風伯也。"亦歷代祀之。顧風之發也，為祥風、為和風，於萬物固有生成之功；為暴風、為烈風，於草木亦時有摧折搖落之患，則欲以禱祀而禳祓之，知必有道矣。修武治北三十里，曰隤城寨，舊有廟宇，名曰結義，塑漢昭烈暨關壯繆、張桓侯、趙順平三人，竊謂結義之說本屬不經，君臣列坐偵矣，昭烈帝蜀，其聲靈未及於河朔，柤桓隤城誣矣。我朝以太牢祀關帝，封號協天，迺屈之配享悖矣。余以山左遷儒，竊媿不能揚仁風以慰黎庶，而寤寐祈禱，惟望天以五風協，十兩歲得，年穀順成，使吾林林總總者，無飢寒之憂，為大願也。故敬遷舊像而崇風伯之祀，以古所傳封姨、孟婆、葛元、鄭公侍于兩序，用昭護衛。屬崔孝廉星聯督率彼地，子衿共襄其事，啟工於道光庚子十月十六日，及十一月既望而畢，崔孝廉請余記之，謹敘其緣起，勒諸麗牲之石。

道光二十年十一月。

（文見道光《修武縣志》卷六《祠祀志》。李正輝）

重建武安驛馬王廟記

知縣馮繼照

修武，古甯也。邑隸於河朔，北通燕趙，西達雍涼，蓋由古為衝衢，有驛曰武安，定制官馬四十二匹。余初蒞任，馬既缺額，且多羸病不堪用，此宰官之不以郵政為急也。迺戒圉人，蒭芻豆謹休養，以肥瘠定驛卒功罪，一歲之間，旁縣無修武馬肥矣。馬廠、馬閑、兵書、驛卒之居廬，皆以次繕完，唯舊有馬明王廟一間，未悉建置年代，體制狹隘，而歲久殘敗，屢葺不免罅漏，爰事改作，拓長三丈六尺，闊二丈二尺，建祠三楹。前為卷棚，以備行香展拜；又前為月臺，以便視馬馳驟；植二柏於臺上，則將以取蔭也。自道光庚子八月望日啟工，彌月而事畢，唯驛門偏於西者將及一弓，且卑而狹，不利車行。越歲，辛丑四月，一竝撤毀，移正而高廣之，且退北丈有五尺，門之兩旁，各造廊舍以翼之，於是，驛前倍為軒敞，加之黝堊丹臒，視昔為壯觀矣。《周官》"祭馬祖，祭先牧，祭馬社，祭馬步。"注："馬祖，天駟也；先牧，始養馬者；馬社，始乘馬者；馬步，神為馬災害者。"近世則獨供馬明王之祠祀，塑像三目而四臂，蓋是星精，或謂王為西域人，故祭牲用羊，庸詎知非以大宛、烏孫古產良馬，因有此說乎哉？

道光二十一年。

（文見道光《修武縣志》卷六《祠祀志》。李正輝）

唐昌黎伯韓文公故里碑記 [1]

唐昌黎伯韓文公故里。

竊據昌黎伯先儒韓子謚文公，諱愈，確系南陽修武縣人也。

文起八代之衰，道濟天下之溺。實可謂百代文宗師也歟。

文林郎修武縣知事淄川馮繼照

皇清道光二十四年二月二十一日穀旦。

（碑存修武縣城關鎮趙廠村韓氏墳塋。王興亞）

獄空碑

獄空

道光二十四年歲次在閼逢執徐律中黃鐘之月，知修武縣事馮繼照、典史劉光逮立。

（文見民國《修武縣志》卷四《金石志》。王興亞）

重修關帝廟牛馬王高禖祠山神龍王廟碑記

修邑東北路距城九十里一斗水村，舊有關帝廟三間。碑記所載，修於□□三十年，重修於嘉慶六年。玉帝廟、山神、龍王廟創修之日，固不可考。牛馬王高禖祠神廟，創修於乾隆四十四年，迄今八十餘歲，風雨摧崩，神像化脫，人人目極而心傷者也。居是鄉者，同心向善，捐納重修。自道光二十年開工，又創修戲樓五間，況此處原系山野之口，磊石成房，甚矣獨立之艱難也。於每年按糧食捐納錢文，興工至今，數十餘年矣。又創修正殿、兩耳房二間，東西有棚樓六間，又重修陪房十二間，一具金妝聖像，創修神路、大門、外門、樓影壁，功成告就，勒石著文，以致永遠不朽云。

大清咸豐四年歲次甲寅十二月十五日一斗水合社同立。

（碑存修武縣岸上鄉一斗水村龍王廟內。王興亞）

---

[1] 標題係補加。

重修洪山廟碑記

邑廩生劉系唐撰并書。

蓋聞廟者，貌也。像，貌莊嚴之謂也。洪山廟一所，保障七村。蒙神庥者甚夥。邇年來，上棟下宇，頗多殘缺。不足以棲神。司會等爰同乩善念，庀材鳩工，正殿垣墉，暨茨因舊更新。雕繪中間，有改塑西殿，內外悉塗丹雘。東殿道光十一年重修，茲亦簷牙翬飛，與山門均爛然有光。捐貲始於咸豐四年，工起於五年，告竣於七年。七村大喜檀之，得所憑依也。因臚其顛末於石。

咸豐八年歲次戊午仲春中浣穀旦。

（文見民國《修武縣志》卷十三《金石志》。王興亞）

重修百巖寺中佛殿碑記

武陟清吏部尚書毛昶熙撰文。

溫縣拔貢段晴川書。

太行亙懷州之北，蜿蜒回伏，凡名剎之託於其中者，不下數十所。而峭壁嶔崟，水石明秀，極林壑之勝者，則以百家巖寺為最。此寺自六代迄今，代有名蹟。余道光中，嘗一遊其間，徧覽嘯臺、竹林、淬劍池、醒酒臺諸勝，緬前賢之遺事，訪碑碣於往古，輒低徊流連不忍去。顧見中佛殿為飛石所摧，諸多陊剝，心竊憫之。越同治丙寅，余宦游京邸，母舅鎬宜姜公，以書來述重修百巖寺之事。謂侍御趙用九公，及先世御六公，先後各施田於寺以贍僧。余不忍使先人遊憩之區，漸就頹落。廉知溝濮寺僧心安等，堪任其事。因稟知邑侯孔儉齋明府，俾領寺眾。心安甫至寺，即積財鳩工，並多方募化。余首先倡捐，凡鄰封之官紳士庶，各有捐輸。遂於同治甲子年開工，歷今歲而工竣。殿宇佛像，煥然一新。子其為我記之。余嘗讀唐杜鴻漸所撰《重修碑記》，其敘百家巖之顛末綦詳。大抵謂立寺肇自高齊，周人滅齊，初隆中廢，隋氏踐祚，厥名乃復。至唐祖建元，天平海清，庶物遂生。此寺乃特起宏宇焉。是則僧寺之廢興，亦有關於國家之隆替也如此。近年來，賊氛不靖，凡方域之名蹟，多被焚燬，每足增弔古者之憾。今則運際中興，四方盜寇漸次削平。行見他日所被景物暄妍，自通都大邑，以至名山之勝蹟，無不興衰起廢，各復舊觀。此余所心期焉，而恐不獲一觀者也。聞茲役，不禁為適適然喜也。

同治六年歲次丁卯三月上浣穀旦。

（文見民國《修武縣志》卷十三《金石志》。王興亞）

皇清誥封朝議大夫從九品議敘布政司理問勝庵范君（鍾英）墓誌銘

【蓋文】

勝庵范君墓誌

【誌文】

皇清誥封朝議大夫從九品議敘布政司理問勝庵范君墓誌銘

　　修武范君勝庵考終於同治之八年。其孤榮光自陝右聞訃，歸而挾狀乞余為銘。榮光，余主講甯城時，君命其從余游者也。君生平行誼，惟余知為悉，何容以不文辭。謹按狀：

　　君諱鍾英，字逾萬，勝庵號也。先世由山西洪洞遷修，居城之西門內。君初捐從九品，以襄辦城工有功，議敘布政司理問。榮光貴，誥封朝議大夫。君曾祖諱廷璋，縣庠生。祖諱詡。父諱師聖，貤贈朝議大夫。俱有隱德。妣張，旌表節孝，貤贈恭人。君週歲失怙，鍾愛於叔父友夏公。友夏公病篤，謂君曰：汝叔母方震。男也，則吾祀不絕矣。女也，汝其兼承吾後。後果生女，遂如友夏公命。君生有至性。不及事父，事祖父母益謹。生養死葬皆如禮。張太恭人苦志守節，君左右就養，務得其歡心。待姊妹恩義交盡，周乏恤困，初終無間。宗祠將圮，合族謀出資重修。君督工，一木一石必歸完整。嘗自憾讀書未能卒業，課榮光愈嚴，稍懈即呵責之。榮光登拔萃科，朝考以知縣用，分發陝右。瀕行，君戒曰：陝西自土匪倡亂，累年用兵，事未有不棘手者。慎勿避險就夷，萌苟安意。且州縣為親民之吏，惟不失寒士本色，方能下洽輿情。汝其勉之。及榮光署洋縣。又戒曰：洋邑兵燹之餘，瘡痍未復，務以安撫綏輯為本。堅守牧圍，與民休息，是吾所望於汝也。凡致書數十次，無他言。以故榮光治洋五載，政聲在人口，藉藉不衰，皆君教也。方范氏之修宗祠也，君分司其事。嗣宗人以君公正，推為族長。君辭以老。然事涉毗睚，皆取決於君。君反覆譬喻，必兩得其平，不使滋訟，眾皆悅服。先世鳩木工鬻櫬，負債者多不償，君焚其券。傭人盜君物，君佯不知，移日以他故遣去。佃戶某送竊者於官。君恐羈累，為營救，得釋。其人感君德，卒不為非。蓋君之陰行善事，大率類此。余嘗論士君子移風易俗，不必藉於名位。東漢管幼安、王彥方諸人所至之地，薰其德而善良者，不可勝紀。蓋積誠有以感之也。若君者何多讓焉。

　　君生於乾隆五十八年十二月二十九日，卒於同治八年五月二十七日，壽七十七歲。原配姜，同邑庠生諱碩公女。勤織紡，躬井臼，佐君奉繼祖姑及姑，孝敬備至。人皆賢之。生於乾隆六十年六月二十七日，先君卒二十一年，享年四十有六。誥贈恭人。繼配趙，誥封恭人。為兼承友夏公祀，又娶李。子一，榮光，知府銜，賞戴花翎，署陝西洋縣知縣，補岐山縣知縣，即補直隸州知州，咸豐辛酉拔貢。女一，適王。孫二：乃虞、乃功。女孫一，適陶。曾孫一，西安。今將於同治九年十月二十八日葬君於祖塋之次。謹撮其要而為之銘曰：

　　良玉在璞，不磨而光。幽蘭在谷，不採而香。惟君之心，斂抑退藏。惟君之德，化及於鄉。豈惟其鄉，並及遐方。貽子以穀，代播其芳。嵇山蒼蒼，丹水洋洋。我銘君墓，終焉允臧。

賜進士出身前湖北襄陽縣知縣愚弟武陟毛鴻順頓首拜撰。

賜進士出身吏部主事文選司兼稽勳司行走愚侄武陟周信之頓首拜書。

翟元善刻石

（拓片藏存河南省文物考古研究所。李秀萍）

甯城書院議立章程序碑

青陽李學蕙撰并書

書院為課士之地，膏火乃養士之資。無經費則膏火難繼，無章程則經費易虧。董其事者，不為之善籌畫，立條規，防侵挪，勢必日久弊生，幾同燕麥。有課士之名，無養士之實，甚非所以為長久計也。

甯城書院，創建於東關，延師課督，舊有章程。憶自前任鄒、馮二公，首倡勸捐，得錢四千餘緡，發商生息，買田十數頃，招佃秖種，每畝得餘利租錢，以為書院經費，尚可敷用。追後兵燹數載，防堵缺資，有因差務而借用者，有因城工而支取者，始暫挪移，繼難彌補，經費幾至無存。前任檢齋孔君，深為之慮。爰倡捐廉，每年發出青蚨一百二十千，為延師脩資，嗣後歷任繼其美而踵行之。復經前左任設簿兩本，載明地畝，與董事互相稽查，胥差不得侵蝕，秖戶不至積欠，經費漸有起色。第章程雖已粗具，而條規尚未詳明，籌畫未周，侵挪不免，經費虧短，脩火缺資。職是之故，本縣下車伊始，詢及書院，始知顛末，因照前任捐廉，如數發出，並飭紳董，斂積至本年，計存制錢二千吊，發當生息，以為書院經費。爰與紳董商將月課改於試院，扃門課督，邑中生童與課者較前更盛。斯亦文風丕變之一徵也。惟章程未立，終非善計，幸董事張生鶴樓等，議立條規，請定於余。余為斟酌一二，俾登賬目，並勒貞珉，以垂不朽云。

光緒元年。

（文見民國《修武縣志》卷十三《金石志》。王興亞）

捻軍過境碑 [1]

【額題】碑記

大清光緒元年，祠堂、會首、□官楊慎修、邑庠生楊濟川，屢積秖租，磊老墳石，□三口人，栽柏樹三十株，寨上栽柏樹四十株，打抬鎗一杆。楊天興、楊鋸車合村打抬鎗五

---

[1] 標題係補加。

杆，修造多端，難以備述。族人云寨上避難之事，可並勒貞珉焉。

聞之明之末年，賊寇如林，鄰村多失，而吾村能存者，賴寨之險阻與先祖楊臨風之智勇也。今所思者，咸豐年間，捻匪號小閻王，相聚百餘萬，擾亂於南。同治六年冬，自絳州沿冰渡河，十二月十八日至修武境內，兵馬方六七十里，南至運糧河之南，北搜山十餘里，焚殺擄掠，到處已遍。避兵者滿山，交字口、峪窟、圪料返、南坡、西岸、苑曲等村，皆被賊擾。村民散逃於山巔，□凍饑，而吾村楊姓五十餘家，外姓十餘家，他郡千餘口，聚處寨上，壯者守村得免。而越五日，大兵西來，賊兵東去。七年六月，圍賊於東海濱，大砍之。所聞如彼，所見如此。寨之有益於吾郡也，不誠多乎！雖然，道在人焉。賊寇所行無定，地利不可徒恃，或守或去，古之常道。倘遇兵燹，尤當審勢量力而行，未可以執一也。

同治四年大旱，立秋落雨，秋苗初種，十分收成。

邑庠生王清源撰並書。

石工楊生春。

（碑存修武縣西村鄉西嶺後村。王興亞）

光緒三年荒歲碑

聞之水毀木饑，天行有時。逢堯水湯旱，聖人不免遇災。知時歲荒凶，國家代有。然記於古，非見於今世。自光緒二年，春、秋已屬薄收。至三年，經年餘無雨，野無青草，而室如懸磬，其將何以度支哉！欲賣田園，每畝價作百文；欲拆房屋，每間錢值數十。況五穀價皆抛昂，米麥每斗清錢一千六百二十文，高粱一千百五，玉子一千四百五。困苦無聊，何以為生？或揭榆皮以充饑，或剗草根以糊口，或舍妻子而就食山東，或棄老幼而轉丐河南，不知誰氏子沿街呼號，不知誰家婦隨人逃走。此時之情形，真有耳不忍聞，而目不忍見矣！然猶淺也。自秋徂冬，愈不堪問。有朝見而暮死，有暮見而夕亡，安分者忍饑就餓，搶食者獲罪喪生。甚至刮死尸而鹽其腦，殺活人而食其肉，酸痛之事，概難悉數。

四年春，瘟疫大作，餓死者無數。因病而死者又無數。然天運循環，否極而泰。三月間甘雨，時逢庶得播種，方謂收穫有期，太平可望矣。不謂八、九月間，淫雨彌月，虐疾徧生。至年底，而倉箱有慶，痼病以療。嗚呼！年餘間，屢逢劫數，豈非天哉？我村共計人丁四百餘口，荒年後不滿百口。茲值重修會館，故謹撰俚語，藉勒碑陰，俾覽斯碑者，觸目興懷，以為思患預防之計。是為志。

邑庠生馬銘座謹撰。

邑生員薛麟士書丹。

後板橋合村同立。

大清光緒十五年季春中浣穀旦立石。

（碑存武陟縣文物保護管理所。王興亞）

孟州市（孟縣）

自餘濟河重接遂村水利記

【碑陽】

薛所蘊[1]

沁水出上黨，謁戾山，迤邐迄野王之枋口，川巖蕩析，波勢蓊匌，古人導以溉田，不知昉於何代。自魏司馬孚表興河內水利，蓋土人資以爲歲久矣。繼此陵谷移易，又不知湮塞何時。明萬曆庚子間，河內令鳳翔大司馬袁公應泰，創鑿廣濟洞渠，而濟侯史公記事於水下數武，亦繼鑿永利渠，蓋與廣濟同其灌溉云。然廣濟下流百五十里許，派之支分以二十餘計，霑濡所暨爲邑者四，而永利南流不逾二十里，迄於濟境而止，何其功溥而被狹歟？且其支流所注爲渠僅二：一渠東南透折至官庄入漠，一渠南徑遂村、東桃園入漠，逕官庄者。天啓辛酉間，河內大衛、孟縣曲宏等村士民接爲餘濟一渠，涓涓幾何，而上游者又復多所慳閉，澤不及遠。康熙丙戌五月，偶偕姻婭司李楊君循如步至桃園砦口，見水自遂村來者，奔放滂汸，建瓴入漠，濺雪吼雷，驚濤怒迅，以此爲胡非斯民之命，而委脂膏於逝波哉！乃相與相厥形勢曰：可折而北，合之餘濟，以補不足。惟是異日者，攙越正號，則濟之人以爲惴惴爾，因指水矢心曰：以餘干正有如此水，衆乃欣欣有愉色。走牘請之鄉先生銀臺段公、侍御周公，咸曰：可。而濟侯晉公，孟侯傅公同蒞厥事，傅侯且即投牒上官，報可。畚鍤肇興於丙戌六月之六日，落成於丁亥某月之某日，而餘濟尺濤幾幾乎永利全浸矣。先是患南雍村迤南墜汙下，水勢不能軼而北。詢之父老，僉謂架橋渡水，可利彼往。于是，捐二百金，建木梁，以漕水並用，價購民地若干畝爲渠基。由是，逕南雍東流官庄北，環楊中丞祖塋前，爲帶形，滙之餘濟，舊渠深廣倍之。首大衛，次小衛，王亮、葛萬爲河內地，其在孟境者，則曲村、宏道、羅庄、堯村、吳家寨、趙庄、藥師，蓋沐浴膏液者，瞳以十餘里，則四十焉。是舉也，利在奕世，廣其惠以及隣者，濟之鄉先喆與諸子衿義民也。主其事者，晉侯、傅侯，而相度鼓舞，以利濟我二邑者，司李楊公之德爲最。宜壽貞珉，以誌不忘。

晉侯，諱承案，山西洪洞人。傅侯，諱爾栻，遼東蓋州人。銀臺，諱國璋，萬曆癸丑進士。侍御，諱維新，萬曆己未進士。司李，諱挺生，循如其字。子衿義民，則商生昌祚、李生篤等也。

時順治四年歲次丁亥月日記。

（文見順治《河南通志》卷四十八《藝文志·碑記》。王興亞）

---

[1] 乾隆《孟縣志》卷三《建置志·水利》作"國朝邑人"。

重浚餘濟河渠記

薛所蘊[1]

懷郡水利盛於河內、濟源二邑，孟獨灌溉不及。自天啓五年始，接河內豐稔河之下流，繼後復接濟源永利河支以分涓涓之潤。而邑之北境，始有餘濟一渠。乃上流者，苦於澤之無多，每壅閉不能下究，僅存渠之名，無渠之利。逮順治丙戌之歲，里人謀爲架橋於南雍迤南，接遂村全渠至官庄，滙二渠東注，經河內之大衛、王亮、葛萬，入孟之曲村。迤東洪道、趙蓋、羅庄、後堯村、吳家砦、趙庄、藥師，復以餘濟之餘波及韓章、立義、前姚村，而民始獲溉田之益。然慮始之時，草草創作，渠狹淺不能多受水，潦易羨溢爲害，嘆以蓄水少，仍弗克遍霑濡。戊戌之秋，緗箬劉侯履畝省斂，慨然曰："盍浚諸以爲吾民溥利濟乎？"躬詣南雍，集衆鳩工，深廣定式，怠而不及格者懲無貰，鄉人踴躍，畚鍤雲興，未兩月而告成。事因民之所利而利，衆姓咸喜。貢生趙邦治、生員李蘭、公直崔大裕等來請記。因欣然曰："水利之裨於民大矣。自秦鑿鄭國渠，注填閼之水，溉舃鹵之地四萬餘頃，收皆畝一鍾，於是，關中爲沃野，無凶年。而白公等渠繼興，利及萬世。即懷郡自魏司馬孚表興野王水利以後，生民富庶，其所由來者遠矣。"顧興廢由人，肇造經始，芳規在前，而疏湮導淤繼起之功，未可廢也。嘗考西門豹令鄴，鑿十二渠，引漳水灌田，至今傳有西門渠。而班史《溝洫志》引史起語曰："魏氏之行田也以百畝，鄴獨二百畝，是田惡也。漳水在其旁，西門豹不知用，是不智也。知而不興，是不仁也。"於是，起爲鄴令，引水溉田，民乃作"鄴有賢令兮爲史公"之歌，千古豔傳青史。以今尚論鄴之水利始於豹，而起以不仁不智譏之。豈西門之渠工有未盡善，故利有未大溥。史公繼之，乃遂施澤廣而利濟永歟！今餘濟一渠，雖開之於前，而民不沾實惠，侯浚而深廣之，厥澤乃下究而利賴滋大。昔人云：莫爲之前，雖美而弗彰；莫爲之後，雖盛而不傳。侯茲舉庶幾史公之於西門矣。我孟人當有繼鄴民而爲歌者耶。

侯諱檣，順天之大城人。是役也，凡厥利戶，咸竭蹶趨事。而率作經營，鼓舞不倦者，公直某某等勞績爲最。因並記之。

時順治十五年歲次戊戌月日記。

（文見乾隆《孟縣志》卷三《建置志》。王興亞）

淳化閣帖題跋

淳化閣帖摹勒何止數家，或如虎賁于中郎，徒貌似耳。茲制遒勁秀逸，神道逼肖，藏

---

[1] 乾隆《孟縣志》卷三《建置志·水利》作"邑人撰"。

姿態於銀鉤鐵畫之中。蓋毫髮無遺憾矣。余見於衛源廢石間，納價購得之，缺二十有九段，友人曹縣王君雷雙鉤鐫補，遂成完璧。始於順治十七年庚子四月，迄次年辛丑六月。

河南薛所蘊識於翕園之寶曇巖。

（碑存孟州市大禹辦事處東街。王興亞）

重修孟縣文廟記

國朝楊運昌

孟於中州為巖邑提封，四域短長，相覆不越五十里。扆山帶河，左濟右湛，地狹人稠，風氣清淑，蓋古文教之邦，而三河之間一都會也。舊有文廟，在縣東南隅，碑記不詳。所自聞諸長老，縣故為州治，濱河，金大定之間以水患徙而北，為今城廟之建，或即於是時。迄明，知縣孫芳、俞元弼後先增拓，輪奐之美，號為閎壯。國朝，流寇肆虐，城垣失守，廬舍幾盡，獨廟巋然存。未幾，亦以霖潦漸圮，而莫之省憂。康熙癸丑，巴江胡侯希銓既為政之三載，風雨以時，年穀屢登，民安吏肅，百度維新，釋菜於夫子，俯仰循覽，愾然存茂草之慨焉。謀於學博李如械，聿圖修治，事且有緒矣。會以兵興暫止，既而曰：長吏表帥一方，將廣教化，美風俗，漸漬斯民以詩書禮樂。迺俎豆之宮陊剝不理，其若父老子弟何，且何遽以倥傯為解也。於是，擇吉鳩工，庀材運甓，邑尉以下董視克勤。經始於乙卯秋八月，越明年丙辰春二月而夫子之殿成，廊廡門牆皆以次完葺。是役也，侯捐俸金，其簿尉暨邑之大夫、士里民宜勞輸費，亦各有差工。既竣，凌尉來乞余文以紀侯績，余惟虞夏以前無論矣，歷周而來，孟之見於經者，或為盟，或為向，或為河陽。春秋隱桓之際，王以十二邑與鄭，獨向盟不從。王遷其民於郟，此非先鄒魯而有其禮義者哉。漢唐而降，以襟喉要地，表裏京洛，故置州建節，元老大賢往往來蒞。宋至慶歷以後，廣勵學官，天下僅五十生餘員，河陽即與焉，蓋其重哉。其時，教隆於上，俗清於下，公卿大夫項背相望。大者以勳節名，小者以經術顯。韓吏部愈遂出，而以道德文章起八代而師百世，抑何盛也。近代吏治人材稍遜于古，然以余所覩記，士敦人樸，猶斷斷禮讓之体焉。曩者逆闖鴟張，海內風靡，孟獨以十夫培塿悉力，拒守六七晝夜。而後下城陷之日，貞人介女義不從賊，哭叫罵詈，以及於難者未易悉數，豈非忠誠義烈猶有聖人之遺化歟。嗚嘑！迄于今而民多巧偽趨利，士弗遜志典學，而矜才尚勢，子弟之不講於孝、悌、敬、義者久矣。有識者時懷耿憂，思拯其敝，宜胡侯之知所當務而重葺黌宮，敦崇禮教也。夫以羽騎飛馳，供億轉輸，日不暇給。令斯土者悉索敝賦以襄軍事斯云，勝任愉快矣。侯復殫心庠序，鼇其舊而新是圖，此其卓識宏度為何如哉？史稱宋均年少好學，調辰陽長，創立鄉校。寇恂為汝南太守，修學校，教生徒，玖其時並在用武，故知賢人君子所見自有同然也。《魯頌·泮水》之五章有曰："克明其德，既作泮宮。"其六章曰："濟濟多士，克廣德心。"願諸生入廟惕厲，敬慎共思，所以誦法孔子，繼軌先賢。異日者化行俗美，斌斌文學，將朝廷實嘉賴之，豈惟胡矦與有光焉。不然上作矣而下弗應，使古徽莫嗣，廟貌徒存，是亦二三子之羞也。余家世與孟鄰比，又數從其邑之先生、長者遊，頗能悉其土風，故具為道之如此。俾後之人得以考識而觀感焉。是為記。

康熙十五年歲次丙辰孟秋穀旦。

（文見乾隆《孟縣志》卷三《建置志》。孫新梅）

餘濟河紀事碑

【碑陰】

濟源縣舊有永利河一道，下分二支，東一支由官庄入溴河，西一支由官庄西、桃園砦入溴河，是有用之水，徒委諸河伯。申公天秩與余祖邦慶並族祖邦彥，於天啓五年，告准府道詳允，接其餘水，以灌孟田，遂以金一百零六兩一錢，錢九千三百，買宋思問、和旻等六十一契，地一頃零四畝五釐。餘濟河於是有身接永利河東尾，自官庄東由楊家墳、大衛、小衛、王亮、葛萬至趙改村東分支。南支由洪道至曲村南、丁家庄，入溴河後，亦接其餘於姚村等處；北支由曲村、羅庄、姚村、吳家寨、趙庄，至岳師入濟河後，亦自吳家寨東分接其餘於立義等處。天啟六年，郭名金告爭，本府推官周申明道府余祖並申公又接引豐稔河尾一道，自鄧村起至趙改村東入餘濟河。順治三年夏，鄉人以餘濟一渠分河、濟灌溉之，沫灑孟民桑麻之潤，甚盛事也。但慮其澤之無多，若遇天旱，水必壅閉而不下，於是，復捐金錢二百八十八千七百七十，買濟民邵永寧、商性等三十三契，地三十二畝九釐二毫五絲為河身一道，接永利河，南支起自南榮村南，過官庄，至楊家墳東，入餘濟河，又以南榮村南，東西有港，謀為架橋一座。慮無土修補，又於架橋之下買地六畝，土以備修橋緩急之用，租以充守閘工食之資。此時本縣縣公傅諱爾栻實共成其美，委總管李公諱長國，公直趙公諱以龍督工，又訪求舊役公直天秩之子諱得民，並余父大裕，問利地之有無，夫役之多寡。李公與余父等四人計地派夫，將孟縣之民編為四小甲，頭小甲夫十名，二小甲夫十名半，三小甲夫八名，四小甲夫十名零六分外，大衛、小衛、王亮、葛萬四村夫十名半，共夫四十九名零六分。集眾鳩工，不兩月而告成。又慮守閘無人，旱固不得水，澤澇亦難免湮沒，眾利戶攢金十兩，四公直出銀四兩，每年作利銀七兩，以抵五龍口守閘工食。守閘夫李思孝立券收訖，日後不願守閘，將本銀十四兩退回。至餘濟河糧，蒙本府糧河廳佟署濟邑事，丈量地畝，將粮一槩申除。余與利戶邢可仁等恐河務多端，日久差訛，故搜求遺文，將事之始末，勒之於石，以垂不朽云。

康熙十六年歲次丁巳孟夏上浣。

原任湖廣沔陽衛掌印守備崔三聘撰。[1]

---

[1] 此文與薛所蘊《自餘濟河重接遂村水利記》（見本冊第180頁）刻在同一方碑上。"公直李長國"以下，民國《孟縣志》卷三《水利》未錄。

公直李長國、申得民、趙以龍、崔大裕。

堰長邢可仁，小甲朱習儒、崔大鳳、張光化、常文治，暨漯河利户仝立。

（文見乾隆《孟縣志》卷三《建置志》。王興亞）

重建韓昌黎伯塚前碑記

古來天道之傳自羲黃，以迄文武，其間代主聖人前為創而後為因，故龍馬用以畫卦，鳳鳴用以審音，質之敝也。而救以登降拜跪，文之縟也。而先以元酒大羹，兵之不得不用也。而立杆舞羽，以格梗頑，放牛歸馬，以囊弓矢，必使文德武功一時並用，然後百王之道若金莖一氣，薪盡而火乃續焉。慨自周轍既東，王綱不振，數傳而及靈王之世，仁義榛蕪，聞人亂正尼山，篤生聖人與！及門姚仙輩，昌明教化，羽翼羣經，厥後攝相事，以行兩觀之誅，具司馬以申武事之備。於是，古今絕學，同四象之經天，無有矯飾，以惑世誣民者。

夫何泰山其頹，梁木頓萎而變遷。至於七雄縱橫紛起，瓦缶雷鳴，微子輿氏挽河漢之狂流，稱先王而陳仁義，聖道之不絕也如縷矣。未幾，而強秦兼併，即有坑儒焚書之慘。漢高雖奮起而驅除之，然心薄經生，弗獲崇儒重道。文景之世，雖稱治平，諸生事不師古，未有敦書說禮，以入于聖賢之域者。惟董江都粗有大儒氣象，而正誼明道之說，究未見諸施行，君子是以有餘慨也。降至後漢六朝，祖尚清談，推源莊、老離經叛道，莫可名言，誰復為孔、孟之功，臣屏虛無而崇實學者。李唐肇文教蔚興，以沈宋能錦繡成文也，而僅比切於音律，以燕許得江山神助也，而止典掌乎經綸。迄中唐之世，險邪羣起，與正人君子日相讐。昌黎公獨振興絕學，力排羣說，而闡明聖道於人湮世遠之時。周、孔之傳，賴以不墜，後賢稱昌黎公為周禮之功臣。眉山長公稱匹無而為百世師，一言而為天下法，洵不虛也。

登瀛攷公之家世，生三歲而早孤，與伯兄會相依為命。未幾，伯兄□官嶺表，因而隨任遠方。嫂鄭鞠之不啻慈母焉。

公幼而敦敏，讀書目十行。下及長而貫串諸史百家言，諸同學莫敢與之爭黑白辨圓方者。及登進士榜□，董晉為宣武節度奏公署觀察推官，及晉卒，而依武甯節使張建封。公剛直不阿，與之區畫事宜，輒抗言無所避忌，張節使甚畏憚之，相視如嚴師焉。尋調四門博士，再遷御士［史］臺，上疏極論宮市之非，貶陽山令，撫綏凋疲，憂民如有病者。民懷其德，比户舉子皆以其姓字之元和。初裴晉公臺慰淮西，奏公為行軍司馬□元濟平遷刑部侍郎，及憲宗迎佛骨入禁中，上表力諫，帝怒形於色，將抵以法。裴度、崔羣等救之，得貶潮州刺史，尋改袁州，後詔拜國子祭酒轉吏部侍郎，與李紳交相彈劾，遂罷為兵部侍郎。穆宗朝，以公為京兆尹，六軍不敢骪法。私相戒曰：是尚欲燒佛骨，何敢輕犯，是公之嚴性正氣，足以廓清邪說。羽翼聖道，其功真不在子輿氏下也。至其開衡雲格，豚魚播遷荒裔，百折不回，此不過至誠感神之緒餘，未足為公稱道，惟登瀛私淑既久，今承乏名賢存神過化之鄉，雖未及侍壇坫之片席，而甘露和羹。幸邀肸蠁每年，豈非羹牆堯舜，可因公而如或見之耶。若夫士君子生而有偉業豐功於天下，死而後得祀於鄉者，我公送楊少尹之序自言之。然非所論於從祀廟廡之列也，因礲紫金一片石，而勒不文之言於碑。

　　文林郎知孟縣事會稽徐登瀛薰沐謹撰。

　　府學生員程鵬萬薰沐書丹並篆額。

　　高田單協理，署儒學教諭姚奏，主簿王畿，典史賀天祐，監修生員高文學，鄉約高文裕，地方高樹德，工書席獻珍、劉俊，皂役李所□、李化蛟。

　　仝立。

　　石匠黃朝臣。

　　大清康熙二十五年歲次丙寅又四月吉旦。

（碑存孟州市韓愈墓。王景荃）

孟縣邑侯劉公新開崇義鎮水利渠記石

　　張碩儒

　　公諱凡，號卓崖，江南鳳陽府潁州人。丙辰科進士，蓋聞袞衣章甫魯人興尼父之歌，子弟田疇鄭國播公孫之頌。惟循良沛其利澤，斯即事誌之碑銘。惟我劉侯，潁川世胄，馮翊名流，早占巍科，文譽領鵠袍之袖。分符孟邑，清風飄組綬之香。甫三月而政報，未期年而化行，寓撫字於催科，不憚陽城殿考。施禮教於律令，無煩卓魯褒書。五載以來，惠愛之及於閭閻者，其何能殫述也。惟是崇義鎮南開渠始末，謹為我侯記之。自侯蒞任於茲，頻年災旱，復患飛蝗，滿地蒿萊，傷心慘目。侯乃出倉穀以賑饑，又常單騎出郊，諮恤民間疾苦。呼父老而告之曰：“博施濟眾，古帝所難。如值天災流行，必得地利，方為可久，將如何可使爾民播種得宜，無憂災旱乎？”隨有生員張彥儒，公直孫進邦，張自卓、張毓秀、張懷德、張碩儒、倪國獎、倪泗生、閆濟廣、籍可廣等，以開渠備荒等事具呈，內稱河孟兩縣接壤，古有濟河一道，發源於王屋山。又有潴龍小河，湧自龍潭塔，二水交入一處，晝夜不舍，兼以利河餘水具投其內，旱則無益，澇則有害，上流使水，有濟田禾，其下流則河低岸高，不獲其利，浩瀚奔騰，直底黃河。嗟，此餘水若得開渠疏引，盡可為孟民備荒。但尚隔河內縣崇義鎮地一眕，難以逕通，伏候主裁等因呈縣。不數日間，我侯因公事赴郡，道過崇義鎮，即留心相度地勢。於是，具詳本府，蒙賢郡守劉公移行河廳，余勘驗又親詣崇義鎮，會同河、孟兩邑侯，周圍審視，召崇義鎮之居民面諭，議買其地以開渠。有崇義民楊四玉、同族人楊會至孟邑，願將地二畝一分七釐立契出賣，為孟民開渠通水之路，當蒙侯即給價銀六兩，當堂收領。去後，村民正欲開濬間，乃蒙皇恩撥揆江南漕米二十萬石，賑濟秦中，命我侯至河南督運，而楊四玉等听刁唆惑，心生犯悔，又復中阻。我侯聞之，即傳楊四玉等至偃師縣之孫家灣督漕公館中，再給官銀四兩，前後共得銀十兩，令寫找絕文契。再詳本府。蒙賢郡公即傳溫縣張侯及河內李侯暨我劉侯同往渠口設祭，令村民各出其力挑濬，而渠始開焉。不兩月，而渠溝成矣。從此，如遇雲漢之年，藉此水以灌溉，而農與粟可以並生，樂其樂而利其利。後之用此水者，豈可不思其源。與儒等誠恐日久淤塞湮沒，復起爭競之端，況我賢侯已膺內召，指日陞遷，無從借寇，敢請勒石以紀其事。嗚呼！召伯恩深百世，垂甘棠之愛，羊公德存千秋，留峴首之碑。鑴茲石也，宜永久常存勿替矣。是為記。

康熙三十三年歲次甲戌己巳月初一日。

張燦年書丹。

典史賀天祐，主簿王畿，本村鄉約倪法生、鞏應厚、閆鳳儀、閆夢麟、郝應聘、仝振民、王士俊、宋雲、高紳暨四村士民。

總甲張太康、張其緒、張裕慧、張其貢、張忠、李生、張良富。

總催王業成，河衙原差党運、李明經、李祥、趙文。

石匠黃廷仕。

同立。

（文見乾隆《孟縣志》卷三《建置志》。王興亞）

增修韓文公廟碑記

癸酉科舉人候補內閣中書薛京撰。

邑庠生員程□□書丹。

孟為古河陽地，扆山帶河，雅稱形勝，故風氣磅礡，往往蔚為異人，如張君之經術，張本立之勳業，郝學士之忠節，均堪彪炳史冊，增輝邑里。而至於浩然之氣，充塞宇宙，生為正人，歿為明神，一時視之，若景星慶雲；百代仰之，如泰山北斗，則莫若唐吏部韓文公為最著。蓋三君子之勳名節烈，所重猶在一時，而公獨能倡明絕學，排斥異端，撥衰亂，而返之正，使六經聖人之道，燦然如日月麗天、江河行地，其功乃在萬世，此所以配享素王，千秋廟食，超前軼後，而為茲邦特出之偉人也。

公實河陽人，朱紫陽先生攷辨甚詳，載在邑乘，無可疑者。唐史訛為南陽，或又謂修武，均屬謬誤。明成宏間，冢宰耿公特表正之，縣尹嚴侯始建祠以祀。顧棟宇湥峙，僻巷過往，士大夫往往無從展謁。正德中，邠州劉侯改建南門內，通衢之右郡理學，何文定公為文以記。然地勢雖極爽塏，而規模猶未宏壯，且歲久已漸圮。今康熙甲戌，甬東張侯來宰是邑，越三載，政通人和，教化將興，乃慨然謀新公廟，以示風勵。先捐俸地廣其基址，後協集眾力，次第增修。凡堂廡門城無不高敞軒豁，又繚以周垣，樹以文檜，巍然煥然，悉改舊觀。工既竣，命余為記。余惟公倡明聖道者也，既倡明聖道，則凡欲以道化民者，未有不尊為師表而崇奉之。況侯宰公故里，桑梓後人感發尤易，豈可不亟為表揚以示激勸耶！弟近世司牧者，率多困簿書，急催科，其於表彰前賢，風勵後進，全視若迂遠而莫肯為，抑或因陋就簡，無尊禮崇奉實意，其足感人者幾何哉？今侯獨留意教化，亟修公廟，以昭崇尚。且舍其舊而新是圖，使向之僻陋貽譏、卑狹未稱者，一旦宏敞壯麗，肅人心志，此其識見，豈特高出近代，即遠視嚴、劉兩君子，亦後來居上。惜余學未聞道，不能為文定之文，以揚盛美，實增媿怩耳。雖然，願與吾黨之士入廟興思，以公德業文章爭相濯磨，庶不負侯表彰崇尚之至意，不然典型空在，仰止無聞，使前賢遺風或墜於地，豈惟侯之憂，當亦吾紫山黃河之羞也。侯諱之紀，字垣侯，浙江鄞縣人，涖任來，修舉廢墜，莫可殫述，而茲尤其最大者，故樂為之記，而繫以辭曰：

矯矯韓公，實產河陽。超世絕俗，虎躍龍翔。見道獨真，闢邪衛正。識高荀楊，力追鄒孟。浩然之氣，發為文章。佛骨原道，日月爭光。精誠貫格，潛通冥漠。衡山霽雲，潮海驅鱷。八代狂瀾，中流楷柱。平淮撫鎮，折衝樽俎。闡揚六經，誘進多士。張皇盧孟，韓門弟子。世居韓莊，馬鬣猶存。鬼神呵護，松栢輪囷。維邑南偏，夙建公祠。厥制湫隘，神何以棲。賢侯涖止，毅然改作。鳩工闢地，規模載廓。有侐者宮，高明爽亮。有儼者容，萬民所望。春秋禴祀，陟降左右。庶幾羹牆，瞻仰山斗。凡我桑梓，儀式前修。莫負典型，以貽神憂。賢侯表彰，鼓勵實深，頑廉懦立，其始自今。琢詞豐碑，昭垂奕世。冀厥後人，纘修勿替。

康熙三十七年歲次戊寅冬月。

（文見乾隆《孟縣志》卷二《地理志》。孫新梅）

重建韓文公祠碑記

國朝張之紀

河陽為韓文公故里，予下車拜謁公祠，輒見堂宇湫隘，垣楹頹落，慨然於崇餙有未偹，非所以翼聖道，尊前哲，興起後賢也。及考邑志，知公祠肇始宏治間，冢宰耿公裕表請於朝，得建專祠於本邑。至正德丁丑，關西劉侯澄改築邑治南門內，樹坊題額，郡紳何公瑭為文紀其事，蓋歷今百有八十年矣，未有舉而載新之者。余以為天下郡邑皆有賢，賢宜有祠，即公所謂鄉先生歿，而配於其社者，其功德、文章、忠孝、貞義煒然著稱於世，則立祠祀之。俾罔替而此邦之大賢如文公，又非僅一鄉一國所尊崇，顧任其宇頹垣圮，闃然無所改作，其安之乎？且公墓在邑西三十里，向植有神道碑。士大夫往來過塚，多揭其文以去，居民以為擾，乘亂焚碑，近罕有拜墓者。獨此祠可瞻公像，而不為竭虔妥靈，使遠近後學輩登堂而致敬，亦安見地以人重而河陽藉以生色耶！於是，謀於紳士買祠後地，斥廣之，各捐金庀材鳩工，增新疏闢，輪奐頓改。觀祠成，諸士以為宜紀其始末，竊伏自念譾陋。如余蒙聖恩，承乏茲土受事以來，他務未遑，而獨於此惓惓者，誠以公繫斯道之大，為萬古學者儀型。予少時讀公集，追慕無已，今幸得拜公祠下，以時薦豆籩，習禮樂，及茲不稍爲修舉，恐抱疚無時釋也。抑所以望此邦者，實深言乃身之章，文爲道所載，掇春華而遺秋實，未必邊爲公所許。世徒知誦習公文，而不知公得與於聖道之傳，不以其文，而以其人。願都人士入斯祠者，肅瞻公像，想見公之爲人，翕然各能志公學，師公行，事使天下，謂千百年後得生於公之鄉，而庶幾不愧於公之流風懿範，斯又余修建公祠之微意矣。祠經始於康熙三十六年丁丑姑洗月，落成於戊寅歲南呂八月既望。

康熙三十七年八月。

（文見乾隆《孟縣志》卷二《地理志》。孫新梅）

重修儒學儀門記

國朝耿澤遠

天下郡縣學各有明倫堂，所以倡明教化，廣育人才，所關誠鉅。吾孟自金大定中，遷城，建學宮明倫堂於縣治之東南隅，經今四百有餘歲矣。其間損壞修葺，不知凡幾。至國初流寇破城，民間廬室灰燼，至聖宮墻一望，鞠爲茂草。士大夫過者，無不動愴涼之感。前邑侯西蜀胡公倡衆重修，規模如故，獨明倫堂力不能繼，遂爾中止，今己巳秋仲，郡三府余公兼攝邑篆，下車瞻禮。先師坐明倫堂，命諸生次第說書，目擊凋簷墜瓦，惻然動念，欲謀而緝之。□□雖傾仄，尚聊蔽風雨。惟儀門三楹，寸木片瓦無存，空餘敗砌土基而已。公即□□□度工，□□□□□不踰月而工告竣。正□□重新堂費之資。適新邑侯至，公還郡。於是，通庠人士咸欣然喜色相告曰：嚮之蔓草橫披，瓦礫灰燼，今則亭亭嶽嶽，微余公之德不至此，安可無以紀之。爰謀於儒學兩王先生，兩先生□□□命作記，勒諸貞珉，以垂永久。夫公之佐理懷郡七載以來，清風惠政，誦於士民之口者，匪伊朝夕。其蒞吾孟也，自八月朔望日，次月之二日還郡，前後纔二十六日耳。種種善政，美不勝書，至加意斯文，修理學宮，慨然以倡明教化、樂育人材爲己任，公眞大賢矣哉。推斯意也，他日履巖廊，秉鈞軸，重道崇儒，愛人下士，以輔聖天子文明之治。俾聖教丕宣，文運休隆者，正未有艾寧，僅一邑一鄉已哉。余公三韓人，諱三瀛，字萊臣。兩先生一爲洛陽人，諱化遠；一爲儀封人，諱承命，經營區畫與有力焉，故并記之。

康熙三十八年歲次己巳仲秋吉旦。

（文見乾隆《孟縣志》卷三《建置志》。孫新梅）

重建學前牌坊記

國朝毛鷴

聖道之大也，與天地合德。歷古今而常昭，黌宮庠序徧宇內之省郡州邑，廟貌規制，樹坊題額，大率相類，及歷年久，內外崇餙，不無興廢整頹之，或殊能固於聖道之大，無所損益也。惟是明倫設教之地，所關綦重，即宏規外障，亦以肅觀瞻，培文脉，而顧聽其殘廢缺失能安之乎。所賴主持風教者，振興而修舉之。但其間之實能崇聖道，加意斯文，未易數數覯也，夫亦存乎其人耳。孟邑學宮前舊有東西二坊，莫紀其創自何代，重修於明時，迄今將百年。西坊久頹敝，東坊傾廢無存，僅留基址。邑侯張父母每朔望謁廟，徘徊咨嗟，顧謂諸生曰：此坊為聖廟。門外左右關攔，昔人建此，殆非無意，宮牆何地，亘有成跡，經久頹廢而缺焉。莫或修舉之。余不敏，承乏茲土，目覩心疚，其敢告無罪耶。於是，鳩工庀材，即西坊之舊制而修葺之，加以丹臒，鳥革翬飛，煥然一新。復以東坊更關龍脉，閹元者，丙午，楊君果發解。余於甲子又忝居榜首，讀書中秘，則扶培龍脉之說，信不誣矣。今侯又重建東坊，則風脉益振，從茲膠庠內，有鍾秀而興者，其毋忘所自，且毋徒以科第榮，而庶幾無負於幼學，壯行之志為宮牆生色，并使天下之人謂吾黨名教中有實用焉。則我侯今日之此舉，其所以崇聖道，培學校，而毓養人才者，雖千百年後，猶將誌明德於不朽也。

康熙三十九年。

（文見乾隆《孟縣志》卷三《建置志》。孫新梅）

過孟津河

清高宗
遙望嵩峰欲逼天，太行綿亘洛陽川。金明池畔無烽火，醉白堂前起玉烟。
千里中州古擊壤，兩河分界舊原由。扁舟穩渡觀民俗，休養心殷冀有年。
康熙四十二年十二月御筆。
巡撫徐潮恭刻石。

（文見乾隆《孟縣誌》卷一上《聖制》。王興亞）

鮑公重濬通濟河碑 [1]

古循良守令，功德在一時者，至今載之青史，布之歌謠，蓋以修廢舉墜，能利濟於斯

---

[1] 乾隆《孟縣志》卷三《建置志·水利》載：碑在河內縣崇義鎮南一里官道西邊。并加按："是河舊蹟今尚依然。至當時碑記，則初無知者，後因之郡道過岑村，暑中，憩息九廊廟內，始見有康熙三十三年邑民所立《邑侯劉公新開崇義鎮水利渠記》石，嵌置壁間。亟錄入志，後復聞河內境內崇義鎮南一里，有孟邑修渠碑，倒倚渠中，因屬穀旦鎮居住庠生楊懋覔夫就淤泥中力挽出之，始知爲鮑公渠碑，康熙四十四年所立。鮑公渠者，即重濬通濟河後所易之名，與前碑後先相應，原委並悉，復亟錄入志。至前碑末後無撰人姓名，而文內有儒等勒石云云。今得後碑，內有總公直張碩儒之名，因知前碑所稱儒等者，爲張碩儒無疑矣。"

民也。況功德可垂百世，賢愚俱蒙乃澤，其懽忻祝誦為何如！昔潁州劉侯之來令孟也，適當旱魃肆虐之候，因於崇義鎮南，河、孟、溫三縣接壤之處潴龍古河，詳請郡憲率三縣會踏河口，劉侯出俸金十兩，買崇義鎮民楊四玉地貳畝壹分柒釐開渠，即日起工，為兩縣北董、段村、陳村、子香、武橋村居民，開通濟河一道灌田，而旱始不為災。□功成物□，往往如是。有利之者，自不免妬之者。所以自劉侯遷□，而此河遂不得行，今已十年矣。於戲！三□不雨，幾於無禾。孟邑公直張碩儒、倪泗生、張玉式、張毓秀、張懷德，溫邑公直仝瑄等，各請於邑侯，皆曰：昔既妬汝而使成者壞，今豈肯憐汝而使廢者興乎？是非得郡憲大老爺之命不可。況大老爺愛民如子，嘗屏騶從單騎訪利害。凡有害於民者，無不除之。豈有利於民者而不興乎？爾等共為上請，無不得者。於是，孟、溫二邑倪泗生、仝瑄等，遂請於大老爺。諭曰："水者，荒年之穀也。六邑皆吾赤子，何獨厚於河內而薄於孟、溫。況此水有利於孟、溫，無損於河內，何憚而不為？爾等急濬之，雖有妬者，無慮也。遂出令二邑。是時，孟邑張侯、溫邑楊侯各督公直、總甲、小甲，盡力挑濬，且不時單騎親詣踏驗。而張侯更仰體郡憲上意，怜念小民，出俸金二十兩，以資其不足。今□四月初旬，蒙憲駕親詣河口，詳細閱視，量地勢之淺深，定閘板之高下，多方指示，遂捐貨五兩，不數日而工即告竣焉。

是舉也，非□我郡憲大老爺視天下猶一家，愛小民如赤子，曷能□頹廢十數年，萬世之大利而重興於一旦哉！昔西門豹守鄴，引河內灌田，民歌不絕，至今傳為偉績。若今日之事，豈不並傳千古耶！計此河濬於康熙四十三年十月，成於康熙四十四年四月。統其事者，郡憲也。相度經營者，孟、溫邑侯也。鳩工者，孟邑高尉、徐尉也。因顏其額曰"鮑公渠"。爰勒石以表於不朽也。

康熙四十四年歲次乙酉皋月吉旦。

邑庠廩膳生員張□翰撰。

生員程義勇書丹。

總公直張碩儒，武橋公直閆閲、閆其翹、籍可廣、閆天壽，陳村公直張碩德、張懷德，子香公直倪泗生，北董公直張玉式、張毓秀，段村公直仝瑄。

仝立。

黃敏鐫字。

（文見乾隆《孟縣志》卷三《建置志》。王興亞）

重修餘濟河官庄東北架橋碑記

孟邑南瀕大河，北貫溴水，而地少水利，雖史稱元祖時郭守敬請分黃流一渠，以灌溫、孟民田。中統天曆間，王允中、楊端仁、阿魯不花、阿合馬等奉詔濬沁水廣濟渠，以灌河、濟、溫、孟之地。然故道皆湮沒已久，不可復考。以故一遇歲旱，則膏腴盡為石田，民甚苦之。明天啟五年，先伯父同公直申天秩，崔維世、趙以龍、李長國，謀接河內之豐稔河。後國朝順治三年，又接濟源之永利河，滙爲一渠，名曰"餘濟"。澆灌趙槼道曲村、羅庄、姚村、吳家寨、趙庄、藥師諸村田，雖餘所及，沾濡無多，然數村得沐膏澤，亦時時獲有利濟，甚盛事也。但河道紆遠，高下不等。其間架水有橋，蓄洩有閘，非時爲修飭，最易頹廢。先大人博白公體伯氏之志，每歲鼓舞振作，與諸公直協謀整理，故得久而不壞。迨先大人捐館舍，而河上諸老成人，亦俱凋謝殆盡，遂事多廢弛。

官庄東北有架水橋一座，年遠衝激，挈石俱圮，以致所接永利下流，滔滔汩汩，盡傾入溴河，涓滴不下，仰沾餘利者，惟有望洋浩歎而已。丁亥秋，堰長王一耀携小甲張廷世、張名高、耿士倫、張魁選等來謀於余。余不忍先人之遺澤廢而莫繼也，遂偕水部高公同詣估計，集諸公直、小甲，鳩工庀材，重復修理，不匝月而告成。於是，向之滔滔汩汩者，復東注而下，羣沾利益矣。工既竣，堰長請勒石紀其事。余謂此不過襲前人之遺蹟而修整之，非甚鉅工，亦胡足紀。既而思莫爲之後，雖盛弗傳。正宜書以貽後之人，凡有廢墜即當補葺，慎勿畏難苟安，以似以續於無窮。庶前人之利濟甚隆，而未有艾乎，不寧惟是。孟邑地狹民貧，水利無幾，倘後有賢令宰如郭守敬、王允中輩，接踵而起，睹茲利益，必更講求故事，光謀疏濬，以資灌溉。是沾膏澤者，將不止此區區數村已也。則茲橋之修，所關不綦重哉！遂泚筆而爲之記。

康熙四十六年孟冬吉旦。

候補內閣中書、癸酉科舉人薛京撰。

崔爾璧書丹。

（碑存孟州穀旦鎮北二里關帝廟內，文見乾隆《孟縣志》卷三《建置志》。王興亞）

餘濟河斷塞私青溝碑記

壬辰夏五月，范村姬明志、和尚朗明、姬天章、蘇彥貴等在分水石東半里許，私開青溝一道，攙截利水，公直崔維世之弟崔一連，堰長王訓具告分府唐太爺。案下，批孟縣左堂俞，查審斷明，詳允批關，會河內捕官趙，又復委河內河衙范兼督，押令姬明志等將所挑之溝作速填塞。猶恐刁風復熾，再行私開，立石垂戒，以杜後患。王永先半杴之水，其地俱枕大河，仍照舊例澆灌。凡挑濬夫役公費，張薄煙、張臨吾情願包補應承。取具甘結存案，原批勒後。

唐大老爺批，據詳餘濟河一道，原係孟邑人與崔一連之前人出銀買修，永圖餘濟利，內有河內縣范村王永先半杴之水，灌田一頃二十五畝，歷有年所，非自今日始也。碑文卯冊，鑿鑿可憑。和尚朗明，理宜遵守舊例澆灌，乃圖私己之私，率領姬明志、姬天章、蘇彥貴竟爾創開青溝，以截下流之水，不法甚矣。猶不痛加改悔，復敢曉曉瀆告，宜重懲究，姑從寬免。仰該捕官關會河內捕官，押令姬明志等，即將所挑之溝，作速填塞，立石，照舊例使水取具。朗明等不得再行私開，甘結報查。其張臨吾、張薄煙情願包補，從寬免責，餘犯審係無辜，俱照詳釋逐。繳。

康熙五十一年歲次壬辰季冬吉旦。

邑庠生李肇基撰。

崔曰信書。

河內河衙范，典史趙，孟縣典史俞，公直申嵩生、趙光漢、李肇基、崔爾珣，堰長王訓，小甲邢可仁、崔林池、段洪才、張大政，欥頭張臨吾，石匠李進才率男文魁。

仝立。

（文見乾隆《孟縣志》卷三《建置志》。王興亞）

創建孟港石橋碑記

薛儁聲

溴水從王屋白澗發源，透迤蜿蜒而來，襟帶吾孟，其為要衝，渡有三。一在邑北穀旦鎮，為南北驛路。石梁建自前代，於國朝順治迄康熙初年，屢經潰決，余兩伯祖再修之。一在東郊竇邑，東入城，孔道亦舊有石梁，亦余伯祖首為之倡。一在孟東南孟港海子頭村界，蓋由武陟、由溫，渡黃河捷徑，以故商旅絡繹，問津必于斯地。特以非皇華達官、使者之所歷涉，有力者恒置弗問。每當冬月，居民架木叠土其上以渡。一閱夏秋，水溢土木，飄逐怒濤，望洋阻絕，行者躑躅，牽車牛者停驂轡以候，率以為常。會歲在乙酉，東十里村善人鄭名世過之，惻然有動于中，思易木以石，圖永濟。因謀始事于余，余自惟德望非先人比，且創始視修葺其難易又較然不侔，恐罔以鼓舞維梓。既而思之，人之好善，誰不如我，矧佑順助信，自古其訓，乃刲羊置酒東皋別墅，聚鄉邑夙號善信者，與謀衆志，僉同咸樂，共勸厥事。于是，相度基址，具糗糧，計工程。因募椿木不足，採伐余東莊林樹殆盡。取石于濱河西山及楊村之花石崖，水則資舟，陸則資車。凡厥傭役匠作，攻木、攻金、攻石，悉踴躍從事。自乙酉秋七月，歷丁亥，功幾就，忽值戊子奇荒，困于追呼，而向募金二千有奇，垂罄弩末，不能穿魯縞，最後賴子衿張篤生、武訐謨、義民馬希俊各輸十金，工始告竣于己丑之十月，前後閱五載乃成。波卧長虹，歡騰遠近，往來農賈，牽車牛、乘騎、徒步輩經其上，若履垣途，嘖嘖羨曰：休哉！斯橋也，與穀旦、東郭兩橋宛如鼎峙，利濟之在人永矣。爰是諸同人曰：允宜為記。余竊攷穀旦、東門橋之增修，余伯祖暨世父實紀以文傳邑乘。余雖弇鄙乏載筆才，而凡我同志經營之苦心，創始之瘁，則不可沒。久擬摻觚誌其事，適庚寅歲，北上京師，弗克搦管。迄今丙申之冬，始書之以勒貞珉。是役也，首事募化者鄭名世，名世勇于為善，邑名勝祠宇者廢，多出其力。而錢穀出納鈎稽，則衛璟、李瑜二人，亦皆樂善饒心計。衛海子頭村望族李祖居孟港，前茲木橋，每歲輒糾里衆為之，遵其先世訓也。至水陸輓木石，並一切輸貲糧工料、姓氏不及悉書，另鐫豐碑，昭茲來許云。

康熙五十五年。

（文見乾隆《孟縣志》卷三《建置志》。孫新梅）

重修沇河鎮石橋碑

薛儁聲撰。

邑東偏距城二十里許，有巨鎮曰沇河。沇水經其左南入於河，鎮以茲得名。其地為溫孟兩縣界，而濟流橫亘其間，蓋東西往來之孔道，舊有石梁以濟行者，厥剏始不可攷。迄今久歷年所，漸至傾圮，且向來橋孔低隘，每值夏秋，水勢暴漲，壅激潰決堤岸，路人望洋，躑躅不前，遠近咸苦弗便。會本鎮居民黃一統、王好學目覩病涉，慨然倡首，謀於里衆，共相募化，以勸厥事。迺計費鳩工，石之小者易以鉅，址之卑者築使高，殫竭心力，肇始於康熙五十四年三月初旬，落成於康熙五十八年二月十五日。於是，向之傾敧頽毀者，復就完固，而東西往來始免淖濡之苦，莫不嘖嘖稱羨。以為橋之圮而復新也，功之在人，豈淺鮮哉。余竊嘗稽禹貢，導沇水東流為濟，是沇由王屋蜿蜒而來，津渡不一，而最衝要者，在北則河內崇義鎮南橋，實皇華驛路，達官使者之所涉歷，每稍遇浸蝕，有司不能坐視，故其經理修整恒易，迤而東南，次衝莫若茲橋，而朝夕蹀躞，不過商賈行旅負戴荷擔輩。其即於圮也，有力者多視為不急之務。而一統、好學等以一二鄉里善人，悚然動念，倡始修葺，洵難乎其為力矣。以難乎力者，而竟底於成，可不謂有志者歟！然則一統、好學首事之力，與里衆慕義之勇，均不可沒也。爰泚筆記之，而繋以辭曰：

太乙靈源，四瀆備位。神禹所導，過黃表異。逶迤東西，襟帶花城。維邑重鎮，因之以名。熙熙攘攘，利涉寔夥。石梁自古，積久坎坷。水激石崩，行人趾躓。服賈牽車，心神飛越。善信惻然，有倡必先。爰謀諸衆，同志益堅。擴基輦石，工倍於前。經營盡瘁，不日告竣。安流卧波，長虹仍舊。旴旅騰歡，車騎馳驟。蛟螭歛迹，馮夷作衛。永奠朝宗，百千萬歲。

王好學外蓋茶房三間，施地十畝，為每年施茶之資。其地坐落轆轆把，東西畍，東至交界，西至道，南至楊樂然，北至牛家云。

康熙五十八年。

（文見乾隆《孟縣志》卷三《建置志》。席會芬）

邑侯李公諱麟源公斷孟邑餘濟河永利及済源縣孟民葦地碑

尝聞召伯恩深百世，垂甘棠之慕。國僑遺愛興人，興誰嗣之歌。仁澤所及，疇不慕德揚休，思酬報於萬一哉。我賢侯蒞孟以來，黃流為災，河務賢勞，築堤代為賠糧，塌地申請除豁，講鄉約以施禮教，息訟端以安民生，錢糧不用刑驅，漕米聽民自便，惠心善政，難以枚舉。至如孟邑水利，最關緊要。查濟源有永利河一道，枝分爲二，其下流可灌孟田。天啓七年，公直李長國、申得民、趙以龍、崔大裕告准上憲，接其北枝。

順治三年，邑人請之本縣邑侯傅諱爾棫，接引南枝。至楊卿紳諱循如塡後，合而爲一，由河內縣大位、小位、王亮、葛萬等村至孟縣、趙改、曲村、洪道、姚村、羅庄、吳家寨、趙庄、藥師村等處，東流入濟河。孟邑北面一帶，始獲水田之利。但南枝河一帶，地勢頗下，議砌架水橋一座，蓄水閘二座，不時啓閉，以資蓄洩。向覓濟源土人商民向，承管其事，橋頭又置有葦地六畝一分零，撥與四畝八分，以作口食之費。及商民向已故，其孫商應中將葦地盜當，得價肥己，並不疏瀹河道，修理橋閘，以致河淤閘壞，下流壅塞。堰長李憲章具告本府祁太老爺。案下，蒙我賢侯審理詳明，本府蒙批，令商應中照舊承管。河淤閘壞，則聽孟民別招人戶等語。商應中竟違府斷案，仍然盜當葦地，損壞橋閘。堰長李憲章又具控本縣，縣主蒙行關濟邑催修。商應中賄買私充堰長，孟民王取在濟邑僞稟情願認修，蒙朧回關。公直李肇基等又呈本縣蒙准，審明詳府，批准照案，令孟民別招人戶，仍移明濟邑發落，原地歸還孟民，聽孟民別招人戶總理，其私充堰長朦稟之王取重懲三十。再查官庄鎮西，舊日河身塌壞，有七契買到商自德等地一畝四分，其糧在商民向名下，除河身所占餘地一畝零，令商民向耕種。四公直又借付銀一兩，令其每年生利三錢，以作完納錢糧之費，今既經府縣斷明，應將此糧取於水東里六甲公直崔、趙、李名下，追還原借銀一兩，永斷葛藤。從此招人看守，修築疏瀹，水勢暢流，萬姓蒙福。微我賢侯之力，不及此允矣。三城之慈父，自可與召伯甘棠、國僑遺愛，同登賢書，並傳不朽也。是爲記。

儒學增廣生崔巖書。

雍正十年歲次壬子穀旦。

（文見乾隆《孟縣志》卷三《建置志》。王興亞）

孟民公立户部史海公斷闊布照舊溫辦碑

竊照溫邑辦造解京闊布，孟邑支應往來路差，自互相改撥，載在《賦役全書》，其所由來者遠矣。後雖驛站議裁，特汰去工食而差仍然。溫邑士民吳天錫等不思闊布一項，改撥於溫，永成定規，謬稱溫替孟辦，李代桃僵，驛站裁革，孟民樂而溫民苦，於康熙四十六年，奸猾妄告妄推闊布於孟，蒙巡撫大老爺趙、布政司大老爺許秉公批斷，照舊溫辦，立有碑記。至雍正十二年，溫民馬子直復以前事妄控總督部院王大老爺案下，本邑武聚魁等呈駁碑圖，蒙秉公批斷溫邑照舊領辦，永遠遵循。至乾隆三年，馬子直又復以前事妄控本府任太爺案下，本邑士民宋兆龍、武聚魁等具訴，蒙通詳巡撫大老爺尹，尹大老爺咨部，蒙戶部大老爺史秉公批斷，照舊溫辦。層疊案卷，固若山定，但恐世遠年湮，溫之民再生覬覦，刁遠公斷，妄意奸推，因將來控勘語，勒諸貞珉，永杜後患，且傳之世世，俾共知其事于不朽云。

勘云：查溫縣所解布疋，《賦役全書》開載係孟縣改撥，溫縣解辦，並無"代孟辦"字樣，即據該撫咨稱，因則例定于明朝。本朝遂載入賦役，是以前任撫司以兩邑牛夫京布交相代辦，無案可稽，不便更改。歷經批駁銷案，則該撫所稱溫代孟辦，苦樂不均，明屬無據之詞，賦役則例豈容以懸揣臆見，輕為更易。且察豫省各該州縣所屬共額解本色棉布三千九百六十餘疋，均係動支地丁正項錢糧，照題定價值辦造解交。其鋪墊等銀亦係地丁項下，按數開銷，通省各屬，俱照題設則例，遵行已久。若照溫縣藉詞推諉，恐啟將來各屬效尤，紛更賦役，殊有未便，應將該撫所請之處毋庸議。至孟縣小金堤又係奉恩旨動帑修築，其與溫縣解辦布疋，更無干涉，亦毋議，可也。

乾隆三年二月十五日。

孟縣知縣林樞勒石。

閤縣士民宋兆龍、武聚魁，總摧張顯之、李良之、張子寔，上五里劉世凡，中五里李撫生，下五里段一亦仝立。

（文見乾隆《孟縣志》卷三《建置志》。孫新梅）

重修河陽書院碑

繆集撰。

余於甲子夏調任孟邑，甫下車，見縣治南有河陽書院，年久廢圮，瓦礫榛蕪，僅存前三楹岌岌欲傾，不禁低徊久之，曰："此興賢育材地也，聽其鞠為茂草可乎？"慨然有興復志，嗣以修城未暇也。丙寅春，城工告竣。乃謀捐俸修葺，庀材鳩工，講堂齋舍，廊廡門垣，煥然一新。經始四月之初，至七月而落成。於季考所錄士，拔取其尤，俾肄業其中。延品端學贍者董課事，乃進多士而告之曰：書院之設，所以講明寔學造就人材也。近來士子惟知習學時文，以為科舉梯榮之具，不知講明聖賢修己治人之實學，身心民物久置度外，嗟乎！何其志小而量淺也。古人讀書在乎識力，識遠則氣象宏大，力重則負荷克勝。先之小學孝經，以植其力；繼之四子五經，以廣其識。而窮理力行，存誠去偽，養成光明俊偉之器，發為明體達用之言。是以處則孝友慈讓，立身修德鄉里，為文章品行之宗。出則忠清勤慎，正己化人，朝廷有事業功名之望，此古人所重於讀書也。乃若朝誦夜吟，窮繪筆墨，志在利達，已成俗流。又下而止望一青衿，以為支持門户，出入公庭，武斷鄉里，此最卑下之習。而謂有志讀書者為之乎？用望孟之人士入此學者，立品欲其剛方，立志欲其遠大，立心欲其正直。從事於《小學》、《孝經》、《四子》、《五經》之書，以求乎孔、孟、顏、曾、周、程、張、朱之理，飭志敦行，強識多聞，以有本之學，抒為有本之言。處則為名儒，出則為名臣，既可備聖世菁莪楨幹之材，而復可作鄉邦祥麟威鳳之瑞，是余之所厚望也。不然則所為書院者，僅為一時之觀美，而無與於興賢育才之道，豈今日建學之意，而異時屬望之心乎！因書之石，以示孟人。

乾隆十一年歲次丙寅月日記。

（文見乾隆《孟縣志》卷三《建置志》。孫新梅）

繆邑侯重修河陽書院碑

李嵩撰。

河陽書院者，前邑侯徐公所建也。峙縣治之南境，踞通衢之右壤，歷年久遠，勢將傾頹，雖有書院扁額，而敝廬三楹僅為雀宿，門房一所亦被蛛封。屬在紳士莫不心傷，究竟舉修無人，徒增悼嘆耳！邇者，幸逢邑侯繆父母，家學淵源，文名共仰。自甲子夏調任茲土，甫下車，即慨然有興復志，曾因城工方亟，未遑經營。閱丙寅，乃捐俸修葺，就前模而式廓之，俾講授有堂，肄習有齋，廊廡庖廚，無不鱗次落成。蓋基猶舊也，而氣象聿新矣！工既竣，又勒訓於石，以示孟人。其言以矜詞章、詡勢利為可鄙。而惟以濂洛關閩敦本崇實之學為諄諄於此。見繆父母之功偉，而其為孟邑之士子，慮者至深且遠也。夫天下郡縣無遠邇大小，類皆有書院之設。而循名核實，原欲育養天下士之秀者，使各明乎三代立教之意，以窮理而盡性，修己而治人，自夫人習焉不察，高者終日操觚但馳騖於聲華，卑者一朝採芹，惟支持乎門户，遂有身列書院，而於興賢育才之道，仍茫乎若迷者，茲得繆父母闡揚宗旨，開導士子之聾瞶，則入院也，豈徒美輪美奐瞻棟宇之輝煌？朝斯夕斯，樂絃誦之有地，抑且觸彝訓警，厥心敦本崇實，一衷諸明體達用之學，而不敢誤入於岐趨矣！由是講學術，則以道脈紹心傳，做秀才則以天下為己任。處則可著書于名山石室，出則可樹績于清廟明堂。繆父母之培植，豈淺鮮哉！嵩等幸戴福星，敢忘化雨，用瀝蕪詞以誌。"

侯諱集，字禮齋，丁未進士，江南泰州人。是為記。

乾隆十一年歲次丙寅月日記。

（文見乾隆《孟縣志》卷三《建置志·書院》。席會芬）

本村廣生會序

【額題】會契碑記

太山廟東北有廣生祠，自□十二日敬神獻戲，會集慶賀，歲歲相傳，甚盛事也。□大邇年來，歲處凶荒，復敬神之事寂然。有崔偉□□□會落布席，請眾四十位，均出貲積會，分首十二人，將此分付伊行劉單計為敬□□神，獻之□□□。本年會日□□□□十二位[1]

---

[1] 以下字漫漶。

大清乾隆十二年四月十日。

（碑存孟州市趙和鄉冶牆學校院內。王興亞）

過孟津河恭依皇祖聖祖仁皇帝元韻

清高宗

方舟氣霽潦收天，後海先河凜祭川。所冀安瀾九曲水，永甯率土萬家烟。
嵩山太少修殷祀，澗水東西祝大田。芝蒙豐碑重捧讀，益欽繩繼仰堯年。
乾隆十五年九月御筆。

（文見乾隆《孟縣誌》卷一上《聖制》。王興亞）

重修本廟戲樓廚房周圍牆垣以及金妝廣生祠內童子神碑記

　　孟邑縣城北長店村，故有□關帝廟□紫虛元君廟。其殿宇輝煌，神像莊嚴，固足以肅觀戲樓。時廚房列側，亦可以備獻。不意，□□十五年夏，大雨連綿，溴水盛發，民舍之淒，不勝指數。怒是廟之戲樓、廚房、周圍牆垣，不〔亦〕皆為之傾圮覆。有本村善人張之福等側然動念，水官會會水之事，尚有可緩，各出會資，且為重修之舉。又思工程浩大，會資有欠，處心募化，合村善人，各捐資財，共襄厥事。開工於十六年春，告成於十八年秋。其戲樓，其房周圍牆垣以及廣生祠內諸神童子，莫不烯然一新。但德不可掩，功不可没，故勒諸石，以紀善人之名。永垂後世不朽云爾。
　　本村士民劉大獻撰文。劉大攻書。立碑人曲村李有壬。
　　時乾隆十九年七月穀旦。

（碑存孟州市趙和鄉冶牆學校校園內。王興亞）

重建穀旦鎮石橋碑

邑人公撰。

　　語云：莫為之前，雖美弗彰；莫為之後，雖盛不傳。前孟邑城北十五里，鎮曰穀旦，溴水橫其北，建石梁以便行人，由來舊矣。詎料辛巳孟秋，霪霖數日不止，山水暴漲，巨浪滔天，梁乃大壞，行者裹足不前，惟望洋嗟嘆而已。夫此橋為南北通衢，凡郵檄之紛馳，皇華之載道，不無濡滯之虞，較之東橋，關繫尤重。邑侯江公開工未幾，忽以廉明北上赴闕引見，適楚環張公蒞任之初。復悚然動念曰：石梁傾圮，民多病涉，豈朝廷軫念斯民，修橋補路之至意乎。旋飭捕廉王公專董其事。幸王公勤而且慎，倡捐於前，勸捐於後，料取其精，匠選其良，工務其堅，用尚其節。橋之舊凡十六孔，今增至二十孔。經營籌畫，心力俱瘁。肇工於二十七年暮春，至新秋則告成焉。由是，步者免揭厲，騎者如馳騁，車不停軌，販不惢市，商賈邅征，男女利往，功德在人，真實不虛矣。是為記。

乾隆二十七年。

（文見乾隆《孟縣志》卷三《建置志》。孫新梅）

孟縣重修學宮序

國朝沈榮昌撰。

孟縣為古河陽三城地，其城池學校規模為懷州之冠。本朝崇儒重道，超越千古。前令胡希銓修治學宮，炳載志乘。年久漸就頹落，榮昌每按屬邑過孟，輒以語所司，未獲舉行。乾隆二十七年夏，華容張子德履奉檄權篆於孟，乃週視殿楹，并及廡宇、配祀、泮池、門垣，皆為度經費，營工程，與司鐸共議，延邑中老成紳士勸謀此舉。張令捐俸為之倡，而邑中人士咸為樂輸，分工糾督。起於夏六月，成於秋八月。以積年剝蝕不可枚舉之工，未及兩月，則肅然改觀。榮昌適以公事赴孟，一見嗟嘆，謂此邦人士之好義，而張令以五日京兆能立此志，成此事，此豈可強而致之與。從此，春秋聿舉祀典，司土者率諸師生趨蹌瞻拜於至聖之前，殿宇齊肅，庭階炭然，雍雍成禮，能忘今日董事輸助之人乎？能忘署篆舉事，不日成工之張令乎。乃進諸生而語之曰：學宮以崇祀聖賢，育才俊，非以為觀瞻而已。今之文士業於文，而不知國家右文之意，則文亦虛事耳。孟之人士既知聖賢之當崇，廟貌之宜肅，是可以興教者繼。自今願孟邑之令長廣文先生，率諸生以明孝弟，興禮讓，日用行習，皆本聖經賢訓，以求不愧衾影，不貽鄉黨人言，以是發為文章，皆有心得，自不同於撦拾浮辭，則其掇巍科獲高第能無篤於諸邑之上耶。入廟而思敬，此心應無分於今古，乃敘述其事，并飭司事人勒石，其創舉、董事及各捐輸姓名，皆勒碑陰。

乾隆二十七年歲次壬午八月穀旦。

（文見乾隆《孟縣志》卷三《建置志》。席會芬）

重修文昌祠碑記

國朝薛清輔撰。

紫微垣在北斗魁前，文昌六星雖有司中、司祿之名不同，大率以文教為宗。《通典》云：文昌位斗上，欲天命敷於四海，法文昌也。後人象神設祠以祀，恒與孔廟相依焉。孟邑舊祠在城內東南隅，墙宇頹壞者有年。邑侯周公立齋蒞茲土，例謁聖廟，見之慨然曰：興文教，培風脉，此有司之責，亦士人之事也。文星位巽方，主一邑風脉文教攸關，地勢湫隘，卑窪不可以居，況榱棟剝落，非棲神所乎，盍改建。諸副當蕭公毅臣精堪輿術，極力贊其謀。又以聖廟逼近城址，泮池在欞星門內，規式未合舊，有龍門與聖廟相衝直，於龍門外別鑿新池，甃以磚石，規為始善。乾隆甲戌之歲，遂聚闔邑紳士建修之。維時紳士楊洪等十三人董其成，鳩工舉土，積填地基，坑坎較增丈餘始平。建閣於前，修廈房數間於後。敬一亭、啟聖祠亦與焉。前後規模宏廓，氣象崢嶸，煥然一新。而邑中之人文奮興，風脉丕振，不於此卜與滂洋之日，深數尺不得舊式形制，宛然泉水澄碧，人更服二公之識為不可及云。經營越數載，迄丁丑將次就理，因邑中他役繁興，未遑告竣。今壬午之夏，邑侯張公攝篆，尊道崇儒，聿興文教，倡本邑紳士重修聖廟，前舉復興，因得以捐修顛末並姓氏勒之石，以垂不朽。

乾隆二十七年歲次壬午月日記。

（文見乾隆《孟縣志》卷三《建置志》。孫新梅）

重建馬橋碑記

邑人公撰

孟縣東門外三里許，舊有石橋，俗以馬橋呼之。乾隆辛巳，壞於秋漲，行旅往來，備嘗艱苦。邑侯江公開工未幾，忽北上赴闕引見，適楚環張公涖任之。初，悚然動念曰：修徒杠，成輿梁，為政之大體也。旋飭捕廉王公專董其事。幸王公勤而且慎，倡捐勸捐，諮謀籌畫，心力俱瘁。同時興造者，有穀旦鎮之大橋，舊僅十六孔，今復增之三十孔。鳩工庀材，營繕堅卓。現今兩橋齊告成功，凡遠近之往來者，莫不懽欣鼓舞，以為今而後，可永免行旅望洋之歎矣。是則濟人利物之實惠，誠有裨於國家之政理，不徒為福田利益也，爰記其事，壽諸貞珉，以示來茲，以垂不朽云。

時乾隆二十七年月日記。

（文見乾隆《孟縣志》卷三《建置志》。孫新梅）

捐修韓文公墓傍垣記

【額題】永傳後世

捐修韓文公墓傍垣記

永免韓家莊夫役雜差

予束髮受書時，即知有所謂韓文公者，卓然為有唐一代偉人。及長，讀公集，見其闢佛、原道諸篇，又未嘗不掩卷歎噓，慨然想見其為人。歲癸未，予奉檄來宰孟邑。邑者，故公桑梓鄉也，公之邱墓在焉。予甚幸慰昔年景慕之志。公餘，具椒酯往徉公墓下，而環視墓傍，牆堵傾塌，風雨弗蔽，因亟捐俸修之，課畚揭程土物。既竣，乃進附墳前韓家莊諸里老而告之曰：國家崇儒重道，若文公者固膺殊典，從祀廟庭矣。今余幸宰名賢故里，聊即邱壟而保護之固，今日之責也。顧一官傳舍，予不羈于孟，而牆垣不能保其常新，生斯土者，其能無惻然乎？維時乃有諸生馬書生等居本近公墓傍，願永肩修葺之責，予深嘉懿德同好，不忘鄉賢先輩之遺風。因命歲免其本村之徭役，並勒諸貞珉，以誌不朽云。

文林郎知孟縣事加一級紀錄一次功二次遼海趙國賢撰。

邑庠生廩膳生員劉登第書丹。

經理生員楊遇邱、馬林慶、馬善邦、馬離昌、高景元、高應召、楊偉東、高繼成、馬天成、薛淵，兵書趙吉隨，禮張維藩，工孟續業，刑成堯玉，工申文裕。

山門破壞四小甲同修：東南三小甲、東北二小甲、西北首小甲、西南四小甲。

大清乾隆三十二年孟春吉日，咸豐六年三月吉日補修碑記。

合村仝立石。

（碑存孟州市韓愈墓。王景荃）

創建文水橋碑記

席質撰。

蓋聞允毅石梁，擬金堤之障水；趙州飛甃，方長蜺之臥波，甚盛事也。是澗也，距孟邑二十里，為秦、晉往來衝衢，行人輻輳，絡繹不絕。自乾隆二十六年，澗水漲激，竟成重壑，圻口急下，勢難猝轉。微獨暑雨暴發，暌違咫尺，即窮陰沍寒亦動遭轗軻，非橋之設，窮途其奚濟焉？時有磐石張公目覩心惻，已傾囊賈石，為小橋之計，志未遂，而壽終。其子大儒從繼父志，而慮規模狹小之是驟也。爰謀張公懷德、楊公成章、錢公道存、堂姪朝相並僧人湛雷，僉曰：大文于公素聞樂善好施，可與共成厥美，因筮期延請。于公慨然許諾，其捐貲獨多，經理倍勤，治公事一如私事焉。又恐才智不逮，復同請西侯姚公總董其事，度地量工，與凡木石費用，俱經心裁尋，乃分人善任，或效募化，或管食用，或理土木石工，或司財物出入，一時櫛風沐雨，戮力同心，罔不共勤厥事。經始於乾隆三十年，告竣於三十三年。約費三千餘金。壬辰歲，余授徒衡雍，囑為文以記。余觀夫乘流迥透水遊，碧玉環中，截險橫包，人行蒼龍背上，跋涉何艱，利濟靡窮，以作善降祥之理推之，知諸君子克昌厥後，不獨名偕石橋俱永，德共澗水長流矣。至水以文名，書傳無可考，或曰水勢所旋轉，文運隨之，故名焉。

乾隆三十四年。

（文見乾隆《孟縣志》卷三《建置志》。席會芳）

重修穀旦鎮石橋碑

國朝魯鴻撰。

溴水源出原城西北原山，自濟源縣舊軹城流入孟境，委蛇四十餘里，至孟港入於河。

而榖旦鎮當其衝，春秋會於溴梁，即其地也。則榖旦之有橋，其來舊矣。中間荒遠難稽，邑乘載明永樂十年知縣靳禮建，正德八年耿塤重修，萬曆二十八年知縣杜應楚重修。國朝順治十三年，淫雨橋圮，邑紳等重建。康熙十三年又壞，博白令薛所具復修。至乾隆三十五年，山水暴漲，橋圮垂半，廢缺不修者二年。辛卯秋，大中丞何公撫治兩河，明作有功，百廢具舉，飭所司繕治橋梁道路，以利行人，罔敢不共。矧孟路當衝要，車馬輻輳。邇者川省軍興，使節時臨，而橋梁廢不修治，是有司不能事事，而利濟之澤不下究也。顧余初涖孟，姑弗亟焉者蓋亦有說，天下有利久當興，重以憲令。而或壅格不行者，以上下之志氣不孚故也。茲橋也，前此一人為之，今合數十百人共為之，其難易勞逸，蓋有間矣。然一人之為之，志專而無旁撓，故似難而反易；數十百人共為之，志分而多猜諉，故似易而反難。輸貲者，大率牽迫上令，其出於中心之誠然者鮮矣。任事之人，又或以為名高，未必視公事如己事也。上之人不為之規畫其終始，總核其纖悉，冒工費料，致以眾姓之脂膏糜諸無用之地，宜其嘖有煩言，已即都無此患。而其平日不甚敬信長吏之心，猶疑其萬一有是也。如此則惟有聽其敗壞，以俟詒後之人耳矣。此其所以難也。予涖孟年餘，自諗無德惠以及黎庶，惟是不忍鄙愚其民，與一切經久核實之政，頗有以孚於眾者。茲役也，眾志競勸，集貲千一百有奇，木石工料共糜金九百有奇，餘存為修葺城垣、濟瀆廟諸費，繕册鈐印，付工房收管，以備存查。材無妄費，役不累民。董事諸君作而言曰："孟子以乘輿濟人，為未知政體，而君子在於平其政，請以平政名茲橋。"予愧弗逮也，姑竊取斯義，以歸美於大中丞。而其陰大書曰：古溴梁會志古蹟也。橋經始於三十七年八月望日，落成於十一月二十五日。胡尉蘭齋與董事諸君，勤敏有功，其捐貲名氏，例載碑陰。

乾隆三十七年十一月。

（文見乾隆《孟縣志》卷三《建置志》。孫新梅）

巴大方伯批斷孟邑不應分辦溫解京額布碑

魯鴻撰邑令

古者布縷之征，與粟米、力役並列為三。唐初，租庸調猶古遺法，自兩稅之法行，一切統歸丁地征解，簡便宜民，故歷代守之不變。河南額辦京布一欵，自明代相沿至今，有司動支正項承辦，而年來花線價昂，不無累民。查河南州縣一百有奇，而辦解京布纔四十八州縣，大府內部非有所偏向也。因地之宜，有無贏絀，適當其分，而莫能增減，故可垂為永制。懷屬七邑，惟吾孟不辦京布。康熙四十四年間，前郡守鮑公以溫民具控，詳請更正，詞稱前明溫邑舊有協濟孟縣牛夫，因隔境不便供應，願將孟邑額辦京布七百三十疋有奇代為辦解，其牛夫統歸孟邑自行供應。至康熙十四年，牛夫奉文裁汰，溫邑代孟辦解京布，應行改歸孟辦。前方伯許公以溫、孟兩邑牛夫京布通融代辦，無案可稽，詳蒙前大中丞趙公銷案。乾隆二年，溫民馬子直等復行控告，前大中丞秀尹公又復咨部更正，部覆查溫縣所解布疋，《賦役全書》開載係孟縣改撥，溫縣辦解，並無"代孟縣"字樣。即據該撫咨稱，因則例定於明朝，本朝遂載入《賦役全書》。前任撫司以溫、孟牛夫、京布交相代辦，無案可稽，不便更改。歷經批飭銷案，則該撫所稱溫代孟辦，苦樂不均，明係無據之詞，賦役則例，豈容以懸揣臆見，輕為更易。且查豫省各州縣其額辦京布三千九百六十疋有奇，均動丁地錢糧，照題定價值辦解。其鋪墊等銀亦於地丁項下，准銷各屬，遵行已久。若照溫縣藉詞推諉，將來各屬效尤，紛更賦役，殊有未便應毋庸議。乾隆三十五年，署郡守趙公復請將溫縣辦解京布七百三十疋有奇，令孟縣分半承辦。今方伯覺羅巴公批飭溫縣辦解孟縣京布七百餘疋，事歷遠年，章程久定。《賦役全書》只載"改撥"字樣，並無抵辦牛隻工食之語，雖歷屆奏銷，冊內聲明抵換，而從前如何抵換改撥，久無案據可徵。乾隆三年，議歸孟辦，即奉部駁自不便，仍執無據之詞，更亂舊章，況改定征徭事關題達該府。即稱溫民偏累，不能將改撥之布確指實據，全行歸正，而徒以一二人之好訟議，撥孟縣分辦四百疋，不過一時遷就調停之論，設將來布疋有不如式。經部駁查咎將誰諉，殊難免私派之例，議且事出遷就，更恐訟端由此益多，不便准行，仰即轉飭照舊辦理，勿得叠訟干咎等。因夫無稽勿聽，舊章宜守固。夫人所與知前郡守鮑公、署守趙公徒以溫、孟皆吾赤子，溫辦布加多於他邑，而孟獨無見，謂苦樂不均耳。要所謂知其一，不知其二者也。物情不齊，安能比而同之。且如孟當要衝，夫馬迎送不絕，黃河離城五里，而遞修防供億皆溫邑所未始有者，亦可以苦樂不均，而通融辦理乎？時雨不私一物，君相不阿一人。參差之至，適見均平。反是，是子莫之執中耳。今方伯巴公知為政大體，持重而不事紛更，公平而無所瞻狥，易則易知，簡則易從，久大之德業，即一端可徵其凡，而吾孟民得永免鄰邑之推累，是誠宜勒諸貞珉，以昭垂永永者也。於是乎記。

乾隆三十八年歲次癸巳孟夏穀旦。

（文見乾隆《孟縣志》卷三《建置志》。孫新梅）

重修孟港石橋碑記

邑人公撰。

吾鄉南鄰海子頭，中界溴水，雖非巨津比，而往來過客羣苦病涉焉。前康熙四十四年，有李村鄭君諱名世，字岐山者，起創石橋十三孔。數十年來，僉艷稱鄭君之德於不衰。洎乾隆辛巳秋，大雨如注，溴水北徙，橋被淤沒。二十年來，兩畔居人，有志重修者未易，屈指數，率皆畏首畏尾，卒無一人敢起而任之者。迨己亥秋，大雨又作，水浮橋面。時屆隆冬，吾鄉起造獨木板橋，暫濟行人，而陟其上者，一步一愁，咸如履春冰狀。因而墮水幾至凍斃者，不知凡幾。里人羣嘆曰："鄭善人果不再出耶！"忽有南□村李君諱文章，字煥然者，目觸心傷。於庚子正敦請兩村鄉地及諸善長，並外村鄉地，募財重修。甫興工，先同兩村諸善長公詳出報，南撤乾橋四孔，中重修九孔，北創修四孔，工成，緣水盡北歸。又依公議，北頭再創修兩孔，五月興工，十月告竣。過茲橋者皆曰：非鄭君不能創修於前，非李君不能重修於後，兩善人蓋後先在，並傳千古矣。吾鄉因同體君子不沒人善之意，敬勒諸石，以為後之有志為善者勸。

乾隆四十五年十月。

（文見乾隆《孟縣志》卷三《建置志》。席會芳）

謁韓文公祠

【額題】

韓文公祠詩碑
謁韓文公祠敬賦五言排律詩一章五十韻
孔道函元氣，天心待耿光。嶧山還衍脈，神嶽更儲祥。
世德全孤福，宏圖弱歲昌。[1] 礱磨真事業，奮發古文章。
聖路追荒跡，儒門屹巨防。滂仁兼彌義，樹紀並扶綱。
周昔衰仍戰，言訌墨與楊。聖徒工放距，異說為懲創。
二氏來何自，羣迷勢益猖。求仙前古妄，迎佛國人狂。
不有名賢憤，何由其教張。五原俱躪奧，一表遂排閶。
發引千鈞重，瀾迴巨手障。偉功同禹孟，高識邁荀揚。
事與聞知並，仁還大勇將。先時從上相，已佐克淮疆。
鎮將凶尤熾，王朝使但惶。長駈踐牙距，銳辨懾強梁。
信覘儒臣效，寧惟白刃當。躬危因正直，筆振自雄剛。
述作先秦擅，流風盛漢芳。起衰從八代，作鎮向三唐。
星日昭光潔，雲濤接混茫。渾渾仍灝灝，正正復堂堂。
並約六經旨，還窺數仞牆。詩篇秖餘事，李杜亦同行。
霞佩高飛焰，天瓢倒揭漿。兩間盈浩氣，萬丈發光芒。
百世師應在，生平遇幾償。鋥重攖倖佞，[2] 身且落炎方。
海鱷駈還去，衡雲蔽未妨。鬼神原為護，辛苦特教嘗。

---

[1] "弱歲"，馮敏昌《小羅浮草堂詩鈔》卷三作"夢篆"。
[2] "攖"字，馮敏昌《小羅浮草堂詩鈔》卷三作"摧"。

國策能無慟，投書別有傷。精誠天可格，公道物還彰。[1]
晚景聞寬政，亨衢極侍郎。易名堪紀實，遺愛幾迴腸。
一自新書出，翻令故里荒。遺碑傳唐鄧，古晉昧南陽。
令子留銘志，[2]雲孫敬桑梓。國恩從祀重，[3]世選報功祥。[4]
末學生南海，聞風夙望洋。況因梁苑客，還誌鄭公鄉。[5]
祠下欣趨拜，階前許近相。泰山仍厚地，北斗尚穹蒼。
岌嶪冠摩棟，丹頳面沃觴。隨游儼盧孟，侍立或張皇。
大聖資疏附，何人敢頡頏。日逾輝傑構，雲爲護層坊。
河勢崑崙下，行山渤海長。[6]鴻文與流峙，千古未渠央。
岢乾隆五十三年歲次戊申仲夏上浣。
嶺南後學馮敏昌撰並書。
濟源人郎發源刻字。

（拓片藏河南文史研究館。王興亞）

御祭韓愈墓文

清高宗

維乾隆十五年歲次庚午九月庚子朔越廿六日乙丑，皇帝遣內閣學士、禮部左侍郎兼佐領鶴年致祭于唐儒韓愈之墓曰：

惟爾學可稱師，才堪命世。正色而銷，逆節履險如夷，昌言以障狂瀾。因文見道，義光廊廟，責難陳善之心，信著豚魚降嶽。騎箕之稟，遺編可守，亮節常昭。朕稽古懷賢，巡方展義。高原鬱鬱，猶疑衡嶽之祥。遺廟峨峨，想見陽山之愛。薦黃蕉與丹荔，事有司存。望靈雨與飄風，神其來格。

乾隆己酉八月上浣，世襲翰林院五經博士臣韓九齡敬刊。

（碑存孟州市韓愈墓。王景荃）

---

[1] "物"字，馮敏昌《小羅浮草堂詩鈔》卷三作"力"。
[2] 原注：《新唐書》謂公爲鄧州人，蓋見李白作公父去思碑云南陽人，而妄加鄧州字於上，不知此地爲《左傳》所云晉啟之南陽後人。歷辨未決。及明萬曆間誌石於孟縣尹村韓氏祖塋出土，然後公爲此地人物始定。
[3] 原注：公自宋元豐後從祀孔廟，國朝並同。
[4] 原注：雍正間，大憲訪公裔孫，隨據所呈家藏誌石入奏，至乾隆三年，恩准世襲翰林院五經博士。
[5] 原注：時昌忝修孟□。
[6] "行山"，馮敏昌《小羅浮草堂詩鈔》卷三作"山形"。

唐故正議大夫行尚書吏部侍郎上柱國賜紫金魚袋贈禮部尚書諡文公昌黎韓先生神道碑

門人新安皇甫湜撰。

韓氏出晉穆侯。晉滅武穆之韓，而邑穆侯孫萬［寓］於韓，遂以為氏。後世稱王。漢之興，故韓襄王孫信有功，復封韓王，條葉遂著，後居南陽。又隸延州之武陽。拓跋後魏之帝，其臣有韓茂者，以武功顯，為尚書令，實為安定桓王。次子均襲爵，官至金部尚書，亦能以功名終。尚書曾孫叡素，為唐桂州長史，善化行於江嶺之間，於先生為王父。生贈尚書左僕射，諱仲卿。僕射生先生。

先生諱愈，字退之。乳抱而孤，熊熊然角，嫂鄭氏異而恩鞠之。七歲屬文，意語天出。長，悅古學，業孔子、孟子，而佗其文。秀人偉生，多從之游，俗遂化服，炳炳烈烈，為唐之章。貞元十四年，用進士從軍宰相董晉平汴州之亂，又佐徐州、青、淄，通漕江淮。入官於四門，先生實師之。擢為御史。十九年，關中旱饑，人死相枕藉，吏刻取怨。先生列言天下根本，民急如是，請寬民徭而免田租之弊。專政者惡之。行為連州陽山令，陽山民至今多以先生氏洎字呼其子孫。累除國子博士，不麗邪寵，懼而中請分司東都避之。除尚書都官郎中，分司判祠部。中官號功德使，司京城觀寺，尚書斂手就職。先生按《六典》，盡索之以歸，誅其無良，時其出入，禁嘩眾以正浮屠。授河南令。魏、鄆、幽、鎮各為留邸，貯潛卒以橐罪士，官無敢問者。先生將摘其禁，以壯朝廷。斷民署吏，候令且發，留守尹以聞，皆大恐，遽相禁。有使還為言，憲宗悅曰："韓愈助我者。"是後，鄆邸果謀反東都，將屠留守以應淮、蔡。華州刺史奏華陰令柳澗贓，詔貶澗官。先生守尚書職方郎中，奏疏言："華近在國城門外，刺史奏縣令罪，不參驗，坐郡。"御史考實，奏事如州，宰相不為堅白本意，先生竟責出省。復比部郎中修史，主柄者不喜，不卒展用。再遷中書舍人，廷議蔡叛可誅，與眾意違，改右庶子。

十二年七月，詔御史中丞司彰義軍討元濟。出關趨汴，說都統弘，弘悅用命，遂至鄆城。審賊勢虛實，請節度使裴度曰："某領精兵千人取元濟。"度不聽察。居數日，李愬自文城早行，無人，擒賊以獻，遂平蔡方，三軍之士為先生恨。復謂度曰："今藉聲勢，王承宗可以辭取，不煩兵矣。"得柏耆，先生授詞，使者執筆書之，持以入鎮，承宗恐懼，割德、棣以降，遣子入侍。還拜刑部侍郎。憲宗盛儀衛迎佛骨，士女縱觀傾城，先生大懼，遂移典校上章極諫，貶潮州刺史。大官謫為州縣，薄不治務，先生臨之，若以資遷。洞究海俗，海夷陶然，遂生鮮魚稻蟹，不暴民物，掠賣之□，計庸免之，來相計直，輒與錢贖。及還，著之赦令。轉刺史袁州如潮。徵拜國子祭酒，其屬一奏用儒生，日集講說生徒，官人以藝學淺深為顧，侍品豪曹遊一不留。既除兵部侍郎，方鎮反，太原兵以輕利誘回紇，召先生禍福，譬引虎齧嚥血，直今所患，非兵不足，遽疏陳得失。王廷湊屠衣冠，圍牛元翼，人情望之若大虺虺。先生奉詔入賊，淵然無事行者。既至，召衆賊帥前，抗聲數責，致天子命，詞辯而銳，悉其機情，賊衆懼伏。賊帥曰："惟公指。"令乃約之出元翼，歸士大夫之喪。功可意而復，穆宗大喜，且欲相之。遷吏部侍郎。會京兆尹以不治聞，遂以遷拜，敕曰："朕屈韓愈公為尹，宜令無參御史，不得為故常，兼御史大夫用優之。"禁軍老奸，宿惡不攝，盡縛送獄，京理恪然。御史中丞有寵，旦夕且相，先生不詣，固為恥矣。械囚送府，令取尹杖決之，先生脫囚械縱去。御史悉奏，宰相乘之，兩改其官。復為吏部侍郎，銓不鎖，入吏，選父七十、母六十、身七十，悉與三利[科]取才，財勢路絕。病滿三月，免。四年十二月丙子，薨靖安里第，年五十七。嗣天子不御朝，贈禮部尚書。寶歷元年三月癸酉，葬河南某縣。

先叔父雲卿，當肅宗、代宗朝，獨為文章官。兄會，亦顯名，官至起居舍人。會妻之亡，先生以期衰服服為，用報之。朝有大獄大疑，文武會同，莫先發言，先生援經引沢，考合傳記，侃侃正色，伏其所詞執。女政而出，又曰："其賢善耳。"必心躍色揚，鈎而遊之，內外惸弱悉撫之，一親以仁，使男有官，女有從，而不嗇於己生。交於人，已而我負，終不計，死則庇其家，均食剖資。雖微弱，待之如賢戚。人訛笑之，愈篤。未嘗一日不對客，閨人或晝見其面，退相指語，以為異事。實嗜才技，毫細無所略，然而天下之進士而後者望風懾畏，以為瑞人神士，朗出天外，不可梯接，非有奇卓，望門不敢造。未嘗宿貨有餘財，每曰："吾明[前]日解衣貿食，今存者已多矣。"遺命喪葬無不如禮。俗習畫寫浮圖，日以七數之，及拘陰陽，所謂吉凶，一無污我。夫人高平郡君，孤前進士昶，謹以承命。湜既以銘先生墓矣，又悉敘其系葉德誼于碑，以圖永久，而揭以詞：

韓因朔封，自武之穆。厥全趙孤，天下陰福。子孫宜昌，宣惠遂王。秦絕韓祀，蠡蝨有子。繼王陽翟，繼王安定。三王其爵，韓氏何盛。桂胄系雅，三祖官下。秘書發祥，追錫僕射。徑熟道荒，物喪其明。誰懇其治，先生之生。先生之武，襲蹈聖矩。基於其身，克後其所。居歸孔軻，危解禍羅。具兮素兮，有覩何多。摩引而忘，天吝其施。廉陛乃頹，羣心孔哀。厥聲赫赫，滿華徧貊。年千世百，新在竹帛。我銘在碑，展我哀思。

大清乾隆五十四年歲次己酉冬十一月癸未朔八日庚寅，承德郎、户部主事、前史官、欽州後學馮敏昌敬重書丹并篆額。

孟縣知縣靈山仇汝瑚，孟縣教諭湯陰蘇行健，孟縣訓導光州劉偉祿，孟縣主簿東安戴廷枚，孟縣典史無錫張葆，孟縣把總武陟閆泰鳳，原任內閣中書興縣康儀鈞，庚子恩科進士偃師武億，國子監肄業武□湯令名，世襲五經博士裔陽韓九齡。

仝立碑石。

檢校生員趙接三、方向榮、鄧良原合刻。

（碑存孟州市韓愈墓。王興亞）

仇汝瑚創建花封書院記

文林郎知孟縣事靈山仇汝瑚撰。

欽州馮敏暉書丹并篆額。

今夫書院之設，所以興賢育才也。故士之讀書其中者，必不徒務其名，而宜有其實，然後，居可為表率，而出可為棟梁，是固宜然。然而守土之官，設書院於其地者，亦不可徒有書院之名，而無書院之實。苟無其實，而責士以不能問學力行，是無異却行而求前也。

孟古河陽縣地，縣舊有前令徐君登瀛所建"河陽書院"一區，在署南大街，舍宇湫隘，又當衢路之旁，斯邑為大河南北衝要，旌節往來，車馬絡繹，其公廨不足以容。而城南民居急遽，或無可假，則書院亦常為駐節之所。而士遂多不欲讀書於其中，且又無膏火，而不能以各給。余嶺南末學，素無才術，忝蒞斯邑。自前歲丁未秋視事，未及月餘，時則有聯汎關挑引河之役，歲暮始竣，而次歲春夏苦旱，勞心焦思，祈望雨澤，幸而轉歉為收。然嘗恐無當於養民之實，蓋心恒惴惴然。至書院一事，兩歲來，從倥偬中，但假邑署東偏空宇，使士人讀書其中，延師設教，并捐俸為修脯膏火，士亦孜孜向學。蓋去歲至今歲，兩值科舉，士之獲與正副薦暨選貢者數人，亦遂出於其中。

余因以知夫諸人士之尚可進而有為也。顧私獨念假館受業，終非久遠之計，因於暇日，周覽城墻，於北門外見有土阜隆然其上，古柏成林，與諸古樹翠色蓊然相間。而廟宇頹圮，無復規模。詢其名，曰："什方院。"問其由來，則曰："此前明天啟間，邑人楊君鳴寶所修，以為習靜之地者。厥後楊君無子，遂捨田四十畝，為修院之資，今田雖尚在，而僅存少年僧一人，故不能修復。"余於是復深念斯宇，何得使其頹廢？至是且楊君捨田修院，而獨庇一人，何若改建書院，使邑士共得讀書其中為庇，豈不更衆！及謀之邑中紳士，僉以為然。然而其屋宇則已不復可用，因選工擇日撤而易之，埏埴庀材，百堵交作，於是，周以墻垣，繞以長廊，作講堂三楹於其中，南嚮堂前為二門，亦南嚮堂後為軒三楹，北嚮又為後堂三楹，復南嚮而長廊，自二門以內，至於後堂，凡二十楹，又為庖廚及執事人等各造旁房。而盡大門三楹於二門之外大道之西，相去可二十步，東嚮題曰："花封書院"。大門之北別為楊公祠三楹，其所捨之田，詳請郡憲將二十畝撥入書院，為獎賞之資，仍留二十畝，足供此祠香火之費。復於祠後搆靜室數楹，使少年僧仍居其中，以示不忘前人捨田之意。入大門而望之，則翠蔭丹臒，互相暎發，及歷二門，升講堂而望之，則南向層城平展如桉，北倚筆架山，三阜屏列，西帶紫金山，東環北水廟，風氣廻聚。而北城門上一樓高逼霄漢，正當講堂之東南方，異位用形家言，為文筆之象異哉！此地得非昔人預闕於其先，以為今日人士興學修業之地者乎！

然而是役也，自興造至於竣事，凡兩閱月。其間無日不經營區畫，費用亦皆捐俸所出，其每歲修脯膏火，仍俟捐俸設措。而復得縣尉錫山張君葆，不辭勞瘁，日往督視，既勤且敏，故成功為甚速。然我邑之子民，雖樂於趨事，而亦既勞矣，既成，因舉酒落之。余遂進諸生而告之曰："諸生知花封書院之取義乎？昔潘公安仁以清淨作縣於此，好植桃李，茲地其遺封也，故以為名。"然余竊更有意焉，凡花必以成實為貴，故桃李為佳植，今諸生之讀書於此院者，既信美矣若佳花然。然而必有問學力行之實，苟無其實，即所謂無實之花耳，詎桃李比耶？是故其始也，余甚懼夫河陽書院之但為公廨，無書院之實而徒有書院之名。今則又慮夫諸生之但有讀書之名，而無讀書之實，倘能培根竢實，使夫根茂實，遂有如邑先賢昌黎韓公之為，以遊於聖賢仁義中正之途，將表率棟梁。於是乎，在即科名亦不求而自得，則余更何問焉也耶！抑余又有願者，竊願後之君子守斯土者，毋亦念夫讀書者之宜培植，勿以公事擾之，即河陽書院固不妨并存，以俟士之自學而尤巽，勿使斯宇之又為公廨，以共永夫庇士之澤，是尤余之所厚望也。夫是為記。

乾隆五十四年歲在己酉冬十一月下澣造。

（文見乾隆《孟縣志》卷三《建置志》。席會芬）

唐韓文公墓碑

唐韓文公墓

大清乾隆五十五年歲次庚戌仲春上浣吉日，戶部主事前翰林院編修欽州後學馮敏昌敬書。

孟縣知縣靈山仇汝瑚立石。

世襲翰林院五經博士裔孫九齡同立。

（碑存孟州市博物館。王興亞）

重建唐韓文公墓前饗堂碑

文林郎孟縣知縣靈山仇汝瑚撰。

欽州廩貢生馮敏昌敬書丹並題額。

唐韓文公墓在孟縣西十二里，韓家莊之後，見於康熙間舊志。而志序又疑其葬縣西北二十里尹村祖塋之左。乾隆庚午，我皇上巡幸河南，曾遣官致祭于韓莊。後公墓設幄將事，祭畢撤去。蓋公墓前之饗堂無存，而亦並無有道及者矣。迨丁未秋，汝瑚來宰是邑，隨奉憲檄重葺邑志，因延農部馮敏昌姻親主修農部，方將駁正舊志序語之誤。而適於雨後，自公墓前土中，得明嘉靖間邑令邢賢謁公墓詩碑，並于韓莊關帝廟中，得明宏治間鐵香爐一座，上有款識，謂為公饗堂間物。農部大喜，遂據以入志。詳見家墓門內，余乃為之悚然曰：有是哉！公之靈爽久，而如在者一至於斯也。夫公以間世挺生之質，值斯道絕續之會，其衛正閑邪，見於《原道》一書、《佛骨》一表者。固自有浩然獨存之氣，是以正直驅朝陽之鱷，精誠開衡山之云。蓋自其生命而已然，則歿後之精神，其炳列星而光日月者，更何如也。今即以公墓觀之，岳抱河環，天造地設，斯固百靈之所擁護，萬代之所瞻仰，豈可以意存疑以者。夫是以方當修志，考墓之會一石一金，同時並見，袪近人之惑，杜後世之疑，可不謂靈爽或憑？如響徹雲霄，斯應也哉！由是以思昔人建饗堂於公墓前者，自非無見而茲之重建者，為不可不亟亟也。爰偕公遺孫博士九齡同至墓前度地，覺前人遺址，依希可見，遂捐俸建饗堂三楹，又建塋門三楹，並飭修中間甬道，四周牆垣，完好無缺。經始於庚戌十一月中旬，至十二月下旬事竣。其監督工程者，則縣尉張葆竭盡心力，始終不懈。公裔孫九齡則左右唯謹，而埏埴斲削之工，皆踴躍輸力。堂成之後，檜柏成蔭，可山增秀。遂仍移所得鐵香爐於堂中，斑斕古色，與豐碑鼎鼎，互相映發，而全而後，潔蘋蘩而仰高山者，當至是而逾增景行之慕矣。夫抑公有道，爰於吾粵人思所以報公者，其道無由。今幸備官守公鄉，王得籍手以伸其區區之敬，又寧非厚幸也哉！因勒石記之，並為銘曰：

公之名兮，山斗同高。公之墓兮，河嶽周遭。饗堂重建，民樂忘勞。爐香重爇，子翼雲輻，馬之翔翱。

乾隆五十五年十二月二十一日造。

縣民方金成刻字。

（碑存孟州市韓愈墓。王景荃）

重修孟縣小金隄碑

河陽，古名區，閭閻殷厚，各安其業。近數十年來，河失常軌，東南沃壤千頃悉淪於迅流，邑遂凋敝。賴天子仁聖，恤民艱苦，疊邀蠲賦，視昔額征有減焉，而河未已。嘉慶十六年夏六月，上游漲發，宜洩不及，波撼城堞，其勢危甚。時余蒞任甫一年，恨捍衛舞術，為生民憂，及亟請於大憲，先築護城隄一道。次年春，甫興工，而水復至，隨築隨禦，護隄成，城始可守，然猶惴惴焉，以單隄之不足恃也。大中丞長公檄委河北觀察張公來勘視，遂有修復小金隄之議。小金隄者，莫知所始。於乾隆五十五年，前任仇公得隄西靈濟昭佑顯聖王廟碑，乃知始創於元，迨至國朝初年，漸已舞存。按縣志求其基不可得，蓋河之北趙趨久矣。觀察準今酌古，遂於護隄之外，自西嶺起築重隄一道，長五百丈，隄外加埽工十段，鱗次櫛比，控制狂瀾，如臂之護腹心焉。城恃隄以為鞏固，民恃隄以為捍衛。觀察久歷河防，宜其動合機宜也。其時勤辦斯役、總司出納，衛輝太郎公錦騏。驗收物料，刺史宋公于渭。督辦土埽工程，下北河都閫王公立志。其他文武二十余員，分任其責，怵心彈力，舞苟且從事者。余則奔命不遑，皆鄰邑河、溫兩縣，籌購物料。以十七年五月動工，八月告成。氣金三萬六千兩有奇，借帑者半，籌款者半。隄成，歷今已三載，洪波不驚，東南舊壤，漸有涸復。昔岳陽藤侯築堰虹堤於荊潭黔蜀之衝，歐陽文忠公為之記曰：

夫事不患於不成，而患於易壞。藤侯不苟一时之譽，思為利於舞窮，而告來者，此宜書也。余不敏，荷觀察指揮成斯盛譽，終此身不敢忘。更願後之官斯土者，念歐陽文忠公之言，勿使復圮，則灘地可還征額，閭閻殷厚曩时，豈非斯邑之幸也歟。謹記。

嘉慶十九年冬十月。

知孟縣事今陞陳州府通判孫世灃謹撰。

（文見陳善同、王榮揖《豫河續志》卷二十。王興亞）

唐昌黎韓伯文公韓子墓道碑

道光八年冬十月，翰林院五經博士裔孫後學馬士奇

唐昌黎韓伯文公韓子墓道碑

賜同進士出身欽取二等第四名錄用知縣偃師後學段圻書丹。

（碑存孟州市西虢鎮落駕頭村。王興亞）

皇清太學生顯達杜公（含貴）暨德配師孺人宋孺人合葬墓誌銘

【蓋文】

皇清太學生顯達杜公德配師孺人宋孺人墓誌銘

【誌文】

皇清太學生顯達杜公暨德配師孺人宋孺人合葬墓誌銘

太學生杜公，諱含貴，字顯達。先世徙自山右洪洞，居孟之化工村，後居邑之田丈村。公曾大父子美，大父宗文，父成德，塋村南原。兄含聞、含禮、含義，塋村北原。公以季兆次隘。嗣子永齡迺以道光十九年十一月二十八日塋公於村南之新阡。卜吉，禮也。公生而聰敏，受書無難色。長習商，能灼然棄取之理，獲輒倍。持身治家有法，事親無違，諸昆存歿，克恭不渝。念善解紛，人有執爭者，得公言即釋然。於族黨急難事，量濟之不吝。性尤好讀，雖身處市廛間，暇輒觀書。待諸幼延師課讀，資費不懈，卒食書報。迄今七世同堂，而諸姪孫輩膺品服，成貢監，入庠，食廩饍，寢□不已，有由然也。

公生於乾隆十一年正月十九日酉時，卒於嘉慶二十三年二月初二日申時，年七旬有二。元配師孺人，早卒。繼配宋孺人，生於乾隆十九年五月二十日丑時，卒於道光十一年四月初六日寅時，年七旬有七。俱嫻母儀，同日祔塋焉。側室張氏。公無子，取其三兄含義公次子太學生永齡為嗣。永齡娶振東郝君女，側室李氏。女二：長適王道三，宋出；次適湯鴻緒，張出；俱歿。孫男三：長正馨，貢生，繼嗣公姪祿；次正詩，娶庠生作舟薛君女，郝出；三正誼，幼，李出。女孫三：長適梁元霖；次適太學生福松李君次子；三字清秀郝君子。新阡坐癸向丁□子午三分，原曰兆禧，里曰永康。銘曰：

垂裕後昆，惟學是好。事之孳孳，卒食其報。銘公之墓，志公之操。惟德之光，潛而有耀。

乙酉科拔貢候選直隸州州判眷晚生花清璧頓首拜撰文。

乙酉科拔貢候銓儒學教諭眷晚生徐貫一頓首拜書丹。

廩貢生候選儒學訓導眷晚生花峰奇頓首拜篆蓋。

不孝永齡泣血納石。

（拓片藏河南省文物考古研究所。李秀萍）

復刊永免韓家莊夫役軍需雜差及堤工差碑記

【額題】感恩戴德

復刊永免韓家莊夫役軍需雜差及堤工差碑記

自唐儒昌黎之墓密邇韓家莊，韓家莊人等創修拜殿，復捐修墓傍牆垣、山門，其後牆垣損壞，屢經修茸，未曾懈慢，由來已久矣。前年已蒙遼公優免其夫役、軍需雜差及堤工差，其後碑記損壞，又蒙府憲張大人飭遵，復為刻石，舊章未墜，固屬可守，無如歲月歷久，碑文又間有字樣不清者，韓莊村人等恐多歷年所，倘碑文盡行磨滅，優免何所考據，用是屬予為文，復為刻石，再志不忘云。

文林郎知孟縣事梁佐撰文。

邑庠生馬九歌書丹。

世襲翰林院五經博士韓學祀。

略正馬丁煜；略副：喬慶南；甲耆：楊國選、高位中、湯法舜。

合村公直喬松香、王繼林、張良貴、喬慶以、馬芳秀、楊永庚、高成宣、喬慶仁、馬清秀、高化愚、喬慶新、楊永茂、馬國傑、薛萬和、行學成、劉名喜。

石工申文信、申玉輝仝立。

當道光二十二年歲次壬寅暮春之吉。

（碑存孟州市韓愈墓。王景荃）

韓金堂墓誌銘

【誌文】

皇清太學生希柳韓公暨德配張康王張孺人合葬墓誌銘

公姓韓，諱金堂，希柳其字也。其先世居邑西三里之韓莊村。曾祖懷智、祖訪玉、考法年，世多隱德。公賦性肫篤，幼嗜學，長因家給不足，舍儒就商，往來陝省四十餘年，未嘗一染習俗，艱苦備嘗，以致贏餘，乃援例入成均。孝以事親，喪葬合禮，勤儉持家，忠厚待人，念及無後，莫綿祖宗之祀，乃取堂兄金興之次子承先為嗣。厥後又得一子，非公之積德有以致之不及此。孺人皆淑慎有婦德，公子二：長承先，娶湯氏，即所取堂兄金興公之次子也，承先早亡乏嗣；次慶，娶關氏。女二，長適翟姓，次適耿姓，俱康孺人出。孫男一，春來，幼，慶出，承繼長門。孫女二：長適劉姓；次適胡姓。承先出。

公生於乾隆四十五年四月二十六日子時，卒于道光二十九年十月十八日未時。張孺人生於乾隆四十六年十月初十日丑時，卒于道光二十三年八月十六日丑時。康孺人生於嘉慶二年八月十二日巳時，卒於道光三十年四月十二日辰時。其子慶將卜于咸豐三年三月初八日合葬祖塋之次，癸山向。持父行狀，丐余為文。余不忍以不文辭，故謹志之銘曰：

惟公之德，潛而必彰。窆茲幽宅，乃安乃康。桂子蘭孫，森列成行。于萬斯年，永奉蒸嘗。

列授文林郎候選知縣辛亥科舉人愚弟杜正詩頓首拜撰文。

邑增廣生員愚弟張照巖頓首拜書丹並篆蓋。

承重孫春，來孫哀子慶泣血勒石。

（誌存孟州市博物館。王景荃）

重修紫虛無君殿戲樓碑記

【額題】永垂不朽

紫虛無君殿前，舊有戲樓三間。□道光二十一年，露雨傾圮，數年來片石寸木無存者。会首崔君辛柱、程君鳳閣應事，志欲修建，已便演戲。商諸同人，無不慨然。於是，因其舊基，擴而充之，□工庀材，□煥然一新。落成之日，求□為文。且亦不必文亦志而實之。

大清咸豐五年。

（碑存孟州市趙和鄉冶牆學校院內。王興亞）

優免韓莊村泥木工差碑記

優免韓莊村泥木工差碑記

先祖文公墳墓，居城西十里韓莊村北，凡宮室牆垣，皆韓莊村居民修造，已蒙優免軍需車馬夫役堤工差，及各色雜差雜派，由來已久，具有碑記。但工匠多系癡愚輩，其後往往被工匠頭役愚弄駭詐，強扯應差，甚至勒索錢文，違背舊章，則是虛蒙優免之名，而未受實惠也。余誠不忍坐視，因具呈於紐公案下，稟明原委，蒙批泥木工亦雜差之律，准照舊優免。韓莊村泥木工均頂感無既矣。第恐世遠人易，無所依據，倘再被蒙混牽扯應差，將如之何？為此勒石存批，一以銘國家之恩，一以杜漁利之弊云。

五經博士世襲翰林韓學禮撰文。

公正馬維善、約正喬松盛、地方喬慶和。

大清咸豐九年正月二十六日立。

（碑存孟州市博物館。王景荃）

邑侯葉世槐重濬餘濟河碑

申位西撰。

從來善政惠民，莫先於興利除害，害除則閻閻安，利興則衣食足。而利尤莫大於水，利之被澤廣而流澤長也。孟之北境有餘濟河以灌田，由來舊矣。顧開創於昔者，已廢棄於今。非有賢執政經畫而重興之，則吾儕小人，何能享利於無窮？此我邑侯葉公所以宏繼起之功，而有加乎肇修之始者也。

曾考懷郡水利，多在河、濟二縣，孟則無之。然天啓五年，創義開始，接內豐稔渠，並接濟源永利渠東支，引入孟境，是謂餘濟。迨國朝順治三年，復自濟源之遂村，接引永利河南支，由南雍、官莊滙前渠入孟，至趙改村分南北支。南支經洪道、曲村、四姚、前姚、立義等村，入溴河十五里。北支經羅莊、後姚、吳家寨、南董、趙莊、藥師、子昌等村入沇河，長十有八里，各寬七八尺，深五六尺不等，而十餘村之田，均經其灌溉焉。無何，年深代遠，兩岸則處處坍陷，而河面以狹，中流則節節壅塞，而河底日以高，每逢亢旱，蓄水無幾，灌溉難徧。遇潦則又漫溢為害，久之而淤墊日甚；又久之而河渠幾成平地，迄今已數十餘載矣。鄉人欲謀疏鑿，為工甚鉅，未有倡率之者，故難舉斯事也。

咸豐六年春，公下車，省耕省歛，問民間疾苦，因慨然曰："孟邑人稠地狹，賴農以生，餘濟河久廢，遇旱則歉，亟宜疏導之，以興水利，庸非一勞永逸之計乎。"一時聞者嚮應，無不感發興起，以成盛舉。公直趙溫如、申文裕等，出而董其事。公乃周歷河之故道，相度形勢，勘得濟之上流南雍地處汙下，不能下注，宜在此設架橋以渡，水庶可引而東流，往無不利。於是，捐廉二百金，購料鳩工，修建架橋一座，以為先導。凡在利戶，亦俱會集公議，按村分段，通力合作。即於是年二月，舊址挑挖，量加寬深，以期歷遠不壞。而公仍不時往來督率，隨在指示之，務求如式；且復諄諄告誡毋偷減，毋懈緩，衆皆踴躍求成，旋於四月一律告竣。公歷上下通驗收工，稟報竣事，欣然曰："因民之所利而利之，從此無亢旱之虞矣。"然公猶慮取水之未便捷也，於是，仿江南灌田之法，遠雇工匠，治[製]造龍骨車兩架，以為挹水之具，尤為利用，裨益良深。從可知公一片婆心，不惜經費，不辭勤勞，為吾儕謀家室，貽子孫者如此。其至有公德於我孟民也，不亦大且遠哉！

昔者，西門豹令鄴，鑿十二渠灌田，及史起為鄴令，以為漳水在旁，西門不知用。遂乃擴舊渠而引新流，利更大焉。今餘濟河既荒廢，經公重濬之，亦猶史之繼西門，愈以溥利濟於無窮，吾故曰："宏繼起之功，而有加乎肇修之始者也。"公自到孟以來，勤撫字，緩催科，興學校，重農桑，舉節孝，諸善政不可枚舉。七月九日，上官以考績最優，調署安陽，嗣署祥符、及許州，所至有聲。去年冬，復涖孟，孟之民莫不慰去思而歌來。暮時值賊氛逼近，公率合邑士民，辦團練、修城垣、築礮台，所謂思患預防，保衛民生者，無不計出萬全。豈第復興水利之足以濟人云爾哉！觀今茲之金城湯池，想當年之疏排瀹濬，爰乃記事勒石，以垂不朽。復爲之頌曰：

猗歟葉公，有儒者風。博物好古，慈祥溫恭。勤政愛民，百廢俱舉。導河瀹濟，上追神禹。又若子產，殖我田疇。利及百世，作霖作舟。食膏澤兮，郇黍召棠。歌樂只兮，民不能忘。

同治二年正月日勒石。

（文見民國《孟縣志》卷三《建置志·水利》。王興亞）

韓文公故里碑

韓文公故里
同治癸卯年夏。
知孟縣事葉世槐敬立。

（碑存孟州市城關鎮南關文廟街。王興亞）

李福根墓誌銘

【蓋文】
皇清誥贈奉直大夫翰林院待詔彥同李公德配誥封宜人曹太宜人合葬墓誌銘

【誌文】
皇清誥贈奉直大夫翰林院待詔彥同李公德配皇清誥封宜人曹太宜人合葬墓誌並銘

余姻翁待詔公李姓，諱福庚，字彥同。其先世，由山右洪洞遷孟，世居城北太子村。曾祖廷選。祖建隆。父統善，太學生，晉贈奉直大夫。公昆弟四，公其季也。幼失怙恃，時存孺慕心，恪遵諸兄訓，專心誦讀，矢志進取，不瑣瑣戀。童子度因捐待詔職以應鄉試，曾經房薦，塞於遇，故終未售。平居不留心生理，恒欲以詩書裕後昆。因延師課讀，無曠時日，以故塚男叔獎甫冠入庠。未幾，領鄉薦。次男覺吾亦英年食餼，人謂公育養之功為無負云。厥後，叔獎筮仕山右，曾攝醝城篆，實授樂平，又代理孟縣事，所歷皆有政聲，由公預有以教之也。公素性豪爽，凡遇艱巨難為事，公為之，無不出人意表。鄉里有負責難償者，積累雖多，公輒焚其券。又承先人遺言，與兄及諸侄創建宗祠，置祀田，設義塾，俾享先有地，祭先有資，族中貧乏子弟咸得誦讀，故宗族皆感公之德焉。配曹太宜人，幼嫻閨訓，長適公，襄理家政，井井有條，事上撫下，有古賢媛風。生子三：長希先，辛亥恩科副榜，山右平定州判，即陞知縣，娶馬氏，側室張氏；次效先，邑庠生，即補通判，加鹽課司提舉銜，娶蘭氏，繼張氏；三樸先，議敘九品職，娶董氏，繼娶劉氏，側室吳氏。女二：長適太學生耿君葆初，次適聖廟管勾廳張君清靜。孫男七：鳳山，娶張氏，繼娶雷氏；鳳鳴，即余婿也；鳳來，聘太學生永良苑公第三女；鳳儀，尚幼；希先出。鳳池，尚幼；效先出。鳳書，聘逢時郝公長女；鳳誥，聘從九品雲圖梁公長女，樸先出。女孫四：長適業儒劉紹庭，效先出；次字户部郎中雅堂杜公次子，樸先出；三字前沈邱縣教諭傑閣高公第三子，效先出；四字貢生聚五張公長子，樸先出。

公生於嘉慶七年四月初四日寅時，卒於咸豐十一年十月十五日戌時，已葬於先塋之次。太宜人生於嘉慶五年十一月初二日亥時，卒於同治六年十月三十日申時。今卜於本年十二月二十一日，開公之壙而合葬焉。墓係癸山丁向兼子午三分。銘曰：

行山聳翠兮，溴水流清。淑氣盤欝兮，折人挺生。德修於己兮，身膺光榮。珠沉玉埋兮，永奠付佳城。

賜同進士出身兵部武選司主事姻愚侄梁俊頓首拜撰文。

賜同進士出身户部郎中山東司行走總理捐銅局事務姻愚侄杜正詩頓首拜書丹並篆蓋。

承重孫鳳山、男樸先泣血勒石。

（銘存孟州市博物館。王景荃）

郭昂與薛夫人合葬墓誌[1]

【誌文】

郭昂次適同邑太學生秦立肇天恒等，將以本年閏三月二十八日，奉君與薛夫人合葬于先塋之次。禮也。乃為銘曰：

郎官應宿，騰輝煌煌。矧君偉器，吾道之光。厥才既豐，厥齒未老。驥足逐風，期諸遠道。天衢雲漢，鵬搏方始。胡折其翼，而止於此。大河之北，王屋之東。我銘其實，永奠幽宮。

誥授光祿大夫前任吏部尚書翰林院學院學士兼管總理各國衙門事務友生武陟毛昶熙拜手撰文。

誥授光祿大夫吏部尚書兼管順天府府尹事務友生德化萬青藜拜手書丹。

誥授光祿大夫太子少保軍機大臣協辦大學士兵部尚書翰林院學院學士教習庶吉士實錄館正總裁方略館總裁國史館正總裁管理國子監户部三庫友生宛平沈桂芬拜手篆蓋。

生慈侍下孤哀子天憲、天恒、天恩泣血勒石。

大清光緒五年閏三月下浣之吉。

（銘存孟州市博物館。王景荃）

---

[1] 誌文剝蝕嚴重，錄文爲後半截。

杜正誼墓誌

【誌文】

皇清太學生守堂杜公暨德配常孺人合葬墓誌銘

同治丙寅,余以省親在籍,延余姊丈杜公星垣講學家塾,其從堂叔守堂公亦附讀焉。時公甫弱冠,穎思異常,讀書輒數行下,為文清姿濯濯,不染點塵。性藹易遇人承以謙,無世胄驕侈習,星垣公深器之。余亦謂英年豪俊,將來非池中物也。光緒戊寅秋,余補諫官後,擬乞假省親,兼晤二三故舊,乃一痛于其兄雅堂之逝,而公訃又繼至矣。嗚呼!惜哉。憶余與雅堂公同官十餘年,倚如左右手。逝者已矣,繼兄而起者方厚望於公,而遽奪其算何耶?今春,其孤天敬等奉生祖母命卜吉葬公,走俤入都,丐余銘墓,余誼關葭戚,不容以不文辭。謹案:

公姓杜,諱正誼,字守堂。其始由山西洪洞遷居孟邑化工,繼又遷居田丈。曾祖諱成德。祖諱含貴,太學生。父諱永齡,布政使理問銜,以八世同堂,奉旨建坊,崇祀本邑忠義祠。俱誥封中憲大夫。以雅堂公貴,俱例贈通奉大夫。公兄弟三:長若洲,字秋沚,出嗣堂伯永祿公;次正詩,字雅堂,同治壬戌進士,官戶部郎中,欽加二品銜,賞戴花翎;季即公,公志薄小,就偶躓童,小試,即援例入太學,將以遠到自期,晨夕丹鉛弗疲也。其生母李恭人臘高善病,公侍湯藥,歷久無惰容。夫以公質地使天假之年,其文章事業必有可觀,乃中道溘逝,悲哉!配常孺人,有婦德,先公一月卒。妾楊氏,在室。子三,女五,俱常孺人出。

公卒於光緒四年十一月初二日寅時,得年三十有四,距生於道光二十五年十一月十九日丑時。今卜於光緒五年閏三月二十八日,合葬公夫婦于祖塋之次。銘曰:

紫山之北,太行之陽,有異人兮,毓此一方。弱冠蜚英,早負盛名,文惜命達,洪鐘無聲。嗟公之賢,竟不永年,齎志以歿,遺恨綿綿。我欲銘公,悲來自中,泐之金石,永奠幽宮。

賜進士出身兵部員外郎山東道監察御史姻愚晚梁俊頓首拜撰書丹並篆蓋。

生祖慈侍下孤哀子天贊、天敬、天然泣血勒石。

光緒五年歲次己卯閏三月下浣之吉。

(銘存孟州市博物館。王景荃)

梁偉墓誌[1]

【誌文】

清誥授奉政大夫甯晉縣知縣梁公墓誌銘

---

[1] 誌存上部。

外舅梁公歿後之十八年，嗣君振墉、振墀始謀葬公祖塋，命翔作文志墓。自維學識荒鞠，豈足發闡潛幽，然誼屬至戚，何敢云辭。謹按狀：

公諱偉，字梧亭，以字行仕，後改宗灝，字鳳岡。性孝悌愷，惻喜任事，然遇不可，則持之必力。幼喜讀書，所從師皆名宿。為文汪洋恣肆，通政殷公如璋長邑書院時，特賞異之。弱冠即入庠，食餼，有聲當時，專以順親為務，事封翁中憲公數十年，先意承顏，翁有所欲，往往未及言而公已知。生妣杜太恭人早歿，言之輒大悲慟。事繼妣薛太恭人極恪謹。恭人性剛烈，治家嚴而有法，稍不如意，即發胸中氣，他子暨諸媳不敢進一語。公婉勸之即解，有時或長跪以求其悅，平居一言一動，咸咨稟而後行，未嘗敢自專也。

清光緒初歲，大口鄉里殍亡相繼，太夫人命公發粟賑困，以謀全活，就食者日益多，正擬擴充間，永年李珍聘邑侯適來治孟，惻憫嗷鴻，聞公所為善，請襄辦閤邑事務。公於是聯合同志，購米皖北以平糶，多設粥廠以救饑。自春徂夏，昕夕苦勞，邑中貧民藉以保延殘喘者，實居大多數。公因是致疾幾不起。賑既藏，李侯上其事，大憲為在事諸紳請敘，公得以知縣候選。

光緒十七年，選廣東吳川縣知縣，吳川去中州萬里，公以薛太恭人春秋高，迎養不便，陳情銓部，得改直隸甯晉之任。後亟迓太恭人至署，望見板輿，即喜躍不禁，間語諸寮幕曰：吾作官何足喜？喜吾母夫人七旬猶健，得以盡吾烏私耳。其治晉也，惡惡極嚴，作奸者必重懲。蓋晉為古燕、趙地，俗悍喜鬧，又南有大泊，稱盜藪，故立意用重典，強暴者畏而斂跡焉。至其對善良，則又噢咻撫循，如慈母之保赤，惟恐稍不當意。歲時偶遇不豐，即申請上官懇緩賦減稅，又不分畛域。鄰省告災，亟捐廉制棉衣千襲，以濟之。直督李文忠公聞而嘉許。

（誌存孟州市博物館。王景荃）

梁健墓誌

【蓋文】

皇清誥授修職郎履祥梁公暨德配例封孺人宋太君合葬墓誌銘

【誌文】

皇清誥授奉政大夫行甫梁公合葬墓誌銘

光緒戊戌歲，直刺梁公鳳岡延余課子侄，一日偕其季之孤詣館謂余曰：吾母薛太淑人棄養十閱月矣，今卜於十月之望，合祔先府君之壙。予弟行甫，亦淹柩在室，將命侄振型、振墉同日發引，厝于祖塋，敢請一言為志。余誼不獲辭，謹述其懿行以為墓表。按公狀：

諱健，字行甫，天性孝友，負氣能文，弱冠補弟子員，旋食廩餼，尤慷慨好施。光緒丁丑歲大饑，助其仲兄傾囊以賑，全活甚多，里黨稱頌者至今不衰。家雖富饒，攻苦如寒畯。閑以蒔花種竹自娛，常謂科目貲財皆外物耳，何關於身心性命。嗚呼！居心如公者，可謂知本矣。嗣以納粟得獎五品銜布庫大使職。曾祖萬選、祖贊育、父元霖，太學生，誥贈中憲大夫。中憲公三子：長倬；次宗灝，即直刺公；鳳岡公其季也。德配崔宜人、繼配劉宜人、高太君、張太君、郭太君、司太君，妾宋氏、鄭氏。乏子，以侄振型、振墉為嗣。女二，適同邑薛氏昆仲。孫：承繩、承祖，均振型出。以長孫承祖出嗣公侄振塾，繼長門後。孫女一，幼未字。

公生於道光二十七年二月初三日，卒於光緒十四年冬月廿七日，享年四十有二。今於小陽望日合葬于祖塋之左。銘曰：

派衍安定，特鐘廳尤。文章既著，品學聿修。好行其德，聞急必周。丹銘玩索，神與天遊。年僅不惑，名已全收。幽宮蔥鬱，古柏長楸。太行王屋，同此悠悠。

姻愚弟邑庠生王雅堂頓首拜撰文。

愚侄婿邑廩生閆鳳翔頓首拜書丹。

愚弟附貢生馬汝楫頓首拜篆蓋。

孤哀子振型、振墉泣血勒石。

光緒二十四年十月十五日。

石工申士亮。

（誌存孟州市博物館。王景荃）

溫縣

重修大成殿碑記

趙明綱

大兵之後，學校殘廢。戊戌春，檄下郡縣，有司咨以重修。有以簿節期會爲事，漫不加省者，有空文申報者，不得苟且塞責以應。我邑侯郭公，奉行惟謹，於是鳩工庀材，修殘興廢，舉東西廡、名宦祠、門庫、房垣，營建丹堊各如制。未及啓聖祠、卜子祠，忽以誤去。邑侯李公來代，乃遷乃建，夙夜省視如郭公。又視明倫堂、博文、約禮齋，傾圮廢墜，將次第修葺而更新之。紳士樂二公之相與有成，求記其事。余維學校者，三綱五常之道明所自出也。夫三綱五常之道明則治；三綱五常之道紊則亂。唐虞三代以及後世，其彰明較著者，國家稽古准今，崇儒重道，立太學於國，設庠序於邑，豈第輝煌廟貌，光耀耳目云爾哉！誠見夫三綱五常之道，不可一人不明，不可一日或紊，或詳慎如此。吾黨之士，居是官者，當上仰尊國家建學之意，仰思二公修學之心。子必思何以極其孝，臣必思何以極其忠，昆弟、夫婦、朋友必思何以各極其善。修之身則德性聞，措之天下國家則事業者，然後，三綱五常之道燦然大明，而二帝三王之治庶幾復見。若尋章摘句，拾青掇紫，惟小功微利是視，無論負國家，負二公，度亦非吾黨之士之所以自期許者。《詩》曰："古之人無斁，譽髦斯士，肆成人有德，小子有造。"余其節取以歌云。

郭公諱仰，喟高父，內邱人。李公諱若廣，揆一父，海州人。是役蠲金五十，以激勸鼓舞者，則浙江杭嚴兵備道范公印心。司出入者，孝廉任君居溫、貢生田君九二，與有力焉。董工督役，則儒學教諭張體方、訓導胡映薇、典史馬應登、庠生張超、田九三、任居清、張琮。置材木磚石，以襄厥事，公直鄭茂貴、任居淳、張宿、張際泰，功不可泯也。並附貞珉，以爲後之重修者勸。

清順治十五年，知縣郭仰重修。

（文見民國《溫縣志稿》卷五《教育志》。王興亞）

參議張公墓表

侯崇喜

余成童時，嘗聞先司農公語家大人曰："昔余督師援汴時，欲得溫邑張南一贊軍務，以監宣、大。不克，致爲憾。"及還，仕溫庠，其仲男纘緒持其行實，以墓表請。因悉公始末。[1]

---

[1] 乾隆《懷慶府志》卷三十一無此段文字。

公諱常初，字炳漢，更字南一，號巖肖。其先洪洞人。永樂初遷溫。歷八世生公。公家貧，十一始就傅爲諸生，讀書設粥寺，自曙達夜分，聲不輟，雖暑罔間也。邑有暴客，素與公諸父嫌，恐公成名不利己，月夜往刺之。至寺前，忽雲霧四塞，咫尺不辨。如是者三，乃止，歸告其黨曰："斯人將來必顯。"後公貴，黨人泄其事，置不問。泰昌御極，遇恩選除金鄉縣丞，署城武、鉅野兩縣，篆有惠政，邑人爲立去思碑。及遷萬泉令，益留心撫字，革積弊，化奸頑，懲健訟，民俗熙然丕變。公賦性明敏，有片言折獄才，上官每委決疑獄。鄰邑民有訟，未平者，亦求上官批委公。適洪洞、臨晉缺官，兩邑爭得公，其足服鄰民如此。素精天文、地理、六壬、奇門之術，又喜讀《春秋》、《左傳》、《孫武》諸書。簿書之暇，即教民以攻守法。時流寇由秦渡晉，犯萬泉境，公率鄉勇禦之，斬賊首過天星，寇遂遁去。調繁趙城縣，歲餘，丁內外艱，解任讀禮，哀毀骨立。服闋，薛學士所蘊、傅黃門景星，各保舉公才堪大任，補授深澤令。邑中有表馬例，最累官民。公授民養馬術，馬大蕃息。其俗尚鬼，多師巫，公嚴戢之。又多淫祀，盡令毀去，若狄梁公之在江南者。報最，晉同知永平府。是郡多出大璫，愚民慕其勢焰，每自宮其男。公力請太守嚴禁之。璫僕甚爲民害，太守不敢問。公聞之怒，曰："何低眉權貴乃爾乎？"竟申請鞫訊，置之法，郡閹咸側目。未幾，調濟南同知，其地新經殘破，城池半毀，土寇乘機蜂起，摽掠章邱、鄒平、長山、禹城、濟陽、齊東、新城、青城、萊蕪、武定、商河等處，公奉撫按委。直抵賊巢，擒其渠魁，降其脅從，濟南一帶安堵者，皆公力也。又總修禹城，分築濟南，皆堅土致。撫按特疏薦之，晉秩二級，易正四品服俸，而公已勞至嘔血矣。明年，大計，同官忌公，陰希閹宦風旨，註公浮躁，降秩二級，濟南紳士並郡王皆以爲枉，請兩院保留。公堅以疾辭歸。居載餘，宣大張總制福臻，特疏公監紀。宣大軍務命下，公力以疾辭，不赴任。復疏請復公職，改宣大監紀同知，公不敢再違，遂強起。時王樸者，大同鎮朔將軍也。聯姻代藩，日飲宴田獵，不問軍事，士卒漫無節制，甚而劫奪商民。公先力言劫奪之害於總制，奉委嚴緝，健兒皆斂手。忽有命移防登州，張總制曰："大同重地，非張同知不能守。"急疏請留任，又特疏陞公陽和兵備使，遂駐劄陽和，訓練十營兵馬。公嚴號令，均賞罰。三載，四境肅然。陞薊鎮參議，與松山之難，歸葬於溫東郭外。崇祀鄉賢，所蒞亦各祀名宦。[1]

公生於萬曆二十年四月丑時，卒於崇禎十五年五月九日寅時，享年五十一。始終與弟崗縣令解同爨。子三人：長纘第、仲纘緒、季纘文。俱庠生。纘緒以文學著。

（文見雍正《覃懷志》卷十六《藝文志》。王偉）

---

[1] 乾隆《溫縣志》載文至此。乾隆《懷慶府志》卷三十一亦無此載，而書作"業雖微，褒封足俟。防防原隰，鬱鬱松梓"。

范印心墓表

苑瑤

　　府君諱印心，字正，其先河內人，後徙溫。侍御公諱安，其五世祖也。府君以己卯舉於鄉，越丁亥成進士，起家山西崞縣知縣，陞戶部主事，又晉員外郎，權西新關稅務。已，授郎中，超擢僉憲備兵杭嚴，俄遷山西口北參議，以婁斐解任。事白，再補河東道。丁內艱以歸，尋卒。

　　府君精敏強毅，長於政事。初至崞，起弊扶衰。會有姜瓖之變，府君倡衆固守，目不交睫者七晝夜。僞檄日三四至，手碎之，斬其使，以待王師。身親矢石，鬚髮爲白，近崞城邑摧陷殆盡，崞巋然獨存。在主政遣視榆林兵餉，舊例餉發不時，或至假貸，以佐糧糧。府君請於開府，按時支撥，遂爲定例，至今士伍感德。權西新持大體，不尚苛細。杭有湖山之勝，婦女蕩漿嬉遊，以焚香爲名，往來浮屠無忌。又俗尚淫鬼，有所謂五道神祠者，闠城溢郭。府君嚴檄戒飭，立毀淫祠數十，杭俗爲之大振，然亦以是取忌矣。晚年監郡河東，黜奸清蠹，吏畏民懷。晉寧三十四屬，嚴憚之若神明。府君孝友性成，經紀大父之喪，哀毀盡禮。事大母劉，終身無間言。叔父無嗣，府君窺大母意，買妾以慰之，推宅讓產，無幾微見於言面。居官居鄉，其濟厄扶危者無算。讀書不釋手，在金陵，購經史子集數千卷。諸往還裁答，揮毫立就，書法猷逸，異詞同妙，未嘗輕以示人。間出韻語，作者爲之擱筆，生平喜表章、遺文，刊《刑昉石臼集》於金陵，刊賀仲軾《春秋歸義》於武林。其在河東，搜攟府庫藏書，捐俸鳩工，補缺正譌無虛日。生方萬曆乙酉，卒於康熙戊申，壽六十歲。己酉入名宦，庚戌崇祀鄉賢。

　　康熙九年。

（文見乾隆《溫縣志》卷六《地理志下》。王偉）

永豐縣知縣吳公國用墓表

苗于京

　　公諱國用，字公輔，姓吳氏，世居於溫。性躭書史，當明末，值流寇衝突，奔竄東西，家貧落魄，口誦手披，焚膏繼晷不倦，名譽日噪。弱冠，領順治乙酉鄉薦。時鼎命聿新，需材孔急，或有勸公乘時利見者，公曰："尺蠖之屈，以求伸也，吾乏子奇之精敏，美錦學製，傷茲多矣。"乃鍵戶不出，聚甲乙部而繙閱之，興會所至，欣然忘食，或不覺墮坑塹中，如此者十餘年。

　　戊戌成進士，謁選，授衛輝府學教授，勸課多士，循循有方。三年，遷永豐令，即今廣信之廣豐也。先是，永豐黃冊舛錯，田土多為勢豪侵蔽，賦役偏重，羸弱不能自存。公下車，廉得其狀，躬冒星露，履畎清覈，均租稅，平徭役，數十年之積困以甦，民甚德之。邑與閩鄰界，閩大凶祲，老幼扶持攜妻子流入境內者，寔繁有徒。公曰："是嗷嗷者孰非赤子耶！"調粟拯救，勞來安集，俾之各有寧居，故流民為謠曰："瑣尾土女不適居，菜色奄奄盈道衢，賴霑河潤無摧枯，是用作歌布廣都。"南鄙嘗不戒於火，風伯煽虐，里民驚駭失措。公徒跣拜祝，反風滅火。旋命書焚室而寬征與材。嗟夫！士君子衡茅跧伏，哆口高談經濟，一行作吏，不恤草菅民命而肥其囊橐，其煦煦為仁者，小惠未徧而神亦弗福。若公之下蘇鴻雁而上假蒼穹，不綦尠哉！

在職五年，吏安民懷。及解組歸，篤矢友愛，哀多益寡，教訓式穀，蜚聲黌序；常棣之雅，今猶嘖嘖人口。年五十六而卒。

（文見乾隆《溫縣志》卷六《地理志》。王偉）

重修玄天上帝廟碑記

賜進士蕭守身

夫無極而太極，太極而後兩儀，兩儀既判，三才既定，而後有天地神祇焉，乃若玄天上帝，天元光耀於紫微，帝座奠安於北極，聖德在水，所以靈應，如水如玉，湛然澄沏而一塵之不染。旗幟紫星即北斗也。廉真祿存巨門文曲武曲，貪狼破軍是也。龜蛇即乾坤二卦，一變而成坎離之象也。然天文上應，帝德遐昌，而至聖至靈，為諸天神之祖。使四海之內，處處建廟堂而肖聖象，俾民勸善懲惡，皆化愚而為賢矣。惟吾覃懷，古溫之邑，風俗淳美，地靈人傑，而好善者居多。每歲會同志修善之家，朝南頂而進香者眾。有本邑雙流村善士周舜卿、尚舟、周楚，杜廷臣議之曰"作善不拘於富貧，敬神豈限於遠近"，舜卿乃捐己貲，修建上帝寶殿，及聖象、特衛之神。功果大成，輪奐鮮明，金碧具瞻，寶殿巍峨，於以動雲龍之氣象，瑤臺高聳，於以駐日月之光輝。昆靈整飭，輔弼森嚴，俾民安物阜，屢荷豐登之慶，皆神默佑也。猗歟休哉，是為記。

（文見民國《溫縣志稿》卷十《古跡志》。王偉）

王公祠碑記[1]

邑令滑彬

帝王疆理天下，念輿圖遙廣，德化難以遍及，特簡威望大臣鎮撫之。往往以公輔之才，出而為屏翰，蓋其人為九重所孚契，朝入告而夕蒙恩，非郡邑有司煦煦行仁動多掣肘者比。然位高而去民遠，故閭閻之被澤也難。豫州居天下中，商、周以來，夙稱畿甸地，累罹河

---

[1] 乾隆《溫縣志》卷八《祠祀志》注碑在文廟後，今廢。

患，疇人不安厥居。而溫邑士瘠民貧，較諸邑尤甚。歲在壬戌，大中丞華亭王公奉天子命來撫茲土，先是公駐汴防河，豫民愛戴有素，聞公重來莫不額手稱慶。職以菲才，亦於是年秋杪，謬膺溫邑。民社之寄，因得依光宇下而熟悉。公勤察民隱，遍問疾苦之至情，其間積弊相仍，久為民患者，公一一起而整刷之，可以專制者刻期即行，格於定例者不次入告。雖然，此猶與閣省士民同其感戴者也。

溫邑食鹽舊隸河東，頻年池不產鹽，價騰課急，官民皆受其累。公為題請改食長蘆，味佳而價平，而民間無淡食之苦，雖然，此猶與覃懷通郡均其霑被者也。至若溫邑濱河之田，頗稱膏腴，河流遷徙不常，半至塌沒。貧民無地賠糧，產業耗盡，繼以逃亡。公允以河沙新漲之地，頂補舊塌之糧，永著為令。每年一行丈量，而沿河百姓無賠糧之虞。又苦溫邑陋規，現年大差，十載一輪，強者因而射利，弱者遂至破家。公檄照河內等縣，從地土丁甲供一年徭役，而里甲偏枯之竇塞，更慮民不知教，風俗日靡。公諭設義學以訓秀民，講鄉約以化編氓。比年以來，稍知禮讓返於淳樸，絃誦之聲，殆遍四境焉。凡此者，公之德澤。其被之豫省者，固自不窮，而加意溫民更若獨殷且摯也。維時溫之紳士黎庶相率而請曰：有公如此，而不思所以垂久，其德業不朽，其稱施大，非人情職仰體沖懷，且辭且諭曰：溝洫侈澤而河海忘其汪洋，爝火炫明而日月渾其照臨。今公及爾百姓士庶者，河海之汪洋，日月之照臨也。與其以頌之者報之，無寧以忘之者戴之。士民僉曰："侯言固當，然千億万人積忱曷展，願無重拂吾民意。"乃卜地縣治中區，創建王公書院，鳩工庀材，不日告成。落成之日，欲勒石以垂永久，乃復謀於職曰：吾儕小民，今日傾誠以祀公，非徒頌公之聲名，正以報公之德政，亦非徒美公之德政，克振興於目前，正以望公之良法，歷百世而不變也。職於是而知異日者公入相天子，凡興利除害之□，動關天下民生者，無不悉舉而備行。十五國遐陬僻壤，將□□而尸祝之，豈僅溫邑一隅之禱頌已哉！

　　康熙二十一年。

（文見乾隆《溫縣志》卷八《祠祀志》。王興亞）

卜子古塚碑記

張明達

　　余子總角時，從先大人遊文廟，究四配十二哲，知先賢卜子系溫人。及康熙庚午，余以軍功除授溫守。丁祭日，見先聖廟旁有卜子祠堂一所，從祭諸生為余言："城西北楊門村，系先賢故里。雖嗣裔零丁，確是先賢正派。村南三里許，有古塚，乃先賢卜子塋域也。"余方悵然，以後嗣式微為憾。歲戊寅，提督學院張，蒙部文准先賢裔孫卜文傑為奉祀生。余甚喜先賢血食不斬，即着卜文傑樹碑一通，而為序於左，以示余景仰之至意云。

　　康熙二十九年。

（文見民國《溫縣志稿》卷十《古跡志》。王偉）

重修興國寺碑記

粵稽我佛來自西域，史載之矣。千百年來，或務崇上，或爲屏絕，歷唐、宋、元、明以迄今，茲究無有或廢者，必佛有不可廢者在矣。況其所遺一切後室經卷，現與尼山諸書並傳人世，家誦户詠，昭昭耳目間。豈非以有功於吾道，而斯須不容離耶。且凡佩服佛教，此倡彼和，善淑人心，可以移風，可以易俗，在在皆然。所謂佛道同天，洵非誣語，其尊崇敬禮又當何如？有云：佛在心頭，不必執像求之。然蚩蚩衆生，有像則尊，無像則憂。此繪圖聖像，設立殿宇之所由來也。今興國寺不知創自何始，已歷有年所矣。自順治年間，沁水橫溢，住僧集衆金粧，迄今幾六十餘載，金身剥落，殿宇傾圮。曾無有過而問者，甚非所以尊古佛而妥如來也。竊思命寺名曰興國，益社稷於茲於靈，長人民於茲於康。義則保泰吾鄉之家，佛佑而獲佛福者當不待言矣。寧宜坐視頽敗耶！歲甲申，弟子等各發虔誠，量力稽貲。果指日間，聖像輝煌，殿宇新矣。語云：種瓜得瓜，種豆得豆。又云：要知來世，因今生作者，是要知前也，因今生受者。是當茲工竣告成，謹勒各善信姓名於左，以永垂不朽云。

邑庠生高權薰沐敬撰並書。

康熙四十年歲次乙酉十一月吉旦。

（文見王士章《溫縣金石錄》。王偉）

重修城隍廟碑記

周大律

國之大事，祀典居其一。祀也者非徒攘禍祈福，執輪迴果報之說，以警愚民，使之焚香禱祝已也。亦曰："崇有功，報有德，以正人心，厚風俗云爾。"邑之有城，城外有隍，國家以爲保障，人民以爲庇蔭。其神聰明正直，立廟以祀之，非誕也，宜也。第有締造於始，必有遞修於繼者，而後廟貌常新，足以肅觀瞻而起敬。我溫城隍廟，創建以來，重修者不可勝記。週年來，棟宇朽折，磚瓦破落，牆垣傾頹，丹雘漶漫，急需修葺，而莫爲之倡。平谷孫公來尹茲土，興廢補偏，濬隍築城，溫之形勢燦然改觀矣。乃謀新其廟貌，以妥神明。于是，紳衿士庶，羣捐資而勸義舉。庀材鳩工，始自康熙乙未年五月。由門堂寢室及廊廡臺垣，朽折者更之，破落者補之，傾頹者築之，漶漫者新之，宮殿清肅，金碧輝煌。而廟之西舊有馬神祠，以爲繕完金粧，合内外而維焉。凡四越歲，至己亥秋而工竣。茲舉也，事雖有舊，功俾創新，從此人人竭誠致敬，常存崇功報德之思，則人心正，而風俗厚，此溫民之福也，即邑侯之志也。因爲之書諸石，以垂將來。

康熙五十八年。

（文見乾隆《溫縣志》卷八《祠祀志》。王偉）

府君廟碑記

王錫命

　　縣治西門外里許，建齊聖廣祐王崔府君廟，鄉人奉事維謹。余常道經廟下，因考王世系芳蹟，而父老傳聞多誕謾不可信。歲丁未，余司教湯陰，亦有王祠。余進謁，得實錄一冊，□僧房攜以歸，讀一過，乃嘆聰明正直，靈異赫顯，宜其受禋祀於無窮也。

　　王諱珏，字子玉，崔其姓，祁州古城縣人。父公讓，母劉氏，家貲巨富，好施與。年五十，無嗣，禱于東嶽神，夫婦同夢有捧美玉於盤，稱言上帝贈，劉受而納諸懷，遂孕。王誕於開皇五年六月六日子時，異香盈門，人奇之，以夢故命名珏，聰慧，日記千言，方正自持。舉孝廉，為隋太子府副監。太子失德，遂引退。唐貞觀元年，招納賢良，應詔出。初授員外郎，改授長子令，尋調滏陽，歷蒲州刺史、河北二十二州採訪使，所至化暴安良，多異政，人益神之。貞觀二十二年十月初十日，卒於官。子敬嗣受遺囑歸葬滏陽之鼓山下。時封護國嘉應侯，詔有司繪象以祀。自是歷宋、金、元、明俱有封號。據實錄所載，如伏虎斬蛟，決幽理陰諸奇績，儒者或未之信，然誠精而明，是以通於幽明之故，而知鬼神之情狀，其亦有未可概疑者耶。其他實政，必有加循吏一等。惜人情好怪，僅傳其異者。余既破異為信，深恐後人以疑傳疑，等於淫祠之莫可究詰也。故為述其署以記之。

　　雍正五年。

（文見乾隆《溫縣志》卷八《祠祀志》。王興亞）

河北道重勘廣濟豐稔兩河檄文

　　為培葦建閘，侵霸水利事。准布政司咨開。雍正七年十一月二十三日，准貴道咨。據署沁河通判朱俠呈，稱會同孟縣於九月初八日詣濟邑之五龍口，察勘廣、豐兩河，由濟十餘里，始入河、孟、溫、武四邑，灌地之餘，仍歸黃、沁。《河內志》載：兩渠之下，分二十四堰，以出力開河之民，別為利戶。濟源之有利者分五堰，河、孟、溫、武之有利者分十九堰，每月兩輪，照號用水。必先武陟，次孟縣、溫縣，次河、濟，自下而上，俾狡惰者不得無功竊利，法之善也。迨日久弊生，加以人情喜逸而惡勞，武、溫、孟僅存分堰之名，並無分水之實，究其故，伊等懈於疏浚，浼河民代為出夫，即代用其水。於是，經制壞而爭端起矣。致令濟民無利者得以藉□。五邑協力開河，水利盡歸河內，他邑既不得沾澤，壞我濟地，將糧換水，而獨不得用水乎？於是，為橋、溝、洞培蘆葦，無利無號之私閘，實有妨于有利有號之公堰，由故明以迄於今，河民嘵嘵不休，而此案究竟未結也。職等參考舊卷，博採輿情，查前明袁令二十四堰之分設，委為百世不易之良規，欲息斯民之爭端，尚復前縣之舊制，合無仍照袁令詳定各堰名色，各邑秉公將有利之戶造冊送府用印，發各縣存案。設立堰長，照號使水，自下而上。河民既不代用三邑之水，濟民何由垂無利之涎。

又查廣濟河李化雲等水車五輛，利豐河李定宇水車一輛，惟葛自新系開山公直葛汝能之子孫，汝能有功淤河，准其在永益灌地。因此堰地高，河深，非車不得水利。自新委係利戶，應准其一車使水，其餘一概拆去。庶無利者，不得開私建之端。但置車必用磯心，河窄恐多淤塞，今准伊用水車，應將本車上下河身丈量寬深，若與自本車磯心牆外對面開寬，與上下河身相等，則水車從傍轉運，亦不致堵截河心，有妨下源矣。又查南程、程村、樊莊、梨林、許村、朱村一帶莊村，橋閘、蘆葦皆濟民，無利戶也。當開河雲日，漠然視之，誠屬愚情，伊等雖云將糧換水，載在府碑，查碑文實未曾指名各將某地換某地水也。況二十四堰之中，濟民原分五堰，是有利者，已沐其上流矣。至河紳楊姓價買濟地開河，不惟勒之于石，而又筆之於書，至今銀數地主，班班可考。應將私置私建之處，拆去磯心，毀其閘底，芟其蘆葦，將見百年未結之案。一旦水釋，第恐雨澤有愆期之日，寧有水流濟地，忍坐視數村之枯槁，而不與杯杓以潤之者乎？職等細考經制，紊亂之由，皆係下游之民去上游甚遠，艱於跋涉，以致河身日淤，水流不暢，爭端日起，合無行令，各邑督率有利之民，各在本管境內，照地出夫，及時疏浚，即免鳌糧之煩，又省科派之擾。惟廣濟、豐稔兩河，咸在濟境，既禁其截水，復派其疏浚，無利出力，與無功使水者同，應將兩河之在濟境者，責令南程、程村、樊莊、梨林、許村、朱村等處，無利之戶，按地疏浚，准其各家畛頭，凡地高於水者，用桔槔車水灌地，水高於地者，用芭斗戽水灌地，人力用水，江浙皆然。凡上游無利者，只許用此法灌溉，不許私建閘堰。在濟民無利者，可免槁苗之憂，於下游亦無妨礙，上下相安，爭端自息。然需取具，無利戶情願疏河，認狀甘結，由該縣送本府，並水利廳衙門存案。如伊等疏浚潦草，或有雍阻情弊，許下游之民赴各縣稟閱查究，倘蒙准行，節令各邑勒石遵守，其河渠每歲疏浚二次，限以二月、十月，各縣率典史督夫，疏浚完日，報府查考。如一歲之中疏浚如式者，將各縣記功，不如式者記過。如是則賞罰嚴明，責有攸歸，而爭端可息，水利永興也。至濟民私建水車、橋閘，培植蘆葦，昨經職等查詢，伊等自知理屈，俯首無詞，相應免究等情。到道繪圖貼說，申送移司詳院，蒙總督河東部院批，仰即轉節該廳、縣，照議速行，勒石永遵。仍取墨拓並濟民無利戶情願疏河、認狀甘結，並送查圖、存查等因，到府行縣勒石。

雍正七年十一月。

（文見乾隆《懷慶府志》卷二十九《藝文志》。王偉）

白來貢詳請廣額去思碑

田受田

溫係卜子梓里，文學之風至今未艾，限於額，入庠止八人。應童生試者，恒多遺珠之歎。康熙己卯歲，白先生司溫訓事，喟然曰："荊多美玉，冀多良馬，何生採取者廉也。"

越辛巳，得攝學篆，遂具詳上憲。屢詳屢撥，歷歲餘乃得達部，報可，改溫爲中庠。嗣後，歲試入庠多八人，科試入庠多四人。三十年間，百二十人拜賜焉。先生之功及於溫者遠矣。雍正二年，又蒙新恩，得附上庠。非先生詳請，改中庠於前，今安能越次而爲上庠耶！是雖建生祠入名宦，非媚也，宜也。然力有未逮，尚俟諸異日。第恐事久年湮，溫人不復記憶，故爲略序於如左。

先生諱來貢，字方侯，河南靈寶人。學有原本，訓士多法，茲記其詳請廣額一事，不概及廣額，自康熙癸未歲，越明年甲申，以老去官。

雍正七年。

（文見王士章《溫縣金石錄》。王偉）

萬石君表墓碑記

布政使趙誠

孔子嘗曰："文莫吾猶人也。躬行君子，則吾未之有得。"躬行，蓋若是難也。余爲童孺時，聞吾祖嘗稱說萬石君之爲人，及就塾讀小學，識萬石君姓名。比長，讀《史記》，知萬石君里居，然知其由趙徙溫而已。目未睹方輿之書，是未登里閈之門，溫在何所，隸何郡？未之考也。

庚申冬，奉命旬宣豫省。溫邑孺童石永恭，以其始祖萬石君之墓在溫，懼其久而湮也。于辛酉八月，自溫走汴，求予文表其墓。溫之在河北，隸懷慶，乃今知之矣。至墓既在溫，閱今若干年，表之者必大有人，且有祠堂並碑碣，故老所傳，或更有軼事，未可知也。因檄溫令張承謨，令悉之。厥後，張君復稱：萬石君墓，在縣西北賈村東，去城七里，石氏子孫世代奉祀。永恭，六十三世孫也。祠在邑之西關，久燼於火，僅存殘碑半段，可讀者惟石君諱某祠堂碑記，又一行"孟夏初旬之吉旦"數字而已。以無碑記，無墓銘，仍代永恭伸前說，以表墓爲請。嗟呼！孔子稱恭行君子，其萬石君之謂耶！夫躬行之君子，既不肯以文自表見矣，而尚可取乎人之文表之耶？然越今千百年，人知某某之爲君子者，不賴有史之文耶？則取史之文，揭之耳目之前，使遠近之人觀者感，聞者慕，奚不耶？按史稱萬石君無文學，恭行孝謹，舉國皆慕其家行，在齊、魯諸儒皆爲不及矣。今之儒者觀之，自以爲何如耶？夫躬行君子，孔子之所重也。今之君子所談者，文而已矣，抑又何耶？豈孔子之言，未足爲法耶。孔子之言，如可法也，則古之躬行如萬石君者，何不于心乎藏之寫之，于乃名言之樂道之耶？余故從永恭之請，書此碑，俾勒之乃祖之墓旁，欲兒童孺子皆知有萬石君也。或曰子言是，子能躬行矣乎？余惄然汗流，然則胡爲斯文也。余固未嘗爲文，文則史也。

乾隆六年。

（文見王士章《溫縣金石錄》。王偉）

重修大成殿記

邑令張承謨

　　肇自乾坤定位之後，聖帝明王立綱紀，定彝倫，以為生民物則，其間世運遞遷，好尚不同，從違莫一，漸至於大道不明，彝倫攸斁，我至聖先師出，刪定纂修，垂訓萬世。而後堯、舜、禹、湯、文、武、周公道統之心傳，得明於天下。後之人即有雄傑蓋世之才，思所以跂而及之而卒不可及。即有詭異驚人之論，思所以更而新之而卒不可新。此聖人所以為生民未有而師表萬世也。今國家崇儒重道，列聖相承，所以尊崇聖人，亦云盛矣。尤加意學宮，屢飭修葺。而溫邑黌宮悉多傾圮，前任欽奉重修，鳩工庀材，欲漸次修整，而在任屢更，未得竣工。承謨受事後，就前所搆之木料，於未經修理之某處某處，承謨捐資搆備各料物，次第修葺，於乾隆九年九月告成。學博韓君、方君謀勒於貞珉。余遂援筆而為之記。

（文見乾隆《溫縣誌》卷九《學校志》。王興亞）

萬石君祠碑記

邑令張承謨

　　今夫賢士大夫，言而可為天下法，行而可為天下則者，雖百世而下，猶足令人景仰而興起焉。此其故何歟？蓋三不朽之業，立德為上，而功與言次之。如漢之萬石君諱奮者，當其立朝之日，史稱其無文學，恭謹無與比。子四人，皆以馴行孝謹，官至二千石，而少子慶為齊相，舉齊國皆慕其家行，不言而齊國大治。此非萬石君事君敬，事親孝，處鄉里恭而遜，而其子皆能率其教之所致歟！固不特當時可以為人倫之法，真可為千百世人倫之法也。

　　當今聖天子勵精圖治，首先以厚風俗、正人心為急務。藩憲趙公，奉命宣猷，思風勵，閣屬人民相率而歸於實行。以萬石君之祠在溫邑，而後裔亦在焉，檄承謨修其祠以風世。承謨遵奉施行。萬石君之裔孫永恭，亦敬謹從事，並酌撥灘地百畝，捐其額賦，給永恭遵守，世為歲時蒸嘗之用。詳明藩憲立案。從此而萬石君之祠宇整潔輝煌。不特邑之士民奉為儀型楷模，而往來之縉紳冠蓋經過溫邑，亦當瞻仰流連，以生其景慕之心，豈非世道人心之一助耶！是為記。

（碑存溫縣西關南街，文見乾隆《溫縣志》卷八《祠祀志》。王偉）

萬石君祭田記

王錫命

　　德有足以石氏，世勵俗而代遠年湮，湮汨弗續，非賢而在位者為之闡揚經理之，雖有云爾，未易振也。然其間興衰隆替之故，亦非有數存，蓋非人之所能為也。我溫石氏，代有偉人，爲邑望族。漢萬石君爲其鼻祖也。萬石君，孝謹質行，爲齊魯冠，載在史冊，炳耀古今。其在當時，士林奉爲儀型，齊民胥爲矜式，生榮死哀，家尸戶祝，俎豆馨香，將遍滿海宇，梓里之崇祀無論也。越今幾二千年，兵燹屢更，祠宇傾廢，所幸綿綿瓜瓞，尚衍箕裘於弗替。相傳墓在縣治之西七里許，碑碣無存，五塚次列累於荒煙蔓草間，誰復過而憑弔，曰此萬石君喬梓金粟哉！祠基在縣治西門外，即當年珂里址，其六十三世孫石永恭等奉主祀之宗祖，規模狹隘，難以登降拜獻周旋，亦不愜也。今聖天子御世，敦崇行忠義節孝之祠堂，建遍郡縣，一時承流宣化尤多當代鴻儒。我藩憲鎮南趙公，甫下車，即諄諄以飭查先賢古迹爲首務，以故永恭獲隨厥請，而萬石君之墓表，巍乎煥乎，既雄恃孔道，光生泉壤矣。乃公樂善不倦，復飭有司妥爲區處，並恤其後。我邑侯張公雅有同志，即查恭祖塌冊，酌撥灘地祭田百畝，豁免糧漕，永歸石氏管業，蒙藩憲嘉予批給在案。永恭將勒石垂之永久，囑記於余。余幼承庭訓，篤慕萬石君家法，又樂我藩憲、邑侯二公之相與以有成也，安敢以不文辭？抑永恭爲余言曰：恭自祖父以來，常以表墓、崇祀典兩事爲慮，繼志述事，今數十年，始獲如願，先人亦瞑目矣！余於是，益歎興衰隆替之故，信非人之所能爲，有數存矣！則是積地之所入修其祠堂，丹其楹桷，祭祀以時，香煙雲繞，遠近傳聞，必歡欣歎息，曰：萬石君，孝謹質行，故宜享祀千秋也，足以砥世礪俗矣。

邑舉人原湯陰縣俸滿教諭加一級在籍候補王錫命撰。

十年又蒙學憲旺宗師恩賜匾額"百代儀型"四字，以隆其祠。

大清乾隆九年十一月穀旦。

（文見王士章《溫縣金石錄》。王偉）

創建戲樓碑記

【額題】皇清碑記

　　人無論長幼，首事者貴。事無論難易，有爲者成。即如吾鄉左有太清觀，坐落兌方，形勢高聳，殿宇輝煌。又有濟流一水經王屋而南下，注于茲，曲曲環抱左右。西北一路來龍，山明水秀，面前一行屛山，嶺峻堂清。此誠太清觀之大觀也。但有遠屛而無近屛，景況猶缺而不全，履其域者，莫不喟然興歎曰："是必建一戲樓焉，始足壯廟貌之觀也。"乃委靡者，憚其難而不能爲；清閒者，苦其煩而不肯爲。惟吾族祖王紀者，年已六旬，事不憚勞，始而倡率二十餘人接領，相師聖會，苦續錢糧，吃會千餘人。除戲供花木使費外，剩銀柒兩零，或曰："是宜衆會之均分也。"紀曰："不可。吾村西方坑陷，宜建戲樓，有此銀兩，事可成也。"因而或買賣營嫌，或出放滋息。不數年，幾于百金焉。遂置物料，擇工匠。又有王環生、王繼孟贊勷其事，月餘之內，厥工成也。由是前之景況缺而不全者，至此而煥然改觀矣。豈非吾鄉一盛景也哉！功告竣，衆皆屬文于余，以傳後人。余拙于文辭，聊即之其事之始末，以爲序云。

邑庠生王乙遇撰。

後學王繼曾書丹。

时大清乾隆拾貳年歲次丁卯陸月吉旦。

（碑存溫縣東口村內。王偉）

王羊店白氏建立祖塋碑記

有天地而後有萬物，有祖宗而後有子孫。其理之大小不同，而其由根推本，則一也。溯吾始祖時先，原籍山西解州夏縣，小里村其故居也。以學行顯，仕於嵩州。遭元季之亂，率三子入河南，一則居於鞏縣石關村，一則居於新鄭縣新店，而吾祖則卜居於此，有子四焉。迄於今，年逾三百多，於衍千百之衆，禮宜有壙石以垂永久。有族人曰國好，曰光祿，承領合族，公出資財，建立碑記五座，以誌不朽云。

其敬文舟瑩然具璉采。繁不胥書，擇其成名者，繪采景運之梅克讓鶴齡。

皇清乾隆十四年歲次己巳二月清明日立。

（碑存溫縣祥雲鎮王羊店白氏先祠後學校院內。王偉）

周大律墓表

苗于京

直峯先生，溫之有道而文者。其先自晉之洪洞來徙，世居邑東南張羌村。父應贈公，謨內行淳摯，陰德被人，事蹟臚列邑乘。余嘗志其壙中。所謂復華先生者也。先生束髮受書，默而存深沈之思，心有未安，往復思繹，旁曲佐證，必至於貫穿而後已。為文章必傳經義，出入於有明諸大家，變其貌而取其神，已補博士弟子，屢試冠軍，才名噴噴諸生間。迨雍正甲辰，聯捷成進士，而先生年則五十二矣。赴都謁選，得江南溧水縣知縣。抵任甫四月，不可部使者意，劾以催科無術，譴歸。當先生之捷南宮也，母太孺人尚康健，先生眷戀慈闈，不忍北上。太孺人敦趣之。乃亡何就道。及罷溧水，踰月而禮闈同考王國棟以大中丞撫吳，欲為先生滌，先生堅以母老固辭。襆被歸里。其後同年生有以書招之者，終不出。昆仲三人，式好無間。其他賑貧睦族，割產解橐不少悋。蓋其天性然也。

先生方正嚴毅，於人之是非曲直，無所祖護。閭閈爭質者，得先生一言重於九鼎。自為諸生時，教授生徒，勤勤懇懇，以經訓為菑畬，解組後，益肆力於濂、洛諸書，戶外質疑問難無虛晷，經其指授，操觚輒有條理可觀。四方知名士多出其門下。泮奐邱園，任其養拙。如此者復閱七閏。乾隆十四年三月二十九日以疾卒，距生康熙癸丑之歲，七十又七矣。先生諱大律，字叶六，姓周氏，直峯其號也。

（文見乾隆《溫縣志》卷六《地理志》。王偉）

吳渤墓表

苗于京

公諱渤，字千松，姓吳氏。前戊戌進士。永豐令諱國用之季子也。公勤敏穎異，刻摯篤學，自為兒童下筆驚其長老。年十四，補邑庠博士弟子員，試輒高等，拔以冠軍者數次。制藝典雅醇正。康熙丁卯、戊子兩闈皆為同考，鑒賞以數奇，力薦不售。晚循明經資格。授河南府司訓。未滿歲，以疾休致。嗚呼！根深者實遂，膏沃者光曄。以公之勵志勤修，激昂進取，視青紫直可垂手致，即同志諸先達莫不謂然。乃坎壈沉滯食餼學宮幾三十年而不獲一第，即廣文寒氊耳。既得矣，旋又以疾錮廢，積之厚，發之薄，取之豐，予以嗇，天之生斯人而至於如此，其有莫之致而至者乎。

公九歲失怙，依依母氏之前，奉母唯謹。不命之進不敢進，不命之退不敢退。事兄太學公灝及司訓公瀛，因心則友，自少至長，無纖芥之嫌。與人交，胸中不設城府，隨其所接，皆謙而禮下之，慷慨好施與，篋中無錙銖之儲。嘗憫習俗喪葬不中禮，演樂設醮，積重難返，作遺誡數則，書於座右，以訓子孫。大要省繁文，敦本實，斥異端，惜物力，其論靈帷之制，宜倣肩輿為式。古樸可風，溫人今多遵用。而其說，實自公發之云。卒年六十有九。

（文見乾隆《溫縣誌》卷六《地理志》。王興亞）

惠濟橋碑記

苗于京記。

吾郡黑帝祠之陽，沁渠迤南架木為梁，以通車輿往來，前此未嘗有也。有之而濟以利焉，惠以廣焉，故顏曰"惠濟橋"云。先是，庠員衛緒成以渠南沮洳之區，流潦奔匯，時值積水未涸，輦載病涉，置酒延紛榆諸翁規度所以濟渡者，諸翁歡然同聲，僉以建橋為便，各解囊橐以襄厥事。凡十八家，得銀一百有奇。而本社十八家外及方近好義者，欣助復二十而贏，財物充裕，興事任力，斷遷分株饗犒，分日旮捐，分方主之者十八家，苦蓋佐以羣力，經始閹茂孟陬，於餘月竣役。橋十八孔，長二十二丈，旁有欄楯，可坐可憑，基阯梗于甏橋。同事衛學文入地五分，又購其地二分。工訖，斂其餘材，別于孔道之北，新築茶寮二楹，以為行人休憩之所。程物課材，約用榆楊百七十餘章，其木杪四百四十束，柳蔆秫藸三千五百勏，麥捐十車，瓴甋千枚，伐木般輪安楗鋪墊，斵削圬塓，工役千有二百五十五，凡耗金一百五十餘兩。

時乾隆十九年十一月。

（文見乾隆《溫縣志》卷七《建置志》。王興亞）

勸捐弁言

邑令王其華

　　法不備不傳，不傳不久。粵稽溫邑義學，建自孫平谷，祖念修從而增之。分設五方，撥置學田，戶詩書而人風雅，固地靈所鍾，亦二公鼓舞力焉。然畝數無多，散給倍少，且地屬河灘，黃河遷徙靡常，則地畝出沒莫定，而脯修之有益，教化之興廢因之，以故五方義學有其地而無其人者，有並之地而亦廢者。師表不立，士風不振，豈非法不備則不傳，不傳則不久歟。夫學校為風化之源，作養為師儒之責，今使邑中義學空名無實，貧寒之士延請維艱，既苦奮興之無自，而一二有志者負笈從遊，跋涉外方，謂我溫邑學校不興，作養無人，非惟溫紳士之恥，抑亦官斯土者之羞。本縣恪遵朝廷作人盛典，仰體列憲造士至意，日夜思維為可傳可久計，務在邑中擇地另建講堂齋室，多置膏火束修［脩］，公延宿學名儒，引進後生小子。愧宦囊無餘，獨肩乏力，惟是捐俸首倡，遍望紳士謀及孫子紹乃書香，或捐銀錢，或施木瓦，或助工役，協力其勤，群成義舉，俾其法備而可傳，傳而可久，家弦戶誦，人文蔚起。西河洓水之□音不復嗣於今茲哉。

　　乾隆二十年。

　　　　　　　　　　　　　　　　　　（文見乾隆《溫縣志》卷九《學校志》。王興亞）

重修卜里書院碑記[1]

王其華

　　宋有四書院，嵩陽、睢陽，兩在中州，可謂盛矣。自元而明，多倣白鹿故事，設館擇師。至國朝，教化軼于隆古，直省郡城，皆建書院。溫於是有義塾五處，考之邑誌，孫平谷分設於前，祖念修增置於後，獨惜其因仍祠廟，地無□所而資出灘租，河塌靡常，又且庶幾法不備而澤不深耳。昔鄭康成以子夏為溫國人，洪容齋嘗曰：孔門弟子窮經，維子夏著述最多，《易》有傳，《詩》有序，《禮》有喪服，《春秋》則公羊高受之子夏，《論語》又半為子夏所撰述。是聖教行於西河，溫之人尤著也。誠為備其法而深其澤，惡知今日之溫不有嗣遺響者乎！

　　余癸酉春，出宰斯邑，歷甲戌兩載，未暇經營。乙亥秋，集邑紳士共商，余倡捐薪俸，士民樂從，鳩金計二千餘兩，即舊察院地□建書院，其餘分寄鹽當收息，為歷年膏火之資，並購買書籍。院有講堂，後有更衣軒，又後有藏書樓。樓之左右為四箴亭、二銘亭，講堂左右齋房二十八間，為諸生肄業所。其前大門之東，建奎星樓。讀書之暇，登臨遠眺，太

---

[1] 乾隆《懷慶府志》卷三十《藝文志》作"創建卜里書院碑記"。

行、大河勝概胥收,豈不壯哉!至論書院中,師何以教,士何以學,則明道先生取士劄子,晦菴先生《貢舉私議》,魯齋先生《教士成規》,典章具在,可循而守也。

嗟乎!為宰莫要於興利,興利莫大於立教。余之建書院,不過踵孫、祖二公而為之,而立法較備,[1] 詎文彩自詡為斯邑飾羨壯觀,亦曰教可久,澤可深。庶幾此邦人士崇本務實,經明行修,溯西河之遺澤,繼卜氏之風流已耳。夫邑士民樂於輸將賈勇從事,則併勒其名石,以垂不朽。

乾隆二十年。

(文見乾隆《溫縣志》卷九《學校志》。王興亞)

衛鎮堤記碑

【碑陽】

武德鎮舊有土埒心圍繞,或曰故城遺址也,或曰居人築為堤防,以備水者,是不可知。要之知鎮地卑平,而與沁水逼。苟無是,則每遇霖雨河溢,鎮人不能安枕而臥也。然有之矣,而淋□之久,蹂躪之多,則致耕犁鹺侵,謹存若線,則雖有而不能禦災捍患也。

雍正甲寅,河決徐保鎮,流害茲土。本鎮時誥封貴之張公與一二同輩,偶首起築,鎮賴以安。時鎮人謀記公功。公曰:"未也,此堤固非長久計,以吾鄉舊遭康熙末年大旱,十餘年來,盈歉不常,元氣未復,故未敢侈用財力,姑為撐支。俟他日功成永賴,當徐議耳。"是言也,非徒以謝鎮人,蓋實吐其未了之願也。自後,每與諸郎君言及是事,輒以時勢未可,憂形於色。諸郎君亦莫不慷慨擔荷,期為繼成其業。至乾隆辛未河決吳小村,為害視前殆數倍,前年所築果汩沒而不可恃,則公已先是遐登矣。於是□瑞還君遂決議增築。

瑞還者,公之第三子也,與兄乾還、隆還,弟其天,平日分掌內外之務,至是仍以所掌歸之諸兄弟,而專領築堤一事焉。堤厚一丈六尺,高八尺,周袤一千四百九十弓有奇。始事於甲戌九月,凡經兩稔至丙子六月而止。築堤之費,自南北街以東,用會中錢糧,以西俟□公出,而經度指揮,廢寢忘食,鼎□瑞還為之也。當其時,□瑞還一呼,鎮人灝洞爭趨,其中不無貧苦失業力作為艱難者,必代為謀其養給。而為防家自為衛,顧或人受取之名,已居與之德,是相市也,人何以堪?且意必有忍苦自好,而不肯為者,乃陽指市肆,使各自行賒貸糧穀,儼等秦越肥瘠,及久不取直,送亦不受,始知皆出之瑞還家廩。於是咸歎稱古誼,有泣下者。嘆稱初河之決於小吳村也,水勢甚大,而暴衝壓及人廬舍千餘間,一時扶老攜幼,奔走號哭,望瑞還之所而投止者約三百口,□瑞還兄弟衽席之食之,頃貲

---

[1] 此後乾隆《懷慶府志》卷三十《藝文志》書作:"庶幾教可久,澤可深,豈儘以文彩風流,爲斯邑慶,亦曰崇本務實,經明行修,溯西河之遺教,繼卜氏之風流,是則余所望於溫多士焉。若夫邑士民樂於輸將,勇於從事,更勒其名於石,以垂不朽。"

竭藏，略無難色。其人俟水息領賑，營修家居，或逾半載不歸，而遇之不少懈。且念其久無廧居，益加憐憫。為堤事竣，鎮人欲列繪前後事狀上之官，請行□□旌獎。□瑞還正色曰："公事，公為之，奈何為我功？倘表我閭，是重吾愧也。至若被水傾家，暫就鹿糒，又何以徽恩欺世乎？"眾重違其意，遂僅請防禁堤牌示而止，然猶欲私致謝忱，□瑞還□□力最，後乃謀勒石為記。瑞還仍執前意，眾合詞爭曰：今之舉，非欲為吾子增重也，亦將傳之遠矣，俾後人知堤之所由，□與其所以為用者，庶幾保守勿毀，增修弗替耳。本有堤而至於無堤已徵前事矣，又可使後來之復如前日乎？而奈何專於辭□，不得已始從其請。眾遂伐石鳩工，而徵記於余，余與貴之父子故姻戚，其季子□其天，余姪婿也兮。宜揚厲盛軌，以為行載者勸。然自審不文，且懼啟阿私之嫌，或反足以沒其實也。故僅次鎮人所以告余者，而不敢大意增一語云。

清乾隆二十二年，縣人劉慶遠撰書。

【碑陰】

特調河內縣正堂紀錄四次記功二次許，為懇恩賜禁以固堤防事。

據武德鎮總鄉□慕蘭、鄉局張景祥、木鐸老人王言、約正程本、耆老程學海、保長程大德稟稱：情因武德鎮地居西下，北近沁河，雖古有衛鎮堤防，被浸損壞，屢遭水患。乾隆十六年，河決南岸，沖壞本鎮房屋千餘間，無居無食，苦不堪言。皇恩浩蕩，問房銀兩賑米月給。上固有帑金之費，下時切水溺之驚。皆由堤防未理之故，鎮民思前慮後，努力重修衛鎮堤防，底寬一丈六尺，頂高八尺。今已告成，但恐愚頑之輩仍前侵壞，再遇水患，喘喘黎民復何以支？乞恩府准賜禁，出示曉諭，則合鎮頂感，無既上稟等情到縣，據此出示嚴禁。為此，示仰該管鄉保，立即指名具稟，以憑拿究，勿得疏縱，並於嚴譴，各宜凜遵。特示。

一禁圖便取徑。

一禁行人挖土。

（碑存溫縣武德鎮。王興亞）

白庄白氏碑記

始祖白公諱時先。子，君讓、君卿、君鄉。

主萬物本乎天，人本乎祖。有天地然後有萬物，有祖宗後有子孫，大小不同理則一也。我白氏一祖，發源于山西解州夏縣小里村。始祖諱時先，原任嵩州通判，遭元季之亂，棄職隱居，率三子入河南。長子君卿，居於鞏縣石關；三子君鄉，居新鄭新店；我祖行二諱君讓，卜居溫縣之西王羊店。南據黃河，北依太行，福履綿葛，蕾之盛之，姓衍瓜□□繁，洋洋乎邑西之一巨族也。傳至數世，又分居於此，自其地而名曰白家莊，子孫難更撲數，猗歟盛哉！石關身列關薦有諱思者，新店選拔貢有諱灼者，鄉薦有諱士魁者，中□兩榜進士其子諱昭者，至於太學廩膳及增、附文武生員，三處均計百有奇人。凡此，皆我祖一人積德之所致耳。謹勒石祖塋，以誌後世不忘也。[1]

乾隆二十三年十月初一日吉旦同立。

(此碑現存溫縣黃庄鎮白庄村。王偉)

捍禦宮碑文

王其華

禮，爲民禦災則祀之，捍患則祀之。神因民祀，所以別淫祠也。濱河區有二王廟，乃臨安謝諱緒、偃師黃諱守才二公人也。而神效靈庇佑百姓，前後歷有成案，詔封二王號，立廟時享，由來舊矣。若八蜡神以祈年順成廟祀，劉將軍以驅除蝗蝻廟祀，亦以其爲民禦災捍患，勑令報功，於禮皆稱。溫南濱大河，時慶安瀾，灘田歲各有秋，至舟楫往來，如履平地，尤二王是賴。而數年四境不告水旱，不聞孟賊，則八蜡神，劉將軍默佑也。夫淫祠則張大華麗，禦民災捍民患者則事之不謹，於人爲忘恩，於神爲失禮，遵朝制以酬神，庸不宜出此。余蒞任謁神，見舊廟湫隘，且失其所，久欲改建，會今春士民有築堤濬壕之請，諭勸並舉，僉議允協，遂請卜地。余見溫城虎旺龍衰，下臂散漫無情，城之東南隅坡嶺下，培高建廟，既可棲神，又補風脈缺漏，一舉兩得。爰捐俸首倡，里民樂輸，買地興工。其制，中爲二王殿，殿之前爲樂樓，兩旁圍以廊廡，廊廡之南裹角折過，與樂樓齊。樂樓外立大門，門以內有鐘鼓亭；大殿後東西兩殿，一祀八蜡神，一祀劉將軍。中起龍王閣，則又爲祈雨設也。旁再蓋禪房，棲守廟僧，共計五十九楹。工始於戊寅年夏四月，成於冬十月。額之曰："捍禦宮"。見斯廟之建，爲城邑風脈捍禦，而廟中之神，皆爲民捍禦災患而祀。遵制酬庸，禮所當然，非淫祠比也。若夫廟前後環種四層楊柳，參差隱見，遙望如峰嵐層叠，而黃流之烟波萬狀，北邙之翠色橫列，以及虎牢嵩峰，掩映於雲日間者，舉可於殿閣中，極目收之矣。是舉也，民費其財，士費其勞，惟余亦殫神思，故勒石以記。

乾隆二十三年十月。

(文見乾隆《溫縣志》卷八《祠祀志》。王偉)

修城河碑記

王其華

昔胡文定公曰："城郭溝池，君子所謹。"而孟子鑿池之論，又先築城者。城以保民，池以環城，池不深則城不險，故鑿池不緩於築城也。溫爲舊帝畿，秦、漢以來，相沿不革。

---

[1] 石關村、王羊店、新店、白家庄白氏後人姓名，字多模糊。

雉堞歲修，池則廢爲平地，且強佔耕築者多。邑乘所謂深六尺，濶一丈二尺者，久無存矣。余承乏茲土，相度形勢，志存開竣，而兵荒兩役。歷癸酉、丙子，更番奔走，未得舉行。惟乙亥一載，官民稍暇，又因學校爲人才攸關，經營書院，而於茲務亦未之遑。戊寅春，糧價騰貴，窮民艱於謀食。思倣前人因工代賑之策，用集紳士，議脩廢舉，余捐金以倡，衆亦樂輸，並分任鳩督焉。

溫土高阜，池不得泉。邑西北有南王村，廣濟支流所經，爰開渠引水，環城一週。又恐連雨爲害，於城之東隅建橋設閘，旱閉潦啓，得導流以達於黃。至池之廣深，則仿舊制云。是役也，不過遵先賢愼險之言，而前湮以振，民困以甦，宿志以償。余幸爲溫修捍衛之資，而並樂溫人之可與有成也。遂摠其始末，而爲之序。

乾隆二十三年。

（文見乾隆《溫縣志》卷七《建置志》。王偉）

關帝廟碑記

王其華

帝千古忠義士也，生則威振一時，歿則靈護累代。制頒廟祀，歷有年所，迄我朝贈以帝號，享以太牢，又王其三代，禮視前代有加，幾與道全德備之孔聖等。嗚呼盛已！

溫城舊置兩廟，春秋戊祭，借獻於西關外南街，地囂且隘，朔望行香，則在弦歌門內，既無專所，其廟靠城東，嚮不正離位，於制則乖，於禮亦慢。余來秉溫篆，見禮制未洽，非國家崇尚意。爰集士民，議遷帝廟，僉卜大成政殿之後街。余曰："帝志在春秋，原本尼山，而孔爲萬世師，關爲萬人敵，以虎臣追隨鳳聖，後先輝映，帝而有靈，當亦喜其珠聯璧合焉。"遂可衆議，諏吉興工，闢檻擴宇，南面而殿，如嚮離制，建寢宮於後殿，遵國典也。宮左立結義廟，以誓同生死存歿如一體，帝志也。宮右立武侯祠，以昭烈得武侯，喻魚得水，帝心一昭烈之心，亦體帝志也。兩廊繪顯庸，標大節在殿前左右，殿之南則山門簦敞，門以外則樂樓回映。復購隙地於西廊之西，創更衣亭，並築僧房廚室，統計四十四楹，高曠幽靜，蓋視舊規判霄壤矣。夫人所不悅者，神必不歡。斯舉也，衆皆踴躍，共勤厥事。自茲春秋享奠，朔望拜稽，得有專所，而制合禮崇，帝不來格來饗，陰庇我黎庶乎？矧廟殿黌宮，兩美相連，俾都人士瞻前師道德，顧後師忠義，其益於溫者尤不小耶。因臚記而鐫之於石，以垂永遠。

乾隆二十三年。

（文見乾隆《溫縣志》，卷八《祠祀》。王偉）

修堤記

王其華

　　濱河郡邑，詔置河堤，自漢以後，無代不然。至我朝於河防尤加意焉。溫一濱河區也，西北而東，地據高阜，然南臨河灘，距黃僅數里，歲逢波漲，間亦為患。況建城脫氣露胎，更宜築堤以補之。余下車閱城，私怪前人創建未周，及考縣志有王公堤者，係明太守王公命邑令馬建築，俾溫之氣脈完聚，嗣東魯伊君因其廢而復興焉。始嘆三公之早有造於溫，惜至今傾塌已盡也。有志修葺，而蒞任五載，民數疲奔，未敢輕舉。今年春，士民公議按畝派工，僉請重修，竊喜素志得遂，捐俸以倡，民樂趨事。不三旬而告成。其制自先農壇坡頭以東五十步起，至菜園庄西十餘步止，計長三百七十五丈，高一丈一尺，底寬三丈，頂寬六尺，蓋視舊制尤寬敞云。斯舉也，以防河患，以聚地脈，接跡東魯，復王、馬二公之業，敢自以為功乎。後有與吾同志保護而修葺之，溫之士民吾知必有感戴於不朽者。是為記。

　　乾隆二十三年。

（文見乾隆《溫縣志》卷七《建置志》。王興亞）

城河植楊記

苗于京

　　溫瀕河而陿，河防使者符下徵材，每市□木，耗斁金錢不貲。溫民大以為苦，然亦無辭可解免也。大尹王公蒞溫六載，明作底績，百度咸張，既以引渠達隍，乃晉十又三里之里正耆長而商榷種毓之利。曰：若曹不素苦椿木乎？今有道於此，可使為不涸之源，不竭之府，誰哉沈鍊而嫣於辭，其為我緩頰論導以臧乃務。里耆曰："何謂也？"曰：十年之計樹木。城隈多閒曠，荒而廢之，膏腴墝埆矣。苟購名材而蒔之，環城皆陸海也。況茲流泉可資灌溉，若樹青楊一千株，勿翦勿伐，厥木惟喬，椿材惟所澤矣。椿木足應徵求，採買之價可給，輦運，餘者再覓穉栽，前之生生不窮，子孫百年免孤累之苦，所謂不涸之源，不竟之府也。里耆曰：仁侯惠我蒸人，謀及數世，予儕小人於食有福矣。雖然，慈惠忠信，而長如今日則可。脫有不然，勤我培萩，徒供宋桷器用，又且以官樹不許抵椿，仍苦派累，其奈之何？曰：吾為若計之熟矣，是可預為盟也。盟之苦何？今與里人約誓而勒其文於堅珉，若曰此十三里松樹以俟河干不時之需，所擅動它用及阻撓抵椿，再行派累者，有如皦日。懿好攸同，疇不樂善，天地神示，昭布森列，而渝要言以速戾邪。於是，里耆僉唯唯而退。各樹楊若干，合之近千株樹訖，丐余文，以證息壤。余因詮次其語，而濡不律為之記。

　　大尹，泉之惠安人，諱其華，乾隆壬戌進士。

時歲在祝犁單閼病月之朏。

(文見乾隆《溫縣志》卷七《建置志》。王興亞)

重修三聖堂碑記

　　世傳三教歸一，斯堂之建，大率由此，然也不必究也。但此堂歷世久遠，不知創自何時耳。嘗聞里叟傳言，明末重修，至於雍正年間，又加修理，以是知此斯堂，由來久矣。乾隆二十六年七月十七日，大雨暴降，懷郡被水淹損者不可計算，四肇村要求設建，月餘不斷。獨東南王家莊與本莊平地水深五尺有餘，受災更甚，房屋倒塌，十留二三。而此堂亦一時頹壞，神像俱倒無存。村衆蒿目。烏乎，無人重修。幸由本村善人李君諱玉書、宋君諱恒、關君諱紹孟等，忽發虔心，邀請各出己財，加以朝夕振鐸督工，不日而堂宇重新落成，神像亦金妝輝煌焉。從前之基地仍舊，現在之巍煥倍新如一，此善舉設，諸里中人交相囑余爲文，以刻貞珉。余思至聖先師與釋家道君，著績流傳，各尊人琅，煩稱恐褻，概置佛道儒。即其倒塌之年月，重修之始末，略謂之序，俾後人登堂閱文，永久不忘也云爾。

　　儒生員王遜撰文。
　　工部揀選孟邑後津玉工張爾庚書並鐫。
　　皇清乾隆二十九年歲次甲申夏月吉旦。

(碑存溫縣關肇村東。王偉)

重修山門碑記

　　王樗

　　鄉衆方命樗爲重修玉皇大殿記，旋復命樗爲重修山門記，詢之山門之修，在修大殿之前，而碑石不先大殿碑石而立者，蓋鄉衆初意，欲修大殿，以工程浩大，不敢造次，故先修山門。山門既修，人情踴躍，遂決計修大殿。而修山門之記，以是遲之。夫山門爲大殿而立，大殿與山門本二而一者也。而記必一而二之者，以修大殿之會首，多於修山門之會首。而修山門之會首，又不盡爲修大殿之會首。矧修大殿之貲，乃按村衆地畝，挨戶派收，而修山門之貲，則系會首募化，且有出自婦人募化者。事不相蒙，故不能不歧而二之者也。要而言之，不修大殿，不能展山門之誠意，而修山門，實爲修大殿之嚆矢。又況修山門，勢不得不傍修垣牆，又不能不連及鐘樓。而山門之內，奉有朱雀、元武、青龍、白虎四大帥，爲費亦區區。而山門之重修，又何可不記也哉！故不憚縷縷，述其委折之詳，使後世有所考徵云。

　　大清嘉慶五年四月立石。

(文見王士章《溫縣金石錄》。王偉)

玉皇殿重修記

徐澗之乾方，有遇仙觀，自元世祖至元間創始。後三清殿，左三皇殿，右廣生殿。其兩廡左則三宮殿、天師殿、天將東殿、關聖殿；右則四聖殿、瘟神殿、天將西殿、都土地殿。其山門內有朱雀、元武、蒼龍、白虎四大帥，規模俱極壯麗。而正中大殿則奉玉皇上帝。歷明迄今，疊毀疊修，其碑碣多為風雨剝蝕。而重修玉皇殿，則惟有明文定公何柏齋所撰碑記為猶新。茲者鄉衆既修山門，遂踴躍謀修大殿，一時總理者王府振，分理者頭社王哲、王正域，二社程克勤、王學海，三社張恭、魏大體，四社李春花、王秉樞、吉振綱，五社王自超、王鵬飛，六社王用中、王宗孟、王如江，七社王好興、王紹周、王紹世，八社王龍章、王居正、王山琮同志總理。鳩工徵役，計材木磚瓦、丹青繪飾之費，約六百餘金。圖始於嘉慶二年正月，落成於五年四月，寒暑三易，始蕆厥事。鄉衆於此可謂勞矣。而余授徒他鄉，不惟從未一費經營，即偶爾瞻盼亦所弗及。功既竣，衆乃命余為文以記之。余竊惟庶民之於上帝，其所以不敢祭而可獻者，前文定公已詳言之矣。而棟宇之輪奐，丹艧之照耀，階砝之端飭，與前後左右，掩映生輝，所以動耳目而肅心思者，又灼然共睹，可俱無贅。而特有感焉者，昔孟子以存心眷性為事天，而朱子"獲罪於天"之注曰："天即理也。"是可知理在即天在。而事天在存心，人惟事事克協於理，斯念念克奉上帝矣。而此殿之修，不庶可以無負哉。原與鄉衆共勉之。

鄉人邑庠廩生王榕撰文。

鄉人邑庠廩生王慎勳書丹。

大清嘉慶五年四月立石。

（文見王士章《溫縣金石錄》。王偉）

石烈女牌坊記

李棠階

石烈女者，溫處士石壽昌之女，許字徐開文之子酉者也。烈女早失怙恃，兄保貧甚。烈女年十五，嘉慶九年，童養於夫家，適姑染疫疾，侍湯藥晝夜不懈。姑卒，女哭之痛。夫徐酉亦於是年十一月病歿。烈女痛甚，欲遂以身殉，祖姑救得生。女泣曰："吾當奉侍祖姑，以終天年。"是時，夫大父母及翁皆健在，夫弟方十歲，家徒壁立。有謀令改嫁者，烈女以死自誓。卒不可奪。甘粗糲，勤紡績以資養，饑寒不恤也。十年，祖翁姑相繼逝，烈女佐其翁安葬畢，使招兄保至，以布鞋與之，勸以成立。無忘父母。囑夫弟善事翁，代吾盡孝，遂投環死。時十一月二十九日也。戚黨皆悲之。以事聞於有司。旌表如例。夫從容就義，視死如歸，雖讀聖賢書，識理道，猶獲難之，而顧出於素無姆教之弱女乎！非至性而能若是乎！真氣鬱勃，感天地，動鬼神，又安能久而弗彰乎。嗚呼，可以風矣。

嘉慶十年。

（文見王士章《溫縣金石錄》。王偉）

神農廟碑記

馮仁翔

　　昔先生享帝立廟，而後書之，祀外神者，亦以廟焉。迄今立廟更多，而廟神農氏獨少。余嘗怪人之食其德，而忘其功也。嘉慶二十二年，吾鄉邑庠生侯步瀛等村西陲創修神農氏廟，兩檻兩堵。琴瑟系鼓，以禦田祖，可謂知所祀矣。蓋考祀典，有功德於民則祀之。夫功德孰有大於神農氏者乎？嘗百草濟民以藥，致交易利民以市，爲耒爲耜教民以耕褥。吾鄉之民半爲農，或祈年或報賽，臘行其中，而儺亦行其中矣。茲之立廟，其有合乎之道乎。廟既成，諸公欲勒石，請序於予，因援筆以記其事也。

　　清嘉慶年二十二年。

（碑存溫縣東北大黃莊村。王偉）

重修河瀆大王祠記

【額題】大清

王華

　　邢侯故址，項氏遺封，洛汭常漵，平皋古渡，伊黃流德水之區，有畫棟陽侯之宅，惟茲祠西瀆大河之神，金龍四大王者，名齊，列辟魚鱗紫貝之宮，禮著先河元貊白狐之祭爾。其沃壤眠芊，平疇奧衍，一聲谷響，野市之蘋藻常新；三閼漁歌，水村之帆檣併至。歷年何限，閱世已多，祠所由來，亦云舊矣。然而澔泗碧殿，亦有平陂濯濩，雕薨非無隆替，白雀翩其欲去，黃冠聞其不居。庭空而金像寒，草深而石階屺。秋空月爛，不聞午夜之鐘，春雨銅鋪，日染莓苔之色。祠非漢觀，地異廬峰，銀殿何來玉梁。暮下時，則余族中父老修道、志道二公，對此茫然。思重奐若，欲興廢墜之典，大啓樂善之心。廣計儲積，類非一歲之贏餘；妙涌言泉，賴有什方之協助。一葦至止，五銖紛來。珠官貝闕，象已見夫更新；蜿構虮榱，事則仍乎舊貫。於是，人欣報賽，永著安瀾。泥澄□□，傾竹箭之流；瑞應千年，不激桃花之浪。既事資夫檀越，涓滴宜收，應共銘之鼎鐘。滄桑莫變，伐彼青珉，鏤茲紫篆蚨，來集螭首。聊記傾金錯□，囊鴉飛塗聶趺，敢云操銀鉤之管。

　　廩膳生員王華嶽撰並書。

　　嘉慶歲次己卯陽月吉旦。

　　會首王修道、王志道。

　　太學生王華祝、劉同心。

廪生王鰲元、王華嶽、王子秀仝立。

鐵筆武魁元、索士英鐫。

（碑存溫縣北平臯村內。王偉）

慕氏始祖碑記

【額題】碑記

慕氏始祖之墓

時薦馨香思木本，石垂悠久溯水源。

公先世新鄉，由來久矣。自公遷於此土，厥後因名為慕家莊焉。世傳公行己有恥，重家敦本，部後嗣蕃衍，派別支分，非所謂德福兼隆也哉！於是，合族捐資，為公立石，因志其大略云。

皇清道光元年三月清明穀旦合族立石。

（碑存溫縣慕庄。王偉）

重修神農廟碑記

馮仁翔

昔先生享帝立廟，而後書之，祀外神者，亦以廟焉。迄今立廟更多，而廟神農氏獨少，余嘗怪人之食其德，而忘其功也。嘉慶二十二年，吾鄉邑庠生侯步瀛等，於村西陲，創修神農氏廟，兩楹兩堵。琴瑟系鼓，以禦田祖，可謂知所祀矣。蓋考祀典，有功德於民則祀之。夫功德孰有大於神農氏者乎？嘗百草濟民以藥，致交易利民以市，為耒為耜教民以耕耨。吾鄉之民半為農，或祈年，或報賽，臘行其中，而儺亦行其中矣。茲之立廟，其有合乎于古之道乎？廟既成，諸公欲勒石，請序於予。因援筆以記其事也。

清道光二年重修。

（碑存溫縣東北大黃庄村，文見民國《溫縣志稿》卷十《古跡志》。王偉）

禁賭碑記

凡事之無關世道人心者，雖出於一時之盛舉，□不能歷千百年而不易，如仁讓為上古之淳風，而賭博誠晚近之惡習。故聖有訓，律有文，□特司民牧者，當加意。即教弟子者，亦不可不嚴為防也。

本社地處僻壤，俗尚質樸。里中二三父老於少長咸集時，輒諄諄以務本戒賭為訓且切。夫某村務本，民殷實；某村嗜賭，戶多流離。諸少長忻然色動，遂前席而請曰："誠如是，盍禁諸以戒將來。"父老乃手額之,詎此意一舉,里衆不期,而今者比户皆然。爰立禁戒賭稱美善,猶恐日久就湮□,勒貞珉以紀一時之盛事,永垂千古之令典。嗣後,如有豪惡之輩者,姑違禁戒,同賭者,各罰錢貳仟文。開賭者,加倍。倘恃强不服者,鄉約地保送官,以憑究處。

城子里村首領……[1]

仝立。

大清道光九年仲春望日。

（碑存溫縣常庄村。王偉）

重修卜里書院碑記

張向辰

丙子夏,予來官茲土。下車後,進睹人士,而詢以流風善政。有告予者,公閿人也,知閿前輩王東溪乎。東溪之治溫也,開河渠,定區號,繕城廓,廣封殖,以實心行實政,民用以饒,時有歌來暮者。東溪怒然曰:"富而不教未可也。"於是,因巡按舊署,建卜里書院。上述西河傳詩之教,以禮性情;旁參涑水資治之書,以增才識。又石刻程子四箴、張子二銘。俾肄業其中者,目擊道存,以仰俯我國家昌明正學之至意。溫雖僻壤,至今異端邪說不得入我鄉而煽惑之者,東溪之力也。然歲月遷流,風雨剥蝕,絳賑[帳]高懸之地,轉爲幨幃暫駐之方。相去僅數十年,實去名存已若此!使不急爲修葺,焉知更十年更數十年,不蕩爲邱墟,蕪爲榛莽,並此空存之名,亦漸歸烏有耶？嗟呼!碩果不食,君子所以有望于天心之來復也。抑更有感焉。夫士大夫風流自詡,于古人遊目騁懷之處,一台一榭歷久圮壞,猶有景仰前序,憑弔于荒煙蔓草間,而思復其舊觀者,况其爲書院耶!况書院爲賢邑侯之所建,而官斯土者又遙遙相望,適爲斯鄉之先進耶!予曰:"是固然矣!諸同志其共勷斯舉也。"衆皆唯唯。經始于丁丑四月下浣,落成於七月下浣。聚金六千兩,靡金一千兩,餘金五千兩,存諸質庫,永爲生息,謹出入,杜侵挪,立章程,嚴考課,雖未能大開廣廈,共聚羣英,而於東溪立教之首基,其無壞也夫。

道光十二年。

（文見王士章《溫縣金石錄》。王偉）

重修大雄殿及天王殿碑記

慈勝寺中舊有大雄寶殿一座,不知創自何時,重修者凡幾,歷年久遠,殿宇損壞,神

---

[1] 以下刻列四十人姓名,字多模糊。

像傾頹，難以妥靈至。道光十年春，忽有本守王士俊、李乃敬之二人者，大發善念，弗謀而合，虔心至誠；不恤徵軀上錐雙單鎖二至三日，四方募化，各捐資財，於是，雇匠動工，聊爲補葺。至十三年冬其功告竣，演戲懸匾以旌善人。落成之後，應勒石刻銘，以垂永遠，俾後之同志者嗣而修之，而斯殿永傳不朽云。

大清道光十四年歲次甲午四月己巳穀旦。

（文見王士章《溫縣金石錄》。王偉）

邑令周公生祠記

歲甲午，閤邑紳民爲邑侯周公建生祠成，屬予作文記之。顧予非能文者，仰以公爲政之術，溫人向慕之，誠謂予或能約略言之也。

公以乙科筮仕河南，初署涉縣等地方。其考滿也，民攀轅懇留，不聽去，于道光辛卯涖溫。溫小邑也，南濱大河，北界野王，其間土地肥瘠惟均，民情良莠各半，乃公一以清愼居衷，勤勤爲政，自奉儉約，而待士以禮，撫民以寬。度溫縣所可行，量職分所得爲。以爲民不爲己之心，副以重義不重利之果，力以行之，催科撫學，而民之德我、怨我、譽我、謗我均有所不記者。然直道在人，貴賤無異。涖任以來，三年於茲，民歡呼於里間，商行歌於于道路，即婦孺亦知重我公姓字，是以曲巷之中，僻壤之內，凡見抑於豪强，摧折於滑吏，郁郁數十年不得伸者，莫不一賴公之仁明，而各得所安。《易》稱："君子道長，小人道消"，則信乎消長之機，驗之民間，爲愈真也已。先是武陟民被水患，上官以公兼攝其事，普爲賑貸。民間訛傳武人具狀留公。溫人聞之，如嬰兒失乳，佺儚無所爲計。旋聞事竣，公乃來溫，百姓在趙堡迎侯，婦女兒輩皆依載延佇。見公輿至，舉相慶曰："公來矣。"羣篝火數百，送至縣署。其爲溫人所仰慕如此。夫度以國家澄叔之方，揆我公聞望之隆，則區區彈丸之地，誠未可以久羈公者，而溫人於此有私心也。

生祠仿東漢任延在九江故事，蓋欲外泯躋堂□□之文，內全家尸祝之實。合一邑人士以致其格恭景慕於此。庶幾，公在溫一日，受一日之賜。至我公陞擢以至大用，則皆溫人所樂聞又不願聞者也。

公名昺漢，字宣史，號星舫，四川安岳人，嘉慶癸卯孝廉。並書之，俾後之得所覽觀焉。

乙酉拔貢張萬里撰。

道光十四年。

（文見民國《溫縣志稿》卷十《古跡志》。王偉）

楊將軍祠碑記

家傳：七公、八公者，將軍諸父也。幼好武，長嬉遊俠，輕財重義，勇力絕倫。明天下初定，餘賊猶爲患，而河北更甚。有大盜名勉者，不知何許人也，聚黨數百暴于溫，掠人財女，民咸苦之。七、八二公其祖整，由山西洪洞遷溫，作室于小營村西南里許家焉。耕田爲業，農隙講武。當是時，小營村有徐、桑二老人，患勉侵掠，因率子弟請二公遷居村內，以爲保障。二公欣然從之，日夜教子弟武藝。勉聞之，不敢進村邊，乃遷怒于東北諸村。民日控告，縣公不能制。書榜招募，有能得勉者，賞百金。二公遂應募，逐勉於作禮村南。有吉公政亦率衆邀擊之。二公遂生擒勉送縣。縣公置酒勞之，賞百金。吉公政亦於是著名焉。勉之爲亂也，受害者數十村，而小營旁近得以安居樂業者，徐、桑二老請二公之力也。惜乎未得大用耳。二公兄阡生將軍，將軍本行四，因諱也。初生時，其曾祖整，年七十二，夢與神禹言，少頃聞有鼓樂之聲自西南來，遂邀神出門視之，見旌旗五色，衆人唱道，擁一童子乘白馬至門而下，拜謁如禮神。禹曰："此爾孫也，嘗從予善治水，汝好養之。"諄諄者三。整大喜而寤，深疑也。及旦，將軍生，整遂告其祖深、父阡，爲志祥瑞兆。時永樂元年六月六日也。稍長，與鄰兒戲，好在水旁以錐鑿池爲小河注水，編樹葉秫稭爲舟，行之曲折有致。年八歲，浴於坑坎，學入水，移時不出，父疑其死，哭之，出無恙。如是者屢矣。年十二，黃河北徙，小營村前成渡口。其祖及諸父作一舟，渡人不取值。是年六月初六日，水瀑漲，適令其看守渡舟，遂坐舟頭，手持竹節小鞭，以足激水戲。父往喚，不應，父怒喚之，即應曰："我天上兒，今往矣。"父大怒曰："汝瘋狂耶！"趨執之，欲攜以歸家，未及，落水。父頓足大哭，祖及諸父聞亦哭。轉瞬見其從上流乘一木板，長丈許，嬉笑而來。衆大驚，呼之，復入水，伸首作龍蛇狀，順水東下，不知所終，於是，祖及諸父歸，告其曾祖整。整戒勿哭。曰："此子神靈，非吾家所能存也。"鄉黨間羣疑以爲異。明年是日夜，鄉人同夢，言其受封爲將軍，主治水。因共捐資財，立廟祀之。余生也晚，見其廟，聞所傳，故筆之於書，以爲家乘也。

　　六世孫元修撰文。

　　八世孫遠昌抄錄。

　　十七世孫峰青書丹。

　　道光十五年六月六日立石。

（文見民國《溫縣志稿》卷十《古跡志》。王偉）

清涼寺義學碑記

　　從來莫爲之前，雖美弗彰；莫爲之後，雖盛弗傳。余三叔祖廩生楊四在生之日，喜好讀書，時存推己及人之心，於五村所□之清涼寺，設立義學，將自己地字九號十二、十三、十四區灘地二頃有餘，捐爲義田，以供學師修膳之需。所以，吾村無力讀書之子弟，莫不裨益焉。惜十三、十四區之地被黃流塌沒，十二區地又被損賣，以致學費事掩，誠可憫矣。余等於道光九年五月十五日，以懇堂明示，以便遵行。某請具稟闗天案可，於六月間，蒙恩堂訊，將地所歸義學管業。但刻下止十二區三十餘畝之地，頗可耕種，所計籽粒，僅供學師紙筆之費。余已禮請學師，暫應其典，以全先人之志。俟地收成之日，再爲區處。但余年踰七十餘歲，恐後有無知之子弟，復爲損賣，今勒石謹志，以永垂不朽云。

邑庠生楊士豪，監生明經麟書仝立。

大清道光十六年五月二十六日。

（文見王士章《溫縣金石錄》。王偉）

創建卜里試院記

周昻潢

辛卯冬，昻潢蒞任邑事。未浹洵，即屆童子試，署內堂廡以外，盡幕席爲舍，舊制也。時天氣沍寒，風雨交作，諸童瑟縮几硯間，心竊訝之。考溫邑爲先賢卜子夏故里，自文學肇開，鴻儒碩彥，代不乏人。先賢之遺澤遠矣。士大夫亦好行其德，如邑之書院、鄉之義塾，皆能輸公資、捐義田以資助，而屆試之院，至今闕如者，豈以其工巨而力難歟？抑倡而不和歟？壬辰春，乃集諸紳耆而告之曰："諸君爲子若弟應試計乎？平昔研摩，勤苦備歷，及其屆試，德失縈心。兼之風簷寸晷，固已竭蹶不遑。又令冬不得避霜雪，夏不得避暑雨，即能文者，何以盡一日之長耶？國家以制藝取士，有志青雲者，賢父兄鮮不思委曲成就之。矧縣試爲士子進身之始，他日歌鹿鳴，步木天，悉由是起；無屆試之善地，嗚呼，此余所每念不置者，諸君亦有意乎？"皆曰："闔邑之願也。非公其孰與啓之。豫省郡城俱有試院，而縣試無之。夫以一邑之人治一邑之事，豈力不足哉！以無勇而倡者耳。"余曰："請捐俸先導可乎？"皆曰："善"。余乃會同儒學楊公生瑞、務公鴻逵，議給捐簿，乃請董事武舉鄭君師中、布政司理問原君應三、御千吳君肇吉、廩生楊君碾、武生鄭君裕、任君德泉、監生任君荊玉任監工。監生任君德修、吳君棟，總司銀錢出納。擇城之東南隅卜基焉。其鳩工庀材，始於道光十二年九月，成於十六年三月。計門塾廳堂文場閱卷之舍，以及庖湢之所，共爲屋六十間，前後圍垣共七十八丈有奇。計捐項共七千餘金，方克蕆事。其間位置之序，結構之嚴，石几之星列棋布，雖爲小試計乎，而規模宏遠矣。有爲堪輿之說者曰："試院位乎巽，有文明之象也。又地勢高聳，北負太行，南帶黃河，擷山川之勝。邑之人文，必有蔚起者。"余笑曰："人傑地靈，以溫邑風俗之醇，士習之端，固宜人材疊出，登巍科，享大名，必有卓犖奇偉之英焉。豈第山川形勢，爲足壯卜里之色哉。"工既竣，諸紳耆來請曰："願有記。"余以更舊制，煥新觀，邑人樂善好施者，其名固不沒。而董事諸君勞瘁數載，風雨不辭，其勤劬尤不可忘也。故記之。

道光十六年。

（文見民國《溫縣志稿》卷二《建置志》。王偉）

夏氏祠堂碑記

　　崇儒重道，自古皆然。我朝聖明相繼，尤推尊正學，先賢儒遞准庭臣議，從祀至聖廟，又復捐徭役，優恤其後嗣。若我邑許文正、何文定之裔一視同仁，均沾聖德，所以風勵學校，典至崇，誼至渥也。

　　夏氏至有明以來，敦詩書，崇實行，代有聞人，救災恤荒，全活社衆。又復種有隱德，延及淳祖用九公，本程、朱之學術，探洙泗之淵源道統之傳，不無小補。嘗自言曰：爲子不本朱子，路頭便差，則其所以繼往開來之心，詎有異於昔賢耶。公諱錫疇，字用九，號邵寓居士。登乾隆癸卯賢書，家居教授，所著有《讀易私說》、《讀易私鈔》、《强學錄》、《强恕堂傳家集》、《强識錄》、《課廣隨筆》、《輿地圖考》、《綱目撮要》等書；所纂集有《功過格》；所批評有《朱子綱目》、《左氏傳》；所點訂有《五經及正史約編》等書。什襲之祕，潛德之光，蘊已而將開，文已郁而將煥矣。道光九年，巴侯西蜀劉公博學力行，粹然儒者，覽公之書，慕公之德，將述與生平實一併轉評楊大中丞，奏准從祀鄉賢，奉旨允行。凡我夏氏子孫，感激涕零，曷有既報。查本邑賢裔，皆另立儒籍，淳長兄泰與某欲呈請附籍，有志未逮。道光三十年，淳與堂弟泰章具呈邑侯裘公，案下，蒙批，著該房查明先賢後裔有無，另立圖分。該房即據程氏、許氏、何氏賢籍，稟復蒙批復儒籍，依照何文定公之例，撥入寬平未圖，另立一幅。充辦糧米工銀，其餘車馬、沁工路差等項一概豁免。該房註册存案。捧讀之深，合族銘泐。夫沐盛世之厚恩，食先人之舊德，子孫相繼，習爲固然。恐代遠年湮，忘所由來，又具呈請示蒙批欲傳示子孫，可於宗祠設立碑記，永垂不泯，不必出示。諄固與族衆建石祠前，使子孫繼繼繩繩，愈久不忘。則國家之恩，具主之仁，先人之德，俱以不朽。而凡我後人各砥礪名行，以期勿負先人焉。是爲記。

　　孫泰淳謹志。

（文見王士章《溫縣金石錄》。王偉）

夏公祠記跋

清李棠階

　　昔人云：莫爲之前，雖美弗彰；莫爲之後，雖盛弗傳。我邑鄉賢夏用九，先儒品行，造詣卓然，不朽流風，餘韻至今未泯，乃傳至二世，始從祀鄉賢。生平著作數十種，多未刊行，倘非有慈孫之經理，循吏之舉報，亦何能揚先德於無窮？茲先生之孫泰淳既呈請邑侯，另立儒籍，合族徭役，概行豁免。刊石祠前，詔示後人，其用心至厚，合族既蒙其澤，則先生待梓之書與春秋享祀之資，想合族亦必有公議。考古人多有祭田，況鄉賢之裔，尤不可少，意者每歲照地均攤，或收粟，或釀金，積蓄以供祭享，其餘以備刻所著之書，令先生苦心正學，大彰於天寰，流示於久遠，想亦夏氏族人所樂從者。至於讀先生之書，學先生之學，砥節礪行，以追隨于先生之後，又合邑士子所當共勉者，定持夏氏之孫已哉。

前太常寺少卿翰林院侍讀後學李棠階謹跋。

皇清咸豐元年十二月二十日穀旦。

（文見王士章《溫縣金石錄》。王偉）

重樹岳氏高祖碑記

爲祖碑年遠字湮，字迹將泯，故列序世系，重刊貞珉，以垂不朽云。

岳氏高祖，諱念三，乃宋少保岳忠武王八世乃孫。當元季由大名府南樂始遷于溫。祖生於元，歿於明，故碑書刻大明亡。

謹按：始祖忠武王諱飛，字鵬舉，爲宋名將，官少保，賜謚忠武。生相州湯陰周流社，後隨高宗南渡駐蹕武林，遂爲家焉。生五子：雲、雷、霖、震、霆，俱登顯職。凡我族人，乃王三子，贈太中大夫諱霖之裔也。霖生四子：琮、琛、珂、珪。王孫琛，仕宋承信郎，因避賈似道之難，北徙於直隸大名府，支派星居州縣。今湯陰之岳，亦琛祖支派也。琛生二子：諱寬、良。良居元城墟中，當元季徙家儀封黃龍崗。寬居南樂，生速，速生溫，溫生超之，超之生念一、念二、念三、念四。自王至此方八世矣。

念一遷曹縣，念二似居南樂，念四遷東明縣。我祖念三乃遷于溫，居邑西二十里之坨塢里。乾隆年間，黃水淹沒，族衆北徙于梅嶺之唇，即今夏莊也。生子尚儉，尚儉生福海，明文林郎，知任邱縣事。我十一世祖嵩、崿，乃其曾孫。嵩生璘，登仕郎，業縣丞；璘生宗岱，列授修職郎，司教光州。宗岱生孟陽，孟陽八子：露、電、潘、美、時、惟、雲、雷；崿生仲儀，仲儀生三子：廣、敬、全。廣生三子：鑒、茂、錦。敬生一子憲；全生四子：璡、環、璉、璹，自王至此，方十四世矣。兩支再後三輩，高祖碑印全刻，字迹將微露，尚可識認，且統載譜書。清刻諸碑，此不再鐫。至於合族宗支，都已集卷帙圖之譜軸，厥後世世清登，無使有間，庶不至失傳焉。

大清咸豐五年歲次乙卯二月清明立。

二十六世孫忠謹志。

（文見王士章《溫縣金石錄》。王偉）

清例授昭武都尉誥贈通奉大夫都司銜原公（錫爵）墓誌銘

【蓋文】

清例授昭武都尉誥贈通奉大夫都司銜原公墓誌銘

【誌文】

清例授昭武都尉誥贈通奉大夫都司銜原公墓誌銘

公諱錫爵。字應五，姓原氏。世居溫之平皋里。宗枝蕃衍，蔚為望族。至公兄弟，家稱素封。其子姓蜚聲譽序，掇巍科，膺顯秩者，代不乏人。先是公之世父諱恂字純一，與公父諱慄字敬一者，兄弟友愛尤篤，雖析居矣而絕無畛域。純一公立品端方，持躬誠敬，作事俱可師法，歿而里黨公舉崇祀鄉賢。敬一公繼之，撫子若姪，勤懇如一。故公與純一公次子亦阿公諱應三者，祗遹前人，雖羣從無異同胞。原氏積德累功，振興前業，亦阿公行最著要，皆公之有以成之也。公性矜莊，不苟言笑，自奉儉樸，而救災卹患無悋情。嘗值河決，率弟若姪散資活人，賴以全者甚衆。少為家尢廢學，而雅好讀書，迺以一身綜攝數房家政，俾子弟輩得奮力舉業。亦阿公嘗設養正義塾一區。公謂未足也，更於鄉全設立三樂堂義塾，以作成後進。又捐置桌凳，嘉惠邑之應童子試者。後亦阿公因創脩溫邑考院，亦惟公則實經始之也。公少既以家尢廢學，援例捐都司銜。其曾祖諱化斗，祖諱玉海，父諱慄，三世俱以公職貤贈昭武都尉。子峯萊捐道員，援例請贈公通奉大夫。公之配鄭氏、任氏，贈夫人，先公卒。邢氏，後公卒。側室苗氏，峯萊生母也。並封夫人。女四。孫男四。公卒於道光九年正月十五日，享壽七十有三。以咸豐六年十一月十八日卜葬於村之西北新阡。四夫人祔，禮也。余與公之從子祥卿、中翰為文字交，故知公行實甚悉，而誌之如此。銘曰：邢邱之址，大河之滸。有隱君子，生不競於時趨，而古誼是敦。若堂若坊，以棲其神，以利其後人。

敕授儒林郎欽加光祿寺署正銜懷慶府儒學教授世愚弟葉知幾撰文。

賜進士出身誥授中憲大夫四品頂帶前太常寺少卿翰林院侍讀姻愚姪李棠階書丹。

賜進士出身誥授中憲大夫軍機章京戶部廣東司員外郎世愚姪郭祥瑞篆額。

安昌閻錫玉鐫字。

咸豐六年十一月。

（拓片藏河南省文物考古研究所。李秀萍）

亢村禁斷碑

嗯！今世際末流，村人遊蕩過多，以至賭風愈熾，宵小巨興，貧富良人被害，靡所底止。於咸豐四年，村中人等糾集公商，優觴禁斷一切。比及二載，堪稱仁里。現年夏月，尚良秀不齊。首事諸人迫不得已，請官示禁，業已痛疾前非，皆由善道，各家老稚以及子子孫孫不見不聞，無轍不蹈。士農工商各勤職業，善善惡惡，豈非村一大幸事！為此豎碑，謹將禁斷條規刊刻碑陰，以望永效云。

一、議村有賭博招留匪人，釀出多少事端，誘壞良家子弟，實為村中大害，公議禁斷。無論年節時日，一概不許賭博，倘有恃強不遵，即令保地同首事送官究治。

一、議凡系餵養騾、馬、牛、驢之家，各有自種麥秋，被其踐踏，均屬不成，公議禁斷，如有恃强明放或有偷放，被趕入廟，騾馬罰錢八百文，牛驢罰錢四百文。罰錢送到，方許牽去，親戚朋友不能承攬。夜犯倍罰，不服罰議，保地同首事送入官號一，著其自領，決不徇情。

一、議村中餵養子母羊隻並手牽單頭之羊，損墳壞堤，踏食麥秋，利己損人，實堪痛恨，公議禁斷，每羊一隻罰錢三百文，不服，送官究治。

一、議各家祖宗墳墓如人間之屋廬，安靜整潔，祖宗方含笑於地下。近有無恥之徒牧放牲畜聲糞尿污穢，以及刹草砍薪損壞墓冢，見者深堪痛惜，公議禁斷。如有被捉，罰其祭肉一方，鼓樂一曲向上奠陳。不服，稟官究治。

一、議沁水築堤，保全廬舍生命，堤上所長樹木草薪，根深可保無虞。公議禁斷，不許損樹刹草，不服，稟官究治。

一、議村中地畝被水漸浸，斯有鹽硝之害，自户掃以顧糧差。外人私掃私刮，每一小車罰錢四百文，擔擔罰錢二百文。不遵，送官。

一、議麥秋成熟之時，公議看守十二人晝夜看守。如有偷麥偷秋，兒童罪坐家長，婦女累及丁男，決不寬貸。看守巡查不嚴，被竊一分包賠一斗，一畝包賠一石，趨革看守不用。

一、議麥秋成熟，本主未動，被其攘竊，告明更夫，會同首事驗明包補。如有收破，以及地中存放麥個、秋捆，己物應當自重，被偷不能狡賴看守。

一、議地中種菜蔬，非開設菜園之輩，地中種其紅白蘿卜、白菜、蒜苗、紅薯、山藥，倘有被偷，告明看守，會同首事驗明議包。久開菜園，各菜俱全，時日挖賣，實無邊認，煩看守代其看顧可也。

一、議樹果園瓜，誰見誰吃，其中有親友族姓相關，看守即見，倘若禁止，不但不認其非，遭出多少口舌，自容看守不管。

一、議地中所種棉花，開放之時，兩日一摘，即有被竊少許，失主亦難指其數目。倘有黑夜竊去成畝成分，開放時節盛敗不一，驗明確切，以包麥秋之數包之。公議不許爭竟。

一、議地中所種紅白蘿卜、紅薯、白菜、葱，見公局出條，即行剗收，如若伏恃看守，不遵條議，過期被偷，不但不能包補，仰且公議諒罰。

一、議收割秋禾，地中存放稈草、黍稭，即行運用至家，實屬不暇，煩看守代顧三二日可也。近有延秋至冬，柴草仍在地中存放。公議稈草、黍稭被偷，不管包賠。

一、議村中公搭三窩鋪，分爲東、西、中，每一窩鋪有更夫四人，冬春梆鑼，徹夜巡查，以防宵小行竊，首事輪班諸夜查更，誤更趨革不用。

咸豐六年十一月初十日穀旦。

閤村首事同立。

（碑存溫縣亢村。王偉）

萬石君獎語

清河南學政潘允敏

　　萬石君，溫泉石氏之鼻祖也。漢高時，自趙徙溫，遂家焉。始爲小吏，累積功勞，官至太中大夫，復爲太子太傅，食祿二千石。石長子建、次子甲、三子乙、四子慶皆食祿二千石，景帝遂號爲萬石君。其德行多有可見，不惟漢室，羣士咸稱爲奇，即齊魯諸儒，皆自以爲不及。況《小學》、《史記》諸書，相傳其孝謹、篤行，實爲古今之所莫尚。嗟嗟，當今之世，誦詩讀書之輩，惟知敷華掞藻，聊以應世而已，誰復於身體力行之間，一爲揚詡而鼓勵他哉！吾顧世之爲士者，聞萬石君之風，亦可以少愧矣！

（文見王士章《溫縣金石錄》。王偉）

重修三皇關帝天師殿及繼修玉皇三官四聖諸殿記

清王毅齋

　　遇仙觀舊有玉皇、三官、四聖諸殿，道光三十年重修。時瓴甋之脫落，神像之傾圮，垣牆之漫漶，蓋久不堪寓目矣。無如既無積金，捐賞又寡，補修雖有成緒，未臻美備。咸豐三年聊序修葺梗概，勒諸貞珉，以俟後圖。其後兵燹不息，水旱頻仍。善士王珍鐸、王元正有志未遂，常恐中廢。至咸豐九年，年頗順成，王珍鐸復竭蹶募化。而本鎮居民亦皆樂輸，傾力共襄厥事，共得錢壹佰壹拾千文。重修三皇、關帝、天師殿及門四帥、三十六天將神像，並道光三十年重修諸殿之缺略，逐一修整，丹艧金碧，輪奐美而神像輝煌，夫豈誇美麗壯觀瞻哉，亦禮所謂有功德於民者則祀之之義也。行見入廟肅肅，人懷報本之思；降福穰穰，家獲吉祥之慶，豈不休哉！

　　斯舉也，經始于咸豐九年，告竣于同治二年。序其巔末，書諸石，以垂久遠。

　　皇清同治二年歲次癸亥十一月建子二十日立石。

（文見王士章《溫縣金石錄》。王偉）

聯珠台記

清李棠階

　　距溫城里許，巋然特起西北隅者，曰聯珠。兩阜累累，相去數武。形園並峙，中架虹相屬，故以聯珠名。前殿奉文昌，後殿則藥王、盧醫、孫真人等祠。左側南極，右則文王、後妃諸神。樹林叢茂，蔚然可觀，其創始不可考。父老傳：邑有祥異事，台輒幻傳於半空中，非霧非煙，若隱若現。廟貌之宏麗，岡勢之聳峙，曲經回欄，竹柏交錯，殆一一舉肖，如所天之倒影，海蜃之虛氣成樓。蓋靈秀所鍾，城或有之，而未可知也。第觀其近帶郊野，阡陌縱橫，春暖膏融，犁鋤交動，麥漸漸起湧浪，黍離離以連雲。秋則萬寶登盈，濟濟其獲。篝車皆滿，槁餉春容。登斯台也，值年歲之順成，睹民氣之熙恬，喬木交蔭，禽獸和鳴，誠足樂也。遠則太行擁其北，嵩少拱其南，朝暉夕陰，蒼翠萬狀。大河橫其前，桃花竹箭，吞吐陰陽。西挾涇渭，東接淮泗，風帆上下，百貨阜通。登其台也，快氣象之軒豁，亦足以披蕩心懷，俯仰古今。於是，邑之人樵者、牧者、扶杖以登者、聯袂而至者，相與榮。水旱禱，疾疫祈，生育如願則醻焉，備物則饗焉。或結社而讀書，乘風以歌咏，或邀月而謳吟，熙熙而往，攘攘而來，皆於是乎抒懷抱，恣耳目，誠邑人之勝地，斯文之大觀也。乃者歲月更移，風雨摧剝，爲時既久，非復舊觀。自咸豐三年，粵逆渡河，溫當其衝，蹂躪之餘，傾圮愈甚。今歲秋，邑人之鄭君昭瑞、王君祥光等，倡始捐資，擬因其舊而更圖新之。好義者踴躍從事，相與集掖，鳩工始庀材。始于同治乙丑八月，落成於次年正月。圮落者，林樹之。黯黮者，丹漆之。曾無幾時，煥然改觀。溫之人皆欣躍忭頌，而樂其成。由是地靈人傑，物阜民康，則諸君子有造于桑梓者，豈其微哉！余姻家原君祥卿，溫人也，具其事顛末，以書來屬爲記，予不能文，而祥卿屬之切，輒爲之敘之如右。

同治五年正月。

（文見王士章《溫縣金石錄》。王偉）

皇清誥授奉直大夫前浙江候補知縣歷署分水縉雲桐鄉縣事加四級景通王君（運舒）墓志銘

【誌文】

皇清誥授奉直大夫前浙江候補知縣歷署分水縉雲桐鄉縣事加四級景通王君墓志銘

君姓王氏，諱運舒，字景通，號咸如。先世由山西洪洞遷溫。曾祖考有，本邑庠生。祖考達，太學生。考三鳳，布政司理問。俱贈封朝議大夫。曾祖妣氏張，祖妣氏任，妣氏侯，氏鄭，並贈封如例。君弱冠，邑試冠軍，補博士弟子員。旋食餼，就教職。復援例出宰浙省，歷署分水、縉雲縣事。採買倉穀，累次紀功。調署桐鄉，減漕米多石。君為政務寬，所至以恤民為主。大府以安靜吏目之。及委辦軍火差竣，將以勞績補劇邑。適攖疾告歸，遂不復仕進。家居三十年，捐河防，助軍餉，修試院，築城垣，建家祠，設義塾，及一切道路橋梁，凡有義舉，靡不襄助恐後。道光壬寅水災，丙午旱災，拯溺賑饑，活人無算。其居官也，溥惠而不求名。其居鄉也，施德而不望報。可謂善人矣。同治七年十月十六日卒於里第，年六十有五。配張宜人，側室侯孺人、邵孺人，先後皆卒。子五：長敬寶，鹽運司知事。次嘉寶，山西澤州府巡檢。皆張宜人出，俱歿。三作寶，湖北試用巡檢。四國寶，監生，五品銜，嗣胞弟運昌。五應寶，山西候補府經歷，嗣堂兄常州。皆侯孺人出。女五：長適河內從九品皇甫其寬，次適本邑守御所千總鄭紹曾，三適本邑候補縣丞吳品瑛，四適河內舉人杜振翰，五字河內劉氏。孫一，晉臣，嘉賓子，嗣敬賓。孫女四。卜以同治十二年四月十三日合葬城西先塋之右。其子作賓來請銘。銘曰：

卅年梓里人被澤，三邑口碑尚嘖嘖，詒穀孫子永無斁。

誥授通奉大夫前欽差直豫晉三省防河大臣幫辦團練大臣內閣侍讀學士隨帶軍功加四級姻愚姪段晴川撰并書。

（拓片藏存河南省文物考古研究所。李秀萍）

韓獻子墓碑記

溫縣縣長周士森

古溫，王畿地。前代名公巨卿，多葬於此土。其疆域則面黃負沁，地靈人傑，西控三晉雲山，勢若屏障。故晉城事迹，溫境獨多，如魏武子討太叔帶，觸槐之鉏麑，附郭西南，並存遺迹。趙宣子墓陵高聳，巍巍巨觀，相距不咫尺。晉大夫韓厥墓，界在五里遠，方陵頭兩村之間。墓側古屋內，有殘碣載明之，其屋舊稱韓家施茶庵，為兩村好事者集合十二家所創置。有田地三畝，備夏日施茶之資，揆其用意，殆為當日守墓者所棲息。又以地臨衝要，行李往來藉以施茶，路人稱便，於以見敬護前賢，饑渴勞人，兼營並顧，深堪欽許云。

（文見王士章《溫縣金石錄》。王偉）

重修清涼寺佛殿記

清李春溪

溫右十里許南賈村，舊有清涼寺。是寺也，不知自何時立。相傳為南賈、賀村等五村所共建者。癸未夏，余偕同人往遊其中，見夫曲徑通幽，古柏搖翠，極曠如奧如之觀。寺址踞村南嶺上，前接萬頃灘，一望寥廓，舉目無礙，登高遠眺，則嵩邙山色在指顧間。折而東，為五村義塾學舍，每歲延請塾師，以教諸村子弟。洵一方之保障，亦讀書之佳所也。洎乎歷年既多上雨旁風，頹壞殆不可支，而中間佛殿數楹，規模愈大，頹壞愈甚。於是，諸社長欲謀所以整飭之。而先其甚者，寺舊有義田數區，歲獲貲若干，爰積歷年所獲大加，撙節元材，糾工同謀興作。自同治甲子經始，延自光緒乙酉，規模始備。然因貲材不繼，尚未能告竣也。先是義學延請塾師，脩金皆取給於寺之義田。歲丙戌，賈君如秀膺斯講席，不欲其工之敗于垂成也，慨捐三年應得脩金以助之，合前諸社長十餘年經營之力，乃克告厥成功。而凡棟楹梁桷之腐黑撓折者，蓋瓦級甎牆垣之破缺者，神像之丹青剝落者，赤白之漫漶不鮮者，塗堊丹臒，煥然維新。當其重門洞開，赫赫明明臨之在上，蚩蚩者來觀，咸肅然興起為善去惡之念，豈遂無裨於風化耶。然則諸君之為是舉也，亦善矣，抑余又有望焉。夫莫爲之前，則美弗彰；莫爲之後，則盛弗傳。知已往矣，不可聽其廢，則知將來者之必有待於興。天下事何在不然，豈獨區區一佛殿哉。故特敘其事，以誌不忘，且以爲後人勸焉。

　　壬午科舉人李春溪撰文。

　　儒學生員張廉堂書丹。

　　皇清光緒十三年歲次丁亥十一月吉日立。

（文見王士章《溫縣金石錄》。王偉）

重修家祠碑記

　　嘗思孝爲百行之源，詩書不勝其述。孔曰繼志，曾曰追遠。建家祠而盡孝思者，原爲敬祖尊宗之計也。我慕氏舊有祠堂三間，代遠年湮，牆屋傾頹，磚瓦盡廢，木植僅存。族中有大傑者，目擊心傷，慨然有重修之志，因糾合數十同心商議謀劃，將所遺舊房料湊錢不足二千文，殷勤調理，滋生餘息，數年之間，積銀百兩，乃於十八年春，鳩工庀材，重建祠堂三間。主房甫成，財用已匱。大傑施錢十七千文，重建門樓一間，正宜修其垣牆，繪畫丹青。奈資財空乏，諸執事猶以功虧一簣爲憾。然族繁戶衆，繼志述事，實繁有徒，因再爲籌度，照地派捐，積錢百有餘串，於是，勒其垣墉，塗其丹腹，金飾輝煌，煥乎有章，微前數人之功，弗能肯堂而肯構，微後數人之力，何克蕆事而增華。今落成之候，序其事之終始，非伐善而施勞也。不過以今之繼前，亦欲後之繼今焉耳。倘後嗣子孫見春露而慄惕，感秋霜而悽愴，常懷祖宗雖遠，祭祀惟誠之心，則子復傳子，孫復傳孫，而億斯萬年，廟貌常新，蒸嘗勿替，前可以慰先靈於九泉，後可以承祭祀於百代，實合族人所深望也。爰勒諸石，以垂永遠不朽云。

　　邑庠生李殿璋撰文。

　　裔孫邑庠生秉英書丹。

　　首事大傑等勒石。

　　光緒二十八年十一月上浣合族仝立。

（碑存溫縣慕莊。王偉）

元奉訓大夫亳州知州靈峰慕公碑

　　【額題】碑記

　　公諱瓚，字君，靈峰其號也。世居衛郡。高祖憶，曾祖攄，祖津，父莊肅公完。前妣賈氏，繼室李氏，俱封衛郡夫人。自幼聰敏，學問賅博，□間由國子生名。公爲太常禮儀院太祝，轉淦禧總管府照磨，未幾，莊肅公致政引年居衛，公親老，不欲遠離，專意甘旨，用父命，以門庭受承直郎、彰德路總管府判官，佐事有法。職滿，適新守令之異，授奉訓大夫，知大名路盧州。壬午年而莊肅公卒。服闋，再調知亳州視事。十二月丁母太夫人憂，又十月，至正十二年四月二十日壬戌遘疾，終於家。享年四十有三。四月壬申，葬于先人之側。

公平昔好古樂，澹常以靈峰自號。娶張氏，封縣君，前監察御史弘毅之長，岑公之弟，功未名。嗣子炳偕，承其祀矣。嗚呼！刻諸元石。庶幾千載耳。

時至正甲午季春清明吉日。

元翰林瑁溪後裔陶質撰文。

裔孫業儒廷臣敬書。

光緒二十八年十一月上旬立。

（碑存溫縣慕莊。王偉）

重修縣署碑記

祝康祺

按《縣志》，縣署自前明洪武四年重修，其後一再增修，逮國朝康熙二十四年重修，迄今已越二百餘年。蓋失修久矣。祺以光緒三十二年履任，見大堂、二堂、內堂以及頭門、儀門，破壞傾欹，旁舍亦湫隘敝敗。風雨之夕，闔署不得眠，既患漏濕，尤懼傾壓。雖頻頻補葺，功不敵患，計非一律大修，勢將以次盡塌。會次年七月即去任，又次年八月奉飭回任。面稟藩憲朱公，上年交卸非時，賠累過巨，修署鉅款難籌，請另委人。公曰：「近內堂已倒二間，楊令之子幾不免。汝速赴任，稟牘來借養廉，吾當成汝志。」既不獲辭，遂於九月回署，則倒塌益甚。乃屬方君信之任其事，鳩工庀材，次第規畫，經始於光緒三十四年十月，迄宣統元年十月而工竣。以款乏，旁舍猶未盡修。計已修大小九十餘間，用銀二千七百三十六兩。除奉批准借廉銀二千兩，分五年攤還司庫外，已墊不敷之數，已援案稟准歸入，交代照攤，並請委員驗收，會稟在案。

是役也，雖未以攤派累吾民，而官又增一攤還之累，敬告後之尹斯土者，幸勿視為傳舍，其務以時修葺，庶觀瞻肅而居處安焉。爰述其崖略，刻石樹之堂右，俾年久尚可考證云。

宣統元年十月。

（文見民國《溫縣志稿》卷十《古跡志》。王偉）

濟源市

濟源市 （濟源縣）

重建三官關帝神殿二座金粧完工碑記

【額題】三官關帝碑記

蓋聞太極未□□先滇□□無之外古聖存焉。萬物生焉，乾坤定位，□列山川三十六座名山，七十一處福地。河海湖泉，奈天地□□□□一般不可缺也。佐天□□，東連□□，西接崑崙，南參中南，北倚行山，日精月□，□蓋為心。黃河東帶千峰，得□萬澗來朝，南國一柱，十大洞天，內坐神仙三百餘位，軒轅皇帝累代崇奉。自周、秦□魏，名曰□溪上方院，大□□聖六年五月二十六日，本宮道士崔可奇奉敕紫微清虛，陽臺太極宮觀，立五百食糧道□山門大興，宗代崇奉，香火無不缺也。自□□年來，□□神殿頹毀，一無棲神之所。士女雲集，無不贊念。正逢八月中秋大會，有河內柏香善士楊君建春謁頂回宮，雨阻宿夜，然而覓之殿宇神聖，盡被火焚，丙□重建，□□□□難成。自三官關聖二殿，分列於左。晉神重建，喜化一新。自順治三年正月起工修蓋兩殿，至順治五年四月告成竣工。□□尊神伏順上祝皇帝萬歲，太子千秋，下祈施財善信，士□青雲之志，民復樂利之常，四時吉慶，五穀豐稔。宮院清潔。道教興隆，列石垂名，流芳不朽云。

欽差陝西寧夏地方贊理軍務都察院右僉都御史楊嗣修撰。

內翰林秘書院簡討楊建昌書。

大清順治五年歲在戊子四月一日立。

（碑存濟源市濟瀆廟。王興亞）

明故濟源縣尉永康李公應選暨邑紳鞏縣教諭閻公士選殉難碑

學使孫灝杭州人

讀表忠之傳記，如銜溫序之鬚，覽殉節之詩歌，欲嚼張巡之齒，怒髮尚看髮動，貞心只要心安，血化碧而成燐，汗殺青以勒石。當事之發潛闡隱，裔孫之咏駿誦芬。芳名不是沽名，公論皆為定論。雖未過其閭里，撫殘碣以欷歔，猶將布以几筵，望靈旗之陟降。何況添為星使，所當樹之風聲。前官既已請旌，後世且多興起。適逢修志，急合表揚而事有相符，則文宜並舉。見危受命，從容而具衣冠，罵賊捐軀，慷慨以攖鋒鏑。當寇迫而救援竟絕，已聞勸去之浮談，迨城破捍禦不支，更進脅降之狂論。乃膽猶鑄銕，豈腸若盤輪。國已亡，家已亡，微員何惜！舌可斷，頭可斷，大節須完。孔孟是師，惟知成仁而取義。許顏不作，孰堪比烈以爭光。此實世道所關，不忘憑弔，且為聖朝所重，特予褒嘉者也。

遠則立夫吳子錄存桑海之餘，近如吉士趙君記煤山之烈。三百年深恩難報，養士為隆，億萬載浩氣常存，傳人有幾？誰誇高秩，自命清流。蟻聚蜂屯，奮臂而爭門戶，蠅營狗苟，蒙面以避刀戈。或隱忍以就功名，或委蛇以觀時變，皆為巧宦，總屬奸邪。得此二公，光於千古。墨綬之榮膺丹詔，物換星移，金華之輝映。玉川地靈人傑，廣文典史受職雖卑，名宦鄉賢，崇祠不愧，雖非雙廟，如在一堂。尉署亦祀李公，宗祀自傳閻氏。海宇之江山分裂，留恨何窮，天壤之日月精華，增光已極。浙東河北誕生之地不同，明末清初殉死之時不遠，忠魂相見，可以論心，偉烈共聞，都應拜手。摘來蘋藻，一泓之清濟渟洄；補得松楸，四野之悲風颯起。遵志書之舊例，各已分編。待史筆已新裁，正宜合傳。此雖鉅手所謙讓未遑，抑亦私心所低徊不置者也。

順治十六年。

（文見乾隆《濟源縣志》卷十五《藝文志》。王偉）

明故鞏縣教諭閻獻明先生墓表

臬司沈廷芳杭州人

天地之正氣，鍾為日星河岳，而不朽之士，鍾于日星河岳之奇，即天地之正氣也。中州多理學名儒，而明季流賊之禍，殉難以死者亦最多。如杞縣劉文烈公理順、新安呂忠節公維祺暨獲嘉賀公軾，其名固久而彌彰，遠而彌揚，乃有文墨之吏，爵秩甚卑，而能為封疆死事之臣，是其人亦即日星河岳，可與劉、呂諸公比烈也。

濟源閻先生諱士選，字獻明，以明經任鞏縣教諭署令事，兼攝偃師印務。是時，闖賊橫行，海內鼎沸，守土之官見危而避。先生繕完城郭，修甲厲兵，為固守之計。及賊攻城，先生誓殉國難，以彈丸蕞爾之區，拒虎狼百萬之衆，其氣彌奮，其意彌堅，既而勢窮力竭，士卒多降，猶獨立捍禦至旬日之久。城陷被執，賊令之跪。先生瞋目視賊曰："吾讀聖賢書，惟知成仁取義，官雖卑，而朝廷命官，恨不能殺賊以報國，死則死耳！頭可斷，膝不可屈。"罵賊不絕口，遂遇害。大吏優加特恤，始得扶櫬歸里。

國朝定鼎，有司以其事上聞，奉旨入祠，春秋享祀弗替焉。余陳臬中州，甫逾一載，明刑弼教，自覺抱慚，然嘗披覽志乘，每於忠孝節義，必記其姓名。閻先生之事，既知其大槃，令余兄樗莊續修縣志，復加採葺。其元孫志孝，又因樗莊請余追表其墓，並寄廣文孫君所為《閻先生傳》，余因之而有感矣。萬歷間，江南下注司巡檢江秉，餘姚人也，以土兵禦賊，矛洞胸死，上官抑制之，不以聞。雖有御史王立賢表其閭曰"奕忠"，而跡未大著天下，後世未由得而咨嗟稱道之也。巡檢之曾孫鑒修家譜，具書其事，而吾友桑弢甫山長為之弁言，以為天不沒巡檢，使由仁孝之子孫，發其潛德之幽光，理固有不爽者。崇正間，寧武鎮臣周公遇吉驍勇善戰，累官至大將軍。城破，貫甲運矛，躍馬入堅陣，手殺巨賊百十人，矢攢甲如蝟毛，身中數十創死，其死節甚烈。余官御史，奏請卹典，仰蒙聖明俞允。蓋表彰忠烈，雖曠世而有同心。閻先生崇祀先賢，無慚先哲。而其後裔更能稱述祖德，以視巡檢江公均可無憾矣！歐陽子愛司馬遷善傳偉烈奇節，欲學作而怪無可書，及得壯其事者，次第之。又自謂未知其文能如遷書，使人讀而喜否，閻先生之偉烈奇節，亦歐陽所謂壯其事者，安得大書特書，比于龍門，排纂之體，使人讀而喜也哉！《傳》稱先生孝，事其親，親沒，哀毀骨立，葬後廬墓三年，遂有白鵲來巢之應，孝而且忠如閻先生，洵天地間不可磨滅者也。

余又聞濟源有典史李公應選，吾浙金華人，流寇破城之日，縣令不知所往，公獨朝服坐廳事，罵賊不屈，被刃而死。邑人葬之東門外，今墓已不存。誰為表墓可慨也夫。

（文見乾隆《濟源縣志》卷十四《藝文志》。王偉）

撫憲亢公改選漕廠碑記

少司空段國璋邑人

天子御極十有三年，師徒尚興，轉輸未息。九重軫念中土諸股肱郡，特簡腹心大臣鎮撫之。未嘗不以因革大政，勞大臣殫謀，聖聰採擇也。我亢公祖玉堂重臣，奉命撫豫，萬姓蒙庥，百寮仰訓，嘉績善政，不可殫述。其最大者，莫如轉漕一事。國家之命脉關於漕，小民之命脉亦係於漕。孔子敘政，曰食、曰兵、曰信，而食先之。唐關中時，斗米千錢。韓滉運百萬斛於朝，德宗與太子動色相賀，則漕豈細事哉！但漕久為民困，惟舊弊未改，斯利未興，必就時與地而斟酌盡善，而後轉輸無慮，官民兩便耳。初兌漕在直隸小灘鎮，豫民日夜輦載，奔走千餘里，脚費十倍。正額攜資赴糴，道途每遭刦掠，員役守候，交兌資斧，費用不貲，是豫省之大累，未有甚於漕者也。公乃周咨博訪，得厥要領，輒慷慨任曰：「國家惟漕事最大，不為改絃更調，則民困不甦。」於是，拜手上書，痛陳其所不便之由，移小灘之廒廠，改建朝歌，道里適中，水陸俱便。天子喜公之能，措國事若家，而利民且以利漕也。命旨持頒，歡騰八郡。嗟嗟！豐功鴻績，非小計淺謀所能建也！非君臣和德於上未能成也！非熟知漕事，洞悉民隱，又誰能為百姓定必然之畫，垂不朽為業者？公乃能設身處地，推心置腹於民所最苦之事，擇一極便之地，而使之趨之，是猶飫饑者以粱肉，而被寒者以重裘也。民之歌思，曷其有極？且我濟僻在西陲，運漕較他邑道獨遠，今乃無患。是公之經營創制，固為全豫錫福，而我濟之受福於公者又獨渥，而感又獨深也。他日史冊必表而出之，以為去漕之害，興漕之利，惟自公始，宜昭茲盛舉，俾世世遵守勿替，佩德不忘。故邑耆紳大夫、孝廉子衿、鄉三老、里賦長，咸聚謀伐石，謂公惠已載在田叟紅女口中，願借石以代民謠，垂頌聲於不朽。

（文見乾隆《濟源縣志》卷十五《藝文志》。王偉）

鹽院劉公請蠲鹽課碑記

邑人御史劉漪

上御籙五年，直指劉公，奉使河東視鹺。明年，請蠲户口鹽課，制曰可。時秦、晉、豫所治罔不調劑懷之濟源，尤如見垣一方，然濟邑懷西陲，三面枕山，周袤二十里許，[1] 廣亡踰七十，磽确不毛外，汙邪幾何？明季，李寇蹂躪之餘，[2] 魃災及泉蝗赭其山，十年八九，更臻庚、辛，人相食，釁下髑髏枕藉。甲申，屠城火［及］墅，疃為陵，公廨路燕歸巢於崩窟庹樹，孑遺又幾何？方供惟正，延殘喘之不遑，而諸大徭役，則獨甲鄰封，浮於盛時，户口鹽課其一爾。户口之設，蓋自鹽少引貴，竈丁逃，商不開中，始非不名曰授鹽，其實疲千百里奔命，汔不獲龘鹵升斗間。朝輸鏹縣門，夕乃握粟鹽市，與割雙股充一腹無異。

大清鼎定，商人馬興輩以浙承辦，而户口往例亦不少減，濟民跋疐賞解，如劉光宏、李養民，咸以素封至負瓦揭木，脫籍屠沽傭以償。下無告者，上不以聞。攬轡周詢，賴惟劉公哉。公家世黎陽河東，山狹土滿狀悉之久。比任，慨然曰："吾既持斧視厥事，義不敢急小惠、虧公帑，以買名聲於天下，而專事搏擊吒驄，馭驅三省羸牛上太行阪，吾不忍為也。"用是澄源疏委，首彈叨憒，下逮二三魚肉商民者，[3] 錢穀出納無巨細，必委賢僚吏，唯登符牒執科條而已。不數月，鹽丁聚，引值平，草竊與私販屏跡去，條山以南，梯航絪載如織，既商通課裕，似不難溢額報最矣。公曰："否。百利不償一害，多貪功，毋寧釐弊，吾將以若少蘇民困，去太甚耳。"乃閱實諸郡縣，某也如懷屬應減，某也如濟源應蠲，一以商人承辦之數為户口謀補救，而已不尸焉。疏上，天子信其無私，司農不為病國，風憲大吏僉曰："克亂爾自官，濟邑污邪孑遺，向所謂甲鄰封，浮盛時之徭賦，今始得蠲其一事云。"他如漕米臨、德，宗祿鳳陽太倉，澗布、胖襖、盔甲、牛角等項，或本色，或折色，或費浮正供，或人無我獨有，固濟民之覬調劑於公旦夕請命者，惜乎不得越俎而治也。是年，余按晉，顛末得與聞。八年，坐放歸里，里人士口碑公功德。又六年，於茲不衰。余既嘉遺愛，久而彌新，且幸直道未墜斯地也。故志之。

公諱達，字淇瞻，丁丑進士，以廉能顯，[4] 若其臺中見白，則有青史在。

（文見乾隆《懷慶府志》卷三十《藝文志》。王偉）

---

[1] 乾隆《濟源縣志》卷十五作："東袤百里許。"

[2] 乾隆《濟源縣志》卷十五作："寇蝗迭虐，餓莩髑髏相枕籍。甲申，燬城及墅。屠者掠者以邑量，孑遺又幾何。"

[3] 乾隆《濟源縣志》卷十五此後書作："不數月，鹽丁聚，引值平，私販去，條山以南，梯航絪載如織，似不難溢額報最矣。"

[4] 乾隆《濟源縣志》卷十五無"若其臺中見白，則有青史在"十一字。

重修陽台宮記

　　夫王屋尊居洞天第一者，經傳載之。王屋之形勝特絕對者，前人已俗述之，余更何贅焉。第覽其左足一支而南游，其委折之曲若河，其奔騰之勢若龍，其縹緲之致若雲霞。越二十里，而復結一狀，有如鳳形，然一首上朝而九尾下垂，中建一宮，曰陽台。茲陽台也，不知創始於何代，而考其傳流，則莫盛於唐。唐之明王御書"寥陽殿"，古制猶存。至今年深日久，而榱題有損。余社友李公諱公榮者，慮古跡湮泯。因大頂功暇而脩廢舉墜，重新寥陽閣，再整東西殿，廟貌巍我，其盛可以永前而裕後矣。嗟夫，業已名綴科譜，不理宦績，而務偃修茲，何以故？蓋以樂則行之，憂則違之，士君子心與時拂，亦各行其志云。故序以誌之。

　　甲午科舉人考選知縣邑人周猶龍撰文。
　　共城山人熊明光書丹併篆刊。
　　募化道人殷朝海。
　　住持道人楊泰春徒王清照仝立。
　　皆大清康熙歲次乙巳季秋吉旦。
　　知縣謝蘭英等。

（拓片藏河南博物院。王偉）

蘭堂段公墓誌銘碑

狀元侍郎嚴我斯湖州人

　　國朝順治中，河決金龍口，發民夫築塞費水，衡金錢數百萬，經年累歲，隄然後合。而先是故明崇禎己巳金龍口決，水攻外隄。初，激射如綫，漸如注。防河諸使者並集，皆色變，莫知所爲。單父簿段公亟命以衣冪所衝，水良緩。於是，諸民夫爭解衣，投水中，覆護之，注射之勢暫已。乃趣人之署，悉索家人故衣。縣君李氏益脫簪珥，出所有器物，予民間易其餘衣，得數百稱，陸續齎至，乃衣諸民夫。而徐向下流，以物根塞之，隄以固。《語》曰："千仞之隄，潰於蟻穴。"河決莫不先微而後鉅。夫絲絮得水而濡，故能實穴罅使無滲漏。舟以木，水不能嚙木，故利用。塞隄以土，水善嚙，而土善崩，故先冪而後塞之。《易》不云乎濡有衣架甚矣。衣之能捍水也，古試於舟而不試於隄，公讀書能通變，出奇以應猝，使河安瀾無恙，濟陰數百萬生靈不爲魚鱉，而漕運賴以濟。及其水落而徐築之，則事不勞而功易集。使能此隄將決之頃，有遠識如公者，救之以有備，何至糜國帑而勞民生哉！此一事可書史冊，垂法永遠矣。

按：段氏得姓，由先賢干木偃息魏藩，其後代有名臣。公先世河東稷山人。自初祖段四公遷河內濟源。四公生思誠，思誠生麟，麟生聰。聰子四人，長曰緡。緡子六人，幼曰相。相子二人，長曰可行。可行子五人，曰國璋者，仕終太常寺卿、通奉大夫，晉秩少司空，加一級。祖父皆贈如其官。而第五即公也。段氏世有隱德。公之先公遇負債者於途，趨歸閉戶，俟其既去遠，乃出，曰："彼貧不能償我，見我益慚，姑避之可耳已。"遂焚其券。邑人至今稱之。

公諱國瑜，號蘭堂，幼聰慧，先公早背，依母呂太夫人以長。太夫人嚴，公善承事侍階下。進退食思茹水。稍長，折節，好賓客，太夫人心獨喜，為治供具無厭，曰吾子取資以自淑也。公引義慷慨，直己而行道，鄉里聞多畏服之。奉常公成進士，官省垣，公以布衣家居名與埒，重公之德，非以兄貴故也。遊太學，不遇。任單父簿職，砥礪廉節多善政，護河隄，其最鉅者。遷開平衛參軍。遂解組不赴，治一圃，宅左樹梅竹，嘯咏其中，時時步屧，綠楊郊墅，挈盤榼，偕賓朋遊天壇、枋口、靈都諸名勝，登眺無虛日。宦金皆供酒醪食客，用以施捨，不問田園生產。為鄉人葬親娶婦。饑則施糜粥，寒則施絮衣，有急難為之排解惟力。崇正辛巳，歲大祲。初，邑中市蒺藜子，公廣儲之。人莫測其意。公曰："荒有兆矣。吾聚穀百石將以賑，恐不足也。此亦可以救死，儲之有益。"既而果饑饉。兩河間，草木根皮皆盡，人賴以活者甚眾。公出所積穀，蓋倡邑大姓為糜，飲餓夫，自此數歲頻饑，公亦頻賑之，有以饑而將死於法者，力為救援，故善不俟貴而積，功不俟位而彰。公作簿而能省朝廷數百萬之金錢，居鄉而能生數千萬人之命，豈不偉哉！公性孝友，居親喪，泣血三年，時祀薦新，盡誠敬如事生。奉諸兄嫂如父母，視兄子如子。立身剛介，而心平恕。橫逆之加，順而受之。或以為怯。公曰："此近者，吾祖先肢體；遠者，吾祖先姻婭。何校為？"抱經濟之才，不見大用。以所學教子，復課諸孫，稍稍通顯，推其德於高、曾。曰："若輩宜思先烈，益下惟攻苦，嫻經術，經世之務，無效人竿牘與戶外事也。"邑中尊先生如泰山北斗。生而飲於鄉，於其歿也，人人太息泣下。

嗚呼！公以故明萬曆二十有七年己亥十月二十有二日子時生，以康熙七年戊申十有二月二十有五日子時卒。享年七十。仕止開平衛經歷。元配李氏，子挺蛟、振鯤皆授別駕。孫四：維袞，進士；維宸，舉人，蛟出。維藻，貢監；維翰，文學，鯤出。我斯甲辰與公長孫同對策大廷。公斯大父行也，乃志公之行事而為之銘。銘曰：

嗚呼！此名賢蘭堂段公之墓，公有公輔之才，而仕不過一簿。見龍在田，而膏澤布濩，再世其昌，兼善天下，地靈鬱鬱，卜云允臧，固宜常為神人之所守護。

康熙七年。

（文見乾隆《濟源縣志》卷十四《藝文志》。王偉）

重修袁老爺祠記[1]

　　感袁老爺開洞取水，恩澤浩大，建祠垂久，已經年遠。袁爺神象毀壞，懷慶府河內縣城南崇下鄉曹村住人王自興，見應廣濟河上五堰捴管，感德無門。袁老爺滿堂神象，自備資財，重新一併金粧，永垂後世，勒石記年。

　　計開：開河公直李邦寧孫李起龍愿管畫匠飯。

　　畫匠李世龍。

　　康熙十三年三月季春之十日。

（拓片藏河南博物院。王偉）

修復利豐河碑

　　山西道河內人楊蕃生

　　利豐河肇開於明嘉靖二十五年，規模粗具，遞廢興者三。繼萬歷丙辰，胡公沾恩令河內，從新整飭，口岸砌以石，始磐固。迄茲其口其身，爲余族伯大中丞嗣修之。叔祖純以七百八十金，易濟民地，一口兩腹，南豐稔，北利仁，至程村天平閘分焉，延袤百餘里，灌溉河、濟兩邑田，爲利至溥也。客秋沁水泛溢，口淤咽塞，石隄衝沒殆盡，河又廢。是猶鑄釜烹食，食成釜碎，天之炎也。謂非農民之大不幸哉？太守楊公、河倅郭公心煩於慮，而身心其勞，同詣河干，度工限程。委令公直、生員楊化生等督同總管堰甲重修之。諸首領率作惟勤，各殫厥職，又加之兩公日省月試，不憚馳驅。以故開工於去冬十月廿頭，告竣於今春三月中旬，若斯之速也。灰石、物料、工價、口食惟公直計。而時，其出納假官濟私，兩公則鄙其非而痛絕之。工完利濟，士民感恩，乃乞余作記。余竊惟善忠君，先愛民，善愛民者，先謀食。夫河，食之源也，胡公治是河，河、濟二邑無凶年，其忠君、愛民之心固已著於前矣。今兩公修復其舊，是誠所謂後先同揆也。世之施小惠者，當時則榮，過則已焉。若兩公之澤，當於河流並長；兩公之功，實同天地不朽矣。噫！微獨農民世世賴。即胡公亦且借二公而永終其舉哉！昔漢召公信臣爲南陽太守，造鉗盧陂於穰縣南，用廣灌溉，畝收皆一鍾，人獲其利。及後漢杜公詩爲守，振興其業，時歌之曰：前有召父，後有杜母。其即今日謂與？兩公德政撫百姓，恩加六邑，異日必有聞之。天子書之史官，余固可略也。茲以河人之請，特取治河之事，而喜爲天下後世道云。

　　太守公諱廷耀，三韓人也。河倅公諱璉盛，京保安人也。併誌之。

　　山西道楊藩生撰文。

---

[1] 標題係補加。

康熙十七年立。

（文見乾隆《濟源縣志》卷十六《水利志》王偉）

重修龍潭延慶寺記[1]

　　濟西源偌雲龍潭，稽諸《禹貢》並酈道元《水經》，實神禹導沇水東流，為濟之西源也。源上舊有延慶名刹，開山師滅／

　　復建一浮屠高聳層雲。宋太史中書令秦國陳公省華與三子英國文忠公堯叟、鄭國文惠公堯佐、崇國康肅公堯／

　　相。文忠公曾建四令堂於寺西北隅，茲寺巍踞源上，源之水，三年去來，見伏莫測，其來則汪洋百畝，月映潭空；其去／

　　文安公詩有"石砌寒魚沐，香林識所宗。江湖朝一縷，風雨會成龍。不替青藤杖，靡穹綠玉峰"之句。茲吾濟名勝千古／

　　興廢。邑志載，前僧慧果重修於正統十年，慧鐸修於天順四年，慧斌再修於正德十五年，迄明崇禎十三年庚辰後／

　　橄大家有家者且難保其家，況茲延慶蕭然一刹，孤峙源上者哉！以故天王、伽藍焰燼盜沒，僅存正中兩佛殿，雨齧／

　　棘中，設守寺如守家者之不肖，未有不任其敗落立墟也。幸本寺領袖釋教願明師目擊弗忍，謀之師兄，願齊率高／

　　㕛囊篋，不募衆緣，發心營葺地藏、天王殿六楹；伽藍殿三楹；東西方丈六楹；左右禪房十楹；築垣百堵。難階下蕪草／

　　興復也。迄於今登源上之高層，臨沇水之清流，有刹巍然，其規模增飾而恢廣之者，伊誰之願力歟？／

　　示來者。願明師之重修也。鳩工在順治十六年閏三月十二日，落成在康熙十七年夏五月念三日。後茲崇尚竺／

　　興復而取則歟。余稽首為師偈而頌曰：

　　慧照四大，假妙悟空。五蘊蓄財，喜散怡然。淨根塵破，衲其淡飯。雅希梵宇□□□，□□□卻不壞身。源水不竭禪心在，夜靜潭映月一輪。

　　水竹居發僧大空原名靜因撰並書丹。

　　越雪台邑稟生子虹杜驤棟篆額。

　　住持僧願明、願齊，徒孫洪秀。

　　仝立。

---

[1] ／以下，字模糊不清。

大清康熙十九年歲次庚申正月十三日立於階下之左。

（碑存於濟源市龍潭寺舍利塔東側。王景荃）

創建永濟橋碑

邑人進士段維袞

　　永濟橋在堰頭村東，龍潭之水自此折而南行，會蟒㴲東流。其岸深而文曲委蛇欲留者，濟水之故道也。直而東者，乃濬渠以溉田，何文定公所謂於發源下流三里許，築土為堰，雍其水灌田，以利人者也。東之直者，出於人力，故渠狹而橋易成。曲而南者，乃地勢之自然。衆泉奔會，又以閘之啓閉不時，水之趨下益力。夏秋之交，彙為巨浸，汪洋浩漾，勢廣而橋難就。而濟邑之東北路，凡有事于縣者，與夫澤、潞之商賈，往來之途，必於是乎出，故其為橋又最急。先祖常欲廣增舊制，高啓懸磴于兩岸之間，以濟車徒。會以兵荒，不果。越數十年，而諸生趙子與村之善民始成其志。

　　歲庚申，余自蜀歸，會趙於工次。其未竟者十之三，適趨甯郡以白家大人。家大人曰："此爾祖之志也。歸，急就之，凡所不逮者悉勉焉，勿事再呼將伯也。"余歸，遂共諸君勸厥事。再越數月，而橋以成，砌其路之兩旁，連橋而砥以石，俾無衝突之患。隆廣數十丈，隱然望若長虹焉。於是乎人無褰裳，車不濡軌矣。趙生乃請余一言為記。余謂先祖之志不可沒，諸君之功不容掩，而神禹行水之故道，後人不可以不察也，則即文定公利害之說而再繹之。

　　孔子所謂因民之所利而利之者，天地自然之利也。聖賢舉事，無非為斯民興利除害，而利不本於自然，猶恐利起害隨，故惟因天地生成之哉，德成輔相。而初非有所謂矯揉於其間，然後，天下享其福而不受其害。若利不出於自然，尚不敢以輕舉，況乎作無利以害有利者哉！夫浚濟水以灌田者，利也。至引而入城為臺榭遊觀之用，則於利乎何有？且穀雨而築堰，秋分而決堰者，從來之舊例也。春堰不築，則水不蓄，則秧有旱乾之虞。故穀雨而後築堰以蓄水者，收水之利也。秋堰不決，則水不洩，水不洩則田有濘沒之憂，故秋分而後，決堰以洩水者，除水之害也。建議者又欲壅而東之。夫果盡壅南流，使之俱東而不得一洩。當大雨時行，山澗沸騰之日，水不由乎地中，固不待遠瀉覃懷，而堰頭、馬頭一帶，已先屬波臣。況濁沁之水騷擾，架濟渠而南，濟水暴怒，則架橋必壞。架橋一壞，則沁水又膈濟水而東，合清濟、濁沁之水，盡東南以灌覃懷。覃懷當極下之區，而受雨水之衝，恐太榭遊觀之樂未必有，而數萬家田園廬舍不免為魚之歎矣。幸賴當事之明其說，未成而止，不然其害寧有已哉！《孟子》曰："禹之行水也，行其所無事也。"不行其所無事，而行其所有事，是智出神禹上矣。《記》曰："濟水勁疾，能截河而流，不混其清。"《說苑》謂："濟能蕩雲雨，淪滌垢濁而通於海，其德之尊若此，豈肯穿城入沼作人耳目之翫哉！"

余故於此橋之成，推而及之，以見水性不可違，而先民之制不可紊也。若夫創其始者，必圖其終，善其前者，必慮其後。以最急之橋，處極難就之勢，謀之在數十年之前，而成之以歲月之久。使自茲以後，繼起者時修而加葺之不至殆廢，則永濟之建，可以永固，而利濟之功，庶與濟流而無極。余與諸子不能無厚望焉。

橋長七十尺，高九尺有半，潤十有二尺，左附石，翼東西共七十五尺；右附石，翼東西共一百三十尺。東路至東橋四百五十尺。兩河之交，附隄百二十尺，厚三十有五尺。西路至村六百五十有五尺。家大人又命損道旁己地三分之一以益之通渠，以受西來之水，使無病橋。復種之樹，爲行人蔭焉。

是役也，首事於康熙十八年己未之三月，竣事於二十四年乙丑之四月。橋成在前，而繫日以後者，以修路之時，延而功倍也。

清康熙二十四年四月。

（文見乾隆《濟源縣志》卷十五《藝文志》。王偉）

御祭濟瀆文

【額題】御製祭文

維康熙貳拾柒年歲次戊辰拾貳月乙丑朔，越拾柒日丙辰皇帝遣正白旗漢軍副都□□統致祭於濟瀆之神曰：

惟神伏地承流，截河赴海，淵源王屋，沿灌數州。朕纘承祖宗，丕基虔明。茲以皇祖妣孝莊仁宣誠憲恭懿天啓聖文皇后神主，升祔太廟禮成，特遣尚官，用中秩祭，惟神鑒焉。

禮部八品筆帖式正黃旗齊世。

陪祭官懷率府知府劉維世、通判陳芳猷、濟源縣知縣尤應運、儒學教諭許□、儒學訓導□□□、巡檢□□□。

執筆生員[1]

（碑存濟源市濟瀆廟。王興亞）

濟源縣重興復縣署記

貢士李楓邑人

濟源縣建自隋開皇十六年。衙署之制，臨民有堂，退食有舍，內外廳廨咸備。歷唐、宋、元、明一千二百年間，踵事增華，日益壯麗。迨明季，城屠於賊，官舍民居一炬無遺。皇清定鼎，垂四十餘年，縣令假明倫堂爲政事廳，而學宮就居民舍，非體也。

---

[1] 後有十二人姓名，字模糊不清。

康熙乙丑，七閩尤公蒞治之。六年，以其事白府，上之撫司，可其議。即灰燼中覓廢址頹垣而興復焉。於時攻木攻金，陶者冶者，負土而轉石，運甓而至塗者，悉公手畫心計。而選耆民之有才幹者李繼晟、王兆麟、劉洪恩、張佩、呂維岳、璩脩斯六人董其事，司出納則邑尉馬鳴鸞，司記註則鄉約翟知美，協時日則陰陽官劉之楨。始於歲之初秋，越明年冬十二月報竣，卜日告成功。余附諸紳士驥得從事公後而落之，因以礱石紀事請，公瞿然曰："春秋築郿築郎有書，恐妨民也。不佞惴惴，惟罷民是慮，敢復攘以為功？"余謂非也。彼言築，創始也，庸民力也。茲因舊制而計緡于俸，易工于傭，資財于紳士之稱願樂輸者，不徵租，不賦庸借，令泯沒不傳，無論公之懿績弗彰，即縣署廢興之因，將失考矣！乃諏諸紳士父老紀其事，貞之石。

舊衙署南數武，故有親民坊，焚餘數柱，夾以片石，頹兀於烈日霜風，公得資舊材為飭辦，僅此耳。歷階而上，大門、儀門各三楹，進而聖諭坊，再進而臨民堂，堂連捲棚，高廠與堂稱。兩耳贊政廳，廳側吏書房二十四間，左右翼之。皂隸房小，置階下。又進二堂，稍右為庫房，左置便室三間出入，署文書在焉。又東由宅門入，折而北，再折而西，又折而北，砌磚為道，乘以雙扉，達中庭，三間五架，左右繚之以垣，廳後堂樓五間，東西樓各三間，樓左為廚房，又南為幕賓。記室房蓋中庭之左掖也。庭之右書房，東西與記室房相對，進而北則內司房，正翼樓西廂房，又闢記室，廚房之東，為之各有布置。譙樓在所為堂之巽方，高挿特峙，用形家言，亦舊址也，櫃吏房出其北，寅賓館則大門之內，頗東位焉，三架五架各有差，皆創也，若孔廟，若泮池，若文昌閣、奎星樓。先是癸亥甲子間，植其薿，整其阤，丹堊其落剝而重新之，則因也。凡因固因也，因舊為創，而民間不聞有土木之擾，為三農病，則創亦因也。故無戾乎春秋之義也。公不欲侈張其勞，余故不敢以諛言為公佞。

公諱應運，字天階，晉江貢士。多惠政，不書。書所謂經營擘畫，而次第其成功。質言為記，以告後之飲水知源，息蔭思植者。

康熙三十年十二月。

（文見乾隆《濟源縣志》卷十五《藝文志》。王偉）

邑侯尤公政事碑記

邑人光祿寺少卿璩廷祜

公諱應運，字天階，閩中人也。康熙己未歲，自涿州來受命撫濟。性勤敏善斷，遇事風生。然仁心為質，持法務以平恕。居濟十餘年，政通人和，邑中大治。歲在壬申，公以運米之役，往駐陝州，濟人渡河候公者，肩摩於道，及還，爭攜壺酒勞公。邑之人士聚而言曰：自古循良之吏，澤被生民，功施土宇，其民相與歌咏太平，尸祝勿衰，故千百年來，如龔、黃、卓、魯之輩，載在簡冊，吏治稱為極盛。我公之治濟也，慨然振數世之敝，不屑因陋就簡。始至之日，縣堂移居學署。公相度舊址，鳩工庀材。父老扶杖而往，觀者以千百計。遂增築雉堞，重脩樓櫓，就城之北門為市，向之委於荒烟蔓草間者，開館列第於其際，過者第見瓦縫參差，不復知有兵車蹂躪之害也。故玉川一望屹然金城之固，而行陽數百里內，倚之為重地焉。我公之功可謂偉矣！兵火以來，户口散亡，蒿萊滿野。公與民剪除其荊棘，以成一易再易之田。是以濟地負山帶河，圖籍之數，甲於他邑，及歲且饑饉，公水陸通道，轉粟梁、豫之界，以食貧民。則王屋以西輻輳，而燕至寒山野火，茅店雞聲，沿途之上下不絕也。我公之恩，可謂厚矣！

昔范文正公建學於蘇州，人才蔚起，名卿鉅儒，接踵相望。公為治，首以教育人才為心，言於眾曰：濟之山川，蜿蜒瀠迴，磅礡而鬱積，意必有奇傑材德之士，出乎其間。今國家平一海內，吾濟民不見兵革者四十年。而學校不立，聖廟頹廢，是長吏之教不先，而賢者無所激發於後也。爰修文廟，鑿泮池，奎樓文閣以次落成，延設義學，士子蒸蒸向風。論者為賦辟雍泮水之章，我公之化，可謂溥矣。他如賑饑之粥，汲長孺之發粟也。報災之書，鄭監門之上圖也。旱之禱也，圭璧既卒也，蝗之捕也，秉畀炎火也，若夫孔山峰頭，瀉以洪、沁之水。毛田河畔，索以問渡之舟，此昔所有之利，而公守之者也。金錫丹砂之產，鼓鑄錪冶之器，此民所趨之利，而公因之者也。黃連不饒於土，而賦不可去，鹽引不給於稅，而額不可減。則公之所咨嗟太息，而無如何者也。公之牧我小民，孜孜不倦如此。我父老子弟力誦盛德，猶不能宣盡其意，使撰述不聞，是善政不傳於奕世，而大化湮如也。因相與議刻石，頌公之德，命余為之記。

余觀公之為政，愷悌慈厚，嘉禾畢致，一時士君子賦詩唱和，上下樂豫，可謂有古循吏之風矣。及考公蒞治初，國家義戈南指，軍息河內，我六邑供俸菱筡，公持籌焉上，須臾辦給。又嘆以公之材，馳驅王事，何所不可？吏治特其一耳！昔漢劉昆治江陵，有異政，史氏不蔽之，《循吏傳》余於公亦云。

康熙三十一年。

（文見乾隆《濟源縣志》卷十五《藝文志》。王偉）

守拙先生蕭公墓表 [1]

喬騰鳳

吾郡自許文正、何文定兩大儒以道德崛起，後先輝映，講學教授於懷、孟之間，濡染所漸，結為風氣。士生其鄉，雖三數百年，往往有巨人、長者，忠信魁特，即名位不必甚顯，而姱節獨行，足使聞之者過廬生敬，過墓生哀。以予所覩，則蕭元美先生其尤著也。

先生諱永嗣，一字肖鳴，河內之萬北鄉人。世以農桑為業。至王父瑀，以積著行義聞

---

[1] 乾隆《懷慶府志》卷三十一作"國朝守拙先生墓表"。

於國，爲鄭藩典寶。二子，次純者，先生父。先生生而端整，弱不好弄。稍長悅學，十七補博士弟子員。久之，試學宮第一，其文傳頌一時。中辛酉試副榜。是年，天啓改元，以恩拔貢太學。父母皆早世。事後母能得其歡。有弟光嗣，後母出也。憐之甚，數歲輒與俱臥起，口《毛詩》、《四子書》以授。嘗偕過沁，舟蕩失足墜，先生遽衣履躍入水抱持之，偃仰波濤間，榜人競赴救，僅獲濟。舟中人暨岸上觀者，皆嗟嗟歎息焉。伯父詔無子而高貲，先生憂之，即請以弟後，至再，卒弗許，以不忍先生故。比老，檢遺券數百付之先生盡焚，子錢家不問誰何也。亡何，弟歿，母夫人哀憤失常度，先生默默不自得。一日中夜，狂奔，欲爲溝瀆計，忽見金神數丈，赤面，髮髯皆豎，大呼蕭公，慰止之，導使東。東則抵姊舍，相勞苦，飲泣而歸。母尋亦感悟。

　　先生於學攻苦，然數奇戰於闈，屢北。而比部君兄弟漸長，儁邁，未弱冠，皆籍諸生，乃專一意教子。時鄭庶人汰府校黠者，虎而冠，僇辱破壞富室以百數，人爭賄以求免，卒不免。先生家故饒，田皆腴美，諸虎校心欲之，未有以發，人皆危之。先生於門左搆一樓數椽，攜二子讀書其上，檢視童僕出入，身不肯之城市，亦不與宴，會見親故，寒溫外無他及。如是者三年。庶人敗，竟免。嗟呼！先生之有以處患也。夫小宛之卒章善矣，彌讒姁嚘道，固無如敬恭哉！尋庚申、辛巳間，歲異荒，人父子相啖食，死喪幾盡。先生減穀值之半以糶，簿注糴者姓名，口數多少，人率日不過升許，曰："逾是，將爲負販者奇貨也，且吾虞不繼。"鄉黨賴以全活者甚衆。誠心濟物，皆此類也。其教子，蓋自往者。士蒙萬曆末年之弊，苟因陋就寡，綴拾瞀語，號爲舉業，見一言，非恒所習，則羣起笑且排。先生獨購左氏、太史公、昌黎、眉山集及少所讀《大全》、《性理》諸帙，使比部兄弟寢食其中，又爲廣置先秦、兩漢遺書，晉、魏間金石文字，使博覽，無所不見。居近太行，富水竹，每春華秋霽，則令行吟澤畔，或登探月山、水峪諸名勝，竟日忘返。又或相對彈琴，宮商鼓應，先生坐齋墊聽之，神色怡然，甚至適也。至於燕僻非朋，則惡如鴆毒蛇虺，終不使一近。有從先生所來者，竊怪先生素謹嚴，乃縱子遊閑，殊不可測。先生聞之，笑曰："張而不弛，文武不能也。夫山川足以助發奇氣，琴瑟可以陶寫性靈，士與其習業而他何如，此亦爲學乎！"由是，比部湛思研精，積有歲月，發爲文章，逈潔高古，力追作者。楷書精詣亦具鍾、王法，時人未之能知。

　　會大中丞東海王公來令河內，倜儻愛士，尤耽奇河南北以文贄者無虛日，鮮當意。見比部文，則大喜，遍贊賓客，爲立社。每奏一藝，未嘗不拊手稱善，其相慕悅，若中郎之倒屣，仲宣、廬陵之避地子瞻也。計部亦益奮厲，文日雄博，浸浸乎火攻厥兄。王公皆心好之。嘗便道過其家，察視居處肄業狀，因請見先生，笑語移日。其爲名流賞異如此。

　　既數載，爲順治乙酉，兄弟偕舉于鄉，伯子冠其經。其明年，丙戌，仲子魁南宮。又明年，丁亥，伯子亦進士高第。論者於是翕然信服，咸以先生善教子云。仲子釋褐，爲山西岢嵐州知州。戊子，迎先生之官邸。道病亟，仲子馳馬以迓，未至州八十里相見。氣息才屬，猶張目問治嵐狀。仲子指天日以對。先生頷之，乃瞑。仲子扶櫬歸。不十日，而大同變起，岢嵐陷沒。嗚呼，詎不有天哉！

　　始先生之貢太學，年應強仕，然值國家承平久，用人拘資格，專重進士，其自乙榜以下，高才為郡縣吏，不敢望至臺司。明經尤碌碌，雖行如曾史，無由自表見，故有志者弗克就。烈皇御極，海內浸多故，天子奮然，思廣厲人才，當衡猶牢持故議，至下詔切責之，則以二三老悖備員，取厭而已。洎乎末際，名城大都日墮，然後，多所推進，欲以當漏，而時事已不可為矣。國步既改，吏道多端，士爭自濯磨，以赴功名之會。明經往往驟躋膴仕。先是為先生勸駕者，至此慫恿益力，先生皆搖手弗應。屬比部兄弟亦新貴，愈欲優遊林園。然性沈善慮，從甲申來，感遇傷亂，居恒鬱鬱，遂病痰嗽，竟以疾卒。已而，服除，伯子謁選為郎，屬司寇，伉直以文無害稱。奉命讞獄山右，出國門。慨然矢公慎，人不敢干以私。既至，多所平反。御史某者，關東士，貴倨，讓以失出。比部峻詞折之，御史偵果廉，乃深相結。用其言蠲罪者，贓數萬，免株累，晉人大悅。仲子亦再刺朔州，清惠。鳳往一過其署，橹桃門寂，有古循吏風。計最，亦擢司農郎。兄弟鳴騶京師，名日高，中忌者。歸後，與友人談及舊政，必流涕曰："此先子之志耳。"大抵先生為人，貌偉岸，修目大耳，鬚長八寸，無跛立，無邇視，危坐終日，雖盛暑，不去衣冠。尤諱言人過失，無貴賤，衣必土，語呴呴，惟恐傷之。自俸儉約，生惟殖布袍，脫粟以為常。房無妾御，終身不二色。好才樂士，如騰鳳與山陽范太史正脈皆被容接，恩若子弟。因是，與比部伯仲，登堂互拜，稱通家，亦誼若一同胞乳然。

　　嗚呼！德音不遠，墓木已拱鳳也。家貧親老，瓶罄罍恥。負米不能，捧檄不可。身世之際，恫乎有餘悲焉。比部兄弟，力足以養矣，而風木之哀，霜露之感，抑三十年。諸孫繩蟄，皆未及見，可不謂痛哉！謹再拜稽首而係之以銘。銘曰：

　　魁壘者丘，鬼神迥兮。格人是藏，狐兔不敢穴兮。

　　嶻嶪者石，日月照兮。君子是載，風雨不敢暴兮。

　　康熙三十四年。

（文見雍正《覃懷志》卷十六《藝文志》。王偉）

邑侯甘公開河撤水建立義學碑

　　在昔河內袁公、濟源史公鑿山開洞，分沁水以灌民田。百數十年來，王川城東一帶，食水利者，推二公之德不衰。但民食水之利，猶不能免水之患。蓋其地卑窪，旱則喜川流之潤；潦則深泛溢之虞。每秋雨纏連，平地皆蛙穴，有能以羙濟羙補二公所不逮者，其惟我甘公乎？

　　公渤海人，諱國墀，字丹九。康熙丙子蒞濟，心切斯民。嘗跋山涉川，相土之宜而布其利。見梨林等村，水多易于湮沒。於是，設法開河撤水，大河十數，小河數十。即天作霪雨，順流而東，積年潞水之區，皆成沃壤。既而攝河內事，復以除濟害者除河內害。兩邑士民沐公之德，恨無以報。梨林士民首倡議曰："吾儕食水之利，爲袁、史二公祠；今免水之患，獨無以祠公可乎？"父老子弟聞而色喜，各捐資爲公立祠。公不受，曰："爲官凡以爲民耳，何以祠爲？"爰立爲義學，延師楊生復昌，每歲脩金，悉出己囊，且用價買地五十畝，糧差亦自官備入義學，以爲長久計，猗歟盛矣。天下事莫爲之先，雖美而弗彰；莫爲之後，雖盛而弗傳。有袁、史二公以爲之先，又有公以爲之後，倘所謂先後濟美者耶！且二公以二人而利二邑，我公以一人而濟兩縣，尤爲功倍作者。況設立義學，開導羣蒙，又當與疏鑿之功並傳不朽。民之視公，其父母依之，而師保賴之矣。適本省臬臺，迺公親兄，例應回避，濟民不能留。然於公之去，終不能一日釋諸懷。趙子景緒等欲勒石，以垂永久，囑余爲文以記之。余思後人免水之患，飲水思源，覩枋口而歌袁、史，更當慶安瀾而頌我公云。

　　河內楊衛寧撰文。

　　清康熙三十五年。

（文見乾隆《濟源縣志》卷十五《藝文志》。王偉）

邑侯俞公書院碑記

　　邑人貢生李含章

　　聞之古昔盛時，天子重學，臨雍講道，圜橋門而觀聽者蓋億萬計。上自天子、諸王、小侯、大將軍、六百石，莫不受學；下至期門、羽林之士，悉通《孝經》，猗歟盛哉！今上御極，崇師重道，發帑金數萬，脩理孔廟，煥如王宮，且天下郡縣莫不有學，設師訓誨，德化廣被，聲教四訖，海澨山陬，窮鄉僻壤，咸知勸學明倫，海內文學之士，彬彬然雲蒸霞蔚矣。古作人雅化，青衿械樸之風，寧有過於是乎！是以風行化及，握篆涖土者，皆知以文學爲重，而吾濟俞公，則尤殫竭心力，時以化導爲事焉。公諱沛，字水心，號■■。[1]自蒞任以來，七載於斯，敬禮師儒，愛養百姓，脩理黌宮，重建明倫堂，其興學勸士爲何如也！又如捐脩千倉渠以興水利，疏諸溝洫以除水害。朔望實心宣講聖諭，宣畢，必諄諄然指名呼姓，懲惡勸善，且教以安家勤業，教訓子孫。至於子弟之英才者，樂育之。嘗曰："學宮之立，以教諸生也。作聖在於養蒙，小子之學，可不講歟？"或謂其如餽穀之費何？公曰："爲國儲材，奚惜於費。"由是，濟之紳衿百姓，愛如父母，將欲立生祠以報。既而調任河內。禮士愛民，政平訟理，亦與治濟同。以故河民德之。與濟民且議曰："各立生祠不如同建書院於河、濟之間，以成公儲材之志，以酬公愛民之德。"於是，兩邑紳衿百姓翕然樂從，而河內遂輦木植於梨林邨，曰："此公設立義學之所也。"可即卜地築室，庶民聞之，輸心趨事，構堂三楹，不逾年而落成。乃集俊秀子弟，訓課其中，仍篆公長生祿位碑於內。顏之曰"俞公書院"。雖古畏壘之祝，桐鄉之祠，何以異是？況公平日所教養而

---

[1] 此本"號"後二字塗墨。

作成者，悉力為薦拔，列之膠庠，指不勝屈。他日奮飛，發揚為棟梁，為舟楫，黼黻皇猷，羽翼王國，皆由此日之樂育有以儲之也。公雖為一邑長，實公輔器也，其進而作鹽梅，以調鼎鼐，可拱而俟之耳。

康熙五十年。

(文見乾隆《懷慶府志》卷三十《藝文志》。王偉)

御祭濟瀆文

【額題】御製祭文

維康熙伍拾貳歲次癸巳潤伍月朔丁未，皇帝遣兵部左侍郎李先復致祭於濟瀆之神曰：

惟神隱見分流，澍清秉德，安瀾千里，沛澤羣生。朕纘受鴻圖，撫臨區宇，彌思上理，夙夜勤求，惟日孜孜不遑逸。茲御極伍拾餘年，適當陸旬，初屆所幸，四方寧謐，百姓乂[義]安。稼穡歲登。風雨時若，庶征之協。爰羣祀之虔修，特遣專官，式脩舊典，冀益贊雍熙之運，尚承貽仁壽之休。

欽差兵部左侍郎加三級李先復。禮部儀制司七品筆帖式加一級柏琦。兵部車駕司七品筆帖式萬朱戶。陪祭官河南布政使司分守開歸河三府管理通省驛鹽糧儲道僉事加四級張孟球。河南懷慶府知府加三級張釗、濟源縣知縣加一級紀錄十八次俞沛、儒學教諭王書年、訓導劉官錫、巡檢陳文機、典史葉相。

(碑存濟源市濟瀆廟。王興亞)

盤谷寺建立鐘樓碑記

【額題】建立鐘樓碑記

盤谷之名，唐以前未著也。自昌韓子《送李愿歸盤一序》，名遂□□人間矣。地以文重，□醉翁赤壁，孰非此物此志，即□□□名置於業。阿觀者必攀援險隘始至，南下則有古刹存焉，名仍盤谷。勢依山岩，引泉繞殿，激湍成聲，古栢凌雲、濛陰□□□□到□□人頓歇塵想，雖曰空士焚修之所，實亦文人遊息之區也。但牆垣傾圮，鐘虡露置，鸛鳴猿嘯，而午夜之間，□無以發人猛省。僧人智來年歲無幾，其志可嘉，苦力營建，鐘樓告竣之日，囑記於予。時予甥楊道□讀書盤谷，予同段子觀光及其胞弟門人元立課業陵山，晦明風雨，意氣相聯，間遊其地，難却其請，因畧次數□，以志其槩云。

覃懷學生鄒雙撰。

計開：

永平府同知□□縉施銀叁錢，生員鄒雙施銀弍錢，生員楊道揆施銀弍錢，生員楊奕禎施銀弍錢，生員楊詵施銀壹錢，生員楊拱極施銀壹錢，生員楊道明施銀一錢，浙江布政使

濟源市　271

司布政使段志照施銀六錢，丙戌科進士候補內閣中書舍人李□施銀一錢五分，鄭州教諭段□修施銀三錢，舉人劉□施谷一斗，生員□□坤施銀三錢，監生段□施銀二錢，侯它施銀二錢，史曉施銀二錢，生員□□恒施艮五錢。監生□□施麥一斗，生員李杞施銀一个，生員李鎔施銀一錢，生員李受業施銀一錢，生員李□驂施銀一錢，生員□□貴施銀一錢，生員劉緯施谷二斗，生員李德施谷一斗，生員蔣濟選施銀一錢，生員王□□施錢三十五文，段良臣施銀一个。萬西□□□施銀五卜，趙興旺施銀五分，段忠施銀五分，張士處施銀五分，郝□頭施銀二卜，侯□榮施銀五卜，丁待孝施銀三卜，□秀施銀三卜，宋□施銀三卜，葛□海施紙四刀，衛可義施紙三刀，張□魁施紙二刀，張天福施紙二刀，衛貞□施紙一刀，□汝要施紙一刀，□汝施紙一刀，張世隆施紙一刀，謝起□施紙二刀，□□□施紙一刀，馮一奇施紙一刀，□□□施紙一刀，王錢施紙一刀。□村王韓施銀五卜，王九□施銀五卜，王可成施銀五卜，楊義施銀五卜，□仁□施銀五卜，萬□程施紙二刀，范貴才施銀五卜。王九州施个三十五文，王九林施个三十文，王九思施个三十文，宋德□施个三十文，張紹宏施个三十文，劉守長施米三升，王朝宰施个卅文，王業興施錢卅文，張應福施錢卅文，王九□施个卅文，謝廷得施个五十文，李楨□□□施个□文，張子俊施个五十文，[1] 李紹朴施銀□□，王□□施銀三卜，李紹貴施銀三卜，李朝□施銀三卜，李福施銀三卜。河□范秀生施銀六卜，張□成施銀六卜半，張□立施銀五卜，范碩生施銀一个二卜。人村生員□□□施銀一个，生員張□施銀一个五卜，王和施銀一个五卜。孟文升施銀一个，□良□施銀一个五卜，張白石施銀一个二卜，張玉祿施銀一个二卜，范□□施銀一个五卜，范羣旺施銀一个，孟所□施銀一个，杜國棟施銀一个，宗宿施銀一个，王廷魁施銀一个，范羣鳳施銀一个，范羣生施銀一个，張文學施銀一个，閆平章施銀一个，范□□施銀一个，[2] 王元施銀一个，□□□施銀一个，卫□□施銀一个，張延祚施銀一个，張天職施銀一个，范廷祚施銀一个，孟所訓施銀一个，范宗祚施銀一个，張冀龍施銀一个，謝祿施銀一个，王文禮施銀一个，張□□施銀一个，□□□施銀九卜，孟□□施銀六卜，□□英施艮一。范如胡施銀五卜，張良玉施銀六卜，孟文玉施銀六卜，宋□殿施銀六卜，張九京施銀六卜，王□獻施八卜，孟所倫施銀五卜，卫王翰施銀五卜，范羣甫施銀五卜，范羣增施銀五卜，李子春施銀五卜，李子興施銀五卜，孟文才施銀五卜，閆文學了施銀五卜，張大振銀五卜，閆文玉施銀五卜，范宗聖施銀五卜，孟宗信施銀五卜，尹自功施銀五卜，閆文學施銀五卜，張□施銀五卜，張院施銀五卜，王自成施銀五卜，閆平仁施銀三卜，陳得金施銀三卜，孟所相施銀三卜，劉名遠施銀四卜，張林施銀三卜，孟所北施銀五卜。范超倫施銀三卜，范如□施銀五卜，王文丙施銀六卜，張□強施銀五卜，范文士施銀五卜，李大□施銀五卜，孟文□施銀五卜，苗□施銀五卜，范□相施銀五卜，趙□慶施麥三升，范起友施銀三卜，范宗□

---

[1] 以下五人姓名，字模糊。

[2] 一行字斷裂。

施銀五卜，王宗□施銀五卜，河內呂文光施紙一刀，僧深敬施□□□□，宋文原施銀二亇，王成名施銀二亇，僧智壽施銀六卜，范王實施地三畝在田計東地。[1]

住持僧官洪亮，徒深寧，孫智來。

石工段可興。

仝立。

大清康熙五十四年三月初一日。

（碑存濟源市盤谷寺。王偉）

重修望春橋記

邑人孝廉段景文

濟之東門外，漭水自西而來，遶北而東。夏秋之交，狂風疾雨，漭水受萬谷之流，建瓴而下，怒浪驚濤，渠深岸闊，行人莫得渡。先是每歲搭木橋，然水漲輒崩，事勞而無濟。金大定十七年夏，公提始創建石橋。明萬曆十二年，邑侯王公重修，歷今百三十餘年矣。波撼車轟，巨石折裂，過者危之。康熙五十三年，家嚴膺簡命，旬宣兩浙，便道歸里，目擊心營，命景文兄弟以受其事。景文既承嚴命，鳩傭儲材，凡四閱月而工料必備。經始於康熙五十八年正月二十七日。又以一邑通衢，士夫齊民車馬雜沓，不可久曠，晝夜趲催，竣事於本年八月十五日。夫物之創興者，古人之擅美於前也。工之繼起者，今日之增華於後也。茲橋舊名通濟。舊志載：石橋春望為邑景之一。蓋以登斯橋也，千山重疊，萬壑參差，王屋、天壇峙其西，林木蓊鬱，園花芳菲，茶泉廬墅列其東。百雉連雲，重樓挿漢，金城粉堞障其南。龍蛇波騰，珍珠泉湧，枋口濟瀆流其北。時當春日麗陽，杏花人醉，和風扇物，芳草馬嘶，凡羣山之呈秀，衆水之拖藍，悉會萃於一望之中矣。故志美春望文，即實其名曰"望春"，庶幾名以景著。而意廣《舊志》。家嚴曰：可。景文兄弟爰載筆以紀諸石。

康熙五十八年八月。

（文見乾隆《濟源縣志》卷十五《藝文志》。王偉）

重建啟運書院記

邑人歲貢生任絪

物之盛衰本乎數，其興廢視乎人，矧人心之靈，有若轉圜，鼓以義則義重，倡以利則利尚，是在司風教者加之意耳。邑西北里許，垣闕高原，坐落漭水之澳，蓊蔚清幽，形

---

[1] 以下兩行，字模糊。

家以為濟邑支龍結脉之處。萬曆三十年，史邑侯振興文教，卜築講堂于斯。額曰"啟運書院"。明季，蹂于兵火，迄今又百年矣！歲甲午，邑侯余公以名進士來涖是邦，振舉百務，越再稔，政修人和，乃進學博士弟子員而言曰："為政以教育人才為先。"今義學講習之地，湫隘囂雜，非居肆成事之義也。因詢史公書院舊址，即日相度。喜曰："是誠絃誦樂地也，吾將重建焉。"乃指繪規制，大門三間，內為中庭三間，進中庭數十武為講堂三間，堂前列東西齋各五間，堂後起閣祀文昌，旁列庖廚六間，周繚以垣。指繪既定，捐俸鳩工，且時親詣查閱，俾軒豁宏敞，工料堅完。始于丙申之秋，迄庚子仲春落成。延請名師，聚雋彥受業其中。昔棲狐兔，今居麟鳳，百年廢墜，一旦復興。邑中弟子員鼓舞相度，曰："在昔史公創建書院，人文煥起，時則有若尚書范公、侍郎段公、侍御周公，接迹相望。今我公之舉，景運其重開乎！"公曰："吾盡吾職耳。氣運則不敢知。"予曰："虎嘯而陰風寒，龍興而雲威亂，氣相應也。"天下何時無才，人盡有聰明才智耳。潮州僻處嶺表，向不知學，文公一刺潮，而狉莽頓開，趙孟傑出，至今人文稱盛。今公嘉惠後學，一時士氣勃然一新，如勾之萌，如甲之坼，由是震之以風雷，滋之以雨露，條暢扶疎，固其不能自已者也。夫春生也，夏大也，生而必大，天運自然，而又何肆於茫茫哉！公顧多士笑而頷之。因共謀勒石，以誌不朽。

公諱尚鈺，號松岑，湖廣漢陽人。

康熙五十九年。

（文見乾隆《濟源縣志》卷十五《藝文志》。王偉）

重修玉帝閣碑記

【額題】皇清

邑增廣生員王錫純暨男庚午科舉人璵，施銀一拾貳兩三錢。

雍正伍年十一月吉旦。

陽台宮住持原復珍。

（碑存濟源市陽臺宮。王興亞）

重修大佛殿金妝神像碑[1]

首事邑庠生李鎔

山川靈秀之地，歷數千百年而名存者，其得於人之闡發者為多。歷數千百年而蹟存者，其得於人之主持者為多。夫以韓公如椽之筆，序盤谷而復歌之，狀其風土，寫其景物，以

---

[1] 碑列捐資者五百餘人姓名及數額，字多模糊。

美其友之高致，後之人三復其文，遂不禁千里命駕之思，而盤谷之名，賴以不朽。雖然，韓公之知者，李公歸隱之盤谷耳。迨久之而為佛宇，其佛宇之迭興迭廢，以至蕩盡于有明之兵燹也，韓公固不得而主之也。浮圖智來後公之生也千餘年，毅然以振衰起廢為己任，而十方樂善者聞之，亦靈秀之不可久湮，踴躍爭先，共勷勝事。爰鳩百工，庀羣材，理荒穢，補殘闕，重脩大佛殿，以為朝夕頂禮之所。旁築精舍数椽，翼以耳樓，環以繚垣，俾遊觀者得憩息，而盤谷之蹟復存。余因之重有感焉。夫琴臺碁墅，夷為邱墟，梓澤蘭亭，淪于荊棘，孰非一時景勝之區哉！而世遠人湮，各存寔失，攬流風者，亦惟溯荒煙而增浩歎耳。而是谷也，獨賴佛宇而全，伊誰之力歟？伊誰之力歟？今之聞其名而來遊者，覯精舍之恬熙，依然當日之居人也；松栢之蒼翠，依然當日之林木也；岩可耕，依然當日之阡陌；泉可釣，依然當日之漣漪也。風土無恙，景物無恙，即韓、李之高致，歷千古而無恙，藉非智來主持於後，繕葺而振興之，其能使勝蹟之常存否耶？夫地因人重，雖以盤谷之靈秀，不遇韓公則名弗彰，公之後如智來者，又不可因其人而忽之。勒諸石，以誌存蹟之功也。

　　瀛海穆荀佐撰。
　　臥蘭菴侯龍章書。
　　金山趙運昌篆額。
　　總理邑庠生宗丙寅會首。
　　住持僧深智、徒智來。
　　石匠段可興。
　　仝立石。
　　雍正九年先次辛亥菊月吉日。

（碑存濟源市盤谷寺。王偉））

東陽合社等仝立玉帝聖水年年二月洛紫微宮正殿

【額題】大清　流芳百世

　　嘗思：莫為之前，雖美弗彰；莫為之後，雖盛弗傳。蓋必前後有人而事乃以不墜，如天壇大頂焉。濟邑之勝區，普天下之名山也。古有東陽等村玉帝聖水一道，年年二月內吉日，到此。洛紫微宮正殿，累代相傳，依例遵行不怠。奈世遠年湮，碑記失落，恐歷久不彰，後起者視為弁髦而取戾此，故勒石永垂不朽矣。
　　雍正十一年歲次癸丑三月丙辰穀旦水官仝立。

（拓片藏河南博物院。王偉）

重修靜林寺記

靜林寺，創建于大宋，大造於大元，復新于大明成化、弘治，至萬歷十四年又重修焉。

延及大清雍正十二年，殿宇傾圮，角柱傾陷，前面尚可緩待，後面破壞難堪。本寺僧人寂慧目擊心傷，敦請闔村公議，將寺院柏樹五株，變賣銀六十五兩，本村居士王汝玉不辭況瘁，盡心辦理。頽者修之，圮者葺之，煥然重新，廟貌較初更壯觀焉。刻石以誌，永傳不朽。

功德主增廣生員王汝玉敬識。

會首王天錫。

僧人寂慧，暨徒照學、照林、照倫。

寺內有遺舊碑，半面刻寫寺院地五畝，南北四止，系用價銀買到裴茂烈地基，附後存志。

雍正十二年孟春吉旦。

（拓片藏河南博物院。王偉）

勅修濟瀆廟碑記

巡撫尹會一

　　皇上龍飛元年，肇稱殷禮。時渙德音，五嶽四瀆，天地之經紀，自古祀典所重。其悉查應修以報，稱朕敬恭明神之至意。乾隆二年夏四月，會一奉命撫豫，議修懷慶府濟源縣濟瀆廟，計功度材，有司具圖冊以請，會一上其事。制曰：可。伏思天下名川，何啻數千。惟四瀆比於諸侯，濟水之流，舟檝不施，而望祀之尊與江河等。

　　考諸古記，沇水發源王屋山，東出為濟，經流於徐、兗於海于青，凡三伏四見。漢新莽後，枯而復通。唐高宗前，通而復枯，然其潛行於地中者，未嘗絕也。歷下、東阿發地得泉，皆濟水也。蓋其秉性清勁，不與衆水伍，故能入而不溷，曲折千里，而必達於海，其性然也。嘗默觀萬物消息盈虛之理，莫不始於微，而成於巨。岷山萬里，吐納百川，而其源不過濫觴。河水時至，兩涘之間，不辨牛馬，而吐蕃之河，可褰裳而涉也。附益者多，則其流盛大。濟之為性，合矣而仍分，入矣而復出，且時伏時見，有蘊藏之德，無暴著之功。故涓涓不絕，獨全其孤清剛勁之性，歷千百世而揚清芬。江河以功顯，濟瀆以德著。其性異，其德殊，則其神必靈。會一肅將嘉命委員督理承修，凡殿庭門廡悉葺，故增新北海神，向祀濟邑，康熙丁卯歲，改祀混同江。舊廟與瀆廟相比，亦理而新之。共用帑金四千五百八十六兩有奇，於乾隆三年二月初八日興工，五月初十日告成。事訖，驛聞，皇帝乃以流清普惠，灑頒宸翰，懸之殿庭。維時廟中，喬喬皇皇，祇祇翼翼，聿新氣象，蓋自勝國迄今百年，於斯為盛。於戲！歷代崇祀嶽瀆，以其功在生民，利澤萬物。濟瀆於利澤之功，有而不居，獨其德冠羣靈，性空百谷，清而能潤，顯而能藏。聖天子恢棟宇而秩明禋，豈無意乎！王屋太乙之間，可以章志而貞教矣。乃為之記。

　　乾隆三年五月。

（文見乾隆《懷慶府志》卷三十《藝文志》。王偉）

重修湯帝廟記

　　湯帝廟創建無考，重修於大明景泰六年，再造於萬歷六年、崇禎二年。至我大清康熙七年，又復新焉。延及乾隆五年，殿宇破碎，神像無依。余因敦請合村，告重修焉。但廟內所存官稞僅十余石，不克成厥功。余難其事。幸本廟主持寂慧者，願將己財先為墊費，以勸其事。遂卜期動工，易板瓦為筒瓦，換木棧為磚棧，添簷椽五十根，煥然一新，較舊規益壯觀焉。謹刻石以垂不朽。

　　重修會首生員王希昌敬識。

　　本村善人王永安捐銀貳兩。

　　本廟主持寂慧，徒照學、照文。

　　乾隆五年孟春吉旦。

（碑存濟源市湯帝廟。王偉）

前任湖南嘉禾縣改補夏邑教諭侯君墓表

　　江南人尚書嵇璜

　　雍正癸卯初元，世宗憲皇帝特恩開科，試期在四月。是時，先文敏公以僉都御史署理河南巡撫印務，先期飭修貢院，事竣，親臨閱視。既而恭膺簡命入闈主試。先公感蒙殊眷，期拔真才，矢慎矢公。榜發，皆中州名士。濟源侯君其一也。

　　君諱錦章，字華黻，以孝廉任楚南嘉禾縣令，署永州府通判。清慎而勤，慈祥而斷，勳名丕著，上官器之。旋以老親在堂，而洞庭險遠，波浪滔天，送喜潘輿翻增憂懼，不若廣文官，冷地近鄉，闞首蓿盤餐，便於迎養，具文詳請。上官憫其情詞懇切，為之奏明。未幾，改補夏邑教諭。夫常人縻情好爵，則躁進居多，且士元非百里才，而別駕亦足以展驥享衢踸踔，正可騰驤。而君淡於增秩，篤於慕親，辭尊居卑，其純孝焉，何如耶？從來孝子即是仁人。夏邑窪下之區，水災疊告，君同邑嘗賑饑，立法盡善，全活災黎數萬，且事先既預為防，雖事後更力竭補救。以為儒者讀書期於有用，不徒托之空談而已。蓋君熟嫻吏治，能以教而兼養，樂只君子民之父母，不獨振興學校，造就人才，近比月川，而遠追安定，克盡師儒之職也。享年不永，未克厥施，聞者皆為嘆惜。以乾隆七年十月卒於官。既歸葬，其同里何太史為墓誌，敘次甚祥。

　　歲戊寅，余友一沈子樗莊修輯濟志，寓書於余，述世臣顯親之意，屬為表墓之文。惟余新奉溫綸宣防佐任，塵勞河畔，翰墨久踈，特以誼屬通門，不敢辭以固陋，而存歿之感，握管愴然，回憶先公持節中州，歷官最久。余自幼隨任亦最久，習聞濟源山水甲於河北，故家舊族代有聞人。蓋靈秀之鐘毓者多矣。君之王父靈石公諱榮圭，以順治辛卯舉於鄉，作宰有聲，民皆頌德，立祠祀之，事載《靈石縣志》。君能繩祖武不墜家聲，且事親孝而持己廉，是則君之一生不愧孝廉二字。而言為心聲，覽其文章，可以知其德行，既可以知其政事，而先公衡鑒之明，不於此可見也哉！

乾隆七年十月。

（文見乾隆《濟源縣志》卷十四《藝文志》。王偉）

重修關帝廟碑記

【碑陽】

粵考祀典，有功于民者方祀則祀。固不其謠，而唯有明也。關聖帝君精傑之以貫日，靈佑可以庇民，而有功也。為何如則有宜□也，為何如而非淫祀者，此明矣。是故，數有封贈，位冠羣神，遠而隆古，近□□代，上而君公，下而士庶，間崇祀之。凡以功大而酬之者廣也。州北□離城十八里，舊有關帝行宮，其建自何代，創於何年，子固費第，歷世久遠，風雨漂搖，棟拆榱崩，磚飛瓦解，無以肅觀瞻，奚以妥神明。本村善人張璞謀於監生張大生，欲倡為善首，為重修計。大生曰："唯之此誠，甚盛事也。雖然，因現在之磚瓦，本有之木石改造，而改為工未之至，所費亦不甚多，何須約會動衆，且舉行善事貴乎果，而□亦貴乎疾，而與其約衆齊會，遲之數年之久，何若一人□起於崇朝之有乎。"爰是信士張璞慨然承認其事，大生再約本村為金糠計，遂而鳩工庀材，不逾月而鞏飛鳥革，廟貌改觀，金碧輝煌矣。是誠之以肅觀瞻，妥神明也。然非善人張璞何克臻此，非監生張大生又何克臻此哉！

功告竣，屬予文，勒志貞珉。予才淺學疏，何能文。特以善必彰，而為善者乃傳必傳，而為善者乃衆。故不揣固陋，聊編數語，以表善人，以勸將來云。

儒學生員魏偉烈沐手拜撰。

本郡儒童張加祿沐手敬書。

龍飛乾隆八年十月十五日立。

（文見濟源《張家村志》。王偉）

盤谷考證

清高宗

讀書所以明理、修身、制事也。陶淵明好讀書而不求甚解，余以為在淵明則可，在他人則不可。彼其高尚避世，理有所不必明，身有所不屑修，事有所不足制，故可耳。若予之讀書，凡涉疑必求解其疑而後已，此或有合于韓昌黎解惑之說乎！昌黎之《送李愿歸盤谷》也，其事本在濟源，祇以盤山亦有盤谷，而太行山實為天下之脊，西南發昆侖，東北走遼海。盤山亦在太行之陽也，故予向居田盤，每假借用之，而昌黎詩中所云燕川、方□又雅合田盤之境。然無以證其實，終屬疑似，且不知濟源之果有盤谷否也。因命豫撫阿思哈親至其地訪焉，至則若谷、若寺、若李願之居、若韓愈之文之刻于石者，一一詳繪以進。於是，憬然悟曰：盤谷實在濟源而不在田盤，予向之假借用之者，誤也。豈惟予誤，蔣溥等之輯《盤山志》二三其說而未歸一是者，非不明於學則有所面從，亦誤也。夫古人事蹟亦何系於今時，而有如適所云者，則予不惟憬然悟，而且惕然懼矣。予故曰：陶淵明之不求甚解，在彼則可，在他人則不可，而在為人君者益不可！

因書其事，命於濟源、田盤摩崖兩泐之。

乾隆十五年。

（碑存濟源市文物保護管理所。王偉）

重修王母殿碑記[1]

【額題】日　月

山西直隸州垣曲縣永遠會、邑增廣生員聚東、邑儒學生員錫九、邑儒童凌漢。

嘗謂天道資始，地道資生，資始固所以起，資生之化，實以成資始之功。天壇／王母□所以佑啟我後，亦所以蔭庇行人也。永遠會屢經重修。其一次于康熙四十／曾勒石，幾歷年所，而前功又墜。乾隆十九年七月，是宮住持田道人，往余村而言，／然惕之，遂與會中公議，會衆無不樂輸。于是，布化募緣，共襄厥事，自去年九月日／雕棟畫梁，金粧神像，亦燦然如新。煥等越百餘里，修造雖係維艱，而／不敢曰昭示來茲耶。庶幾，後之興者，將有感于斯云。

為記。

督工總領平弘毅施銀陸錢，米煥祥施銀壹兩，董士強施銀陸錢，常冲升施銀壹兩，米沂澤施銀三錢，代書平則公施銀六錢，候選□□米敬孟施銀貳錢。

藍旗米國粮施銀一仐，

常在越二仐，

王世文三仐，

米國琳三仐，

趙締瑞三仐，

李天□三仐，

寧作相施銀四仐，

---

[1] 此碑／以下，字不可辨識。

王世□五个，

趙帝□施銀五个，

監生常成五个，

申恭玉四个，

崔祥云三个，

申丙清三个，

米則化施銀三个，

刘漢許三个，

刘二魁三个，

郭如達三个。

分管 /

大清乾隆二十年歲次乙亥孟夏吉旦。

（拓片藏河南博物院。王偉）

重建崇聖祠兩廡戟門暨各祠坊碑文

邑人孝廉周廷佐

今上御極之二十一年，歲在丙子，為濟邑文廟重修諸務完備之期。先是乾隆九年甲子，更建大成殿，已告竣。而崇聖祠東西廡、戟門等處，尚未及改造，軒輊頓殊，規制弗稱。十九年甲戌，邑令偕鄉士夫謀起而踵成之。度體勢與為經始，卑狹者崇廣之，廢缺者增補之。自崇聖祠、戟門、兩廡以迄名宦、賢鄉祠，並欞星門外之聖域賢關坊，靡不更造而宏整之。至木主亦為整新，並各位以臺，統覆以龕，又於欞星門外立雙柱，兼於西北域建神廚三楹。蓋雖舊制相仍，而增高式廓，堅固完密，大非從前之故跡矣！規模宏壯，氣勢昂舉，近映奎樓文閣之層輝，遠挹王屋天增之勝槩，瞻仰低徊，儼然見車服禮樂之華，宗廟百官之美富，騶騶乎霞蔚雲蒸，有景運光騰之象焉！顧氣運不能百年無乘除，人事不可一日廢補教。惟願進斯門者，潛心聖道，追躅賢踪，養天性之真誠，化一偏之血氣，處為醇儒，出為名世，則人事勵而氣運新。寧第宮牆壯闊大觀瞻于一時已哉！

是役也，倡之者邑侯閩中許君本巽，學博劉君諿。襄之者，邑多人士。首其事者，則有段子鴻文、何子樂善、李子經國、衛子時勳。至于鳩工庀材，經營運量瘁心力而不恤者，鄉君子兆瑞何公也。爰誌嘉績，用昭來許。

乾隆二十一年。

（文見乾隆《濟源縣志》卷十五《藝文志》。王偉）

重修明倫堂碑記

邑令蕭應植

竊惟學校為文治所自始，講堂為教化所由成。書言百姓不親，五品不遜，謂倫未明也。孟子言："人倫明於上，而後小民親於下。"顧名而思其義。斯堂之頹敗失修，非有司之過乎？予自丙子三月，承乏是邦，蒞任初，晉謁文廟，見其規制整齊，門牆完固，詢係康熙四十七年前任余公重修，乾隆十年陳公復葺，頗足以壯觀瞻而誇美富。及詣明倫堂，則丹堊剝落，柱壁欹斜，而儀門、大門，將就傾圮，院落幾成坑塹，學舍更極荒涼。查舊碑，修自前明萬歷甲寅，後雖節次粘補，不過略為敷衍，而逐漸因循，遂致難以存立。隨集紳士議修，皆以數年歲入不豐，物價昂貴，且方有事西陲軍需，協應之餘，公費難於並舉，遂爾日逐蹉跎。每逢朔望，詣廟拈香，蒿目焦思者三閱寒暑，而坍壞益甚。庚辰春，西師奏凱，二麥適亦豐收，乃公同商確，予與學博周、孫二君昌捐以為之首，一時士庶遂樂相輸助。爰請邑紳李經國等總理其事，刻日庀材，於三月興工，至五月，大門、儀門即已粗就。秋成後，接續興修明倫堂，大加拆建，周垣櫛行堅築，丹墀內外一律填平，規模於是宏敞可觀矣！堂之左曰"博文齋"，右曰"約禮齋"。舊志但存其名而註為久廢者，亦皆即其故址而新之。堂之後曰"尊經閣"，聖訓節士子文，立有碑碣於其中，起建於康熙五十年間，歷今已數十載，戶牖之殘缺，垣壁之頹敝，亦與堂等因並加修整，而闇然者皆為之煥然。又廣文學舍，並推其餘而起建三楹於閣之左，以為督課之地。大工告竣之日，適郡尊盤查按臨之期，恭謁文廟。歷觀堂閣之輝煌整肅，不覺喜動顏色。顧紳士而言曰：覃懷七邑，濟固向所稱詩禮之邦，人文蔚起，久已傳之志乘。今入其境，而山水有情，田野胥治。觀學校之地，廢े以興，且俱壯麗而尊崇，固足見司牧者政教之宜民，而士若庶之向風慕義，趨事赴公，於茲可見一斑矣！夫昔人有言，信而後勞其民。予濫竽五載於茲，心力自愧不逮，何敢當郡尊之優獎？惟"清白"二字家訓確遵。所幸士民安予之拙，差堪自信者，亦遂足以見信於人，故言出而樂從耳。斯堂失修者數十載，不數月而燦然改觀，非其明效大驗歟。倫之明也，惟其實不惟其名，然名者實之。寶願與司教二君日進多士而講明乎！五品之所以遜，五教之所以敷，使士習益端，堪為愚民表率。庶百姓亦互相親睦而禮讓是尚，獄訟潛消。夫且和氣致祥，年無不豐，人無不壽，豈第壯觀瞻誇美富而已哉！謹記其事於石。

乾隆二十一年。

（文見乾隆《濟源縣志》卷十五《藝文志》。王偉）

重脩甘俞二公書院碑記

邑令蕭應植

粵稽唐虞之世，時雍風動，運際中天。而其所以治民者，不外厚生、正德兩端。厚生思有以養之也。正德思有以教之也。三代盛時，養民則有井田，教民則有學校。井田則盡力溝洫，學校則分為鄉國。其所以養之教之者，至詳且備，故其時太和洋溢，民樂熙皞。濟源居太行之陽，民樸士醇，教養尤易。昔河內袁公、濟源史公鑿沁水於五龍口，民食其利，立祠事之，至今不忘。續有渤海甘公，開支河於梨林等村，水有所歸，而低窪之處，不被湮沒。繼之錢塘俞公，捐脩千倉等渠，而民樂其生。於是，梨林士民思所以不朽二公者，鳩工庀材，先後建書院於魁星閣之左右。俞公時已調河內，不欲專美，遂以書院為義塾。先時甘公買田延師，以教邑東諸村之子弟。俞公踵而行之，其興養立教之績卓卓可紀，歷今數十年，風雨鳥鼠，遂致書院屋圮垣頹。予承乏茲邑，凡所以養士教民者，一以二公為師。今見二公書院傾廢已久，不有以脩葺之，則為師者無席氈之地，而受業者有露處之憂，其何以妥二公在天之靈乎！因首捐俸以為紳士倡，而紳士亦翕然從風，有重擎易舉之請。助粟者不吝，捐金者不乏。於是，輦長材，搆眾工，缺者補之，露者葺之，敧者扶之，壞者易之，上棟下宇，既勤樸斲，又塗丹堊。向也垣之頹者，今則高其閈閎，厚其牆垣矣。向也屋之圮者，今則如鳥斯革，如翬斯飛矣。閱數月而落其成。若二公默為之助焉。將見登斯堂而來學者，人材蔚起，道岸同登。濟源為覃懷科甲之名區，而梨林又為濟源人文之淵藪，豈敢謂教養之已周乎？亦曰際中天太和之世，上以答天子巡方問俗，觀民設教之盛心，下以步二公之後，逐二公之塵云爾。是為記。

乾隆二十一年。

（文見乾隆《濟源縣志》卷十五《藝文志》。王偉）

重修石村隄記

沈維材撰文。

濟邑之水瀧為大。然河低於水，不能為利，而能為害。每當夏秋雨集，山川水暴漲。石村之北舊築之堤，防其東溢，歷年已久。乾隆二十年夏，瀧水突衝堤二十餘丈，直走東北，貫入濟河，兩水合流，自石村、靈山以及廟道、鐵岸、碑子、水屯等村，田禾湮沒，房屋衝塌。前令許即時勘明，量加助恤。越明年，四月，蕭侯下車之後，正值大雨時行之期，於是鄉進士楊濟民等公議增修，合詞以請。蕭侯立經親勘，委官差役，民皆歡欣。吏無需索，如雲趨事，不日成功。石村修隄，悉照舊址。計高一丈二尺，寬一丈四尺，長二十一丈。蕭侯以事小不欲載之志乘。然事關數村之生命，被土著者既有同志，即野獲者原無私意，使石村之隄不乘時修築，則滱水之害，有不止於數村者。《唐書地理志》凡一渠之開，一堰之立，無不記於其縣之下。論者謂其詳而有體。記石村修隄之大概，俾各村士民，咸知滱水之為害。思患預防，常為陰雨之綢繆，庶無慮橫流之汛濫矣。

　　清乾隆二十一年刻石。

（文見乾隆《懷慶府志》卷六《河渠志》。王偉）

重開廣惠河記碑

　　濟源之得名也，以濟其農田水利，得於濟水者為多，次則沁。自秦建枋口以導沁流，晉司馬孚易之以石，唐溫造節度河陽，奏復秦渠以溉濟、河、溫、武四縣田，而利乃益廣。明萬歷間，河令袁、濟令史又鑿山開洞而為永利、廣濟等渠。沁南之水利，河、濟之受益已多。其沁之北，古有灌田河二道：一名廣惠，前明隆慶年間創自郡守紀公。河、濟兩縣民田得資灌溉者二百五十餘頃。年久湮廢，至康熙五十八年，前令余君尚鈺率里民李監等議復修濬，而未竟其功。一名利澤，本朝初年，創自前令夏君霖。分廣惠而南溉上庄、化村等田六十餘頃，續亦失修而廢，數村恆以為苦。予治濟之三年，上庄等村士民李平世、郭寧等以疏導舊渠，興復水利請。予謂："興利除弊，司牧之責也。特恐以利民者擾民，飭令公同確議。"旋據該士民等詢謀僉同，以為有利無害，約需費二千餘金，用水地戶各願捐工捐費，不煩公項一文。予隨親詣勘度，見故道了然，舊工可籍，遂欣然而可其請。乃逯、馬兩村之民，抗違不遵。因集衆議，按照廣惠河上截自上庄東北挑至任寨，其下棄舊河身不用，即於任寨之南，另開河尾，循利澤下截，放水入沁，不經逯、馬兩村，無庸派其工費。惟逯村有地數十畝，與任寨等村相錯，水所必經，派令照畝出資。又復梗議，控詞控府，蒙發縣查。予復詣工勘訊，飭遵取結，復立案，奉郡憲親履其地，細勘情形，實有利於民生利益，於是，核定規條。其應資水利者，上庄、寺庄、逯寨、任寨、留村、化村、逯村計七處，共地六十餘頃有零，土工各按畝，則公估時價，照數給之。石梯之上，倚石為牆。沐人峪口，復壘石為岸，下至沙河，建立大閘，設為重枋，需水始行開放。而於其南，建放水閘一座，不用水時，放之入沁，以防汛溢。上庄以西，仍分南、北二河，中建分水一閘。南河經留村、化村而入沁；北河則由上庄，而北經任寨西，復南經寺庄、而歸於沁。至賀波之東，有白澗河一道，雨後山水陡發甚暴，乃於河下砌作陰洞，上面平鋪石板，約五十丈。旁建八字牆二座，使利水下行，澗水上出，不相妨礙焉。是役也，經始於己卯五月，旋以天旱薄收，民力艱難，暫時停止。庚辰，二麥有收，民皆踴躍，功已半就，秋成又得大熟，收穫甫畢，衆即共趨，閱月而告厥成功。予驅車臨觀，為之歡慰。先是屢奉憲檄，凡有關地方水利者，俱令設法興修。村民有是請，即思詳報。但懼有初鮮終，不敢冒昧妄陳。乃方一載而功竣，計工費未及三千金，而數村之地，將來可成沃壤。予深嘉數村之民，勇於趨事，而又感戴上天之默佑，與以豐收，俾得速成。可謂以人和而興地利，且得天時之慶矣。河成之日，適屆縣志重修告竣，因據實通詳各憲，並爲之記，以附入新志云。[1]

清乾隆二十四年。

濟源縣縣令蕭應植撰文立石。

（文見乾隆《濟源縣志》十五《藝文志》。王偉）

重興育嬰堂記

邑令蕭應植

《易》有之天地之大德曰生。故生生不息者，天地之□也。乃天地以好生爲心，而卒不能使人無夭札物無疵厲，或者遂謂造物之生機，有時而窮而不知乾元者，始而亨者也。君子體仁，乃足以長人。能體天地生物之心以爲心，縱不必人盡生之而惻隱。即仁人端擴而充之至易，苟有志於茲愛，亦未嘗不可補天地之缺陷，而遂其長養之性也。夫聖人之志，不外老者少懷。我朝盛德大業，以仁育萬物，以義正萬民，亦幾與聖人之志等。如直省州縣既有普濟堂以哀夫惸獨，又有育嬰堂以卹夫童稚，其好生之德，洽於民心。為長吏者，與有父母斯民之責，寧可膜外視之。

邑之普濟堂建于縣治之北，載冊者近百人。月則有糧，冬則有衣，病有醫藥，沒有棺木，皆取給於公項之生息，有不足當捐俸以繼，而鰥寡廢疾有養矣！至育嬰堂，亦有屋數楹，在縣治之東。則自雍正年間以迄於今，久廢而未行撥厥所由，邑無公項可藉，遂致歷任因循。予每過其地，時為心動。己卯歲月稍儉，冬春之間，竟有棄孩子道路者。予親見而收養者數人。縣治廣袤，其不幸而不為予所見者不知凡幾，是何可不急籌所以育之之道耶？第事不熟計而審處，難以圖始，即難以全終。爰集紳士之好善而有力者，即堂所而商確之意，雖俱美迄無良法。因思家君向在里門，曾行一文會收養嬰孩，里人善之。後仕途所歷，凡有公事輒用此法，士民稱便，為其易知而易從也。乃為詳陳其節略，約定其科條，而諸紳士亦遂踴躍而樂從。家君首自倡捐以開其先，於日捐一文之數，增為十倍。即以正月為始，以足一歲之輸，予既照數遵捐，又募之商店，分立勸簿，各紳士為大會首者，亦皆照式先出已資。而幕中諸友暨捕務張君、學博周、孫二君，並各房書吏，咸欣慕而各量有輸助。不閱月，已得百有餘金，隨躅七月朔吉開堂，嬰孩陸續送到者七八人。於是，因其舊址，加以修葺，後增建堂屋一重，延山右岐黃郭巍基使主堂事，有疾者亦便於醫治也。而收支經理，則邑紳見亭段公、熙文李君、玉采段君、大章何君分任其事，各司一季之出入焉。歲幾終，大會首又各斂其小會首，勸捐之項共約百餘，寄於典以生息，然此特其始事耳。計諸君續收所入，每月當得三四十金。一年總計，即可積數百金於典矣。日捐一

---

[1] 乾隆《懷慶府志》載文較此爲簡。

文，則人不吝。積少成多，則力不勞。小會首各分其職，大會首總彙其成。既易知而易從，自可大而可久。夫惻隱之心，人皆有之。自非諸君子共體天地生物之心以為心，何能共勸義舉若是？若由此推廣而無間，繼續而有恆，生生不息之機，豈但一邑之嬰孩受其福佑也哉！章程既定之後，勸捐之法錄於堂壁，使閱者瞭然。而大小會首勸捐之項，則並為之分別著明，顯揭於堂之左右，亦使樂輸者知非虛擲，且可共相鼓勵，傳之永遠云爾。

乾隆二十四年。

（文見乾隆《濟源縣志》卷十五《藝文志》。王偉）

韩愈李愿送歸盤谷序

太行之陽有盤谷。盤谷之間，泉甘而土肥，草木叢茂，居民鮮少。或曰："謂其環兩山之間，故曰盤。"或曰："是谷也，宅幽而勢阻，隱者之所盤旋。"友人李愿居之。愿之言曰："人之稱大丈夫者，我知之矣。利澤施於人，名聲昭於時。坐於廟朝，進退百官，而佐天子出令。其在外，則樹旗旄，羅弓矢，武夫前呵，從者塞途。供給之人，各執其物，夾道而疾馳。喜有賞，怒有刑。才畯滿前，道古今而譽盛德，入耳而不煩。曲眉豐頰，清聲而便體，秀外而惠中，飄輕裾，翳長袖，粉白黛綠者，列屋而閑居，妒寵而負恃，爭妍而取憐。大丈夫之遇知於天子，用力於當世者之所為也。吾非惡此而逃之，是有命焉，不可幸而致也。窮居而野處，升高而望遠，坐茂樹以終日，濯清泉以自潔。採於山，美可茹；釣於水，鮮可食。起居無時，惟適之安。與其有譽於前，孰若無毀於其後？與其有樂於身，孰若無憂於其心。車服不維，刀鋸不加，理亂不知，黜陟不聞。大丈夫不遇於時者之所為也，我則行之。伺候於公卿之門，奔走於形勢之途，足將進而趑趄，口將言而囁嚅，處污穢而不羞，觸刑辟而誅戮，儌倖於萬一，老死而後止者，其於為人賢不肖何如也？"

昌黎韓愈聞其言而壯之，與之酒而為之歌曰："盤之中，維子之宮；盤之土，維子之稼；盤之泉，可濯可沿；盤之阻，誰爭子所？窈而深，廓其有容；繚而曲，如往而復。嗟盤之樂兮，樂且無央！虎豹遠跡兮，蛟龍遁藏；鬼神守護兮，呵禁不祥；飲且食兮壽而康，無不足兮奚所望？膏吾車兮秣吾馬，從子於盤兮，終吾生以徜徉。"

余既為濟源盤谷考證，大書成冊，命豫撫即各□磨崖泐之，幾暇，復和韓詩又韓序之，刻在濟源者，□書惡劣且漫漶不足覩，因各書之，都為一卷，亦□選石鑱其處。此卷及冊，即賜盤谷寺弄裝李愿祠中，用識名山勝跡，垂永久焉。

乾隆己丑仲夏御筆。

（碑存濟源市盤谷寺。王偉）

關公勒馬聽風圖[1]

【碑陽】

許身非難，擇主何智。仁存一匡，顛沛惟是。手扶漢鼎，目無吳魏。

【碑陰】

關公勒馬聽風圖

明黃輝贊關公

（上部）

徹膽長存義，終身報思恩。威風齊日月，名譽振乾坤。

（下部）

關公松林歇馬圖

作于康熙歲次丙申冬月

乾隆乙未年月明周同麟敬書。

李士純鐫。

（碑存濟源市柿檳碑林展館。王偉）

延慶寺豁免雜差碑

【額題】延慶寺豁免雜差碑

懷慶府濟源縣知縣黃國銓為呈請查驗碑記恩免雜差事。本年三月十九日，蒙特授河南分守彰、衛、懷三府，兼管水利河北河務，兵備道加十級記錄，次康牌開前事，仰該縣即將發去牌模，查封明確，將該寺現有地一頃二十畝，令除完糧外，其餘雜差，仍照該前府原批，概予優免，飭房存案，以垂永久，並具覆本道查考毋違，計發碑模一張等，因蒙此遵，將卑縣延慶寺地一頃二十畝四分七釐九毫，除應完糧漕外，日後遇有雜差，遵照前本府原批，一概優免，飭房存案。茲蒙口飭，理合將遵辦緣由，具文申覆。為此，備由具申，伏乞照驗施行，須至申者。

邑庠生周同麟書。

僧智明勒石。

鐫字李士達。

乾隆四十九年三月二十日。

（碑存濟源市龍潭寺延慶寺舍利塔西側。王景荃）

---

[1] 標題係補加。碑陽為題辭，碑陰有圖兩幅，上部為《關公勒馬聽風圖》，下部為《關公松林歇馬圖》。

衛太史墓誌銘

韓城人文端公王傑

公姓衛氏，名肅，字伯恭，號蘭亭。予同年友。松崖公伯兄。而予在史館時，嘗相從遊者也。先世自山右陽城遷濟，世居軟深井里，以忠厚傳家。曾祖之仕，祖贈中憲大夫、廣東肇羅道諱周禮，皆敦品力行，著名黌序。考贈中憲大夫、廣東肇羅道諱乾德，以宿儒食廩餼，教授家塾，為士林楷模。而昌大其業者蘭亭也。

公曠世奇才，讀書日誦萬言，作文語即驚人。年十六，應童子試，冠其曹。十九歲，補廩膳。學使林福清先生愛其材，以客禮延置，相與唱和詩文，議論古今，每擊節歎賞謂如公者，他日當不獨以文名世也。乾隆甲子，舉於鄉。明年，試禮闈，不第，不以得失介懷。授徒河陽書院。學究體用，執經者凡十輩。胞弟溴溪、松崖兩公，相從肄業，教學相資，砥礪不倦，著有《蘭亭文集》二十卷。原本經術，昌明大道，而博辯雄偉，寄託深遠，論者謂讀公文可以知公志也。甲戌，成進士，受知於諸□劉文正公，廷對剴切，入史館。丁丑，補翰林院編修，以是疊膺簡命。壬午，典試山東。庚辰、癸未，充鄉會兩闈司考官。

當是時，公文學品望，內外推重，而公胞弟溴溪，松崖兩公同舉孝廉，先後捷南宮。公所得士，若今江西巡撫張公誠基，潘方公昂，癸未會元、翰林院侍讀學士孫公效曾，江西贛南道邊公學海，河陝觀察使張公友年，其他列詞垣，擢部曹，為司道守令，振振有聲者，皆出公門下，誠盛事哉！頃之，王公大臣謂公學有淵源，言論慷慨，將交章薦入諫垣，未舉行，改授湖北當陽令。公歎曰：「此也可以為政也。」堅明約束，振興教化，遇事剖決如流，民無枉獄。而廉潔清儉，不異其為翰林時也。戊子，充鄉試同考官，所薦拔皆知名士。楚之士民沐公政教，願公終身無去，而公行年五十，以積俸擢都察院經歷。未就道，而以疾卒於楚矣。嗚呼，可哀也已。

公德行文章冠一時，而器宇渾樸，質直無修飾，其去之楚也，同人祖餞都外，相與聯句為別，中有英雄本色。衛當陽之語，非諛詞也。獨念予及第初，公已雅繫人望，海內之士，仰之若景星慶雲。予既因松崖同年，得與公交遊，私心益向慕之。相期許以遠大，顧率去史官為縣令，且遽於服政之年，以縣令緣分獨甚文章傳於世。嗚呼，天何不假之以年而畢其志哉。然自公之沒，學公之學者，皆卓卓為名卿，而溴溪觀察、松崖司馬亦皆秉公之教，乘時建功業。則公固已不獨以文章傳，而衛氏之昌，大於王屋濟水間者，實公之澤也歟！

安人姓王氏，仁厚祥和，隨公歷任中外幾二十年，內政井然。御下以寬，人樂為用。公卒於官，扶柩旋里，宦囊蕭索。安人率子與婦矢勤矢儉，守其舊田宅以為生。子孫輩布衣疏食，或稍有難色，輒笑而慰之曰：「必如此，方無愧清白吏子孫耳！」其性識明而知道理，大類如此。卒年六十有八。今於十二月初十日，將合葬於祖塋之次。丐予為文而銘焉。

予既念松崖同年之好，而公又予之所相與從遊，而景仰其道德者也。故不辭而為之銘曰：

王屋之山下環濟水，毓秀鐘靈萃於軹里。三鳳齊鳴白眉洵美，道德文章起衰式靡。孰翊而行，孰擠而止。遺澤在人，名垂青史。佳城鬱鬱，千秋鵠峙！

（文見嘉慶《續濟源縣志》卷九《藝文志》。王偉）

廣東肇羅道溴溪衛公墓誌銘

杭州人翰林袁枚

己亥夏，枚還武林，晤玉亭衛公於陳葯洲觀察席上，德器粹然，知為賢者。甲辰，粵遊，路出西江，蔣太史心餘寄聲問公，並云：兩賢相覿，必有傾衿之樂。不意到端州聞公病，旋即不起。其子琬將歸葬中州，留書乞予銘其墓。丙午冬，琬復寓書於予，曰："吾母周恭人亦亡矣！卜於某年月日合葬先塋，並祈為文而銘焉。"伏思枚於公為部民，弟樹於公為屬吏，令聞懿範，知之最悉，章微闡幽，非枚奚屬。謹敘其事而為之銘。

公姓衛氏，諱詣，字修來，一字玉亭，號溴溪。河南懷慶府濟源縣人。少具萬夫之稟，嶷嶷自立，於禔躬澤□之事，尤所宣究。乾隆丙子舉於鄉，丁丑成進士，授工部虞衡司主事，外補山西遼州知州，調解州知州，遷浙江台州府知府，薦卓異。受天子知，調湖州府知府，旋遷廣東高廉道，調肇羅巡道，兩署按察使。公所到處，無赫赫名，去後常見思。遼州為山右磽确之地，民藝黍畢，多逋蕩。公別五施授種棉養蠶法，置機具於堂皇，詼男婦紡織，鉤考勤惰。不數年，布絹之利賴及他郡。解州多盜，公排比保甲，旬會而月計之，攘瀹小竊，未捕便知。某某月，三課諸生，鈫創文義，粟枯饋乏，士民心儀其德。每去任，郊外送者嘈嘈然數十里，泣聲不絕。公守台時，嵊縣奸民王開□等惡其邑令吳某，竄至山中，笞辱之勢甚張。撫軍會同提督進剿，槍甲□矣。公時在省，入諫曰："唐虞之世治苗民，□才尚以刑不以兵。嵊縣小醜，無庸大舉，詣雖非本屬，原往捕□。撫軍壯其言，許之。"公□□□山，令人前呼曰："台州知府衛公來。"羣凶素憚公名，咸羅拜。為魁首者，自反接送縣令出，且訴所以辱令故。公笑曰："官固不良，然汝等亦當死矣。"皆泣曰："公命之死，如不死也。"遂縛十八人歸，奏斬三人，流二人，所釋放者三千餘人。湖州北鄉多外省軍犯，張設博局，誘良家子使博，而陰開小典，沒入其衣物，日久黨繁，官吏慮捕之，將為變，莫敢誰何。公偵知姓名，隱而不發，探知某日賽神儺會，諸匪扮執事，敷粉墨，呼呶入城。公陰乘輿抵其穴，坐命諸幹役持繩索伏於四門，來者縛之，當即予杖，泒往文武各衙門充水火夫，給其傭。嗣後，城鄉肅清。公性慈仁，少所笞督。然義之所在，強直不撓，或大府前論事不合，輒謖然欻袂而起，曰："衛某以為不可。"上游俱嚴憚之。署臬篆時，治獄尤慎，文案稍有踳駁，申旦不寐，致精神越渫，體為之衰。先是，公從子晢治者，從縣令起家，官至大司空。以廉節惠政，名噪淮海。間枚宰沭陽，隸屬下久，所聞多端。觀公行事，用益想見其家風云。

恭人姓周氏，仁厚端莊。幼孤，事母李太孺人至孝。適公後，念母氏苦節，請於公，延致其鄉耆，庶舉節孝，建坊入祠。衆謂女兼子職矣，居恒勤儉自矢，善籌盈縮。公在官清介，廉俸外無所取，賴恭人力調劑之，怡然不知其貧。公牧解州時，有尹生者窮將廢學，充輿夫，以佐讀。公偶乘輿出，尹袖中有書墮地，廉得其狀，免其役，賜十金，使歸。恭人聞之，曰："此有志士也，金盡乃何？"公感其言，即召之解梁講院，俾膏火有資，以竟其學。卒爲三晉佳士。其他惠政，若此類者，大抵恭人之助居多。公歿後，携諸子家居，曰："爾父爲官廉，無餘財，以庀爾爲生。然遺子一經足矣。其各勤苦力學，至經營家計，吾自任之。"處族黨尤敦任卹。有乞貸者，必量力欷助。且訓諸子曰："我所有者，當濟人之無。我不足，即不妨謝之。若必掠美市恩則又過矣。"其他隨事指導類如此。於此見衛氏家學，不獨公詒謀之善，抑恭人實與有力焉。

公生於雍正二年，卒年六十一歲。恭人生於康熙六十年，卒年六十六歲。祖周澧，贈中憲大夫、廣東高廉道。祖妣氏劉、氏翟，贈恭人。父乾德，贈中憲大夫、廣東肇羅道。母氏商、氏劉，贈恭人。子四人：長慶炎，庠生；次慶宛、慶黃、慶章，俱太學生。女四人。孫六人，孫女一。銘曰：

直廉自矜，大勇自爭。□□衛公，秉志孤行。□世甘澤，爲人準繩。東甌西晉，異音□□。方期大用，神化丹青。河圖星隕，痛我黎蒸。儲休啟咎，天□□□。□□□□，蔭及孫曾。請看化臺，福草叢生。

乾隆五十一年。

(文見嘉慶《續濟源縣志》卷九《藝文志》。王偉)

蘇東坡長律詩碑

宋學士東坡蘇公長律一章
俯窺盤古接天壇，平地威峰豈易攀。
鰲足斷來移海外，天星落處化人間。
世塵汩沒誰常到，樽酒登臨我倦還。
歲歲邦民重九會，孟嘉休獨羨龍山。
邑乘載宋學士東坡蘇公長律一章

重足登茲山□作也。數百年來，□□□□□□□□而守內□無片□隻字，因勒□□□□□□□，以誌盛蹟。

後學劉位南、□學仁、□義民、黃家秀、劉長慶、史□□、□□□、□□□、□□□、□□謹□。

乾隆五十八年歲次癸巳重陽日柿檳李士純鐫。

(碑存濟源市柿檳碑林展館。王偉)

重修天壇三清殿記

邑之西王屋山者，以其山形如王者車蓋故名。或曰山空其中，列仙宅云。其內廣闊如王者之宮。圖經、地志以為一天之內三十六洞天之一云。其絕頂曰天壇，常有雲氣覆之，輪囷紛郁，雷雨在下，飛鳥視其臂，相傳軒轅皇帝修練于此，故至今猶有紫金歲□受。閱邑乘舊誌，往代歲時，使使者登壇醮祭，則其上舊應殿宇輝煌矣。

國朝順治間，曾遭焚毀，邑紳李望榮率衆重修，已非復昔時舊制。近於乾隆二十六年，邑紳何兆瑞復於所有殿閣並為葺理，於今未滿三紀，無如山高風急，秋夏時，雷雨震撼。五十四年秋，其正頂三清大殿，復宇盡為頹落，神像半已露處。伊時，予先大兄聞知，即為感慨係之，以起廢是念。五十五年二月中旬，在城四街及西關廂，並紙方頭廟道，因有舊結香社朝山，予亦偕往，各社長怵目動心，為重修計，乃公請曾任天壇提點紫微宮教主常教順總其事，廣投募簿，奈值歲收歉薄，諸社長幾為催辦勸募，所得無多，況其殿廣費繁，其工難于驟舉。予大兄惻然，以為倘再經年，即神像將無存者。乃力贊常教主設法備材，有不給時，身任其慮，於五十六年三月工作，五月告成。其殿遂煥然重新，可以妥神靈，可以快瞻拜矣。至其所費，寔多懸擱。予大兄不避寒暑，數次走募於邵原西陽間。五十七年九月，忽以壽終，而常教主又幾勞四方收募，乃於前費歸攏，稍有餘貲，復於雷神殿加以備飭，爰是問記於予，並將勒施財姓名於石。

予維天壇靈秀，視諸山聳拔不羣。左日晶，右月華，銳凌霄漢，後五斗蘭華蓋列若屏扆。陟其巔者，極其遠覽，東望海岱，西眺崑邱，北顧折城，南俯黃河如綫，嵩山少室，隔岸對峙，咸聚目前，誠有如韓文公所云蜿蜒接輿，磅礡而鬱積者與。則我濟累朝以來，魁奇忠信、才德之士，相望而起，莫非此山之形勝，以效其靈，而三清殿正居壇之中央，是烏可令其一日頹落而不為整飭哉！且此壇名勝，居天下之中，香火為人間之最，凡有經營完繕，遠近孰不欣然攽助，但迩來募緣家往往架名掣收，私肥己囊，多無葺修，石刻可考，是以好善者恐其假借，或不樂施。今於善男信女，凡施主一一書名鐫石，樹之山麓，永垂不朽，將使觀覽者知其捐助不致虛擲，嗣此以後，更有修理。庶幾，踴躍樂輸，不厭於佈施。余是以為記。

特授濟源縣正堂加三級又軍功加一級隨帶紀錄十三次黃國銓捐銀伍拾兩。

首事監生薛途運、□□張清典、李從周、生員黃文華、□□翟綿純、段鴻亨、衛時動、劉肇德、生員段鳳苞、生員郝天秋、生員申大慶、生員郭振聲、□□段辰曦、□□郭永清、□□段敘鈞、何崇書、提點常教順。

立石。

壬子科舉人張惇典撰文。

廩膳生員于蘭芳書丹。

石匠張喜善刻字。

龍飛乾隆六十年歲次乙卯二月吉旦。

（碑存濟源市盤谷寺。王偉）

順天南路廳同知映溪李公墓誌銘

邑人吏科給事中衛謀

余與同邑苞文李公為髫年交，又同中春官試。歲乙卯，公弟孝廉亞侯北上，言公與宜人先後棄世，為悲悼者累日。明年，公長子士澴將合葬於其祖塋，寓書京邸，丐余文銘其墓。余不操觚且世年，顧念公為循吏，所在有政聲，遽以親老乞養歸，終不復起，享年逾古稀，非所謂進退綽綽者哉！余知公固最悉，又安得辭。按狀：

公姓李氏，諱方茂，字苞文，號映溪。其先山西洪洞人。始祖思明，因避亂徙陽城。明永樂中，再徙濟源縣，世為河北望族。曾祖諱如璉，以歲貢選洧川縣訓導，勅授修職郎。曾祖母張、宗、季氏，勅封孺人。祖九錫公諱延齡，祖母宗、韓氏。父松崖公諱廷模，母季氏，俱以覃恩封贈如公官。

公幼而穎異，讀書等身。及長，沉毅有智略，從先達澹園何公遊，問難多經國大體，同輩竊非笑之。何公曰："諸子無誚李生遇此，將來偉器也。"年二十七，入邑庠，學使林君奇其文，特優獎之。癸酉，舉於鄉，辛巳，成進士。初任欒城知縣。先是邑監生某豐芬財，素為官吏所魚肉。公下車，有挾嫌訐其隱事者，生懼甚，聞公負京逋五千金，貪緣代公償。公笑却之。卒直生訟。城圮應重修，公恐胥役滋擾，一切皆躬自經紀。凡所須，先給價值，直後徵物料。欒民皆踴躍赴公。城成，費省而最堅完。今垂三十年，而屹屹者如故，公之力也。昌平州員缺，京尹難其人。方伯周公曰："昌平差重民疲，非欒令李某不可。"遂奏請以公知昌平。昌去京近，飛將時巡。值大雨，水壞橋梁。諸大員環集無措，或欲毀民屋修補，公執不可。曰："國家設官，原以撫民，區區一橋，使百姓蕩析離居，為民父母謂何矣？"因高物料之價值，來者雲集。不數日而橋成。又公以公事出，京尹檄散員來收地租，大煽威虐，為孟族村民所窘。法司以聚衆辱命官，捕凶黨急，監司將環甲攻之。公聞，星夜還。曰：捕此無須多人，某請單騎縛之來，即馳去。至而呼曰："汝輩何犯不宥罪行，將赤汝族矣。"衆泣訴所以。公械首惡送京師，曲為周全，擬斬決纔二人耳。州故多旂屬庄田，庄頭某倚勢佔民田。公頗不直之，當道之書踵至，若弗聞也者。□憤急瞰，公方據案治事，驟入咆哮。公怒繫之獄，經提督府自行檢舉，奉旨以某發邊遠充軍。人稱鐵面李公云。

丙申，遷順天府□路捕盜同知，盡却各屬陋規，勉以為好官，僚吏無不敬憚之。庚子秋，畿南大水。公晝夜冒風雨，親查被災戶口，比竣，幾成癱瘓疾。旋以辦工密雲。奉旨，護理通永惠河道印務。逾年，而公父松崖先生歸，公涕泣送之。蓋公登賢書，公母太宜人已去世。迎養惟松崖先生，至此，行年八十有五矣！密工竣，即以終養請諸大憲，囑少留將交章薦之。公意決，不能強也。公雖貴，不改寒素風。公餘輒乘馬，從一僮，循行郊野。誨人以孝弟勤儉。每所至，男婦環而聽者以千計，相視如家人父子。至若欒城，前無列賢書者，自公捐膏火以贍士類，今登鄉會榜者十餘人。昌平從無業紡織者，公設機杼以勸女紅，今享美利者數萬戶。士曰明師，民稱慈父，不其宜哉！公父既沒，或以復起勸公。公笑而不答。率子弟讀於村南之四桐軒。諸子皆嶄然頭角，能繼其家聲。天之所以報公亦正矣然也夫。

宜人姓翟氏，邑諱文燦公女，幼喪母，事繼母至孝，年二十歸公，克盡婦道。之欒城，携紡具自隨。公笑曰："今一行作吏，寧須織布賣耶！"宜人曰："人太安閒則生驕惰，藉此習勤劬亦良佳。"公為之改容。教諸子最嚴，衣無裘帛，食無粱肉。誡之曰："區區之費，誠復幾何？每見貴家兒恣意驕奢，大宅高門，轉瞬易姓。汝父居官不愛錢，僅買汝等不作豪華公子耳！"紡織常至漏三下，未寢，諸子不敢寢，夜闌人寂，紡車與讀書聲相續也。

公居官以興利除害自任，事之有便於民者，宜人皆悉力贊成之。公姥沒，喪葬盡禮。生平不好積私財。姒娌行，衣服常互着，一時遠近共賢之。公生於康熙某年月日，卒於乾隆某年月日。宜人生於康熙某年月日，卒於乾隆某年月日。子三：長士灔，太學生；次士翼，拔貢生；次士孝，邑庠生。女一，孫男五，孫女四。墓附祖塋。今以嘉慶二年正月二十九日歸窆。銘曰：

太行之陽，濟水出焉。磅礴鬱積，乃生公賢。詒謀裕後，世德承先。和義柔正，齊眉比肩。傳之奕禩，金石同堅。

（文見嘉慶《續濟源縣志》卷九《藝文志》。王偉）

重脩延慶寺碑記

邑西北五里許有延慶寺，乃濟水之西源，故又曰龍潭。邑志所載，即宋時堯叟陳公兄弟讀書處。余蒞茲土，已七季矣。向於履任之初，經遊其地，見夫山嵐環繞，水色清漣，寺中文峯特立，勢若冲宵，且多前賢墨蹟，鐫載貞珉，誠斯邑文風之勝地也。

歷年久遠，風雨漂搖，佛像塵封，牆垣頹壞。余目繫情形，早有重修之念，奈年來簿書鞅掌，公事馳驅，未遑顧及，遂致有志莫伸。迨住持慧安於己未中秋立願重修，虔心募化，爰請信士，積累經年，僅將大佛殿修理，塈堊未施，囊空如洗，門牖未立，襄助無人。惜浩瀚工程未就，而慧安僧旋因之歿矣。良可慨也。余今夏，始得暇，適慧安徒明忠，偕董事賈炫等捧簿稟請蓋印，訴欲再募，以成始終之志。因念集金不易，落成仍恐無期，故捐己俸興修。悉段生名鳳苞者，素諳工程，且伊司空公曾為本寺復田，遂與之商，委以督辦。於是，鳩工庀材，墜者舉，廢者脩。復見東南隅戲樓，每遇演劇時，民人雜遝，誠非文運所宜。是以改建文昌閣，興工於蒲月初旬，告竣於仲冬朔日。第見殿宇生輝，山峰煥彩，規模聿整，氣象一新。

斯舉也，余豈求福於神、邀譽於人哉！特以天地之精英必有所毓，山川之靈秀應運而生。地以人傳，□□地顯，故陳氏昆仲緣此發跡，生斯邑者，寧無景仰之思耶。矧聖天子雅化作人，崇儒重道，文教之盛，自古難逢。幸有志之士，相與肆業其間，潛脩磨礪，則後起之英，行見蒸蒸日上，庶不讓古人專美於前矣。此則余所厚望焉。是為序。

賜進士出身敕授文林郎知濟源縣事戊午庚申辛酉三科同考官加四級何荐芳撰文。

邑庠廩膳生員段敘鉤書丹。

住持明忠等同立石。

鐫字柿檳村范麟祥。

嘉慶六年歲次辛酉十一月吉旦。

（碑存濟源市龍潭寺延慶舍利塔東側。王景荃）

重金廣生殿碑

【額題】萬善同歸

重金廣生殿碑

聞之面垢不忘洗，衣垢不忘澣，人情有然，神豈異焉。□濟廟內有廣生神祠，神像銷殘，金光脫落。四方進香者矚目興懷，共舉本廟住持張陽素首領其事，重新金粧，神像煥然。惜非善人君子，將何以洗其垢而繪其新，澣其污而絢其光哉。特恐淹沒其善，謹將施財列左：

申大慶施㣺一兩、劉景春施㣺一兩、原奮鷗施㣺一兩、衛進孝施㣺一兩、世興號施㣺五㣺、渭洭號施㣺五㣺、吉盛號施㣺五㣺、全順號施㣺五㣺、原必昇施㣺五㣺、順興號施㣺五㣺、萬順號施㣺五㣺、苗志壹施㣺五㣺、公盛店施㣺五㣺、恒大店施㣺五㣺、同順店施㣺五㣺、聚仙店㣺五㣺、茂盛號㣺五㣺、武廷選㣺一百、張進旺㣺五㣺、鄭平旺㣺五㣺、鄭爾成㣺五㣺、鄭起童㣺五㣺、鄭平甫㣺五㣺、張文旺㣺五㣺、張光宗㣺五㣺、永太店㣺二百、邱復信㣺二百、陳進美㣺五㣺、楊希哲㣺二百、苗志熙㣺二百、呂大道㣺二百、楊世英㣺二百、孫必孝㣺二百、李有和㣺二百、楊希甫㣺二百、苗志正㣺二百、正興號㣺二百、張士和㣺二百、高學孔㣺二百、週三多㣺四百、原必棟㣺二百、張士學㣺二百、楊登科㣺二百、柴大旺㣺二百、陳登吉㣺二百、楊進禮㣺二百、西瑞興㣺二百、高尚德㣺二百、北興店㣺二百、天興店㣺二百、鹽店㣺二百、張士豪㣺二百、王國寶㣺二百、週三德㣺二百、週三禮㣺二百、原懷國㣺二錢、原必忠㣺三錢、苗榮祥㣺三錢、苗志禮㣺三錢、原必有㣺三錢、陳順號㣺三、陳香店二百、寶興店㣺三錢、東順店㣺三錢、永和店㣺二百、王盛店㣺二百、弘大號㣺二百、正興店㣺二百、萬大號號二百、兆太號㣺二百、西同興㣺二百、萬興店㣺二百、順興店㣺二百、永興店㣺二百、松盛店二百、楊志瑄㣺二百、楊進興㣺二百、李懷增㣺二百、常廷宜㣺二百、張國忠㣺二百、原必發㣺二百、原必旺㣺二百、原必富㣺二百、原必貴㣺二百、李國用仒二百、苗起斂仒六百、劉應旗仒四百、鄭光宗仒二百、三益号仒一百、興盛号仒一百、楊世法仒一百、中孚堂仒一百、李化龍仒一百、段化卣仒一百、早國甯仒一百、張士宗仒一百、呂大用一百、苗寔秀一百、王萬成仒一百、張國賢仒一百、趙天德仒二百、原振朝仒一百、陳進寶仒一百、苗志裱仒一百、苗榮富仒一百、原景春仒一百、王廣林仒一百、柴秉興仒一百、王小環一百、趙林法仒一百、孫必忠仒一百、趙天平一百、原可信仒一百、趙旺仒一百、孫世榮仒一百、鄭起貴仒一百、原可建仒一百、原門羅仒一百、張文魁仒一百、李懷清仒一百、李宗用仒一百、李宗祿一百、楊希孟仒一百、李懷仿一百、賈存真仒一百、李進福仒一百、孫開合仒一百、曹世奎仒一百、宋有德仒一百、馬大有仒一百、賈復旺仒一百、李大瑞仒一百、原起孝仒一百、李文明仒一百、楊志珩一百、申大中仒一百、李道明仒一百、李玉松仒一百、李玉壽仒一百、李京華仒一百、李玉富仒一百、李懷有仒一百、李懷景仒一百、常秋德仒一百、李玉章仒一百、翟福同仒一百、王天法仒一百、楊志棟仒一百、柴必進仒一百、鄭平富仒一百、鄧廷信仒一百、原振義仒一百、高尚臣仒一百、陳大明仒一百、苗寔好仒一百、原必勇仒一百、蘆永昌仒一百、郭天喜仒一百、楊希孔仒一百、黃志兒仒一百、楊遵和仒一百、楊家和仒一百、張學義仒一百、王國義仒一百、李丙德仒一百、劉景文仒一百、劉景武仒一百、史國興仒一百、李有瑚仒一百、王甫相仒一百、李國祥一百、王禦文仒一百、張百川仒一百、刘天行仒一百、刘中义仒一百、李玉臣仒一百、楊德旺仒一百。

首事：□志魁、□士和、□布甫、□東富。

嘉慶柒年六月初六日立石。

范輔祥刊字。

（碑存濟源市濟瀆廟廣生殿前。王景荃）

永利渠新修三賢祠題壁

三公德惠普無窮，疏鑿寧辭痺厥躬。非擬龍門追禹績，還期水利□人功。
澤環王屋家家遍，波及河陽處處同。廟宇新輝欣並祀，千秋遺像仰枋東。
支分枋口出奇哉，後令疏通前令開。試看煙波隨地湧，奚殊膏雨自天來。
桐鄉澤普人均沐，漳水恩深歲不災。莫道功高□享祀，新輝祠宇近樓臺。
渠開永利美前賢，先後功成不□年。共欲農民滋稼穡，雖云天府費金錢。
平疇或或禾千頃，大澤溶溶水一川。盡是循良遺德惠，肯教廟貌汨雲烟。

清心西比來，東流入河水。孔麗當其衝，可取溉田里。我侯曰史公，下車即周視。
督夫大為鑿，開山從此始。岩深堅如固，燎燎五方堪。起粟易斗石，與民巧相市。
豈不惜財力，為民事應爾。一旦豁然通，老幼皆含喜。引水滋稼穡，□歲□無比。

石公與塗公，克□繼厥美。因勢而順導，溝洫資經理。倆彼古秦渠，數邑民□□。
但乏石為門，淤塞常頹圮。殆或易以枋，□□□旋止。何如此渠開，萬世不能毀。
榜之為永利，顧名□有以。古人施一善，謳歌尚靡已。況懷惠濟心，愛民如赤子。
食源念水□，憩林思蔭庇。作廟期報功，並祀而已矣。

循吏相承惠澤□，並將農利事營籌。山開□覺勞民力，水到還能解旱憂。
兩岸田疇滋灌溉，一川采黍慶豐稠。後先濟美人爭祀，俎豆新崇萬代休。
邑庠衛宿斗題。
樂山喬年書。
嘉慶柒年歲在壬戌柒月吉日。
玉工劉金。

（拓片藏河南博物院。王偉）

建修三公祠碑

蓋聞國以民爲本，民以食爲天。而食之出，厥惟田，田所利，厥惟水。是□膺民社之責者，不可不特爲關心也。邑五龍口，河水清漣。其地被灌溉者，優渥沾足，幾無復知有凶年。斯必有開之者，伊誰之力也？詳披誌乘，前明萬歷三十年，邑令史公諱記言，開河鑿山，遠引沁水，名爲永利河。雖資利無多，而其念切民依者爲已至矣。夫天下事莫爲之前，雖美弗彰；莫爲之後，雖盛弗傳。史公因爲之於前矣，倘非有爲之後者，未免猶有遺憾也。四十一年，宰是邑者又有石公諱應嵩，續開玉帶河，自□程以下，共灌田一百五十頃有零。斯有史公固不可無石公也。至四十七年，宰是邑者，又有塗公諱應選，復開興利河，自河頭以下，共灌田一百六十頃有零。斯有史公、石公、更不可無塗公也。此三公者，本忠君愛民之心，法召父、杜母之治，而濟至今享其利焉。昔者聖王之制，祭祀也，法施於民則祀之，有益於民則祀之。若三公者，其施法益民，爲何如哉。乃廣濟閘上塑袁公像，利豐閘上塑胡公像。崇德報功，歲時拜獻，河民可謂不負二公矣。而三公竟無專祠，斯因濟民之所大不安者也。迄今二百餘年，被其澤者既久，思其德者難忘，紳士耆老慨然興報本之舉焉。鑿山爲祠，立像以祀。則三公之芳徽，不惟與河邑二公矣著，而三公之德澤，亦且與河流俱長矣。功值告竣，請文於余。余治濟七年，興養立教，未能自問無愧。然三公之事，寔竊美焉。而樂爲天下後世告也，爰允衆請，以誌不朽。

賜進士出身敕授文林郎知濟源縣事加四級何荇芳撰。
邑增廣生喬嵩子年沐手敬書。
總理監生馮有富。
首事耆老趙爾□、總約李福隆、職員張得功、職員李永芳、職員李瑞麟。

許大信、□□□、□□儒、□□成、□□德、朱祥吉、高得揚。

玉工劉慎、李大英。

住持郭一通。

嘉慶柒年歲在壬戌秋柒月吉日。

（碑存濟源市五龍口。王偉）

永利河捐施地畝碑叙

【額題】金石流芳

聞之舍宅爲寺，裴公美之善行，自古爲昭。捐帶助工，蘇子瞻之芳名，於今尤烈。以及顯達買園而充聖地，紫陌施樹而不收金。古今來端修功德、樂善好施者，代不乏人。永利河口創建三公洞府工程將竣，煥然一新，但祀田缺乏，香火無資，甚至閘夫工食時久漸減，實不敷用。試問十堰之中，誰是慷慨不吝樂善好施者？幸有上三堰南程村考授正九品職銜李君諱瑞麟，其母郭氏年近九旬，素性好善，命子捐肥田叁畝零。又有中四堰西湖邨已故監生馮君諱有富室人郭氏，亦命子尚武、尚祥施地五畝零。二氏所施之地，俱入永利河作爲官田，孰謂巾幗中無丈夫哉？每年招佃耕種，秋夏所獲籽粒除祭祀三公外，所餘微資，貼備閘夫度用。庶閘夫既有工食銀兩，又有稞租貼備，得以永遠看守，因時啓閉。將見淤塞既鮮，咽喉常通，利澤滚滚，此河永久不廢者，亦甚端賴於此矣。猗歟休哉！既揚舊規之漸彰，又瞻新模之忽振，後之人飲水知源，憩木思植，覩枋口而歌三公，亦當慶樂土而念二氏於不朽云。是爲敍。

郡庠生王元文撰。

邑庠生趙文拔書。

計開：議定每年十一月初一日，三總管同施地之家，敬獻三公神祠。

頭堰職員李瑞麟所施地畝，坐落南程村西南，中長一百廿步零二尺，中闊六步一尺六寸，東至瀦水河東岸，西南二至樊德純。北至施主，見地三畝一分七厘五系三忽。

中四堰馮尚武馮尚祥所施地畝，坐落西湖村南窰地一段，東至路，西至青渠，南至郭正書，北至馮三禄，計地五畝零九厘二毫八絲。

引進善士：張德功、李福隆、馮魁元、馮尚周、趙騰龍。

住持道人郭一通。

石工李大英、劉謹刻。

清嘉慶八年又二月二十六日立石。

（碑存濟源市五龍口。王偉）

創修永利河工三公名氏記碑

　　史公諱記言，字秉直，號憶春，進士出身，係山西延津縣人。于明萬歷三十年，鑿山開河，名曰永利。

　　石公諱應嵩，字五峰，號維嶽，進士出身，係直隸永平府灤州人。于明萬歷四十二年，因河水逆行不順，改河由辛庄正村直達南程。

　　塗公諱應選，字行吾，號名卿，進士出身，延慶州人。見河水不敷澆灌，爭水興訟不休，親臨勘驗，始知洞高水低，不能暢流。公於萬歷四十七年，自捐俸金穀五百石，招夫洞底挖深三尺，河水湧流不竭，民自今享其利。

　　又，稽河開工日，邑令即詳請上憲，奉文設立閘夫，看守啟閉，以防淤塞。議定每年閘夫工食銀，閏月拾伍兩陸錢，不閏月拾肆兩肆錢，在正糧內扣除，四季支領。本不敷用，又於乾隆四十二年，經前任將閘夫工食銀撥入壯班壹兩捌錢，以致閘夫推委不看，啟閉失時，河每淤塞。今創修史公等洞，府慮及於此。又勸勉善人馮郭氏捐地伍畝零，李郭氏捐地三畝零，坐落四至，已載入碑記，立于洞內。地畝即交閘夫招佃收租。施地雖少，其利甚渥。又恐年遠更變，復於嘉慶七年十一月內，生員王元文等，以再懇治給區等事，稟明何太爺，案下，蒙批給區，李郭氏曰"巾幗善人"，馮郭氏曰"閨中義士"。卷存禮房，勒之於石，永垂不朽。

　　增廣生員郝德懋書丹。

　　因錄前人律詩以頌美。其功德詩曰：

　　秦渠枋口沁源通，鑿透巉巖續禹功。舜境邀恩如濟廣，郟圻被澤兆年豐。石門蓄匯奇猶著，玉帶迴環踵事同。自昔法施民有□，披閱誰與繼流風。

　　總理馮有富、王繼儒。

　　首事牛大□、甫廷成、□恩揚。

　　住持郭宜復，徒□□□。

　　石工李天英鐫。

　　嘉慶捌年伍月吉旦立石。

（碑存濟源市五龍口。王偉）

流芳碑

　　從來事貴倡率，功歸贊勸。愚等不揣，創修石、史、塗三公洞府。事屬善舉，但石工艱鉅，費用甚多，非一二人所能辦理，幸有紳士、利戶人等踴躍樂輸，各捐資財，以成厥事。工竣之日，□□勒諸貞珉，永垂不朽。捐納姓氏，開列于左。[1]

大清嘉慶八年立石。

（碑存濟源市五龍口。王偉）

重修三清閣碑序

三清者，清虛元妙之神，分出而疊見者，□□□□，水掛李姓，於周為守藏吏。武王時，則在下史耳。圖書內蘊曾來尼山之間□□講經，又啟法華之心傳，是以極定道□，太極本於無極，元統於穆，一元化為三元，通□儒別於釋，昔稱猶龍。變化始於陳，盛於今，聞馭鶴仙昇清於太清神遊，形色□外，虛於太虛，靈據昊天之巔，廟而祀之，不亦宜乎。王屋山麓有陽臺宮者，始建於唐。馬承禎顯曰興國太陽臺萬壽宮。南帶黃河，北聳天壇，泃屬飛仙勝境，五樓騰輝，三閣輝彩，允稱第一名山。東有洗參井，燕邇之仙踪俱在，西留煉丹爐，承禎公之芳躅猶存。奈五代而後，屢經兵燹，宮殿樓閣，傾圮幾盡。賴有道人喬玄仲於萬歷年間，重修三清寶閣，易梁換棟，而規模復新矣。迄今年幾二百，運值兩朝，風雨飄搖，剝盡瓊室之色，□鼯往來，棲殘綺閣之春，致令飛簷三□□完瓦，層樓四面有餘寒。幸有羽士王合禮，虔意重修，苦於稞籽不給，因請功德主牛泰生、捴理張達孝，共修神宮。孝等亦以巨艱為慮。但善念天成，不忍中阻，復請首事侯玉成等，協同合宮住持，訂疏募化，共得兩千餘金。合禮於是，鳩工庀材，□僉俱廢，開工於嘉慶六年弍月，告竣於九年四月。三年之內，而周圍改觀矣。猗歟休哉！廟貌巍峩，碧影遙連霄漢，殿宇□輝，金波直射斗牛。峯巒映而嵐光合，松柏交而翠黛漂。清風入座，益昭恬淡之度。白雲繞檻，更著渾噩之休。斗拱簷牙，既凌空而□媚。蜂房水窩，亦乘虛以芳榮，輪奐之美，有加如此哉。此固神之默祐，而亦眾信士樂善不倦之力也。然要惟我國家平成有年，閭閻康阜，故光昭前烈，朝野同心焉。爰誌琪珉，用旌當代之善，垂諸異世，更異後起之賢。

邑庠生任俊德撰文。

門人李克昌書丹。

王屋山李國均篆額。

功德主牛泰生。

捴料理張達孝。

首事張法曾施錢□千文，侯玉成施錢一千二百文，韓大奎施錢八千二百。韓天斗施錢一千二百，張行梗監生李永成、張天貴施錢六千四百。王屋稅房劉宗義、王体立捐錢四千。喬文善捐仒四千，聶天富施仒□□，王純施仒十二千，李恒昌施仒八千，侯志功施仒二千，張大倫施仒五千。

---

[1] 捐納人姓名及銀兩，字多模糊。

掌院王合禮。

募化馮合道。

提點芮合坤。

住持李合明、刘玉、王魁、王春、張貴、翟教善、郭三、張□。

梓匠李文奎。

峕大清嘉慶拾叄年歲次戊長拾月穀旦。

（拓片藏河南博物院。王偉）

重修大明寺伽藍孤魂殿並金粧神像記

歲己巳，余偕友千之鄭君，數過寺中，則見善士擇善史君，不惜捐貨於伽藍殿，撤地繕修，於孤魂殿復然。又於中佛殿添肖羅漢十四尊，以足大衍之數。僧會司惠靜恐費繁不支，請本鎮眾商士，商士即欣然樂捐，以勸厥功。不數月而二殿宇暨諸神像，莫不煥然一新焉。余竊問於鄭君曰：君與史君協、思敬衛君、維屏王君，昔既同心丕作於前，次第而告成者，殿宇六、廊廡二、鐘樓一，今史君一人復力營於後，史君何獨樂此而不疲也。鄭君曰："伊固樂此不疲也。"顧予竊窺其衷，又非獨有所樂也矣。夫不聞玉枕素書所云乎：天有盈虛，人有屯危，不自慎，不能濟也。故人必先知自慎也。而慎恒以畏為本。士無畏則簡仁義，農無畏則墜稼穡，工無畏則慢規矩，商無畏則貨不殖。父畏則慈，子畏則孝。君畏則亂治，臣畏則勳立。是以太上畏道，其次畏天，其次畏物，其次畏人，其次畏身。憂于身者不拘于人，謹于小者不懼于大，戒于近者不侮于遠，烏有不畏而能有成者也。然則史君之勤勤懇懇，又奚獨樂此不疲也哉。余既見史君之篤於善，又聞吾友之言並知善，固有所申成焉，心悅久之。適僧會司感史君之善護法門，與眾商之助人為善，欲先即二殿之成以勒石，俟大功完備，更詳誌焉。徵文於余。余愧不能文，故即所見聞者次之，以為記。

己酉拔貢李士翼撰。

儒學生員劉化行書。

增廣生員鄭驥邁勸捐佈施金粧神像。

總理會首□□□□□□□□□□□□□□

施財善人：全盛店施銀七両，歐同松施銀五両，永合號施銀五両，衛靜施錢四千，劉瑞豐施銀三両，史義盛銀三両，鄭詳盛施銀三両，鹽□賈仲昌錢兩千，才原瑞施銀二両，□□施銀二両，和成號施銀二両，□仁興施銀二両。□祥盛施銀二両。趙永和、福昌鋪、兆合祥、三者公、西全盛、鄭同春，以上各一両五个。董三興錢三百五十文，又捐錢三百□，宜興□□捐銀一両二个。史明魁、仝心號、□□如、□□、□林，以上各一両。鄭遷德、東大成、福元號、鄭義聚、刘天德、鄭興成、鄭義盛，以上各銀一兩。李王明錢一千，劉永興錢八百，鄭新□艮一両，王□艮一両，三興染房艮一両，徐□魁艮一両，郭興奇艮七个，順應□錢五百，衛慶昭艮五个，王恩太艮五个，陳五同錢四百，衛可法錢四百，郝廷信錢四百，楊作仁錢四百，衛鳳臨艮五个，都會元艮四个，太和堂艮四太和堂艮四个，劉興通艮四个，王□哲錢三百，□東□錢三百，王錫艮五个，明興館艮四个，段立□艮二个，雙合興艮八个，呂幹旺艮五个，張應賢艮五个，王宗香艮五个，楊友成艮七个，李萬年艮四个，王守才艮五个，王貴艮四个，許建智艮四个，孫長法艮四个，劉一貫艮五个，王道任艮六个，衛鳳□錢二百，張榮光艮三个，楊永成錢二百，李門張氏錢一百五，王嘉朋艮八个，張法奇艮七个，李廷江艮七个，衛可會錢四百。

畫匠史臣義。

石匠范麟詳暨男得中鑴刻。

住持僧會司惠靜師弟惠均，徒惠銅、徒孫惠鈞、□、銀、銘、苹、葵、英、蓬、蔥 仝立石。

旹嘉慶十四年歲次己巳十月吉日。

（拓片藏河南博物院。王偉）

重疏永利河序

從來以法制者成功難，以德感者成功易，即如永利河渠，鑿山開洞，創自前明萬歷三十年，時若史公、石公、塗公，皆有成績，載諸邑乘。茲值嘉慶十六年歲次辛未，河道淤塞，難為灌溉播種之計。我邑侯何太老爺念切民瘼，不憚勞苦，親督工挑挖河渠，又委捕廉安老爺沿河巡查，凡厥庶民踴躍從事，不數日而工遂告竣。秔秋，得以灌溉，晚秋得以播種，千倉、萬箱，不卜而知，非我侯大德，淪肌膚而浹骨髓，烏能獲子來之效如是哉！《詩》曰："樂只君子，民之父母。"其我侯之謂與！因勒石永垂。

公名荇芳，字綺川，號三一，江蘇鎮江府丹徒縣人。

賜進士出身、勅授文林郎、知濟源縣事候補清軍分府捕廉名作桐湖北德安府雲夢人總理職員李瑞麟

邑廩生李步瀛拜撰。

邑庠生李步雲書丹。

上三堰捴管李位成，中四堰捴管商殿元、下三堰捴管郭壽昌。

老人郭虎文、柴存德、鄭有魁。小甲：李永同、賈萬昌、王世德、原有福、張□仁、

張大祥、趙學□。

老人任世錫、趙維祥、郭大本、牛大信。

小甲李應田、□□章、商□業、監生趙□□、李繼貴、□學達、牛文保。

老人崔士舉、栗天祿、韓光行。小甲：張順成、劉得盛、李尚志、陳紹尚。

住持郭一通徒李陽玉、李陽安、□□□。

石匠李光天、李光德、李光書。

仝立。

大清嘉慶十六年五月吉日。

（拓片藏河南博物院。王偉）

李氏宗祠碑文

從來水有源，木有本，人生斯世，孰無秋霜春露之感哉。特是年湮者易忘，世遠者難繼，家廟不立，則祖宗之靈爽無依，即子孫之追報何從？族譜不修，則先代之世係莫考，即後嗣之瓜瓞難繼，故立廟修譜，所關為最要也。我李氏本河邑期程人。粵稽先太高祖諱安，遷居覆背，閱二世，祖諱龍、諱鳳，追三世祖諱輦，於大明萬歷年間遷至濟源縣柿檳村，至今十有餘世，子姓蕃衍，雖子孫之福澤，實祖宗之培植也。餘輩久存報本追遠之心，而苦於毫無貲財，有志莫遂焉。自乾隆四十七年，棄祖遺覆背地一段，得錢若干，累年蓄積，至嘉慶十八年，置院地一所，合族又捐錢若干，遂於二十年創建祖祠，督修山門，庶幾，祖宗之昭穆，鼇然有序，子孫之支派，秩然不紊矣。自今以來，凡我子姓之衆，皆知出自祖宗一人之身，應無不疏遠薦忒嘗，當常叩水源木本之思於不替焉。是為序。

嘉慶二十年。

（碑存濟源市柿檳村。王偉）

李德崇祭祠碑記

□□庭後四十年，而伯琦又有事於濟，嘉應復同世職歟。復書于石，以彰神休。臣周伯琦拜于稽首謹記並書。義王倉巷蘇錡等供給，提點魏遺綱、李德崇掌祠。在庚寅正月三十日乙酉建。

濟源儒人王孝義摹勒。

□路濟源縣主簿劉伯原。

□本縣諸軍鼻魯勸農事知防事薛舜。

□□兼管本縣諸軍奧魯勸農事知河防事□八剌沙立石。

石匠張軌、孫戒刊。

道光十年。

（碑存濟源市濟瀆廟。王景荃）

皇清誥授中憲大夫山西分守河東兵備道兼管鹽法事劉使君（大觀）墓誌銘

【蓋文】

皇清誥授中憲大夫山西分守河東兵備道兼管鹽法事劉使君墓誌銘

【誌文】

皇清誥授中憲大夫山西分守河東兵備道兼管鹽法事劉使君墓誌銘

賜進士出身誥授中憲大夫晉封通議大夫前翰林院編修掌山東道監察御史河南彰德府知府長洲八十八叟吳雲拜撰。

賜進士出身勅授承德郎國子監司業前翰林院編修乙酉科四川正考官提督雲南全省學政辛卯科順天鄉試同考官加三級受業李棠階書丹并篆蓋。

山東劉松嵐使君與蘇郡吳雲為生死交，臨歿，執其子維歆、維崎手而遺命曰："我死必乞吳君銘予墓。"訃至，并以狀來。予為位而哭，蓋逡巡不能下筆者旬日。於茲顧義弗可辭，謹撮其大者書諸石。按狀：

君名大觀，字正乎，號曰松嵐。先世居萊之濰，明建文時徙於邱縣。七世祖嘉遇，萬歷間進士，官至山西按察使，為當時名臣。曾祖秉義，歲貢生。祖士繙，拔貢生，滎經知縣。父曰變，桐城知縣。生君兄弟五人，君其次也。年十八，補東昌府弟子員，旋食餼。為學使韋公謙恒所賞，謂其人及文有英氣。二十四歲，錢公載按試亦如之。舉臨清州拔貢生。蓋邱本隸東昌，後改臨清直隸州，邱為所屬，實自乾隆丁酉始。戊戌廷試一等，分發粵西，以知縣用，補永福，權馬平，調天保。先後丁母及父憂。起復，改發奉天，權承德，補開原，擢寧遠州。陪都大臣多薦其能，捐升道員。而官止山西河東道。君之牧寧遠也，當嘉慶五年，營造昭陵牌樓，會有議輦州治祖大壽故址移建者。君念丁運重累民，且大壽亡國臣，其故物亦不堪供上用。陳諸當道，事遂寢。城東釣魚臺為海口通商，旋封閉。君請復開禁。未幾，直隸水災，州氓以糶穀獲厚利，至今食其德。君既負吏才，思為時用。顧沈滯牧令，氣弗伸，乃援例納貲，乙丑冬，分發楚北，以道員用。仁廟召對，嘉其才，命記名。越三日遂有河東之特簡，蓋異數也。是歲晉饑，賑務三月將止。君至，力主展賑兩月之議，活數十萬饑民。其鹽法以往年課歸地丁叢積弊，乃晝夜苦心調劑，商民俱稱便。旋權山西布政使事。時中外想望，寖寖將大用。而巡撫初公不甚洽，又門下多蜚語搆釁。君掣肘憤甚，乃抗疏劾其失。初公以是罷，而君亦褫職。厥後邀恩給六品銜，君亦不復出矣。先是官粵西時，馬平積雨，柳江暴漲，城不沒者三版，呼號望拯。君謀諸營弁，募兵三千，立水中堵御凡三晝夜，城得完。晚居懷慶，值滑匪牛亮臣、李文成作亂。君著防守要略達總統，據以入告。上命總兵帥師駐清化鎮及三黃莊，聯絡聲勢。君復率家丁團練鄉勇得二千五百人。賊偵知懷郡有備，不敢窺，乃竄入輝縣，終被殲。君儒者，未嘗臨行陳，而事機猝發，逆料如神，果決有斷制，雖知兵者弗逮。平居喜與雄偉大將才同往來，異日品第人物者可想其英概焉。嗟乎哉。輪囷合抱之姿，且夕不經見而又未嘗乏也。□□者既生之，日月照焉，雨露濡焉，而弗令建長樂之宮，構含元之殿。卒與朽株枯木同，豈不可悲，可惜也哉！予□君《玉磬山房集》，中年以後，詩沉雄磅礴，時露其氣於弩張劍拔間，恨不能起九原而一問之也。

君長身玉立，美鬚髯，能飲酒，工詩及書。其詩壯年與高密李石桐少鶴相切劇，後稍放。既罷官，無所發抒，愛懷慶山水竹物之勝。有買姓者，空其宅數年矣。君願得之，既立券，又召其人來。謂我乘人之急而獲產，不祥。復與若金如千。買姓者羅拜去。君退謂其繼室張曰：吾欲令後之賣宅者亦得主若是也。又於濟源置生壙。太守張珽延主覃懷書院山長，教誨將二十年，舉鄉薦者十九人，三人成進士，有官至臺閣者。性慷慨好施，赴人之急，居懷常空乏，然恤鄰人萬氏之喪，瘞其九世十二柩。其勇於為善，類如此。中年孕嗣多不育。逾七旬生歔及崎，今俱成立。清白傳家，齒臻耄耋，蔚為人望。大河南北尊之曰松嵐先生，其亦可以無憾矣夫。

君生於乾隆十八年四月五日，卒於道光十四年三月二十三日，以明年三月二十六日瘞於濟源三河□之新阡。當乾隆庚戌、辛亥間，君來吳始相識。厥後邀予遊寧遠。君至京，恒主予家。曩在相州相聚者百日。前二年，君壽八十時，久不得予札，訛傳予卒，傳書問所知月日，予大笑。今予僅存，而君則長已矣。無以寄哀，為之銘曰：

厜㕒王屋，西拱羣山。維沇及濟，靈壑攸環。左龍右虎，金鎖幽關。繄卯金之寓公，迺藏魄於其中。余既不能乘素車而陳奠兮，翩屍輪其御風。召趾離使執紼，俄朝旭之升東。

道光十五年三月。

（拓片藏河南省文物考古研究所。李秀萍）

皇清誥授榮祿大夫振威將軍御前侍衛贈太子太保欽賜西哩德克巴圖魯賞戴雙眼花翎紫禁城騎馬福建人全省陸路提督欽賜男爵世襲子爵世襲諡昭武馬公墓誌銘

【誌文】

皇清誥授榮祿大夫振威將軍御前侍衛贈太子太保欽賜西哩德克巴圖魯賞戴雙眼花翎紫禁城騎馬福建全省陸路提督欽賜男爵世襲晉子爵世襲諡昭武馬公墓誌銘

賜進士出身誥授通議大夫欽加按察使司銜分巡福建臺灣兵備道兼管學政事前翰林院編修加三級紀錄五次富陽周凱撰文。

賜進士出身誥授通議大夫直隸提刑按察使司按察使兼管全省驛傳事務加三級紀錄六次

受業托渾布書丹。

　　道光丙申冬十月，御前侍衛、福建陸路提督、世襲子爵馬公薨于閩南軍府，天子聞訃，徹樂減膳，震悼不已。晉贈太子太保，諭賜祭葬，賜諡昭武，敕祀昭忠祠。特命曹州府知府祭告于家，宣讀御製祭文，飾終之典，海內榮之。其明年春，公子應圖等扶公子柩歸葬於盤谷之原。將行至書於余曰："曩者先公之鎮河北也，因愛濟源山水而營生壙焉。不孝等勉承父志，窆茲幽宅，敢乞一言銘諸墓。"伏念昭武公勳冠當時，名聞徼外，雖古名將蔑以加矣。余前守襄陽，與公之季子宏圖為寮友，既又與公同官閩南，曾編次其戰功紀略，兩世交誼知公最悉，盍敢以不文辭。按狀：

　　公姓馬氏，諱濟勝，字建業，山東曹州府荷澤縣人也。曾祖奇玉，祖天福，父士龍，潛德弗曜，積善餘慶，皆以公貴，贈振威將軍如其官。曾祖母麻氏，祖母郭氏，母郭氏俱贈一品爵夫人。公生而果毅，膂力絕倫，稍長不屑為詞章之學，遂棄詩書，習騎射，談兵法，凡握奇風角奪槊跳刀之法，靡不殫究。尤善手搏，能持梃斗白刃，兩目不眴轉，有異人相之曰："君鷹揚虎怒，霆擊犬厲，形貌似班定遠，膽氣類周盤龍。年過五旬，建功立業，萬戶侯可力致也。"公益肆力，遂入武庠。

　　嘉慶元年，秦、楚、巴、渝教匪滋事，徵齊魯兵兗州鎮如募豪傑，公首應募，及出師名不掛籍中，公抗然請行。啟總戎曰："食焉，無避賢者之節，乘時奮庸志士，不忘男兒當以馬革裹屍，效死疆場，豈忍伈伈倪倪作守陛者，以沒世耶。"總戎李公壯其志與偕往，至則寇氛方熾，進剿未竟。公獨以摧猛敵，遏亂略為己任。一日，率二騎偵賊於房竹萬山中，突遇賊數十人，鼓噪而來，其三騎已斃於前，獨執梃馳騁於嶔崎虎梟間，且戰且走，陷大澗，自度不免，乃仰天大呼，馬蹩足而過，賊亦踵至，墜馬佯死。賊喜，就之。蹶然而起，以梃擊賊，奪其刃連殺十二人，餘驚怖散去。將返轡，則已月落參橫，夜色沉黑，崖岩壁立，不知所往矣。方愕錯間，忽聞呼其名曰："隨我來"，導之以行，行略數十里，聞鈴柝聲，始達營壘，回視無他人，以為神助。在昔王僧憺之聞空中語，魏元尉之見白頭公，何以異？是而要非公之忠誠不能感格也。將軍永公襄州鎮，福公嘉其勇，令隨營，每占必以公先，公愈奮厲。聞梟賊屠士龍與賊首構隙，欲間諜擒之，士龍率其眾來攻。公去其冠，以白布裹首，撲入賊隊，士龍方騎馬渡河，飲于中流，公以矛竿壓賊項，僕于馬前，驚問之，公作楚語曰："樊某令爾往見"，握其髮，策馬而逸，至經略惠將軍營，將軍白旗人，旌旗皆白，士龍猶不覺為所虜也。及入見，方知其詿已，遂置于法，而以外委授公，人咸服其智略。及隨將軍惠公、經略額公打破天鵬寨，進獲羅其清九人，遷把總。麻巴寨之戰，用鎗擊死股首冉文疇，請旨賞戴藍翎。首逆冉天元之蠶噬江油也，眾號十萬，後乃軍于龍山寺設柵自固，屢敗官軍。綠旗士卒莫敢櫻其鋒。即吉林索倫之健兒亦莫有過而問焉。仁宗大怒，嚴責將帥，褫經略職，俾戴罪行間以自贖。經略惠公痛恨逆匪，急欲剷除，調各省兵營，於對面山上以圖進剿。相持數日，公請於總戎願劫其營，總戎李公不可。公奮然曰："若事之捷，歸功于帥，不捷則殺某，以謝經略，于公何尤？"李公見其志不能奪，許之。公率奮勇卒數十人前往，甫登山梁，賊以石擊公，顛蘇而復上，賊見其血漬袍袖皆赤，防稍懈，直薄其壘，擒十數人以歸。天元怒，悉眾出戰，經略亦督我師迎敵，駭聲雷殷，矢如雨下，自辰及午，短兵相接，公望其旗幟，察其眇伍曰："烏合者無律，可一鼓擒也。"揮刀橫槊，策馬直入賊營，生擒冉天元。我兵乘勝繼擊，斬俘數百人，餘眾悉降，歸，獻天元於經略，經略大喜，且掖之起曰："使將校皆如吾子，吾無憂矣"。奏聞仁朝始知公名。欽賜西哩德克巴圖魯，換戴花翎。一時軍中無小大皆呼之為馬巴圖魯。賊人謠曰"能遇南山虎，莫遇馬家巴魯圖。"其為敵人所懾服如此。既又生擒賊首龔建、雷四旺，遂於南漳上龕夜砍賊營殺賊。殺賊受創，升守備，恩賞白玉班子一枚。房縣賊首張世舉者驍勇善射，據八卦廟，公以一矢殪之。旋又殲氛首逆樊仁傑，賞白玉翎管一枚。轉遊擊，川楚平，大軍奏凱，以竹溪營遊擊班師及善後事宜進呈。追敘防堵川賊功，又獲賞玉翎管一枝，大銀牌一面。公職任偏裨，其名已受知。仁宗人以李膺為烏桓校尉，漢帝聞其能方之雲，居二載，以俸滿例升葦蕩營參將。時淮黃不驚，堤防無恙。而江淮細民違例販私者，相望於道制府曰："非馬某不能當是任"，檄公權金陵城守副將事以緝捕。公履任設棚卡，添巡邏，每策一騎，周覽江湖泥塞，搜訪宵小串匿之所，未數月拿獲鹽梟，私鑄私硝各犯一百二十餘名，械送大府。

嘉慶十八年，秋雨連旬，江湖淮黃一時漲發，有薦公於河帥曰："馬偏將非特軍中灌絳，亦治河之賈魯也。"河帥先以葦蕩參將知公調署河標副將以防汛，躬負版鍤，率弁兵，立大雨中搶險，堤賴以固。九月初旬，河東妖人作亂，曹、單、滑、台同日賤官，公奉調率所部赴剿曹、單，公故里地利熟悉，乃扼其咽喉，出其不意，縱火燒殺。賊首劉丹宵拿獲，渠魁楊繼幅斬首千級，俘獲數千。餘黨串歸滑，追奔二百餘里，進圍滑城。滑城破，振旅南旋，補蘇撫中衡驟遷河帥中協。朝庭論平滑功，兵部檄取引見，仁宗敕下軍機處記名，特簡河北鎮總兵官入觀請訓，晝日三接，詢問戰功，輒加溫獎，奏對稱時，賜克食命赴新任。公演常恐滑氛甫熄，遺孽未盡，駐節後勤加操練以戒不虞，且於弁兵中選其材可造就百餘人為一軍，教以手搏及練膽練心練目法，必至鋒刃交下意氣自如，眼不眴轉，然後已自今有精其法者曰："馬將軍為吾儕恩師，實吾儕恩師也。"河決馬營壩，興辦大工，公奉命移軍工次，在工人夫數百萬，賴巡查彈壓，以安。謐恩賞加一級。

道光元年，今皇帝御宇，公以列當陛見，謹將練兵情由繕摺呈覽，召見時，置公奏於御案，條問之。公一一詳對，上嘉納焉。旋有浙江水師營提軍之命，公辭以壯人不諳水戰，恐負皇上委任之意，叩乞天恩，另賞差事。上喜其誠樸，改命福建陸路提督。先是福建提督，以官尊不甚理事，凡諸營務一委中軍，兵惰將驕，習以為常。公感兩朝知遇之恩，益思報效，更念閩南為瀕海要地，在在可慮，於是，簡卒伍，修軍仗，習戰備，謹斥堠，如光弼將軍旗鼓一新。臺灣黃斗奶、黃二武叛，制軍孫公航海辦理軍需，公移營廈門，為接應護運糧餉，督修余皇，凡戈甲苔苓，莫不應期而至。既藏事，上加優獎。

十二年冬，詹通、張丙、陳辦等據臺灣作亂，墮城，殺長吏，所至騷然，全閩震動。臺帥劉廷斌為賊所敗，退保嘉儀，飛章告變，請授各鎮府軍書傍午。公聞信，調所節制兵，一時未集，先率麾下勁旅二千人，由廈門放洋進鹿港，登安平，直抵府城，營於城外。探知劉鎮困圍嘉儀縣中，南北道梗塞，賊衆四萬餘，往來洶洶，鴟張豕突。臺屬唯彰化一邑屯賊尚少，他若臺灣、鳳山，青燐遍野，白骨盈衢，已不堪其蹂躪矣。而嘉儀為甚。公訊問之，髮指皆裂，誓不與賊共天日。即撥營次軍茅港尾，直抵賊巢。賊率四萬衆，拼死拒敵，三戰三捷，解嘉儀圍。次進鹽水港，又克賊。遂攻鳳山之阿緱，盡捷而克，逆授首矣。蓋公之駐臺也，未及兩月，每出陣，用曹劌再衰三竭之法以誘賊，必等賊之鼓譟疲弊，然後，身先士卒，弓冒矢石，遠用鎗駁，近用弓刀，風順則放火，彈叢曲則施鉤戟，應手稱心，動合機宜，賊方驚公至之速也，如從天降，又見我兵人人勇躍，莫不以一當百，倉皇失措，褫魂慴魄，股栗色變，自相戕殘。我兵乘勝擊殺，大呼陷陣，十戰十克，生擒首逆詹通、張丙、陳辦等，獻俘京師。次又擒其偽軍師、偽元帥林欲沂等數十人，陣斃斬俘數千人，沉溺于水者亦數千人，獲其偽印數顆，旗牌數面，銅鐵大炮、火鎗軍械不計其數。時方徵各省兵三萬來援，行未半途，而公以二千兵十戰，擒渠之捷書至矣。《詩》曰："一月三捷。"《傳》曰："滅此朝食。"公其有焉。上深嘉公之能敵愾也，諭旨褒獎，謂其功較羅思舉、余步雲之剿撫猺匪，尤為鉅偉。特賜男爵世襲，賞戴雙眼花翎，軍功加三級。班師後，奉詔入都。入見時，喜公年屆七旬，精神強固，追錄平臺之功，優加恩賞，晉子爵，賜紫禁城騎馬，御前侍衛、嘎什哈按班及上方珍幣無算，命隨駕幸中正、萬善、大高各殿御門辦事，誠異數也。是役也，所調各省兵每以支餉致譁，獨公部下秋毫不犯，經過處人不知兵，上又喜其訓練有方也。特頒御書"福壽"二大字、"忠勇嚴明"匾額以旌其志。明良之遇，眷顧之隆，千古罕妣焉。

公起家營校，歷事兩朝，出師五省，血戰三百餘次，身被一十七創，擒殺克逆二千餘名，致位上將，列爵分茅。非有叔子之忠、鄂公之勇、周條侯之嚴、李西平之明，烏能若此哉！家本寒素，能耐艱險，性尚儉約，不事浮華。雖置身貴顯，而粗衣糲食，臨深履薄，與士卒共甘苦，懷撫士卒，曲盡人情，故得其死心。卒能以少勝多，以寡擊衆，摧枯拉朽，如掃落葉，所向無敵，而功施社稷矣。時方倚為東南長城，而公遽騎箕尾。宜乎！天子罷朝，軍民巷哭，星隕于天，馬鳴於櫪，而識者猶惜其敷施之未盡也。

悲夫，公生於乾隆二十九年十一月十一日丑時，薨于道光十六年十月二十一日亥時，享壽七旬有三。配夫人蔣氏，誥封一品爵。夫人賢能有德明大義，公之從軍也，夫人實贊之云。子四：長應圖；次鳳圖；次壯圖，欽賜蔭生，甘肅寧夏府通判；次宏圖，湖北德安府隨州知州。女子一。孫八：長鳴球，監生；次秉琨，湖北候補知州；次鐘瑛，監生；次兆琪、振乾、兆奎、秉瓚、文升俱業儒。曾孫九：錫蕃、錫秬、錫碬、錫三、錫純、羨錫、圭錫九俱幼。將于道光十七年八月二十日葬公於盤谷之西。阡銘曰：

䶒䶒將軍，一世之雄。倜儻神勇，投筆從戎。殺敵致果，移孝作忠。東驅甌獠，西靖蠻夤。島澄鯨浪，燧息狼烽。陣衝矢石，戰接艟艨。黑山甲罷，黃巾摧鋒。威昭義立，烈偉功豐。余司水政，江漢朝宗。

天子曰咨，惟汝之功。賜爾秬鬯，廬矢彤弓。爵列五瑞，秩視三公。旗常載績，帶礪酬庸。□□□孫，世守無窮。公拜稽首，對揚宸楓。□□□□，際此遭逢。涓埃圖報，盡瘁鞠躬。朝□□□，□□悲風。事聞於朝，璽書褒崇。□□□□，□□異數。恩澤千秋，俎豆昭忠。祠中太□，□□之東，祈連冢大，閟此幽宮。穹碑百尺，□□□隆。靈兮歸來，嗚呼我公。

道光十七年八月二十日。

（墓誌存濟源市濟瀆廟玉皇殿內。王景荃）

馬公之墓[1]

馬公之墓
道光十七年八月。

（碑存濟源市濟瀆廟玉皇殿內。王興亞）

重修盤谷寺月臺記

盤谷寺，濟邑之靈刹也。窈深奇秀，佛閣壯麗，大殿前依匯一池，清冷澄澈，毛髮可鑒，禱雨者就池取水，即沛甘霖。去夏，雨澤愆期，東街社眾虔誠往禱，雨即應驗，至其靈應不爽如此。惟歲久石臺傾圮，池亦稍涸。社眾慨然倡率修舉，不越月落成，加鞏固焉。將見泉脈流通，源分法沫，往來遊人亦可濯沿矣。費凡若干，諸善士出財力及金石蜃灰之屬，別泐詳志。

道光庚子中秋癸亥日記。

在城東街合社仝立。

石工黃玉修、常進禮、李王訓、李朝剛。

（碑存濟源市盤谷寺。王偉）

贖回井契碑

嘗讀《易》至井汲之古，是知井□□養，人所賴以生活，不可一日或缺者也。北社村東頭街北，古有此井，吃水三十餘家，相傳數百餘年，並無異說。獨有苗金章年老無依，忽起風波，將井暗賣于姚大成。彼非吃水之户，眾皆忿然不平。幸有苗萬富就中處說，共捐錢文。苗金章已故，同彼堂孫苗群使錢三千文，將契贖回，與苗姓無干。恐契失落，聊

---

[1] 據傳，墓門兩扇，另一扇上書"振威將軍"，於今未見。此石上無署年月日及書丹者姓名。

志數語，相傳於後，皆知井係夥井，不無後患。勒石刻銘，以垂不朽云。

道光二十六年五月初五日。

(碑存濟源市北社村。王偉)

荊王村咸豐三年水災碑記

此地當漭水之中，其西北一曲尤急。每夏日雨甚，波濤洶湧，駭人心目，賴石堤鞏固幸免崩決。然瀕於殆者數矣。道光二十八年七月二十一日，水暴發，人習以為常，未之備。入夜，雷雨交作，水大至，延堤而上，村中婦女老幼戚戚然不知所之。但聞水聲揚沸，牆傾屋陷，以及人語呼號，驚心動魄，莫可名狀。天明水退，計點房屋淹塌一百七十餘間，甚有壓殺其中者。災民無貧無富，家積掃地一空，居處衣食等付之無如何而已。邑宰徐公聞其災，親臨檢勘，賑錢三十餘千，稍濟涸轍之急。越今十有餘年，村眾勤儉積累，漸復舊業，惜地基田界往往無文契可稽，則當日沒於水所致也。古云有備無患，況經大災之後，為監未遠，我村人富勿吝財，貧勿惜力，有可以捍水不氾濫者，當時而為之。謹序被害情形，以勸工云。

咸豐三年。

(碑存濟源市思禮鄉荊王村。王興亞)

重修頂上東西兩配殿正陽門頂下龍王廟王公王母殿劉陳二仙廟韓文公祠八仙閣碑記

粵稽有功德於民者則祀之。自來立廟崇祀，凡以為民也。吾濟天壇頂，為邑名山巨鎮，其上廟宇森列，歷年久遠，漸就傾圮，神像甚至暴露，戴瓦枕籍相承。良嘗偕邨眾禱雨，見之，心竊憫焉。因囑善婦衛李氏等，四處募化，望樂施好善之人，為集腋成裘之舉。迄於今，頂上東西兩配殿、南天門頂下龍王廟、劉、陳二仙廟、韓文公祠以及八仙閣，依次煥然一新。自是有功德於民者得所憑依，而居民庶可藉崇祀以展其祈報之誠焉。爰勒琅珉，一以誌募化之勞，一以誌施財之善云。

太學生邑人衛良薰沐撰文。

天壇頂提點黃元亨沐手敬書。

修工善婦本邑西軹城衛門李氏。

本邑馬洞：監生何玉貴施仝四千文，何秦氏、何王氏、何鄭氏、何李氏、何陳氏、何楊氏、高何氏、吳何氏、何姑娘、王在印、鄭守成，以上一家各仝一千文。

西軹城：衛環章仝四千文，劉鳳初仝二千文，李□□仝一千文，趙周氏仝三千文，馬應吉仝二千文。

沙樓：侯桂林亼五千文，陈生全、陈生德、來廣昌、李守义、王振昌各亼一千文。

石村：呂韓氏亼一千文，呂全祿亼一千文。□□□太亼二千文，□□善人等亼一千文。□齊氏亼四千文，□□成書亼三千文。侯得善、任圣寺高凤章、刘庄王在仁、王在孝各亼一千文。李逵仁　二千文，王甫仁、□員庄、喬張氏、曾廷林、曾合林各亼一千文。曾廷魁亼一千文。

□村沙希公亼四千文。

南姚村共捐亼二十一千八百文。王□共捐亼三千文。石板□李元根亼三千文。二里橋共捐亼一千文。張片庄共捐亼二千二百文。竹泉村共捐亼四千文。水磨村共捐亼三千五百文。郎樓共捐亼一千六百文。上官□共捐亼五千五百文。麻陵村共亼八百文。曹庄共亼一千文。□山庄共亼二千文。□□庄共亼六百六。韓□公邦工。中王村共亼十五千文。許繼先共亼一千二百文。黃龍庙共亼五千文。訓掌北社共亼五千二百文，南社共亼三十千文。西六村共亼四千文。赵村共亼五千四百文。西軹城共亼六千二百文。軍頭共亼六千文。北辰村亼七千文。燕庄共亼六千九百文。辛□起□□一道。未軹城共亼四千三百文。沙腰共捐三千三百文。王虎共捐亼四千□百文。馮喜順亼□千文。官樓村亼共四千文。東坡溝共捐亼四千六百文。澗北村共亼七千文。栢林溝共亼四千文。坡底村共亼三千五百文。□嶺村共亼三千九百文。西石□□共亼三千三百文。北勳共亼三千二百文。□□□共亼三千二百文。□□共亼三千二百文。□溝共亼三千二百文。金□村共亼三千文。石□村共亼三千二百文。西□崖共亼三千四百文。□□村共亼四千二百文。刘家庄共亼五千三百文。曲呂村共捐亼三千三百文。冶戍鎮共捐亼三千八百文。馬洞共亼八百文。三教共亼六百六。北官橋共亼四千文。下官橋共亼三千文。左山共亼二千四百文。宋家庄共亼二千二百文。刘庄共亼三千文。上下观共亼三千文。城內□共亼七千文。韓院村共亼三千文。南□□共亼三千文。

石匠党玉順侄廣成施錢一千文。

咸豐六年二月十五日。

（碑存濟源市盤谷寺，拓片藏河南博物院。王偉）

重脩藥王殿碑誌[1]

古廟宇創建于前，重修於後，歷代帝王則祀之以誠。予嘗謂行善之家，□□□庇之天必之裕之如，□□□之善惡之報，□□近視無□□之本□□無生樓下及藥王□像，創建於乾隆年間，久風雨傾頹，本□□事□□之飭於□□□予之手，□□□煥於新，□□□施財刻之于石，□□表前人之□□□雙，繼後人之□□嗣□□□如□□，更為修理補□□，或□□□必□□□記。

---

[1]　此碑字多模糊，/後残。

本宮提點黃元享撰並書。

本邑西軹城衛門李氏金粧神像□□捐錢九千四百文。開山會施錢一千二百文。張郭氏、□□成、振風各錢一千文。□□□永合窰。興順窰共錢一千五百文。鄭楊氏、□李氏□□仝造暖閣。/

各村信士：李立照、郭永輝、郭元、□□□、朱□□、□瑞，以上錢九百文。李元福、郭馮氏、郭五氏、刘建頌、刘玉德、李又方、/太順信、郭文祿、大□□、李登玉、李珍、□龍光、郭治國、郭福元、祥興店、李全喜、郭五福/常□亮、□□□、秦紹山、李允裕、李宗瑜、史宗氏、郭張氏、郭位來、王學光、于善賢、□□氏/郭成氏、王段氏、郭德君、武□春、喬虎文、喬虎□、喬□辰、喬捐王、王永義、黃振全、段自孝、/□土本、趙興、岳廷元、任□喜、王应成、秦紹、□紹順、張百成、王景昇、李占國、□元順，以上各錢二百/

石匠党廣成刻。

畫匠趙松。

木匠李同德、刘進忠。

瓦匠李明淵、燕明學、譚明壽、董明海、喬明洋。

本宮當家提點司黃元享，徒來明月。

旹大清咸豐六年三月吉日。

（拓片藏河南博物院。王偉）

關門啟閉碑

酌定關門啟閉時刻，以示限制事。照得封門口為豫、晉兩省出入門戶，本部院前以舊關塌廢，亟應修建設防，咨商河南撫部院，委員會同濟源、垣曲等縣合勘重建。茲據該委員等具報工竣，察關門啟閉有常，不可漫無限制。為此，示仰弁及過往軍民人等知悉，每日黎明開關，定昏閉關，該弁眼同上鎖，無論風雨，必依時啟閉。凡過往行人，多須留心察看，如遇實有行跡可疑，始許盤詰，送垣曲縣究問。夜間分班值守關樓，兼在附近巡查，不許曠誤。遇有叩關者，該弁即親詣查詢，實係本地良民，方准開關放行，該弁不得故意留難，絲毫需索，致干重咎。往來行人，也不許藉端生事，有干並究。毋違。特示。

咸豐六年。

（碑存濟源市封門口。王偉）

皇清例授修職郎附貢戀菴燕公（芳春）暨德配例封孺人翟太孺人墓誌銘

【盖文】

皇清例授修職郎戀菴燕德配例封孺人墓誌銘

【誌文】

皇清例授修職郎附貢戀菴燕公暨德配例封孺人翟太孺人墓誌銘

公諱芳春，字戀菴，世居濟西十里許白澗村。曾大父諱朝梁，貢生。大父諱有典，貢生。父諱克嶧，貢生。代有厚德，而公尤老成。初，余儒業公之鄉時，尚幼，未習世故，因莫與公接。然觀其衣冠古拙，舉止不苟，實心儀焉。越數年，余復舌耕於茲，公已卒，稱公者猶不絕於口。余因得悉公之為人。公富甲一鄉，無富色。每與人遇，退遜若不自勝。同異姓或有不給，酌多寡而與之粟，弗少吝。親黨有貧無資者，周給之，不使乏。以故鄉之人，羣推為長者。且其人尤輕財好義，修大梁城河朔書院及本邑書院，悉倡捐勸欵，勒石著名，今可考而知也。由是觀之，彼慳吝之徒，粟紅而不肯濟人之急，貫朽而不肯勸事之公者，殆未可同年語矣。雁行二，公居其次。析居後，猶問兄衣食，有司馬溫公之遺風。事兄若此，不獨事父母以孝聞也。幼酷嗜學，以家務繁，不克卒業於儒。因授國子生，後又舉貢士焉。

生於乾隆五十四年二月二十九日巳時，卒於道光二十六年四月二十一日丑時，享壽五十有八。德配翟孺人，生員諱位南公女，有淑德，善治家。公甚得內助力。公卒後，展親卹鄰一如公。丁未，歲饑，有李氏二子餓幾死。孺人憐而買之，二子得不死。而李氏一家因得錢亦賴以舉火。後釋二子，歸李氏。李氏感德，懸匾於門。壽七十五歲。以乾隆四十九年五月十一日寅時生，咸豐八年二月二十日子時卒。子三：長偀，江蘇候補巡政廳，娶世炎李公女；次仁，三修，俱國學生。仁娶貢生元根李公女，修娶永玉王公女。女二：長適從九張驛，次適劉學純。孫一，修出。孫女六：偀一，字山西候補督捕廳宗適李公子。仁三，長適顯榮張公子，二女幼，未字。修二，亦未字。咸豐三年夏，粵匪逼近，權厝公於祖塋。今年三月二十四日申時，并合葬孺人於公之壙。銘曰：

世雕琢而失真兮，公獨守其素。抑狹隘而鮮容兮，公獨有其度。令人憑弔欷噓而不忍去兮，實維公之墓。青松古柏閱千載而長留兮何，莫非鬼神之呵護。

邑庠生李士醇拜撰。

邑增生成嘉祥拜書。

邑庠生劉樸拜篆蓋。

咸豐八年歲次戊午三月吉日勒石。

（拓片藏河南省文物考古研究所。李秀萍）

重脩戲樓並金粧神像記

【額題】皇清

本邑庠生解俊撰書。

咸豐拾年秋，增重舊制暨塗金畫，越明年，厥功告竣，年老者徵文於余。余謂聶公行誼前人備述，欲筆無端，老者曰非是之謂也。夫人美不自美，因人而彰，平居聞一善言猶載，追其姓字，詰其生平所嗜好，以想見其為人。公恩在疇，昔事傳史列而復像之於斯，意使天下思之心而存諸目，存諸目固其思之於心也。今者友善士善四方，同而葺之，俾其煥然可瞻。凡人之遊覽於茲者，不幾目遇而神思乎。余曰然，以□記之焉可。

募化善士李水啟、衛京立、趙一□、張玉車、趙洛庵、貢生劉誼、曹際平、□□用、□□興、張□祥、陳杰、徐耕□、張□太、□昌、吳發富、李土玉、趙廣敬。

欽加守備銜濟源□守□把總加三級紀錄八次聶世混施仝小弍千文。□□□□□□□□□□

首事[1]

木匠□□□。

石工□□□。

咸豐十一年。

（拓片藏河南博物院。王偉）

皇清處士環碧王公（文楷）暨德配郝氏合葬墓誌銘

【誌文】

皇清處士環碧王公暨德配郝氏合葬墓誌銘

舉人愚晚李慶昌撰并書篆蓋

環碧公，濟西澗北人，天華公長子也。性孝友，嗜學。自髫齡讀小學，輒思身體之。晨夕侍寢間，每飯必親視寒暖，列匕箸，深愛之，色達於面目。兄弟四人，翕如也。稍長，力心性之學。座右銘率以正心持志，熟讀精思為要。文學必法古名家。奈數奇，屢試不售。道光十五年，疫大作。父染疫，家人咸惴惴，公左右扶持無少懈。無何，公亦病，竟與父相繼歿。惜哉！公享年三十二歲，生於嘉慶九年，卒於道光十五年八月二十五日。

公諱文楷，字正心，環碧其號也。曾祖宗秀，祖德明，以勤儉起家。至公，門繁書香矣。公德配郝氏，訓掌村希周公女，亦賢淑，後公三月卒，享年三十四歲。子二：長永合，於同治六年卒。妻牛氏，今在室；次本仁，郡庠生，娶孔氏。公三弟早卒，遂以本仁嗣。女一，適李世平。孫二：長顯同，業儒，早卒。妻李氏，今在室。次小同亦早卒。本仁，余窗友也。同治七年，本仁念本生之恩，將以十一月十一日合葬公夫婦并公二弟夫婦於村北新阡。以公長子附焉。囑余為誌，遂誌而銘曰：

端莊其貌，嚴翼其神。孝友力學，渾然性真。仙遊早歲，遺徽在人。伐石瘞壙，庇蔭無垠。

---

[1] 首事七人，下為捐資者姓名，列十二排，每排十八人。字多不清晰。

同治七年十一月十一日吉旦。

（拓片藏河南省文物考古研究所。李秀萍）

偕友遊濟瀆祠記

　　我聞濟水之源出王屋，上有天壇左盤谷。今者乃在濟城外，距城三里偏西北。小成村落陡然逢，神祠一抹斜陽中。儼然王者真黃屋，氣□不與尋常同。憶昔高宗巡幸日，獨於濟瀆未臨蹕。已瞻泰岱仰嵩高，恐廢春耕妨農磋。域內山川盡正神，特頒宸翰遣疆臣。代朕只祝黎元福，與物同遊萬古春。我本中州舊令尹，責筆仙源尋幽隱。案牘餘閑結伴來，山靈應笑請回軫。仰瞻殿陛實鬼崴，廟貌威儀垣赫多。詛當刧火新罹後，斷煙零落傷如何。殿前古柏留餘翠，殿後靈源清且美。古柏青青源益芬，天然造化何能毀。獨聞濟水乃伏流，山川靈氣迥不侔。在地尾閭原當泄，在人真水頗難留。位乎正北色尚黑，乃出自然示無忒。內經編列識性情，穿河渡澗伏而行。此是靈源真面目，濟人濟物本生成。如是我聞誠遠大，關係反覆憂天墮。此水若逢源竭時，乾坤應也愁無那。莫言此說屬荒唐，萬象森羅總□茫。凡是有形終有盡，敢告山靈何加妙，合無盡藏。

　　前署杞縣事升任信陽州知州謝公印棻與署縣事邑侯丁公世選，稱莫逆交。延爲上賓，司刑鏤事。昔歷任鹿邑、柘城、襄城、延津、新鄉、杞縣，到處有惠政，民蒙其福。公在新鄉時，余因奉文□上道，經其地，曾謁見之。回憶曩昔已逾十稔，今適相值，款接如故，是公居官則公正廉明，交友則久而能敬，古之遺愛，公誠有焉。濟邑得賢人之佐，固賴丁公之知人，莫非一時，因緣之遇合，群稱得賢人之助，亦邑人之福也。茲同遊濟廟，作詩記事，更爲前人所未及，余甚愛不朽云爾。

　　濟源縣教諭董嵐書丹。

　　五品銜太醫院吏目魏定安立石。

　　同治八年夏月穀旦。

　　石工常天合刊。

（碑存濟源市文物保護管理所。馬懷雲）

重修七星殿序

　　【額題】皇清

　　於咸豐乙卯，遊天壇，登絕頂，雲霧生懸崖間。觀奇峰者，必俛而就之。南望河水如帶，伊洛嵩邙在指顧間。北曾巒遞迤，直達燕都。右顧三秦，左瞻滄海日出，喟然興歎，謂天下之大觀在是矣。迄今歲星一終，而景狀在心，了如指掌，恒以未得重遊爲憾。適有李公三元來自天壇，囑余曰："余重修七星殿，而楹金粧神像。工告竣矣，其中捐貲募化，鳩工庀材，有道人元亨勸其事，請先生序焉。及細詢其故，乃伊大父天才公之命而成。"余與天才公不識面，想亦疎財仗義，好登高遠眺，出其善心，而為此或盛公也。故援筆而為之序。

例授修職郎候選儒學正堂東關陽□盧錫綸撰文。

修工功德主李三元篆額。

紫微宮住持黃明高書丹。

李□施錢拾千文，□忠施錢弍千文，杜□法施錢弍千文，衛如禹施錢弍千文，周□□施錢弍千文，杜慶寶施錢弍千文，□生黃永施錢弍千文，杜慶寶施錢弍千文，李殿永施錢弍千文，王興邦施錢弍千文，□懷吉施錢弍千文，□生曹□□施錢二千□百文，□生張玉成施錢二千文杜如會施錢一千文，董□有施錢一千文，蔣世和施錢一千文，曹國奇施錢一千文。□全忠施錢一千，二百文□如學施錢一千文，□天施錢一千文，杜慶公施錢一千文，□明□施錢一千文，□孔富施錢一千文。□□平富施錢二千文，□□□施錢一千文□□天施錢一千文，天學施錢一千文，劉俊魁施錢一千文，起法施錢一千文，杜和□施錢一千文，□□□施錢一千文，張六行施錢一千文，吳元□施錢一千文，張有寶施錢一千文，杜□□施錢一千文，杜□□施錢一千文，杜□□施錢一千文，曹門□氏施錢一千文楊門□氏施錢一千文。

大清同治八年孟秋月吉日立石。

（碑存濟源市盤谷寺，拓片藏河南博物院。王偉）

重整濟瀆廟會規碑序

【碑陽】

【額題】程式永重

蓋聞前人創之，尤賴後人繼之者也。凡事皆然。而會事豈獨不然。隨［隋］皇建廟以來，舊有冬至十一月十五日大會，歷四代矣。至我□朝乾隆十六年間，重興會事新□會規條款，無不稱善。所以四方客商，臨期雲集，交易而便。誠一邑之善事也。奈咸豐三年，賊匪竄入境內，焚毀正殿、兩廊亦漸頹廢。會事每多乖舛。有臨期而會者，亦有□□□不會者，作輟靡常。客商由是寥落，會事亦幾乎息矣。吾輩不忍坐廢，邀同人□公□□□捐貲財，公買貞瑉以志舊章。嗣後，藉非時歲凶荒不得率□具稟停止。會事亦□□□弗□。今勒諸石，不怕前人之成跡，可以勿替，而神聖之香煙亦得以綿之矣。

會規開列於後：

署理湯陰□□□□袁□□。

紳士原光訓、武生苗廷永、監生武維新、監生袁□懌、縣袁□淮。邑庠生□靖□、郡庠生原書銘、總理苗廷平、邑庠生趙清濂、武生袁鳳人、監生鄭學仁、生員□上智、監生□俊雲、袁名登。

大清光緒元年十二月穀旦。

【碑陰】

一議、臨期報會該鄉耆約鐸攜同住持具稟以十七日，二十日夜止。

一議、總理會事該鄉耆約鐸公舉一社一位。

一議、鎮會監旗祇准八名，不許增減。

一議、廟內定夜更員祇准十二名，炮手二名，不許增減速。

一議、正堂鎮會頭役一名，差役四名，以後每天飯錢壹百文，差役每名飯錢五十文。告示一張，錢二百文。

一議、右堂鎮會差役四名，每名飯錢五十文，不許增減速。

一議、城守營鎮會兵丁三名，每名飯錢五十文。告示一張，錢二百文。

一議、二門外賣貨物祇出地基錢，不出打更錢，不許爭兢。

一議、署內鎮會二名，每天飯錢肆百文，不許增減。絕無雜派。

一議、乞丐計要，不准入廟。上會，惟逃役是問。

他如廟外至神門內外，由口均不收地鋪錢文，率由舊章。仍不許任意收斂。倘持強不服，該紳耆等理處稟案送京貨、估衣兩行。

仝立。

（碑存濟源市濟瀆廟。王興亞）

荒年碑

葛居敬鐫記。

李修家書。

風和應候，不違五日；喜雨和節，恰應十朝。時若乎此，則凡茲黎民，誰不歌大有而慶豐年哉。不幸光緒三年，歲在丁丑，立春之日，終風且暴。清明後，降雨一犁，禾苗安好，民皆以為喜。既而連月不雨，二麥未收，民變而為憂，卒至苗而不秀，秀而不實，從此饑饉薦臻矣。時至六月，旱既太甚，風來時如吹火烈，雨到時僅可灑塵。米粟之價騰貴，隨時加增；幼稺之苗禾秀，到處枯槁，瞻山川之滌，草盡死而木盡萎；聽哀民之嗷嗷，老者死，小者亡。非無藻雲蔽日，俄而聚俄而散；亦有微雨飄空，即時下而即時干。核桃柿不時而混摘充饑，穀黍稷半熟而強竊度命。草根挖盡，樹葉尝遍，剝榆皮以黏糠，擄荊籽而搗面。種種苦菜，難以盡述，然此豈足以彌生哉？

漸至九月，三秋已盡，一粒未收，冬將來也，糊口何資？衣物當盡，賣產無售，不得已宰殺耕牛，瓜分殷戶，父子不相親，兄弟不相顧。婦女賣於他鄉，接踵成羣；老弱死於非命，填转沟壑。冬十月以至臘月，慘傷更甚，驚懼日急，遍野盡成屍骸；沿途只留枯骨。東莊西莊，一人誰敢冒往；朝時夕時，單身疇敢出門。人吃人肉，各莊皆有；挖柩剖墓，何處云無。當此之時，除斯之境，凡我災黎，幾靡有孑遺乎！更有驅民死者，截路到處，蜂起強奪，各處傷人。嗚呼哀哉，誰念吾民之苦且哀哉？

竊思丁丑亢旱，至戊寅三月而得雨，草木發生，較去冬而稍有拼矣。憑灰菜求活，食桑椹度命，稍能耕種，秋頗有獲。八月中，大雪數日，壓倒楓林。九月後，亢旱一冬，風吹雲散。五年己卯，四月一雨，麥豐收。三伏連旱，穀回青。秋禾未熟。冰雹拳大，轉瞬尺深。萬寶將成，碩鼠成羣，食耗大半。反復思維，是乃大劫臨時，民能一時安生乎？於是社中耆老有葛成武、李庭榮、葛居士、李位重、李位明、葛傳海、葛傳綠，相遇共坐一室，回憶往事，慘傷莫已，難過甚耳。不幸又被搶家一百有餘，共來二十之回亦有餘，屈指社中死者八九有餘，生者一分未足。言未畢而淚落胸襟，囑予為文，勒石志焉。予思種種災厄，不堪盡述，壘壘患難，何能備載！略序大旨警於世，甚望後人克勤克儉，忽以樂歲飽暖，遂忘凶年困苦。勿以目前有餘，須防將來不足。諺有云"年年防旱"，誠哉是言也。後之覽者，亦當有鑒於斯文。

光緒六年十一月立。

（碑存濟源市克井鎮。王興亞）

邑侯曉山陳大老爺德政碑

邑庠生王會圖譔并書

前有創，後有因，理則然也。永利河開自有明，迄今三百餘年。其澤被當時，恩施後世者，史公之德大莫與京乎。厥後石公、塗公復加疏鑿，自上而下，一律暢流，惟經營孔急斯灌溉能常，縱暫或淤塞，亦頻地行挖。蓋前既立規定制，後宜踵事增華。近年以來，河又大發，水無涓滴，田多亢旱，十堰村庄束手無策。辛巳春二月初旬，生等恭請興復水利，蒙邑侯陳老父台親詣勘驗，督理事務，捐廉助費，刻期告竣。河水流通，萬民感德。是爲敘。

總耆[1]

總管監生□先庚，耆民王致祥、李金學。

老人高茂林、閆恒德、張□清、潘立中、王金和、郭振德、高志正、湯全茂、郭法曾、李全林。

小甲牛廷云、商永儒、趙年太、孫克旺、焦居吳、李六經、趙清和、賈學楷、吳六興、王廷□、陳國治、陳國秀、郭同賓、張元太、李全心、張玉川、王玉珍、張百春。

鐵筆李立泰。

大清光緒七年荷月上浣吉日仝立。

（碑存河南濟源五龍口，拓片藏河南博物院。王偉）

---

[1] 下有三人姓名，字模糊不清。

登紫微宮

劉如寵

王屋峰高插半空，春風吹我紫微宮。千山白雪皆寥落，幾朵紅雲頂上松。

光緒十年八月。

（碑存濟源市文物保護管理所。王興亞）

重修水唬魂碑記

濟源縣廩生閻森撰文。

廩生段席珍書丹。

從來為善莫大於補路，而開道莫難於鑿山。沁河西岸有地名唬魂者，舊有小路一條，上依絕壁，下臨深淵，行其上者，如飛鳥遊空。仰視則身逾高掛於峰外，俯察則人影倒懸於水中，心驚目眩，往往魂銷。此唬魂所由名也。但不知創自何時，屢經前人重修，碑逾存焉。至光緒二十一年沁水怒發，將路沖斷，遂致人馬難行，由其道者共歎不便也。有善士張俊義等，則惻然思欲為重修。因緣門捐化，得錢若干，爰命石工削其防礙，補其缺陷，數月之間，工程告竣。雖非通車大道，而往來行人欣為甚便。因勒石誌美，遂將捐財善人開列於左。

石匠党慶成鐫石。

光緒二十三年六月立石。

（碑存濟源市沁河西唬魂潭處。王興亞）

皇清誥授光祿大夫山東濟東泰武臨道張君愚箴墓誌銘[1]

【誌文】

君姓張氏，河南濟源人，諱上達，字愚箴，行三，以原任山東濟東泰武臨道，卒於家。子山西候補知府文浚等，請余為撰墓誌銘，以壽於世。謹按狀：

君曾祖諱鳳翔，祖諱六典，父諱世，有隱德，皆以君貴贈光祿大夫。君少負至性，留心經世之學，恆以鄉先達清恪公父子為師法，潛心河防，博覽群書兼善歧黃，夙精舉子業，顧薦不售。同治丙寅，以主簿筮仕東河。壬申冬，援東昌府堂博主簿。光緒紀元，丁文誠公官東撫，檄君於東平州戴家廟北十里堡黃運交匯處，修築大閘。工竣之後，漕船暢行，

---

[1] 此誌刻石三方。

至今賴之。君治河之名，亦由於洋溢東省矣。自此以往，撫東省者凡遇有河務運首事，皆以君為左右手，遂由知縣同知遞擢運同。時漕船渡黃由史家塢逆流而上，至十八里廟入運，艱險異常。庚寅春，君建議開挖陶成埠新河十二里，直達阿城，以避逆流之險。東撫周符階中丞韙之，據以入告。委君籌辦，工既竣，漕船入運順利，且避二十餘里之險。歲省挑淤經費萬餘金，論者皆稱君之功不置。中丞上其功於朝。請晉知府，而運同乃鹽官，例不轉他途。部議持定章指駁，中丞上疏爭之，特旨俞允，異數也。尋，復由山東撫任筱園中丞疏保賞戴花翎。蓋君於河務悉熟，至是屢達天聽矣。是年，桃園決口，工程浩大，人皆難之。任公奏委君修守決河囊頭兼理西壩事務，乃毅然獨任其艱事。中丞保以遇缺題奏，道酌勞勛，並賞加二品頂戴。

癸未冬，奉太夫人諱，次年歸里，當道堅留，不顧。抵里後，大府屢次函邀，皆力卻之。

乙酉冬，潘溝決口，全河奪溜，屢占屢走，耗費鉅萬，未能合龍。上切責東撫陳雋臣，中丞陳公乃專弁促君赴東，君不得已仍至東省任事兼旬，大工竟蕆。力辭俸薪獎敘，以時方讀禮故也。服闋，署濟東泰武臨道。其吏治之良與治河稱。丁亥，入都覲觀召對。時上垂詢東省河工甚悉。張勤果公復兩次密保，詔交軍機處存記。庚寅，攝鹽運使篆交篆，後仍總理河務。次年，高家套、紙坊等處連出大工，而高家套工尤險峻。□門寬百餘丈，勘古者率以需款三十萬為言，謂非半載不能堵合。勤果公深以為憂。乃與君商，慨然前往督理，不匝月大工告成，用款亦不及兩萬金。勤果公屢次疏陳其政績，謂東省河工潘駿後以君為第一云。

辛卯春，補濟東泰武臨道，蒞任後，興利除弊，整頓捕務，屢摘巨盜，平反冤獄，賑濟饑民，善政不可枚舉。至治河，尤能防患未然，有備無患。故任內屢慶安瀾，蒙賞頭品頂戴，其交部從優議敘者三。東撫福公稱君"心精力果，有守有為，鹽司中不可多得之員。"迺復得旨存記。旋以祖墓失修，乞假歸里。家居二年，忽被劾落職。劾之者固當日重之者也。聞者莫不冤之，皆謂必當復起。戊戌夏，果因保奏開復官原銜。君尚遲迴，未行。東撫張公函催，始就道。時李文忠公奉命赴東省估修河工，以為久遠計。檄君勘估海□。君上治河三策。文忠公善之。惜事不果行，尋又被誣。嗚呼，君之功名謂與河務相終始焉可也。方之儀封張愨敬公何其相似耶！其所著《治河要略》若干卷，蓋取法乎治河方略，先行其言，與前賢國不相遠。其他如甲午之變，君在東省籌辦軍械，不遺餘力。庚子夏，君已歸里。聞時局艱危，痛憤不已。迨鑾輿旋京，心適稍慰，而感慨時艱，終未能去諸懷也。其愛國憂民之誠，固昭然揭矣。至吏治交涉之裕如，樂善好施之不倦，猶君之小焉者耳。

君卒於光緒二十八年二月十二日丑時，距生於道光二十七年六月初九日亥時，壽五十有六。娶賈氏，繼室潘氏，皆故，均誥贈一品夫人；妾李氏、於[于]氏、潭氏、劉氏、田氏。子五：長文浚邑庠生，山西候補知府；次文治，郡庠生，花翎員外郎，已故；三文漢，郡庠生；四文海，五文泗，俱幼。女九，均未字。以光緒壬寅年十月十七日，葬於濟源縣東北堰頭村祖塋之次。君生平治河有大功，治民有惠政，是不以無銘，乃為之銘曰：

　　天既予之以才能，胡為乎顛倒其運，嗇促其齡，俾不能多造福於蒼生。籲嗟乎！公之英靈豈忽視，滄海橫流而遽返玉京。長空中夜隕大星，宣防巨任疇能膺。我銘斯石壽而貞，豐功偉烈後代稱。峨峨王屋濟瀆橫，高原先石長崢嶸。

　　賜進士出身通議大夫前署禮部右侍郎詹事府正詹黃縣王錫蕃譔文。

　　賜進士及第光祿大夫賞戴花翎南書房行走順天鄉試副總裁都察院左都御史元和陸潤庠書丹。

　　賜進士出身光祿大夫賞戴花翎順天鄉試大總裁兵部尚書滿州裕德篆蓋。

　　光緒二十八年十月十七日勒石。

（拓片藏河南博物院。王偉）

重修關聖殿碑記[1]

　　【額題】萬善同歸

　　邑北盤谷寺，舊有關聖殿一座，地宮廟高三楹，不知創時，至我朝高宗純皇帝勑為重修，現有碑記可考，不復敘。迄今時远年湮，廟宇復為傾頹，神像又皆剝落。前□士關殿已修，神衣未紹。時有大社村衆信女同心協力，沿門募化，於是乎有資斧鳩工庇[庀]材，重修地宮廟宇三□，設色金粧兩殿神像，不數旬而廟貌輝煌，神像燦爛矣。工程告竣，欲勒石為記。因屬余為序。余雖不敏，不敢□□書信女之勤勞，施財者之善心云。

　　佾生衛百通撰文。

　　童生孟庚善書丹。

　　大清光緒二十九年庚陽日立石。

　　梓匠山東人氏□昌。

　　畫匠馮全恭。

（碑存濟源市盤谷寺。王偉）

皇清待贈孺子庠生王景尼先生元配呂孺人繼配李孺人墓誌銘並序

　　【誌文】

　　皇清待贈孺人庠生王景尼先生元配呂孺人繼配李孺人墓誌銘并序

　　景尼先生元配瘞玉時，孔醇甫前輩爲作墓銘。以期迫，未及刻石。今繼配將窆，先生欲以合傳體誌兩墓之間，求文與余。辭不獲，謹按：

---

[1] 此碑斷裂爲三塊。碑後開列捐資者三百五十餘人姓名，字多漫漶。

吕孺人，南石村太學生文玉公女。幼嫻閨訓，于歸後，克守婦道，家政井然，俾先生無內顧憂。操井臼，勤女紅，猶後也。晚年患骹疾，舉動不便，然默坐庭中，一門帖然。生子二，長文炳，嗣先生四弟天心。次文在。女三：長適枣林村孔憲元，次適南薰仁成懷超，三適南杜村周紹濂。若三子文烈，四子文郁，五子文博，季女適西留村楊文瑞，皆李孺人生也。李孺人爲清洛河村慶玉公女，鎮静遜於吕，而勤動過之。初猶繢紡中饋，爲家人之常。丁添後，家務益繁，黽勉拮据，一以當十，里人咸嗟異之。以故近族吉凶等事，皆仰孺人爲內領袖。其待前子女如所生，諸孫撫之無稍異。孫七：永珍、永繢，文炳生。永璋、永珩，文在生。永璉，文烈生。文烈先孺人卒。永璽、永瑚，文郁生。文郁嗣先生三弟武生焕章。孫女八：長適孔家莊庠生孔慶瑞，次適高家莊孔憲綜，餘待字。曾孫一，顯先，永璋生。李孺人於去年十月二十七日丑時卒，距生於道光二十三年二月初一日辰時，享壽六十一歲。吕孺人生於道光三年二月初一日辰時，卒於光緒十三年八月十五日戌時，享壽六十二歲。先生擇於是年十月十六日葬李孺人於村北吕孺人之塋，而先生百歲後，將遷於武山村東。因誌且銘曰：

　　古稱齊家，多獲內助。惟兩孺人，無慚令譽。德追幽閑，務理急遽，一堂蘭桂，里稱善馭。繩繩繼繼，休哉懿歟。

　　邑廩生愚晚王鳳梧頓首撰并書丹篆盖。

　　光緒三十年十月吉日勒石。

（拓片藏河南省文物考古研究所。李秀萍）

鑿井碑記

　　嘗聞一人之所需，百工之爲備，但用則各適其名。如碾之爲物，切於日用，人所最不可無者也。適有善士朱廣禄等勃然奮厲，不憚劬勞，誠心募化，置碾一盤，以便社用，不數月而工成就焉。謹勒石以誌之。

　　光緒三十二年十一月初三日。

（碑存濟源市北社村。王偉）

新鄉市

新鄉縣

王安人墓誌銘

張縉彥

予妻王安人之死也，藏其骨於雲峰山下，敘其行狀，比之古烈女，猶艱苦備嘗云。婦為吾母太安人女姪，幼而孤，家鮮兄弟，與母王節婦，雙影相弔。及笄，以姪從姑，卮盤洴澼，無不克勤，姑而師也。是以吾母於諸婦中，尤喜訓誨。予少知學，不喜問家計，凡物用衫履缺，則安人白其母為備，不以告。然執婦禮甚謹，雖阿母旬月不一私省。是以節婦篤疾，竟未及面訣而沒。安人奔喪盡禮，內外襄事，不異有子焉。婦兩舉男子輒傷，哭甚哀骨立。辛未，余得雋，從至燕，旋筮清澗，為流氛窟穴，訣而出門，氏曰："勿以為念，有不虞，我就木耳。"及移三原，隨之任，日以愛民惜福為勸。三年考成，受綸封，入為翰諫，捧封敕者再。安人貴而愈下，翟褘之服祭告外，再不輕禦，與童僕操作如平時，見美服鮮食則恚然。待媵妾寬而有禮，從無嗔怒，而媵妾化之，亦無不恪事安人者。予丁父喪，拮据大事，細微必舉，內外咸稱焉。及罹國變，氏與胡母誓別，一從夫，一存孤。值賊薄京城，氏避之，與薛祭酒母子同住涿州相國家。予起義河朔殲賊，偵知氏所在，間道挽車馳留都，與胡母幼子相聚，如隔世矣。時相國王公疏其事，天子嘉勞，賜月米。未幾，京城陷，氏同母子奔。予於商山數驚兵燹，見則灑淚曰："以子付君，事畢矣。"未幾，氏與胡母及兩妾劇病，先後俱沒。然妾高氏先卒。胡母繼卒。有族祖亦卒。氏臥床，尚經紀諸喪事，斂含檳葬，雖不能豐奢盡禮，然一一得其所安。又遣置幼兒別所，囑陳氏善保焉。余少間輿而往，氏對余曰："我逝矣。"問兒狀，泣下曰："善護之。"遂不食而絕。

嗟哉！安人雖貴，從余遊者，不過三原之兩載，與兵垣之載餘，其餘皆哭母悼殤，憂患播遷之日也。安人茹苦之日多矣。聽孤鳴之嚛唧，撫斷絃之促厲，余心傷悲與泉土而無極也。氏生於丁酉年正月初五日丑時，卒於乙酉年十月初八日丑時，壽四十九。子一，寬永，聘雎陳道僉事蔡元吉女。陳氏生女二：長許聘陝西布政司參議郭澋孫男，十歲而殤；次許聘國子監祭酒薛所蘊四男，高氏生。安人撫之如己出。安人葬女寨之陽。銘曰：

旗山之右，水出其谷。中有幽宮，伊人靜穆。潛矣哉！臣為君兮妻為夫，百折盡兮無甯居。

順治二年。

（文見張興華主編《小宋佛姓氏志》。王興亞）

胡太安人墓誌銘

張縉彥

　　太安人胡母，京師人，其母之姊，適光祿大夫馮公，因徙河南。吾母王太安人厭世，先君子聞其嫻內則克中饋，娶焉。母知大體，重和睦，妯娌子侄無間言。庶母郭死，遺女幼，撫之如己生。及笄，裝送皆手爲治備。不孝筮寬州，再移焦獲，烽火達城頭，不能迎。先君子奉蔬水歡母，勤事晨夕。訓太康、武陟兩庠士，文敎宣敷，無風燭之憂者，胡母力也。不孝爲諫官，母受覃恩，封母太孺人。先君不祿，母擗踊過情，立僵者再。時遠近哭者鱗集，車騎填閭巷，母內外備供具，理盤飱無缺失，大事以襄。癸未之冬，賊渡蒲阪，召不孝治兵，與母決。賊騎擾河北，母抱我三月之兒北上。時京師戒嚴，予誓死報國，命家人要於路白母曰："此身非吾有矣。留此子以延血祀，惟母是托。"母泣，托予婦王安人使趨我京師，而同妾陳氏冒風塵，衝矢石，引數健僕而南，經津門，越青濟，渡淮泗，抵吳門。中間犯波濤烽煙，歷人間未有之險，母從容指示，無駭亂。四月而達蘇州，會吾兄弟侄于三千里外，其有膽有識，雖女中丈夫不是過也。及留都，再被兵偵。予集義商山。率家僮出城闉，渡江奔于商城之金鋼山，揮涕言曰："若爲國家出死力，我等徒累爾。今以兒付爾，我得死所矣。不孝感泣。"因黃蘗義盟絕裾去。數日間，母同予妾高、陳，俱劇病不食。予聞急馳，中途亦病，止棗林，母已溘然逝矣。哀哉！予昏昧數日，而始知痛死復生。時高氏先母而死，王安人又繼母死。先數日，母語弟應昌曰："我不過九月將去矣。"應昌諱之。病七日，忽夜起。問之，曰："我方便耳。"語未畢而化。謂陳曰："使人告尚書，遺筐有數金，出尚書手，與應昌，以爲歸計，不私授也。"其守禮至死不變如此。予病不能起與至柩前一哭。時兵火狎至，急瘞母於雲蜂山下，貰石以記數言，不能陳乞名公以效諛墓也。母生於丁未年十一月二十五日，卒於乙酉年九月初九日，壽四十。銘曰：

　　金鋼之陽，其石磊磊。有神化姑，靈爽則祀。母之義潔，堪與匹處。瞻松楸之翛翛，愴先子之窀穸。

　　順治二年。

（文見張興華主編《小宋佛姓氏志》。王興亞）

御製訓飭士子碑

　　禮部題奉欽依刊立臥碑曉示生員：
　　朝廷建立學校，選取生員，免其丁糧，厚以廩膳，設學院、學道、學官以敎之。各衙門官以禮相待，全要養成賢才，以供朝廷之用。諸生當上報國恩，下立人品，所有敎條開於後。
　　一、生員之家，父母賢智，子當受敎。父母愚魯或有非爲者，子既讀書明理，當再三肯告，使父母不陷於危亡。

一、生員立志當學爲忠臣清官。書史所載忠清事跡，務須互相講究，凡利國愛民之事，更宜留心。

一、生員居心忠厚正直，讀書方有實用，出仕必作良吏。若心術邪刻，讀書必無成就，爲官必取禍患。行害民之事者，往往自殺其身，常宜思省。

一、生員不可干求官長，交結勢要，希圖進身。若果心善德全，上天知之，必加以福。

一、生員當愛身忍性，凡有司官衙門，不可輕入。即有切己之事，只許家人代告，不許干與他人詞訟。他人亦不許牽連生員作證。

一、爲學當遵敬先生，若講說皆須誠心聽受。如有未明，從容再問，勿妄行辨難。爲師亦當盡心教訓，勿致怠惰。

一、軍民一切利病，不許生員上書陳言。如有一言建白，以違制論，黜革治罪。

一、生員不許糾黨多人，立盟結社，把持官府，武斷鄉曲。所作文字，不許妄行刊刻。違者，聽提調官治罪。

順治三年勒石。[1]

（碑原存新鄉縣明倫堂，文見乾隆《新鄉縣志》卷十二《學校志》。王興亞）

李夫人墓誌銘

張縉彦

故嫂李夫人卒於丁亥五月念有六日。余在京師，不能望緦，唯一哭也。十月二十四日，將歸窆，接吾兄九莊所爲狀，潸然流涕曰："嗟乎，嫂其才，才而賢，賢而知禮，吾兄其失助矣乎！"

按：嫂姓李氏，考明經中實公，家鮮兄弟，父母愛訓倍至。嫂性聰慧，未笄時，已嫺家政。於歸後，喜勤朴，善事舅姑，諧和叔妹，如《內則》、四誡所云者，志在向吾兄以成名。每夜分誦讀，旁治絲枲以佐之。冷幾寒燈，沫湯爇炭不輟也。體恤逮下，人無間言。肴蔬瀹齏之屬，皆手治之。且理堉柵，窺園圃料，僅僕食指，出入無露肘。而性每嗜靜，無事則注花爇香，持數珠誦經而已。夫人生而弱，每娩輒困，舉吾侄喜鄰踰常，然必勖以遠大，每對時，則以古人古事極艱苦者寬譬，而不事姑息。兄危，病兩月，幾不起。避亂江南，又病數月，夫人潔誠祝神，願以身代，病尋愈。吾母病革時，顧姊甚念之，嫂從旁承應身任焉。歲大疫，傳染輒死。姊患之。嫂曰："吾姑若在，豈忍膜視也"。調視如常。

---

[1] 按：雍正《畿輔通志》卷二十八《學校》載："順治九年，奉敕刊立臥碑，設於明倫堂之左，曉示生員，永爲遵守。"乾隆《江南通志》卷八十七《學校志》亦謂："國朝順治九年命禮部頒臥碑於天下學宮。"此作順治三年勒石，疑時間有誤。

嫂之母，病且死，嫂爲治後事，含愈殯葬，各如禮。宗姑里媼，相聚而談，謂李門不異有子云。丁亥之春，長子貢上國，夫人送之曰："往哉，篤乃志策爾名，吾倚閭矣！"及閣試高等，以五月歸。夫人歡甚。曰："此吾志也。"數日即病，默默而逝。吾侄得以侍床帷，受遺囑，咸謂嫂之德所感云。

悲夫！吾兄雅耽閑曠，寄情詩書，不屑問家人細事，然而居有室廬，出有田園，再涉險扼，飄然歸來，而不躓於外，不愀於心，誰之助也？誰之助也？

夫人生於萬曆二十年十二月二十九日，享壽五十有六，爲吾兄明經墊公元配，生子二：長欲含，選貢，娶諸生郭康侯女；次欲闇，殤，葬王岳塋南阡。才賢知禮，不可以無傳。是爲銘。銘曰：

彝哉壼則，亦既能家。雲胡隕亡，遽凋其華。王岳蠡蠡，母氏攸宮。永與爲婦，萬載是同。來茲厥茂，爲地道之所崇。

順治四年十月。

（文見張興華主編《小宋佛姓氏志》。王興亞）

重修天寧寺碑記

國朝邑人劉源潔

夫佛者，吾儒所不道，爲其說荒唐，易于惑人也。不知而爲之溺，惑也；知而不就中分別是非，徒爲觝排，是益之惑也。夫何言乎？佛國也，曰淨土也。土之淨者，豈必在大宛月氏，雪嶺蔥河及蜀之峨嵋，燕之五臺，浙之落伽哉！凡土之淨者，皆佛國也。淨者，何也？絕客塵，出火宅，即《聖經》定靜之謂也。世人不知以人定爲空，以守靜爲寂，不惟家國天下一切離棄，並身心意知亦歸虛滅。則說偏而惑，遂以易，如曰："空，寂彼六宗。"何以首有相？《楞嚴》何以有空不空之解也？何定中慧香、靜中衆香？惟上乘得解。而下乘不識，每汩沒于色、愛、貪三慾海中，非大法力，其何能渡？大雄不得已以解脫香現身說法，離家髡頂，以渡一切愚癡，得爲金人而示以相。霍將軍于隴西得之佛像，遂遍中國而州郡鄉閭，無不奉焉。夫非是處有淨土，是處有佛國歟！

吾廊南司馬村寺曰"天寧"，創始于金，再造于明，至明末廢殘。僧惟一，名印朝，字海庵，慨思修復，日夜募化，士人馬永壽等力勸厥成，惟大殿未建。及清七年[1]，衆會首復商舉事，聞風者雲集，各捐貲興成，而大功遂就。咸謂祇孤園靈鷲山，不清淨于此矣。雖然，天竺是居，三塗無岸，淨乎否耶？嗣是海安[2]老矣。延僧焚修，勿復荒穢，及晨鐘發省，妙香開心，乃知佛生淨土，即生性地清虛中，而非所謂雞田者也。故奕之《傳》，愈之

---

[1] 乾隆《新鄉縣志》卷二十五《祠祀志》作"順治七年"。
[2] 乾隆《新鄉縣志》作"印朝"。

《表》,縝之《論政》,爲雞田之偏說而起。使人知衆生于靜,慧生于定,貫通于《大學》八條,統會一德之義,而無雞田、桑門、離棄、虛滅之惑。則佛所謂淨,未始非勞卦物歸之地,洗心藏密之一退境也,何必分異同而觝排也哉?但其說近似亂真,千里毫釐之辨,當致審而分別者。釋不必竊儒書以解經,儒亦不必借佛經以明道,使儒釋同歸而不可解矣。是爲記。

順治七年。

(文見康熙《新鄉縣續志》卷九《藝文志》。王興亞)

重修玄帝廟碑記[1]

國朝邑人張縫彦

夫人苾芬以侑之,奐以棲之,謂事神之道,止矣。有人篤持齋誦經,自矜衆人之前,若以彼爲卑,卑有不屑也。則又有笑之者曰:"心即神也,吾入廟而洋洋在上,在左右,庶有昭鬼神之盛德矣乎!"余聞之唯唯。此皆神道之所或然。而於昔人建城立廟之意,與吾鄘所以崇奉玄帝之旨,尚未有當也。昔蘇子曰:"天文、地理、音樂、律曆之書,皆不足學,學其不傳於書、載於口者。"今里巷有言曰:"城之象取於龜。"考之傳記所載,未之見焉。余深疑之。每與堪輿家登阵望氣,其言亦若有合者,余愈疑之。既而憬然悟曰:"真武之號爲玄,其色尚黑,其護法則龜蛇。先王制器尚象,以及城郭宮室之大,莫不有然者。故北方,水也;真武,龜之主也。水又龜之所生也。凡物見主則不悖,戀所生則不遷。以此鎮于衛水之陰,豈無謂乎?"以故山川孕靈,人文煥發,所産之英人杰士,其大者,固已光明雋偉,卓絕人羣;其小者,亦能敦朴豈弟,不失一長者。果地實無根,亦必非尊神之所栽培也。乃儒者必欲誣之,以爲無鬼神。迨一旦緩急,撰著布卦,爭趨奔走,及有甚于細民,又不知其何說也。居恒之慢侮如彼,臨時之滔瀆若此,豈不大惑也與?

與吾邑斗陽李君、方初楊君、華封崔君素敦敬畏神,一日殿宇告成,三子實與有功焉,請余記之。余曰:"三子平日所以禱鬼神者,不在此也。"雖然,以營建之事而並著,夫古人所以立廟之意,與吾鄘所以崇奉玄帝之旨,俾後之君子咸知敬鬼神,則又不可不書也。

(文見康熙《新鄉縣續志》卷九《藝文志》。王興亞)

重修千佛寺碑記

邑人張縫彦

歲己丑,余自武陟謁先子祠而歸,俄而風雨驟至,禽隋於路,獸漂於野。余無蓋與僕同冒雨至杏庄千佛庵而休焉。孤雲上人跣足而迎至禪室。見有弟坦公所題"佛相非真相,

---

[1] 乾隆《新鄉縣志》卷二十四載文,與此不全同。

我聞豈有聞"之句。又聞"孤雲上人善解論文"之語。談至夜分，全不涉子影孫響。次晨，禮佛，瞻仰莊嚴壯麗，余亦肅然起敬。孤雲曰："余與參兄性良並山主張君聖化、聖度、聖謨等同募本村世居善人聶珣、聶珺施白地一方，以定基址。肇自大明崇正八年，歲在乙亥，月逢夾鍾，銖積寸累，勸導經營，屢更朝代，方幸告成，雖有萬佛之願，未能也。此亦可稱功德否。余曰："且問汝造千佛作何解耶？"孤雲曰："即象會心。"余曰："心可象會，即不名心，象可會心，即不名象。"且問："汝見千佛，是為一相，是為千相？"孤雲曰："說是一相，亦具異象。說是異象，實其一相。"余曰："既已一相，當碍一相。汝既見佛象，佛亦見汝象。汝相佛相，尚滯兩相。安得法身無相乎。故善讀書者，紙上不留一字；善聽言者，耳中不掛一音。吾謂善見佛者，眼中不着一相。政如畫工，于空虛中潑墨一點，寫山即山，寫水即水，盡是妄作。明乎此者，所謂金沙布地也，琉璃為階也，三十二相也，八十種好也，千百億化身也，皆吾佛之影現，譬如以空拳誑小兒擘指示之一一，無有若此見未除，吾恐金屑着眼，粃糠同病也。昔有客向佛而溺，一僧勃然曰："此間有佛。"客曰："還我無佛處來。"余安知對佛而溺者，非能見佛者乎！孤雲撫然曰："向坦公居士云，'佛相非真相，我聞豈有聞'。如是如是。"余曰："汝悟如是，于禪其近之矣。即為說碣曰：嗟，汝世間人耳目何顛倒？浮雲點大虛，秋空自杲杲，纔見紫金光，覿面失真寶。無去亦無來，亦非無處討。真如一影明，天小盡可掃。千身與萬身，總自汝心造。欲知佛法身，看汝劣頭腦。又三年，嵩岳兄過蟬馥齋，告余曰："孤雲上人求文以記。"余不暇作也，遂述其當日問答之詞，以示之。

順治九年二月。

（文見乾隆《新鄉縣志》卷二十五《祠祀志下》。王興亞）

汝源公墓石

張縉彥

嗚乎！此吾弟瘞骨處也。弟名繼彥，號汝源，為吾父封都諫公第四子。幼負志氣，習儒書，急性，或難字不能辨，及過目不能成誦，便號泣。又素羸弱，不善調攝，以致目疾，輒棄書不讀。然多聰慧，與人談古人善言懿行，輒記憶不忘。又能操琴，調音律，詞歌。每憤世避人，則與朋友二三輩遊戲以自傲。庚辰、辛巳間，歲大饑，吾父以食指多費繁，使兄弟析箸。余在都中，止之不獲。其時，獨吾弟年幼，無擔石儲，然能忍苦自豎立。余贈白鏹，堅辭，強而後可。然念之時時在口，其不忘報施，多此類。後賊亂，余兄多南去，弟避居山寨，屢為賊困辱，然無怨言。余起義，殲偽金吾，弟與寨上相晤泣涕，如再生也。後避亳州，事定而歸。東村田宅，輒棄與人。乃卜居城北之張門。堅苦操作，親為計算，晨夜靡遑，因能立家。開荒田，任畜牧，有馬少遊之風。且好交遊，門前多長者車轍。客至，則為出酒脯，餉之坐，是人多稱譽。晚年好元修，與山西道士習靜功，誤行氣，致火妄行，隔歲不瘳。余從山左歸，弟臥榻不能多語，尚曉人事如常。後七月而殂。痛哉！余之不能親臨柩而奠也。再從浙入覲過里，吾姪請書數言，以記歲月。乃含痛而爲表石焉。弟娶郭氏，諸生郭之垣女。側崔氏，生子欲光，業儒。生於乙酉年四月初六日，卒於癸巳年七月十七日，祔葬吾父封公王岳塋墓之旁云。

順治十年七月。

（文見張興華主編《小宋佛姓氏志》。王興亞）

洙源張公墓表

薛所蘊

歲在癸巳二月十四日，新鄉洙源張公以疾終于正寢。訃至京師，令嗣中翰君匍匐奔喪，去比抵里，走使贄幣，請於新相國渠邱劉公文其壙之石，而屬余表厥墓。余季子頴生娶於公弟，大司馬坦公與公固夙敦淵婭好也。爲諸生時，即讀公文，今逾三十年所矣。生平可謂不薄，安得以不令之詞辭乎。

公諱縫彥，號洙源，一號九莊。先世自晉洪洞徙新鄉，遂爲衛之新鄉人。世篤隱君子之行，逮公父封都諫、真定通判心吾公乃以文學顯。公仰承過庭之訓，志業精專，於書無所不讀。爲應舉業，尤典蒼高妙，試輒前諸生。督學閩陳聖苞師，當塗曹根邃師，爲海內文章主盟，尤雅重公文。初，曹蒞郡學，集郡邑長博士弟子前告曰："吾入郡得一奇傑士，喜而不寐。"即舉文中佳句相示，則公文也。中丞邱毛伯爲柱史時，出按兩河，時進諸公而課業焉。既以高文自喜，負衡鑒精，嚴慎評可。凡爲藻繢豐滿之文飾，有司目倖前茅者，皆殿置之，以爲齷齪猥鄙，折楊柳花耳，無當古作者之意，乃獨於公文，深加歎賞，拔冠七學。立百泉社，朔望次其藝，咸第一，以爲常。是時，兩河人文爲之一變，而公文名亦遂孑孑然樹漢赤幟於蘇門衛水間矣。

公季弟大司馬同以能文著，乃大司馬弱冠中高第，歷顯仕，而公數困於有司，僅用明經薦，士林爲之搤腕云。先是萬曆乙卯，歲大饑，神宗皇帝發帑下有司賑貸。公爲長令條上機宜，民賴以全活甚眾。甲申，流寇犯都城，大司馬羈京師，公奉繼母胡太夫人，襁司馬幼子，間關南避，備歷危險，多方調護，得免於難。會大司馬入黃麻山中，糾合義衆，爲殲寇復仇之舉。公走金陵，保眷屬，遙出奇計，佐方畧，東南半壁爲之響應。若公者，其智畧，豈不有大過人者哉！當事者擬授東陽司訓，辭。

皇清受命，趣大司馬北赴闕，公乃歸里。起嘯風亭，蒔名花美竹，抱甕灌園，偕二三老友，斗酒高歌，陶如也。喜爲詩，晚而益工。與孟津王宗伯覺斯相酬和。壬辰冬，猶緘詩一帙，屬余與渠邱劉公共點定。未幾，輒疾。疾之日，中翰君請於朝，許終養，比束裝，而公訃至。

嗚呼！公之學之才，如高陵廣淵，未能陟其樊而涉其涯，安能測其中之所藏耶？使假以位，即其所建豎，塤吹箎和，何難伯仲共聲，施於竹帛旂常間，而卒艱於一第，其命也夫。中翰君讀書有志節，能繼公志而光大之。蓄而未發，或者天將侈之於其後也。室孺人李氏，前公歿。孺人之才，才而賢，賢而知禮，不能殫述。詳載司馬撰文中。公生於萬曆辛卯年十二月初九日，卒於順治癸巳年二月十四日，壽六十有三。孺人生於萬曆壬辰年十二月二十九日，卒於順治丁亥年五月二十六日，壽五十有六。以十月二十二日合葬于故阡封都諫心吾公之側。子一，欲含，内翰林宏文院誥敕撰文、中書舍人，即孺人所出也。公厚儲而未顯，余故表而出之。俾後之過其墓者式焉。

順治十年十月。

（文見乾隆《新鄉縣志》卷二十七《邱墓下》。王興亞）

文學張公暨配合葬墓誌銘

劉正宗

公諱縫彦，字洙源，九莊其別號也。世為衛之新鄉人。自韶齓，承父別駕公庭訓，蚤遊黌序，負文名，每試輒冠。性嶔崎歷落，不與俗伍。然制行端謹，饒蘊藉，孝友天生，弱冠時，即為鄉黨所推。萬曆間，中州學使者陳聖苞、曹根遼皆號知人，皆賞識恐後。曹初至衛，詣學宮，開講，語蒙生曰："吾入郡得奇士，不覺色喜。因口述文中佳句，公即于儔人中出應，一時譽望大振。邱毛伯侍御觀風河朔，拔公為六邑第一。徵長百泉，社中諸名宿，無不避席讓之。公胞弟司馬坦公先生，少公八歲，初習舉子業，皆公砥礪相成。辛酉，魁于鄉。海内人士仰之如山斗，而不知其家學淵源蓋有自云。公五試鄉闈，俱不隅，為時論所惜。公亦自謂非戰之罪，益肆力文章，不問家人生產。買書種植花竹，閉户自娱。坐此囊常澁，公處之泰然也。

司馬公筮仕內外，值國步多艱，不遑將父。公從別駕公歷太康、武陟兩邑司訓，色養備至，讀禮服闋，旋遭寇變。公以避地江南，不及難。歸後，遂無志進取，卜地茹岡，構嘯風亭，放情詩酒，與邑中文學數人結蓮社相唱和。為詩法少陵風格道上，無時習纖趨。尤樂百泉之勝，有聽泉諸咏，置之盛唐中莫辨也。辛卯冬，余奉使過新鄉，往返兩晤公，皆促膝談詩，至夜分霑醉乃罷。公眉宇多英氣，而絕口不及時務，似有意自晦者。余返長安，每向司馬公道之，始知公富經濟。己卯冬，歲大饑，上發帑金賑濟，公代長吏調畫有法，煮粥施藥，活數萬人。然感慨時事，循資應以明經薦，不就。當事欲授訓導，亦不就。嗚呼！公真有所托以自全者矣。癸巳春，公病，卒于家。嗣君中翰欲含已得請終養，而聞訃音，余甚傷。其意以銘見托，何敢辭？

公生萬曆辛卯十二月初九日，卒於順治癸巳二月十四日。室李氏，生子一，欲含，中書舍人，詳載司馬所傳誌中。將於今年十月二十二日，合葬王岳營平原。爰為之銘。銘曰：

士負奇情，得天為多。豐天嗇人，匪數伊何。矯矯九莊，早宜賓王。沒齒家食，匪狷匪狂。吟壇壁壘，追少陵氏。洋洋衛水，公何嘗死。

順治十年十月。

（文見乾隆《新鄉縣志》卷二十七《邱墓下》。王興亞）

省祭公墓誌銘

張縉彥

公諱問明，號鏡吾，與吾父別駕公，俱王父耆實公出。而公居仲，娶吳氏，即王母吳之女侄，有丈夫子三，別室有子五人，以比周士之盛云。

公負性剛直，而雅抱幹畧。凡邑中有大軍興大徭役，輒咄嗟立辦。侃侃然不能容人過，鄉里惡少年多憚焉。而遇窮乏，則好賙其急，有鄭公業、王思寂之風。少學書，輒棄去。邑長令聞其賢，辟為掾歷，考皆課最。所在以幹辦名上，天曹授官帶，將以次行取，予職官。公曰："吾豈為五斗粟折腰耶！"輒又棄去。尤善經紀家務，課耕桑，盡地力，以是生產少厚。諸子各有分，皆足自給。教子讀書行義，饟庠者六人，余皆鄉居力田，成善士云。母性儉樸，不事靡飾，性無恚怒，公待臧獲嚴厲，遇訶責，母必從容解之。事舅姑，和先後，宛若從無間言。長齋事佛，與別室諸子不異所生焉。

公生於萬曆三年十月二十八日，卒於崇禎十四年六月初一日，壽六十七。母生於癸酉年十月二十七日，卒於甲午年正月二十五日，壽八十二。去公卒之日，越十四載矣。家務不減於舊。諸子循循一如公之在日云。塚子組彥，將以本年十一月十有六日，合葬於宋佛之祖阡。余既為吾叔與姒表之貞珉矣。輒又為之銘。銘曰：

備德而隱，必昌於嗣。孝弟力田，美哉八士。既蕃于宗，更懿於配。天之佑兮，永錫爾類！

順治十一年十一月。

（文見張興華主編《小宋佛姓氏志》。王興亞）

吳孺人墓表

張縉彥

吾嬸母吳氏之逝也，余在東藩，不獲憑柩一哭，又不獲素車白馬千里而送葬。吾弟組彥折柬涕泣，以誌表來請。時侄如蘭從余在署，且遄歸，又長跪以言。余思叔母之終也，禮必從夫。遒余既表吾叔鏡吾公矣，吳母附公墓合葬，安得別誌，故書碑左，以表之云。按：

母姓吳氏，為大陽堤處士吳守寧女，幼嫻女則，於歸後，布裙操作，與僕妾共晨夕。性儉樸，不事靡飾，終身無恚怒。吾叔內治嚴毅，責呵刻急，氏委蛇承順不動色，而家政克舉。善事舅姑，妯娌和協，從無間言。教諸子講讀，以善言寬譬無厲容。生平喜施捨，長齊好佛，不善病。今年正月忽寢疾，逾月止食梨棗瓜蓏，飲清水，形容瑩潔如玉，安然而化，壽八十二。

嗟乎！自余記事以來，吾家曾祖母、祖母、諸母，春秋無過八秩者。有之，自吳母始。即以多男稱，亦或丈夫子三四而止。而吳母並育別室子繞膝下者八人焉。周士之數相垺也。厚德徽柔，千古所僅有者。及考其行事，不過儉嗇退讓，深自韜晦，非有棄畚之義，斷機之名，道蘊、文姬之才，少君、孟光之節也。而天之所福，人之所厚，固在此不在彼。《易》曰："無成，有終。地道也，妻道也，臣道也。"吳母雖未嘗學問，與《大易》實有合焉。余故述之以眙諸弟，使貞珉於後云。

吳母生於明萬曆元年癸酉十月二十七日戌時，卒於順治十一年甲午正月二十五日辰時。於本年十一月十六日祔葬於鏡君公之舊阡。

順治十一年十一月。

（文見張興華主編《小宋佛姓氏志》。王興亞）

重修聖壽寺碑

國朝邑人張縉彥

自秦穆公得金神，祝以茶蔬，而佛之名始入于中國，非自漢明帝始也。《列子》云："西方有化人，其教不爲而自成。"故化人者，佛之所以爲教也。《中庸》曰："動則變，變則化。"化者，聖人之所不易至，而佛之所有事也。自世失其教，于是，立君以治之，又立師儒以道之，又設爲《詩》、《書》、《禮》、《樂》以董習之，又有刑名科條以震攝之。而人卒不式于訓俗，卒不底于善，于是，釋氏者流，嚴八戒以救三途。俾世人咸由戒以得定，由定以得慧，山河大地盡耀光明，化成天下而不可指名。于是，佛之功德遍恒沙，而從佛氏之刹宇亦遍恒沙矣。

小冀，衛南雄鎮，桑柘滿野，雞犬相聞。舊有聖壽寺，極巍麗之觀，創元大德中，後以兵燹毀。天順中修，再燬。萬曆中再重修，明末又燬。順治四年，有檀越杜相典，謂緇衣宗鳳，戒行清正，命主募化。七年以來，丹堊輝煌，新舊殿凡七，莊嚴像教者凡數十，方丈、禪室、齋房凡二十餘，至十一年而告成。將貞珉記之。適余藩浙過里，宗鳳踵門以請。余曰："此佛化之最廣者也。夫君之治，威之而不從；師儒之治，勸之而不訓；詩書禮樂，刑名科條，遞施之而不服。而釋氏者流，振錫持鉢，乃能使千萬衆捐金出粟，發大喜捨，成大善果，此非革面革心之明驗歟？夫德及一鄉者化一鄉，德及一國者化一國，德及天下者化天下。至于窮鄉下邑，村夫野婦，無不稽首傾心，聞風而景從。此佛化之所以大，而君與師儒，不得不借此以補政教之窮者也。夫君子所過者化，帝王中正顒若而下觀而化。化者，古聖帝、明王尚難言之。今宗鳳所爲，足以明佛之化，又足以明宗鳳與相與之式於化，又足以明宗鳳相與之足以使大衆咸沐浴于化而不自知其爲功德願力果可少否？"昌黎氏曰："佛者，西方聖人也。"余不可以弗識也。[1]

順治十一年。

（文見康熙《新鄉縣續誌》卷九《藝文志》。王興亞）

創建新鄉磚城碑記

國朝邑人張縉彥

皇帝祠服十有二禩，念疆圉多故，保民捍患，修練儲備，缺一不可。為制書宣示海內，先畿內，次河北、山東、及梁、楚、川、陝、江南，各有期會。其時承平久，郡邑土垣短且圮，遽易而甓，咸謂非常之原，頗難之。所在長吏，持文書支吾，莫敢先。歲又大饑，里中父老苦征輸、畏勞役，動以為言。撫按藩臬諸使者，馳檄如雨下，邑侯愀然起曰："城所以衛民，若罷民，以城何衛焉？然無城亦無民也。"進邑中紳衿及大姓而正告之：天子誅寇孽，不能執戈于役，有財者自宜輸委，況固圉安宅，亦自為謀也。於是，向之動以為言者，又咸自喜輸金錢粟米有差。仍不足，侯又捐俸以佐之。其金錢之出入，以邑之紳衿主之，而侯不與也。經始于十二年之五月，至九月而告竣。廣延計一千一百丈，高三丈七尺。基以巨石，扃以重闉、砲臺、女牆，足以示敵人而壯封域，屹然為河朔雄區矣。余京邸，每閱省直報章，修備一事，誠如跫音。聞此役也，深嘉之。而又慮時絀舉贏，恐其久而不繼。乃數月而成，千載之利新民保焉。侯之才有大過人者矣。古人云："保障哉！其我侯之謂與。"城枕衛水，浮流而東。侯今修壩壅水，自西北周環，繞東北復入于衛，映帶新城，洵湯池也。《周詩‧兔罝之章》曰："赳赳武夫，公侯干城。"有侯之和戢人民而被于上下無形之險，真險也。若夫無俾城壞，勞役不已，詩人憂之，我侯憫焉。悅以先民，民忘其勞，《易》之訓也。余且賡兔罝，為我侯志不朽。

侯，秦之安化人，諱壽圖，號青砰。其時，都御史李公仙風、直指使高公名衡、守巡道張公弘道等，咸嘉惠區畫，克底厥功，敬為備書。

順治十二年九月。

（文見順治《河南通志》卷四十八《藝文志》。王興亞）

菉竹楊公（文秀）墓誌銘

薛所蘊

公諱文秀，字右君，號菉竹，水部主政東始之父，世居新鄉西城。父曰先夏公，通詩書，能文章，敦厚溫醇，古石奮、張叔之流也，乃恂恂以孝弟力田終其身。三子，公最少，

---

[1] 順治《河南通志》卷四十八載文無 "昌黎氏曰：'佛者，西方聖人也。'余不可以弗識也"。

氣貌瓌瑋，言動不苟，父異之。年十六，慨然發憤，謁賈先生，下帷讀書。賈奇其志而教之。三年，歌在泮稱一黌之雋，胸懷磊落，於家人生產泊如也。每讀史至古名臣，如張釋之、于定國諸君子，未嘗不反覆吟翫，想見其人，故樂善喜施，尤好為人排解紛難。閭里不能自給者，濟之。事不得其平者，以身直之。崇禎己卯，流寇蹂中原，邑侯登陴捍禦，公躬親指畫，倡議修甓。撫軍上其事，賜褒嘉焉。兵燹後，士多徒業，公課子不少懈。乙酉大比士，東始領鄉薦。丙戌捷南宮，公猶以治理未嫻，仍命讀書《孝經》世典。故傳云"子之能仕，父教之忠。"公殆行古之道與。丁亥，東始對策成進士，授江寧司李。公曰："張釋之為廷尉，獄無冤民；于定國為廷尉，民自以不冤。古今賢之。爾職刑民與廷尉等，其無忘爾父言。"隨之任。東始每出鞫事退，必問今日治何獄？平反若何？當，則歡笑異于常時。有弗當，輒怫然不樂。東始亦體公志。小大之獄，必以情。繡衣使者至，嘗秉燭治爰書。公曰：人命至重，死者不可復生，勿憚勞我為爾檢之。情可矜疑者，一一指出，俾解網牒上。臺使韙之，得釋者八人。今江左嘖嘖稱揚，司理遺愛比於鄭國僑，公之教也。以覃恩受封如子官。癸巳，東始遷水部主事，公歸里，踰年疾作。時水部有造舟淮上之役，疾馳省視，未至，而公遽卒。易簀，惟篤念水部，遺教以作忠云。時少子及二孫在側，公視之曰：讀書為好人，餘不及私。彌留之際，有治無亂，誠古人所難也。

公生于明萬曆辛巳七月十日，終于國朝順治甲午十月七日，年七十有四。公配董孺人，生二子，長即毓蘭，丙戌進士，工部屯田司主事。娶歲貢趙時英女，封孺人；次佩蘭，廩生，娶儒官楊汝梅女。女二：長適廩生呂好儒男麟徵；次適生員蔣人吉，早卒。孫二：長溁，聘廩生張鳳起女；次澂，聘乙未進士周嗣昌女。孫女三：長許聘廩生杜于芘男肇碩；次許聘增廣生員孟克類男銃；三許聘廩生郭治華男宗彞。卜以順治十二年十一月五日，塋公于高村隆岡之南。銘曰：

伯僑之裔，因采氏楊。睠茲哲人，徽德孔彰。有子能仕，作室肯堂。察獄以情，江表稱平。恩綸載頒，三錫攸榮。

順治十二年十一月五日。

（文見乾隆《新鄉縣志》卷二十七《邱墓下》。王興亞）

伊源公墓碑

張紹彥

嗚呼！此吾弟綸彥墓地也。弟為鏡吾叔第五子，字朏朏，號伊源，少負俊才，遇事剛正。讀書能悟，每為吾父別駕公所賞識，尋入庠序，為茂才。鏡吾叔嘗對人曰："克承吾志者，此子也。"然善治生，及長，親履阡陌間，凡畜牧耕耨事，一一辦理，雖夜分不輟。以是家日益厚。吾叔有八丈夫子，以食指多析箸。弟泣曰："一木顧可二本乎？"不得已，乃與同母兄組彥同爨。組彥賴其力，以是兩人皆得終儒業，為諸生。然以此學業不進，蓋為治生所累云。己卯，母患瘡毒，弟療之百方，誓以躬代，尋愈。喜曰："吾得承歡母膝下足矣！"及甲午，母以壽終。弟擗踴過情，損脾胃，尋病痢不止，勉強襄事。及葬，大哭曰：吾可忍一日不見吾母也。親爲負土，墓成始歸，病益甚。越明年三月，大漸。家人環哭。弟曰：吾得從吾母地下，幸矣，何慟焉？言畢，遂瞑。生子四：長如蘭，能文章，聲奕奕起，餘子業儒。嗚呼！吾弟具過人之才，有父兄之籍，使其折節下士，多讀古今人書，何難掇巍科，取卿相，以垂名於竹帛。乃卒治農畝，盡地力，雖車簹充盈，瓶罍不恥，而所就竟與田舍翁等矣。惜哉，惜哉！蓋吾族家於宋佛，自明初而大遊黌序者不下數十人。然皆拘曲自好，無遊學講藝、擔簦負笈說大人以成名者；亦無白首窮經，負薪抱壁，窮愁不易，如古人之所爲，足以表生平而名後世者。是以高才異秉，往往限於鄉俗，而不克自振，乃弟所就亦如是。是可慨也夫。今於年月日葬于祖塋之舊阡，既安厥宮，用告其子若孫，必典於學，以亢而宗。

順治十二年。

（文見張興華主編《小宋佛姓氏志》。王興亞）

重修崔府君廟碑記

國朝邑人張綰彥

凡世之所謂神者，皆古先哲、王及賢士大夫。其精神注射爲造化所不能滅，故稱神焉。[1]祭法所載，或施法勤事，則祀之。若厲山之爲稷，後土之爲社是也。或能捍大災、禦大患，則祀之。若禹之鄣水，湯之除虐是也。至如後世子胥之在吳，則靈爽之存焉者也。桐鄉之祀嗇夫，則曾仕宦其地，民之去思不忘者也。不然者非淫則誣矣。吾廓縣治有府君廟，不知始自何代，嘗覽《列仙傳》載："譚公處端，曾出神於此廟香火，及至衛，則仙人在焉。"蓋廟爲吾新名蹟久矣。[2]父老相傳，預備倉背其舊址，然不可考。嗣後廢興不一。永樂中修之，嘉靖中再修之。兵燹以來，繼以水患，廟貌頹圮，不蔽風雨。而基址亦爲淋雨所蝕，不能置廊廡。善士李延植洎居人王治國等憫之，釀金鳩材重新焉。大啟棲神之所，由殿桷屬之垣牆，煥然改觀。恐其久而淹沒也，丐石記之。

按：府君姓崔氏，名珏，大觀中，舉賢良，仕晉地。有虎噬人，乃檄致殺之。遷滏陽，辨負債之冤。仕衛，擒巨蛇，厭水患。及宋高宗爲金人所迫時，傳府君接渡以泥馬，事至奇。夫驅虎、釋冤、厭水，此施法勤事之在祀典者也。又宦于磁、于淇，此靈爽在人，與仕宦其地，民之不能忘也。至陰相宋帝之興，則所云禦大災，捍大患，淑其澤者思其功，服其教者懷其德，游其地者懼其威。精神注射，爲造化所不能滅，後人感慕，永思報享之恐後也。廟貌之修，不亦宜乎？余嘉與有成，遂助金二十，並蠲地二十尺，可容焚修居址

---

[1] 此下乾隆《新鄉縣志》載作"以故祭法所載"，無"稱神焉"三字。

[2] 此下乾隆《新鄉縣志》無"不知始自何代，嘗覽"七字。

焉。尤異者，余既諾斗陽李公之請，爲文以記。時適越于寧陵道中，憑輿屬草，憶府君宦蹟未真，便倦欲臥，索乘馬，馬已前。追止之，則巍然府君廟也。古碑半減，載神蹟甚彰，豈神之呼余而告之乎？亦欲余之次序其事，而以異蹟示之乎！亦奇矣。遂下車瞻拜而記，時丙申閏五月朔一日也。

順治十三年閏五月。

（文見康熙《新鄉縣續志》卷九《藝文志》。王興亞）

公弼劉公暨配宜人張氏墓表

許作梅

封奉政大夫鞏昌府同知公弼劉公，於順治十六年己亥十二月十有六日卒於家。元配封宜人張氏，先一日卒。時長嗣石友君以春官郎減俸，特授湖廣按察司僉事，俻兵荊南，叱馭出長安，傳嚴慈有大故，兼程前。抵淇，聞宜人訃。次衛源，而公訃至。僉憲君性孝，易服徒跣，望城而哭，趨於家，喪室哀號，擗踊異尋常，苫塊者容改。歲順治十七年庚子，卜吉十月二十三日，營壙於郾城南二十里許司馬村之祖阡。余時歸省，居里門，尚未及趨朝，僉憲君先二親襄事，期持行述請碣於隧，不獲以椎魯辭。

大夫諱國器，公弼其字也。始祖劉三老，定居新鄉司馬村。明初迄今，歷九世，積德三百年矣。大夫讀書遜志，訓子敏學，承家以約，遇人以禮。僉憲君丁亥成進士，筮仕大冶令，再丞鞏昌，遷儀部，三歷宦所。大夫未嘗不以清白吏揚名顯親為諄諄也。其教子居官者，又如此。

宜人主劉氏，饋篤仁厚，正顏色，馭婢妾無慍儀，而從子宦署，猶衣浣濯之衣，處嗇而儉，履豐而節，其以相範爲型者耶。可得大夫刑于矣。先是順治十四年，皇帝崇太后徽稱，覃恩及下。伊時僉憲君尚丞鞏昌，故封如其官。父封奉政大夫、陝西鞏昌府同知，母封宜人。迄今庚子秋，部題奉俞旨，大夫已先悲，奉倩而書白駒矣。享年六十有三，宜人享年六十有二。其家譜姻族，少司空張坦公先生誌銘可考而述也。表大夫生平，其古之獨行君子歟。如流俗人之見，貧而攫財，濫而席侈，驕而飭權，疎而怙勢。故其教子也，莫不願其成名，而往往以居官長子孫擁廈實為意。如大夫者，惟當官三事勗其子，可以正天下之為父者矣。僉憲君立身飭守，惟庭訓是遵，可以勵天下之為子者矣。不以苞苴自封殖，惟庭訓是懼，可以示天下為臣者矣。執經于兄而盡禮，爭過于友而克忠，天下之弟若友可以風矣。視世之攫財席侈，飭權怙勢者，其賢愚榮辱，又何啻霄壤也哉！但抱拖青紆紫之學，而廩於黌序終其身，千載下，徒令弔古者追慕王彥方之高名，而併傷連舜賓之遇，其亦可哀也夫。雖然，古來禔躬脩行之士，隱德弗彰，不發於其身，必於其子孫。僉憲君有能有為而當昌明之代，叔子敏而好學，季子諸孫生而穎異，其始於事親，中於事君，光大前徽，為大夫榮者正可意量而止也。余故表而出之，以竢太史氏之筆焉。

順治十七年十月。

（文見乾隆《新鄉縣志》卷二十七《邱墓下》。王興亞）

魯源張公墓誌銘

許作梅

皇清順治十有七年庚子八月十一日甲午，光祿寺署丞張公卒。明年辛丑十月，卜塋于王岳營之兆域。其子欲開、欲龕錄公生平行誼，請余銘其墓。按狀：

公諱紳彥，號魯源，父贈君別駕公有子四，伯縫彥，明經進士也，以子民部郎任內翰林弘文院中書舍人，遇覃恩贈如其官。仲即公叔縉彥，明辛未進士，任簡討，授兵科都諫，歷大司馬，國朝山東右轄、浙江左轄、工部侍郎。季繼彥，其先晉洪洞人，有得山公者，明永樂時，奉遷民實河朔之令，卜居新送佛村，是為張氏新鄉始祖云。生子聚，聚生敬魏，敬魏生五老，五老生俊，俊生鑑，鑑生伯通，伯通生江，江生行高，凡九世而生公祖登，隱德彰聞，作賓鄉飲，以孫縉彥貴，追贈通奉大夫、浙江左布政使。登子問仁，公父也，明經，通判真定，以子縉彥明封兵科都給事中，清贈浙江左布政使，散官如常典。

公成童，就里塾向學，長多心計，別駕公遂以家政委任之。其指衆食煩，取給不匱。而兄弟肆力舉子業無分營之慮者，公治生有以資之也。爰以例授光祿寺署丞。天性孝友，厚重少文，景仁慕義。其為人也，言無禧幻，行戒町畦，里閈以此稱之，親疏罔間也。別駕公寢疾，進湯餌，侍起居，必躬必親，久而無怠容。伯兄病且終時，民部郎請急未還，含殮靡不備，如視其父焉。待司空則讓宅而別置第，處季弟則送死而撫其孤。父子兄弟之大節，其不愧歟。歲庚辰，大祲。公蠲貨煮粥賑饑，埋胔掩骼，惟恐民之有殍也。至鄰里質成，評高月旦，惟公不欺人，故人亦信公耳。其信義又如此。貴介家多以氣體焜耀鄉閭，而抑抑粥粥，常有以自下者，謙尊而光，維公有焉。富易奢，人情乎。公晚年雖好佛樂施，而食不兼味，衣不重飾，克儉於家，維公有焉。甲申之變，公攜家南渡，往來吳越間，願號鷗夷子皮終其身。丙戌，王師掃蕩，南北混一，乃北還。抵家之日，舊業蕭條。公曰："初避秦之日，豈望及此耶。既得正首邱，他何計焉！"因築別墅於絡絲潭，栽花種竹外，惟課子讀書，為日用也。公其盛世之逸民哉！卒之日，去生之日萬曆二十一年癸巳，壽六十有八云。配趙氏，明經趙世則孫女，男二：長欲開，聘庚戌進士青浦知縣徐培植孫女；次欲龕，聘生員賀毓鵬女。女五：長適池州府教授趙薦賢孫，拔貢生泰祉；次適舉人任文郎男，增廣生員瑢；次適國學生孟克頫男銑；次適丙戌進士、戶部左給事中蘇文樞男，廩膳生員岷；次許聘漢中府經歷吉永祚孫，裔美。銘曰：

至德無名，善死如生。為爵也貴者，孰為德也榮。為生也顯者，孰為死也旌。維此佳城，松石其盈。尚其憶徽，音于鶴舞，雲橫後世，子孫繩繩克成。

順治十八年十月。

（文見乾隆《新鄉縣志》卷二十七《邱墓下》。王興亞）

靈冶庵藏經閣記

國朝邑人許作梅

釋經者，世外奇偉廣博之書也。說自釋迦牟尼，其弟子追述遺言，綴集爲十二部。漢以前，東土無傳焉。張騫使西域，乃聞浮屠之教。迨哀帝時，博士弟子秦景令伊存口授其經，中國未之信也。明帝感金神行殿之夢，遣使天竺，以白馬負《四十二章》而歸中國。釋經自此始。夫此《四十二章》者，其詞淺畧平實，其指歸則因七情之感應，別其真妄，究其終始，明智愚賢不肖之分，使天下之大，億萬之衆，無貴無賤，無聖無狂，皆知止知足而止，非如後世鬼怪詩句，俳戲誕詼之說也。厥後引源分流，循枝敷葉，傳布翻譯。至梁武帝華林之集，曰經、曰論、曰律，則有五十四百卷之富，浸假而或戒、或懺、或贊、或頌、或銘、或記、或疏、或錄，紛見錯出而不可選紀。其間撰自沙門者固多，而聰明賢豪之士，處世末流，無所施其能，以讔謎之語，抒其憤世嫉邪之懷者，亦正不少。然于釋氏正法之妙，鮮有當焉。甚而五燈焜耀，三宗矛盾，尚謂其演說法懺，開度衆生，無異乎變幻而嬲惱矣。好高者遂吐棄一切秘典，直求了悟意。佛原不在語言文字間，惡此禪矣，而非佛也。

夫佛以空爲宗固也，惟其義明，則其性定；其性定，則其慧生而萬物皆空。若以有爲法，同無爲法，則等真空爲頑空矣，亦祇要鶻突人耳！不誦經持律，而心於何端，念於何正？諸般惡趣，往來憧憧，皆自一心無着而生。如冥心可以作佛，彼釋迦者，何必出家學道，勤修精進，始覺悟一切種智耶！故經者所由，適於佛之路也。如珠走盤，如盤走珠，非經非佛也。聞所聞盡，盡聞不住覺，所覺空，空覺極圓，無經無佛也。《金剛》明心之功，《楞伽》印心之法，《華嚴》闡法身之體，《楞嚴》辨法身之用，即經即佛也。得兔忘蹄，而不能無蹄；得魚忘筌，而不能無筌。此見經不可不讀，而亦不必多讀也。苦樂在迷悟之間耳。迷則泥恒、阿含皆障，悟則鏡花水月猶跡，故得其奧旨，而五千四百八十部，只《金剛經》一部盡之，放大光明。而《金剛經》一部，只阿耨、多羅、三貌、三菩提九字盡之；九字者，一字也；一字者，覺也。《中庸》之所謂誠明也，何必曰非孔、孟之書也？而火之隋文，詔通邑大都官寫經置于寺內。後世競相景慕，薦紳先生多爲之。吾邑張大隱先生生秉靈根，註《金剛經》行世，列之《大藏》，極其通解，其誦經而有得者歟！

順治戊戌，由浙藩遷右司空，過里，拜佛于城北郊吳家堂，見鑄佛冶中，現二真人相，既以靈冶題。因將購攜嘉興府楞嚴寺方冊佛經一藏，建閣以貯之，作鎮疊雲。庚子，左遷徽寧僉事，瀕行，囑余爲記。未幾，先生賦貝錦既東行，琨珸未備也。辛丑，邑侯王公神道設教，式廓梵宇。工竣，乃磐石命記藏經盛舉。余信前言而志其歲月云。《藏經》計一千六十八種，內七百八十種，計四千四百三十八卷，無卷目者二百八十八種。因而備錄。

順治十八年。

（文見康熙《新鄉縣續志》卷九《藝文志》。王興亞）

張公士馴惠政碑記

靳標嵩

張公宰尉氏之三年，政和民蘇，四郊吐氣，闔邑而頌，無間貴賤，將勒公惠政于石，一以昭德，一以示遠，為尉氏萬姓百世瞻仰。悅諸心，播諸口，紀諸石，"斯民也，三代之所以直道而行也"，豈偶然之故哉！羣聚鳩工選石，筮日鐫豎，復託不佞一言。不佞稔悉公政久，今日乃有循良如公者，比之漢擢外牧為三公例，當竚茲目，何敢以不文辭。

嘗聞古今治法大要，利弊二者而已。二者並論，則除弊為先，利之不興，由於弊之久錮。如蠹蛀然，其樹植也，噬披根也，而溉其枝葉，直立槁耳，況從而斧斤之乎。此吏治之難，非有明燭剛斷之才，出以慈惠綱縕之養，未易起彫殘而衣被飲食，如洒甘露而滌烟飆也。如公者，豈非救時之賢令乎！三年來，興學禮紳，息訟省費，羔羊棫樸之風，葦杖懸魚之操，不能殫述，特拈其除弊救時之急者。其一曰革漕米之貼解也。貼解沿為陋規，不苦於解者必貼，而苦於解者未必盡解，苟不支節，民即幸趨矣。公曰："飽宿蠹，長此安窮，我即不能三代民，其蠹之耶？"於是，毅然革之。是役也，不止省民之費十之五。一曰革收糧之解户也。解户例用簽報，不難於解者必户，而難於户者不止身解規避巧脫，不則為壟斷耳。猾於解民，不堪；愚於解民，愈不堪。公曰："官任之，不傷財、不害民，古誌之矣。"於是，毅然革之。是役也，又省民之費不止十之五。

不佞於是覘公之才之養，為聖天子分撲席、宰天下可矣。何也？此二事也。仍陋規者希充橐，不肯革；懼累上者寧累下，不敢革；以胥猾任為耳目者，勢倒柄于鼠雀，雖知當革而亦不能革。公非明燭剛斷，慈惠綱縕，烏能剔其弊而定其心，毅然任為百姓去割肉剜瘡之隱痛，而予以安堵，雞犬之怡怡哉！高忠憲曰："君子不隨時，不足以有為。"所謂隨時者，懲往事之過不及，時時為之，以利益斯民耳。矯其時而隨之，非公之善於隨時、以不隨為隨者耶？革二弊而百弊息，百弊息而千利興矣，豈不可為聖天子大臣乎。試看今尉氏之歌樂只者何如也，而能已於勒碑紀政之盛舉哉！故曰非偶然也。謹記。

公諱士馴，號均松，辛丑進士，江西南昌人。

（文見錢儀吉《碑傳集》卷九十一。馬懷雲）

修靈冶庵碑記

國朝邑人許作梅

鄘城北三里許靈冶庵，余外舅吳國學家世奉佛之所也。邑少司空張坦公先生建閣，藏經於其地。冶人鑄佛像成，雕琢之得仙、佛二相，不模不範，而肢體具足，因以名庵也。創不紀年，章皇帝壬辰，三韓立安王侯來尹是邦，百廢興起。判牘之餘，問課農桑。憩此，見寶相未莊嚴也，棟宇未金碧也，雲門精舍未備美也，慨然有出金布營，給孤獨園之意。越歲，辛丑秋，捐俸錢經始，歷今上改元，壬寅春八月而告成功。臺殿通天，居然香國雁堂矣。僧維亮圖立石以誌其事。余曰："佛可昉乎西方有聖人焉。降生四瑞現，廣長舌伸，兜羅綿手，轉四諦法輪而證道果。越千餘年，教乃行震旦。漢明帝用傅毅之言，遣十二使，取佛經及釋迦立像，並與沙門攝摩騰、竺法蘭東還，建白馬寺於雍門之外以處之。中國之佛寺，自此寖盛。"

　　於是，合香積歡喜，安養蓮花，莊嚴諸界，靡不聽梵唄而耳傾，望招提而膜拜焉。天下游惰之民，孤貧煢獨之子，咸得出入其中，解一切苦厄。與臣言忠，與子言孝，即強有力者，亦將革其邪僻，而歸於善良，以補王政之闕，而助大戛之所不逮。雖謂三車之教，盡小乘也。夫瓊花片片是玉，視不以目。旃檀寸寸皆香，嗅不以鼻。方丈可居，安知無化人者。隨機赴感，說經度人，俾天花亂落，頑石點頭，又何事上重之山？辭珍鹿苑，理性鷲嶺，乃悟天中之天也哉！庵在人煙盡處，彼行道者，流疲於風塵，入仁祠，息其車馬，作已度想，生安穩想，又非險道中一化城乎！然則韓愈佛骨之諫，非與曰佛覺也，自覺覺也。成，已成物也。釋迦能仁也，善慧智也，大雄猛勇也，明行足致知力行也。聞而不聽無受潤，因聽而不思無深旨，儒書有焉。非釋氏輪回之說，與老泉夢眇僧而生子瞻，相傳為玠。禪師後身終，其身與佛印相友善。夫子瞻非儒者與，何其禪也？彼佛骨者。正經云："四大和合，垢色皆歸於地者，宜于白雲，而不宜于紫殿。"設當日舉于國門之外，崇其戒檀，優其供奉，俾沙門焚香禮之，如造浮圖、藏舍利者。退之寧為此激烈之言耶。故少室之燈，尼山之派，分道而相馳，實殊途而同歸耳。蔭伏雲于真際，火宅晨涼；耀慧日于康衢，重昏夜曉、其王侯為庵之功德與，豈惑于福田者哉！余將以祇園雙樹，作甘棠蔭柳也。檀那共襄其事者，備書于碑之陰。

　　康熙元年。

（文見康熙《新鄉縣續志》卷九《藝文志》。王興亞）

崑野劉公墓表

張縉彥

　　嗚呼！此吾新處士崑野劉公之墓也。公以乙酉考終于寢，門人謀所以祀公者，孫鍾元徵君曰：孝友忠直，是在德也。教洽一方，是其化也。古者有易名以靖節貞耀之例，因私諡曰德化先生云。先生歿十餘年，繼室趙孺人卒。公子孝廉君乃啟公與元配曹孺人壙而合葬于祖阡。走三千里，渡越水，手其狀，請曰："某不德，當府君之初歿也，未遑藉先生大人言，以誌不朽，今已矣，敢丐數言表之，並以告後之子姓君子，表微微夫子，其誰與歸。"余時以軍書旁午，病骨支離，方謝絕一切事，而竟以義不得辭。謹按狀：

公諱國玉，字[1]，別號昆野。始祖劉三老，名不傳，蓋隱君子者流。世居新之司馬村，依槐結廬而處，三百年槐尚存。三老子二：長仁美，公所從出祖也。越五世，而生貫，為公大父。貫子三：伯寧、仲寵、叔寀。仲即公考，是生公。公生而穎異，成童就外傅，即工鉛槧，應童子試，為學使梅公所器，補弟子員。先是公族世為農家，業儒自公始。少時父苦中徭役，溝疾且死，公籲天以身代。父不懌曰："吾所苦以兒未為士耳。"公以是益攻苦下帷。及父歿，晝給役，夜篝燈讀，雖竭蹷力作而學業不衰。公為文不喜沿習，析理精奧，匠心淵密。遠近讀公文，推為通儒。使公縉符璽，任天下事，必有垂大名、顯當世者，而竟以諸生老。嗚呼，豈非天哉！豈非天哉！

公嘗以所際艱難示諸子，因授諸子經義，而又詳為訓說無倦色。凡里中貧不能執業者，輒授餐而教之，是以四方之士負笈者，戶外屨幾滿，弟子著籍者衆，入黌序者至三十餘人，取甲乙榜者二人。公少失恃，事繼母孝。嘗讀書城中三年，而同舍生不知其為異母也。其他復族黨之仇，解里巷之爭，撫業師之遺孤，踐故人之久要，嫉行稷稷，不可悉悉。其大者，未申間，流氛遍河朔，公留諸子守墳墓，而攜長君入山。山距城百里。聞寇入城，公號泣曰："草野臣不能為國効忠，而又無以安吾民，讀書何為？"因遣長君入城，單騎見偽令，以理論之，俾勿殺戮。人咸危之，卒藉以寧。時余橫被賊難，誅偽金吾，號召河洛間。公令長君緘余曰："國事今以屬公，某即老且死，願父子執鞭弭以從。"嗟嗟，不意余間道入商、麻，而公竟以明年死矣。以公之挺然忠直，方願搖撼胃腎，以自効于國家，既不可得，而又以疆圉多故，憤憤然恐不得一當，而屬孝廉君以見志，而孰知天果不可問耶！公死五年，而孝廉舉于鄉，季子弱［若］孫又皆能文章。嗚呼！天或者以不得于身，將得之于其子若孫有今日也耶。公明通之才，恬淡之守，假令生古昔盛王之世，故當膺旁求之典。即漢以下，猶或如州郡所舉茂才、公府並徵有道。然皆不以及公，而僅以及其子若孫，豈非天哉！豈非天哉！余觀古人陳太邱、郭有道功名，皆不顯于時，而德化至今稱之。公之生也，不讓古鄉先生，而其歿也，固當祀之社。余故表而為之記。

公子四：長源潔，登賢書；次[2]、次[3]、次[4]，皆諸生，能讀父書，孫[5]世守其業云。其歲月姓氏別載誌狀中。

（文見乾隆《新鄉縣志》卷二十七《邱墓下》。王興亞）

---

[1] 後空二字格。

[2] 後空一字格。

[3] 後空一字格。

[4] 後空一字格。

[5] 後空一字格。

修圓覺寺兩殿碑銘序

國朝張縉彥邑人

　　如來以萬法萬行普度羣生，其教平等。識真如者，非在水；識佛智者，不假燈。是以西方聖人開三乘諭，演菩薩旨，轉十二輪，度生死海，寔人天之要諦，凡聖之寶筏也。王岳營舊有古刹。高薨騫雲，畫棟凝綠，法容瑞相，種種具足。閱歲既深，金碧落謝，激雨漂風。爰及兵燹，緇衣惜之。余亦深惘隆印，隆祐瞻禮，發願報諸檀越，成大喜捨。乃至聚落無空過者。由是糾材以任，功畢而肆力，西起妙製，南成靜宇，地藏巍坐，青蓮承跌，金獸盤旋，藻井花鬘。那羅一殿，中闃外寂，石磬木魚，晨昏相響，善信膜拜，如佛出世。因持貞珉，乞言永壽。余按此寺，肇自國初。古佛顯化，脫膊忍辱，頓錫不去，見身說法，以此世人皈依不疑。勝宇有沉淪，佛光無明滅。既敘次其事，迺說四偈，以告來者。

（文見康熙《新鄉縣續志》卷九《藝文志》。王興亞）

重修儒學碑記

國朝許作梅邑人

　　古者建學明倫，四時官釋奠于其先聖先師，禮也。漢以前，孔子之道未著，故廟無聞焉。高祖以太牢祀於闕里，明帝祠仲尼及七十二弟子，而天下知鄒、魯之教矣。然位居先師，無專祠也。唐武德二年，詔國子學另立孔子廟。貞觀二年，升先聖位，郡縣立祠，則自貞觀四年始。宋咸淳三年，定四配十哲，享於廟中。大觀四年，廟門增立二十四戟，而殿廡之制乃備。天下官師弟子員入其中，始聽尼山鐘鼓焉。明嘉靖九年，御製《敬一箴》，頒天下學宮，建亭置之，更追崇先聖、先賢、先儒之所自出，立啓聖祠。十二年，復詔天下學宮建鄉賢、名宦二祠，凡吏治、儒行有合祀典者，皆得崇祀。俾後之人，官斯土者得其效法，生長斯地者有所矜式耳。此右文之世，廟貌肅而聖道尊，教化行而風俗美，何其盛也！

　　新鄉縣學宮、廟門、廊祠，規制具美。清興二十年來，漸即傾側，名宦一祠已成瓦礫。順治乙未，令尹王立安、學博楊蘊東合力葺大成殿，未及丹艧也。壬寅秋，令尹入廟，肅然懼無以式光俏舞，爰有修復之志。乃時絀舉嬴，又慮請則損國，募則減民，於崇儒重道之旨，均無當焉。既捐俸錢若干緡，或飭其棟宇，或雪其牆垣。自大成殿東西廡、欞星門、尊經閣、聚奎樓、敬一亭、啓聖、鄉賢、名宦諸祠，罔不跂翼，而名宦祠則創建也。縣祭酒史君，約諸生亦起明倫堂而新之，猗與休哉！邑文明其有象乎。慨自吏道日非，膠庠茂草。贓貨利者剝民以自豐，急功名者揮金以說上。即不然，亦僅飭郵亭，新衙舍，以博往來達官長者之譽。或又輕百金之多，罨事學校，應功令而獲天官紀錄者。令尹善政多端，屢經優敘，豈希此尺寸之功耶？聿其崇儒重道，深有合於事，有建學之意歟！會司馬中丞吳愨僖公，奉檄祀名宦。夫撫軍功在一省祀於會城者多，今尸祀遍郡縣，見其禮可以知其政矣。史君暨諸茂才，請余記修學之舉，因嘉其事而並書。

令尹諱克儉，直安其字也，海州世家。

愨僖公，諱景道，號仁軒，廣寧人。

巡撫河南都御史史君諱紀太，確山人，明經進士。

康熙癸卯季夏。

（文見康熙《新鄉縣續志》卷九《藝文志》。王興亞）

重修香泉寺中殿碑文

劉源潔

大行之山，西連王屋，北接恒嶽，東經覃懷、朝歌、鄴下，折而入於畿內，其間枝輔諸山，若真谷水峪，明月白雲，石門香泉，雲濛林慮之屬，皆靈境也，而香泉尤爲幽勝。泉之上，曰霖落。東南距汲縣四十里，瀑泉飛灑，若雨霖落，故名焉。其峭壁凌空，羣峯環拱，中分一澗，東西搆二寺，其西尤古矣。所有石幢鐫尊勝經，則開元間物也，歷今千有餘歲矣。殿前古碑，有元學士王秋澗惲撰文，謂寺乃雪宮故址，魏安釐王避暑之處。世變代更，因其舊基創建茲寺。有舍利塔十二級，雖遭兵燹，巋然不毀。山門之側，有香台，俯臨碧湍，南對爐山，平巒隱軫，蒼翠如屏。北有鳳嶺，若長離繞寺而俯首窺淵，其最高處有翫月台，環寺諸峯周匝，如化城然。惟東隅獨缺，中夜翫月，清幽殊絕，前人標題爲夾山吐月云。東寺有千佛洞，洞闢石室，內鐫賢劫佛以千數，又磨石壁刊《華嚴經》一部，曰華嚴壁。寺旁有乳巖，中湧清泉，曰濯纓泉，即所謂香泉也。日影照耀，又若長虹飲澗，寺僧疏爲池沼受之，碧漪環繞，宛在水中。其泉緣澗下，趨大壑，有危石歆。山之隅，晴光蕩漾，憑欄俯視，若龍戲珠，然名戲珠。石澗壑繁，廻邇通積，水曰龍灣，雲氣溰濛，隱然有神物蜿蜒其中。夾水皆絕壁危峯，嶔岩奔峭，有獅子、捨身二巖，巉崿嵌空，尤爲奇絕。後山一洞，幽邃清冷，能滌人塵慮，名洗心洞。其他靈跡奇觀，不可殫述。值明季，盜賊嘯聚，以致殿宇蕪圮。暨順治間，釋正鉉憫其頹廢，將募修而事難驟集，賴師願力弘深，兼以檀那協濟，大工克舉，惟中殿未就。至康熙二年，功乃竣。勒碑記歲月，而屬余撰文。

余維勝水靈山，不爲王公大家據搆園林，則必有釋氏精舍在焉。彼築雪巚，穿雲竇，樓閣亭館，拔地插天，非不極一時之盛。往往時異勢殊，即金谷平原，輞川綠野，卒亦鞠爲茂草，爲弔古者所傷，況其他乎？若乃叢林古剎，一爲佛日所照，慈雲所蔭，每歷千載，而巍然長存。然則王公大家，寧不及山僧老衲。其殿閣舍宇，興廢無常，得主則龍鳳威之，失主則狐鼠穴之，亦不獨王侯宅第爲然也。即梵宮禪房，錫卓則興，錫飛則廢，因人而變，其致一也。今正鉉一貧衲耳，能修千餘年故刹，不致頹廢，香泉可謂有人矣。故昔日之雪宮，傳以安釐。今日之香泉，存以正鉉。其中爲幢爲塔，爲台爲洞，爲壁爲巖，爲灣爲嶺，附香泉以久者，孰非山水知音，探奇闡幽，以致不朽也哉！故曰：山以人靈，水以龍靈，山川無名，以封濬而名。不然窮谷奇秘，人跡不到，湮沒無聞者，豈少哉！因備誌貞珉，以昭來許。

康熙二年。

（文見民國《新鄉縣續志》卷四《藝文志》。王興亞）

重修晏蕭二公廟碑記[1]

國朝邑人劉源潔

太行之山，西聯析城王屋，北接恒嶽，至於碣石。山泉湧金噴玉，若沁、若丹、若水峪、百泉、淇澳，皆靈源也。而衛源百泉，清幽爲最。北經雲門，與丹水一派會爲合河。若蜿蜒狀，自西而來，東流入海，上下千餘里。玉井分蓮，粳花侵縣，香風奪濂溪之愛，雪稻餘鸚鵡之粒。淇門廣辟，漳水北注。漕航鱗集，運濟東南。客符魚貫，滋潤天津。帆風水氣，與人煙交拂。蒸蒸乎百折雲流，萬派藹瑞。時而風雨驟至，秋濤警發，走石拍岸。洶洶乎怒號滂湃，真不啻懷山襄陵，而廬舍依然，禾稼無恙。每觀漲駭，異非有神功聖德主宰呵護，何以若是？至於風恬浪息，浮光耀金，靜影沈碧。或垂竿而釣于水湄，或鼓棹而汎乎中流，遙望北山環列，如在畫屏中。見先輩大家依搆園林，穿雲竇，築雪巘，樓閣亭館，非不極一時之盛。往往時異世殊，即金谷平泉，輞川綠野，卒亦鞠爲茂草，況其他乎？嗟嗟空華泡影，轉瞬成虛；覺鑿地成池，壘石插漢，殊爲多事。因而告老居休，以閉戶爲山，以種竹爲林，以遠岫近水爲台沼，以蔬畦果樹爲花卉，優遊以終餘年而已。

一日，與諸同人散步郊外，過邵公橋，見河陽廢園如故，惟橋左塊土殿宇，莊嚴金碧，輝映花蔭，松影清幽，恍出世外。茂才郭維城，與道流許太極搆靜室一間，與白雲平分，烹茶清話，乃知晏、蕭二公廟食處，年久傾圮。茂才居其後，感其德，與眾釀金新之。授碣索記，爲二公志不朽。余瞻拜，詢自二公，唐行人也。奉命冊封海外，入海中城山，不知所歸。逮宋使海外者，過其處，見其人，指脫水患。歸而入告，封司河政，廟食百世，因祀於茲今。而知衛水之濱受河之利、不受河之害者，皆二公之賜也。經有之：以死勤民則祀之，以勞定國則祀之，能禦大災、捍大患則祀之。公能膺簡命，而光一代之皇華，豈不能報祀典，而拯兆民之胥溺？能致身於唐，效靈于宋，以監王事而全天使，豈不襄上國之計，濟下邑之窮，以通關渡而利漁鹽？能顯靈城山，指迷津、授沉淪於渤海巨浪之上，豈不能默佑邨鄽，運芥舟出膠滯于坳堂杯水之中？然則公之廟食于新，既廢復興而祀典不

---

[1] 乾隆《新鄉縣志》卷二十四載文較此爲略。

忘者，乃以德升，以功舉也。所以園林臺榭消沉幾盡，而此巋然獨存者，豈偶然哉？雖然，神功冥冥，渺不可知。且感人若此，而況長人者乎？歌功頌德，人有同心。余故記之，以告天下後世之有功德于人者。

（文見康熙《新鄉縣續志》卷九《藝文志》。王興亞）

蝶龕張公元配郭宜人合葬墓誌銘

許作梅

地官郎張蝶龕公，友余善二十有九年矣。康熙二年癸卯夏五月，卒於京。余適以假居里，聞訃，慘然者久。八月，公從父弟官監生欲宏輿櫬馳驛歸。余酌酒酹焉，哭之慟。越明年甲辰，將舉大事，嗣子憲章持公行狀，請題其壙石。余何能無一辭彰其懿行待錄國史？

公諱欲含，子張其字，蝶龕自號也。上世晉洪洞人。明永樂間，移民實河北諸郡縣。公新鄉始祖得山公，迺籍邑之送佛邨。九代而及追贈通奉大夫、浙江左布政使、鄉飲賓公登，爲公曾祖。王父有子四：適明封文林郎、兵科都給事中，國朝贈通奉大夫、浙江左布政使別駕公問仁，爲公王父；次問明；次問德，國學生；次問誠。別駕公長子縫彥公，明經進士，爲公父，以公貴贈奉直大夫、前贈徵仕郎、內翰林宏文院中書舍人。紳彥，光祿署丞；縉彥，任浙江左布政使，覃恩授通奉大夫、晉右司空，左遷徽寧道僉事；繼彥，皆公叔父。

公生而慧敏，入小學，讀書輒成誦，其制藝，有鹿門荊川之風。弱冠較童試，即冠一軍。旋試高等，食餼於庠。明崇禎丙子科，偕余決鄉舉。余以魚目混見收，公逢按劍者，抱厥珠而還。再值賓興，而玉韞于璞，終無有知者。會皇家定鼎，覃恩歸我版圖者，學各貢士於闕下。督學使滄州劉借菴識公文，載其名而進之成均。夫唐開科，以詩供奉，拾遺出身，未嘗由進士。公戹於科名，何憾焉。筮仕內翰林宏文院中書舍人，承宣宰相之勳，職掌絲綸之命，公朝夕匪懈，勤於官無曠。尋秩滿，應遷。聞明經公病危篤，謂君恩失可再邀，報國之日猶長；親顏訣難復覯，報父之日苦短。因先遣宜人歸，奉湯藥，公即請假省視，抵家，明經公體魄已降。公擗踊悲悼，容毀骨立，致哀盡禮三年，憂常見色。服闋，補原官，即陞戶部山東清吏司主事，初奉敕管駞糧廳，社鼠屏跡，功在天，庾在差，陞貴州清吏司員外郎，管寶泉局，稽核心勞，諸猾蠹未敢有一錢犯者，則錢法以通。今上登極，覃恩授奉直大夫。配郭氏，贈宜人。陞本司郎中，值步送世祖章皇帝梓宮於山陵。歸，勞重遘疾，終於邸舍。

公仁孝天篤，和樂性生，嗜古好學，善右軍草書。親亡，事庶母如所生，久而不怠，其善繼父志者歟。與朋友交，無少長，賢不肖皆敬焉。有黷稱功名貨利者，惟頷之而心則逆，而詩酒燕樂、書畫玩賞之屬，終日長談不倦，所稱雍容博雅，謙謙君子哉！

生於明萬曆三十八年十一月初四日，卒於清康熙二年五月二十九日，壽五十有四。子二，女一，俱殤。卒之日，堂無抱孤，從父弟欲宏，俱無有主。公祀者謀諸族長親屬擇焉。公叔父紳彥、縉彥、繼彥均有子未舉。孫序昭穆，無可爲公後。乃取今嗣子憲章立之。憲章公從祖祖父問明公，五子綸彥仲孫父生員如蘭，嗣立定。始卜兆於龜，祔王岳營之祖阡，食發靷於甲辰二月二十六日。食公元配郭氏，封孺人，贈宜人。仁厚慈儉，事舅姑以孝，御小星以寬，克儉於家，古之淑媛也。先公六年卒。國史王公有志。至是乃啟其塚而合瘞焉。銘曰：

哲人挺生，王國之楨。絲綸錢穀，均著徽聲。吁嗟哲人，曷厥令終。芯芬克薦，佳城此中。山穹窿兮北邙，風蕭蕭兮白揚，德音不昧兮雲漢爲章。

康熙三年二月。

（文見乾隆《新鄉縣志》卷二十七《邱墓下》。王興亞）

虞絃樓記

國朝邑人許作梅

虞絃樓者，王立安令尹建城南，樓成，而余爲署其名也。樓廢久，令尹修之，未損公藏。經始於乙巳秋杪，不五旬而落成。高去地六十尺，方廣三丈，其橫欄疏牖，規格非麗譙比。登其上，則道路之輿者、騎者、行者、荷者，閭巷士民負來橫經者，靡不寓目。而嘉嘆于此生焉，耕斂於此省焉。於戲！斯樓固捍禦之資，而亦布德行惠之所也。昔有虞氏撫五絃琴，歌南風之曲，以解慍阜財，余於此樓故名。

康熙四年。

（文見康熙《新鄉縣續志》卷九《藝文志》。王興亞）

劉公祠堂記

國朝錢塘陸圻

經有之：以死勤民則祀之，以勞定國則祀之，能禦大災則祀之，能捍大患則祀之。非此法也，不在祀典。然黃帝之禘也，師其教者百年，而畏壘之于庚桑也，生而祀之。是則古之祀典頗多。以德升者，而不必皆以功舉也。以余所聞，德化先生，德之可升於祀者也。

先生事後母，以孝聞，研求道奧，嘿而好深湛之思。往往廢田宅，購書設科，勸鄉里誦讀。貧不能學者，給與糜食，不復問束脯，以上嘗率諸及門，三年不窺戶外。又先生子若弟，俱親授業，每令其近正人，聞正言，行正事。而先生之門內與先生之鄉里，奄然化之，造次被服，必於仁義，若一父之子。乃漸漬切劘，成就者衆。嗣君既舉於鄉，而門人於君輩又多以成進士，顯當世。于時，邑侯米公采之志乘，征君孫公尊以私諡，而門下諸生徒皆相率貯金爲祠，奉先生衣冠琴瑟焉。蓋樂先生之風，而頌先生之德不衰也。乃吾聞子衿廢於城闉，則詩人刺之；鄭武公善於司徒，則周人懷之。德足以化人者，凡皆教澤之，足以逮乎衆也。史稱管幼安養晦葆真，下化其德。學者舉似先生，而先生之升此堂也，則法在祀典，而莫之敢廢者也。雖然，先生固衛之賢。衛多君子，如蘧瑗、史狗、史鰌輩，皆鄉先生沒而可祭於社者，而先生與之列坐其間。俎豆薦之幾上，絲竹起於壁間。諸門人子弟又以歲時習禮大屋之下，闡微言之未絕。而先生之死也榮，得不顧而樂之歟！語云："太上立德，其次立功。"以余觀之，庭堅忽不祀，而若敖或有餒，而德化先生之堂，則世世祠春秋，巋然獨存不誣也。

（文見康熙《新鄉縣續志》卷九《藝文志》。王興亞）

邑侯王公去思碑記

國朝邑人許作梅

邑令王公蒞茲土，一十有七年，薄功名，勤撫字，久而不倦，民和化成。自今清興以來，實爲首著。值今上親政，加意吏治，方將顯廁循良，以風勵天下。公治行宜膺寵，建大業，而乃以年邁縣車，倦勤請老。邑人士扳留不得，尸而祝之，樹豐碑以永志弗諼，屬不妄爲之記？不妄不文，不足以頌公。然分其釐，蒙其庥，歷睹善政，誼不容辭。

公慈惠豈弟，篤長者行，其特立之節，初不肯隨時俯仰。自下車，凡厥所爲，皆與俗異。立身者以巧取爲能，公獨廉於持己，大小獄不取贖鍰。維正之外，不求餘羨。明刑者以嚴刻爲長，公獨慎于用法，宥小過，消深文，聽訟折獄，一切用輕典。差徭繁劇，無藝之徵浮正額，公劑量取平，清偏累之弊，捐不急之務，而民不疲於力役。即建城樓、修斷橋，皆分俸成之，不派里甲。飾簠簋者，每高崖岸，而悃愊無華，殷殷以懷保惠鮮爲念，不求著灼灼之名。尚操切者作威福以失物情。公則平易近人，即故宦苗裔，皆晉接有體，而未始多求。若交際之禮，時俗所重，公獨恥事饋遺，以求聞達。因是歷經五考，淹滯不遷，乃曾不屑意，而視民益親。至於稅糧、盜賊、郵傳、逃人諸務，令甲如束濕薪，彌縫補救，猶不免爲法任過。彼隨時俯仰者，寧朘民膏血，以完考營求速化，孰肯置一己之功名，以卹民隱？每見令躋清華，而民已重困矣，尚可言哉？惟自公行之，皆足以爲恩。功令重催科、奏銷之例，錙銖無所假貸。奉行者，掠笞狼籍，使民旦夕莫必其命。吾邑土瘠民貧，歲多逋賦，公斟酌用緩，委曲完解，終不忍以抗糧申詳上官，俾士民罹於法。更有干令侵漁、鬻女爲人妾而償者，公捐俸四十金以貸之。公令重郵傳，奉行者每視爲利孔。吾邑爲八省通衢，冲疲特甚，公蒞任後，又值閩蜀多事，飛騎往來，紛紜如鶩。公養馬雇役，不煩里甲，節省浮費，公私無擾，留有餘而未嘗自私。緝逃之令，所獲多者，得不次之擢，亡命徒或詐爲逃人，誣陷平民，株連甚慘。有司藉以爲功，每不爲辨明而械送京師，含冤之聲，所在都有。公尺籍隸旗下，奸宄不能欺，窮詰得實，痛懲不復株累。餌盜之令不盡獲者，停其陞轉。有司畏督緝之累己也，或指良爲盜，借甲爲乙，重賂以求開復。公終不忍效尤，停陞十餘年，而四境安堵，雞犬不驚。程子曰："一命之士，苟存心愛物，於物必有所濟。"邵子曰："寬一分，則民受一分之賜。"殆公之謂矣。故十有七年，福蔭其民，而遺愛之系人深思，當不存乎尸祝貞珉之跡也？昔漢何武居官無赫赫名，而去後常見思。撰之于公，何異代而同符哉？嘗稽晉朝，初禁立碑，雖司徒魏舒猶不得立。而齊人冒法特爲內史阮署勒碑頌德，上既不罪，更蒙嘉嘆。我朝無禁立去思之文，今上聰明天亶，復惓惓以察吏安民爲務。俾公之治行，達於宸聰，自當增秩賜金，以風示天下。然公之深仁厚澤，洽于民心，終不存乎尸祝貞珉之跡也。

公諱克儉，字立庵，遼東海州人。戊子貢士，順治九年選任，紀錄四十二次，康熙六年致仕。

康熙七年二月。

（文見康熙《新鄉縣續志》卷九《藝文志》。王興亞）

重修興福寺廟碑記

金堡

或有問於予曰："佛何人也？"予曰："西方聖人也。"或曰："佛之可也，聖人之不可也。"予曰："佛之可也，聖人之亦可也，聖人之或不可也，冠西方於上，而聖人之何不可也。"或曰："汝以寺為天下之養濟院，而聖人之乎？"予曰："天下之寺有萬，而養濟者不下十萬。使無此也，固足以生亂，然此皆食佛者，非學佛者，予之聖人，佛者不在是。"或曰："如子所謂亂世人罪過多，而妄想盛，多歸佛以求贖求遂，而聖人佛乎？"予曰："世至於亂，雖號為世之賢人君子，猶皇皇然常以他事自恐，況以中人而處亂世，其罪過可勝道哉？"靜言思之，孰非可悔、可疑、可驚、可愕者，雜然於心目之中，思得一自贖之術而一洒之，且以中人而處亂世，其妄想可勝道哉？靜言思之，孰非可艷、可欣、可歌、可酣者乎。是不得不追計生平之可艷、可欣、可歌、可酣者，雜然於心目之中，思得一可取之術而一遂之。當是時，而一聞佛，彼則以之自救也，彼則以之自遂也。然此皆求佛者，亦非學佛者。予之聖人，佛者亦不在是佛，天資甚高，以天地之二氣，猶為天地之私。人間之五倫，猶為人間之私，而其無私湛虛之象，直以無極太極為贄，使是人而遇中國之聖，是亦中國之聖而已矣。惟其生而未至乎中國，未嘗與中國之聖相師友，是以為西方之聖人而已矣。然所謂西方之聖人者何也？中國近東海為東土，東屬木，木主生乃生地也。其所生之人，意念多而心思雜，故治中國之天下，則當形而下之，禮樂刑政之大，人倫繁重之務為之制，而其形而上者，則當隱寓於中，而不可以驟為之語。西方屬金，金主殺，乃滅地也。其所生之人意念少，而心思純。故治西方之天下，則直以形而上者為之語，而又不必以形而下者為之擾。佛生於西方，即以形而上者治西方，所以為西方聖人也。且惟其為西方之聖人，雖不可以治中國之天下，而中國之人有同西方之人之意念少而思慮純者，何不可以之治其心。先正曰："好佛甚者，謂可以治天下，固非。惡佛甚者，謂不可以治一心，亦非。此之謂也。"張青興福寺建於大元至正三年，寺地四畝五分。大清順治十八年，會首閻君通等慮大清之人，又如大元之人感而重修之以敬佛，殿中金塑當陽佛一尊，菩薩二尊，羅漢十八尊。且大元時，殿前無月臺，殿近山門僅二丈，山門外又無井。今創月臺，長二丈五尺，寬一丈五尺，高二尺。殿進移一丈五尺，近山門三丈五尺，山門前又鑿井池，如此則似大清之人，又勝大元之人。予慮其知敬佛，而不知學佛，是以有聖人之說。又慮其知學佛而不知自量，徒與食佛求佛者等也，是以有西方聖人之說。謹碑。

康熙七年。

（文見康熙《新鄉縣續志》卷二《祠祀志》。王興亞）

江西廣信府推官雪潭任公墓表

湯斌

康熙十八年十一月十四日，新鄉雪潭任公卒於里第。訃至，余偕丙戌同舉進士者，凡若干人，哭於其子庶常璿京師寓所。庶常既奔喪歸，逾年，遣使持書來請，曰："先君子之葬也，幽堂之石，益都相國馮公賜之銘矣。墓上片碣未有刻文，敢請先生一言，以不朽先人於地下。先生平日直道無諛辭，且知先君子久，當不至失實，庶可信今而傳後也。"余與公同舉，三十餘年仕宦中外，相晤對之時絕少。然公江右之政，風裁凜然，遭讒而歸，不得大用於時，此可為國家人才嘆惜者也。居鄉行誼，中州人樂道之。余嘗想像其風度於行山衛水之間，微庶常請，猶將為文以章之，其何敢辭。

公諱文曄，字聯璧，雪潭，其別號。先世山西洪洞人，明初徙新鄉。高祖諱守志，祖諱國喜，皆有隱德。考諱道重，邑庠生，以力學聞。公幼貧困，耕且讀。孝友篤誠，不苟訾笑，世之征逐聲利者視之蔑如也。年二十三，補博士弟子員，聲稱藉甚。壬午，登鄉薦，而伯兄文朗先於丙子登賢書矣。時寇亂河北，公淡於仕進，偕兄奉太公避難百門之耘斗峰。李逆僭稱關中，偽令迫公西行，中道碎檄而歸，時人偉之。丙戌，捷南宮，以太公年老歸省，未及廷對。丁亥，成進士，授陝西鳳翔府推官。未之任，丁父艱。服闋，起江西之廣信。當是時，江右伏莽未靖。有楊文者，據九仙山為亂，撫軍蔡公提兵進剿，委公督餉。山水迂折，公乘小舸，或策單騎，晝夜轉運，芻茭充峙。文遂授首。後又偕諸將搜擒餘孽，令軍士裹餉先趨，舟粟繼之。深峒絕壑，訖為樂土。撫軍嘉其績，上言於朝，曰："是役也，雖師武臣力，司李之功實多。"將校獲賊婦女，有贈公者，必詢問姓氏居址，令其家領回完聚，將校亦為感動云。為政則鋤強除暴，不避權貴。而遇疑獄，必虛心平反，未嘗以苛察為明。時南昌郡守被誣通賊，法當族。其母年八十，詣公申訴。公力辨其枉，得減等。尤加意文學，月課獎拔，多知名士。甲午，分校得人為盛。楊公廷麟遺孤廢學已久，公勸掖讀書，列名膠序。至屬官借名饋遺者，必峻卻之。無不歎公才足有為，德能澤物，而守之堅確，更不可及也。

會當計期，衆咸以公治行當膺內召矣。無何，以爭疑獄忤上官意，遂為所中，至落職。公無幾微見於顏色。歸家奉母，晨昏定省惟謹。母卒，喪葬一準古禮。與兄同居五十餘載，內外無間言。家居，不干謁有司。晚年結社百泉，與孫征君、郭公望、劉一六諸君子講論河洛奧旨。後進問業者，趾錯於戶。風日清美，杖履自適。賦詩飲酒，篇什甚富。卒時，年六十有六。

其子孫世系詳《相國志》中，不備書。獨紀其生平大者，以告後之人，使知天下有清節雄才，不幸見忤於時，鬱鬱山林，以老而隱居，積行垂裕後昆，生平蘊而不得舒者，後人猶能昌大之，公亦可以無憾於九原矣。付庶常鑴之墓上，過而覽者，尚臨風想見其人云。

康熙十八年十一月。

（文見《湯子遺書》卷六。王興亞）

御製至聖先師孔子贊並序[1]

清聖祖

康熙二十三年勒石。

（文見乾隆《新鄉縣志》卷十二《學校志》。王興亞）

御製四子贊[2]

清聖祖

康熙二十三年勒石。

（文見乾隆《新鄉縣志》卷十二《學校志》。王興亞）

陳夫人墓誌銘

薛奮生

夫人姓陳氏，故少司空張坦公先生繼配也。先生曠代逸才，與其長兄洙源先生壎吹篪和，翔步於蘇門衛水間，一時以機雲目之。辛酉，二十三歲，舉於鄉。辛未，成進士。時倪鴻寶先生負海內重望，人倫鑒甚高，然慎許可，故從之遊者無異登龍門，顧獨喜先生，

---

[1] 見本書第一冊第 3 頁。
[2] 見本書第一冊第 3—4 頁。

以爲王佐才也。初筮仕陝西清澗，繼調三原㘰邑也。時流寇倡狂，攻城掠地，關中被禍更慘。先生訓練鄉勇，設奇制勝，屢挫賊鋒，賊遠遁，相戒不敢入其境。督撫報最。丁丑，行取留部，需次大用。以軍需匱乏，授計曹專司兵餉。旋于中左門召對，面陳戡亂方畧，慷慨累數千言，改檢討，讀書中秘。無何，又特改兵科都給事中，以天下治亂爲己任，天下人亦無不企望丰采，猶江左之于安石也。未幾，丁外艱，歸家讀禮。及癸未之冬，於墨縗中起先生爲大司馬，而天下事不復可爲矣。

甲申之變，遁跡深山，將從赤松子遊。而經畧洪公昔年勦寇秦中，深悉先生才品，特疏舉薦。奉旨出山陛見，然已無意青紫，雖僑寓長安，惟閉戶讀書，沈酣六籍。馳騁于先秦、漢、魏、六朝及唐、宋大家，傍及莊列釋老，無不究竟源委，多爲詮注。詩則寢室盛唐，矯鍾譚之偏，與孟津王宗伯、安邱劉相國，疊相唱和，鼎峙一時。又善呼吸吐納，辟穀服炁，時有飄飄凌雲意。世祖章皇帝遴才器使，野無留良。壬辰，授山東右轄，旋轉浙江左轄，雖簿書鞅掌而不廢吟哦。西湖名勝，人才輻輳於其間。懸榻招致，肩摩踵接，人人以孟嘗珠履自得。於是，先生聲稱洋溢區宇，天下之言文章聲氣者，無不以新鄉爲歸。及晉少司空入都門，猶之爲西湖主人也。夫天虧西北，地不滿東南，缺陷世界，安得一一如意？先生幼登巍科，壯歷顯宦，功名赫然，復欲以文章傳世，垂諸不朽，與班、馬、韓、柳同稱，且脤食延年，爭勝羨門，安企寧免造物之忌。有識方爲之憂，而先生所不恤也。然未幾，遂有萬里之行。庚戌，先生棄世。夫人聞訃，椎心泣血，悲慟哀毀，慘動天地鬼神矣。夫人燕京人，處士萬言公女，幼而幽貞，長適先生，主中饋，誥封夫人焉。先是先生元配王夫人賢，克盡婦道。夫人繼之，仰事俯畜，人無間言。逮先生丁患艱，長齋禮佛，以求福佑，十年如一日也。然終以憂愁思慮成病，於康熙二十二年癸亥五月五日，卒於內寢，距生時前癸亥十一月九日，得年六十有一。

先生河南新鄉人，諱縉彥，坦公其號也，今於康熙二十四年九月初八日暫窆。夫人于北耕瑩之新阡虛左，以侍先生旅櫬之歸而合窆。今聖天子在上，澤及枯骨，屢下寬大之詔，負櫬而歸者，指不勝屈。當及時馭靈輀遠迓，使道路觀者覩丹旐而頌聖明，畢同穴之禮，以慰先靈，是亦人子之至願也。二子：欲昌，夫人出，候選知縣，娶蔡氏前指揮元吉公女，繼趙氏，庠生若曾公女；欲合，候選縣丞，先生從弟繩彥子，先生撫以爲子者，娶王氏，庠生懋仁公女。二女：一字候選知縣郭公士棟男，庠生，迓熙，早殤；一適先宗伯資政大夫公子、候補七品京官穎生，余季弟也。銘曰：

瑾瑜席珍，藏此馬鬛。淑德懿行，無忝往牒。隱隱幽宮，虛左以待。企望丹旐，來自東海。生則同室，終必同穴。木生連理，永勒貞碣。伊誰之力，聖天子恩。聖恩高厚，有如乾坤。戴高履厚，此心永存，以逮子子孫孫。

康熙二十四年九月初八日。

（文見張興華主編《小宋佛姓氏志》。王興亞）

重修玄武廟記

張來梔

真武聖祀於武當之太和宮久矣。而通都大邑以及鄉村里巷，亦靡不設廟而虔禮之。其號為元，色尚黑，故稱元。大以龜蛇為護法。蓋天一生水，北方坎也。元者，水之精。龜蛇以水為生，故真武為龜蛇之主也。鄘邑城取象為龜，用以作鎮，亦取得其所主止而不遷之義耳。北門、東關兩廟，舊有碼矣。其建在橋北者，乃明萬曆年建、崇禎十二年，羽客李某募衆積資，刱建拜殿三楹，擴其規模，美其輪奐，復置廟西院莊房一處，園地陸畝陸分。康熙二十五年，路道人復募修呂祖殿三楹，趙道人置田五畝，以為瞻養之資。香火雲集，遂成巨觀。奈駒隙易邁，風雨摧殘，丹減金消。繼起之功，不能不望于守成者。其法徒邢一圃寄跡元門，棲心筆墨，刻志歧黃，以硯田肘後之餘，濟以衆善醵金之助，恢宏先緒，頓改舊觀。但見層臺廣廈，峻宇雕梁，玉龍碧瓦，金鳳朱欄，真武端嚴其上，羣聖拱列其旁，晨鐘暮鼓，夕拜朝焚，有不龍虎俱伏為寰中之蓬島也哉。工既竣，乃敬疏以付石蚨，永垂不朽。

康熙二十五年。

（文見乾隆《新鄉縣志》卷二十四《祠祀上》。王興亞）

重修文廟碑記

國朝任璿邑人

新鄉有學，實創於宋元祐之五年。自元至明，以洎國初，凡五繕之，歲久就敝矣。三韓圉臣周侯來涖茲土，其清如玉壺冰，其直如朱絲繩，而於興學作士，尤孳孳焉。瞻先聖祠廟，杞剝已甚，春秋饗祀，豚肩不掩豆。喟然嘆曰："此大事也，豈有緩焉，為之亟復其舊。廟祭樂舞，載在國典，有其舉之，弗可廢也。"

爰考音備器，簡邑中子肄習之，一時禮樂文物，蔚然備舉。邑縉紳先生與諸茂才，以余夙膺史館職，司紀載，屬書而考之文石。余不佞，伏睹皇上幸魯盛典與表章諸儒之事，其重道視歷代爲加等，而士風猶不若古者，何哉？裴行儉云："士，先器識而後文藝。蓋器不足，則身心皆爲浮氣所驅使，於是，內忌而外躁，寡守而多營。日盻盻長吏之庭，以非分相假，以不急相干有司，望見引避，惟恐或後，故有謁廟而不登堂，登堂而不橫講席者。[1] 排列殿呵，疾趨以出，況肯徘徊於廊廡闕廟之間乎？"夫邑舊鄘地也。春秋時，爲衛附庸，康叔武公之遺化在焉。其以新名也，殆有取于作新之意哉！且人情耳目有所習，

---

[1] 乾隆《新鄉縣志》載文無"故有謁廟而不登堂，登堂而不橫講席者"。

厭則婿嫚而氣不颺。[1]今邑大夫既完繕之，又斧藻之地不改闢，事不創設，入其門而見宗廟之美，百官之富，桹闌櫺檻，甚設而具善，非復向之廢缺苦窳也。陞其堂而聞金石絲竹之聲，其初固竦意臨之，而不敢以不軌不物之身，自玷于賢關，久將陶然樂之而不自知也。外以新其耳目，而內以新其心志，士也。而能若是，庶幾無愧仲尼之徒，以無負上人新學之意矣。余竊私有感焉。壬子之秋，邑人東始楊公視學山東，過梓里，謀所以補葺宮牆者，先司李公實竭力左右之。迨己未而南宮獲售，同邑三人得，未曾有此，其嚆矢也。矧規制若此增壯，而物采若此增煥，則此後人文蔚起，不僅獵取上第，當必有不愧科名如王曾輩其人者，敢以為異日券。乃若紀歲月，慮財用則椽吏有簿籍在；邑侯他善政，有邑乘在。無庸贅。

康熙戊辰九月。

（文見康熙《新鄉縣續志》卷九《藝文志》。王興亞）

文廟修造禮器樂器碑記

國朝任璿邑人

蓋聞先王之制，禮樂也，所以格人天，和上下，通神明之德，而類萬物之情者也。粵稽姚姒子姬之代，忠質文異，尚因革損益異，宜非夫子折衷而裁定之，何由令經曲之儀，律呂之節，經久而無弊乎？以故歷代設有毖祀，以隆報稱。禮備四代，樂用八佾，至我朝尤加隆焉。猶是郡邑仍勝國陋習，禮器佾舞，尚殘缺而未備。[2]歲在戊辰，圉臣周侯已起先聖宮牆而輪奐之。復進紳士而咨之曰：春秋祭享，國典攸關。廟中之器，僅有前代戚畹張桲所造者數事，其為不倫不備孰甚，焉是褻祀也，神其享之乎？爰稽其典制，摭其顛末，有新其舊者，有創其新者。[3]禮器則為樽、為罍、為鉶、為登、為鼎、為爵，以及籩豆、筐俎之列罔弗飭。樂器則為播、為鼗、為柷、為敔、為塤、為瑟、以及鍾、磬、搏、拊之屬罔弗具。俾俎豆之，司鼓翟之吏，有所循而守焉。庶幾將享之際，牲醴豐潔，蘋藻飭脩，薦祼興俯，禮節樂和，[4]宛若神聖之在御，羣賢之陟降於左右也。洋洋乎於以昭一代文明之治，顧不偉歟！不佞於禮大典，漫不之省，幸際人文化之代，又當聿興禮樂之時，乃吾邑之講正脩明者自周侯始，周侯可謂知本矣。謬記其事，而系以銘。銘曰：

廟貌皇皇，德音孔章。籩豆攸薦，佾舞攸揚。器無雕鎬，音無屬麐。載獻載酢，以禋以祀。金聲玉振，展也大成。勒石永藏，允妥聖靈。

---

[1] 乾隆《新鄉縣志》載文無"且人情耳目有所習，厭則婿嫚而氣不颺"。
[2] 乾隆《新鄉縣志》載文無"猶是郡邑仍勝國陋習，禮器佾舞，尚殘缺而未備"。
[3] 乾隆《新鄉縣志》載文無"摭其顛末，有新其舊者，有創其新者"。
[4] 乾隆《新鄉縣志》載文無"薦祼興俯，禮節樂和"。

康熙戊辰十一月。

（文見康熙《新鄉縣續志》卷九《藝文志》。王興亞）

官建義學碑記

國朝邑人任璿

長吏，養民之官也。然移風易俗，使天下回心而嚮道則未始，非教民之官矣。故曰使民興賢，出使長之；使民興能，入使治之。籍之斯爲農，教之斯爲士，官之斯爲吏，人固一耳。其爲吏者，德行道藝足以師表人倫，而又各掌其郡邑政令、教治。教化行而風俗美，職此故哉！近代以來，郡守其令僅以治民爲事，而教則屬之博士、文學掾。治民者，簿書期會、刑名法律而外無他務。傳舍其官，秦越其民，方養之未遑，而又何有於教？雖春秋朔望，展謁釋菜，要不過文具奉行。嗟乎！民行之不興，其所由來，非朝夕矣。

三韓圖臣周侯之令吾邑也，鼎新學宫，而後復仿古黨庠術序之義，置地爲義學，擇凡民之子之秀而可教者，貧而無資者使居之；擇好學敦行，可爲弟子師者使教之。而復置田若干畝，以充師弟子之廩餼以養之。於是，誦讀之聲盈耳，[1] 揖讓之容載道，絃歌遺風，稱再覯焉。諸士諗公德意，爰伐石樹義學傍，以垂久遠，而請記于余。余以爲學田之設，所以養士也。養道莫備乎《易》，《易》鼎之彖曰："聖人亨以享上帝，而大亨以養聖賢。"《易》頤之彖曰："天地養萬物，聖人養賢，以及萬民。" 夫莫尊於上帝，而聖賢並之。莫急于萬民，而養賢先之。自昔士之自養，與上人之養士，兩相成也。而興化培本，必自上始。若其無負上人養士之意，則在士之自爲養矣。今與諸士約，藏焉、修焉、息焉、游焉，勿飽食終日，無所用心；勿言不及義，好行小慧；勿爲橫議之處士；勿爲城闕之子衿；勿徒曰衣冠絃誦學之空文；勿徒曰文章科目士之餘事，禮耕義種，學褥仁耘，夫而後鼎頤之指，可以相發明矣，[2] 尚其勖哉！周侯聞之，慨然曰："不谷所置學田，概取諸寺兒山一帶荒蕪，昔年侵奪於共城之奸民者。而經界區畫之，邑諸生亦與有力焉。"恐後人視爲官物，計畝加税，而士不得受其養也，何教之足云乎？其賴子言，以爲不愆不忘之助。

康熙己巳六月。

（文見康熙《新鄉縣續志》卷九《藝文志》。王興亞）

---

[1] 此下，乾隆《新鄉縣志》載作："儒冠戴翩翩然，稱極盛也。"

[2] 此下，乾隆《新鄉縣志》載作："至所置學田，取諸寺兒山，隈粉漿池，頻年侵奪於共城之豪民者，而經界區畫之，邑諸生亦與有力焉。"

重修湯王廟碑記 [1]

國朝知縣周毓麟

余以癸亥之夏,來令新邑。時值戎馬之餘,供億靡寧。民疲奔命,牧斯土者,勞來安定之不遑,而暇計其他哉!惟是享祀之際,顧瞻古聖哲王,廟貌廢墜,殿宇傾頹,中心如怛,欲圖所以整葺之,固有志而未逮也。涖任之六年,民得休息,歲且屢登,遂從事學宮,將殿廡、門牆、啟聖、文昌、名宦、鄉賢等祠,尊經、奎宿等閣,亦既捐貲創修,屹然改觀。又建設宣講聖諭牌坊、經蒙義學,以表正人心,振興文教。繼之以北馬頭之民樂橋,舉數十年不易興之工,不數月而漸次告竣。總由趨事者致其勤,是以不煩時日而落成亦易。至縣治之南歸德街,建有湯王廟,摧殘已久。爰思自昔成湯伐罪弔民,修德行仁,功垂萬世,立廟享祀。既歷年所奔走昭格之謂,何顧可使之棟楹摧折,簷宇傾墜乎?於是,殫心籌畫,捐貲飭材,計工授食。始于暮春,成于仲夏。傾者起,廢者舉,輪美奐發,廟貌聿新。庶幾駿奔者,濟濟將將,威儀咸肅,於以崇哲王,而光俎豆。是亦千秋之盛事,第規模弘敞,創制未備,端有賴于繼起者云。

康熙二十八年七月。

(文見康熙《新鄉縣續志》卷九《藝文志》。王興亞)

重修民樂橋碑記

國朝邑人任璿

邑北門外,跨衛河為民樂橋。造於宋政和之邵令博,民賴其惠,稱邵公橋,以志不忘。至有明正統,諸令賢正重脩焉。至弘治,而王令統續其功,增七洞。金谿徐宗伯瓊記之,以民之樂成也,更名民樂。至嘉靖,而侯令東踵其成,增九洞,弗易名。迄今百餘年,而復圮幾及其半,邑人危之。歲己巳,為圖臣周侯涖吾邑之六載,業已飭百度而新之矣。暇

---

[1] 乾隆《新鄉縣志》卷二十四載文,與此稍異,茲錄出如下:

余以癸亥之夏,來令新邑。戎馬之餘,供億靡寧,民疲奔命。牧斯土者,勞來安定之不遑,而暇計其他哉?惟是享祀之際,顧瞻古聖哲王,廟貌廢墜,殿宇傾頹,中心如怛。迨己巳,民得休息,歲且屢登,先將學宮殿廡、門牆、啟聖、文昌、名宦、鄉賢等祠,尊經、奎宿等閣,捐貲創修,屹然改觀。又建設宣講聖諭牌坊、經蒙義學,以正人心,興文教。繼以北馬頭之民樂橋,漸次告竣。又縣治內歸德街建有湯王廟,摧殘已久。不知昉于何代,推原其故,以廊為殿墟,在昔成湯伐罪弔民,修德行仁,功垂萬世,則立廟享祀,固宜與天無極也。可使棟楹摧折,簷宇傾墜乎?乃殫心籌畫,捐貲飭材,計工授食。始于暮春,成于仲夏。傾者起,廢者舉,輪美奐發,廟貌聿新。庶幾駿奔濟將,威儀咸肅,于以崇哲王而光俎豆,亦千秋之盛事矣。第基址弘敞,創制未備,端有賴于繼起者云。

日，登北城戍樓，眺積翠之遠來，俯御水之環抱，作而嘆曰："是鄘之咽喉要地也。當吾世而不爲一邑捍大患，安用長吏爲乎？"謀于衆而殫心盡力以爲之。官割俸而不傷廉，民力作而不爲辭。兆功于春三月之廿三日，訖成于閏三月之廿二日。規模無所殊乎舊，堅完鞏固，則儼然白虹之屬于天，而青龍之亘于地也。邑人咸喜，以歸功于侯。侯不受，曰："吾一人何得專之？夫率作省成，有邑紳士及三老四民在；量程助功，有濱河往來商賈在；審勢定制，飭舊爲新，有生員茹大椿、義民趙欽旨、霍沛然在，吾一人何得專之？"不佞聞之，慨然曰："吏之傳舍，其官也，非一日矣！"或以非常之原，黎民懼焉。雖目睹其廢墜，而監司不督責，簿書不期會，一切迂闊視之，相與刻日待遷，掉臂而去耳。即銳意興作者，未必胸有成算；或惑于堪輿不可知之事，或憚于紛更不可竟之功。始而懼，繼而疑，不得不姑且報罷，以俟後之人。嗟乎！使吾邑而不遇周侯其人，此橋其能久支耶？周侯之爲是役也，財以用給，人以說使，不因陋而就簡，不咈民以從。欲今而後，諸父老子弟庶可長保無虞矣。昔夏后氏之治水，日行所無事。夫胼胝于外，歷八載，績用乃成，而謂行所無事者何？率其性，適其宜，瀹排疏鑿，以水治水而已無與焉，如無所事云爾。因思《易》之序卦也。震之後，繼以艮，夫不得不動者，震也。亟與民休息，其爲艮乎？侯於是不禁太息于締造之不易，而慎守之維艱。曰："鄰人不聽長吏，舍渠以就馳道。"蓋以賢者之法，或不可更也。豈惟邑一日之幸，且以告請來者。

康熙二十八年七月。

（文見乾隆《新鄉縣志》卷十《關梁志》。王興亞）

重修玄帝廟記

國朝邑人任璿

禮玄武聖帝者，走武當山，此世人之所共知也。而祠宇幾遍天下，其神氣，則無所不之爾。吾新安仁街爲城北門，舊有廟焉。昔人卜基肇造，非無說以處此。安仁街之人，遂世世相率，苾芬以薦之，輪奐以新之。前輩宗伯郭公、司訓張公記之詳矣。兩先生爲吾安仁望族，其記亦咸勒之石以相勗。其于先王聖道設教之意，不大有合焉者乎！在昔先王不因天下之至神，則無所施其教。是故先之五教，弼以五刑，庶可勉其不善以就於善。然而教則易褻，刑則易玩，非示之以不可測，則無以持天下之心，而濟其道於無窮。嘗試語人以爲善，莫爲不善，則未必應。語人以善則降祥，不善則降殃，則弗敢有違者。以禍福之中于人心，猶可用以爲轉移、化導之機也。今吾安仁街之人，虔厥祀事。若玄武之神，不在太和宮，而在咫尺間。有患則禱，已則謝焉。實有以操一方之善惡，而爲之消災延福者也，非誣也。蓋以禍福之原，趨避之端也。趨避之端，鬼神之用也。借鬼神之用，以助教化之所不及。道非明，民將以愚之。不然，則宗伯、司訓兩先生者，欲僅爲神明顯赫，祐國庇民之說，以誇後世耶？己巳維夏，修理甫畢，王子美囑余記之。余復何言？第就昔人立廟之意，與宗伯、司訓兩先生垂訓之旨，而推廣之，以爲吾安仁街之居人勸。

康熙二十八年。

（文見康熙《新鄉縣續志》卷九《藝文志》。王興亞）

中水郭公標墓誌銘

李振裕

公諱士標，字公望，別號中水，姓郭氏，河南新鄉人也。其先自明初有諱欽者，始居邑之定國村。歷四傳至孔嘉，是爲公高祖。考孔嘉，生名山縣主簿千之。千之生蘇州府同知蒙吉。蒙吉生四子，其次曰淐，明神宗朝爲禮部尚書；季曰浤，仕至陝西布政司參政。公第三子，出後尚書公，以廕爲官生。郭氏故世族。尚書公兄弟皆以進士起家，貴盛甲其里中，子弟多翩翩自喜。

公獨深沉有大志，自命偉然，不屑爲貴游豪縱態。其師易義侯、張公亮諸君，皆歎奇之。年十八，尚書公歿，居喪盡禮，持身治家，斬斬有法度。繼念尚書公未膺卹典，伏闕抗疏陳請，卒得俞旨，賜祭葬如例。人以是知其能。

無何，參政公受命分守河西。是時，流寇猖獗，秦中大亂。參政年已老，其長子失明，弗克從，將單騎之任。公蹙然曰：“當此寇盜充斥時，奈何令老親獨往，吾輩顧優游家食乎。”即從參政公赴陝。至則日夜籌畫，思所以撫柔百姓，捍禦盜賊。參政用其言，剿賊屢有功。既而寇入河北，參政以鄉里爲憂，公則復自陝馳歸，佐郡縣吏繕完城池，修甲兵，召募壯士，爲守禦計，一方賴以安堵。寇既退，有司上其事於朝，以參政公名奏聞。愍帝賜璽書褒美。參政公宦遊未嘗知其事也。居二年，參政卒於官，二子相繼歿，公益孤立無所倚。而大河南北仍歲大祲，家業日以衰耗，盜賊竝起滋益多，州縣多被劫掠。公以一書生，外爲鄉里謀捍患，助其芻茭糧糧，內庇家政，代兩兄撫藐諸孤，衣食百須雜然，待其呴噆指麾，無不辦具。當是時也，人咸以經理之才屬公，公亦慨然自負，留意天下事，思出其才以有爲，然終以不遇。而賊勢益張，國事益不可收拾。

洎李自成陷京城，愍帝殂，公遂絕意進取，其才卒不見於施行。君子蓋深惜焉。

公素有志聖賢之學，自其從參政公在陝，雖軍旅倥傯，時暇則相與議論經史，質疑問難不少休。既絕意進取，乃益肆力於學問，家居日取《五經》諸子，下逮宋儒語錄，沉潛反復，究厥指歸。擇其純粹者纂而錄之，都爲一集。會容城孫徵君奇逢僑寓蘇門，公出所學相正。徵君一見傾服。議論往復，多所符契。始，公雖力學不倦，猶自以無所師承，未敢堅信不疑，及是乃益渙然無所惑也。其學不自表暴，以力行爲先務。于孝友睦婣，尤所加意。事母及本生母，兩得其歡心。數十年人無間言。本生母卒，降服心喪三年如古禮。撫幼弟若兄子，授產授室，與己子均。厚于宗族，建祖祠墓側，歲時祭埽，大會族人習禮其中，置祭田以供饗祀。有餘則以供族人嫁娶喪葬費。立家會，集族之能文者，月一課之，又擇其文之優者，令分教族之子弟，縉紳家傳以為法。孫徵君稱公為六行之士，聞者僉曰無愧。若公者，所謂不言而躬行者歟！公雖終身隱約，其才莫克自見，而學問深謹，內行醇備，實足以垂法後世。至其仁義之心，遇事輒發，時時罄所有，賑人不贍。鼎革以後，士人或轉徙不能歸，予道里費，令復其所。婦女為兵掠者，贖而歸之。其利澤之及于人者，蓋亦不可勝數也。嗚呼！是足以觀公之大槩矣。

公生于明萬曆三十三年乙巳七月初一日未時，卒于康熙二十六年丁卯八月二十三日酉時，享壽八十三歲。元配呂氏，繼娶余氏、陳氏。子男一人，晉熙，戊午科舉人，陳氏出。孫男二：培恒、培恪。今將以康熙三十一年壬申十二月初七日，塟公於魯堡祖塋。[1] 詮次公行事來請余銘。惟余叔王父忠肅公出尚書公省試所取士，當尚書初歿時，嘗唁公於喪次，一見嘆為遠器，時時向人稱道之。余自幼至今聞公名甚熟，故按狀所言，書其大畧如此。至于公抱用世才，寧隱約以老，終不復思一試，其志有可悲者，公不自言其故，余亦不得而詳也。銘曰：

猗歟郭氏，代有顯人。公產華冑，其才莫倫。恥彼鉛刀，厲我鋒鍔。卒韜不施，以昌其學。教行于家，仁溢于里。身則隱焉，德既茂只。鑽石埋辭，鮮稱厥情。維公靡愧，後其有徵。

康熙三十一年壬申十二月初七日。

（文見乾隆《新鄉縣志》卷二十七《邱墓下》。王興亞）

增建預備倉碑記

國朝邑令李登瀛

預備倉者，國家所以廣積貯，弘軫恤，使旱潦不登之歲，一邑之民，仰給於縣官，無逃亡逋竄流離溝壑之虞，德至渥也。新雖大邑，廠僅數楹，而又傾欹過半。登瀛自下車以來，雖稍為葺理，每嘆力薄，不能增置而廓大之。今聖天子猶憫元元，令大中下各邑，定額蓄穀，酌盈濟虛，多方籌畫，使足以為凶歲之備。適遇大中丞顧公，以密勿名臣，秉鉞中州，百廢具舉。念常平諸倉，為天下本根至計，下令核實報聞。又念倉宇寥寥，量地大小，給資建造。不煩公帑，不累小民，於是，新邑得添設二十楹。凡捐輸之粟，陳陳相因，無寄頓僧廬驛館之弊，無胥役侵蝕之虞，甚盛事也。登瀛備員斯土，敢不殫力經營，務俾完固？是舉也，用力省而成功速。胥役不得因緣為奸，庶幾仰副憲意於萬一。後之君子，念創建之匪易，時加整葺，使聖天子猶憫元元至意，與大中丞顧公為天下本根之大計，永垂不朽，則幸甚矣！故樂得而銘諸石。

---

[1] 錢儀吉《碑傳集》無以下內容："元配呂氏，繼娶余氏、陳氏。子男一人，晉熙，戊午科舉人，陳氏出。孫男二：培恒、培恪。今將以康熙三十一年壬申十二月初七日，塟公於魯堡祖塋。"

康熙三十三年。

（文見康熙《新鄉縣續志》卷九《藝文志》。王興亞）

省身書院記

國朝邑令李登瀛

省身書院者，祀衛大夫蘧伯玉也。新故衛壤。衛，名君子伯玉尤著。邑之東北，故里猶在。土人號曰蘧里。或曰君子村。蓋取其姓氏與德行名之，以誌不忘前哲仰止儀型之意。數千百年，童叟愛敬如一日也。予蒞新之四載，舉邑之廢墜者，或修或創，次第舉行。因念先賢遺址，近在郊坰，而祠宇弗建，俎豆藐然，是亦尹土之責也。崇德報功，載在祀典，大賢廟饗，誰曰不然？爰捐薄俸，建書院於縣署之西，而顏之曰"省身"。蓋寡過若未能，伯玉志也，故以是名之。落成致祭，率諸生往拜於座下，企仰芳徽，如親几杖。因揖諸生而告之曰："諸生今日亦知伯玉之所以爲賢乎？"《傳》曰："伯玉行年五十，而知四十九年之非。"又曰："行年六十而六十化。"蓋其精進之力，久而弗衰，故年彌高而德彌劭。其檢身不及之念，一介使人能道之。此伯玉之所以爲賢，而後世之所當法也。今夫君子、小人之分，亦視乎其人之能省身與不能省身而已矣。小人一技一能，高自位置。堯時，伯鯀彼以爲大，舜不如也。周時，華士彼以爲大，公不如也。維君子則不然，功蓋天下而不居，善過一時而不伐，學窮千古而不矜。其視人也，常以爲賢於己。其視己也，常以爲遜於人。兢兢焉，惟懼不克，而至於悔，尤故夫功也。善也，學也。人之見之則然，彼且爲愚夫、愚婦猶足勝我，而我渺無一能也。夫豈獨無能而已哉？我之身，日與悔吝相周旋，欲求一念之即安而不得。矻矻孜孜，沒齒後已。此能省身與不能省身者之大較，而君子小人之分也。子曰："假我數年，五十以學《易》，可以無大過矣。"夫以孔子之聖，而不敢言無過，止言無大過。且必假年學《易》而後免，甚矣。寡過之難也。伯玉之心，亦如是而已矣。諸生勉乎哉！幸生君子之里，讀其書，想見其爲人，顧瞻廟貌悚然加敬。其亦思所以自省者而可乎。諸生勉乎哉！遂以斯言銘之石。

康熙三十四年。

（文見康熙《新鄉縣續志》卷九《藝文志》。王興亞）

息訟亭碑記

國朝邑人李登瀛

登瀛筮仕新邑，歷載有三。每逢朔望宣讀上諭至第三條，即曰："和鄉黨以息爭訟。"至十二條又曰："息誣告以全良善。"不禁悚然太息。以爲我皇上愛養元元，周詳愷摯，而于尚德緩刑之意，諄諄三致詞焉。此誠不難登斯民於雍睦，而進風俗於諄良矣。殆至視事之頃，猶有紛紛投訴，匍匐公庭。若有不能自已者，則又退而自思，惶然自責。夫朝廷德意至渥，而有司奉行不力，未能輯事寧人，使我民互相爭詰，豈非上負皇仁，下愧職守歟？雖然，民猶我子也，吏即德薄，不足感動愚頑。然諭之以禮讓，曉之以禍患，抑豈有終於難化者。爰於縣治右，創立一亭，顏曰"息訟"。所以宣上德而欲民無訟之意也。而或者曰："訟之不能無也，自昔然矣。"況朝廷設官分職，固將使枉者直之，抑者伸之。俾良善有所憑依，而頑梗有所畏懼，憲典威權，不擬之自上歟！予應之曰："刑罰所以輔德教之不逮也。如使訟而可息，則公庭可以羅雀，桁楊可以臥草，俾我民家室安全，同里無猜，不亦善乎？不然，儼然有父母斯民之責，而不能輯事寧人，猶有是紛紛者，匍匐於公庭，則吏斯土者有餘罪矣！"遂援筆而書之於石。

　　康熙三十四年。

（文見康熙《新鄉縣續志》卷九《藝文志》。王興亞）

書院設塾勸士碑記

　　國朝邑令李登瀛

　　余既建省身書院，崇祀先賢矣。因念新邑人文淵藪，羣材輩出，而士子猶有弗學，或學焉而無所得，何哉？家貧，力不能延師，師亦不能相啟發，故雖負美質，而成者或寡。用是敦禮名彥，廣行提撕。署左向有義塾，館宇湫隘。適書院告成，遂設教其間，諸人士登斯堂也，履斯室也。衛君子明德在茲，其亦有所興起乎！夫子有云："寧爲君子儒，毋爲小人儒。"夫同一儒也，而分爲君子、爲小人，何哉？蓋其趣舍有內外之殊，而其源流有真偽之辨，兩者判然如別白黑也。是故，其人而君子，必也肅容而正辭，周規而折矩，入孝出弟，兢兢乎不敢苟也。稱先則古，凜凜乎不敢越也。凡其所以爲此者，謂吾人性命之學當如是，非有所爲而爲之也夫。是之謂君子已矣。其人而小人，非不肅容而正辭，周規而折矩，入孝出弟，似乎一無所苟也。稱先則古，似乎一無所越也。然其所以爲此者，謂人世利祿之求，當如是，非無所爲而爲之也夫，是之謂小人已矣。嗟嗟！君子小人則有辨矣。顧此二者，其所言，皆儒也；其所行，皆儒也；其所講求服習，無非儒也。然且相去懸絕如此，又況言非儒言，行非儒行，講求服習，盡背乎儒者哉！今聖天子崇道尊儒，宣播教化，嘉與學士大夫及博士弟子員。窮製作之大原，探誠正之實學，況書院中君子，實式臨之。行見此邦士子，翕然興起，交相勉爲君子儒，而不墮於小人之歸焉。斯則吾道之光，儒修之幸，即予所以崇祀設教之意，庶幾其不虛也夫。

　　康熙三十四年。

（文見康熙《新鄉縣續志》卷九《藝文志》。王興亞）

重修明倫堂碑記[1]

邑人郭遇熙

　　余年十五，補博士弟子員。從諸生後，謁先師廟。既詣明倫堂，見堂墀巍峻，棟宇輝煌，誠鄘南巨觀也哉！司鐸先生坐皋比，宣諭君臣、父子、夫婦、昆弟、朋友之義，至詳且悉。余始知人倫之道，雖發於至性，而明倫一席地，尤爲人心風俗之原，所關非細故也。閱十年，余謬登賢書。又十餘年，始成進士。每逢邑中鄉飲賓射諸大典，復隨薦紳先生後，肅衣登堂，見向之巍峻輝煌者，已成破瓦頹垣矣。宰茲土者，類皆傳舍視之，若漠然無與己事，君子傷焉。後數年，余筮仕粵東之從化，例於視篆之次日，釋奠於先師。因同學博諸君坐明倫堂督課，諸縫掖仰視堂之傾圮者，與吾鄘無異。余即力請於上，捐俸修葺，煥然一新。而猶不知吾鄘之明倫堂，較往昔爲何也？

　　甲戌秋，余謬膺內召，道經里門，復登明倫堂。見堂之破瓦頹垣者，忽轉而巍峻輝煌，恍如三十年前事，余嘉歎久之。司鐸郭君諱如岳，與余宗譜，因告余以修復之。故曰："鄘邑之北，有山曰寺兒山。山北之北，有溝曰石霞溝。舊有鄘田數頃，久爲輝邑豪梁侵佔。文學張子諱養素訴於上，力爭之。憲檄前任周公諱毓麟者，斷歸原籍，每歲所入，爲義學束金之費。周公離任後，田租約積數十金。東皋李賢侯爲雲間名宿，由進士奉天子命來撫是邑。甫下車，百度俱興，尤以修葺茲堂爲首務。即取田租之餘，飭工庀材，有不足者，仍捐清俸爲助，絲毫不累於民。而屬張子養素、趙子浦仁等董其事。經始於甲戌春三月，落成於是歲秋七月。歷歷之言，若指諸掌。余聞之，不禁有所感矣。夫人之生也，自

---

[1] 乾隆《新鄉縣志》卷十一《學校志》載《修葺明倫堂記》，載文與此多有異處，茲錄之於下：

　　余年十五，補博士弟子員，從諸生後，謁先師廟，即詣明倫堂，見堂墀巍峻，棟宇輝煌，司鐸先生，坐皋比宣諭君臣、父子、夫婦、昆弟、朋友之義，至詳且悉。始知人倫之道，雖發於至性，而明倫一席地，爲人心風俗之原，所關非細故也。閱廿年通籍，每逢邑中鄉飲賓射諸大典，復隨薦紳先生後，肅衣登堂，見向之巍峻輝煌者，已瓦破垣頹矣。宰茲土者，類傳舍視之，漠漠然無與己事，君子傷焉。甲戌秋，余由粵東謬膺內召，道經里門，復登明倫堂，巍峻輝煌如三十年前況。余嘉嘆久之，詢其故，曰："鄘邑之北，寺兒山石霞溝，舊有鄘田數頃，爲輝邑豪梁侵佔，文學張君養素爭復之，每歲田租近三十金，爲義學束脯之費，迨華亭李公下車，百廢俱興，即取田租所餘，飭工庀材，先葺茲堂，不足者捐清俸爲助，董其事者，仍張君養素也。經始于甲戌春三月，落成于秋七月。"歷言若指掌，余聞之，不禁有所感矣。夫人之生也，自總卯以迄耄老，由貧賤以達富貴，所遇不同，而其倫則一。倘視茲堂之廢墜，莫之省視，則忠孝不講，禮義莫辨，而涼薄暴橫之害，先見於拾青紫、列膠庠者矣，矧爾蚩蚩愚氓哉！公既興此堂，每乘公餘，與學博郭君高擁絳帳，呼青衿于堂下，講習討論，教以君臣、父子、夫婦、昆弟、朋友之義，深切著明。則自今以往，人心丕變，風俗淳良，固鄘邑之幸，亦孰非聖天子明倫於上之至意也哉！余今者不敢侈陳浮詞，遠述唐虞三代，漢、宋、元、明，以餂人觀聽，但言茲堂之先後廢興，班班可考，以勸吾鄘之能明乎倫者，而余亦因以自警云。

總丱以迄耄老，其間或三五十年，或八九十年，由貧賤以達富貴。境遇不同，其爲倫則一。倘覩茲堂之廢墜，而卒莫之省視，則忠孝不講，禮義莫辨，遂有父子操戈，兄弟鬩牆，夫妻反目，友朋淩侮，親義序別信之道，置若罔聞，而涼薄暴橫之害，先見於拾青紫，列膠庠者，矧爾蚩蚩愚氓哉？李侯既興此堂，廣以月臺，甍㮰輪奐，階墀潔清，每乘公餘之候，日與學博郭君高擁絳帳，呼廊之青衿弟子于堂下，講習討論，教以君臣、父子、夫婦、昆弟、朋友之義，深切著明。倘自今以往，人心丕變，風俗淳良，固吾廓一邑之幸，亦足以仰副聖天子明倫於上之至意也。堂成，命余文爲記。余不敢侈陳浮詞，遠述唐、虞、三代之盛，漢、宋、元、明之制，飾人觀聽。但言茲堂之先後興廢，班班可考，以告吾廓之不明乎倫，而並勸吾廓之能明乎倫者，余亦因以自警云。

康熙三十五年。

（文見康熙《新鄉縣續志》卷九《藝文志》。王興亞）

重修縣治記

國朝邑令李登瀛

余既涖新之五載，年穀時登，居民樂業。因取邑之廢墜者，力爲振舉。縣治，自故明隆慶迄今百數十年，傾圮不修，官舍草穢，吏卒露居。坊亭載之邑乘，僅存遺址而已。臨民出政，殆不宜然。訪之耆老，僉曰：「此社民責也。」余曰：「嘻，民力有幾，其何忍疲之？且費一言十，費十言百，又吏胥里之常也。」爰捐薄俸，鳩工庀材，趨事力勤，計日告竣。乃爲文以序之。非特志事，且自箴也。

《傳》言子產語子太叔曰：「惟有德者，能以寬服民，其次莫如猛。」是言也，今古誦之，奉爲法戒。嗚呼！夫猛也，而豈仁人君子所忍言哉？《詩》曰：「豈弟君子，民之父母。」《傳》曰：「豈以強教之，弟以悅安之。」夫強教悅安，非猛之謂也。周公有言：「平易近民，民必歸之。」子曰：「寬則得衆。」初，無一言及於猛也。夫士君子，秉樂生之心，推學道之素，立乎本朝，則佐天子，施惠愷煦萬物於春，和登斯民於社衽席。職司方面，大則闔屬蒙其休，小亦一方被其賜。其視邦之士大夫，皆吾同氣比肩也。其賢明有德者，吾之師長朋友也。編戶齊氓，皆吾之子弟也。鰥寡孤獨、廢疾、顚連無告之人，吾家人之困悴可憐者也。尚何武健之爲，高操切之是，尚哉？或曰：「昔武侯治蜀，政尚嚴峻，法正曾以爲言。斯又何說也？」余曰：「劉璋闇弱，綱紀廢馳，賄賂聚於權奸，金紫盛於輿隸。孔明裁之以法，限之以爵，乃所謂賞罰有章耳，實不可以云猛也。」竊意子產爲政當日，亦必如此。故夫子稱之曰：「其養民也惠，其使民也義，惠固無論已。」所謂義者，朱子謂：「如都鄙有章，上下有服，田有封洫，廬井有伍之類。」以是數者，而謂之猛，可乎，不可乎？且夫治民，固有法也。季康子患盜，問於孔子。孔子曰：「苟子之不欲，雖賞之不竊。」漢史亦云：「法令滋章，盜賊多有。三代以降，如龔遂治。」渤海張綱理揚州，又何嘗專用刑殺也？鄭國多盜，其原亦必有故。而以多殺爲止盜之方，毋乃疎乎？且夫芄符之人衆矣，其間豈盡無良？一旦舉其丑類，而盡殲之，又豈仁人君子所忍言者哉？子產之語太叔，或者戒其姑息則有之，必不以猛爲訓也。史氏失辭，遂令千古遺愛，受不韙之名。而後世貪暴之徒，因縱其恣睢之性，以遺毒於千萬世，而已亦刑禍隨之。籲！其可哀也已。余故亟爲之辨，斯堂既成，遂銘之石。且此方士民古樸，猛亦無所施之矣。

　　康熙三十五年。

（文見康熙《新鄉縣續志》卷九《藝文志》。王興亞）

重修德化書院記募引

郭遇熙邑人

　　在昔文翁治蜀，而教化日興。昌黎涖潮，而文士日進。二子之澤，皆至於今不衰。吾鄘非蜀、潮比，不過古衛一下邑也。地瘠民貧，而風淳俗樸，農荷一耒，士守一經，詩書禮讓之風，猶有武公之遺焉。《詩》之稱"武公曰有斐。"君子蓋言學也。又曰"終不可諠兮"。蓋言學之及人也。終春秋之世，如蘧史，如端木，彬彬儒雅，古今稱爲衛多君子，倘非武公之好學，切磋琢磨，而能造就人才，累及數世而罔斁乎！

　　吾邑侯李公以白下士爲名進士，筮宰吾鄘。下車之日，政清刑簡，庶務允釐，簿書稍暇，即進多士而課之。不期年，而吾邑門下士奪解摽入翰苑，爲天子文學侍從之臣，鄘人士咸鼓舞奮發，爭自磋磨，以其無負侯雅意作人之化，蓋三年于茲矣。侯又好學不倦，政事之餘，手握一編，常至夜分，猶聞誦聲。而多士卷牘，纍纍積案，侯摻觚披閱，親加點竄，曾無片晷之停留。噫嘻！想文翁、昌黎之善教，未必如是之諄切篤摯也。詎非有斐君子、衛之武公者歟！

　　今年春，余自京師，予假歸里，適值侯校士之期，鍵戶而三試之，先爲賦言，以示遒邁。其告誡懃懇，詞文煥麗，已足以炳耀日月而式靡起衰矣。又分俸以建義學，延師以訓子弟。闔邑之英俊黃童，出入擁匪，咸欲以占片席以爲榮。而屋宇湫隘，戶外履滿，常有立星露宿之虞。甚非所以廣施教鐸，而收羅人材至意也。于是，鄘之父兄耆老聚族而前曰："侯加意作人，講論不輟，而義學片椽，曾不足以蔽風雨，可奈何！"余曰："昔馬融教授生徒，前後設絳帳，張橫渠坐皋比，以傳《六經》，古之師道尊嚴，莫不有講席以爲傳授之地，今義舍雖狹，而前廈尚有餘隙，不可度材量工，以爲邑侯講堂地乎！倘異日者，榱桷初成，丹臒伊新，侯坐于堂上，乃召諸生于堂下，而講習討論，如昌黎、文翁故事，則執疑問難，宮牆有立雪之基，繹道闡經，堂構來啁鱸之異，菁莪樸棫，咏于邦家，杞梓梗楠，儲爲柱石，豈特師儒之慶，亦盛朝之光也。僉曰善。請以吾子之言，佈告于紳士、社甲之好義者。

　　康熙三十五年。

（文見乾隆《新鄉縣志》卷十二《學校志》。王興亞）

重修太公廟碑記

國朝任璿邑人

　　華亭李侯，宰鄘五載，百度維新。蓋嘗巡野而過君子之邨，知伯玉之賢實產於斯。爰立專祠，以昭仰止。于是乎文教既炳，秀民用章，鄘南煥然，重闢一理學、道德之區域，甚盛事也。今春，侯以政成，登薦剡，內召有日矣。復進余而告之曰："鳳崗之上，太公廟在焉。"且邑編戶多呂姓，繼世有顯人，雖其譜牒不可考，而此廟之建，殆有由也。[1] 歷宋、元、有明迄於今，棟宇頹然，謂非邑長吏之責乎？竊余尚論三代以上之以功名顯者，惟伊尹、太公爲最著。夫夏、商之季，生民之塗炭實甚。兩聖人者出，而南巢有放，牧野有師，其自任以天下之重如此。當武王之尊公爲尚父也，八百既會，前途倒戈，此而欲不爲孟津之麾，豈可得乎？救民取殘，公蓋以一身肩之而不辭。孟子曰："伊尹，聖之任者也。"惟公異代而同揆焉。後人不察，見世所傳《金匱》、《六韜》諸篇，遂以公之所爲，多陰謀秘術，與孫吳諸子同類而並稱之。豈知公堂堂之陣，正正之旗，順乎天而應乎人，固昔是其昭昭哉！古人出處之大節，必以莘野磻溪爲不苟。乃莊子謂湯以庖人籠伊尹，而范雎以太公爲漁父，則又何也？風雲之會，不約而合，往往爲世俗所藉口，類如是也。公血食此地，世代已遙，而朝歌衛水間，餘勳在焉。今日者仰視榱桷，俯察几筵，益見享禮有自來，而功德在世爲無涯也。

　　侯諸廢畢舉，此不其最關世道人心，而光大之者乎？是役也，相度飭工，皆秉成于侯。而邑中呂姓復捐金買田二十畝，以備春秋祭祀之用。余不妄爲之，原本揚扢如此，茅愧戔戔者之罔能敷贊於萬一爾。

　　李侯諱登瀛，江南華亭人，乙丑進士，爲新令，以清廉愛民，特召陛見。今行取。

　　大清康熙三十六年歲次丁丑孟夏吉旦立。

（文見康熙《新鄉縣續志》卷九《藝文志》。王興亞）

錄朱熹詩

【額題】御書

春曉雲山烟樹，炎天雨壑風林。江閣月臨靜夜，溪橋雪擁寒襟。

天邊雲繞山，江上烟迷樹。不向曉來看，詎知重疊數。

---

[1] 此後，乾隆《新鄉縣志》卷二十四載文與之有異。

炎蒸無分外，亭午轉敲赦。萬壑一奔傾，千林共蕭瑟。

草閣臨無地，江空秋月寒。亦知奇絕景，未必以人看。

茆屋無烟火，溪橋絕往還。山翁獨乘興，飄灑一襟寒。
朱子詩
康熙宸翰　　敕幾宴清　　淵鑑齋
康熙四十年初六日
河南衛輝府新鄉知縣閻毅。

（碑存新鄉市紅旗區人民政府。王興亞）

蘧伯玉墓碑

周衛大夫蘧伯玉墓
康熙四十一年。

（文見民國《新鄉縣續志》卷三《祠祀志》。王興亞）

司空公墓誌銘

張惟中

乙酉之春，余奉簡書撫守江南，公務退食暇，門吏傳鼓進一刺，啟視，乃豫省衛輝府新邑坦公張年伯長君世兄欲昌手摹尊人狀告。中曰："先大人不祿有年矣。今卜吉與先慈合葬，墓誌銘非公筆不足垂不朽。"中讀未竟，淚簌簌下，仰天歎曰："噫，嗟嗟悲乎！年伯之徽行嘉言，實惟中知之；年伯豐功偉業，亦惟中悉之。恐以政事鞅掌，硯田久荒，令年伯之生平素履湮沒，不傳于奕世，厥罪惟予。"於是，揮涕握管，敬以不文詞臚序於左。按狀：

公諱縉彥，字濂源，號坦公，一號大隱。山右平陽府洪洞縣望族。家世業儒，簪纓不絕。至公祖得山公，始遷居河北新鄉縣。遞傳十世，至耆賓公登，生四子，長問仁，即公太翁也。負姿英敏，氣骨磊落，行文洋洋灑灑，有古大家風。由貢積官至真定府通判，以公貴，封兵科都給事中，祀鄉賢，事實家系備詳太翁誌中，不再贅。

太翁生子四，公行三焉。公生而犖奇，方繈褓時，太翁口授章句，即能暗誦。蓋夙慧使然，如探環羊叔子賦棋李鄴侯。十歲出，就外傅，博鑒經史，即咀英擷華，妖醇探寶，引啎千言立就，莫與爭鋒。如李賀之崇嚴峭壁，坡仙之生龍活虎。及年弱冠，含今茹古，胸吞石渠，收百氏之闕文，筆瀉灑預，采千載之遺韻，如虞世南之行秘書谷那律之九經庫，以故每試冠軍，隨舉茂才第一，旋中辛酉經魁，不十年，已成名進士矣。初仕，授清澗令。

時流寇亂秦，延安所屬州縣殘破者十有四五。公以孤身捍城，招集鄉兵，誓同存亡。於是，人心奮激，斬獲賊首公山雞、葛三卿等六十餘級，解散脇從白可教等二千七百餘人，較之睢陽張巡、許遠，奚多讓焉。大兵蹂躪之後，人民稀少，荊叢業生，虎因吞噬，城中士庶苦之。公乃引咎自責，爲文以祭，虎遂屛跡遠遁。較之劉昆渡河，魯恭馴雉，又何異焉！無何，延綏撫軍陳公以平賊功入告，調陞三原，値旱魃肆虐，百里皆赤，民間棄子鬻女，不勝枚舉。公步禱郊原，見流離載道，死亡枕屍，目睹心慘，伏地大哭。是夕，誠格上蒼，遂大雨滂沱。復出俸金，收養棄子數百餘人，皆賴以活。噫！是公子于民，其仁育撫字爲何如耶！不甯唯是，天方薦瘥，流寇過天星又日逼城下，公運籌決策，或戰或守，擒斬頗多。賊雖肆行關中，獨於三原視爲畏途，罔敢喘息其界。噫！是公之予敵，其智謀勇功爲何如耶！未幾，督師洪公與撫巡交章奏公治行第一。

丙子，內召授户部浙江司主事，旋遷邊餉郎中，因召對中左門，授翰林院簡討。適邊警孔亟，改授兵科都給事中。不數越月，榮遷者四，可謂極古今知遇之隆矣。公上感君恩，下切民瘼，凡朝野邊陲，軍國利弊，無不悉心籌畫，垂涕引據以陳，計書一百二十上，亦可謂極古今臣節之至矣。不意辛巳十月，太翁訃音倏至。朝議國家多事，欲奪情留京。公屢乞守制，始得歸里。撫柩痛哭，哀毀骨立。每恨不得與太翁握手一訣，深自刻責，幾不欲生。噫！是公之於君父，其忠蓋誠孝，又何如耶。越癸未冬，制猶未闋，忽以館卿起用，即日改陞兵部，添設侍郎。次日，又報陞兵部尚書，一日數遷，豈知公材可用，薦賢以為國乎？蓋當路者知事不可為，謝任於公，以塞責耳。嗟嗟仕途陷人，良可畏哉！公忠憤在心，不計利害，倍程兼進，於正月到京，二月除服蒞任，斯時內絕糧餉，外鮮救兵，兼之禁旅寡弱，公議調甯鎮以衛京師，秉衡者遲疑弗決。會賊勢愈□，奸黨投誠內應，遂至莫救。公憤，趨朝房自縊。賊臣牛金星適至，解環復蘇。中宮王德化，偽將軍王愛臣勸降百端，公不屈，甚至羈紲困辱刑拷，公終不屈，遂械送西安。至中途，以計脫奔豐谷山。逾盤駝，走河北，將號召中原，鼓義討賊。不料行至儀封，被偽都尉所獲。噫，天意可知矣。後又潛糾義旅，殺偽錦衣楊英等數十人，倡義渡河，以圖報仇。奈天不佐明，功卒罔就。此豈臣子不忠，所事之愆也哉！

時值我朝肇興，盡掃寇氛，公之怨氣橫憤藉以得伸，遂解甲望北，臣服甘心焉。後豫撫吳公、巡按甯公，以公宏猷偉畧，才堪大用，屢疏奏薦，奉旨赴京朝見候敘，遂於壬辰補山東右布政使。公初蒞任，精核錢糧，留心庶務，吏民敬畏若神。甲午，遷浙江左布政使。適王師討舟山，征繕供給，所費縻記。公日夜釐剔清查錢糧三百餘萬，兵民因之兩濟。己亥，擢工部右侍郎。河決初塞，議歲修者欲於豫省起夫一萬二千五百八十名，每一夫月工銀六兩，每夫歲該給銀七十二兩，通計全省夫歲費銀九十萬六千四百餘兩。噫，民力幾何？忽增此無算之費，有不壯者離散，老稚溝壑者鮮矣。公力為條奏，決則主修，否則主防，防以守堤，堡夫為瞭望，修以貯庫河銀為招募，誠良策也。疏上，報可。豫民由是得蘇。是公於全省其安定覆庇，深仁厚澤，又何如也！迄今僻谷窮嚴，尚家尸户祝，胡為瞿左遷遠謫之禍？蓋曹署清澗，公又陸素嗜文，日與騷人名士，討古商今，所以來耽情詩酒之論也。其謫甯古者何？

公著作甚富，文名甲天下。妒之者摘其微疵搆陷，而驅之荒裔也。昔大梁崆峒先生論朱凌谿以文崇身，世人皆欲殺之。公殆近焉。獨是公以絕世之學，曠代之才，竟使之賚志以沒，人耶天耶，悲乎悲乎！約公生平，量宏識卓，才敏學富，氣烈性慈。居家庭克諧以孝，兄弟無間。嚴以律己，恕以御衆，族黨親疏，無不卵而翼之。居梓里敦友誼，重然諾，周人之憊，恤人之艱，遇困厄饑寒者，傾囊無吝色。好文章，諧音律，詩歌詞賦，膾炙人口。同時北海劉公、行屋薛公、覺斯王公，聲噪藝林，獨步中原。公與之競鞭爭先，號稱四大名公。所著有《白雪樓》、《倚嵐亭》、《問業》諸集，梓行於世。惟《菉居封事》、《改垣封事》、《依水園詩集》、《文集》、《域外集》、《五嶽志》、《金剛諸經解》若干卷，未付棗梨。尤好汲引後進，循循善誘，凡經指示，登科甲者二十餘人。在三原，立西京大社，從游諸弟子連及數邑；在山左重修白雪樓，以處遠近士儒，執經問字者接踵。時雖戎馬倥傯，干戈紛擾之際，公論文說書，了無倦容。在杭，舊有陽明先生祠，喪亂之後，田租胥飽里胥。公訪其遺址，其畝數，除供祭祀，肅廟貌，其餘悉從充學饘粥。噫，嗟嗟！公之軼行善政，表暴人寰，竟使之賚志而長逝耶！諺云：不竟其祿，子孫之穀。吾知天道矣。蓋在孝子年兄伯仲爾。

公生於萬曆己亥九月十四日申時，卒於康熙庚戌十月十四日辰時，享年七十有二。元配王氏，累封孺人，贈二品夫人，邑庠生王公萬善女。繼陳氏，原封夫人。子二：長即孝子欲昌，原任江南安慶府望江縣知縣，初娶蔡氏，睢陳道蔡公元吉女。繼趙氏，陳留縣庠生趙公若曾女；次欲含，監生，候選縣丞，娶王氏，邑庠生王公戀仁女，庚午科舉人、候補內閣中書諱肅之妹。女二：長，許聘候選知縣郭公士棟男，歲貢生迓熙，陝西布政司參政郭公浣之孫也，未字，卒；次，適禮部左侍郎薛公所蘊男，候補光祿寺署丞穎生。孫男二：來極，庠生，聘陳留庠生趙公諱亮女，欲昌出；來震，聘遂平縣教諭王公諱純女，欲含出。孫女一，許聘歲貢生楊公諱浹男，欲含出。今卜吉乙酉八月日合葬。爰為之銘。銘曰：

於皇我公，維嶽鍾靈。懷珍抱璞，實大聲宏。手探月窟，旋步南宮。分猷展綵，勞神瘁容。宣化賦政，百揆式從。處困不撓，被寵弗榮。深靜貞幹，邦國之英。如何昊天，喪茲典型。後世有述，征我斯銘。

又作詩以贈之：
讀禮寢苦半載餘，九霞皇詔下茅廬。單身匹馬霜凝袂，未及都門遷尚書。
添設侍郎原有緣，只因章奏惹醒羶。西曹封事丹心寄，史策煌煌萬古傳。
大廈將傾宴會勤，宮中私語外皆聞。賊兵百萬臨城下，德勝門開是杜勳。
暗縋朝房心自安，又因狂賊起波瀾。解甦說降揉腸碎，指罵金星受樸鞭。
偽軍押解向秦河，匪石同堅任折磨。天眷中途逢俠客，囚車斧斷走盤陀。

太行聚義掛金鵰，甲士鷹揚白袖飄。灑灑長空飛血淚，誓擒逆闖報當朝。
大清神聖福齊天，巍樹珠旗映日聯。八極傾心皆向化，山河永固萬斯年。
天香馥馥送金風，紅日西沈萬象空。野食充饑忘歲月，商麻山下作漁翁。
聖主求賢起舊官，辭書三上老林泉。九重束帛臨茅舍，鶴繡胸頭染赤斑。
開國元勳把督公，丹墀章奏爲思明。投荒萬里天涯外，甯古方知盡務農。
被謫長征萬里投，閑雲花鳥盡邊愁。瑤箋遠寄遐荒外，筆筆懸知和淚流。
修真養性注金剛，鼻注雙垂繞屋香。不是將軍來探望，誰知入滅拜遺裳。
域外羣尊五穀神，春秋祭享寄來真。魂遊甯古霜天月，習稼還思教稼人。
塞外離魂六十年，皇恩雨露遍山川。面容不改生前色，欲識孤忠看杜鵑。
蒼茫雲樹障芳秋，誰向關河問渡舟。萬里孤臣空自迫，杜鵑啼破墓阡頭。
康熙四十四年。

（文見張興華主編《小宋佛姓氏志》。王興亞）

重脩關帝廟碑記

殷元福

余讀史於蜀漢得喻義之君子二人，一為諸葛忠武，一為關壯繆。忠武曰："鞠躬盡力，死而後已。至于成敗利鈍，非所逆覩。"壯繆曰："不計利害謀死生。"又曰："日在天中，普照萬方。心在人中，不容一私。"是皆盡性，至命巍然，以將相為儒師，上接孔、孟之薪傳，而下開程、朱之鍵鑰。杜工部云："聖賢同時。"誠篤論也。顧武侯有儒者氣象，人能道之。若壯繆則止稱為雄男冠世而已，亦孰知問學之宏大精密，迥非漢氏之所及耶。本傳摩擬形似褒貶俱失，蓋豪邁之氣易肖，而性命之理難言，司馬子長不足以知孔、孟，而謂陳壽足以知壯繆乎！惟是至誠動物，不疾而速，不行而至，則有莫知其然而然者。享祀遍天下，豈為過哉！邑舊有廟，頗稱壯麗，年久傾圮，風雨不蔽。上舍王君甸公釀金修葺，更歲始得告成，而礱石屬記于余。余曰："春秋之義，伸正而不伸邪，惇典庸禮，首嚴廟貌，後世佛寺道觀，所在金碧輝煌，無貴賤奔走祈禱，薰香膜拜，而二氏之徒，張大其教，釋入壯繆于伽藍，道列壯繆為四帥，怪誕不根，趨利如鶩，其弊極于遺親，後君可勝歎哉！若上舍可謂知所務矣。從此，入廟瞻拜者，輪奐聿新，莊嚴肅目，恍如壯繆之神武臨之在上，而洗心滌慮悚然師保之惕。彼剛而自矜之評，輕慮殞身之議，皆不足以累靈爽，而《春秋》大義，不啻日月光昭，岳峙川流焉，正人心而息邪慝，裨益豈淺鮮哉！上舍洵可謂知所務矣。一時邑侯學博，丞尉防汛，鄉士大夫以及黎庶工商，助役有差，共成盛舉。是宜悉鍥碑陰，以志不朽焉。

康熙四十七年五月。

（文見乾隆《新鄉縣志》卷二十四《祠祀上》。王興亞）

新鄉素菴暢公阡表

　　故工科給事中素菴暢公，嘗與故户部侍郎將樂廖公蓮山同為縣令，江南所治隣接。康熙庚午，為鄉試同考官，以志相得，文皆互閱。公見苞文，大異之，質之廖公，亦稱善。交論力薦。雖卒無成，而一時皆以二公為知文。廖公官江南及京師久，時得從游，而公終身僅再三接。雍正六年秋，公之孫俊，以本生父中掄命，請表墓，距公之歿十有七年矣。公始令祁門，詰豪蠹，革水碓私饋，里下雜共，及補稷山，偪介關塞，會大師征噶爾旦，有司按地徵餉，及凱旋，議給散少需，民大閧。前令惶遽。公出諭，即以充正賦，乃安堵。辨死獄，既成者二，革積弊十六條。邑故荒殘，蔡村、陽平、東西衛，逃亡尤衆，公招徠給牛種而緩其征，歸者相踵。鄉鎮水道及市集，為鄰邑豪奪者盡復之。稷人里為祠，歲時聚拜。康熙四十二年，行取補禮部主事，尋擢工科給事中。方欲設張，忽中風痺，遂告休。公友弟聞于鄉，事繼母誠孝，奔喪慟絕。數日後，始知次子新喪。

　　嗚呼！觀公之質行吏治，信可謂修飭之君子矣。然非俊求表，而以鄉人崇祀之，籍來雖久，故如苞亦未之前聞也。昔李翱、曾鞏嘗歎魏晉以後，文字曖昧，雖有殊功，趨德非常之跡，亦闇鬱而不章。而余考韓、歐諸誌銘，其親知故舊，或以小善見錄，而衆載其言，用此知歿世之稱，亦有幸有不幸焉。廖公治休寧及居臺中，列九卿，皆有聲。惜余從遊時，未叩其詳，後各分散，道里逴遠，喪紀莫通，獨居私念，未嘗不以自咎也。以余恨于廖公之無述，則俊之請，又惡可得而辭。

　　公諱泰兆，字子交，河南新鄉縣人。康熙乙卯舉人，己未進士。卒于康熙五十年三月十七日，年七十有四。祖諱四肢，廪生。父諱策，順治丙戌舉人，通以學，喪祭一遵《朱子家禮》。贈奉政大夫，祀鄉賢。母王氏，贈宜人。妻郭氏，贈宜人；繼楊氏，封宜人。子三人：中振、中擢皆庠生，早卒；中掄，郡廪生。孫三人：偉，國子生；俊，郡廪生，中戊午舉人；于熊，雍正甲辰進士。公以康熙五十二年十二月十八日，塟于邑之北鄉平原，宜人祔。

　　江東門下士方苞述。

　　康熙五十二年十二月十八日。

（文見乾隆《新鄉縣志》卷二十七《邱墓下》。王興亞）

重修大成殿兩廡戟門櫺星門碑記

郭晉熙　邑人

　　學校王政之本也。自古聖主賢臣，經綸大業，莫不以是為先務。今天子太平有道，海宇晏然，文教聿興，士風丕振，則惟廣勵學宮，興賢造士之所致，顧久而必敝，敝則必修，所賴以主張而倡率之者，在郡則有守，在邑則有令，誠分之所不容辭，而情亦不能以自已。顧其謀之而成，欲之而得且速者，則存乎主之者之賢且能，而即為其地之福而人之幸。晉之來守新安者四年矣。甫下車，謁文廟，見所為明倫堂者，已頹敗不可收拾，安得賢且能者為之更其新而復其故乎。陳侯，新安之休寧人，大儒名宦之裔也。其為令於茲者亦五年。所其愛立威行，政清訟簡之善，不可枚舉。頃者，從親族故人郵筒中，知強已脩學事且竣，具言其積工而不以為勞，繁費而不以為苦，輝煌閎壯而不以為侈者，屬吾言以記之。

噫！新鄉之陳侯、吉州之李侯也。晉之家世新鄉，不啻歐公之吉州，侯脩新鄉之學，則夫謁諸廟，觀其士，問其俗，行於郊，歐公之所得於李侯者，侯畢舉而萃之於余。余誠願立石於廡，以俟余矣，顧余之有新安郡庠，即侯之有新鄉邑庠也。晉方欲藉手於士夫之賢者，即以侯所舉而萃之，餘者畢舉而萃之於侯，立石於廡以俟侯，而未知何日得而落之也。余滋懼矣，其何能以有言。雖然，晉與侯有所共勉者，而晉尤致望於侯。侯方在強仕，又賢且能也，繼自今庚止泮宮萃，吾邑之子弟而與之論道德，則先儒之綸緒也。議政體，則先賢之遺範也。侯以所得於家學者示諸生。諸生而舉於鄉，而登於朝，即以所得于賢侯者，明禮樂，脩政教，以佐郅隆於不朽，所以福而幸之者，又何可量！而是役，寔為之綿蕞也。是又烏得不走筆為之記。

康熙五十七年。

（文見乾隆《新鄉縣志》卷十二《學校志》。王興亞）

載見公墓表[1]

殷元福

嗚呼！此新邑國學生候選州同知張公之墓碣也。公諱來章，字載見，號暘谷，世為新邑著姓。本生父諱如蘭，邑庠生。三從父戶部郎中蘿月先生，卒於京邸，無子，族議賢以公繼焉，時八歲。蘿月先生，司空坦公先生之從子也，諱欲舍，時司空謫肅慎，而農部又卒，家業式微。九首百足之徒，磨牙睒目，多方覬覦。公器宇凝定，識者知其不可撼云。又好客喜士，振貧扶弱，一時號稱小孟嘗。司空公卒於謫所。康熙三十六年，逢覃恩例應歸骸，而部議頗有異同。時司空冢君望江公出塞經理，勢難兩顧。公謂機不可失，緩則誤事，慷慨北上，瀝懇當路，卒得請。而司空得遂首邱，公絕口不言勞，邑至今稱之。鄉先達為祖若父輩，行皆折節與交。先是公之過房農部也，祖妾李氏才且賢，實飲食教誨之。李卒，公哀，感路人。雖六旬餘，言及李，輒涕泣。凡成法不變，必曰庶祖母嘗云如是。余心儀之，以為似公安袁中郎。中郎於庶祖母詹氏，解官終養，文辭懇摯，與令伯陳情表，同壽天壤。而公與中郎仕隱殊輒，故中郎之事顯，而公之志幾晦。又公以孤稚持門戶，未

---

[1] 乾隆《新鄉縣志》卷二十七《邱墓下》標題作"暘谷張公墓表"。

及博學，不克辭以達志如中郎，爲可惜耳。然抑塞盤鬱之意，若耿耿不能下。今似君猶鳴咽感慨於李之德，亦可知其聞於過庭者稔矣。余故爲公闡幽，以爲即此一念，可貫金石，而他日之營歸，司空妥魄家山，皆此念爲之根柢也。而或謂禮父妾無子，嫡子不得稱爲庶母，況在於孫，此膠柱而鼓瑟也。若所言中郎，豈不學者哉！兄玉蟠先生稱詹姑而已，稱庶祖母，語固各有當耳。公蓋暗合乎禮，以義起之，文矣。配任氏，公嘗稱其爲新婦，遵李指畫不敢忤。自秉閫政，條分縷析，井然有法，能終李之志。前公卒，合葬王岳營舊阡。公世系子姓，卒葬歲月，詳行述，茲不具載。銘曰：

好客自喜，人號孟嘗。紀羣之間，遊多父行。余擬其神，謂似中郎。

中郎有筆，公志未詳。後之子姓展墓者，尚知仁孝澤長，而生氣之不亡。

康熙六十一年。

（文見張興華主編《小宋佛姓氏志》。王興亞）

鄘城書院記

吳元錦

古之時，民多嗜學，邱索典墳，視若性命。或荷耒田間，戴經而鋤。或負笈四方，擔簦而咏。初不必羣居萃處，納之庠序之中。然後，德修而業進也。後世志於學者不古，若故窮鄉僻壤，闤闠負販之中，往往以琢磨無資，遂致冥行而罔覺。義學之設，所由重焉。聖朝加意作人，宏敷文治，薄海內外，聲教四訖，復念孤寒子弟，所在咸有，爰命直省郡邑有司皆立義塾，毋徇名失實，毋有始鮮終。士生右文之世，何其幸耶！新邑擅山川之秀，王屋蟠左，衛水繞右，考其遺跡，蘧大夫故里存焉。宜乎戶誦家絃，彬彬稱極盛。乃頻年科第寥寥，人文未蔚，豈時會□然與？抑亦興起之道有未至乎？客歲，余以菲材代庖邑事，歲當荒歉，錢穀簿書，日無寧晷。然培養人才之念，固切切焉弗懈。先是城東南隅有鶴園者，乃許冏卿別墅。其後裔式微，一再售，而歸于西商為會館，都人士以新邑靈秀毓起，文風所關，雅不欲屬于客子，咸以其事質成。余正念新邑義學之缺，而未有其基也。爰捐俸贖歸，改為鄘城書院。其牆垣棟宇傾圮欹折者，悉修理補茸之。又置田一頃五十畝，供饘粥，資膏火，乃延主席，進四境有志之士，肄業其中。對泉之峙流，無非悟境，睹鳶魚之飛躍，盡是文機。從此，英才傑士雲湧霞蒸，上副聖天子械樸之化，豈非新邑之幸，而亦長民之光歟。茀俸微力薄，弗克大其規模，又復為時無幾，不得見諸生大化之成，茲用歉焉。後之蒞茲土者，倘與余有同志，以時培植，俾日新月盛，後之視今，不致如今之視昔，固余所厚望也。

雍正元年。

（文見乾隆《新鄉縣志》卷十二《學校志》。王興亞）

增修鄘城書院記

殷元福

　　國家設學校，以育人材，雖下邑僻壤，皆與詩書禮樂之薰陶，顧非列博士弟子員，例不能入，而郡縣承皇上菁莪樸棫之化，于是，有義學之置，即使單寒未遊泮之子，得卒其業，而諸生欲廣聞見，亦講習于中，而得之道也。然求其頭角，崢嶸氣象不凡，如舞陰之于膠東，文穆之于彥國，一見決為公輔之器，曾未有其人焉，何哉？天下事舉之者，貴尚其志。而培之者，務固其基。泰山之溜，可以穿石，專攻也。豫章之木，七年而出，地基之固也。專且固，而人才之底不成于者，鮮矣。昔昌黎先生蒞潮，不一歲，慮間里後生少所師承，亟置鄉校，延請趙德，而潮之士人，至今比於上□試，當中原文獻之地為功，更何如耶！

　　新邑素號易治，其窮經□業者，亦頗盛于五邑。邇來浸已衰微，司馬錢瑭吳公代蒙于茲，深歎人才不振，如星辰寥落，謂非有以長養之不可。夫長養，非一日之功。則又曰天下之事，非甲為則乙為，何已何人，吾盡吾心焉耳矣。又曰置囂塵湫隘，非誦讀之所，城東南隅，高敞而爽塏，吾所贖許冏卿之舊別業，葺其破缺，新其漫漶，繚以牆垣，其永為肄業之地焉。若經畫措置之顛末，見於紀敘者詳矣，不復贅。惟是目擊盛舉，追憶此地往鄉先達，多以鍵户藏修。己未歲，同時捷南宮者三人，一時稱地靈人傑。相值閱今，四十三載，而公枋許載清壁，假計沮絃誦，復聞中阿重咏，因稔于衆曰："此時所云古之人無斁譽髦斯士也。而今得於公乎，志之專矣，培之固矣。精神力氣，百世不磨。諸君其知之否，顧公之所以望于後生者，又非徒異日之科名已也。余不暇班史九品之第，諸君試思王、楊、盧、駱之上，不有韓、李、歐、曾乎！韓、李、歐、曾之上，不有濂、洛、關、閩乎！如陟山者，愈陟愈峻，如涉海者，愈涉愈深。朝斯夕斯，尊聞行知，子子孫孫勿替。引之以沐公書澤於無窮。而公三不朽之業，亦蓋見於此矣，皆曰然。遂次第其語而勒之石，庶來者得以觀焉。

　　雍正元年。

（文見乾隆《新鄉縣志》卷十二《學校志》。王興亞）

郭培墉廬墓碑

國朝孫用正

　　鄘南郭子為其生母白孺人廬墓三載，鄉人化之，於其歸也，依依不忍舍，謀勒碑以記其事，而屬余屬辭。余惟出一言而不為人所共□□，其不必知者也。行一事而不為人所共能者，其不必□□也。聖人之道，上蟠下際，而寔為愚夫歸之與知與能。與知與能者何？

孝弟是也。天下無不知有親長之人，既無不欲各親其親，各長其長之人。故見有親親長長之人，遂不覺愛之慕之，詠歌之傳頌之，非阿其所好也。良知良能觸之，既動如磁石引針，氣應不爽，滿街都是聖人，正為滿街都是親親長長之人耳。孝子之於白孺人也，既慟其命之不尤，復傷其養之難再，痛心疾首，幾不欲生，因結廬墓側，晨夕瞻依，冀稍補子職於萬一。此何與於鄉人而鄉之人莫不起愛起敬，語余曰："孝子之事生母在死後不啻生前，依邱壟無殊膝下，勤定省無異晨昏，椎心泣血，目斷腸枯，世有不忘其親如是者乎。塋之外不數武，固有先祠可棲止也。而孝子不忍其親之露處，自圖便安，乃倚墓而居，苦雨淒風，猿啼鬼嘯，與荊榛為友，與狐兔為羣，世有不忘其親，因之自忘其身如是者乎。

孝子廬居時，本莊遭回祿之變，漸及先祠，其先人遺像木主在焉。孝子倉皇奔救，既而火已塞門，危急中，垣忽頹，得逾缺出。復遺白孺人像，乃哭泣拜禱，有童子指示，竄身烈煙中，檢得遺像，遽失童子所在。究之祠四圍民舍，都成灰燼，而祠巋然獨存，非純孝感神能如是乎。且也吾儕小人，自廬舍焚毀，蕩析離居，已鳥獸散矣。而孝子如疾痛之在乃身，曲為籌畫，俾得各復舊業，則今日之聚族而居者，皆不匱之孝思錫之者也。如之，何其能忘也。況塋近荒山，民風喬野，鮮知有禮。孝子善氣迎人，與父言慈，與子言孝，與兄弟言友恭，俾樵夫牧豎得聞禮教，真不啻生我與成我也。如之，何其能忘也。"余作而歎曰：嗟乎！郭君之孝，人皆知之矣。然心知其然而未能名其所以然。鄉之人目覩之，不啻其身有之，遂不覺言之親切有味，則其所以為者，知非借廬墓之名，以飾人耳目者矣。在郭君抱恨終天，既非有所要結於鄉人，而鄉之人亦止欲各親其親，各長其長，一經提醒，孝弟之念油然自生。故不覺愛之重之，詠歌之，傳頌之而不能自己也。此心此理之同，移風易俗之效，觀於一鄉而天下可知矣。孟子曰："堯、舜之道，孝弟而已矣。"人人親其親，長其長，而天下平。豈俟之遲久而後效者哉。

郭君諱培墉，字勤若，新鄉學增廣生員。故刑部主事駿臣郭公第五子。

（文見乾隆《衛輝府志》卷四十四《藝文志·碑》。王興亞）

祿伯殷公（祚蕃）阡表

朱軾

昔成湯以商代夏，盤庚遷殷，史冊殷商並稱無異。微子以殷王元子封于宋。孔子宋後，自謂殷人。殷之受姓，固古聖苗裔也。而新鄉之殷，則自澤州委定里遷縣南永城店，為土著。八傳至隱君科，公祖也。科生時雍，郡增廣生，是為公父。公諱祚蕃，字祿伯，生而穎異不凡。母李早背，依祖母梁授句讀于床笫間，輒能上口。稍長，就家塾，過目成誦不忘，見者呼為小顏子。年十二，應童子試，學使者閱所作，大加獎歎曰：年冲而識老，未易才也。拔未冠第一。嗣是，文益進，名且日起，而公岸然以大儒自期待。時取《小學》、《近思錄》，把玩不釋手曰："此作聖門戶，吾當奉為嚴師，徒濡首青紫之需，非夫也。"人以是益奇之。十五,增廣公捐館舍。公至性過人,哀毀欲殞,祖母泣諭之曰:"爾任至重,孀母弱弟,何弗思乎?"公抑情節哀,葬祭如禮。服闋,妹于歸,悉出元配曹太孺人奩中物為粧具。時歲方歉,衆難之,公無悋色。祖母喜曰:"若可謂識大體矣。"教兩弟先後入庠,勞逸與共。弟以食指繁,謀析爨,從便。公推貲產與之。自瞻以館穀,繼母鄭太孺人之養,則不專委所生。家政井然。長幼尊卑,各循其分,無所乖忤。《書》云:"惟孝友于兄弟,施于有政。"公允蹈之矣。繼母有弟,以讐誣被逮。公挺身代辨,太守叱其多事。公曰:"本母命辨舅冤,何為多事?"竟獲昭雪。跡其生平,雍容樂易,呐然不輕出語,而義烈無選懼態。蓋大儒有體有用之實學,克展其才,建樹未可量也。食餼三十有八年,艱于科名,亦不屑意。與劉君子靜為同心友。當公病革,子元福方總角,援手以授子靜曰:"恐讀書種子斷絕,敢以藐孤累足下。"命元福拜,且曰:"他日不奮志讀書,甘自暴棄,生無拜我墓側,死無見我地下。"子靜流涕受任。其後,子靜設帳于家,則延元福子子姪列,又或館穀于外,攜之同徃,晨夕不相違。故其學成易,而獲雋早。在托者為知人,在受托者為有信。論者擬之張元伯、范巨卿不啻過之。卿大夫擅人倫之鑒者嘗曰:殷祿伯德器渾成,黃叔度之流亞也。其為名流推重,類如此。予謂公之生,賦兩間清淑之氣獨多,率其性真,即為正人君子,而又沉浸于《小學》、《近思錄》諸書,探先儒之精蘊,始而趨之正,終而造之醇,士林宗焉。鄉閭化焉。至今嘖嘖人口。古云蓋棺論定,今與論定而品行昭矣。老于青衿為不遇,享年五十有七,為不壽。以子貴膺贈典,傳之無窮,則亦未嘗不遇,未嘗不壽也。

　　元福字夢五,癸酉解首,甲戌成進士,授翰林院庶吉士。與余為同年友,官京師,迂拙同臭味,過從甚狎。因子知父,爰撮其學行彰彰者,表諸隧道,後綴以銘:

　　盤庚建國,殷號伊始。姓氏傳香,英賢接趾。自澤遷衛,定居仁里。十世深培,家聲隆起。公具彗性,受書床笫。未及舞勺,已稱佳士。硯田自供,無缺甘旨。孝友同推,洋溢遐邇。學宗儒先,滌穢融滓。嗇于其身,豐于其子。中祕恩榮,綸章寵被。公德是宜,受之非侈。執友曰劉,范張堪儗。托孤有終,交全生死。既昭輿論,將垂信史。餘風不泯,水流山峙。

　　　　　　　　　　　(墓在新鄉縣南二十里永城店,文見乾隆《新鄉縣志》卷二十七《邱墓下》。王興亞)

新鄉夢五殷君阡表

張大有

　　君諱元福,殷氏,先世山右鳳臺人。始祖茂,遷汲郡新鄉縣。曾祖科,績學早世。妣梁孺人,祀衛國節孝祠。父祚蕃,文行卓越,著聲膠序,即學者所稱祿伯先生者也。君誕時,祿伯先生夢神語,賜五福兒,因以名君字曰夢五。君生有夙慧,八歲通《四書》、《小學》、《近思錄》,十一歲而《五經》紛綸矣。其為制藝,取法先民,不逐時趨遠。方問業者，爭湊而至，莫不以君為工于文。二十有一，鄉舉冠多士。明年，以進士官翰林。其為詩，攄懷肖物，和平溫厚，館閣諸英交推瘳和，又莫不以君為工于詩。康熙丁丑，聖仁祖皇帝擇詞臣堪膺民社者，俾為令長。于時君得粵西之柳城。癸未，兼縮融縣篆。甲申，于母憂去官。己丑，補得江南之武進。癸巳，兼縮無錫篆及督捕水利別駕。仕几二十年，懸車而歸。展拜先墓，持終身之喪焉。

其宰柳城也，重農興學，變澆風，毀淫祀，首于蠻烟蜑雨中，舉行鄉飲酒，若賓興禮。猺獞環觀，即願就學焉。立義館，堡目田主各率子弟就塾肄業，獠徼如此，秀良可知也。其他異政種種，于古無前。去之日，野老婦孺奔號攀留，舟不得進者數日，隨立祠祀之。其宰武進也，吏以君書生迂謹，捧牘嘗試，君裁決如流，咄嗟之間，部署宿牒數十事。發奸摘伏，明遠若神，賕吏蠹役，悉置諸法。□邑額賦十萬，積逋數十萬，詭寄朋侵，莫可窮詰。君從容釐剔，條分縷析，後來者奉以為法。去之日，邑人亦立祠祀君。遙與柳城相望。司月旦者，以君為粵西之慈母，而為江左之嚴君，抑知同歸殊途，慈母、嚴君其本一也。謂君之工于詩與文者，猶是也。羣飲于河，各充其量而已。高安相國朱公撫浙，開敷文書院，甄陶吳越多士，以君為之師，有德有造，絳帳白鹿，于斯為盛。君學優而仕，仕優而學，著述數十種。羽翼聖賢，坐而言皆可起而行。門弟子刊布于世，故弗論著。其餘小德軼事，多詳家乘暨志中。余與君為同年友，知之最深，竊慕中郎之義，以有斯作。其辭曰：

古汲郡水，黃河山蒼。山毓偉人，希明道希。伊川惟孝，友居家理。治移官學，優仕仕優，學功循環。為神君，為慈母，民所便。尊碩師，取良友，士則㳺。曰文人，曰詩伯，窺一班。其生榮，其死哀，有以焉。謹載筆，勒君德，萬斯年。

雍正九年。

（墓在新鄉縣東五里張家莊，文見乾隆《新鄉縣志》卷二十七《邱墓下》。王興亞）

御製平定青海告成太學碑

清世宗

我國家受天眷命，撫臨八極，日月所照，罔不臣順，遐邇乂安，兆人蒙福。乃有羅卜藏丹津者，其先世固始汗，自國初稽首歸命。當時使臣建議，畀以駐牧之地。其居，雜番羌密近甘涼，我皇考聖祖仁皇帝睿慮深遠，每厪於懷，既親御六師，平定朔漠，威靈所加，青海部落，札什巴圖爾等，震讋承命。聖祖仁皇帝因沛殊恩，封為親王，兄弟八人，咸賜爵祿，羈縻包容，示以寬大，而狼心梟性，不可以德義化。三十年來，包藏異志。朕紹登寶位，優之錫賚，榮其封號，尚冀克輯寧部衆，而羅卜藏丹津，昏謬狂悖，同黨吹拉克諾木齊、阿爾布坦、溫布藏巴札布等，實為元惡。謂國家方弘浩蕩之恩，不設嚴密之備，誕敢首造逆謀，迫脅番羌，侵犯邊城，反狀彰露，用不可釋於天誅，遂令川陝總督太保公年羹堯為撫遠大將軍，聲罪致討。以雍正元年十月，師始出塞，自冬涉春，屢破其衆。凡同叛之部落，戈鋋所指，應時摧敗，招降數十萬衆，又降其貝勒貝子公台吉等二十餘人。朕猶憫其蠢愚，若悔禍思愆，束手來歸，尚可全宥，而怙惡不悛，負險抗違，乃決剪滅之。計以方畧，密付大將軍羹堯，調度軍謀，簡稽將士，用四川提督岳鍾琪為奮威將軍，于仲春初旬，禡牙徂征，分道深入，擣其窟穴，電掃風驅，搜剔巇阻，賊徒蒼皇麋潰，窮蹙失據，羅卜藏丹津之母及逆謀渠魁，悉就俘執擒，獲賊衆累萬，牲畜軍械不可數計，賊首逃遁。我師踰險窮追，獲其輜重人口殆盡。羅卜藏丹津子身易服，竄匿荒山，殘喘待斃。自二月八日至二十有二日，僅旬有五日，軍士無久役之勞，內地無轉輸之費，克奏膚功，永清西徼。三月之朔，奏凱旋旅，鐃鼓喧轟，士衆欣喜。四月十有二日，以倡逆之吹拉，克諾木齊等三人獻俘廟社，受俘之日，臣民稱慶。伏念聖祖仁皇帝威靈，震于遐方。福慶流于奕葉，用克張惶，六師殄滅狂賊，行間將士亦由感激湛恩厚澤，為朕踴躍用命。斯役也，芟夷凶悖，綏靖番羌，俾烽燧永息，中外人民，胥享安阜，實成先志，以戀有丕續。廷臣上言，稽古典禮，出征而受成於學，所以定兵謀也。獻馘而釋奠於學，所以告凱捷也。宜刊諸珉石，揭於太學，用昭示於無極，遂為之銘曰：

天有雷霆，聖作弧矢。輔仁而行，威逺寧邇。維此青海，種類實繁。錫之茅土，列在藩垣。被我寵光，位崇祿富。負其阻遐，禍心潛構。恭惟聖祖，慮遠智周。睠念荒服，綏撫懷柔。朔野既清，西陲攸震。爵號洊加，示之恩信。如何凶狡，造謀逆天。鼓動昏憝，寇侵于邊。惟彼有罪，自干天罰。桓桓虎貔，爰張九伐。王師即路，冬雪初零。日耀組練，雪響鏗鉦。蠢茲不順，敢逆戎旅。奮張螳臂，以當齊斧。止如山嶽，疾如雨風。我戰則克，賊壘其空。彼昏終迷，曾不悔戾。當剪而滅，斯焉決計，厲兵簡將。往擣其巢，踰歷嶔嶇。坦若坰郊。賊棄其家，我縶而獲。牛馬谷量，器仗山積。蹇兔失窟，何所逋逃？枯魚遊釜，假息煎熬。師以順動，神明所福。旬日凱歸，不疾而速。不疾而速，殪彼謀逆，懸首藁街，獻俘成禮，金鼓調諧。西域所瞻，此惟雄特，天討即申，群酋惕息。橐戈偃革，告成辟雍，聲教遐暨，萬國來同。惟我聖祖，親平大漠，巍功煥文，邁桓軼酌。流光悠久，視此銘辭，繼志述事，念茲在茲。

雍正十年勒石。

（文見乾隆《新鄉縣志》卷十二《學校志》。王興亞）

重修城隍廟碑記

暢于熊

余讀《易》泰之上六曰城，復于隍，勿用師。自邑告命，貞吝。是城隍之廢置，為否泰之關鍵，有由然也。夫城隍之重如此，自有明神司之，以保障一方。非所謂越禮而瀆祭也。是以聖王御宇並崇禋祀而承流之。大夫師長，導民之責者。教化刑賞，必求降鑒，以免獲戾于羣黎。

新邑為河朔要區，土地廣衍，户口孳乳。四封内，凡邑長所得治者，城隍神皆治之，則廟猶堂皇也。顧閲歲既久，半就傾頽。道會陳冲霖鳩善士某某得錢穀若干，補舊增新，由正殿、曹廊以及舞樓寢宇，工力完美。復塑侍從鞍馬冥□嚴設，總兩年而告成。高宇綺牖，金碧交輝，視昔有加。司事者，以垂永久，緘其始末，請余為記。余承令楚疆，不及掾香楮以從，顧惟城隍之祠，亦猶行古之道也。古者，天子祀天地，諸侯祀境内山川，大夫五祀，門户其一，城隍為一。邑門户，人所由以行止，無虞而歲時伏臘飲食燕衎者也。但五祀各于其處城隍廟像，疑非古制，然一邑中官長有署，士民有舍，神獨不戒其棲室乎。况夫神職司監察，其檢身不及有司所欲褒揚，自為神所眷佑，其怙惡不悛，有司所欲懲創，為神所厭射也。他若雨暘時若，百穀用登，是神顯其靈，斯民與有藉賴焉。或淫雨烈風，金飢木毀，乃以警戒示曲成，而士庶有不悚然凜，肅然省者乎。則夫廟貌莊嚴，以崇宗祀，其庶幾神光普照，福我枌榆，致一邑之泰而免告命之吝也。乃敍事郵達，俾勒于麗牲之碑。

　　雍正十三年乙卯三月。

（文見乾隆《新鄉縣志》卷二十四《祠祀志上》。王興亞）

黄崗令敬修暢君墓誌銘

　　劉統勳

　　君諱于熊，字光羣，號敬修，即明經諱中掄仲子。康熙己未進士，歷階工科給事中，祀鄉賢，諱泰兆公孫。順治丙戌舉人，贈主政，祀卿賢，諱策公曾孫。先世籍山西陽城縣。明初，奉詔樂遷河南衛郡之新鄉，積善餘慶，由來遠矣。幼而岐嶷，文思清勁，有孝感熊相國風。稍長，即與諸名夙遊，讀書辨析異同，帖括一秉先正，而尤矩矱荆川。今讀其問世諸作，神骨氣味，愈研愈精，亦與荆川吏部中丞時文相倣也。康熙壬寅，補博士弟子員。越雍正甲辰，聯捷成進士，其年甫十九齡耳。儀封宗伯張清恪公，以才品兼優保舉，引見。世宗憲皇帝溫語褒嘉，有"人去得"之旨。

　　辛亥秋，授黄崗令。崗，楚北劇邑也。君少年老成，利興弊除，五年内操縱指使，洞中機宜，案牘少暇，即以文章自娱。聲色貨利，檠屏絶之。如徵收銀米，不重分釐，不盈顆粒。建義塾，延名師，勤月課，定甲乙。今編修萬君年茂、進士程後濂、鄉貢王如旦輩，皆其陶成賞拔者也。學宫湫隘，捐俸倡修。邑治東北舊有問津書院，為諸生下帷處，資以膏火，絃誦不輟。乙卯，獲雋十人。丙辰鄉舉，又十五人。科名鼎盛，有明徵矣。故多訟獄，君以哀矜，行平中小大之情，靡不犀照。大吏廉治狀檄代郡篆，陳牘次第裁决，而麻城涂如松妻命案，尤遠邇口碑，奕世不磨者。民以幼聘之婚，多為外家嫉貧寒盟，君諭以大義，與送完聚，澆風咸敦古處。值隴西告歉，協辦米石，公帑不足，皆代償之。奉文攢丈洲地，扁舟規畫，賦不擾而役不煩。豫省設普濟堂，不遠千里，賫金以成德意。制府旌其閭曰"惠我嘉師"。其樂善不倦類如此。

乙卯春，纂輯邑志，克成善本。乃八月患疽，遂不起。距所生丙戌僅三十春秋。彌留際，語不及家事。但念年力盛壯，當此聖明之世，報稱莫由，忠孝兩虧，飲恨泉壤也。

　　蓋君性至孝，先是尊先生留滯江南，跋涉者再，及令黃，具慶就養，溫清不懈。伯兄逸葊孝廉，為豫中名下士，君質疑請益，儼若師弟，居官則輦之，偕至屏于兄所。後母加意愛敬，不替所生。元配輝縣孟氏，繼娶磁州張氏，俱出望族。孟孺人于歸七載，賦性賢孝，相夫成名，惜不永年。一女，字士人。先大夫與迺祖黃門公為同年友，余甲辰通籍，又與君同出一門，孔、李之好，相知最深。爰採行狀所紀，並夙所切劘，紀其梗槩，系以銘曰：

　　陳留世族，代有偉人。繩繩繼繼，以及其身。弱冠為文，畬成進士。年不配德，竟賫其志。俸取養廉，蕭蕭囊橐。政在寧民，四野咸樂。祗父恭兄，廣庇夏屋。仕優而學，中行獨復。雖憐伯道，終擬于公。攜爾故劍，永保遺封。

　　雍正十三年。

　　　　　　（墓在新鄉縣北一里如是庵前，文見乾隆《新鄉縣志》卷二十七《邱墓下》。王興亞）

修補祭樂器記

知縣張鈛

　　從來禮以將敬，樂以昭和，所以格天人而通乎上下者也。自西京製作而後，中規中矩，有條有理，稱明備焉。迨愈傳愈遠，經曲之儀，律呂之節，已十不存其二三。沿至於今，更多殘缺。夫一器不具，不可以言禮；一音不全，不可以言樂。禮樂不備，何以昭格？惟至聖先師，萬世師表。歷代祀典，載在頖宮。至於我朝尊崇尤重，追封五代，春秋享祀，禮行三跪，樂用八佾，尊莫上矣。詎可任其殘缺弗備，應虛文而習故事也乎。

　　余於雍正癸丑秋，欽奉簡命，宰治新邑，恭遇大典，五夜虔祀，目不覩典物輝煌耳。不聞金聲玉振，雖束帛陳牲，歌詩佾舞，而製作淪湮，不倫不備，曠職而褻祀，莫有大於此者矣。俯伏之下，念切維殷，捐俸集工，修殘補缺，又奚辭焉。禮器則若鉶、登、若簠、簋以及樽、俎、籩、豆、筐、筐之列，無不皆備。樂器則若鐘鼓，若琴瑟，以及鼗、磬、柷、敔、搏、拊之屬，無不悉具。乃於未祭之前，集諸生而演習之，務期瞻拜之餘，豆登攸薦，佾舞悠揚，以禋以祀，耳目聿新。雖鄘邑偏小，非如司成之所陳，太常之所掌，煌然為天下觀，而器無凋殘，音無靡厲，承祭者藉以輸如在之誠，與祭者得以觀文明之盛，將至聖在天之靈，庶或臨於上，而羣賢亦無不陟降于在旁也。豈非一時之盛舉歟！自茲以往，邑之士大夫踵而習之，揖讓之容，載道絃歌之聲盈耳，彬彬乎禮樂之選也，康叔遺風稱再觀焉，可勿勗諸。茲將祭器樂器之數並紳士捐助之姓名，以及課正之人，悉勒於後，載諸鐵筆，以垂不朽。

　　修補祭器：小錫爵四十一，竹籩二百六，大錫爵二十一，帛篚二十四，錫簠三十四，在俎一，錫篹三十五，木櫃一。

樂器：麾二，石磬十六，柷一，敔一，笙二，笛二，簫二，塤二，篪二。

舞器：旌節二，翟三十六，籥三十六，雉尾三十六。

乾隆元年。

（文見乾隆《新鄉縣志》卷十二《學校志》。王興亞）

重修梓潼祠記

教諭潘德人

從來地靈人傑，文教為先，要必賴主持一邑者鼓舞而振興之，乃能垂永遠而不敝。學宮東北隅，舊有梓潼祠，其先名曰講堂，邑士人敦書說禮會文肄業之所也。迨邑侯李公以名進士栽培多士，賞識拔尤，一時聯科第登翰苑者有人，彬彬乎稱譽髦矣。而溯其本原，固自有司文衡者默相之，以故既肖文昌之像，尊奉維殷，而祠之東隅，則附享以公之祿位焉。乃剙建日久，垣壁圮壞，棟瓦傾頹，有志者脩葺而未逮。值邑侯時公於丁巳冬來蒞茲土，崇尚文教，企運會之昌明，敷德造之大化，瞻拜之餘，即慨然捐金修整，乃屬紳士暢君中掄、楊君為枝、郭君培墉、張君資漢，共勷厥成。閱兩月而工竣，但見棟宇一新，丹雘交映，南耀層閣，東繞清流，文星朗照，四壁光生，猗歟休哉。既復吉地，自發人文，從茲文治隆，人才起，於以增國家之光，而造永長之福者，胥邑侯振興力也。廓人士屬記其事。余曰：此盛舉也。不揣鄙陋，而勉應之，勒石以誌不朽云。

乾隆二年。

（文見乾隆《新鄉縣志》卷十一《學校志》。王興亞）

知黃岡縣事敬修暢君墓表

尹會一

夫世有皓首窮經而卒無有成名者，吾見其人矣。亦有英年迅發，不克大展其抱，電擊風馳而去者，吾又見其人矣。新鄉光犖暢君，同年友也。憶雍正甲辰釋褐，君榜華而齒少，莫不驚其悟之神而疑其蓄之淺。及叩厥底蘊，萬有在胸，雖老師宿儒，咸謝弗若。乃知人龍材梓，殆由天授，而復篤志好學，靡間晨昏，虛懷以受師友之箴，嚴毅以承父兄之訓，故聞道獨早，而奕奕有聲如此。

丙午，余校士粵西，郵傳新中，停車為郗氏嘉賓，而叔度澄波，得窺涯岸，且耳熟其居家孝友，里閈賢聲。又五年，余守襄陽，君宰黃岡，代郡篆，所治隣接，政聲之卓越，釐剔之精勤，以及獎勵人材，甄拔後進，載在口碑者，渢渢乎洋溢赤壁龍邱間。嗚呼！以彼才猷，展驥巖邑，則三載報績，而霖雨蒼生，為國楨幹，詎非意中事哉！及年甫有立，勞勤云殂，何天之奪我良友如是其速也。雖然，士貴克自樹立耳。君弱冠射策，受知於世宗憲皇帝，溫語有加，一時豔為奇遇。迨出膺民社，而更能不負所學。楚人尸祝祠禱，白叟黃童，親慈母而戴嚴君，直頡頑于桐鄉峴首，即喬赤不得傲之以年矣。數之修短，又何足為君憾。

己未春，君將歸佳城，迺兄逸菴孝廉丐一言，以表其阡。夫彰微闡幽而羣宗月旦者，學士責也。激濁揚清，以立懦廉頑者，大吏事也。矧余知之最稔，寧不撮舉以誌不朽乎！至其家世淹華，小德善政，悉載劉少司寇撰銘，茲不具舉。

君諱于熊，字光羣，號敬修，河南新鄉人，甲辰聯捷成進士，為工垣諱泰兆公孫，明經諱中掄公次子，其辭曰：

大河洋洋，行山蒼蒼。篤生偉士，度越尋常。家學淵源，筆撼山岳。早掇巍科，螢皇騰踔。雪堂遺韻，漢水澄波。民歌來暮，士咏菁莪。五年惠政，兩袖清風。一朝捐館，秋雨濛濛。爰擬楚些，天門《招魂》。保艾爾後，駟馬輿門。

乾隆四年。

（文見乾隆《新鄉縣志》卷二十七《邱墓下》。王興亞）

增修明倫堂記

邑令趙開元

新鄉縣廨之東為學宮，廟制雖不甚敞麗，然殿廡粗具，尚可棲神。至欞星門，內外牆頹木朽，往來者視若通衢，而兩廡泮池及明倫堂所在，亦多傾圮。若廟中祭典，固陋相仍，禮器佾舞，殘缺未備，先師俎豆之區，狼籍至此，何以興賢育才，佐天子右文之治也！是宜先崇廟貌，以肅觀瞻，將一切敝墜者，謀所以修葺之，計工度材，約需白金八十。邑值災眚之餘，積賦未清，民力未可以勞。為捐俸以舉其事，而監視之周，區畫之善，則學博潘君寔董其成也。肇工之日，適領新製祭樂器，收貯廟中。因語潘君曰："此正禮樂聿興之時也。講明修正，匪異人任，當與君共之。"潘君勤于鐸職，素切釐定，絕不河漢余言。爰購求《大清會典》及《通志》各書，公餘與潘君共相考核，補造先儒之神主，以定位次。詳稽祭器之品物，以肅灌將。至禮節有一定之儀文，樂舞有自然之度數，綴說繪圖，彙成一帙，俾俎豆之司鼓、翟之吏有所循而守焉，庶幾入廟生敬，臨事而專致其精明，神既得所憑依，而又能盡其所以，交于神明之具，將見聖人在御，羣賢陟降，是則一代文明之治，而余兩人旦暮望之者乎！

新領祭器：白磁爵三十六隻，銅爵二十四隻，鎛七器，鉶七器，簠二十五器，簋二十四器，牲俎二十八器。

樂器：大鼓一面，琴一張，排簫二攢。

乾隆五年。

（文見乾隆《新鄉縣志》卷十二《學校志》。王興亞）

重修迎恩橋記

楊為枝

苟有濟於物，皆道之所許也。苟無垂於道，皆心之所然也。心之所然，而力行之，雖以乂安宇宙無適，不可矧一橋耶。牛女之間，星橫雲漢。橋之象，懸於天王者，法天以利民，故火朝覿而徒杠成，後人因之。趙充國治橋七十，漢世攸賴。夫水割地而分之，鳥不窮於翼，而人窮於足，能以智力自接其所窮，雖惠而不免於費。然固不謬於道矣。余邑城東迎恩橋，蓋有明弘治時王貫所建，嘉靖間邑侯侯公東一脩之。國朝康熙己巳歲，邑侯周公毓麟再脩之，迄今五十餘年，又復傾圮。夫物之成毀，有數存焉。十二萬九千六百年，終始乾坤，數之所然。大冶無所逃之，橋豈獨能長少年也。顧此地為出入城者之所必經，又齊、晉、楚、蜀四達之衢，橋雖小，固康莊矣。一旦斷去，行者非自厓而反，則難免於病涉，苟坐視而不為之，所，道之所不許，而心之所不然也。故捐貲特為脩治，木石工役費白金近三十兩而不足，又得關中明經衛霍跳來助。余故經始於乾隆庚申三月，越月遂告成焉。夫物無久而不廢之理，適當其廢者，任興之責，願後之君子嗣而葺之。庶斯橋可以不朽云爾。

乾隆五年。

（文見乾隆《新鄉縣志》卷十《關梁志》。王興亞）

重脩西關大橋記

邑生員張資漢

邑有橋梁，所以通往來，利行人也。矧廓地係七省通衢衝大道，車馬騈闐，絡繹不絕。橋之修廢，所關匪小矣。西門外舊有石橋一座，日漸傾圮。心竊憫之。計工度材，需白金半百，非獨立所能辦。乾隆五年春，陝西韓城貢生衛君名霍者，輕財好義，捐金四十。囑漢重脩，以便民行。其不足者，漢捐如其數。工始於二月，至六月，乃告成焉。夫以此邦之人舉此地之廢，分誼固應然也。至異國之士而好善不倦者，隨地施與如衛君者，其庶幾近古之風歟！

乾隆五年。

（文見乾隆《新鄉縣志》卷十《關梁志》。王興亞）

重脩聚奎樓記

暢俊

國家之興，因乎人才。人才之興，關乎地運。自昔然矣。然而人才不自興，必待有以振作之而後興，地運亦不自盛，必待有以脩治補救之而後盛。吾新黌內舊有奎樓，雄峙異方。考碣記，創自前明上谷苑侯，其後踵事增華，規模完好，蠖屈龍信之輩，多資默相，由景運而毓名儒，豈曰小補。越今己未秋，霪雨為災，棟莛大壞，砂磧沉零，向之巍煥崇隆者，幾有荒煙蔓草之慨焉。

夫奎壁主文，故五星聚奎，則天下文明。吾邑分野，適當其次，咸在炯照之中，自獲孔夷之福。然使神無憑依，詎能收人物阜夥之效哉！邑長奉新趙公下車之明年，以儒雅飭吏事，百廢俱興，文廟殿廡門楹，既已捐俸，次第塗墍。又念辛酉屆大比，奎樓舊址卑隘，亟宜脩整，昕夕規畫，捐俸數十金，鳩工聚材，將拓而新之。家君思齋，祇承德意，置簿首倡。邑紳士識大體者輸貲致力，衆志僉同。公乃進諸生張君資漢，尚董其務。張君更相佽助。肇工於是歲五月，落成於七月。棟宇矢棘，丹雘日晶。是科郭君均果魁一經，謂非地靈人傑較然而不爽者乎！時余歸自楚南，同學諸君子屬一言以紀風美。余惟公文章致身，動為矩矱，口振鐸聲，試從衣冠，興誦下質，巷議衢謠，其稱清流高調名教于城者，更無比倫。區區土木之事，豈欲勒石示人哉。顧古有云，一歲樹穀，十歲樹木，百歲樹人。培風氣以淑羣英，育人材以翊聖治，官守之責莫大焉。今日者，工而不侈，華而有制，春秋盼蠁雲旂，風馬神之格，思有不陰鑒，冠佩之雍容，與詩書禮樂之盛也耶。他時踐文赤墀，承明紫禁，翩翩接武，如杲日光，如豐城劍，當有熊熊，莫掩上燭於閣道之間，使人按籍而指之曰：此新產也。此縣大夫興行所造士也。豈惟地以人重，而我公之盛德，於是，為不朽矣。若夫董役效勤，則張君亦諸生之祭酒，得附末光云。乃為鐫石，副在瞽宗。

乾隆六年。

（文見乾隆《新鄉縣志》卷十一《學校志》。王興亞）

郾南書院記

暢俊

先王建學造士，教自近始，始於塾，而升之黨、州，以達於國，然後論材而官之，則栽培深厚，而非朝種暮獲者比，此人才所以獨盛也。迨有宋明道先生宰晉城，令多設鄉校，擇秀異羣萃類居，復親至為正句讀，晰文義，使知進德之方。由是，熙豐中儁傑，連收科目，而風俗以厚。其後嶽麓、嵩陽與石鼓、白鹿，宇內稱四大，則書院於是乎昉，而以視古昔鄉衖州黨之學，理則一也。邑城內東南隅，舊有先達別墅，前此輦上諸君子，纍纍若若，發軔於斯，先大父黃門公亦與焉。未幾，屢厭涎口，康熙壬寅，錢塘吳公暖為書院，建置之始，余曾趨陪觀盛事。明年，挾三寸管走長安道，偶過里門，旋如逆旅信宿，席未暖行矣。即有親知故道如桃園中人聞外事，不知有漢，何論魏、晉？以故縣大夫先後摩勵之，方俱未獲深考。

歲辛酉，歸自楚南，見都人士行誼修美，春絃夏誦，乃知興復書院，惟我邑長趙公用心獨至，而大賢之所為固迥異緩文者流耳。蓋公文章醞釀，凡百可師，討多士而啟迪之，固已身為坊表，口誦鐸音。繼復捐俸延師，表裏學校，俾諸生得以遊精棲息，儲為棟梁。所謂體恩綸以永風教，即《易》之教思無窮，《詩》之德音不已，胥由是焉。又越癸亥，已歷三載矣，委不佞主其事。噫，九瑕一瑜之凉修，輨車棧馬之歇足，方心境塵封，安能專一於鼓篋之區乎！顧念閭軒靜掃，聲價日增，何況詩書禮樂之場，得以領袖其間，詎不幸歟！乃本昔所聞於父師，共相勗勉。一時聲氣應求，河朔負笈百人，叫忻躍舞，各自矜奮。余乃倣三年敬業樂羣之意以匾其堂。復思語曰："百工居肆，以成其事。"書院非講學之肆乎，肆而不居，與無肆同。居焉而非其人，人焉而不事事，與無居同。邇者束心向學，步武先民，非僅獵文詞以弋譽也。其必敦彝倫，崇性命，以聖賢為規矩，師友為刀削，孝弟忠信以為材幹，廉恥以為繩尺，而身以為器，蘄底於成，斯我公之振作為不虛。雖然，傅粉難為功，塗墨易為惡，其與子瞻翰墨之清虛，僅一間於聲色貨賄之惑溺說相類也。若是，則無論首尾橫決，見誚士林，即綴緝口耳，競斧藻而趨捷徑，一旦邁會策名，拘枸泯泯，又豈我公承流宣澤之意哉！且不聞虞仲翔乎天下得一知己，足以不憾。而韓昌黎上書當路，往復千言，每以此為難。今我公薰陶砥礪，第甲乙，錫指南，洵昌明一會矣。瓊玖之報，永勒心版，宜也。其或意有所極，愛有所忘，決防毀維，如邢恕廢在三之誼，而恬不知媿則妄矣。諸子歛容而退，乃敬壽貞珉，以紀始末。若夫曩日齋舍門坊未備，公既鳩工添建，復貿民地而拓之，屬縣尉韓君經理，規制煥然一新，則有目共覩，毋庸贅及。

　　公諱開元，字希輅，號質齋，江西奉新人，丁巳進士。

　　乾隆八年。

（文見乾隆《新鄉縣志》卷十二《學校志》。王興亞）

增修來雲樓記

邑人郭武銘

　　吾鄘城東南隅來雲樓者，祀文昌地也。按《甘石星經》斗戴筐六星曰文昌宮，天官孜魁星為璇璣，杓三星為玉衡，魁枕參首，杓攜龍角，厥象文明，而世所傳文昌司錄之神，特出於東晉之越嶲，張氏則妄矣。康熙初，邑侯王公克儉來蒞茲土，適吾邑人文蔚起之時，公因念衛南野分，室壁異方，又文跡發祥地，宜建文樓。於是，相土布宜，屹然起樓於城闉，而太僕許君作梅書其額曰"來雲"。說者曰：茲樓也，以神則柄文衡，以地則踞文方，以高則逼漢，以迥則凌空，故名來雲也。兵書曰：衛雲如犬烟火蒸茫。《西京襍記》云：彤雲縵爛，文治攸彰。其謂斯歟！迄今歲久日深，樓漸傾頹，而吾邑人文乃不逮昔。斯樓之廢興，所關大矣。

　　奉新趙質齋夫子以江西名進士來宰茲邑，甫下車，即以文教為急務，爰立義塾，延名師，勤月課，謹日程，睠睠殷殷，致逢掖之士丕振也。日者公以退食緩步，登城見斯樓之圮，進余而言曰："邑之興衰也，視乎文運。文運弗昌，邑因闇淡無色矣。城東南隅，文脉旺地也，舊祀文昌，距鄘南書院特咫尺耳。今廟貌頹然若是，增修為急。汝其敬董厥事。"余曰："唯唯。"公乃捐俸三十緡以倡，而邑紳士均有攸助，經始於乾隆甲子秋七月丁酉，至八月辛未而告竣。於是，頹者葺，圮者修，暗曖者耀以高明，偪仄者擴以爽塏，簷阿棟宇巍然，嶙峋軒軒，檻櫺爛然珠玉矣。夫臨春結綺，非不華且麗也。齊雲落星，非不高且閎也，不旋踵而化為丘墟，荊棘滿目，彼蓋樂筦絃之滛響，貯燕、趙之艷姬，故人存則存，人往則頹，曾何足以動賢士大夫景仰興慕之思哉！若茲樓之有關於文運，則雖盛不若凌煙，勢不逮偃月，而賢侯振興人才之美意，暨於無窮，雖謂兆異日韓榜五雲可也。誦讀絃歌之士，瞻棟宇之輝煌，凜神靈之赫奕，而穆然思所以大造於茲邑，奮泥塗而致青雲。是不可不勒諸貞珉，故記之。

乾隆九年七月。

（文見乾隆《新鄉縣志》卷九《城池志》。王興亞）

增脩鄘南書院記

趙開元

士習之下究也為風俗，而其上章也為治績。人才之養，不可以不豫。故古者造士之法，最為詳慎。今之學宮，緣古而喪其真者也。今之書院，變古而不失其正者也。書院之名始於唐。而其作人也盛於宋。然亦二三大儒各就其所至之地，教育一方，而非天下之通例。觀胡瑗以蘇、湖二州教授，入為太學，一時名臣碩士，往往出其中。降及南渡，李綱罷相，而太學生歐陽澈、陳東共起而力爭之，雖死不避，則宋之人才，猶多出於學宮，不徒恃書院也。後世而變矣。郡縣學僅以廟祀聖人，而並無庠舍。學者各散處於言龐事雜之地，所以亂其耳目心志者實多。釋菜之名存，而造士之實亡，畧無補於人才。故其勢不得不盡天下州縣，別置作人之所，以聚其渙。我聖祖仁皇帝，上下古今之變，特命各省並建書院，其具既設，而所以誘掖激勵，漸摩而成就之者。又復詳而有法，使並此而怠玩之，則士習益偷而不可救藥。下既無以振頹風，而上即無以待朝廷之用。然則書院有興廢，而人才之升降因之。人才有升降，而風俗之醇疵，與治績之隆替由之。其可謂天下之小故耶！首令受天子方面之寄，而不加意於是，則雖百廢具興，皆苟道而已。余自庚申來吏於斯，首欲為朝廷作人，詢知故有鄘城書院，雍正九年建，迄今不二十年，而室既就頹，田亦易主，廢興之故，必有任其責者也。余自捐貲贖其田，復創建大門及東西耳房，增繕西齋、庠舍，遂即此以課士。然來者漸衆，將不能容。越四年甲子，又復捐金拓地，增置書室十二間，規制視舊為稍展云，易名曰"鄘南"，紀實也。夫新鄉古鄘地，而入於衛，為呂望發跡之所。迨康叔有作新之化，既革紂都故俗，九世而武公繼之，以金錫圭璧之德，陶鑄其人，故古稱衛多君子。即近自有明以迄昭代，文學之士，有猷有為有守者，鵠翠鵲起，何其盛哉！康熙中葉以來，而少衰矣。豈衛河沁水三岡五陵山川秀傑之氣有時而歇歟？抑士不克自奮歟？又或養士之澤入之者未深歟！天時人事之剝復，往往反覆相尋，久之，必復其所始。蘧瑗、史魚之風，尚可溯也。諸生苟不安於凡近，而以古人自命，精研義理，潔治身心，而教尚實行，為明道經世之文，發從前所未發，則人才何遽不如昔，且或過之，庸可量乎！故詳紀其事於石，俾後人知人才所以升降之由，天人參焉。凡蒞斯土與生斯土者，皆不可以不勉勵也。

乾隆九年。

（文見乾隆《新鄉縣志》卷十二《學校志》。王興亞）

重修湯王廟碑記

張資漢

古之帝王開天建極，使兩儀以位，羣生以育，而仁風至化，雍熙盈滿，豐功偉烈，載在方策者，羲農三代而下，僅以十數。至於巍然其宮，儼然其容，俾數千載之下，歲時薦享愈久而愈不忘者，惟成湯為然。吾廊屬有商畿內地南門內有湯王廟，想當年巡幸所至，士民感戴，後之人為立廟以祀之。此亦理之固然而可信者。廟之右，方公祠在焉。方公為明嘉靖時賢侯，其善政多端，往牒所陳，班班可考。立祠于此，毋亦所謂有功德于民則祀之，故以類合乎。日久棟宇傾圮，墻垣頹然，荒烟蔓草之況，無以崇德而報功也。乾隆庚申，邑侯趙公光蒞茲土，尤重祀典，首新文廟，次及壇壝，亦已罔不飭備。迺于丙寅之春，出俸五十餘金，鳩工市財，一新厥制。命漢董厥事，因而豐其棟宇，高其墻垣，旬月之間，廟聿新矣。即方公之祠，亦革其舊焉。從此，聖王之靈，既宅其所，甘棠之德久而不忘，而我侯之功德，且與之並傳不朽矣。漢忝勷厥事，謹勒石以記其畧云。

乾隆十一年三月。

（文見乾隆《新鄉縣志》卷十二《祠祀上》。王興亞）

重修關帝廟碑記

張來震

《春秋》，經學也。孔子作之，使子夏等十四人求周史記得寶書。魯君資孔子之周，因老聃觀書於柱下，《春秋》成，以授魯史官左丘明執掌典籍，計萬有六千六百七十二字，以繩檢二百四十二年之間，真千古救世之具，實聖聖相傳之道脉也。傳至戰國，孟子猶稱之曰："孔子作春秋而亂臣賊子懼。"降及秦、漢，聖人不作，曹、董蜂起，僭竊之端日滋日甚。誰復有秉《春秋》，明大義，而振鐸於其間者乎！惟我關夫子夜看《春秋》，秉燭待旦，扶炎漢之末世，精忠貫日。紹尼山之真傳，大義同天。世之人止知頌其武功，而不知有功於文教者，尚在春秋之經學也。我國家崇儒重道，振興文教，設科取士，明經首選、故自畿甸以及通都大邑，建文廟即建關帝廟，修尊經閣即修春秋閣，誠以千古《春秋》之統。止此兩聖維持於其間，而他無聞焉，因而祀《春秋》，享太牢，其祭同也；追五代，封三代，其尊同也。則春秋閣之所係者重，而所關者誠大也。其可任其傾圮，變為瓦礫，使三代神牌無地可棲，朝廷大典無地可設，此亦士子之所不忍者也。余年週花甲，不憚勞瘁，敬約同志，捐貲重建，告竣之日，廟貌增輝，文光照耀，豈徒壯一時之觀瞻，逞能於閭閈哉！實所以妥聖，所以尊經，更所以重國典也。至於闔邑捐貲姓氏共勷厥美者，另載貞珉，以傳不朽云。

乾隆十一年十一月。

（文見乾隆《新鄉縣志》卷二十四《祠祀上》。王興亞）

瘞埋聖像碑記

知縣馬家良

河南舊有三教祠，聖像與佛老並列，殊屬不經，督學使疏其事於朝，請以分途安置，其聖像瘞埋於學宮者，他邑皆累累相望，新邑亦然。因是移於蘧子祠者共十七尊，前任因去任恩猝，欲瘞埋而不果。家良蒞任之明年，有友汪懷中偶寓予署，夢有蒼顏鶴髮峨冠道貌者多人，叩其故，曰皆聖人也。旦同幕中，徐子夢鱗往學宮遍訪木主，外無所覩，詢之土人，述其前事，驗於蘧賢之祠，歸以告。家良因檢前案，歷歷有據，即敬謹設龕，以瘞夫像。有豐瘠長短老少之異，皆以意揣其去溫良恭讓之容，何啻天壤！又年深日久，丹鉛剝落，祀之非以明虔，置之又違原議。而學宮隙地，又多瓦石，爰擇清靈山中掘土而藏之，勒石以誌，俾處茲土者知聖像所存，樵牧有禁。是為記。

乾隆二十三年。

（文見民國《新鄉縣續志》卷二《名蹟志》。王興亞）

聖像碑前石台記

河南舊有三教祠，至聖與佛老並列，原屬不經。督學使疏奏請命，分途安置。新邑三教祠共十七處，前縣主俱請移於城裏蘧子祠內，欲瘞埋而未果。縣主馬家良歷檢前案，又值友夢，卜吉擇日，設龕瘞埋，隆禮以祭，勒石以銘。塚前別無石器，郜等謹獻祭台一座。

六十一代孫興郜、興鄒等。

六十七代孫毓銓等。

六十八代孫傳中等。

六十九代孫繼煊等。

（碑存新鄉縣寺北兒山南聖人塚聖像碑前，文見民國《新鄉縣續志》卷二《祠祀志》。王興亞）

郭愚谷墓表

崇明黃振鳳

歲丁亥五月既望，家仲怡麓自共城歸，述萍水之交而津津於明經郭君，諱培緒，字讚若，愚谷先生冢嗣也，繼出共陽居士並趙太君傳及誌述各一卷示余。蓋欲丐余文辭，以表於墓也。迺憶己巳，余以一行吏赴唐州，息轍於新鄉。時余同榜主政公省齋，偕余至共城之孟庄，郭氏家墅在焉。聯床剪燭，遂得借交省齋胞兄愚谷先生。閱三載，余以外憂去官，匿影里門，雲山迢遞，遂成闊絕。乙亥夏，余復補官邯鄲，主政公往返都門至署，齒頰必及於先生，逮主政公捐館舍，先生又以理學耆碩，志潔行高，恥屑屑與俗吏通，酬答稍閒。暨壬午冬，先生猶子培遠公車過訪，為之問訊。是時，先生固康强無恙。乙酉七月之變，又何自而來也耶？嗚呼，噫嘻！二十年中浮沉聚散，波逝雲飄，回思一二素心如先生昆季，又早委形而去，幽明歧路，百感縈懷，無蒙叟達生之識，而有子山哀逝之思。此余之所以為先生放筆而痛哭也。

嗚呼！先生才豐而嗇於遇，德永而促於年，隱居教授，遂以終身。天道茫茫，不可問矣。然而粹精性理之學，窮探經史，手自纂述，以藏名山。容城孫徵君先生卜居夏峯，先生首師事焉。與同門湯潛菴、崔定齋、耿逸菴朝夕講貫，以五倫為實地，而體驗於服食器用之閒。徵君《思賢》詩有云："驌臣有氣魄。"人以為先生之實錄焉。居父喪，哀毀骨立，時皆以貧不能塟為先生憂。先生曰，"喪塟稱家有無"，毅然舉行，悉遵古禮，會塟者靡不歎服。事母蘇太君，先意承志，得厥歡心。己未，省齋釋褐，移居新鄉。蘇太君夏秋居孟莊，冬春居新鄉，兩地往返，先生必親隨御車。己巳，省齋筮仕粵東，蘇太君壽登大耋，安居新鄉，先生亦隨居新鄉，朝夕不離左右，有萊衣舞彩之風。太君歿，先生以數年病軀，猶三日不食，純孝之至，真老而彌篤云。先生絕意仕進，啟迪後學，多所成就。且不樂標榜，性喜方惡圓，嘗謂子培緒曰："余生平性太直，多口過，其弊有四：一認真、一好盡言、一輕信人、一嫉惡過嚴。"又於捐館時，教子於貧字中討生活，即此可以觀先生之所得矣。

先生諱迓熙，字驌臣，號愚谷，世為新鄉人。居共城之孟庄，故別號共陽居士。十五入邑庠，充康熙三十年歲貢，候選司訓，享壽七十有二。

乾隆三十二年。

（文見民國《新鄉縣續志》卷三《邱墓志》。王興亞）

王孺人墓表

郭泓

嗚呼！此吾新張母王孺人之墓也。孺人爲吾十二母舅天潔公仲男、蔭長表弟元配。卒於乾隆庚寅七月二十五日辰時，越九月十七日，祔葬王岳營祖阡。十二母舅以孺人才賢知禮，命表弟狀其行，郵寄於孟津縣官舍，囑予爲文表之。吾於表弟誼關休戚，不容以不文辭。

謹按狀：

孺人系出陽武太平鎮王氏，曾祖諱詢，羅山司訓。祖衡水令，諱延銘。父太學生，諱履健。母馬孺人。兄右丞總章、弟金章、五章，孺人其中女也，性聰慧，幼時，隨祖居署中，即爲衡水公所鍾愛，及長，與娣姒處宛如同胞。辛未，河決，舉家引避。孺人年甫十三，行李箱篋，照護無少失。其賢順明達，蓋天性然也。十九歲，賦於歸。特爲祖母王太孺人所喜悅，且料理家務，勤而不倦，儉而中禮，舅姑恃之如左右手。辛巳九月，舉男照書，而夫患瘧□，值曾祖母靳太孺人喪，孺人贊襄大事，且奉夫湯藥，朝夕靡寧，心力並瘁。庚辰夏，十二舅母患疫，孺人禱於神，願繡佛持齋，以延母壽。而母疾爲之頓愈。甲申二月，祖母卒。孺人幾至滅性。既念舅姑失恃，勉爲節哀。明年丙戌，移居縣北張門，去母家愈遠。孺人亦始終無難色。己丑，聞母馬孺人疾，奉侍幾一載。母卒，孺人痛絕者數四，因重傷氣血。庚寅正月，得發熱咳嗽症。五月間，聞父太學公病，復往省視。六月，太學公捐館舍，孺人以抱病之軀，猶守禮執喪不少怠。七月九日，扶病歸里，疾已大漸，歎息曰："吾病何日可寥，得以奉侍舅姑乎？"迨二十五日，溘然逝矣。嗟嗟孺人，至彌留之際，尚以不能事舅姑爲慮，豈意其一病不起耶！孺人生於乾隆己未初九日辰時，距卒之歲，享年三十有二。子男一，照書，聰明異常兒，聘輝縣王公諱以柄次女。女一，省姐，待字。

乾隆三十五年庚寅九月。

（文見張興華主編《小宋佛姓氏志》。王興亞）

知縣薛祥捐修城外濠梁增植堤柳碑記

邑人張應棻代撰

邑之西南，壟湧蜿蜒，若抱若睨，迤邐而東者衛水也。當衛水之衝，巋然矗起於水色蒼溽之際者，邑城也。引水入隍，而駕之虹橋，所以衛城郭而濟徒輿也。新之城，以龜背名，義取麗澤。舊制於城隅開渠導水，繞城一週，四門各有橋梁。而東西二橋，尤當孔道，西通秦、晉，南會荊、襄、滇、粵諸路，驛傳絡繹，實通都也。皇上御極之四十二年，余蒞任斯土，於聽政之餘，披縣志，知是邑於前明爲文獻之邦，及覽其利勝，見夫脈連王屋，派衍蘇門，山河環淑之氣，聚在渠梁間。然後歎文教之興，其發祥爲有自也。顧前人舉之，後之人任其頹圮而莫之振，撫衷憮然，急謀所以修整之方。會當河工夫料節次征輸，兼之歲收薄歉，民力未舒，嘗私心竊計，謂此舉必俟有公項餘資，以公濟公，庶幾民不勞而功易舉耳。

癸卯春，奉委增築大河新堤。余殫精襄事，併日而營，以此工程敏速，節省資費，餘若干緡。藏事歸，即募役鳩工，於池之狹者廣之，淺者濬之，計深一丈，面寬三丈五尺，底寬二丈三尺。仍按土計方，高築兩岸，內護城址，外防泛漲。甫匝月而工竣。計費四千餘金，而閭閻之民尚未知有興作者。是秋值鄉試，孟君天馥果獲售。都人士咸稱快，益歎鑿池之舉，非特固金湯，并足以培文教也。遂於歲之冬季，沿堤植柳，計二千二百株，俾盤根結土，永資鞏固。而舊橋以趾高水下，遇旱不通，且歲久石泐，徒輿維艱，尤宜修葺。然終不欲擾吾民也。因與同事諸公，自捐廉俸外，并廣勸城關集鎮之商賈、鋪戶有貲本而樂善好施者，量力捐輸。兼有聞風赴義郭定國祠諸後裔公，施牌坊石九十六丈五尺，乃經始於東門之迎恩橋。工非良，弗與役，非雇弗庸、且飭工役徹底營繕，義同新築。工人交感，奮挑深基，立巨石，砌以磊塊，灌以灰獎［漿］，繼長增高，平直有度，復延橋迤西，直通城洞橋。兩旁添設石欄，望之如鰲戴贔屭改觀矣。次及西大橋，舊趾尚存，重改作，乃仍之。於中寶之坍塌就傾處，葺補更新，樹倚欄，鋪頂面，制如東橋。次及北關之民樂橋，人煙輻輳，其軌轍久歷輪蹄至碎裂。經營完固，一如其初。工肇於歲二月之十一日，歷三月，值閏至四月之二十七日，以次告成。由是渡斯橋者，頌蕩平焉；覘斯池者，羨清漣焉；遊斯堤者，思保障焉；憩斯柳者，歌美蔭焉。而余亦環城寓目，碧水澄波，綠雲繞樹，光連雉堞，烟鎖虹梁，顧而樂之。庶幾壯形勝而凝風脈者，不無小補焉。茲并綜其原委，質言之，以勒諸石。而佽助各名，并得附之碑陰，以示勸云。

乾隆四十二年。

（文見民國《新鄉縣續志》卷一《城池志》。王興亞）

皇清處士諱榮字光先馬公神道碑

【額題】永傳奕

大清國河南省衛輝府新鄉縣東路張庄、陳庄、荒裡與白馬四庄村

皇清處士諱榮字光先馬公神道

乾隆肆拾三年桐月朔玖日。

玄孫家長銀與合族鐸、鏴、鎧、鰲、錫、錚、鑢、國正、愈良、肇元、成光、武元仝立。

木本水源懷澤遠

　　秋霜春露動时思

（碑存新鄉市文物保護管理所。王興亞）

介三公墓表

劉至東

張公諱應楗，字介三，衛之新鄉人。世代簪纓，爲邑巨族。父資冲，邑庠生，厭城市紛華，移居縣北之張門。以耕讀爲事，博學、善談論，壽享者耋，迨公歿時，猶健焉。公性恬靜，寡言笑，沈潛嗜讀，少從文先生學，工書法，凡筆墨酬應皆委焉。同門中英才濟

濟，唯公魯鈍，而入庠惟公最先。文先生喜曰參也，竟以魯得之。吾於張某亦云然。善用晦，或勸之進取，輒笑而不答，安貧守素，泊如也。公三居母喪，皆哀感路人。事嚴親，曲意承順。庶母生弟二人，公友愛甚篤，若同母生。其持身嚴毅方正，及與人接，藹然和氣，未嘗有疾言遽色，涵養深邃，人莫及焉。余成童失怙，家貧窶，依眉永先生以養以教。公與先生爲嫡堂昆弟，雅愛余，時而資衣履，召飲食如侄輩。然越三載，忽大嘔血，醫藥罔效，周身浮腫，月餘遂以沒世。傷哉！當今之世，厚德雅量如公者，寧有幾人。而未滿五十，不克永世，信所謂天者誠難測，而神者誠難明矣。

公歿，家已蕭條，嗣君照源鬻田畝，行家奠，葬公於城南之祖塋。余慟悼爲文致祭，協理喪事，往送葬焉。公元配張孺人。公繼配郭孺人，國學生諱磷公女。再繼馮孺人，輝邑處士諱天錫公女。內助之美，鄉里共稱。子照源，張孺人出，忠厚正直，守公遺教，步履無惰容，年五十九而沒。余爲作傳，載家乘，娶汲邑處士諱建中趙公女。孫二：長泰增，府庠生，娶尚公諱淮女；次昕，增邑增廣生，嘗從余學，姿穎異，屢試高等，娶汲邑段公諱宏綱女。曾孫六：錫圭，聘輝邑郭公諱又勳女；錫璋，聘析公諱熙女；錫瓚，未聘，泰增出；錫純，錫彩、錫綬未聘，昕增出。俱業儒。公之世澤綿綿，正未可量也。泰增昆弟欲爲公表墓，而其生也晚，未及見公，以余當悉公生平，屬文於余，而余亦未能悉也。故即所見聞，而述其大畧如此。

（文見張興華主編《小宋佛姓氏志》。王興亞）

重修岳武穆王廟碑記

邑人單名元

邑東宋王莊有真武岳武穆王廟，不知建自何時，拜殿山牆中刻一石，謂天啟三年重修真武大殿及武穆大殿，四年修天將二殿並拜殿，五年重修山門。至乾隆五十九年秋，沁水漲發，將山門及兩旁火神、土地二祠牆垣，盡行沖壞。次歲，有邑賢侯孫公目此，因嘆是廟不可廢，乃請東村趙莊趙公諱珂等，協同闔邑，捐貲修葺，至修廟外台基，掘得斷碣，有字跡數行，乃前明邑賢侯楊公於嘉靖二十六年創建，二十八年告成。蓋因邑之東關路衝卯酉，故建是廟，以爲保障也。

乾隆六十年。

（文見民國《新鄉縣續志》卷二《祠祀志》。王興亞）

前新鄉縣令嘉興錢葴齋祠宇記

安邑牛步奎

蓋聞種德茂於及物，而興利莫先除苛。古稱安靜之吏，悃愊無華，而事關民瘼，則惓倦軫懷。司馬遷傳循吏，首為敖、國僑。敖於百姓不便之令復之，德教漸洽，僑爭輕幣，人士歸心。我朝慎選牧令，重親民之官，欲利病不壅於上聞也。若前邑令嘉興錢葰齋先生，其勤恤民隱，盡心司牧者乎。先生籍隸嘉興府，世有令德。乾隆丁卯，登賢書。辛卯，分符鄘南，問民疾苦，城南有磽地千餘頃，民苦歲租無出，先生勘驗得實，詳懇入奏，蒙恩永蠲其賦。由是煩苛既除，追呼不擾。以興化導，則躬宣聖諭；問晴雨，則祈報維虔；清庶獄，則案無冤抑；聯保甲，則戶無流亡。懋著廉能，擢陞司馬。瀕行之日，攀轅臥轍，留之不得。乃建生祠兩處：一在城內書院之東，一在城南十里趙村。城內限於地，仍其舊。趙村則增修大門三楹，二門一楹，為東西廂，貯祭器。又建樂樓一所，為肸蠁妥侑地。噫，先生即世已二十餘年矣，非遺愛入人之深，何俎豆馨香久而彌芳若此！

抑步奎尤有感焉。先生勘詳乞恩，為分所當為，非以沽名邀福也。而祠宇增新，有子三人，皆登進士高第。長為郎官，上應列宿；仲督學滇中；季戊午典試湖南道，經新鄉入官舍，行不中道，至少侍養所，色戚然。名業原於孝德，益歎先生之垂裕者，方興未艾也。人亦有言，廉吏可為而不可為。由是以觀，其可為其不可為乎！嘉慶元年，步奎以親老告近，授任新中。越三年戊午冬，邑人修祠蕆事，請為記。既次其實，敬賦四言十二韻於後。曰：

親民之吏，恬養是司。痌瘝一體，念釋周咨。有田如石，匪畬匪菑。不耕不穫，貢賦無資。征輸為累，民苦力疲。宰親歷勘，詳懇弗遲。皇仁下逮，永沛恩慈。婆心一片，次第推施。人懷惠愛，世世謳思。重新祠宇，千載芳垂。凡百君子，此意可師。私心嚮往，規切來茲。

嘉慶三年戊午。

（文見民國《新鄉縣續志》卷二《祠祀志》。王興亞）

劉猛將軍廟碑記

高密王暭記

嘗聞民之所托庇者惟神，神之所憑依者惟廟。劉猛將軍，新邑故無專祠，而附其主於八蜡。迄今相沿已久，有其因之，莫敢革也。而神無特祠，即祀無專享，於神為弗欽，於人為失禮。慮無以致妥侑祈福祥焉。余以癸亥之歲，承乏茲邑。雨澤愆期，蝗蝻迭起，驅車田中，日與斯民商補救之策，得蒙神庥，蝗無遺孽。《記》曰："能禦大災則祀之，能捍大患則祀之。"若神者，可謂能禦災捍患者矣！夫小民醵有用之金錢，崇無名之淫祀，相與崇宏其殿宇，莊嚴其法像，曰某神也，某神也，為之奔走而恐後。至神之有功德於民者，置焉弗問。而官司亦復奉行故事，憚於更張，其不至瀆神也幾何哉？

歲丁卯，與邑人議修城隍廟宇，越歲功竣，因而周履相度，得廟西隙地建祠攸宜，諸紳士以為可。於是，庀材鳩工，眾力具舉，甫踰月而告成。官吏之祭賽恒於斯，小民之祈報恒於斯，祀典以正，俎豆常新，從此協氣旁流，昆蟲不作，民和而神降之福，尤守斯土者之幸也。爰述其顛末而為之記。

嘉慶十二年知縣王啁、住持道會司牛德平創建。

（文見民國《新鄉縣續志》卷二《祠祀志》。王興亞）

孟公鑑遠墓誌銘

張燾

公姓孟氏，諱之哲，字鑑遠，癡齋其號也。上世無稽，始祖輔，隸皖中鳳陽籍，元至正癸巳，從明高帝起兵濠郡，累功封萬戶侯。二世祖英，充參侍舍人，萬曆十一年，特旨崇祀鳳邑鄉賢祠。五世祖鎮，巡視西屯，病卒，遂家焉。高祖誠，始以軍籍列膠庠。曾祖見魯，本生曾祖見楚，庠生。祖崇素，庠生。考世書，庠生，生公昆、仲二人。弟丕遠，茂才居季。公其長也，生而穎異，自髫齓迄若成人，儀狀方正，不同流俗。弱冠，入邑庠。科歲試，屢列前茅，一時文名鵲起，噪於大河南北。每搆一藝，傳鈔者幾於洛陽紙貴。世廟登極，公即於是科列賢書，迭上春官不第，乃猶手不停披，丹黃鉛槧，細校蟲魚，設帳傳經二十載。以家貧丁繁，舌耕難給。丁未，謁選，以知縣用。是年，充本省鄉試分校官，一時有得人之慶。十四年，選得蜀南清溪令，引見後，調授粵東和平。五月，由原籍起程。恰值霪雨連綿，旱道則泥濘沒輪，水路則檣傾楫摧，滅頂裹足者數次，兩月之久，始抵粵垣。由都迄茲，迢迢萬里，家園恆產，悉充資斧。和平又僻邑健訟，號稱難治。公挺臥理之，甫數月，仁聲四佈，嘗銘座右云：上有天，中有法，下有民，不愛官，不愛命，不愛錢。《循吏傳》中可置一席。任內苞苴不行，即鼠肝蟲臂均無染指。無如二豎肆虐，不克鳴琴，而理一家。念餘口嗷嗷待哺，公兩袖清風，一塵不染，乃請命上憲，蒙給川資。粵中向無此例，亦曠典也。邑中萬姓攀轅臥轍，膏盲難醫，借冠無術，乃送衣傘，共誌遺愛。召父杜母，曷多讓焉。當先未交篆時，瓜代已屆，承乏未來，新舊交乘，百弊叢生，多以兼金相浼，公悉却之。各憲知公清廉自持，札飭各邑，劇金相贈。少待時日，千金不難立致。公不肯信宿，接浙以行，浩然解組，歸抵故園。不數日，即歸道山，岌岌乎不克易簀正寢，吁！亦險矣。配郭孺人，邑中望族宗伯大參之裔、邑庠增生奉宸公女。一生無違夫子，克盡婦道，沒而祔葬公於西抬頭北原昭穴，禮也。公春秋五十有五卒，孺人七十有六卒。男二：長淑孔，壬午恩貢；次降期翼孔。孫七：天柱，廩生；天馥，癸卯舉人。既為之誌，又繫以銘。銘曰：

公之系出嶧陽，公之居奠大梁。時維癸卯龍翩翔，丹桂高攀藉珪璋。念載絳帳生春風，今皇特簡任粵東。數月謳歌四野同，二豎肆虐返豫中。跨鶴緱山雲霧濛，佳城深藏卅四冬。孝孫持狀來乞銘，恆嶽巍巍岠翠屏，衛水湯湯流長虹。恆可爛兮衛可竭，惟我銘兮不可滅。

（文見民國《新鄉縣續志》卷三《邱墓志》。王興亞）

趙彥士墓表

邑人王安瀾

人之克昌厥後，其性情心術，必有卓卓可傳之處，如鄉耆彥士君，是可述已。

君姓趙，諱希聖，原諱起盛，彥士其字也。世居新鄉永安村。曾祖泗景，字宗魯，妣氏杜，塋西郊。祖成功，字燦然，國學生。妣氏孟，實始塋於此。父檀，字香枝，國學生，妣氏李，生子二，君其長也。幼失恃，繼妣李撫育之。君俶儻有胆略，幼讀輒成誦。甫成童，應童子試。未幾，又失怙，以家政待理，遂廢讀。業懋遷，獲贏餘，十數年家貲稱素封。事繼妣無閒言。性好施與，戚黨有急，輒依助之，尤倉卒善應變，喜脫人於難。嘉慶十八年，教匪陷滑縣，大軍圍剿，車馬夫役抵軍者，多被扣留，刁難訛索，莫敢誰何。被留者皆訴於君，君慷慨至軍，謁楊帥，備陳徭役苦難狀，被留者，皆放還。又獲嘉良家某某二人，被教匪裹勒。克復滑縣後，官軍搜獲，置新鄉獄中，誣服賊黨，行處決矣。其家中遣人具保，邑令不許。適君以公事謁令，見具保者係循循儒生，心知其冤，乃詭言於令曰："某某與予素識，確係良民，敢以身保其無他。"二人卒得脫，其濟人之急類如此。

君以幼孤，不克卒讀，常引為憾事。見儒士必敬禮有加。配張氏，生一子，即吾太夫子玉璽，國學生，殷勤課讀，績學未售。孫三：長為吾夫子霜田，邑增生；次薰南，國學生；三度之，中辛卯科副貢。曾孫八。元孫八。振振繩繩然日以昌大，或螢聲庠序，或名登賢書，其後人克光前烈，皆君之陰德培植，有以致之也。瀾從學於霜田夫子，且託先世葭莩，聞君之遺事最悉，因述其涯略，揭之貞珉，以俟訪求遺獻者有所考云。

嘉慶十八年。

（文見民國《新鄉縣續志》卷三《邱墓志》。王興亞）

火神廟碑記

邑人暢德輝

蓋聞《禹謨》六府，火能養人。《洪範》五行，火以炎上。火之有功於人世偉矣。故炎帝有火瑞之紀，《周禮》有司爟之掌。火，固地二所生，而有明神司之者也。吾邑紳民感神之靈，因於乾隆甲寅王正，起背粧會，越一載丙辰，新天子即位。辦理抬閣故事，以沐聖化，以揚神功，告虔也。後五年庚申，修醮略有積儲，以貢生李君殿鰲年高德劭，推為會長，與諸會友公議創修火帝真君大殿，卜地華藏寺之右，以為棲神之所。於是，鳩工庀材，越數月而三楹告成。此雖李君夙夜勤勞，亦諸會長奔走經營之力也。迄今廟貌維新，臨上質旁。嗚呼，亦盛矣哉！余因思夫神也者，天人合一之謂也。在天，咮為鶉火，心為大火。在人，有高辛氏之火正曰祝融，陶唐氏之火正曰閼伯。上懸其星，下配之人，人可化星，星亦可為人也。依古以來,自天子達於士庶,罔不肅肅雕雕,以達神庥。夫凡有功德於民者,載在祀典,而況明明在下,赫赫在上,有如是之靈爽可憑者乎!雖然,棲神有室,而入廟者跪拜無所。烏乎,可諸君曰:"此拜殿之不可不修也。"爰謀諸同事者,擇於本歲中秋,取其歷年積蓄,刻意增修。至於配殿兩廊,俟錢糧充足,漸次以修之。茲當告竣,諸會長問記於余。余曰:"於鑠神功,未易殫述。慎始圖終,諸君勉力。"咸曰唯唯,敢不終事。退,次第書之,命刊諸貞珉,誌不朽也。

嘉慶二十一年丙子。

（文見民國《新鄉縣續志》卷二《祠祀志》。王興亞）

重修岳武穆王廟碑記

邑人趙珂

吾於南宋建炎、紹興之間諸將相中,得喻義之君子有二人焉,一曰李忠定公,一曰岳武穆王。當金虜渡河,徽、欽北狩,高宗南幸時,君臣上下,抱頭鼠竄,非獻遣使請和之計,即陳幸閩航海之策,求其有視中原為祖宗之地,金人為君父之仇,臥薪嘗膽,始終以恢復為心而不渝其志者,諸相之中惟忠定公,諸將之中惟武穆王。為相之道,在用人,不在自用。故諸葛武侯有曰:"親君子,遠小人,先漢之所以興隆也。近小人,遠君子,後漢之所以傾頹也。"

當忠定公為相之日,首舉張所招撫河北,宗澤留守汴京,七十餘日之設施,雖周宣王之方、召,漢光武之鄧、寇不是過也。無奈高宗聽德不聰,用君子而復以小人間之,誤信汪、黃,自棄良弼,致使金人渡江入杭,攻陷州郡,幾半天下。為將之道,以德義為本,戰陣為末。故《周書·泰誓》有曰:"同力度德,同德度義,一德一心,立定厥功。"我武穆王為將之曰:將和士悅,人懷忠孝,智勇足以破劇盜之膽,仁義足以懾金虜之氣。所向披靡,闃若無人。洎其平江、廣,復荊、襄,破楊么,敗劉豫,皆以少勝衆,以敵攻敵。雖淮陰之用兵,武侯之運謀,不是過也。未幾,而戰鄆師,逼朱仙,五路之叛將盡為我主之腹心,兩河之忠義皆為我王之師旅。於此而恢復舊疆,迎還梓宮,不啻發矇振落,摧枯拉朽耳。嗚呼!我王之義兵,幾同虎賁之三千;奸檜之逆謀,竟發金牌之十二。從此而我師振旅,金人猖獗,向之簞食壺漿,頂盆焚香而迎者,今則攀轅臥轍,牽衣頓足而泣矣。然吾於此更有慨焉,忠定公之見阻於汪、黃,我王之見阻於秦檜,固所謂小人道長,君子道消也。何以張魏公忠心王室,素具恢復之略,既犢忠定於前,又犄我王於後,竟使寢閣受命之志,僅托諸空言,以至履霜堅冰,莫可救止。魏公且安置於永州,我王能無莫須有之冤乎?嗚呼,慟哉!天耶人耶,是天厭宋德,終不欲其返旆而北也。然我王雖屈其志於一時,而伸其節於千古;奸檜雖逞其惡於一朝,而屈其膝於萬世。天之彰善癉惡,夫固毫髮不爽矣!

吾鄉為邑之東偏一小聚落耳，舊有我王廟一所，不知創自何時，想亦河朔遺民道我王克伐之武，安撫之仁，而子子孫孫思慕王德，建廟以祀之。亦如虔民當日感我王之恩，無可圖報，謹繪像以祀之耳。迄今世遠年湮，廟貌傾圮，爰募四方之向義者，各捐貲財而重修焉。茲當諸工告竣之日，謹擄鄙見，以勒貞珉，敢質諸好義之君子焉。

嘉慶二十二年。

（文見民國《新鄉縣續志》卷二《祠祀志》。王興亞）

林先生墓碑

林先生之墓名清，字文波，閩人。

道光二年正月。

知縣熊如洵暨邑紳衛自權、郭惠波等為立石。

（碑存西門外獨眼橋北，文見民國《新鄉縣續志》卷三《邱墓志》。王興亞）

重修錢公祠記

長白鄂山

新鄉城南趙村，有錢公祠焉。公於乾隆辛卯夏，來宰是邑。明年冬，遷安慶司馬以去。蒞任僅年餘，而民心乃久而不忘也，斯何故哉？蓋公之為政，務在愛民，表懿行，恤刑獄，嚴保甲，教養兼施，凡事之便民者靡不舉。先是康熙間，邑頻有水患，沙積土礫，田不可墾者三百餘頃，賦無所出，往往責近村富戶以償。民苦其擾。公下車之日，見獄中多以逋賦被繫者，廉得其實，惻然憫之。以為盡免累年之積逋，猶無益也；必永蠲其額，而後民困可蘇。乃躬自履勘，詳請於大吏。中丞何公具章入奏，部議不許，事幾中寢。公又力請，至以去就爭。何公乃復為申奏，於是，奉特旨俞所請。嗚呼！聖天子懷保惠鮮，行不忍人之政，固靡幽弗燭，靡遠弗屆矣。亦由良有司之勤恤民隱，俾不壅於上聞也。百世之祀，不亦宜乎！

公諱汝恭，字雨時，一字蕺齋，浙江嘉興人。刑部尚書贈太傅文端公仲子。歲丁卯，舉京兆試。丁丑，就挑，始仕江南，歷高淳、江寧、沭陽、興化、丹徒諸縣，所至有惠政。如在沭陽，亦嘗減賦額以振貧民，折運費以省轉輸，又開柴米河以通食貨。其在興化，一日理積案二百，立捕盜法，擒其魁，使互相糾摘，黨徒解散，具詳於江南志乘中。公自去茲邑，抵皖未幾，丁太傅艱歸里，以哀毀即世。而公諸子先後第進士，為郎官、翰林，歷中外，皆有清譽。是則廉吏有後，天道不爽。世有牧民之責者，益當憬然於為民興利除害，其遺澤為無窮也。

曩乾隆庚子，先大夫方宰長興，分校浙闈，得公仲子漆林檢討卷，登於賢書。迨予丙辰會試，又出公季子雲巖學士之門，兩家世相契，故知公行事稍詳。今年二月，予奉命廉訪中州，入境，訪公遺祠，蓋自邑民創建以來，烝嘗弗替六十年於茲。嘉慶戊午，前邑令牛君步奎嘗一葺之，爾來又二十有七年矣。乃偕今邑令胡君謀所以新之者，爰出俸金，鳩工庀材，而邑之士民不忘公之遺愛，踴躍子來，百堵皆作，丹雘一新，不數旬而事竣。夫安民之道，必始於吏治。而吏治之興，必有一二賢哲鉅儒倡導於前，以為矜式，乃相與觀感興起，敦勉於弗替。然則是役也，庶有以裨風教於萬一，而豈徒一家淵源之私也哉！敬撫公遺事，勒諸貞石，以勸來者。

道光五年。

（文見民國《新鄉縣續志》卷二《祠祀志》。王興亞）

七估溝口黃大王廟石碑[1]

七估溝口，蓋有黃大王廟，后宮之極、后母正殿，關帝殿後又建廣生殿、藥王殿、舞樓。爲記以上□□，至道光八年又重修之，若大頌揚，博覽記載，爲正師訓讀。人來閑遊小憩，耕者行者休于斯，遊學者誦讀於斯，以端風化，以正人心。吳氏功德，清垂族史，可歌可泣，後世永記不忘。遵祖家教，認祖歸宗，六修族譜得以實現，族人共慶氏族繁盛幸事。

張善才、張之初、張之棟。

道光八年。

（碑存新鄉石廟中學。王興亞）

重修錢君祠記

奉新許振禕

新鄉南十里趙村錢君祠，一再修於嘉、道之初元。西捻張總愚之熾也，趙村迫孔道，祠稍稍燬。捻平，河北復大旱，祠之祀益落。庚寅四月，余奉命督河事，適新鄉令熊君因民之請，政和年豐，報德養功，婦子畢至，經營勸工，以七月始，十二月卒。祠之圮者復治，夷者再植，而錢君曾孫應溥亦以其時擢禮部侍郎。新鄉之人搏黍椎牛，奔走於祠，喁喁而祝君子孫之昌也。先是乾隆間，新鄉磢地凡二千畝，有額稅歲不足，責之富民以償錢。君既下車，一再以去，就請大吏以聞，稅得免，民為立祠。最近磢地之趙村，余維戎馬所經，水旱沴氣所蝕，其蕩為墟燼者，物莫不然，而惟仁聲之入人深，獨有以維之，則夫熊君之復斯祠，其亦思有以入人之深也。

錢君諱汝恭，字荋齋，嘉興人，乾隆丁卯舉人，後遷安慶府同知。銘曰：

---

[1] 該碑斷爲兩截，風化嚴重，字跡不清。

惟二百年祀益昌，神之膏兮油雲翔，樅楩有舄虁障煌，厥陳蕉荔雜丹黃，祝豐穰以衍流慶。

道光十年。

(文見民國《新鄉縣續志》卷二《祠祀志》。王興亞)

衛健齋墓誌

邑人游棣

公姓衛氏，諱大壯，字健齋，康叔之裔。前明由山西遷韓城，明季，有中丞公景瑗、巡按公楨固、侍郎公允文稱衛氏三君子。十三世佑祥公遷新鄉，與十四世諱霍皆返葬於韓。公祖妣劉太孺人、妣申太孺人葬輝邑李固村。公諱，[1]霍公之季子也。賦性英敏，年十九，縣試列首卷，入庠，旋食餼。為文清刻，不取媚於時。由廩入貢，肄業太學，期滿試用，委辦輝縣賑務，歷署唐縣、通許、商邱、蘭陽、羅山、修武學篆，所至頌聲藉藉。如掩埋唐縣餓莩八百餘口，辦理睢州十三堡河工，掌雜務總局，尤盡瘁匪躬，有古名臣風。任固始訓導十六載。時嘉慶二年，教匪至光山之潑皮河，固始官紳立軍務局，推公首領其事，團練鄉勇，而城賴以安。賊平後，壽春鎮營駐札固始二道河，兵商不睦，公十七晝夜不離營伍，安輯軍民，而事乃息。光州台牧廉知公才，值計典，以卓異註冊。固始本文獻之邦，第國朝定鼎以來，中州無鼎甲。自公久任固始，及去任數年後，祝公慶蕃、吳公其濬後先揚休廷對及第，而公當日之振文教，作士氣者，概可想矣。去任之日，不特及門餞送，即農商婦孺咸追呼致流連慨慕意。次任內鄉教諭，公年愈高，德愈劭，教弟子一本於循分孝弟，其德澤感人愈深，是以碑碣匾額，紛紛懸立書額。有志在聖賢者，有功留學校者，有酈陽師保者，賢勞碑，記功碑，建於明倫堂左壁。迨去內鄉，赴歸德教授任，數年後，內鄉及門猶傳語歸德欲為公立去思碑。公早年家素封，嘉慶二十年後，生理虧折，積欠紛繁，公取自固始以來宦囊金約半萬，掃數歸償，無吝色。任歸德，公屢乞休，上憲屢勸留，然憲眷深而勞公者亦倍深，差委之繁，踰於常格，如會訊會勘，以及重修名宦祠，創建文昌宮，創建張家飯棚橋，公勤敏猶昔，一如在固始、內鄉監修聖廟、城工之勞勤也。乙未春，詳請休致，家居二載，疾革。生於乾隆二十一年十二月初二日亥時，卒於道光十七年十一月初十日亥時，年八十有一。銘曰：

太行岌岌，衛水洋洋。山川鍾毓，因人而彰。懿行淑德，兩垂其芳。儒官三郡，織女七襄。聲施閭里，蹟著家邦。聲欬忽違，音容渺茫。佳城新奠，福蔭休祥。更裕後昆，阡表瀧岡。

道光十七年十一月。

(文見民國《新鄉縣續志》卷三《邱墓志》。王興亞)

---

[1] 此處脫一字。

創建瞻汴橋碑記

溫邑殷聚五

凡事創始者不易,踵修者尤難,不獨橋梁一節也,而橋梁之事亦然。按《新鄉縣志》朝陽門外,舊有瞻汴橋,以木爲之,後易以石。明嘉靖二十有二年,邑令侯公東增修加石欄。又有普渡橋,亦在朝陽門外。國朝順治間,知縣王公克儉創建。嘉慶二年,經邑侯牛公步奎重修,迄今四十餘年。瞻汴、普渡二橋,頹壞不支。中間夾道,亦屬窪下。每遇雨大漲發,車馬行人往來不便。邑人千總王君景富,從九品孟君增彥、王君景美觸目心傷,不忍坐視廢弛,兼承邑侯王公之命,以有基而壞,宜急爲修葺。奈工程浩大,獨力難舉,爰請城裏外及南鄉諸首事,盡心勸捐,各出貲財。於是,鳩工庀材,瞻汴橋依舊重修,普渡橋東西增廣六尺有餘,復加石檻。至於夾道之窪下者,兩旁砌石,中間墊土,使之高坦。工始於道光十七年,告竣於道光二十年。今欲勒石,以昭來茲,乞序於予。予故次第其語,以誌不朽。

道光二十年。

(文見民國《新鄉縣續志》卷一《交通志》。王興亞)

文昌閣記

四川費升

嘗考《晉書·天文志》,文昌六星在北斗魁星之前。文昌之靈,上應天文,下啟人文。國朝崇祀,祭以太牢,典至隆也。新邑自前明天順元年,建修祠宇,厥後重修,蓋屢屢矣。丙午秋,余攝邑篆,瞻此閣前後簷楹剝落,亟擬重修。戊申春仲,鳩工庀材,囑邑紳督厥工。卜吉於戊申二月二十一日乙丑,祭告帝君興工。計五旬事蕆。回憶丙午秋,邑人以百餘年春闈息響,述星家言,以泮池淤塞無水,因祀土挖泉。次年丁未,捷春榜者輒三人焉。雖亦適逢其會,又安知非地靈人傑感而遂通之效哉!斯閣重新,竊願亦如泮池之役,文運迭開。都人士仰邀神眷,科名事業,為邦家光,尤余所旦夕而企之者。是為記。

道光二十八年。

(文見民國《新鄉縣續志》卷一《學校志》。王興亞)

古井記

道光間生員周相君

村之東北隅有涸井焉,相傳為遠祖避難之所也。我家系出條侯,由豐沛而原陵,而鄘南，中世式微，闕不可考。有元之末，兵戈饑饉，頻歲相仍。村固數百家，相率而去者、逃者、鋒鏑死亡者，幾於户口蕭條，人烟斷絕矣。加以蠡寇四起，戎馬倉皇，遠祖匿於村前涸井中，以蓬蒿繫其上。至今族之人士或指爲南井、西井，又或指爲定慧寺以東之井，紛紛議論，莫衷一是。恨不起死者於今日，使耳提而面示之。噫嘻！何其迂也。聿考其時，村之人既居於定慧寺之左右，則閭里室家懼爲盜賊所搜求，不以爲避難之地，决非此井。可知南井居隴畝之中，今雖廬舍，在當日則禾黍也。耕隴之間，亦無蓬蒿可繫。西井去道路太近，亦難藏匿，且此井泉脈甚旺，在當日必不作廢，其爲灌汲之井可知，惟觀音堂東北，有舊井淹没，去路約三十餘步，地近斥鹵，兼處荒僻，足跡之所不履，殆近是歟！殆近是歟！於是，聚族人而詳審之，東西朔南，周旋四顧，恍若有悟。証以南墳碑記，蓬蒿繩繫之言，又甚相合。僉曰：斯即吾先人桃源避秦之地也，是爲我周家延一線之祧也。赫赫宗周，涸井存之，則斯井之有造於周也，豈淺鮮哉！因作古井記。

（文見民國《新鄉縣續志》卷二《名蹟志》。王興亞）

昭武都尉劉公墓表

邑人王安瀾

予於劉遊戎公，爲世代姻戚。其建牙南寧時，先大伯祖占鰲公從戎幕，時粵逆洪秀全倡亂，屢犯南寧，公修戰守無虛日。後先大伯祖卒於軍，先堂伯雅甫公往收遺骸，又累從公拒賊。一日，賊大舉犯潯州，公偕大軍扼江而陣，賊艘乘大霧，貪夜暗渡襲我軍。及其未濟也，我軍急擊之，礮聲震天地，賊殊死戰，不稍卻。黎明，賊艘麕集，拚死登岸，銳不可當。公隨諸軍大呼陷陣，先堂伯從之，短兵相接。戰移時，賊大披靡，斃賊及蹙江死者無算。賊乃渡江遁。先堂伯屢述此役。余方童年，每聽至戰酣處，不覺色飛眉舞，迄今猶歷歷如在目前。顧余生也晚，於公之勛勩不可得而詳。公冢嗣來東武孝廉已去世，其仲子寶泉茂才，當公捐館時亦尚在童稺，不克備記。公繼配寶恭人，以淑德登上壽，曾從公任所，稍知其略。今寶恭人卒，祔葬公墓，又三年於茲矣。寶泉以表墓之文囑余。謹即所聞於寶恭人者，次其涯略，俾後之人有所考云。

公姓劉氏，諱永新，字湯盤，號銘吾，衛輝府新鄉縣人。世有隱德。祖天祥，父大信，俱以公貴，誥授昭武都尉。祖妣氏楊、氏趙，俱封贈恭人。公體貌魁悟，修八尺有餘，臂力逾恒輩。幼讀書，比長，厭棄佔畢之學，乃練習武備，馳驍騎，挽強弩，發必命中。舉鉅刀而舞，揮霍瀏亮，雖百餘觔如無物。既冠，入武庠。道光乙未，偕弟健菴公同試武闈。公中亞元，健菴亦登魁選。丙申，公聯捷進士，欽點藍翎侍衛。弟健菴，庚子成進士，欽點花翎侍衛。兄弟競爽，翱翔禁籞，時論榮之。癸卯，選授廣西左江鎮標中營守備。逾年，署南寧城守營都司，又署鎮標左營都司。時洪逆披猖竄鎮安，公奉大府檄，帶兵助剿，獲賊渠張天飛等，旋竄隆安。公星夜赴援，又獲賊黨麥得科等。蒙保奏，以都司儘先補用。

濂洛關閩咸豐辛亥，補授馗纛營都司。賊魁顏大頭擾新寧，公進至大塘，連獲勝仗。壬子，奉委馳赴廣東之新界坪，會剿賊匪，又擒獲匪首蘇凝三等，遂赴援桂林。艇匪擾潯州，又會攻剿，股匪悉平。先堂伯所述，蓋即此役。蒙保奉賞戴花翎，旋署鎮標中營遊擊。張國樑軍門者，中興名將也。原名家祥，其未反正時，嘗從賊累犯橫州，賊用其計，官軍輒不支。公數數與之對陣，每不分勝負。然國樑知公善撫士卒，得軍心，服公忠勇且有偉略。久之，遂因公投誠。為國得人，用消反側，厥功尤鉅。是時，羣匪勾結，盜賊縱橫，潘啓泰、熊七、常要士等先後煽亂，攔入郡城，幾釀大禍，皆賴公捍禦調停，獲保無虞。各上憲雅器重公，方將大用，而公以積勞成疾，竟患嘔血寢，尋溘逝，嗚呼惜哉！

公生於嘉慶二十三年四月二十三日午時，卒於咸豐四年九月初七日午時。公原配張恭人，名門淑媛，中年邐逝。繼配竇恭人，幼聰慧，相者云掌中布三台星，卜其必貴。既長，為公繼室。在任所，布衣疏食，不廢女紅。公卒後，料理後事，井井有條。公生男子二：長萬春，即來東公，同治癸亥武舉，張恭人出；次萬疇，即竇泉，邑庠生，竇恭人出。孫男二：長鐸，邑庠武生；長鈞，業儒。曾孫男三：宜浚、宜浴、宜澂。銘曰：

古陽之堤，迤邐屈伸。地氣磅礴，實產偉人。維此偉人，孔武有揭。奮跡材官，鄉會聯捷。式登上選，入侍禁闥。洪逆倡亂，潢池弄兵。公建高牙，出守南寧。累戰克捷，忠勇奮武。薦陟都戎，逐攝遊府。式將大用，遽爾棄絕。一軍皆哭，悲壯嗚咽。千載英風，此石不滅。

咸豐四年九月初七日。

（文見民國《新鄉縣續志》卷三《邱墓志》。王興亞）

重修火神廟碑記

邑人郭祥杞

嘗思德及於一方一時者，而後能食一方一時之報。德及於天下萬世者，而後能食天下萬世之報。此必有功於生民之日用，而非莘神雎社、碧雞金馬諸淫祀可比也。粵自地二生火，而後燧人氏始鑽燧改火，以教民食。孟子曰："民非水火不生活"。則火誠有功於天下萬世，而為日用所必需者。祝融之食報，當與馮夷等，豈止一方一時云爾哉。歸德街舊有火帝真君廟，創修於嘉慶五年。二十一年再修拜殿。二十五年又修配房。道光五年又修山門。迄今六十餘年，風雨剝蝕，漸就頹圮。諸會長目睹心惻，遂募資財，重為修葺，煥然一新，誠盛事也。爰將督工姓名勒石，以垂不朽。

咸豐六年丙辰。

（文見民國《新鄉縣續志》卷二《祠祀志》。王興亞）

王忠烈公墓表

松滋熊奉章

粵逆倡亂，蹂躪徧東南，三河之役，為東征一大蹉跌。而前署道州王公揆一適與於難，天子悼憫，卹賞有加，追贈同知銜，予世職，諡忠烈，並崇祀五忠祠。嗚呼！以縣宰而膺異數，稽諸往牒，未之有也。

按：公諱揆一，字聖田，號槐軒。性極明敏，弱歲冠童子軍。道光乙未舉經魁。甲辰大挑一等，簽分河東，委中牟工錢庫事務。公綜理微密，一無所私。丁未成進士，發湖南即用。湘撫駱文忠公見而異之。未幾，檄署道州事。山中劇盜甚熾，穴深箐林以居，夜輒糾聚，劫富室老稚，迫以金贖，不則磔之。公親備糈往偵，生擒渠魁，屠其巢，境內少安。於是，宏治士氓，納之義軌，不期月，吏治蒸蒸。大府採其政聲，題授湘鄉縣知縣。道之紳民聞之，重趼長沙，泣訴留公，得請乃已。

咸豐辛亥，賊入楚境，逼近道州。提督余某懼，啟西門逸去。公巷戰終日，左臂中傷劇甚，乃具朝服北向拜曰："此城即我塚也"。言訖，投河死，救者援出，氣未絕，擁至永州府，復甦。欽差賽公見傷瘢，奏白之，駱文忠偉公籌策咨商官，文端公、胡文忠公會奏留營。公叠攖家難，屢乞旋里。既知義不可辭，乃墨絰從戎。先是，常德、澧州、崇陽、通城、九江等處皆為賊有。公贊前軍，次第規復，遂復原職。然念道州不守，每滋心疾。歲戊午，師次三河。賊悉來犯，我軍失利，遂與浙藩李忠武公奮身以殉。嗚呼！公至是得死所矣。

公生於嘉慶十七年十月二十一日，卒於咸豐八年十月初九日，年四十有七。配路氏，誥封宜人，有側室趙氏，無出，例不合塋，而錫侯昆仲賴氏撫養以至成人，從權合塋本村五龍口先塋。子二：長錫侯，庚午經魁，世襲雲騎尉，庚辰大挑二等，選授西平縣教諭，學憲朱林兩次保薦，特授廣西天河縣知縣，調署容縣事；次安侯，附貢生。孫三：長毓福，監生；次毓祺，試用，未入流，指省直隸；三毓祿，幼讀。曾孫二：長寶熙，業儒；次寶憲，尚幼。公資秉孝友，室無閒言，處鄉里閒熙盎和柔，與物無競，一涉非義則懷不可犯。常云：吾儕幸廁科名，當勉為一方矜式。若必列仕版，而後樹立世道人心，責將誰任？奉章權篆此邦，實深景仰。辛卯，其嗣君以誌墓請，特撮其大者紀之。銘曰：

始為良吏，卒為忠臣。毅然守正，殺身成仁。道州作牧，吏肅民康。忽遭烽火，城亡與亡。洎奉赦書，待罪戎幄。猛氣咆哮，誓殲元惡。三河同仇，死者良多。諡以忠烈，氣壯山河。胡豐於才，胡儉於遇。淑孋利貞，自天錫祚。太山峩峩，衛水瀰瀰。再表幽阡，翼爾綿爾。

咸豐八年十月初九日。

（文見民國《新鄉縣續志》卷三《邱墓志》。王興亞）

祝公德政碑文

邑人衛榮光撰。

自古能牧民者，必得民心，而能得民者，必順民情。樂只君子，民之父母。君子也，而何以謂之父母哉？《大學》詳推其義，以為好民所好，惡民所惡。孟子亦曰："所欲與聚，所惡勿施。"然則順民情以圖治，乃古聖王平天下之大道，亦即賢宰使化一邑之要務也。若吾邑侯祝公，其克有以當此矣。

公名墫，字爽亭，陝西安康人。弱冠舉進士，歷任太康、溫邑，所至有政聲。咸豐五年夏五月，來守斯土。適值土匪之變，公以孤身端坐堂上，見危不避，其大節昭昭在人耳目如此。後土匪圍城，公率眾堅守月餘，而援兵始至。方官軍之壓境也，其時有疑其黨匿城外，欲盡焚燒附城民舍。公熟察其情形，力請於上憲，而民舍卒賴以得全。且又嚴示壯勇緝獲匪類，不得波及無辜。有敢犯者，必以重法繩之。善良由是無虞。蓋大亂之後，不數月而旋致清平者，公之力也。洎人心已定，乃慨然修綱紀，布政教，以為善後圖。新邑共三十六都，前後兩所，公周覽四境，喟然歎曰："制治之道，其在斯矣。"是冬，每都每所選擇都正、衛正數人。明年春，編保甲，立鄉約。自約長以至里長，自里長以至牌長，上下相聯，咸有統率。每月之中，令各約兩次宣講聖諭，鄉人環聚而聽。而公亦時親歷其間，剴切指示，無善不獎，無惡不除，以故奸邪遁跡，頑懦從風，雖婦人女子亦皆知孝弟之當盡，禮義之當行也，則公之德意，誠有家喻而戶曉者矣。

邑舊有書院，而規模狹隘，公因其舊制，徐為擴充。身率士子登講堂，討論《四書講義》，一以正誼明道為己任。課試之餘，復時與諸生商確政事。蓋公之心無一日不在民，無一事不為民。故凡都人士以公事來謁者，雖夜深未嘗不衣冠而見之也。其性情則樂於任重，其精神不憚於理煩。計其宰吾邑者，前後僅四年餘，而無利不興，無害不除。至如折獄訟，禁娼賭，減差徭，立義學，開糧戶過割，通河道淤塞，其善政尤有不能枚舉者。蓋自保甲既行以來，公於四方之民直如一家之人，朝夕聚處，其父母之愛其子無已時，而公之愛其民亦無已時也。九年春三月，上憲以公才幹精明，德器沉重，復調署陳州太康，民不能留其去，而不忍聞其去。去之日，百姓爭攜酒食，祖道東門外，先後攀轅環而送者數萬人。公泣，民亦為之泣，公與民情之相得也，不於此有明徵耶。古稱召杜，若公者何多讓焉。是歲十月之望，聞公已任歸德郡守，閤邑紳耆慮公之教澤久而不傳也，相與勒石記其事蹟。因李君明湖、馬君健堂請序於余。余備位詞垣，留滯京邸，非與公素有殷勤之誼，而吾鄉人北上者，咸為余述其德化。余夙深渴慕樂公之政教有成，而喜為天下後世道也，故撮其要以敘之。

咸豐十年。

（文見民國《新鄉縣續志》卷二《祠祀志》。王興亞）

創建祝公生祠記

邑人李向榮

天下治安在牧令，令賢則邑治，令無不賢則天下治。夫古今稱賢令者，類不以一邑視一邑，而以天下視一邑。其所以治一邑者，即其所以治天下者也。其表見於天下者，在異日而未有不先即一邑發其端者。吾新鄉邑侯祝公，名壋，字爽亭，號體微，陝西安康人。弱冠舉進士，即以濂、洛、關、閩之學自勵。咸豐五年夏五月，由太康蒞任茲邑，適值土匪作亂，士民望公如望歲。及公至，匪黨聚衆圍城，公請兵剿滅，誅首惡，殄渠魁，不數月而難遂平。當賊匪初破其時，官軍壓境，玉石難分，而公號令嚴明，刑罰必中，以故凶惡授首，而吾邑百姓不聞有無辜之人而偶罹法網者，則公之力也。是冬，擇都正，明年，選約長，編保甲，立鄉約，乃刊刻《聖諭十六條》，頒諸三十六都、前後兩所。每一月內，令鄉人會講兩次，無善不勸，無惡不懲，是以強不凌弱，衆不暴寡，行之期年，而邑中大治。至於課試生童，立義學，減差徭，清釐訟獄，嚴禁娼賭，凡所設施，靡不盡善。政令之暇，遍歷四境，諗之九都永康地濱丹河，河側多灘，地勢甚窪下，引河灌田，歲可多獲麥數千石。曰："此自然之水利也。"亟創其工，令民挑渠築堰。時修邑商人頗相牴牾，訟其事於上憲。公聞之，命趙君辺等力持其間，而又條陳地利。上聞，由是訟遂寢。噫！是役也，非我公之精明，無以開其始，非我公之果斷，亦豈能成其終哉！九年春三月，復調署太康縣，遂解任去。去之時，百姓涕泣遮道，爰設公生位於古廊書院，遂瞻依焉。閻君三重、趙君辺等首倡議，謂公澤在吾里，尤不可不傳於此地也。因卜宅於洪慈寺東，而為公立生祠其中，於是，此都之人爭懽趨焉，逾月而工告竣。是年冬，又欲圖公小像以盡仰慕之誠。趙君秀元、趙君履中、王君學周等因省公於宋郡，時公已擢郡守矣。捻患方熾，公參贊軍務，大破賊於宋之東南鄙。聞公當戎馬倥傯之際，每見吾鄉人詢吾鄉事甚詳，然則公不忍一日忘吾鄉，吾鄉更安能一日忘公哉！公平時探討經義，研究性理，意度恢宏，踐履篤實，力足任重，而事不畏其難；心能耐勞，而政不倦於久。今日者恭膺簡命，觀察直隸大、順、廣三郡，文經武緯，功業益宏，而於立教勸學，詢民疾苦，懇懇勤勤，一如當日之治吾邑者。夫以公之德之才，上契主知，行見進屏藩，遷開府，盡展所學，為朝廷柱石之臣，副海內蒼生之望，固吾鄉所素望於公，亦公平生所自期者，而豈有涯哉！是皆可於治吾邑者，預卜之也。

咸豐十年。

（文見民國《新鄉縣續志》卷二《祠祀志》。王興亞）

小冀鎮築寨序

邑人杜常恭

　　小冀鎮，古廊故地，新邑西南一大都也。咸豐十一年辛酉春，東匪擾亂，逼近衛郊，衆議築寨，未果。夏四月，西隣土匪嘯聚，自小冀東竄，遇兵敗，還老巢。時余叔曾祖少蓮公前任甘肅階州吏目，奉旨幫辦團練，稟明邑侯鄒明府，與首事人等舉行保甲，約定條規，分爲三團，置備鎗砲旗幟，逐日操演，以遏妖氛。故自夏徂秋，西匪不敢犯界。衆得安堵無恐。此時圩寨未築，先行團練，人稱善焉。秋八月，西匪遁散，東匪猖獗，復議築寨，通知四鄉，無不響應。而工大費繁，民困年饑，故多游疑。九月中，少蓮公與諸首事相聚而言曰：竊聞西匪勾引東匪，以圖報復。及今不圖，後將噬臍，築寨之利與不築寨之害，不待智者而後知也。遂相與立定章程，親任怨勞，統計寨工十里之遙。於九月二十六日縮版，拮据萬狀，昕夕不遑。冬十一月二十日，寨工未半，而警告爭傳，小冀週圍百餘莊村，男婦老幼皆入寨中。二十二日，東匪兩路西竄，南至大河，北至行山，俱遭焚掠。二十三日，攻我寨，被我火砲轟退。但賊勢浩大，百餘里間，火光燭天，霧靄帳地。而此寨垣墉未具，守牆未完，人情洶洶，方慮自潰。二十四日，南北兩路賊合圍環攻，越壍附垣，如山倒壓。二十六日，賊用火砲，斃守寨者多人，岌岌乎殆哉！幸賴爲之首者調度有方，好整以暇，連日圍攻，俱被我義勇擊退，獲賊器械多件，斃賊不可勝計。二十七日，賊又四面伏兵，百計誘我。二十八日，屢來伺我，假名求和，胥被我識破，或用火礮轟死，或賴義勇擊斃，賊膽落心寒。二十九日，峰擁四竄，至大陽堤南，遇官兵接仗，衆寡不敵，官兵幾潰。賴我鄉勇助戰，賊始敗走，奪獲車輛器械無算，救出難民數千。

　　同治元年壬戌春，少蓮公蒙旨賞加四品頂戴，賞戴花翎。陣亡馬融景、余作礪、張崇德、尚永書、何繼聖，俱賜卹入忠義祠。寨內厚助葬資，首事公同致祭。爾時寨猶未成，已堪自固。於是，衆情踴躍，無不樂輸。至十一月告竣。備禮酹神，以答靈貺。

　　是舉也，能挫賊鋒以保數萬生靈，此心無愧天地畢矣。而四鄉老幼咸以爲不紀其事，無以鼓舞義勇，激發忠良，因慫恿立石，以傳久遠。司事者，乃勉順衆情，爲開碑碣。迄今樓櫓粗具，雉堞周環，鄉人當思患預防，常懍寇至，勿恃其不攻，恃我有所不可攻，益合衆志以成城也，則又余之所厚望者矣。是爲序。

　　同治元年。

　　　　　　　　　　　　　　　　　　（文見民國《新鄉縣續志》卷一《城池志》。王興亞）

奎星樓記

邑人衛榮光

　　新邑文廟東南奎星閣，居文明之方，閣邑文風所係。自乾隆十一年重修，迄今百餘年，未經修葺，漸就頹圮。楚乙臨、丁夢符兩學博議重修，以培文脈。請示前邑侯李棐卿明府、邑侯多如山司馬，會商陳磐若把戎、葉次軒少尉，皆同意。因集邑人士捐資鳩工，兩月告竣。爰勒石紀事，以垂久遠焉。

同治七年戊辰。

（文見民國《新鄉縣續志》卷一《學校志》。王興亞）

奎星樓記

長白知縣多仁

從來一代之文風，自人振之，而一代之文明，自天開之。奎星之氣麗於天，則為文明之主。賁於人，則爲文章之英，文運所由係，文風所由興也。新邑文廟東南學署之前，舊建奎樓一座，自乾隆十一年重修後，經百餘年，未經補葺，棟椽糟朽，磚瓦損缺，台基亦膨裂傾圮。前邑侯李棐卿明府睹之而慨然曰："文明之地，文星之居，顧任其頹廢至此乎！"毅然有修復之意。因連年荒歉，集資不易，兼之捻匪數擾，防務紛紜，未遑也。

同治七年秋七月，楚乙臨、丁夢符兩學博督文廟工竣，適紅旗報捷，捻匪蕩平，因集邑人士捐資鳩工。八月間，李棐卿大令卸篆，余承乏茲土，接辦工程。冬月蕆事。規模整齊，煥然一新，洵足妥神靈而壯觀瞻。夫儒修之攻苦，原不必借助於神靈。科名之盛衰，原不必盡諉諸氣數。然而天道與人事相因，文運與文教相應，自來柳汁染衣，蓉鏡及第，大羅放榜，朱衣點頭，鬼神之顯示以機緘者，何可勝數，豈得曰渺茫不可知乎！新邑士子績學者多，文風蒸蒸日上。適值文廟重修，奎樓相繼告成，庶幾文運由此而宏開，文風由此而益振，士子之勵志舉業而奮跡青雲者，將益勉於前修，為盛朝蔚菁莪之美，為國家儲楨幹之英，是則余之厚望也夫。爰勒貞珉，以紀之。

同治七年戊辰。

（文見民國《新鄉縣續志》卷一《學校志》。王興亞）

重修城隍廟碑記

邑人郭祥瑞

嘗聞陰陽謂道幽明一理。明則有朝廷之勸懲，幽則有鬼神之賞罰，此城隍廟神所由顯著也。吾邑城隍廟建於明初，其後屢圮屢修，至我朝雍正十三年修葺後，嘉慶十二年，邑侯王峪谷明府捐資補修前後兩殿，迄今又閱六十餘年。正殿兩廊以及寢殿各宮，率皆滲漏傾圮，金像亦黯淡無色。邑侯張仲甫明府拈香時，睹之而愀然，曰："是烏可以不修。"於是，率同僚捐資，復於城鄉剴切勸諭，共成善事，擇日鳩工。屬丁夢符學博董其役。奈工程浩大，未及半而費不繼，加以歲收屢歉，遂沿革以至於今。邑侯孔雲樵司馬涖任，同寅官暨紳商士民復捐貲助之，不數月而工程告竣，廟貌煥然，神像輝煌，命住持道會司王性初立石，屬予為文，期垂永久。予思夫先王以神道設教，非僅以虛聲恫嚇愚民也。或有孝子仁人，遭際不幸，生前受荼毒，而身後獲美報，鬼神每露其端倪，以示顯應。念及此，不覺瞿然興而為善之志益堅矣。或有凶徒黨惡，橫行閭里，凌侮善人，魚肉良懦，或肆行奸詐，陰用機謀，利己損人，自謂得計，卒無能逃陰府之鑒察，種種孽報，鬼神亦顯其靈，以示玉曆之不爽。念及此，不覺悚然懼，而為惡之心漸戢矣。是則賞善罰惡，昭昭在人耳目間。至於祈澤禱雨，誠求必應，禦災捍患，以造福於吾邑者，更無論也。則城隍之體物不遺，而城隍廟之重修，又豈可緩哉！孔雲樵司馬以覺世牖民，莫切於此。而惠吉逆凶之理，實能隱相斯民，使羣趨於善而不敢為惡，日近於福而相遠於禍，用以見鬼神之賞罰，朝廷之勸懲，相繼而適相成也。是以亟修而新之，並勒貞珉，俾捐貲好義者，名垂不朽焉。是為記。

同治十一年。

（文見民國《新鄉縣續志》卷二《祠祀志》。王興亞）

郭玉六墓誌銘

鄭州李煥揚

公諱祥瑞，字玉六，號毓麓。世為河南新鄉人。幼穎異，嗜讀書，年十六，為諸生。家計窘乏，度日維艱，而攻苦力學，雖盛暑嚴寒不少輟。以道光癸卯優貢，中式甲辰順天鄉試。丁未，成進士。官戶曹。夙夜趨公，矢勤矢慎。咸豐癸卯，補軍機章京。丙辰，充會試同考官。庚申，補監察御史，旋充會試同考官。秋七月，奉旨幫辦五城團防事宜。當是時，聖駕狩木蘭，夷人逼近京師，厥氛甚惡，士大夫出都者轂相擊。公整理團防，晝夜巡緝，矢志不移，以此特受主知，冬升給事中。辛酉，充順天鄉試同考官。公三與分校，咸稱得人。顯廟嘗以"鑒別允當"嘉之。在諫垣，前後凡四年，多所陳奏。李文清公在樞廷時，嘗謂人曰："郭君好惡極正，可謂不負臺諫之任矣"。同治壬戌，奉命典試粵東，所取多知名士。癸亥，升授廣東督糧道。時道路阻梗，航海赴任。因庫欠支絀，捐廉助軍，特蒙溫旨。旋升按察使司按察使。撫軍某治尚嚴猛，公務求詳慎，全活甚衆。一切清理積牘，平反冤獄，往往與撫軍力爭不少避。時西江客匪倡亂，撫軍將提兵往剿，公曰："客民俱有天良，非真有謀逆之心，不過一時憤激所致，可以言語撫也。"撫軍即以屬公。公即乘輕騎從數人，直抵匪中，諭以大義，客民初則涕泣求撫，旋復噪而圍之，蓋欲有所邀也。公曰："爾等造亂，撫軍即欲提兵剿爾。余為爾乞命，冀以誠信相開，以施格外之仁。爾乃負固若此，此余料事不審，余亦不復歸矣。"因拔佩刀欲自刎。客民相顧驚駭，登時就撫。既歸，同僚莫不歎服。以汾陽單騎見虜況之，旋署布政使事。客匪又為反覆，乃同撫軍督師進剿，殲其渠魁，餘置弗問，地方以平。奏入，奉旨賞戴花翎。署藩篆一年，獎廉明，斥貪污，一切陋規革除殆盡。軍糈緊急，款項不支，多方維持，心力並瘁。嗣因動用庫欠，與例不符，部議降四級調用，遂以罷歸。嗚呼！方公之初任粵東也，上以公辦事認真，諭令趕緊到任。公受三朝知遇，感激殊深。既涖任，精白自矢，務期盡力盡心，以仰酬主眷。乃未竟所施，遽爾鐫級，公之事無可愧，而公之志實有未盡行者矣。公生平痛早失怙恃，待弟光祿寺署正維屏，友愛倍至。既歸里，一切家務悉以委之，惟以保衛鄉里，賙濟貧乏，誘掖後進為已事。以同治十二年四月十四日薨於家，壽六十有二。總計公之生平，為學則盡其才，居官則盡其職，待人則盡其厚，嘗顏其齋曰"求諸己"。嗚呼！觀此亦可以知公矣。

曾祖諱福，考諱殿元，三世皆以公貴，誥贈資政大夫。配龔氏，誥封夫人。子三：長寶樹，咸豐辛酉拔貢，四品銜，兵部車駕司郎中；次寶樾；次寶栻，俱幼。女一，幼，未字。以某年月日，塟於新鄉城北五里堌堆南坡先塋之次。銘曰：

宣聖有言，君子求己。公則佩之，終身是以。以成其學，文名蔚起。以事其君，誠通黼扆。海國搆禍，妖氛尺咫。凡在都者，紛紛逃徙。公領團防，屹如山峙。帝曰壯哉，朕實嘉爾。潢池弄兵，皆吾赤子。遽克以威，嗚呼殘矣。公布其誠，迷途為指。莠去良安，人歌孔邇。遂初既賦，惠我梓里。義行所存，罔不亹亹。或出或處，旋吉視履。哲人云亡，厥德堪紀。行山之陽，大河之涘。馬鬣峯高，疇不仰止。

同治十二年四月。

（文見民國《新鄉縣續志》卷三《邱墓志》。王興亞）

杜成之墓誌銘

邑人張時中

恭先生，善士也。世居新邑西南之小冀社，姓杜氏，諱來咨，字成之，代有積德，至先生而益彰。布政司經歷和庵翁無子，素愛先生。先生行四，郭太恭人所出，承嗣之時，年方十有二歲，和庵翁歿後，節孝蘇太孺人在堂，先生之庶母也，其事之無異本生。極溫清，於生前時廬承歡之意，請旌表於歿後，益見追慕之誠，奉所嗣庶母若是，殆可謂生死無憾歟。其難弟任榮澤縣訓導，諱福曾。其猶子聯捷進士，福建南平縣知縣，加知府銜，諱世銘，皆賴先生教誨而成。先生之於弟、姪、子孫，愛之甚深，而課之必嚴，門內有師範焉。生平酷嗜經史，雅尚實行，遊泮後，博羣書，懷大略，嘗謂為士者通經致用，務以實學濟世，文辭其餘事耳。一時之知先生者，咸以大器目之。奈命奇莫遇，屢躓棘闈，遂慨然曰："士君子不獲大用，即振鐸一區，終愈無補於世。"乃筮仕鄢陵，任儒學訓導。是時，先生年近五旬，迎養郭太恭人於署，耆艾孺慕有萊子風。率諸生以明倫飭紀，諄諄循循，同寅具欽儀型，矧鄢邑之庶士乎！越四年，儒風丕振，稱先生者僉曰："此吾邑之真訓導也。"小用小效，斯亦足窺其一斑矣。以丁郝太恭人艱，遂旋里，周急恤貧，疏財仗義。每值歲歉，貧乏請貸者甚衆，先生輒逾時焚券，不冀其還，故鄉里嘖嘖稱厚，而先生則自視欿然。終身以謙謹自持，以端方自矢，年七十有餘，即與卑幼相接，而抑然下肅然敬。雖老病在身，疲困喘息，其行立起居，無稍不正，非學深養邃，烏能若是哉！德行如先生，洵足著當時，傳後世焉。生女四。子三：長太學生世謙，四十四歲卒；次世莊，十九歲卒，俱元配宋宜人出；季世立，方十二歲，周宜人出。孫一，按察司照磨澤常。曾孫二：發義、發志，俱幼。

先生生於嘉慶六年四月二十四日午時，卒於光緒元年二月初二日戌時，享壽七十五歲。其承重孫澤常既卜葬期，將開宋宜人、王宜人壙，合厝先塋，囑余誌墓。余忝屬姻戚，知先生甚悉，爰為誌，而并勒以銘，銘曰：

嚴氣正性，履潔懷貞。睦婣任恤，孝友克稱。司鐸一隅，羣瞻儀型。不惟提命，動物以誠。春暖惟和，秋肅惟清。清和并擬，先生之風。

光緒元年二月。

（文見民國《新鄉縣續志》卷三《邱墓志》。王興亞）

郭芳園墓誌銘

邑人衛榮光

歲壬申，公於解組之暇，杯酒以宴戚里。光以與讌集，聆其言，覩其貌，耆年碩德，繽如藹如。非學養有素，何以至此？光旋奉命江左，不獲時親道範。丁丑春，復丁艱旋里，而公已赴召玉樓。哲人其萎，能弗悵然。其嗣瑞卿出事寔一冊請曰："先大人之塋也，尚未銘，願賜珠璣以光泉壤。"光不敢辭，遂握筆以道其梗概。

公諱宗棻，字芳園，行二，又行八，新鄉人也。其始祖五老公於元季攜子遷茲土，父子躬耕，以忠厚正直垂訓，三世永堅為陵川縣尹，遂於此發祥焉。至十一世，刑部主事諱遇熙，累代簪纓不絕，遇熙子諱培埔，以廬墓旌表孝子，復舉孝廉方正，又授南陽縣教諭，公曾祖也。永城縣教諭諱兩銘，公祖也，日鈔先儒格言語錄八十餘條，猶不倦。父諱澄，增廣生，以公貴封奉直大夫。公兄弟三：長兄宗模，辛酉科舉人；次兄宗懋；公居三。少失怙，四歲，過繼於伯父唐縣司訓小癡公。性聰敏，讀書目十行下，少若成人，絕無童稚習。小癡公豪邁自喜。淡於仕進，授以《小學》讀之。曰："顯揚不在功名。吾家祀名宦者六人，祀鄉賢者九人，貴力行為後世法，斯已矣。"故公歲十八，未嘗誦時藝。繼父歿於唐縣，宦囊羞澀，難以言旋。公哀毀之餘，羅掘維艱，兼之道路阻長，河冰夜渡，皆公獨力扶持。自此家愈貧，數有侮者。公乃憤然習帖括，初應小試，即補博士弟子員，一戰復捷。賢書嘗有句云："一日藍袍縱換紫，千人白眼盡回青。"其勇於立志，類如此。初入會闈，薦而未售，公亦以義命自安。此時小癡公已有二子，公復歸宗以奉養太宜人。乙未，大挑一等，以知縣用。公以家貧親老，改教職，選羅山。甫蒞任，即首倡修文廟，課士勤敏，寒暑無閒。遭太宜人之喪，哀毀骨立，扶柩旋里，營塋悉遵文公《家禮》。服闋，復選陝州學正，因守城出力，上憲欲保知縣，公曾以知縣改教，何能復官？是因力辭，乃知公志在昌明後學。後加內閣中書銜，推陞彰德府教授，遇覃恩請加五品封。公嘗以嗣續維艱，納籧室周氏，生子未十歲而殤。未幾，周氏亦歿。公痛惜之，乃曰："明德者，其後乃有達人，子亦不可強求。"遂不復納妾矣。

　　公素健，尤善調養，正襟默坐，言笑不苟。與人居，有一言涉非義即引去，一事近不仁即引咎。當童子時習彈弓，偶彈傷一雀，遂悔惜不已，從此終身不學武。平生以祠堂、墳墓為念，故修廢塋，刻族譜，不吝貲財。凡事好為其難者、大者。兄益夫早歿，公以己長子過嗣，又為其兄娶配以繼大宗。公元配李宜人，荊釵布裙，井臼自操，年三十四歲卒，生女一，適監生趙公念祖。繼配劉宜人，江南寶山縣丞劉公大章女，家素豐。初適公門，見公高義即改華為樸，親族賢之，年二十四歲卒。再繼配李宜人，庠生李公文藻胞妹，勤紡織，工鍼黹，步履安閒，有儒家風，年三十一歲卒。生女一，適壬戌科舉人劉公占卿。公子二：長龍光，監生，承嗣於公之兄；次雲光，亦貢成均，皆今之王宜人所生也。公生於嘉慶三年三月初七日，卒於光緒二年十二月二十八日，享壽八十歲。與李、劉、李三宜人卜吉合葬祖塋。爰為之誌，更勒以銘。銘曰：

　　玉潤珠光，公德孔臧。桂苾蘭芳，哲裔孔昌。綿綿世澤共汪洋，靄靄淑範相頡頏。太峰鬱秀而茫茫，衛水清澈而湯湯。西岡矗矗其如堂，應知其發有長祥。我欲大聲問蒼黃，何年磅礴結琳瑯。

　　光緒二年十二月。

（文見民國《新鄉縣續志》卷三《邱墓志》。王興亞）

劉中孚墓表

邑人郭寶樹

　　《易》云："積善餘慶。"《書》云："作善降祥。"自古福緣善慶，未有積善而不獲福者也。余童蒙時，即聞張灣劉姓為吾邑望族，子孫蕃衍，後先濟美，竹林棠棣閒，經文緯武，掇芹芬折桂杏者，輝映一堂。尤堪艷羨者，其仲嗣湯盤先生與弟健菴先生，同榜捷武魁，先後成進士，直禁廷，同授御前侍衛。湯盤先生旋任粵西左江南甯都戎。一門之內，子盡克家，孫皆繩武，紫電青霜，蛟騰鳳起。議者知其陰德之報。爾時孩提無知，未悉其詳。道光丁未，隨侍先方伯公宦遊燕都，始得識健菴先生於京師，朝夕往還，因備悉其家世顛末，然後知其厥後之克昌者，皆由封翁暨淑配太恭人之德也。

　　公諱大信，字中孚，幼讀詩書，長而務農，服田力穡，勤儉無廢事。初年田僅百畝，晚年漸增至五百餘畝。性至孝，父患癰，公侍奉湯藥必親嘗，衣不解帶者數月。嘉慶十八年，教匪竄擾，鄉人紛紛逃匿，公戀守病翁，弗忍去，賊亦卒未擾及，足徵誠孝之感。公秉性忠懇，處事公平，與肩挑貿易弗佔便宜，嘗購買糞土，價雖先經議定，後覺值過廉，必斤斤然持錢補給，以鄉人之積資不易也。彼數年內歲多歉，公田內常收穫豐稔，地脈滋潤，鄰里皆以為仁厚之報。課子孫以嚴，文武兼進，因材施教，有丈夫子四：長永奇，入武庠；次永新，中乙未武闈亞元、丙申進士，授藍翎侍衛；三永乾，與次兄同榜武魁，庚子捷南宮，欽點花翎侍衛；四永熙，邑庠文生。公兄弟十一人，公居次，因兄乏子，以長男永奇、三子永乾承嗣焉。公獨力創建宗祠，心力告瘁，後因積勞棄世。太恭人趙氏，系處士諱軫公女，幼嫻閨訓，生性敦厚，事翁姑以孝，處妯娌以和，恕以待人，寬以馭下，年十八歸封翁，克勤克儉，宜室宜家，老幼無閒言。建造房屋百楹，經營落成，皆太恭人親司炊爨。族黨有疾病者，必親往存恤。鄰里有匱乏者，必竭力資助。以故遐邇頌德者，不輟於口。教子孫慈而嚴，嘗戒之曰："勤耕讀即是正途，一入是非之地，則辱及先人矣。"湯盤先生赴任粵西時，太恭人諄諄囑之曰："途路宜慎，事君宜忠，能為忠臣，即是孝子。去則去矣，勿以我為念也"。道光乙未，健菴先生元配去世，遺一子萬杰，甫週歲，戊戌繼配又亡，子萬鵬生僅三月。太恭人顧復提撕，覓乳撫養，力盡筋疲，人所難堪，而太恭人不計也。道光戊申，健菴先生卒於家。咸豐甲寅，湯盤先生又棄世。太恭人泣謂諸孫曰："兩子繼逝，足徵我德之薄。汝曹以刻苦自勵，努力上進，以繼家聲。"諸孫亦皆英偉俊爽，克紹箕裘。厥後諸孫先後入泮，登科簪笏，滿床芝蘭繞砌，太恭人可謂苦盡甘來，圓滿如意矣。宜其壽享百齡，堂開五世，鳳誥鸞章，珠聯璧合，洵屬熙朝人瑞，不獨為吾邑生色也。所謂積善餘慶，作善降祥者，又豈有毫髮之爽哉！

光緒十年歲甲申，其孫青宇孝廉欲表其墓，丐序於余。余自愧不文，兼以筆墨久踈，語無倫次，而辭不獲已，因不揣固陋，綜其梗概而為之表。

光緒十年甲申。

（文見民國《新鄉縣續志》卷三《邱墓志》。王興亞）

重修興國寺碑記

邑人張士貞

新鄉縣西偏有靜土焉，曰興國寺。在唐馬五村之西，創於大平興國年間，踵而修者屢矣。光緒八年冬，寺僧以重修請，因庀材鳩工，增新補舊。至光緒十三年而工竣，囑余為文以誌之。余於佛法未有所得，但就正史所載者言之。東漢明帝八年，遣蔡愔等入天竺，得佛經四十二章。及還，建白馬寺。釋氏摩騰等遂入中國，此佛入中國之始。歷代或興或廢，姑不具論。其為人所共知者，蕭齊之范鎮，李唐之傳奕、韓愈，皆嘗痛詆佛氏。少事詩書者，皆知之。何以由漢以來，二千年間，其教卒不能廢，必有說焉以處此意。此歷代君相神道設教之意。今世教既衰，民不興行，借此以補政教之窮，而釋氏輪廻、因果報應之說，始中於人心。君相因其心之易明者，設為佛氏像，教以警末俗而惕人心，此宰世者別具深心而未易為俗儒執一者道也。寺成而升堂入室，瞻仰膜拜，見佛像莊嚴，如天地鬼神昭布森列，而善念以慕而生，惡念以畏而止，真如幽隱之中皆有神明鑒察。此轉移人心之術，即輔翼世道之方，因而新之亦其宜矣。其踴躍輸金，首事贊襄之人，皆書之於碑，所以為好善者勸。至於翻譯禪經，顯揚佛教，此釋氏之事，非吾所能詳也。寺成，因撮其大略以序。

光緒十三年。

(文見民國《新鄉縣續志》卷二《祠祀志》。王興亞)

衛中丞墓誌銘

滎陽孫欽昂

大河之朔，有其初稱為佳士，其後轟轟烈烈，稱為一代偉人，雖人琴既往，而不次之功業，猶足動九重軫悼永所部哀思於無窮，如靜瀾衛公，是可惜也。按狀：

公諱榮光，字靜瀾，河南新鄉縣人。中道光丙午科舉人，咸豐壬子科進士，改庶吉士，散館授職編修。是時，天下多事，髮逆披猖，湖北中丞胡文忠公督師剿賊，延訪賢才，聞公名，同戶曹閻丹初調往。至則論餉談兵，悉中窾要。文忠公嘗倚之如左右手。復令回豫募成馬隊，隨同多將軍轉戰安徽，克復潛山、太湖等處，往往出奇制勝，而自安簡默，未嘗言功。迨江漢肅清，文忠公歿，公回京供職，遞補侍讀、侍講學士。同治癸亥，出為山東濟東泰武臨道，入以內忽外，且降而為道，恐非所願。公受任怡然，絕無鬱鬱之色。乙丑，捻匪東竄。時，閻戶曹已為中丞，委辦河防。賊乘夜潛渡。公偵知，親燃大礮，轟擊數次，賊始散退。丁卯，捻匪又復東竄，中丞丁文誠公帶兵出境，委辦省防。兵單餉絀，公招集民團，修築石圍，復率將士晝夜巡邏。賊見守備嚴，不敢［犯］。旋以父憂去官。服闋，補授江安糧道。未幾，擢安徽按察使。又未幾，擢浙江布政使。光緒戊寅，特簡巡撫湖南，一時貪墨之吏，多聞風解組。未抵任，丁母憂回籍。服闋，遷山西巡撫。大祲之後，一意拊循，裁局員，節靡費，歲以巨萬計。辛巳，調撫江蘇。吳俗風尚浮華，公以身教，黜奢崇儉，為士民先。乙酉，奉旨渡臺查辦事件，往返百餘日，歷重洋風濤之險，積勞成疾，已在此行矣。丙戌，調巡撫浙江。公念浙江為昔舊治，深恐初終易轍，致拂輿情。故雖疲精耗神，不敢言退。比承命再撫山西，始獲請假省墓故鄉。而積年舊痾，一朝感發，遂不起。以光緒十六年正月二十三日寅時卒。距生於道光四年七月二十一日辰時，春秋六十有七。以湖北軍功賞戴花翎，以協辦陝、甘餉賞加頭品頂戴，授光祿大夫。公平生未嘗以私干人，亦不喜人以私干己。方撫浙時，某某大紳以火災堪虞，公請城內火藥局移置城外。公曰："在慎選局員耳。倘移城外，萬一有警，不誠藉寇兵而齎盜糧耶。"聞者莫不歎服。其他謀慮深遠，不輕以詞色假人，多類此。初，公受業於李文清公。文清公嘗語人曰："河朔弟子，惟靜瀾最靜，且留心經世之學，誠佳士也。"公由是知名。爰為之銘，其銘曰：

衛水洋洋，土龍四映。靜者當之，心如懸鏡。文學侍從，佳士遙聞。楚營調往，卓著功勳。廉明公正，五省迴翔。鞠躬盡瘁，召遣巫陽。氣作星辰，名留史傳。流芳奕世，臣工用勸。

光緒十六年正月。

（文見民國《新鄉縣續志》卷三《邱墓志》。王興亞）

明耆賓始祖諱敖張公墓

長門十世孫明科、十一世孫紹坤、十二世孫金聚、金堂率族同立。
大清光緒歲次甲午二月清明穀旦。

（文見張興華主編《小宋佛姓氏志》。王興亞）

敖公墓碑

【額題】永言孝思

嘗聞之，永言孝思。維子孫者，宜有報本追遠之心焉。堂始祖諱敖，自洪洞遷居宋佛，距始祖得山公，已經八世，始列於譜，卜兆於西南郊漢堤之陽，以妥侑先靈。二世平、定、乾、坤。乾生加強，坤生加禮、加信，亦皆無子。平、定分立兩門，世系開列於後。族兄金聚耕種西南小堤，□地望建祖塋，晝夜思慮，有意立碑。墳地一段，計地二畝四分，每年租課可以積金，全族無不欣然。堂經管賬目收支，族叔紹文，堂叔紹坤，堂弟金兼管。小族叔紹貴，買辦族叔紹成，族兄金聚，族弟金瑞，未及數年，積金數串，始議立碑，以垂不朽。由是昭穆序焉。蒸嘗正焉，尊祖敬宗之義明焉。將執事之人，盡勒諸石，以鼓勵後世之子孫，不敢藐視祖塋墳地，租課綿綿，不亦云爾。

（文見張興華主編《小宋佛姓氏志》。王興亞）

田秀嶺封翁墓表

奉新許振禕

公姓田氏，諱松林，字秀嶺。世居新鄉縣城內西街。曾祖胡，祖發旺，父均，本生父培。世有隱德，至公而始著。以子芸生貴，封文林郎。公孝友勤儉，樂善不倦，尤好陰隲書，嘗手鈔數百紙，遍送村塾。慎言笑，寡交游，跬步不苟。雖作吏數十年，未嘗受孼錢一文，而子侄讀書費，率典質以償不稍惜。歷任邑宰，皆敬重之。獨衙蠹輩咸目以為迂，追其子香圃生舉孝廉，始帖然而服積善餘慶之說，固自不誣。相感而化者，且數十家。元配氏郭，蚤逝，無出。繼配氏王，封孺人，幼嫻姆訓，持家嚴正，有大體，佐公四十年，必敬必戒，賢淑稱戚黨間，先公二年卒。是時，香圃生方主講山陽，篤志前修，亟思愛日方長，叨祿為養，詎料天奪善人，遽使之椿萱迭萎耶。吁！可哀矣。然有子克家，亦足以光泉壤也，余日望之。公卒於光緒二十一年二月初十日，春秋六十有四。三月十九日未時，合葬於馬家營之南新阡偪近祖塋，從先志也。子六：長蕢生，從九品；次芸生，壬午科舉人，庚寅挑取國史館謄錄，議敘知縣；次芳生、芝生、苢生、蔭生、均業儒；芝生先逝。孫男九，均幼讀。既窆公之次年，余由河東奉命撫粵，香圃生來徵文於余，以余之素稔公德也。爰系之銘曰：

衛水湯湯，出自太行，實毓耆碩，令聞令望，鬱久必發，文星光芒，宅茲佳兆，俾熾而昌。

光緒二十二年。

（文見民國《新鄉縣續志》卷三《邱墓志》。王興亞）

大王老爺顯聖碑記[1]

【額題】萬善同歸

蓋自河道之開，用之者衆。水利之廣，求之者多。運轉流通，所以開萬世之財。／

大王老爺現出真像，神光普照，所以禦大災，捍大患，靈息波濤，無不被其德澤，／

資，獻戲七台，掛幔一個，並造香案一堂，遂勒石，以垂久遠爾。

郡庠增生屠西園撰文。

首事：五品銜張經、武生郭寶恩、從九張景柏、從九李純道、監生石文馨、五品銜王同仁、監生王玉興、王天一、□□□、金德明、姜重、衛三元、張貴清、李明儒、李全、王貞、王國儒、石文。

復源盛捐錢三十千，潤茂興捐錢二十千，廣元典、廣□興、西德隆、李紹方捐錢十千，魯班會捐錢五千，王花捐錢四千，邢兆謙捐錢二千五百，李廷貴、馬世賢、楊福甲、張永興、□□□、劉堂、劉奎三、衛全仁、[2]

（碑存新鄉縣文物保護管理所。王興亞）

子蕃王公墓誌銘

邑人田芸生

余權篆巴東之次年甲辰夏，契友王君子蕃，以選授廣西天河令，捧檄過鄂，不獲晤，而以書抵余，內有"此行豈為官，聊以報國恩、繼先志耳。患難非所計，性命非所惜"云云。余讀而壯之。時廣西匪燄正熾，天河已在淪陷中。嗣聞到省，委署容縣，意以為或尚可治。及冬月，余調辦漢陽兵工廠事，而君以書來，歷言其地之苦，治之難，舊疾作，將

---

[1] ／以下，字跡模糊不清。

[2] 以下捐資人姓名和錢數，字跡模糊。

告歸，已迭請開缺矣。余以為大府知君必慰留也。本年春，忽聞某公怒其辭之堅而以為迂執，竟鐫級，然得賦遂初，亦君之所樂，猶冀歸而過此，作數日談。乃直至夏秋之交，惡耗倏至，君猶子毓祺奉君柩歸至家。嗚呼！續學數十年，遊宦七千里，治事僅數月，素志未酧，而盡瘁以歿，魂兮歸來，能勿傷哉！然立心制行，始終一致，所謂報國恩，繼先志，患難不計，性命不惜者，至此而可告無愧矣。余方綜其生平，書之挽聯，藉抒悲感。君弟君平以歸窆有日，寄狀來請為銘，殆以余知君之深乎！

　　君諱錫侯，號葆源，子蕃其字也。世籍新鄉。父忠烈公揆一，以名進士仕湘中。君以是時生，幼而穎異，過目輒能記誦，而至性尤篤。咸豐間，忠烈公從李忠武殉難三河。君年方十二，聞訃，驚痛幾絕，奔求父屍，出入烽燧，卒收遺骸歸。胡文忠見而器之，謂異日必為偉人。家居事母以孝聞，與弟友愛甚，勸規以義式好無，尤視諸姪如己出，而稍不率教，訶譴立至。戚族之貧者時周恤之，其不能讀者，必設法資而教之。嘗師事毛子遇、王少白、李次坡諸先生，知行並進，別有心得。造詣所至，雅近姚江。庚午春，入邑庠。秋，領鄉荐第四名。時君方弱冠也。共以為翔步木天指顧間耳，而迭上南宮不第。庚辰，以大挑二等就教職，署羅山訓導，尋授西平教諭。所至，以身心性命之學勸化士子，學者翕然歸之。而在西平任久，蔚成人才居多，醫士僚友亦願留而受業於門，如陳孝子國順、陳孝廉銘監，其尤著者也。他若廣植義塾，釐定保甲，每月親赴各鄉申講修齊之義，宣示友助之益，父老子弟相率觀聽，莫不油然而生感。縣令左公輔最倚重之，嘗謂吾治西平，實賴子蕃力。學使邵松年力倡洛學，廉知其才，引為表率。而巡撫裕長、學使朱福詵遂以學裕才優、體用兼賅奏准，以知縣歸部選用。嗣學使林開謩又密保以操守謹嚴、實心任事，逾月即選授斯缺。時癸卯秋間也。君年已五十有七矣。

　　人以西匪燎原，數年未熄，勸勿往。君則曰："王陽明之龍場、于清端之羅城，豈嘗作畏避想乎？吾知報國恩，繼先志耳"。竟置妻子於家，攜一姪兩僕赴之。抵省不數日，奉委署容縣事。容本荒瘠，鄰匪又出沒其間，亦號難治。君乃單車抵任。首召父老詢疾苦，嚴汰陋規，倡辦團練，力清案牘，創立學堂，冀以除民累、輯民心，即可清亂源，殺匪勢耳。數月之間，民氣大振，而風聲鶴唳，夜輒數驚，寢食俱廢者久之，遂致怔忡舊疾不時觸發。自知罔濟，迭請開缺，猶力疾治事不稍息，竟以本年三月二十一日某時卒於任所。殆所謂患難不計，性命不惜者乎！嗚呼，傷已！向使早登顯仕，得行所學，其所以報國恩，繼先志者，豈至僅以邑令終。即使治一邑，而假以數年，從容展布，亦無難捍患禦難，為斯民福。而顧出之於遲暮，置之於邊荒，乘之以兵燹，責之以繁劇，艱險危迫，致殞其性命耶！則令吾感君之言，壯君之志，不能不悲君之遇也。君生於道光某年月日，時春秋五十有九。某年月日葬於祖塋。妻杜氏，妾某氏，子毓祿，女四。銘曰：

　　學以篤而益精，器以大而晚成。抑塞磊落，蔚為奇英。獨行其志，不負生平。振振乎鐸有聲，嫋嫋乎琴嗣鳴。家學源遠，世篤忠貞。令聞令望，子孫其繩。

（文見民國《新鄉縣續志》卷三《邱墓志》。王興亞）

斗捐章程碑

斗捐章程開列於後：

一、遵奉府憲札飭辦理斗捐為中小蒙各學堂經費，每糶糴糧食一斗，買賣各出一文。在城糧行共認七萬石，外鎮糧行共認三萬石，以每斗二文計之，每年共合錢貳千串，以五成辦府，以五成留本縣為學堂經費，按月清繳，不准拖欠。

一、城鄉紳商在本境內採買糧石，均須經糧行過斗抽捐，不得私相交易。倘有偷漏，准糧行稟請究辦。

一、城鄉紳商在外境採買糧石，運回本境，若在本境出賣，必須經糧行過斗抽捐，若暫為屯積不賣，以備運往外境銷售者，不得借斗捐為名過斗抽捐。

一、城鄉紳商遇有在外境採買糧石，運回本境，以備自□自用者，系在外已出斗捐，本境應免再捐，糧行亦不得藉口。

一、外境糧行來本境出賣粮石，須投本境糧行過斗抽捐，倘以捐買有心偷漏者，准糧行□□。如不遵議，稟請究辦。

一、城鄉紳商置買田地多有在四鄉及外境者，每夥乘二季收租，□□糧行不得過問。若至出售，必須經糧行過斗抽捐。

一、城鄉生理忽有賒欠帳目無錢歸賞，至麥秋登場，以糧食還賬者，向來不經糧行過斗，現亦不得□□□□□□屯積，借還帳為名，有意偷漏者，一經查出，准糧行稟請究辦。該糧行亦不得挾嫌委員，致干究處。

一、過載各行在本境為客代買，必須經糧行過斗抽捐，若私自採買，有意偷漏者，准糧行□罰。若在外境為客代買，載運回本境者，不必過斗抽捐。

一、城鄉各生理遇有外境糧行來至本境買賣者，均須經外境糧行過斗抽捐。不准私自買賣。倘有偷漏，一□議罰。

一、在城油行等採買芝麻除在外境不計外，如在本境買辦，照□由糧行過斗抽捐，以符定制。着即知照。

大清光緒叁拾貳年歲次丙午季春下旬吉立。

（碑存新鄉縣文物保護管理所。王興亞）

夏從龍墓誌銘

汲縣李時燦

孔子曰："吾觀於鄉而知王道之易易也。"古者之治，始於閭里，成於家國。後世一州縣，逾侯伯之封，教養道弛，當事者以術羈縻。一鄉一邑間，率不復措意，忠信明達之選，湮沒於草茅，而治日蠹。近日取法東西，稍注意地方自治，非佐治有才，不能獲效。人文消乏，識者慨焉。時燦伏處田廬，輒本此意求之，得新鄉縣夏先生。

先生諱登雲，字從龍，新鄉夏莊人。曾祖法師，妣李。祖永慶，妣王、王。父會元，妣苗、杜。幼有至性，饒術智。總角時，母病，禱以身代。同治間，東匪竄擾，偕村人數輩遇賊，曰："彼騎我步，逃無生理。"部署村人每間丈許，刃向賊。賊不敢逼，人服其略。持家謹嚴有法，雖兒童不敢以惡聲加人。淡泊自甘，子孫游學，費雖鉅不惜，且謂之曰："非依次療貧，不讀書恐不安貧耳。"歲時修墓，躬親手植柏數百株，蔥鬱成林。每做事，必計久遠，類如此。與鄉人處，剛介不阿，莫敢干以私。排難解紛，當幾立決。村人以公益結社，歲久，弊叢積，先生破除情面，釐剔無遺。有餘資，置備器皿。同里喪葬婚嫁，無少假者。積穀數十石，兩遇荒歉，取振[賑]村中貧者，約歲豐息償，人便之。晚歲喜讀《易》，旁及陰陽雜家。韋布終身，未嘗忘世。自國家頒布立憲，薄海臣民喁喁望治。乃遲之又久，明效未睹。安所得千百其人忠信明達如先生者，維持自治，以奠王化之基，固有心世道者，馨香以祝也。先生生於道光九年九月十五日，卒於光緒三十四年四月二十三日，享壽八十歲。以子奠川貴，誥封奉政大夫。配柴氏，繼配穆氏，均封宜人。子男二：奠川，光緒甲午進士，以知縣分浙江；奠山，太學生，皆穆宜人出。孫男二：治本、治範。曾孫男一，伯濤。奠川等以先生卒之明年葬先生，屬為銘。銘曰：

古鄘之南，有隱君子。官不知名，眾人所式。太行巍峨，岡阜遠迤。靈閟幽宮，法存梓里。我思古道，行遠自邇。鄉治之成，由先生始。

光緒三十四年。

（文見民國《新鄉縣續志》卷三《邱墓志》。王興亞）

王靜波墓誌銘

安陽馬吉樟

君諱安瀾，字靜波，髫齓端重如成人。初就塾，貧不能具脩脯，簞瓢挫茹，人所不堪，而君攻苦益甚。年十四，丁父艱，生計蕭撇，常樵採誦讀。既應童試，不利植。光緒丁丑大祲，棄儒而賈，為人主計，食指稍紓。豫南歲豐，奉母挈季，挽鹿車渡河，蹎跋日百里，風雪稜稜，偃塞柘城間，僅得餬其頤頰。居數月，柘人士驚為宿儒，爭與締交。旋北歸，入邑庠，食餼。乙酉，舉於鄉。庚寅，成進士。壬辰，授編修。君在詞館有聲，僉謂君且大用。君亦慨然欲有所為，以效於世。會甲午東事起，將帥庸駑失機，君憤焉。集京朝官數百，連疏抨彈。和議將成，猶偕同官十人伏墀爭，卒無及。君亦以母在堂乞假歸，絕意仕進。君為人堅卓果毅，嚴義利之辨，自諸生時已大通《六經》恉。為文章，論說有法度。通籍後，與李君時燦、史君緒任、王君祖同、屠君爾敏，相切磋益，廣購經史百家之籍，於掌故、政書、地志、兵農家言、朱黃，校讎不釋手。庚寅，畿南大水，吉樟約君及同志二十人，汎舟施義賑。君冒暑遄往，勇百倍。己亥，河北饑，京紳募散賑糈，屬君尸其事，窮歷山陬，冰地雪天，全活數萬。庚子，拳匪張，兩宮西幸。河北道西林岑公奇君才，與籌守禦。君盡約知交分任，不匝月，集金十餘萬，成軍六營，繕械精練，河朔恃無恐。豫撫長白錫公雅重君，延主講鄘南、湯陰、覃懷、瞻韓諸書院，以有用之學相勖。亂定，君謀於衛輝郡守，培材必資學校，籌欵巨萬，闢經正書舍，庀九邑畯髦與同郡名流，以崇品力行相導帥。奉詔興學，衛屬獨先完備。巡撫豐潤張公疏君任省會高等學堂監督，提學曲阜孔公深倚重整飭，不遺餘力。君以醫貧弱必興實業，刱立憑心公司，煤業大振。開河南鐵路研究會，舉總協理。豫軌公司成立，君力居多。大府疏請君襄辦，駐所專營，毘毘竭誠務鰓心。頺而病，亦基於此。痰喘宿疾，勞篤觸發，適誤吞西法補齒，竟不起，戊申十月十二日卒於汴。生於咸豐七年十月二十二日，年五十有二。自變法以來，新舊相抗，惟公信誠慤者，為能任事無新舊一也。君少讀宋五子書，植其根氐。生於憂患，險阻備嘗，而澹泊明志，一錢不苟。其行己，以絕詐偽、屏誇誕為要旨。及其涖事，委曲必盡其力，雖至艱大，恢恢乎其優為也。今世風嚚薄，財政咨窳，吾豫尤甚。朝廷銳意立憲，百度需才，公信誠慤，如君者搘拄其間，其福桑梓而惠章逢省，豈有涯邪？天不假年，厄於金牙。柩歸之日，各校輟課，執紼者數千人，重可悲已。

君之先世濬縣人，明季遷新鄉之朗公廟。曾祖兆祥。祖登元。考印，贈奉政大夫。曾祖妣陳，祖妣荊，母馬，贈封宜人。昆弟四：伯安仁、叔安邦、季安定、君其仲也。配許宜人。子二：常怒，殤；次常慜。女二，長適李伯莘。常慜以明年宣統元年二月初八日，葬君縣之南鄉，子首午趾。以吉樟與君交深，郵狀乞銘。銘曰：

於戲靖波，質厚材良。既屯而熇，既用而藏。其中自足，物莫之傷。其用未竟，德被於鄉。大伾業業，淇流湯湯。我銘不誣，上質三光。

宣統元年二月。

（文見民國《新鄉縣續志》卷三《邱墓志》。王興亞）

衛鼎臣墓誌銘

邑人石振聲

員外郎衛君，諱獻琮，字鼎臣。十三代祖由陝西韓城遷居河南新鄉縣之北關。世有隱德。曾祖殿華，附生，改州吏目，分發貴州。祖世傑，廩貢生，歷署魯山、河內教諭，湯陰、密縣訓導，封皆光祿大夫。考榮光，誥援［授］光祿大夫，撫湘、撫吳、撫越、撫晉，所至有聲。妣氏朱，繼母氏張，皆封一品夫人。兄弟六人，君次第三。配宜人孫氏，滎陽候選同知欽晟女也。

君生而深厚，能忍讓。光祿公器之曰："將來能任事者，必為此子。"七歲時，隨光祿公在山東濟東道任，由黃河溯流旋里，偶立船側，眩暈墮水中，踰刻拯出，自謂甫落水即有老人援之,故無恙。讀書務探要義。光緒三年春,補弟子員。己卯鄉試,薦而未售,自是不復進取,專心講學。集同人立育英文社,又以書院經費支絀,捐千金為諸生膏火,性尤嗜宋五子語錄及《皇極經世》、《夏峯集》諸書,有心得輒為劄記。十三年,河決鄭州,鴻嗷徧野,君慨捐巨賑,奉旨賞員外郎銜。十八年,山水陡發,邑北數十村被淹,災黎日不舉火,君買船運食,曲為保全,後各村送匾額以報。二十六年,拳匪肇亂,河北道岑督辦籌防,君慨捐三千金助餉,復在本縣捐銀千兩,就地募勇,保護桑梓。其他恤鄰贍族施與,亦毫無所吝。初,光祿公由越調晉,請假回籍,偶因中風病癱瘓,言語蹇澀,君以意消息悉中親隱。光祿公卒,經營喪葬,皆如禮。君之兄獻琛、獻琨先君卒,諸姪輩獲拔萃,列黌序者,胥賴君成立。獻璜、獻瑤、獻玫皆張夫人出。君情篤友于,人不知為異母弟也。綜持家政,以一身節儉倡,待僕婢甚寬,從無疾言遽色,然亦皆奉命惟謹。嗚呼!君之懿行堪仰,而其內助之賢,則尤有不可及者。宜人工詩能文,十八歲歸於君,敬戒無違,事舅姑以孝聞,娣姒間亦和氣相洽,無所出。勸君置側室李氏,相處甚善,聞者歎服。李氏生五女,宜人撫育周至,訓以女《小兒語》、《女誡》、《內則》等書,凡各去紅亦身親教導。君卒,取君之胞姪芳齡為嗣。越數日,趨侍張夫人側曰:"媳自入門,過蒙寵愛,時以有愧婦道為憾。今吾夫既逝,辦理亦粗就緒,良人其庶瞑目矣!"嗚咽者久之,暈倒在地,遂不起,亦烈矣哉!

君生於咸豐七年六月二十九日亥時,卒於光緒三十二年六月二十二日丑時,享壽五十歲。宜人以咸豐八年六月初十日酉時生,光緒三十二年七月二十八日亥時,後君三十六日卒,年四十有九。嗣子娶汲縣孫氏,長女適候選縣丞中牟縣張熙恩;次女適尉氏縣劉成元;三女、五女,皆未字。今歲己酉,將以某月日合葬於輝邑李固村東北先塋之次,芳齡奉狀稽顙以納壙之文請辭。不獲已,因按狀而次第之。銘曰:

性生孝友,似續家聲。休休雅度,謹厚和平。惆恫無華,持躬儉約。濟急拯災,恩推溥博。神馳箕尾,謝絕塵緣。嘉配身殉,勵節彌堅。儒宗壺範,我心孔懷。鑽石勒銘,瞻顧徘徊。其德不朽,此石常馨。千古魂魄,永慰幽冥。

宣統元年二月。

(文見民國《新鄉縣續志》卷三《邱墓志》。王興亞)

蘭統公墓碑文 [1]

嗚呼!此吾七世祖諱蘭統、字馨吾墓也。想吾始祖自小宋佛村卜居於此,今二百餘載,疊我馨吾祖殤夭,六世祖智諱讓者,以南塋狹小,且地勢漸就傾圮,無奈遷塋於此,亦百餘年,瓜瓞綿延二十餘世,户口生滋三十餘家。綿後之人,得相與優遊茲土,因利食毛者,

---

[1] 按世系譜排序,蘭統公為十四世祖。碑文中所撰七世祖之說,係另一種習慣排序法。

皆吾智讓祖擇地卜瑩，以使我馨吾祖得安龍眠之功，有以致之也。奈我張姓自遷居以來，即無家廟以□祖位，又無宗譜以全族派，使不立石，以昭來許，恐年遠代淹，後世子孫，雖知我祖之瑩地，或昧我祖之諱派，能不睹春露而興感，履秋霜而悲哉！我伯祖諱文田，祖父諱文獻，乃馨吾祖元孫也。有見於此，邀族商酌，共議立石。我祖之生平，雖未能悉知，而使傳聞所及，猶可識千百千萬。況我祖幼習孔孟，列入膠庠，德配李氏，中年無子，乃取胞弟持統之子名智者，以承嗣教養，如同己出。幸而天不絕善，厥後誕生子讓，而莊宅田產分而爲。嗚呼！我祖之仁慈，迄於今固猶嘖嘖入口耳。至我祖之處世，存心以忠厚爲本，傳家以孝悌爲先，救災恤鄰，仗義疏財，生平大節，昭然可指。凡與我祖居斯鄉者，儔不頌我祖之德哉！噫，後世之人，其所以昌大於此者，莫非我祖積德累仁之功，有以遺謨於無窮也。其又可忘也，故舉我祖生平一、二事蹟，勒諸貞石，俾後世子孫，有木本水源之思，睹斯文欣然曰：此吾七世祖諱蘭統、字馨吾之墓也。豈不欽歟！

七世孫連元頓首拜撰並書。

五世孫文田獻。

六世孫書　紳、樂、琴。

七世孫連　雲、德、城、元、順。

八世孫善　時、同、富、文、道。　　　立石。

大清宣統二年三月十三日穀旦。

（碑存新鄉縣文物保護管理所。王興亞）

重修文昌閣記

邑人田芸生

芸幼學時，每屆歲除，必隨先君及瑞圖家兄至文昌閣拈香。時樓閣巍然，未甚傾圮，僅門窗破壞，層簷叠檻有剝落處耳。先君指而示之，曰："此閣關係閡縣文運，修方二三十年，已多剝落，異日倘有寸進，務修整之，為邦家光。"蓋其時尚爲工易也。今又閱三十餘年矣，腐朽傾欹，不堪名狀。官紳屢議重修，以費鉅未果。光緒乙巳五月，芸自鄂假旋時，舊友丁冠南知縣事，晤談及之，深以為憾。芸曰："此先君志也，責在於芸。"遂力任提倡，諏吉開工。城鄉耆紳咸相贊助。不數日，芸假滿回鄂。公舉家兄董其事，慘澹經營，不辭勞瘁，三易寒暑，始告厥成。芸思文運之盛衰，關乎世運之隆替。此閣，創自明嘉靖間，本名曰尊經。萬曆間重修，又額曰聚奎。崇禎四年重修，始顏之曰文昌。其時人文鼎盛，出為名臣，處為名儒者，後先相望。國朝迭次增飾，規制猶式廓也。道光戊申以後，久歲失修。又值詔停科舉時代，幾視為不急之務，任其摧殘。豈知科舉雖廢，學校振興，文明日進，實賴此。文教昌明，人才始因之蔚起。試思六星垂耀，璧合珠聯，天豈專為科名設乎！即不必有神明於其間，而保存古蹟，亦守土者之責，都人士之光也。芸兄弟得藉官紳之力，以成先君之志，則尤私衷竊慰焉。爰為之記，用示來茲。

宣統二年。

（文見民國《新鄉縣續志》卷一《學校志》。王興亞）

劉健菴墓表

邑人朱希濂

公諱永乾，字健菴，行三，封翁制宜公之嗣子也。束髮受書，弱冠後慷慨投筆，由武庠生應道光乙未恩科鄉試，登魁選。銘吾公亦中亞元，兄弟同榜，時豔稱焉。明年，公車北上，銘吾公獲售，欽點藍翎侍衛。公賦歸，蓋亦時命未至，非戰之罪。及道光庚子，公登進士，欽點花翎侍衛，遂留都。其在朝也，雞鳴入直，終日危坐午門外，事君盡禮，公實有焉。退食之餘，輒謂家人曰："使老母在此，其融洩當更何如？"之年，父制宜公、生父中孚公及伯兄世珍公，並錫封典。守禁九載，將外補，遂乞假省親。旋里後，戀戀慈闈，恭兄友弟，藹如也。是歲，紹文公應童子試，公屬望綦切，赴郡送之。榜未發，公乘欸段歸，遂感寒疾，病臥中，諄諄以季弟之功名為念。及報捷音，而公已捐館矣。

公生於嘉慶十七年，卒於道光二十八年，時年三十七歲也。初為諸生時，恂恂如儒者，而挽強命中，百不失一。射以觀德，非志正體直，烏能若是。通籍後，與僚友交，信義敦篤，詞院諸名公咸器重焉。蓋其持己也恭而出之以謙；其接人也和而守之以正。即如都城向無中州武會館，公首倡其議，及工竣而公不列名，亦足見德行之一斑也。使天假之年，則建節請纓，必與汾陽武穆相伯仲。惜乎！驥足未展而齎志以歿也。德配史恭人，享年二十九歲，宋恭人享年二十三歲，張恭人享壽七十二歲，皆幽閒貞靜，為公好述。但內言不出，故不述。哲嗣特甫公，史恭人出，入武庠；雲程公，宋恭人出，亦操舉業，入邑庠，皆綽有父風，能世其家，猶足見公遺範焉。余生也晚，每以不及同時為恨。然私淑自艾，心嚮往之。故謹敘公生平，以俟修史者之採耳。爰為之銘曰：

仰止高山，茲念茲釋。聞風興起，而況親炙。豪傑胸襟，聖賢情性。吁嗟長才，不幸短命。惟仁稱壽，惟直長生。卓彼顏冉，豈論年庚。身騎箕尾，氣貫斗牛。明星煌煌，公自千秋。

（文見民國《新鄉縣續志》卷三《邱墓志》。王興亞）

重修天寧寺碑記

邑人朱希濂

大堤之旁有古剎，曰天寧寺，邑中諸蘭若，此地稱名勝焉。金、元、明、清數百年來，其間之修而漸圮，圮而後修者代不乏人。今寺長老學文禪師，余世外交也。挂錫於此，業已有年。學精岐黃藥餌，盡成法雨；術湛診候方劑，皆為慈雲，洵所謂大慈大悲最上乘禪矣。宣統庚戌，憫寺之殿宇復就傾欹，但空囊如水，無米難炊。因請衆檀越同割錙銖之愛，共分升斗之需，而在坐諸公亦慨然應允，樂勸盛舉，遂約各村之善男信士，以福為田，既予唱而汝和，因心種果，遂開積少而成多。而禪師以孤雲野鶴之身，負囊懸壺，到處募化，遂集貲九百餘千。辛亥春，鳩工庀材，重興義舉，大殿榱桷腐易以新，覆以舊瓦，但一椽之木，費錢千餘。工亦鉅矣。其中殿山門，凡有損壞，廣為修葺。惟左右兩殿，摧殘特甚，雖易新而仍舊，實革故而鼎新，而且聖像減色，重新列座之金庭，宇就荒更，砌中唐之甓。惟鐘樓一所，未經修葺，雖存遺憾，計工所費，尚有餘貲二百千，付之禪師，以圖再舉。故紀其崖略，立石示後，用垂不朽云。

宣統二年。

（文見民國《新鄉縣續志》卷二《祠祀志》。王興亞）

衛輝市（衛輝府、汲縣）

重修儒學碑記

邑人蘇文樞

汲縣學宮，舊在郡城東隅，地理得宜，人文蔚興，嘗稱盛矣。既而建藩用其址，遷於城之東南，人文歷四十年不振。明季辛未，紳士公請邑侯屠公，移建縣治之東。基用駐節司舊署。規模粗具，綜理未周。丙子，樞領鄉薦後仍寥寥。甲申皇清定鼎，邑侯張公始拓其舊堂為明倫堂，科甲始隆隆起。但廟制未成者終缺，已成者漸圮，且嘗以明倫堂為公宴所，戟門下列饔舍、草場腥穢叢襍，幾不堪置足。官斯地者，間思修葺，或因地衝事繁，時不遑及；或因物料人工力不遑及否，則亦視為□緩，不必及矣。歲庚子，山左石公來治汲，謁廟，一見惻然，慨任重修之責，首先捐資，刻期從事。弗憚於時，弗艱於力，弗以為迂緩不切。公餘之暇，朝夕其中，務舍其舊而新是圖。凡缺而補者十之三，壞而修者十之七，門堂殿廡倫序秩然，丹護煥發，蒼松古柏，蔥鬱堦墀，復創建啟聖祠於其後，旁及廣文公署。於是，入廟而幽深邃，穆登堂而高明廣大，庶幾可永妥先聖先賢之靈，啟佑後人雲蒸蒸變用。追初昔之盛，以無負遷建重修之志矣。是非侯一人之力，而誰力也與，□起於順治十七年八月十九日，告成於十八年五月二十日，厥功懋焉，不可無記。

侯諱邦柱，字弼公，上東長清人。貢士。

順治十八年五月。

（文見乾隆《汲縣志》卷三《建置志》。王興亞）

謁殷太師墓碑詩

庚辰夏，余自京師旋，歷朝歌道，尤見殷太師墓碑，即欲趨謁而限於途程，不□躬詣廟庭，爰作長句，以志嚮□。藏莊子宰相牧野，披閱志書，載有殷太師廟離城十五里許，欲一逞而下車，伊始公務蝟集。八月間，又奉調入闈，季秋歸辦漕運，弗遑。辛丑上元後一日，始率同人至廟瞻拜，賦詩偈和，覺二十年前嚮往之懷，至此大□。而曩時想像之句，終不若身歷其地者見之真而詠之切也。雖琳琅滿壁，不啻持布鼓而過雷門，然亦各抒其忱愫云耳。

蕭條古道向北拐，舊碣□題姓字香。亳社未延千載恨，孤臣何異一身亡。剖心報主忠猶白，視死如歸節若霜。正氣浩然長不朽，任他世運變滄桑。

相傳殷季有三仁，苦矣孤臣獨殺身。七竅丹心甘斧鉞，一腔熱血矢忠純。銅盤不解當年恨，馬鬣猶留百世湮。□得祀田供黍稷，巍峨廟貌永如新。

南州後學歐陽經藩題書。

　　太師廟貌至今存，策蹇追隨邦墓門。四壁珠璣留勝跡，千年景仰吊忠魂。赤心剖後山河改，碧血漂殘日月昏。□道殷墟餘茂草，英靈猶自滿乾坤。
　　廷諍批鱗自古難，況逢殷祚已將殘。殺身罔禪丹心苦，浩氣長懸烈日寒。程欲環中調玉燭，豈圖死後鑄銅盤。國亡博得千秋譽，鬼魂如今尚未安。
　　東武倪長化題。

　　廟堂瞻仰動欷歔，遙憶王疆已久除。身死未能匡國祚，名傳猶得識殷墟。萬年崇祀原非願，千古稱仁泂不虛。石碣滿廊留勝跡，標題□有聖人書。
　　敢諫國臣志不磨，忍將宗社等銅駝。老臣瀝血難高矣，牧野興師可奈何。滿目山花留舊恨，一抔殷土拘崇阿。只今短笛斜□□，發髭當季麥秀歌。
　　南州賀國錦題。

　　城廓人民幾變遷，孤臣廟貌尚依然。參天翠柏昭靈□，落月幽魂泣杜鵑。七竅知隨白骨朽，三綱端賴志心全。謗言一死無輕重，留得荒塋萬古傳。
　　寢門憑弔倍傷神，今古誰將衷曲論。尚愧殺身亡宗社，豈期封墓表孤臣。雨侵石碣應流淚，風吼枯楊似帶嗔。最喜賢侯留聖跡，公餘捼搦管寫其真。
　　豫鄣楊允暇題。

　　微去箕奴社稷空，敢將一死謝先公。丹心本欲延宗祀，勁節邊期感帝衷。濟濟周師陳牧野，離離禾黍茂王宮。老臣有恨終千古，何籍銅盤寵□降。
　　古碑臚列滿庭前，難苦孤忠孰與宣。臣罪當誅心可剖，君非未格恨難鐫。生前不惜一身殉，死後何期萬世傳。憑弔英魂猶在目，淒風颯颯振林泉。
　　重重石碣毀商王，惟恐孤臣神倍傷。直諫原為宗社計，捨身豈願姓名揚。嗟哉□蓋心無盡，苦□身亡心亦亡。千古隱衷誰得見，琳琅佳句滿庭□。
　　南州歐陽捷題。
　　康熙壬寅歲季春月清明後之四日。

（碑存衛輝市比干廟。王景荃）

考工殷太師廟有作

　　一墳何嶔崎，宛在殷之土。我至超嵩風，肅肅滿土古。公也忠其孤，丹心馨列祖。即今書史青，荒苔雜盡塵。松棟宿星雲，舊郊被風雨。片石照尼山，萬古聞聲磬。陰森神鬼憑，牧豎敢或侮。所願為良臣，終身荷聖主。忠良豈二心，千載接公武。采波行山毛，酌彼泌泉淯。蒼涼白日寒，漁歌歸遠浦。

康熙三年甲辰夏三月衛輝知府楚黃程啟朱撰並書。

（碑存衛輝市比干廟。王景荃）

重修殷太師比干廟記

汲郡之有殷太師比干墓也，距府城西北十五里，周武王下車，首封之。《銅盤銘》所云左林右泉者是也。孔子轍環其地，題曰"殷比干墓"，字體勢與周穆王吉日石刻相類，石至今存。其後魏元帝南遷至此，因墓立廟。此廟之所由昉也。唐太宗伐高麗，道經墓下，乙太牢祀之，贈太師，諡忠烈，置守塚五家，廟制益崇。若肖像，昭事則自元始。洎明成化中，縣令盧信奏入祀典，自是修葺重新，守土者屢有其人，俱載在志中。年來，侵蝕於莓苔，飄沒於風雨，幾與殷社俱沈。予兩人奉簡命督撫豫州，道歷衛境，見其紅餘頹壁，礫半殘墟。展謁之餘，觀感流涕，不但無以妥侑靈爽，亦非吾儕司教化者。教忠型俗，敦勵後人之遺意也。因共捐俸金，衛守而更新之。維時幸藩臬諸君暨各有司咸踴躍樂助，不謀而合。其執事者，又皆聽夕不遑，肅將從事，以故工無棄材，役無惰務，不逾歲而告成。役竣，例有碑誌，用垂永久。衛守乃執簡請文於予。予讀《魯論》有云：微子去之，箕子爲之奴，比干諫而死，孔子乃以三仁許之。夫當炮烙肆虐之時，微子度其君之終不可諫，潔己以去，意在以一身延湯祀耳。而後世乃造爲牽羊把茅，面縛降周之言，即蘇子由亦謂商紂之亂，微子即抱祭器歸周，不亦誣乎！箕子被髮，佯狂鼓琴，自悲而拳拳，冀其君之一晤，追償轅之後，始陳洪範於武王，乃其爲天地立心，爲生民立命，而後世或以忘讐干進目之，且命封朝鮮有覥顏少師之悔，噫嘻！微箕，仁人也，其必均可以對殷先王，而猶呶呶若此，則踵事增華者之辜也獨。至於公之進諫，身膏一劍，氣烈千秋，含齒戴髮之倫，無不共諒其孤忠而流連慨慕，久而彌芳，立異者捲舌，炒新者輟筆矣。

猗歟偉哉！嘗觀公之言，見過即諫，不用即死，意以爲人臣進言於君者，忠也。至君不用其言，則其忠之未可恃也。然君不用臣之言，必其不見臣之心。蓋公不能使君必用其言，而能使君剖視其心，夫公之心已剖，而君寧□不見者乎！倘其見之，奮然改圖，是孟津之師，可以不渡。大白之旗，可以不懸也，而無如公之心既剖，而君仍不見殊，可爲公悲。然君雖不見而天下後世共見之，亦可爲公慰矣。昔人云："湯、武之間，爲君臣一大變。"然立萬古臣子之極者，公與龍逢實開其始哉！尸祝廟食，疇曰不宜貞珉。既具一時同事者，並當書名於末。其殿廡門屏及齋廚庭舍之類，凡屬更新者，亦宜詳列之碑陰，以誌不朽。

時康熙三年歲次甲辰季夏穀旦。

總督河南等處地方軍務兼理糧餉兵部尚書兼都察院右副都御史仍再加一級劉清泰，巡撫河南等處地方兼理河道工部尚書兼都察院右副都御史張自德仝撰。

河南等處承宣佈政使司左布政使徐化成篆額。

河南等處承宣佈政使司右布政使郎廷相書丹。

　　河南等處提刑按察司按察使許翻魯，督糧監兌道河南布政使司參議加一級張永祺，分守河北道河南布政使司右參議吳柱，河南清軍驛傳鹽法道，布政司參政兼按察司副使萬永祚，提督學政河南等處提刑按察司僉事孔胤樾，管理河南通省河道兼管水利按察司僉事劉澍，河南分巡睢陳道按察司僉事蔡含靈，開封府知府加二級武永成，同知朱鼎銘同知韓齊範，北河同知于紀龍，南河同知孫宗元，陞任同知崔維雅，推官鄭宗謙，歸德府知府宗國榮推官王戀官、陞任推官符應琦，彰德府知府加三級王弘仁，推官毛際可，推官沈敘，懷慶府知府彭清典，推官曹同統，河南府知府加一級朱明魁，推官黃綬，汝甯府知府金鎮，南陽府推官陳光龍，衛輝府知府程啓朱，督工同知趙昕，通判湯維新，推官張淡，同知陳兆鷟，湯陰縣知縣魏師段，河內縣知縣林環昌，汲縣知縣石邦柱，新鄉縣知縣王克儉，輝縣知縣田本，獲嘉縣知縣陳生吉，淇縣知縣張信，胙城縣知縣劉純德，太僕寺少卿許作梅，內翰林秘書院編修王紫綬，原任戶科左給事中蘇文樞，工部主事楊毓蘭，誥封江西湖東道參議李大生，江南鳳陽道副使李實秀，原任江甯府知府孟元，原任經畧軍前理刑同知南起鳳，原任江西廣信府推官任文曄，原任山東鄒縣知縣周嗣昌，戶部觀政進士劉源潔，兵部觀政進士李芳辰，都察院觀政進士蘇嵋，新鄉縣舉人郭遇熙，恩廕官生孔國忠，輝縣生員孫望雅。

　　共城山人道必顯鐫石。

　　管工官本府司獄孟國經，輝縣巡檢張炎。

　　管工吏書鞏維彥李震、王世美、葛時昌。

　　管工鄉約南勤王修德、趙宇靖、李榮春。

（碑存衛輝市比干廟。王景荃）

贊比干

清聖祖

三代遺忠照汗清，龍逢地下共精靈。微箕而後能無諫，脯醢之餘則有別。

石碣尚留尼父筆，銅盤何用武王銘。荒丘萬古蓬蒿里，浩氣長看貫日星。

（碑存衛輝市比干廟，拓片藏河南省文史研究館。王興亞）

甲辰謁殷太師廟墓有懷

朝涉淇澳水，夕過牧野陌。陌上煙霧深，歷歷餘魂魄。蒼茫如是雲，少師在咫尺。其心皎日心，其血灑竹帛。日星今尚熒，竹帛昔已碧。同時痛何人，匹馬朝周客。異代抑何書，尼山一片石。所貴在肝膽，寧祇以形跡。人臣報稱身，認能計順逆。肅肅千仞楊，稷穟萬年柏。低徊古道旁，謳曰我心穫。

　　金榕孫望雅題。

（碑存衛輝市比干廟。王景荃）

分守河北道河南布政使司右參議加貳級□老爺□德碑

公諱柱，號□□，遼東廣寧人。
分守河北道河南布政使司右參議加貳級□老爺□德碑
康熙陸年歲次丁未仲秋吉旦　仝立石。

（拓片藏衛輝市文物保護管理所。王興亞）

清故待贈儒林郎前錦衣衛世襲正千戶隆寰王公（騰鳳）府君暨元配馬孺人墓誌銘

【誌文】

賜進士出身候補內閣中書前庚子科解元弟鳴球頓首拜撰文。

資政大夫原任刑部郎中二品服又加三級兄美頓首拜書丹。

吏部候選同知兄玉筍頓首拜篆額。

姪璿以先長兄隆寰公暨嫂馬孺人行實，屬余為墓誌銘。余蕪陋，不嫻於文，然此家事也，義不可辭。謹按其行狀，而述其概云。

長兄諱騰鳳，字隆寰。其先卜居於順天，為錦衣衛世襲正千戶。永樂初，始祖隨親軍大將軍朱能征討，建有奇績，得授此職。後叔祖諱先者，依潞藩分土至衛。生二子：長早殤。次諱世虎，因襲職焉。元配鄒氏，早世，無所出。繼配周氏，生子即長兄也。長兄生而穎悟絕人，卯角能屬文，內行醇謹，事親以誠、以敬，愉色婉容，宗□內無間言。娶陳留明經馬公諱京之仲女、丁丑科進士馬孔健之妹也。於歸後，端莊靜正，工紉刺，善中饋，孝事尊嫜，克相夫子。迨甲申流寇猖獗，一鼓渡河，遂南遊江淮間，為避地計，不復躡足行伍，以野服自娛矣。時叔氏性嗜酒，長兄雖處搶攘，而甘旨之供，必具酒醴。即或問友他邦，馬孺人復能剪氅紝績，易酒以奉晨昏，務期堂上人得遂驩心，蓋其天性然也。

長兄亢直無隱諱，意所不平，輒義激形於色，殆所謂見義必為者乎。至與人交，則坦易和樂，善氣迎人，達於眉宇。人無疏戚長幼，望見顏色，無不愛慕。故居江、淮、亳、壽間十餘年所，人多德之。且生平慷慨樂施予，每遇窮疾無告者，必多方濟之而始快。時有逋欠，亦不責其償，常出券千餘帋，對債主火之，其廉於財有如此者。性尤好客，嘗遍歷天下，凡遇名山大川，輒與二三高懷曠達者，登眺豪飲，共相嘯傲，以故四方名士，咸願與為結納。郭林宗之友多天下，李元禮之名重海內，何必古今人不相及也。乙未歲，叔氏病劇，長兄遠在秦中，藥瓢膳具，賴馬孺人一手拮据。及長兄歸來，而叔氏病將革矣，哀毀幾絕。爰具含殮之儀，盡蹡踊之節，一合於禮。因山川修阻，遂槁葬於正陽關之西村。夫以作客他鄉，遙遙千里，仍得歸襄大事，人以為孝感焉，信矣。河南方伯徐公，以庚子年下車，與長兄有姻婭之好，走使遠招，因攜家北旋。路過扶亭，見其里敦詩書，俗尚醇謹，遂家焉。在扶應事接物而外，惟以課姪輩讀書。璿姪因得補邑諸生，選貢太學，考州佐貳。居亡何，扶有二吏犯法，鞠審當不赦。長兄極為白之，得免。二吏感恩，暮夜持金致謝，長兄力卻之。迄今欽義慕德，不獨扶之都人士已也。後徐公擢湖北中丞，以戚誼托訪豪蠹。長兄日夜伺察，越三四月，得五六十人。然長兄慈良成性，恐其事屬風聞，或為讐仇所誣，故寧失出，勿失入，竟按不報。嗚呼！此可以知長兄之行矣。

長兄生於天啓五年十二月二十七日辰時，卒於康熙十五年八月十九日酉時，享年五十有二。元配馬孺人，生於萬曆四十七年十一月十四日子時，卒於康熙十一年正月二十八日酉時，享年五十有五。生男二：長璿，丁未准貢，考授州同。娶朱氏，早歿；繼娶鄢陵庠生常公諱源雒孫女。次璣，聘梁氏，早逝。女二：一適泉州府督捕海防同知濠上蔣公諱其昌次子太學生偉，一適廂白旗開封府南河同知三韓高公諱錫爵長子太學生其傑。孫女一，幼未字。今卜於康熙十五年庚辰十一月二十四日，合葬於曲岡馬孺人之墓，爰系之銘。銘曰：

不撓於利祿，其神乃全。不躓於顛沛，其知乃便。以孝行者合天，以逸處者合權。孰不行義而勇無傷，熟不澤物而惠無方。潛茲發祥，永茲偕藏。

大清康熙十五年十一月二十四日。

不孝男王璿泣血納石。

（拓片藏河南省文物考古研究所。李秀萍）

周姜太公塋葬處碑

周姜太公塋葬處
清康熙二十年仲春重立。

（碑存衛輝市太公泉村姜太公廟。王興亞）

重修儒學碑記

邑人李實秀

考輿志，先是汲縣學與府學俱建城東南隅，據形勝也。郡城舊無東門，其西南北俱拱受行山秀氣，俗所謂囗州城者也。時人文鼎盛，科甲蟬聯，載在衛志，班班可考。自潞藩分封拓城南展，遂開東門。秀氣頓洩，自後人文寥落，數十年艱於賓興，間有發者，亦落落晨光星。□當事者，因採堪輿家言，於辛未年間，遷府學於西關德勝橋之東，汲縣學亦改建於今地，所以培風氣也。維時經營草創，不無因陋就簡。熙朝肇興，山左石公諱邦柱者，□廢藩磚石木料，重加修整，一時稱煥然。迄今數十年，風雨剝□，□就□□□，我三韓佟公來蒞茲土，政成民樂，百廢俱興，乃惻然曰："黌宮者，教化所關，人文所□。顧可坐視具黯沒耶。況今天子崇重學宮，前歲巡行曲阜，特題"萬世師表"四字，□□闕里廟庭，仍令各學宮榻仿裝俵，豎立殿宇。凡厥郡縣，尤宜仰承恐後。於是，毅然倡始，首捐清俸，一時僚□及紳衿欣然樂助，遂庀材鳩工，刻期從事。凡門堂殿廡，皆翼然改觀。洵是以宣揚教化，蔚起文風矣。允若是□，飲水思源，佟公重修之功，安可泯也。爰礱貞珉，特□□月，其同事學宮及資樂助者，亦得□驥尾書焉。□□興成毀，時興變遷，後之視今，安知不猶今之視昔□。後有同志者，入廟興思，當亦有感於斯文云。

康熙二十三年。

（文見乾隆《汲縣志》卷三《建置志》。王興亞）

重修殷比干廟墓牆垣記

夏、商之季有二忠臣焉，夏曰龍逢，商曰比干。皆生於豫，盡節於豫，而葬於豫者也。龍逢墓在靈寶，唐人祠有碑記可考。以事不見於六經或隱而表彰。獨比干墓在汲縣之西北，周武王所封，孔子所手題，又與微箕同曰"三仁"，故其名光於日月。是墓也，元魏孝文為文祭之，齊貞觀中，贈太師，諡忠烈，立廟墓前。命有司歲以少牢祭，並給守墓戶。成化中則於祭典有忔則敕修之。然自萬曆以後，迄今百餘年，一任其荒□蔓草者，豈其人咸無復古之思，或平時未識爾。予少讀古人書于忠孝節烈之行，不禁流連往復。古十年前過朝歌，潯淇水至公墓下，摩挲宣聖之篆及銅盤銘，曾稱一絕，以申憑弔欲勒之石而未果成。戊辰夏，特請撫豫，謂可肅衣冠，展芹藻，而以程命孔迫，七日夜從京抵汴不獲，駐節晷刻。兩年來，百務空忽，又不至河北以勤館人。今歲二月，適奉綸英巡視□河道，由牧野始得入廟，欽敬顧瞻堂庶以及垣牆，若者宜修，若者宜補，因捐俸薪，郡守縣令同心襄事，且告之曰：臣之事君忠而已矣，忠則不為利回，不為爵勳，不□刀鋸斧鑕易其心，幸而際昌期值景運，拜手颺言，書思對命忠也。不幸而寶衣塗炭，玉馬駿奔，奮危言以瀝血，據誠諫以□鋒亦忠也。且公之當日，豈有憝君之意，沽名之念哉？彼見夫元子已去，父師已奴商，先王下百馬之精，將墜於地，吾諫而聽，則天未殄絕也，君猶悔過也。九廟之靈，實試憑之。吾諫而不聽，則殷其淪喪也，我乃顛□也。上帝且不順焉，臣子其若之何？迨於心已剖矣，窮已鑿心，血灑下土，魂升帝闕。人誰不死，死有重於泰山。公之謂也，夫事在數千百載之上，能使數千百載之下聞風而慨慕者，必其稟于地之正氣，萃川岳之英靈，亙宇宙而獨立者矣。當商周之際，存亡繫於公，公一日未死，武王不敢一日而誓師。使公而生值唐虞，則與益稷夔夷同為贊襄，乃生之于商辛之時，以友龍逢于地下，豈獨公之不幸，蓋□之不幸也。語曰：為臣死忠，為子死孝。如公者，可以教後世之為人臣委贄而無二心焉者。爰修廟貌，庶頌勸忠云。

峕大清康熙三拾年歲次辛未三月上浣吉旦。

巡撫河南等處地方提督軍務兼理河道督察院副都御史加四級宣府閻興邦拜撰。

衛輝府知府加一級胡尉先，通判曹熙，汲縣知縣佟國瑞仝修立。

（碑存衛輝市比干廟。王景荃）

殷太師忠烈公祀田記

蓋聞兩間之正氣，在天為日星，在地為河嶽，而在人則為聖賢為忠孝節烈，此皆歷萬古而不朽者也。何則天無不覆，地無不載，而不□□□□□□□□□□□□□□衰，惟賴聖賢之徒，忠孝節烈之輩，起而正人心，維世運，其功誠足以補天地之所不及，是以俎豆萬年而廟祀弗替也。粵稽□□□□□□□□□□□□□王子比干殷太師者，其所處之世甚難，其所存之心甚苦，其保安社稷之志甚堅。當日君心囬惑，感格無繇，或去或奴，何忍緘默，南觀□□□□□□□□□□以冀天王之一悟，則其志之堅而心之苦為何如？雖其勢不能挽回，而其望君王之聖明，是忠也。念祖宗之血食，是孝也。不顧一己之存□□□□□□□□成仁，俾聞風者，頑廉懦立，固可以正人心，維世運，繼聖賢。費氣墜，與日星並其明，河流同其潔，山嶽齊其高，則其俎豆萬爾。而□□□□□□□□□馬鬣封太師之墓，有林泉崗道祭祀之地畝。後魏元帝南遷，鸞旌至此，因墓立廟，唐太宗祀乙太牢，追諡忠烈，廟制益崇。元泰之間□□□□□□□□□□畝，明成化中知汲縣事盧諱信者，詳請奏入祀典，祭田益廣。本朝康熙三年，督院劉公、撫院張公捐俸修葺廟宇，嗣後守廟祀者開墾恢擴，約許祭田將及二十頃。不意人心不古，竟有佃戶典當與豪強□□□□□□□□□□王正月，余奉命蒞任牧野邑宰，因查及太師蒸嘗地，竭蹶清理，判還所侵祀地一頃三十畝，其無從稽察者猶難更僕數。然即今現在之地已有壹拾餘頃，□□□□□□□□□亦足以奉酒禮而薦馨香。誠恐余離任後，復遭侵佔，道人清白請勒貞珉，使有所考究。後之官斯土者從而維持之，庶奉祀之地永傳不朽。而大人□□□存於宇宙間，則所以正人心而維世運，良非淺鮮，是余之所深望也夫。是余之所深望也夫。爰為之記。

峕康熙六十年歲次辛丑仲秋穀旦。

河南衛輝府汲縣知縣南州歐陽繼藩撰。

浙東鏡湖倪長化書。

（碑存衛輝市比干廟。王景荃）

重修殷太師廟墓

繁英擲雪霜遺急，亭亭孤拜千峰立。一劍魂歸跨碧空，悲風淒雨蛟龍泣。
啾啾玉騎天半是，赤虹萬丈中夜虯。朝露西來凍織衣，青光皓氣冲牛斗。
荒台月夜幾千秋，石根沙草日悠悠。朱甄翠壁一時新，古木寒泉亙九州。
神之歸來薄霧迎，花秤雕輿皓空生。高飄降節擁千騎，誰無不死萬世名。
樊興張佚題。

（碑存衛輝市比干廟。王景荃）

重修寧境寺碑記

【額題】異世傳徽

伏以佛也，何其感人，深應人速，而令人不可思議也哉。余□□覽釋藏經，□□昭王二拾四年，歲在甲寅，四月初八日，摩耶夫人于昆婆尼藍園波羅乂樹下。其時，祥光靄人，虹□天□，二佛□王，王問太史□□□□萬□聖，其名□□，不治而不亂，不言而自信，不化而自行。其來也，月現江心。其德也，超邁義軒。湯湯辛民，三推名焉。待千□而後，教化□流，王勒諸石，遂以為記。王后漢明□□子，永平柒年，夢金身丈餘，飛空而下，訪之羣臣，知鹵有佛勒祭情等，徃之天竺，乘其道□，其□曰是□□□國，遂□□道而□□隔海，而之建寺修塔，郁□□盛，則古衛之□境，一自□□而立矣。天曰甯境，蓋□□事人之意巨代□□□一□□。自明及今，□□□□□□□于辛酉□遭回祿二殿祀□□拜三□傷也。何如太子。創公目覩心傷，捐俸募化，兩廊大殿，以及臺級牆垣等項，一併□□□□□矣。□□□□一新，大□指日人□知□□之積德拜佛，感應而致之也哉，甚矣。佛之感人深，應人速□，令人不可思議者也。今勒諸石，□以頌太守□□侯之功，亦以啟後人重為修理之意也云耳。

大清乾隆玖年歲次□□清和之吉。

（拓片藏衛輝市文物保護管理所。王興亞）

過殷太師比干墓贊

清高宗

天地之經，君臣之義，貴戚異姓，同歸一致。
與社稷共，逝將焉避。孰丁其難，孰丁其易。
嗟哉斯人，遭殷之季。罔為臣僕，先王獻自。

披瀝以陳，甘於隕棄。五畝佳城，千秋弗墜。
夫子適周，載經柏隧。早許三仁，詎惟四字。
乾隆庚午秋九月，過殷太師墓有作御筆。

（碑存衛輝市比干廟，拓片藏河南省文史研究館。王興亞）

御題孔子擊磬處

清高宗
荷蕢人過識有心，既譏揭淺厲於深。知其一未知其二，玉振今聲冠古今。
乾隆庚午孟冬月，御題孔子擊磬處。

（文見乾隆《汲县志》卷首。王兴亚）

乾隆弍拾伍年歲次庚辰重修戲樓兼三廟金粧聖像碑記[1]

聞之始皇防邊，特築萬里長城，育 /
然即如白高渡一村，夙有諸神寶寺，其來久矣。當其 /
其制惻然不忍，于是，鼓衆施財，命役重修，則殘缺 /
人心不早於今日，而正其趨哉。命工人勒諸 /
張得祿五个，張壁五个，宋興儒五个，張元□五个，張朴五个，張魁合五个，張汝勉五个，張汝監五个，張璧合五个，張廷俊五个，□尚臣五个，[2] 監生張珍五个，監生李蘭柱五个，張爾堂五个，生員楊春星三个，城客羅大順三个，劉振鋼三个，李□徑三个，張希德三个，張汝明三个，劉廷桂三个，劉延試三个，張汝桂三个，張守梅三个，張門孫氏三个，張得玉三个，張天柱三个，張元明一个，張元連三个，張自有三个，宋門高氏三个，倪守信二个，張希雲二个，張得財二个，張得寶二个，張表二个，張希民二个，和聚寶二个，霍玉龍二个，劉□炳二个，張元臣二个，宋洪儒二个，張得河二个，張多瑞二个，生員劉振剛二个，生員張溶二个，張開仕二个，張開儒二个，張文香二个，張文麗二个，生員張文□二个，張復太二个，監生張濱二个，張守賢二个，張守仁二个，張玥二个，張望二个，張照二个，張□祿二个，張希週二个，張天柱二个，張光宗二个，胡尚文个二百，李貴芳艮二个，李丙文艮二个，李增艮二个，李超艮二个，李□艮二个，崔學艮二个，孫堂艮二个，孫直艮二个，孫良艮二个，孫梁艮二个，岳東艮二个，趙松艮二个，趙良存艮二个，趙文明辰二个，趙增

---

[1] 該碑左上角與下部殘，僅錄可識之文。
[2] 五人缺名，每人五个。

艮二个，周佩全个[1]。

（拓片藏衛輝市文物保護管理所。王興亞）

創建大成殿碑記

【額題】崇儒重道

竊惟至聖先師孔子，道高古今，神在古今，德侔天地，位配天地。是以辟雍，鐘鼓而外，非紳士不得建。[2]□□□□□□□□□□□□□□□□□□□茲者，白高渡崔家街有文廟一座，年深日久，風雨損壞。予閑東遊，經過其境，目睹惻然，不□太息，遂乃衆議，咸欲再興，但以少□□□□朱泗，因擇靈秀之地，堪為數仞宮墻，惟是修葺。而后美奐美輪，溇嶸崚峸，仍需肯然肯護，至□□於重新，自漕撫兩憲□□□□□□乎貲則之樂助，由殿宇而廊廡而門，視坊闉皆巍巍然，形勢之壯輿，龕座有賴，碑位□生，榮登俎豆，慶洽章□，凡以不隆□□□□成，莫不仰止高山，厯百世而倍隆矣，故勒石永垂不朽云。

大清乾隆三十年歲次乙酉孟冬上浣之吉。

衛輝府庠生後學弟子宋作霖拜撰。

延邑後學弟子壽谷王嶩沐手書丹。

（拓片藏衛輝市文物保護管理所。王興亞）

殷太師比干墓

六七賢君政不修，美人歌舞醉環樓。傷心抱器成殷祀，浪跡佯狂作楚囚。

猶幸王明或一悟，豈圖臣直表千秋。太師封墓巍巍在，多恐商辛骨未收。

乾隆庚子十月　　日。

襄平盧崧拜手並書。

（碑存衛輝市比干廟。王景荃）

報恩寺紀恩碑

國朝河南巡撫畢沅

欽惟我皇上視民如傷，保赤□子，天覆地載三十年，普免漕糧，盱食宵衣五十載，數

---

[1] 下一排殘。

[2] 該碑下殘，字模糊不清。

蒙賑恤，薄海皆戴，高履厚殊，方盡踐土食毛。茲以豫省被災，河朔偏重，衛輝五邑歉收，已及兩年。彰、懷鄰封不雨，亦至十月。草根木葉餞仍因饑鵠面鳩形，朝不保夕。維時撫臣據實陳　奏，無煩繪鄭俠之圖，藩臣親歷勘查，不殊芨召伯之舍。仰蒙皇仁疊沛，恩詔頻頒，億萬民呼籲方殷，聖天子憂勤彌切。匹夫失所濟，堯舜猶病之。施一隅偏災，補大造未周之憾；分蠲逋賦，緩免者七十餘區。連接漕船，截留者三十萬石。藩臣承宣聖澤，撫綏災黎，賑務無事不親，祈禱靡神不舉。窮鄉僻壤不致屯膏，蔀屋茅簷皆沾實惠。米豆銀錢之兼放，急期有濟于民。賑糶借給之，殊科嚴稽，無弊于吏。我皇上又以三秋未種，二麥無收，極貧次貧接濟加，普賑展賑，災輕災重，新糧免三分五分。視秦、晉之泛舟無茲廣被，較漢、唐之減賦鮮此博施。凡有加無已之恩，悉損上益下之澤。殘喘頓起，喜如父母重生；窮黎盡甦，欣見室家保聚。紇干凍雀去而復來，中澤鳴鴻哀而忽樂。於時微雨或一兩寸，早秋止二三分，籽種偏支，口糧普給，鋤禾汗滴皆淪肌浹骨之膏，舉炊煙浮盡飲和食德之氣。復讀聖訓慈祥宸章，愷惻謂卿尹宜省于日月，吏治肅而迓休徵。閭閻莫怨於暑寒，民氣樂而待時若，同思過以感格，庶悔禍以降康，異命重申，邁成湯桑林之禱；御製三首，過周宣雲漢之章。維上帝好生，每默籲而邀貺；雖下民作孽，益省躬而凝庥。苟有人心，誰弗涕零感泣？凡屬倫類，孰不刻骨銘肌。於是，甘霖徧及兩河，渥澤迭沛三郡，風雨無催租之擾，士安衡茅，星月有叱犢之聲，民勤隴畝，當青黃不接之日，猶倉漕並濟之時，我士民生全者豈止億兆。入我國家經費者，奚啻百萬計。感極莫報，痛定深思，惟願咸登春臺，久享壽域。一人有慶，永為太平之民；萬壽無疆，長釐祝釐之地。伏念汲郡頻年積歉，被恩更深，衛河今歲留漕領賑，尤近水濱，得報恩古剎，志切傾葵城隅，臨望京高樓，情殷拱極。慈雲慧日，依化國而長春；甘雨祥風，當中州而和會。百千浩劫，資護國於佛天；億萬斯年，慶躋世於仁壽。進堯民三多之祝，究無能名，賡周臣□如之詩，永期宣厚，敬陳虇獻，祈達輿情。

　　乾隆五十年九月吉日立石。

（文見乾隆《衛輝府志》卷四十四《藝文志・碑》。王興亞）

衛輝府修復校場記

　　皇上亭育萬方，長駕遠馭，弧矢之利，以威天下。春蒐則蒞，南苑秋獮，則幸木蘭。嚴冬積雪，猶御瀛台，臨太液觀冰，嬉不特昭。戍經數軍，實也誠以習勞，肄武不自暇，逸韶天下，以強幹弱枝之道，鼓之舞之。囧我太平，其典莫巨乎是。是以天下郡縣，既立之學校，用揆文教，即肅其什伍，用奮武衛。講武之時，宜數不宜疏。講武之地，宜遠不宜邇。豈有耀戈甲於城垣，設蘭錡于闤闠，援枹而鼓，屋瓦皆震者哉！河朔多雄郡。衛尤九達之區，分鎮於覃懷，立其率置將於朝歌，設其參□，撫豫州者，實節制之。衛之校場，故居城北，後有惰者，以漸而移諸城中，而城北者遂廢。有議復其舊者，即有梗其議者，因循□□□□。嘉慶丁卯，衛士民□爲言，縣令郡守，維陽居大夏，以發□爲事。陰居大冬，宜積於空虛無用之地，兵不可一日而不備，則武宜講兵，可百年而不用；則講武之地，宜□□民居城郭者爲是。遂順衆意，復諸城北。士民歡踴，不日而成。暮春三月，余閲兵來衛，講武於舊區，周歷觀覽，南面雉堞有濠，以□之地，帶長河有堤以衛之。廣輪百餘畝，有田疇以環之，馳道直且長，騎士足以展其足。中區平且遠，火器足以達其響。廳事輪奐，畢備常□□分，上官有臨涖之地，從官有憩息之所。距城僅三里而遙。隸營籍者，負弓弩荷戈，投晨往晡，歸不至甚勞，亦不若從前之遇逸矣。禮成，太守王君恐後人之畏勞，而復諸城中也。請記於余，以告方來。余維此舉，既合于古人左武右文之意，又謹守國家習勞肄武之經，《詩》曰："不愆不忘，率由舊章。"是後有焉，雖有惰者，何能易之。太守其無慮。

時嘉慶十有二年龍集丁卯春三月。

賜進士出身誥授資政大夫兵部侍郎都察院右副都御史河南巡撫前翰林院庶吉士世襲騎都尉三韓馬慧裕撰並書。

（碑存汲縣，拓片藏河南省文史研究館。王興亞）

重修河郡寺碑記

【額題】永傳不朽

續臨濟宗派廣德普靜法海圓通宗乘妙覺周□太虛越空越有遠智□知主持萬相事物全機佛心祖印體印明姝禪河□□□意玄微

粵稽河郡古寺肇於宋，興於元，繼此以後，越至大明，迄我清朝，其歷歷重修補塑者．非不備盡厥美也。第至於今，歲月久矣，廟貌為之而復頹，風雨捐矣，神像因之而又敝，使不急為修之，將何以繼厥美耶。於是，住主持僧靈才、恪祝會首，各捐貲財，衆會首同心協力，募化四方，香首善士業已仗義而疎財，鳩工名匠，靡不踴躍以急公。不數日間，前後大殿鳥革翬飛，燦然而耀目。左右兩廊，竹苞松茂，煥然而改觀。且山門、天王殿，背坐觀音堂，以及鐘樓、鼓樓、禪室、院墻，無不燦爛而一新，猗歟休哉！何若是之易易也。當斯時也，吾儕同人慶觀厥成，囑予為文。予不敏，固不敢呈己之見，妄瀆聖德，更不敢貪天之功，推美人力，況本寺碑記林立，遺文不乏。凡頌揚稱讚之詞，編年紀月之文，前之之著述已備，又何待予之再為敷陳哉！所以謹將廟宇工程，施財姓氏，勒之金石，永垂不朽云。

大清道光三年歲次癸未孟秋上浣穀旦。

府學生員李膏齋沐拜撰。

李登高沐手敬書。

大會首武生梁萬嵩、武生梁萬清、梁鑄三，共施仈伍拾千文。

管錢糧梁興施仦三拾捌千文，生員聞鳳鳴施仦拾伍千文。

副會首監生常廷柱施仦貳拾仟文，生員路浩施仦貳拾仟文，武生韓國棟施仦拾仟文，孫□施仦伍仟文，王自施仦肆仟文，武生劉秉周施仦貳仟五百文，梁坦施仦拾貳仟文，于鉅施仦拾仟文，張俊祿施仦拾仟文，楊有緒施仦捌仟文，王英施仦捌仟文，韓景苗施仦伍仟文。

監工管賬梁榮施仦伍仟文，李廷璋施仦三仟文，任錫□施仦肆仟文，崔大文施仦三仟文，李旺□施仦貳仟文，尹化成施仦六仟伍百文。

管工武生李長青施仦壹仟五百文。

搃□武生崔魁施仦叁仟文，韓景思施仦壹仟五百文，張大士施仦壹仟，李宗器施仦壹仟五百文，武坦施仦壹仟五百文，楊有亮施仦壹仟五百文。

住持僧空才文，徒越合春□，越全仁平，徒孫有□休。

天仙廟住持僧道。

木作李甫成 三百，王繩書 三百，王鳳隨 三百，趙纜。

泥作張梓、梁萬民、崔起福。

攻作張俊福、馮玉。

畫工張俊祿、郝孔賢、郭大成。

□工蒜天有、王國彥仝立。

（拓片藏衛輝市文物保護管理所。王興亞）

殷太師廟重修小引

余攝湯陰篆，展拜岳忠武廟，見其傾圮坍塌，慘目傷心。爰首先捐廉，多方募化，重有以修之。歲壬午，補授汲邑，謁殷太師廟，牆垣之殘缺，廟貌之傾倚，更甚於岳廟。夫以忠武王之精忠報國，殷太師之殺身成仁，千載下聞者，莫不傷氣。宰斯土者，忍視其敗壞而不顧耶。余蒞汲之明年，程大中丞奏請有修城之役。是役也，凡十閱月始完竣。城既修，而護城堤工，內外壇廟，以及橋梁道路，又復次第修舉。數年來，捐廉勸募，所費不貲，而太師廟，竟無款可籌，豈容有志未竟耶！適邑庠王生步雲稟請捐修。余欣然曰："人之好善，誰不如我。"於是，又分廉俸，並將別工存貯木材運用添補，以公濟公，乃于乙酉初冬，始落成也。工既竣，登堂再拜，不禁悲喜交集。因成五言排律以紀之。

蒼髯古衣冠，登堂再拜看。秀眉與修臣，義膽復忠肝。奕禩名常顯，當年力盡彈。臣哉清且直，君也慄而寬。貝錦壬人織，星文午夜殘。無名真此舉，欲殺又何難。七竅靈心露，全腔熱血寒。天留千載恨，人贖百身拚。抱義芳流管，成仁信蓋棺。碑應垂鐵石，銘早志銅盤。殷薦儀何肅，周封典不刊。對公雙淚落，愴我百憂攢。樹幛週圍護，山屏遠近蟠。款冬花燦爛，半夏草團欒。日照中天白，心留舊史丹。詩成辭激烈，鼻觀有餘酸。
道光五年歲乙酉孟冬，汲縣知縣侯興霖謹題並書。

（碑存衛輝市比干廟，拓片藏河南省文史研究館。王興亞）

十里衛城西五言詩碑

十里衛城西，荒郊見崇阜。蕭蕭松柏間，垣圍八九畝。下馬尋舊跡，豐碑砌廊廡。
書殷比干墓，出自宣聖手。免冠拜墓門，方知死不朽。嗟哉念商湯，征誅天下有。
豈盡賢子孫，宗社難久守。一怒復有人，誰為作俑首。遂令微子去，明哲保其後。
又聞佯狂哀，箕子甘媽醜。大忠諫竟死，耿耿難與耦。千載立臣模，足可告神後。
所以百代欽，心能對天剖。
道光十三年歲在癸巳孟科月上浣。
河朔使者文冲敬題。

（碑存衛輝市比干廟。王景荃）

比干墓詩

七竅讒言慘毒成，丹心一片死猶生。甘將直諫輸肝膽，恨為捐軀累聖明。
足跡肯隨微子去，褒封恥受武王旌。至今殷墓尼山筆，萬古常留故土名。
道光甲午權守沫郡謁殷太師墓。
皖江方觀國。

（碑存衛輝市比干廟。王景荃）

謁殷太師墓

周人日昌大，殷鼎垂一絲。二子甘污辱，太師安所之。
歸然一諫死，自請良乃是。千古存群臣，傷者衛之水。
中州巡方使者甯晉蔡霨題。

（碑存衛輝市比干廟。王景荃）

歲暮謁殷少師比干墓有作

傳忠傳道志非奇，大節千秋熟任之。卜得微箕嗟後死，衍籌抱器有餘思。
帝王聖世重良臣，籲咈都俞一德陳。不是龍逢先死諫，開端節烈古無人。

六七君留王業昌，少師肩荷本非常。阿衡前事分明在，一死何裨殿社亡。

歲寒心事江寒天，對此遺蹤一泣然。臣節已彰臣志齋，孤忠飲泣幾千年。

時在道光戊戌季冬。

錫山鄒鳴鶴敬題。

（碑存衛輝市比干廟。王景荃）

獨智拒忠諫詩

獨智拒忠諫，元老甘剖心。竅隨白刃見，赤色凝堅金。入火不受焦，入水不伏沈。九泉埋不得，化作丹鳳吟。夜宿湯陵樹，朝鳴扶桑林。

監察御史李元拜撰。

（碑存衛輝市比干廟。王景荃）

重修元帝廟碑記

【額題】永垂不朽

蓋聞天下之事，有創之於前而繼修之於後，雖其事不同，而好善之心，靡不同也。衛輝府馬市街舊有元帝廟一所，創於前明嘉靖七年，重修於本朝乾隆六十年。是廟也，靈應不爽，有求必應，四方商賈以及本郡士民，無不受其庇護。其中配殿有三官殿三楹，土地殿一楹，山門三楹，禪室、火房數間，已年深日久，風吹雨洒，牆址漸為之傾，棟宇漸為之敝。僧目睹心傷，不忍囗圮，於是，叩請本街會首，至廟商議重修，眾公聞之，無不歡欣樂從。於是，各捐重資，共勷善事。眾會首朝夕不怠，自三月上旬動工，至八月中旬工竣，廟貌於是巍然，神靈於是煥然，則向之傾者，至是立之。向之朽者，至是新之。工成勒石，以誌前人後人好善之心如出一輒云爾。

大清咸豐八年歲次戊午桃月上旬。

（拓片藏衛輝市文物保護管理所。王興亞）

重修衛輝府城工記

昔康叔封衛，為王室屏藩，礪山帶河，金湯鞏固。至東魏，復立城郭。於茲千餘年來，迭有建置，舊基週六里，高三丈，廣如之。明萬曆間，潞藩建印，拓南城，增之，共八里七十步，外甃內土，以舊濠為宮沼，開池道，與城外之水通焉。國朝順治以來，頻遭水患，城圮者屢矣。歷經修築，久載志乘。光緒壬辰六月，大雨兼旬，衛河漲溢，初恃護城隄為保障，既而洪流奔放，直薄城闉，西門炮臺已塌陷其三，北囗堤口復冲決其五，登陴四望,汪洋無際,而波濤洶湧,浸浸乎將有灌城之虞,居民惶惶不可終日。惟時府憲曾公□印委官紳,晝夜露立風雨中,隨時搶護,賴之無患。復捐廉派員,踰城跨舟救災,庶賑饑民,一城既得乂安,四境咸蒙拯濟。月餘水落。城垣湝浸既久,殘缺益甚,特請帑以工代賑,選派委紳,修城浚池。訪知北關洩水舊渠,疏之,使積潦漸歸於河。於是,負郭之田涸,而農事播種興矣。運甓之路通,而工程次第舉矣。炮臺基址易甎為石,水道柵欄補葺罅漏,橋樑完固,溝壘整齊,外堤內外,悉加版築。經始于壬辰仲冬,落成于癸巳孟秋,九閱月而蕆事。是役也,度材覈實,□賑於工,四鄉無力役之征,士屬無科派之擾,崇墉屹屹,雉堞磷磷,豈徒郡邑壯觀瞻,實為民生謀保障,且於畿輔固屏藩也。是為記。

賜進士出身花翎河南衛輝府知府曾培祺督修。

承修委員提舉衛河南候補布政司經歷楊映斗奉撰並書。

光緒二十有三年歲次丁酉孟秋之月既望吉日。

(拓片藏衛輝市文物保護管理所。王興亞)

殷比干墓記

大清光緒丁酉相月中浣穀旦扶豫使者宣城劉樹堂書並題。

按:"殷比干墓"四字石刻,今在衛輝府汲縣,相傳為孔子書。曹安引周穆王書吉日癸巳。為證洪氏《隸釋》、婁氏《漢隸字源》,以為秦以前無隸書,此乃先秦或東漢時人作。無周王之鼓則多疑詞,延陵之碑亦恐偽託要之。岣嶁委婉雖借奇秘以傳,而盤鼎陸離仍以品節為重。爰踵韓碑韻而繫以詩云:

秦篆漢隸標英姿,章草不數獻與義。商周鼎彝更朴古,斯邈而後無等夷。一字典重值金百,螭文光怪驚熊羆。況自盟津會變伐,倒戈漂杵旄鉞麾。巋然韓陵一片石,疑有正氣相維持。陰燐劫火蕩不壞,靈光煜燴翻神旗。海水易枯石易泐,忠義呵護風云隨。圖書藏棄鬼所瞰,百靈拱衛驅虎貔。岣嶁文字不可釋,詰屈上□嗟嗷訾。此文曰"殷比干墓",相傳宣聖親題詞。或云先秦始作隸,將無季漢人所為。年代杳漠息壤在,守護陵墓韙官司。道元水經採作注,爬羅聖跡徵期頤。洪氏婁氏考隸學,大夫三字點畫漓。吉日癸巳穆王筆,信為古刻稽之詩。後來辯論益紛起,西清集說陳天墀。我聞尼山友季劄,十字手寫延陵碑。華表化鶴眇難據,趺碑穿溜無盤螭。昌平世冑系商後,表彰家乘原非私。傳疑鷹鼎亦足寶,猶愈南山蕪不治。矧其斑駁得古意,雋味甜嚼千密脾。竭來瞻拜訪汲塚,諸家考證徒費辭。壽世在人不在石,孤標曜日光熙熙。汗簡微文編蒐討,籀書繆篆胡可追。此本輾轉過千禩,奔走摧拓手足胝。要其介石貞不朽,賴有忠風亮節植。

(碑存衛輝市比干廟。王景荃)

過殷太師比干墓詩

茫茫千古鬱忠魂，逆耳批鱗第一人。危殿淩風喧檜柏，荒邱落日莽荊榛。
江山寂莫無殷社，宇宙馨香有諫臣。我亦攢心傷國事，天涯痛哭與誰論。
大清光緒二十五年，大梁王　敬題。

（碑存衛輝市比干廟。王景荃）

輝縣市(輝縣)

中秋之望同司道登明遠樓玩月

兵部侍郎兼都察院右副都御史撫山西兼河南巡按寧承勳，順治二年秋率員蒞百泉貢院考試貢生。

苕蕘此日達天聰，明月高高湛碧空。
風起漣漪文似彩，巢揮珠玉氣成虹。
南樓影梅瓊枝近，玉笋聲齊北斗崇。
濟濟英賢分間出，由來龍馬紀天中。

（碑存輝縣市百泉碑廊中院。王興亞）

敬步寧巡使明遠樓玩月韻

孟良胤順治二年河南按察使。

明遠登臨辟四聰，無私圓鏡正當空。
開簾雲霽文蒸彩，破浪龍飛氣貫虹。
士奮學修明德茂，理宗皇極治功崇。
天中多俊羅匪盡，早祝嵩靈入彀中。

（碑存輝縣市百泉碑廊中院。王興亞）

乙酉八月既望陪侍

孟良胤

巡方先生點名時，浩月當空，桂影婆娑，兼梧桐珊珊。御風未幾三場題下。五策問史，詞簡意足，且人月夢清，有天開文運之盛，特賦以誌其概云。

聖主辟門文運昌，天中貢舉在輝陽。
清泉噴薄知魚化，丹桂婆娑益散香。
萬里無雲天一色，千秋有史士三場。
梧桐亦愛文章好，時飛珊珊喚鳳凰。

順治二年。

（碑存輝縣市百泉碑廊中院。王興亞）

敬步寧巡使明遠樓玩月韻

成大業，河南分守開歸管理通省驛糧道。

明主辟門達四聰，冰輪不染淡平空。
漢宮應結夢莖露，閶闔風生萬丈虹。
俊逸賢才同世茂，卓哉聖道與山崇。
英豪博得賢臣頌，共在監臨造化中。
順治二年。

（碑存輝縣市百泉碑廊中院。王興亞）

貢院秋闈四首[1]

成大業

三

浩蕩乾坤白日荒，文興八郡起炎光。
嘯臺影轉妖氛靖，衛水波清世運祥。
一道飛流滋化雨，兩行翡翠耀金章。
登高佇望舒遐眺，匪氣參差隔汴梁。

四

天磨寶鏡出遐荒，監試秋闈夜有光。
場列東西羅俊彥，帘分內外奏禎祥。
文成五色酬明聖，策就千言肅憲章。
愧我真無一字補，赤心肯易夢黃粱。

順治二年。

（碑存輝縣市百泉碑廊中院。王興亞）

---

[1] 今存第三和第四首。

三游蘇門

薛所蘊
二十年來續勝游,依然風景在滄洲。
千章老樹參天合,百窍明珠擁地浮。
有客夢回歐鷺隱,誰人嘯起風鶯秋。
憑虛欲問何山事,烟雨茫茫入故悠。

(碑存輝縣市百泉碑廊中院。王興亞)

寄馬玉笋水部四首

薛所蘊
共城來人,無不頌水部主事馬先生之澤。去里有四首寄言。

謾說維揚占勝遊,千年水部續風流。
春郭雪片梅花落,夏似共城香稻秋。

波下縱流畇畇田,綠楊低處遍炊烟。
迄知穠翠亭邊宴,四野漁歌入管絃。

蘇門山色畫圖中,漾漾澄波映遠空。
為向靈泉頻寄訊,清風若個與君同。

管領山光與水聲,登臨何限古今情。
嘯臺嶺畔松風夜,應有新詩對明月。

(碑存輝縣市百泉碑廊中院。王興亞)

御製訓飭士子臥碑文

清世祖
禮部題奉欽依刊立臥碑曉示生員:
朝廷建立學校,選取生民,免其丁糧,厚以廩膳,設學院、學道、學官以教之,各衙門官以禮相待,全要養成賢才,只供朝廷之用。諸生皆當上報國恩,下立人品。所有教條開列於後:

一、生員之家，父母賢智者，子當受教。父母愚魯，或有非為者，子既讀書明理，當再三懇告，使父母不陷於危亡。

一、生必立志，當學為忠臣清官。書史所載忠清事跡，務須互相講究。凡利國愛民之事，更宜留心。

一、生員居心忠厚正直，讀書方有實用，出仕心作良吏。若心術邪刻，讀書心無成就，為官必遭禍患。行人之事者，往往自殺其身，常宜思省。

一、生員不可干求官長，交結勢要，希圖進身。若苦心善德全，上天知之，必加以福。

一、生員當愛身忍性，凡有司官衙門不可輕入。即有切己之事，止許家人代告。不許干預他人詞訟。他人亦不許牽連生員作證。

一、為學當尊敬先生，若講說皆須誠心聽受。如有未明，從容再問，毋妄行辨難。為師長者亦當盡心教訓，勿致怠惰。

一、軍民一切利病，不許生員上書陳言。如有一言建白，以違制論，黜革治罪。

一、生員不許糾黨多人，立盟結盟，把持官府，武斷鄉曲。所作文字，不許妄行刊刻。違者，聽提調官治罪。

順治九年。

（碑存輝縣市百泉。王興亞）

游百泉二律

舊約烟霞願竟伸，官身聊暫作閑身。那掬幾勺泉源水，來滌頻年京洛塵。
萬斛珍珠隨湧現，一溪明月漾漣淪。多慚好事賢明宰，肯為名山作主人。

隔岸微茫見佛燈，當頭翡翠推層層。水邊風似久要友，岩際雲如入定僧。
舒嘯臺荒秋有夢，禮星殿古夜凝冰。明朝又踏軟紅去，欲濯塵纓愧未能。

余自乙未出守宋州，即擬作百泉之遊，往返者屢無，皆以事不果。今歲出都，赴湘南，遂行道以踐此約。適逢田大兄大人宰是邦，東道周旋，流連竟夕，率成二律，即呈王正勤。

門弟萬彥並識。
順治十二年。

（碑存輝縣市百泉碑廊中院。王興亞）

步涉橋記畧

孫奇逢

共城之南，有村曰西夏峯，為輝、新孔道。每夏秋，山水瀑發，溝澗水集，架木為橋，行人病之。順治乙亥，本村茂才郭守一糾附近好義者易木爲石，鳩工庀材，不期月而橋成，借余言以記顛末。余謂之曰：今之世，好新務奇，以驚惑愚人之耳目，或淫祠，或梵刹，動費千萬金，窮鄉下邑，罄囊奔赴，甚至儼然士林，號稱知禮者，皆附會恐後。偶有一二人稍異，則閧然譏議，不以爲病狂喪心，則嗤爲迂闊，不達時務。此正道壅塞，而不知其爲非也！今欲正人心，厚風俗。不必遠求，就目前方便，以徒杠輿梁濟行人，以濬渠築堤防水患，老幼咸胼胝輸資，爭先助力，不惜費，不憚勞，即此便是厚風俗，維人心之大端，繼此而鄉井可復之義，愚夫婦共具之知，能一人倡之，衆人和之，相倣成風，習焉若性，誰謂晚近非三代乎哉！今始知《考工》一書，無往非關人心風俗之意，於此修橋之舉，鼓舞恐後，則凡爲正言，行正事，皆如此，橋可幾也。橋成於閏三月十三日。

順治十三年。

（文見光緒《輝縣志》卷十六《藝文志》。王興亞）

嘯臺公宴即事

同李公愚、監察楊猶龍、武蘭石、王安之、郭峒公諸憲長，嘯臺公宴即事。

我愛古高士，公和得其真。今登長嘯臺，空嶺無虛人。荒崖未脫白晝陰，攀躋老樹雲壑深。飛泉噴流怪石擊，天空忽墮鸞鳳音。孫登去今已千載，獨見高臺巋然在。朝霞如絢暮峰青，春月秋花不相待。嵇阮風流尚有無，孫生宛在或可乎！拍肩挹袖各酣暢，奮臂為我傾千壺。玉壺光瀉月初朗，石罅奔泉恣意賞。俯視黃河一線流，遠眺嵩少平如掌。狂來欲踞萬峰巔，醉後羣稱五湖長。明發辭君向鄴城，山空鳥寂松露青。何年復訂蕉門約，不愧孫登千載名。

丁酉抄秋藥園丁澎具草。

（碑存輝縣市百泉碑廊中院。王興亞）

水部馬玉筍同門邀飲清暉閣

連起鳳

高閣清暉連水築，泉聲慧慧雲濤簇。園林近遠含晴光，風卷河明千里舳。同蒂並蔓忘未榮，都水為我烹葵菽。伏念年荒伏臘忘，農夫難飧菰蕙粥。丹墼藏書事已訛，彩雲作賦空盈腹。醉君鸚鵡三百杯，掃盡胸中壘萬斛。白眼指點數澗阿，晉宋猶存處士屋。蓋代文章蕉許來，不知何事山之麓。千秋事業貴尊行，誰建鼓鐘誰擊築。長嘯一聲天倏暮，淡樹遠岫愜幽獨。

（碑存輝縣市百泉碑廊中院。王興亞）

蘇門二首

連起鳳[1]

泉珠抱日湧，荷靜鷺羣親。
物象欣時得，吾心會有真。
誰栽招引樹，遠待來遊人。
束束蘇門秀，所憂非賤貧。

年年解閱世，漸與靜幽親。
雲臥衣冠古，山居木石真。
琴清風入水，酒淡月宜人。
鄰卜依孫邵，而今寸自貧。

（碑存輝縣市百泉碑廊中院。王興亞）

和袁石公韵二首

李及秀順治十四年任河南巡按。

潭影涵秋碧，珠珠泛石泉。輕陰山漫露，野爨樹浮烟。
過雁依蘆磧，閑鷗踏稻田。居停誰可托。聊借一高眠。

江南稱澤國，此地竟何如。古檜藏書閣，新篁隱士居。
忘機親啄鳥，無事狎遊魚。幾許浮雲客，於今化太虛。

（碑存輝縣市百泉碑廊中院。王興亞）

和袁小修韵二首

李及秀河南巡按。

挾怒爭趨壑，回波匯小湖。遠嵐烟覆柳，急溜水牽蒲。
魚鑰金堪質，旗亭酒不無。共遲明月上，石畔訪雙鳧。

---

[1] 連起鳳，順治三年進士，與馬玉筍同管河道。

登臨情未盡，落照水明霞。秋老思蒓菜，寒深憶菊花。
山中無俗客，竹裏是誰家？不作風塵態，攜瓢日泛槎。

丁酉八月，燕山李及秀題並書。

（碑存輝縣市百泉碑廊中院。王興亞）

百泉行

李震生工部都水司駐百泉使節。

劫風感天天欲圮，一夜寒星淪水底。曉來進迸亂珠翻，泉下鮫人泣未已。荇紆莖緩藻空聯，滿池累累收不起。忽然匯出鏡光新，天水一泓恣倚徙。乍深倏淺停復流，竟奪橋門聲漸移。數橋以外任縱橫，湧雪奔雷波駛愈。我或憑高一騁貌，置身何啻清湘里。禽魚情送樹影疏，譜就江南風物美。掉頭清嘯破烟雲，喚起孫登長勿死。眼中亦曠亦幽鮮，削盡樓臺尤可喜。泉山紛映搆奇容，客意應知多在水。更向前川衆流委，穿破中州泛千里。

萬斛舟航自茲始。

順治十四年。

（碑存輝縣市百泉碑廊中院。王興亞）

蠲荒政德政碑

趙蔭奇

順治己亥夏四月，奇具吏輝邑。五月，巡撫大司馬少保賈公，以輝邑荒田，特疏奏聞，久而未報。六月，公因軍務來郡，命駕過輝，策馬四郊，遍歷荒所。時當溽暑，烈日橫空，炎蒸滿野，公冒熱揮汗，徬徨墟隴。僕夫皆屏，獨攜司李宋公逞窮荒境，自朝至於日昃，不遑暇食。但見雞犬無聲，豺狼交跡，蓬棘迷阡，荊榛塞道，晚歸百泉之涯，憩息蘇門山下。顧司李宋公喟然嘆曰："人臣食君之祿，爲國家理此土地人民也。"疆內有關易之田，固不憚陳廷納籍，以充帑府。今輝邑民遁地蕪，糧欠官亡，如此，危困已極。昨據邑郡申文，不勝駭憫，冒罪懇奏，而一時在廷諸公，未見允行，或爲國課重務，尚須詳確，至俯此荒涼景色，如土地何？如民生何？即踟躕太息而不能已。及達邑城，輝邑扶老襁幼，匍匐路側，哀頌之音，聞者酸鼻。甫入館署，而士子耄耆盈庭拜伏，感激涕號。公颺言以慰之曰："爾輝民勿以吾疏不行爲懼，吾將竭力爲爾輝民請命。"於是，連疏亟請，捐軀委俸以從事。秋九月，京部始覆奏，奉旨俞行，而輝民數十年垂危不醫之病，一旦脫針錐炮烙之苦，而享鶉衣藜藿之安，輝邑何幸而獲此耶！

案：輝邑荒田，起自明季崇禎壬申，流寇自秦入輝，大肆搶掠，殺人殆盡。及己卯、庚辰、辛巳，連年奇荒，死亡逃竄，幾絕烟火。甲申之歲，國朝定鼎，輝民復業者十分之一。逮順治已丑，復遭寇亂，沿山一帶，悉被屠夷。壬申、癸巳，霪雨漂沒。甲午、乙未，大旱焦枯，田野盡荒，錢糧累欠。從前之吏有投繯者，有愁斃者，有那移被纍者，有失察革逐者，遺害於後，何所抵極？今一蠲之，不但輝邑之民死者生，病者起，歌舞頌公之德，投世不忘，即凡輝邑之吏，亡者妥九原之靈，罪者逭三尺之律；而初罹待罪之人，亦或減貢賦懸空之累。其世世佩公之德，寧有窮哉？蓋古有行一事而活一人，即爲善事，異世稱咏不衰。若公行此一事，而活輝數千百人之命，且活輝民子孫數千百年之命，此誠千載傳馨之績，與蘇門百泉共昭今古者也。冬十月，詔下之日，奇大集輝人士，向諸父老言，諸父老咸稱公之德，輝民已家祝户頌矣。但慮後世子孫，被公之德，慕公之名，而不獲覯公今日之事，是亦後世子孫之恨也。奇爰命工，伐太行之石，勒公之德，立之百泉，式昭奕世。

公諱漢復，字膠侯，晉曲沃人。以兵部大司馬巡撫中州，旋拜太子少保，屢被恩優，兩加超級，實心實政，朝野重之。噫！公之造福閫豫者，實不止輝邑萬民，而輝邑之感德爲倍摯。公之造福輝邑者，亦不僅蠲荒一事，而蠲荒之感德爲最深。奇下吏，何能悉言之，謹同輝民諸父老之願，記此盛德，以貽後世云爾。

順治十六年。

（文見道光《輝縣志》卷十六《藝文志》。王興亞）

重修安樂窩記

范輝

夫慕古人而不得見，則於當日登臨游息之地，徘徊喟嘆，而如承其屐齒焉。又或慕其地而不得至，乃遙分其居址室廬，爲山川增飾，流連掩映，寄我仰止，況爲古人生平所朝夕偃處。雖越數百年，而精神尤應戀此，且流風未邈，又屬近鄉國，如蘇門之有安樂窩乎！

夫邵子受河洛象數之旨，於共令李公之才，而安樂窩其冬不爐，夏不扇也。《易·繫辭》曰："君子所居而安者，易之序也；所樂而玩者，爻之辭也。"故以安樂名窩，或取此乎！然天下亦甚廣也，所頹圮而未修舉者，亦甚多矣，安所顧於一窩？使邵子生在今日，其復能朝夕偃息於蘇門嘯臺之間否乎？吾意邵子生當宋之盛時，名德輩起，見知於哲君賢相，宜無不可。出而佐治，與司馬韓富後先輝映，更有光焉，奈何深隱於此？且邵子和而不亢，靖而能應，善易通變，又非沉冥矯激者流也，又何愛於此山？意者邵善《易》，聽洛陽杜鵑，已兆厥機；悟天下將亂，搆會百六，雖聖賢亦有所不能回，然則《易》安可不學也哉！而或者謂京房焦贛、唐檀許曼之爲《易》也，入於方術占驗，豈邵子亦然？不知仲舒漢之大儒也，未嘗不推災異，以明春秋，矧吉凶悔吝，固《易》所燦列者乎？求吉凶悔吝之故而居安樂，是可以審機，可以守變矣。夫天將亂，必有其機，機之動，變乃生焉，於機之動而能回之者，非聖人不能，若不能回其機，而勇往求濟棟橈滅頂於文王箕子之義，昧昧多矣。嗟乎！機之來也，微細難知。有志之士，若不與康節周旋，豈不遺恨千秋哉！吾慕邵子之善《易》，而安樂窩又屬近鄉國，往來觸目，能不感嘆興懷，此重修所以志也。

其時出俸佐工者：欽差巡撫河南等處提督軍務兼理河道太子少保兵部尚書加三級賈漢復、欽差督理衛河工部主事李震生、欽差督理衛河工部主事田本沛、開封府鄉宦右春坊右中允兼內翰林秘書院編修王紫綬、開封府鄉宦少傅兼太子太傅工部尚書劉昌、新鄉縣鄉宦太僕寺少卿許作梅、原任江寧府知府孟元、衛輝府知府程啟朱、同知鄭成、通判朱鼎銘、推官張俠、輝縣知縣趙蔭奇、輝縣儒學教諭范輝等。

於順治十七年歲次庚子八月乙酉二十九日落成。

（文見道光《輝縣志》卷十六《藝文志》。王興亞）

百泉

李震生工部都水司駐百泉使節。

平開深碧漾澄天，倒洩雲根不記年。
幾窟龍睡蒸夜雨，半崖日氣冷晴川。
濤飛欲卷樓頭樹，浦淨全收嶺外烟。
莫道寒流翻細細，蒼茫萬里達幽燕。

（碑存輝縣市百泉碑廊中院。王興亞）

春日登九山同劉公勇年兄二首

李震生工部都水司駐百泉使節。

絕頂鐘聲出岫間，飄然雙鶴叩禪關。
高原日落天依樹，大壑雲深豹隱山。
屐跡欲浮春色上，川明不礙野鷗還。
老僧若問真消息，碧井龍吟起夜潺。

洞邊嵐氣隔人蹤，數轉青蒼有路通。
絕壁遠臨嵩少宜，殘峰晴後海天空。
春泉壓樹千灣淨，行嶺埋烟萬疊從。

氣象只今清冷甚，森森巉立為誰雄。

（碑存輝縣市百泉碑廊中院。王興亞）

嘯臺

李震生工部都水司駐百泉使節。

晴空牧唱靜如聞，晝日登臨鬼不羣。

風響絕來山鬼傲，琴聲幽處松濤紛。

孤猿自繞虛臺樹，野鼠堪鋪半嶺雲。

寂寞只今余想像，漫將萍藻薦芳紛。

衛河冷署也。百泉為余專守，家大人及舅公岳丈朱適來省視，攀陟登九山、嘯臺間，杖履所至，雅興發為詩歌，雲飛波立，莫可端倪。余小子從而知之，以自刻膽搜心，不感跋踦，以為兩大人辱。今行矣，匯而鐫之石，千百年起而鑒賞之，則此一片石或不至與瓦礫共磨滅而可知矣。

順治庚子秋百泉長李震生手記。

（碑存輝縣市百泉碑廊中院。王興亞）

嘯臺放歌

李世洛

策馬渡黃河，覽顧臨嘯臺。臺上人不見，倚石空徘徊。天風寒曳傅寥郭，吹進山罅卷霜擇。太行一背烏呼咽，半帶雲橫落未落。因憶昔年孤嘯時，山頭語默起人疑。阮生未許傳名姓，如何卻使炭傭知。人生憂患識當早，蘇門月冷人未老。一聲獨唱野山看，當時落落任懷抱。我思山中人，長弄紫烟色。濛濛蕭瑟有遺音，山下塵迷聽不得。

（碑存輝縣市百泉碑廊中院。王興亞）

步百泉偕水部兒暨張孟二子

朱國沛

馬蹄踏霜郊，郊外濤聲響。下馬步里餘，聲在衣衫上。攜手靜尋泉，出入寒吹凌。人催白日大聲裂，裂小淙淙山深落。葉生空濕間，衝風上閣巔。潺湲不斷意冷然，幾曲石梁走寒涵，萬顆珍珠弄碧漩。應是何人司蓄洩，源外平疇恣盈竭。雲雨由人鍤鍤勻，不獨客心軀日月。泉頭往復想泉根，淅歷泉音歸一音。音喧花寂草青青，歸途日落戀深深。

（碑存輝縣市百泉碑廊中院。王興亞）

弔餓夫

劉淵潔順治十八年進士
睨世無青眼，存囊惟漢書。
魂孤臺上月，誓冷蠹中廬。
骨借山為護，嘯疑天欲嘘。
生前遊確意，此去復何趨。

（碑存輝縣市餓夫墓。王興亞）

我商百代並日月以長懸碑 [1]

竊以我商百代並日月以長懸，冠千秋同天地而不朽，合九□之赤子，悉仰明咸統四海之蒼黍，均瞻浩氣，雕梁畫棟，爰棲神武之靈寶。關聖帝君扶漢室，護華夏，最懷壯。炎劉之社稷，山河永固，奠世之乾坤。既已凌古而爍金，誰不春享而秋祀，感功之聿懋明。魏之常新在，昔三晉士民，荷□懷於千載，厥後，兩河商賈啟乎於百泉，特以復廟重檐，已擅始基之美。至於臺門屏樹，仍需繼起之功。夫位列通侯，而□□□□尚詳其制，豈踵事而增華，用擬圖終以成，始惟量功，命日不同丹楹刻桷之勞，而□□□工，實多板□餱糧之費，咸賴羣力之囊槖，用心濟事，務求闊其規模。庶幾，鳳門龍樓，益增壯麗，玉堦金闕，倍覺寬宏，系馬臺前，赤兔之念，歆其禋祀，肅拜瞻以禮，咸劾此駿奔，敢告同心，受茲景福。是為序。

賜進士出身文林郎直隸宣化府懷安縣知縣旭賁敬撰。

（碑存輝縣市商業局院內。王興亞）

萬善同歸

有為本村向無旗傘，修廟後又賴劉兆君洵珍，率乃事重為，按地畝捐資，創建新旗二十五對，綾傘四頂，寺週圍種植柏樹三百餘株。俟後柏樹成材，惟修廟宇用，斷不許無故砍伐，致傷栽時之善意也，則幸甚。

邑庠生員葛幼春撰文。
命子行慶書丹。

（碑存輝縣市百泉碑廊。王興亞）

---

[1] 原碑無題額，此據碑文首句補加。

明邑賢侯劉公聶公段三公遺愛碑[1]

　　劉公諱玉，字咸栗，號執齋，江西萬安人。由進士於宏治十三年尹輝。閱五載，治行爲河南第一，行取御史，歷任刑部侍郎。學問文章，卓然名世。其治輝也，實心愛民，興學校，崇節義，重農桑，輕徭役，興利除害，嘗奏免沙堽社沙壓地糧八百餘石。民思之不忘。初建祠於東關，歷五十餘年，至嘉靖中，又改建於縣治之右，今無可考。

　　聶公諱良杞，字子實，江西金谿縣人。由進士於萬曆三年尹輝。行取禮科給事中，歷陞福建參議，才識精敏，果決有爲。其治輝也，愛民如子，首以教育人才爲己任。集諸生於百泉書院，耳提面命，士風丕變。而興除之最大者，則尤在水利，修理衛河閘堰，創開老裔坡、秀才莊、魯家莊、程村諸新渠，疏濬花木村舊渠，灌稻田數百頃，至今程村猶呼爲聶公渠。《誌》稱祠於百泉之上。

　　段公諱然，字幻然，湖廣江夏縣人。萬曆乙未科進士，於萬曆三十一年尹輝。陞南京兵部主事、户科給事中。其治輝也，端方有爲，令行禁止。相傳清丈地畝，均平賦役，魚鱗冊，悉公裁定，經兵火後，惜不可睹矣。時黃河決，大僚首薦公董其事，工旋告成，爲輝民節省數萬金，鄰四邑咸受其福，專祠祀之。

　　先是士民公議，以霍、敖祠久廢，奉兩公同祀於公祠，而公舊碑忽折，衆異之。余曰："無異也。"前乎公而爲賢令者，若劉若聶，舊皆有專祀而廢墜無存，公之意固皆欲引爲同堂也。因並祀之，揆之報德之意，既毫髮無憾，而數公之靈爽，其亦將永庇吾民，豈不休哉！

　　月朔日。

（碑存輝縣市百泉碑廊。王興亞）

蠲豁黃河夫役碑

　　康熙元年二月二十八日，蒙本府信票，爲緊急險工刻難遲緩事：

　　蒙管河道荊憲票，蒙總河部院朱憲票，前事備行到府。票仰本縣官吏照票備蒙憲票內事理，文到刻下即將該縣夫數分爲三分，火速先解二分，並具該縣河夫內不敢隱匿逃人甘結一樣二本，無分雨夜，差人解府轉道批，發各工立等備築應用，先將夫役起工日期，星飛報府，立等報道轉報。如敢再遲，除經承嚴拿解究外，即指名揭報，定以遲誤欽工參處，決不稍寬。須票衛輝府輝縣知縣爲懇恩詳豁河夫以滋濟運以起重累事，據闔縣民王可聘等稟前事，又據本縣儒學廩增附生員馬之奇等連名合請，爲懇乞天恩垂憐重苦，以救殘黎事。

---

[1] 道光《輝縣志》卷十六《藝文志》作《劉聶段三公遺愛碑》。

該輝縣知縣趙蔭奇看得輝縣百泉乃衛河之源也，每歲春初力爲挑濬，自源頭而抵交界約有四十餘里，兩河隄岸冲決者修築完固，壅澁者挑挖疏通。更苦夏秋陡雨，山水冲淤，泉源壅塞，勢必再爲挑濬，何敢稍緩片時。每年需用夫役不下數千，今年倍甚，並無額設錢糧，亦無鄰封協濟，盡屬一邑民力。今二月十五日業已開工，漕艘刻期北上，需水濟運，正在斯時，亦係軍國重務。遵蒙憲檄派出河夫里老鄉民，故有此控。但黃河夫役，原有分土工價，未嘗虧苦於民。合無將此工價就近覓工，惟容輝縣里夫專力衛源挑濬，均是朝廷之赤子，並爲漕運之要工，伏乞憲臺軫念殘疲，俯賜同仁，准從恩豁，庶力役之徵無重困，而漕河之賴有專工矣。緣係懇恩詳豁河夫事，理應否出自上裁，非卑職所敢擅專也等情。申詳到府，備申本道轉詳總河部院朱。蒙批：該縣原有泉河工程，人夫姑准留役。此外是否不致比例，混請豁免。仰行該府取具甘結報院。速！速！

（碑存東司都龍王廟前，文見道光《輝縣志》卷七《渠田志》。王興亞）

衛源司李拜署中月下小酌聽孫靜子彈琴

康熙初，衛輝府推官張坦。

高山存古調，流水少知音。淡遠個中趣，清冷物外心。

人情忌冷暑，月意戀高林。不用憑杯酒，悠然滌我襟。

（碑存輝縣市百泉碑廊中院。王興亞）

百泉

張坦

千峰忽盡伏，百道湧飛泉。

鏡影搖天上，珠光落檻前。

忘饑人自遠，尋樂道堪傳。

我亦思家此，築茅占一巔。

（碑存輝縣市百泉碑廊中院。王興亞）

嘯臺

張坦

鸞鳳音何處，幽尋上嘯臺。

高懷千古近，放眼萬山來。

道大身能隱，光韜世不猜。

至今泉水畔，落日冷蒼苔。

（碑存輝縣百泉碑廊中院。王興亞）

蘇門安樂窩題壁

籲嗟吾祖

手探月窟，足躡天根，把握宇宙，造化吐吞。憲章周孔，祖述渾敦。太玄有象，弄丸無垠。皇王帝霸，升降等論。進退上下，遠極昆侖。三十六宮，朝蒙暮屯。離坎水火，子半黃昏。觀物內外，不跡不痕。風花雪月，玩弄乾坤。動辟靜合，亦肅亦溫。樂天知命，成性存存。數超無時，直參渾元。杞先卦畫，脫掃蹄輪．富貴貧賤，等彝捫褌。春風陋巷，顏曾比倫。其樂不改，坐到忘言。天津橋畔，百泉蘇門。不爐不扇，左琴右樽。安樂之窩，中有瓦盆。小車半醉，白髮沈酣。似尹似惠，非夷非髡。三詔弗起，巢由弟昆，伊耆三老，軒農五更。千秋百世，宗風聿尊。七百載後，爰有耳孫。康熙庚戌，定中星昏。玄鶴在林，紅葉滿村。有一瓣香，佐以剛豚。覲瞻祠闕，聊作蘭馨。是用作歌，以昭祖德。以示後昆。

河防使者吳派遠孫邵燈薰沐拜書。

康熙九年秋。

（碑存輝縣市百泉安樂窩東壁。王興亞）

攬轡蘇門□占六首

康熙十一年，河南巡撫佟鳳彩。

百門泉
蘇門山下百門泉，萬個明珠散復連。
雲影倒翻生海曙，苔光低映石練錢。
一溪飛玉澄塵無，幾處浮亭點碧瀾。
催客斜陽留不住，幽情時時夢魂牽。

嘯臺遠眺
寂寂荒山接太行，共城清氣入湖茫
登臺遠眺黃河轉，攬轡長思隱士芳。
曲徑蒼莽封鳥道，斷碑風襲碎文章。
幽人嘯去歸何處？山外鶯聲帶月翔。

安樂窩眺望
千秋名士隱山隈，門砌猶封碧玉苔。
洛浦風流何處是？蘇門歌詠幾時回。
情同瀲灩波光會，花接崔嵬曉色開。
藜杖示窩頻眺望，一輪空月使姜臺。

湧金亭觀魚
亭下湧金色，晴空返照回。
溶溶魚影動，汩汩浪聲催。
病骨初聞奕，愁頑一甩開。
於今若入夢，疑似出塵埃。

噴玉亭觀泉
不在昆侖山，胡為噴玉波。
倒銜山嶺仄，斜漾碧珠多。
靜對棲雲鷺，閑看泛水鵝。
臨流情不厭，川上自吟哦。

清暉閣招飲
緩步清暉閣，波光四顧餘。
鏡中懸崒嵂，攬水泛龍蛇。
坐久身忘客，席間有名家。
主人多興詠，醉倒夕陽斜。

（碑存輝縣市百泉碑廊中院。王興亞）

冀應熊識語

　　大中丞佟老大人予撫兩河，勘荒林慮，道經蘇門。熊昔為門下士，執戟追隨。小憩清暉閣，周爰諮詢，蠲災救役，人歌召伯所茇。迨攬轡臨流，口占六韻，百泉勝概遊譜毫端。然停馬之時匪塵以弗見也，而體國中民之隱，畧於茲征之矣，焉可以弗記，遂同邑令貞珉，當與帝陵山石並垂不朽云。
　　康熙十二年歲在己丑社日，舊屬門下士邑人冀應熊謹識。

（碑存輝縣市百泉碑廊中院。王興亞）

甲寅夏奉使肅藩取道游蘇門憩百泉書院三首

周景璱

太行分附庸，衛源出神潘。
久矣動夢遊，偶然入題品。
共城稻可炊，百泉水可飲。
聊停萬里驂，信宿此高枕。

未行須我友，地勝亦堪留。
百道泉如沸，千峰翠欲流。
攜琴聊坐石，呼酒復登樓。
泛泛隨鷗鷺，真同不系舟。

高閣虛凉入，憑欄俯夕陰。
幾家烟水近，一泉月波深。
狎浪魚翻藻，驚棲鳥出林。
嶺頭雲片片，如有鸞鳳音。

康熙十三年。

（碑存輝縣市百泉碑廊中院。王興亞）

登嘯臺

周景璱

草衣仍土窟，人世此同憂。
不更形骸累，都將笑傲收。
山川如一日，風月又千秋。
如問登臺者，誰為嵇阮儔。

（碑存輝縣市百泉碑廊中院。王興亞）

自湧金亭泛舟至橋□

周景寤

窈窕乘流下，溪橋路可尋。
激輪終日轉，束溜一時深。
小艇俄三易，殘杯復幾斟。
留連無限意，斜日掛長林。

（碑存輝縣市百泉碑廊中院。王興亞）

飲郭蕅門太史泉亭

周景寤

同君來別墅，又復駐征車。
頗怪淹留久，還憐跋涉虛。
雲林輞□宅，水竹渭南居。
盡日觀魚鳥，悠然想結廬。
康熙十三年。

（碑存輝縣市百泉碑廊中院。王興亞）

孫徵君墓誌銘[1]

湯斌

　　康熙十有四年乙卯四月二十一日，前明萬曆庚子舉人徵君孫先生，卒於輝縣夏峯之居第。一時監司郡縣之大夫與方數百里卿大夫士弔哭，屬路不絕，城內外市者罷，耕者廢耒，里老泣嘆，子弟輟誦絃聲。督學使檄郡邑列祀百泉書院。其冬十月十六日，葬於夏峯之東原。距生萬曆甲申十二月十四日，享年九十有二矣。蓋道學之傳，自濂、洛、關、閩諸大儒後，莫盛於明之河東姚江先生。幼當梁溪吉水講學都門之日，與鹿忠節公交修默證，以聖賢相期許。忠節既沒，獨肩斯道者四十載。年愈高德愈邵，真積力久，篤實光輝。四方學者不謀而合，曰："夏峯，今之河東姚江也。"兩朝徵聘十一次，繐帛賁於巖谷，守令敦趨就道者數矣。先生堅臥不起，故天下稱爲徵君云。

　　先生諱奇逢，字啓泰，號鍾元，保定之容城人。高祖端，曾祖廷寶，皆有隱德。祖臣，

---

[1] 湯斌《湯子遺書》標題作"徵君孫鍾元先生墓誌銘"。

嘉靖辛酉鄉薦，任河東鹽運司運判，以清慎稱。父丕振，庠員，授儒官，孝友著聞。母陳孺人。兄弟四人，兩兄奇儒、奇遇，俱庠員；弟奇彥，以貢士任武城知縣。先生少時，慷慨有大志。十四歲，謁楊尚寶補庭，補庭問："設在圍城中，內無糧芻，外無救援，當如之何？"先生應聲對曰："效死勿去！"補庭曰："此足卜子生平矣！"補庭者，忠愍公子也。十七舉於鄉，私居不蓄一錢。兩居父母憂，治喪一準古禮，偕兄弟結廬墓側，飲食必祭。風雨霜雪，哀音動人。嘗語人曰："少年妄意功名。自雙親見背，哀慟窮苦中證取本來面目，覺向來氣質之偏。蓋學問實得力於此"云。居京師見曹貞予公舉仁體以告，恍然此心與天地萬物相通。時桐城左忠毅、嘉善魏忠節、長洲周忠介，以氣節相高，一見先生皆傾蓋定交。高陽孫文正公督師關門，鹿忠節為參謀，約先生同遊塞上，徧覽山海形勝，指畫如掌。孫公留其襄軍，事急辭歸。語茅元儀曰："將相不合，未有能立功於外者。"公信不愧吉甫，如時不可何？

天啓末年，逆閹竊柄。左、魏、周三君子相繼逮系，過白溝，緹騎森布左右，先生及門人張果中，拮据調護，供其槖饘，且告之曰："雷霆雨露，總是君恩，諸公主張宜蚤定。"意氣浩然，旁若無人，其子弟僕從，廠衛嚴緝，莫敢舍者。先生與鹿太公為之寄頓。左嘗督學三輔，又屯田，有惠政。時誣坐贓至二萬，拷掠備至。先生與鹿太公謀設甌建表於門曰："願輸金救左督學者聽。"於是，鄉人投甌者雲集。左既拷死，則又按籍俵散。魏與周各坐贓五千，嚴刑酷比。先生咸倡義醵金以應之。去京師不二百里，舉旛建鼓，不畏閹知。閹亦竟不知也。當事急時，遣奇彥同鹿公子化麟馳關門上書孫公求援。公即具疏以邊事請陛見面奏機宜。都門喧傳，公將興晉陽之甲，閹夜繞御牀而泣。公抵通州，亟降旨勒回，公回，而諸君子不可救矣。蓋正人為國家元氣，非但急友難也。事之不成則天也，而世徒以節俠視之過矣。客氏弟光先以時焰牢籠士大夫，介所知送名馬，以家貧不能具芻菱辭，再致稚秫之需，以病軀不能乘辭。待小人不惡而嚴，類如此。

崇禎戊辰，督學御史李公蕃舉孝行，奉旨建坊旌表，給二丁侍養。丙子，容城被圍，土垣將圮，窮晝夜拮据修築，先生指授方畧，士民協力捍禦，城賴以全。事定，巡撫都御史張其平、南刑部郎胡向化，交章聞於朝，特詔褒嘉。兵部尚書范公景文聘贊畫軍務，固辭不就。時寇氛漸逼都城，攜家入五峯，結茅雙峯，親識從者數百家，修武備，嚴教條，所以整齊約束之法甚備。更與其徒，講學習禮，賦詩倡和，絃歌之聲相聞。當兵戈搶攘時，雍容禮樂，盜賊睥睨不敢犯。嗚呼！先生之不用於時，豈先生無意於世，蓋亦知天運之不可回也。我朝順治初，祭酒薛公特舉長成均，以魯齋之任相待，中外大臣推轂日至，先生絕意仕進，移家共城，闢兼山堂，讀《易》其中，率子孫耕稼自給，筆瓢屢空，怡然自適，而道德聞於遠邇，負笈來學者甚眾。有大僚歸老於家，一見北面稱弟子者，有千里遣其子從游者。公卿持使節過衛源，不入公署，屏息騶從，以一見先生為快。

先生涵養益邃，自強不息，每晨起，謁先祖祠畢，退居一室，澄心端坐，即疾病未嘗有惰容；接人無貴賤少長，各得其道；與後學答問，隨入淺深，亹亹窮晝夜不倦。子孫甥侄數十人，揖讓進退，皆有成法，閨門內外，肅肅穆穆，寂若無聲，而諸事俱有條理。姻族故舊，恩義篤厚，爲之經理婚姻喪葬，惟力是視。聞節孝事，必爲之表揚。先賢祠祀廢墮者，必倡衆爲之修葺。見人家庭乖違，與父言慈，與子言孝，緩譬曲喻，必歸於道而後已。故賢者悅其誠，不賢者服其化，即兒童牧豎，無不歡喜尊敬。至於事變之來，衆人震撼，不知所措；處之裕如，未嘗有幾微動於中也。

其學以慎獨爲宗，以體認天理爲要，以日用倫常爲實際，嘗言七十歲工夫較六十而密，八十工夫較七十而密，九十工夫較八十而密。此念無時敢懈，此心庶幾少明。又曰："生平所見，有時而遷，而獨知之地，不敢自欺，識得天理二字，是千聖真脈，非語言文字可以承當。故言心即在事上見，言己即在人上見，言高遠在卑邇上見，言上達在下學上見，戰戰惕厲，不敢將就冒認，惟是慎獨而已。"

所著書共一百六十五卷，[1] 嘗歎世之學者，不務心得，株守藩籬，物我未化。先生真見道之大原無建安，無青田，惟以庸德、庸言直證天命原初之體，可謂千聖同堂，造化與遊者矣。

康熙十四年十月。

嘗歎世之學者不務心得，株守藩籬，物我未化。先生真見道之大原，無建安，無青田，惟以庸德庸言直證天命原初之體，可謂千聖同堂，造化與遊者矣。程子曰："世無真儒，天下貿貿焉莫知所之，人欲肆而天理滅。"自先生講道山中，公卿大臣，四方學士，聞風而起，皆知聖賢之可爲，異端邪說不足以亂孔聖之真。其有功於斯世斯人大矣！若其自得之深，精微之蘊，非學問有得於心者，烏能測其所以然乎！斌何敢謂知足以知之？然奉教有年，竊觀其語默動靜，元氣渾淪，全體大用，光明洞徹，其斯爲凝道之君子何疑歟？哲人云萎，斯世何宗？故不禁涕泗無從也。

元配槐孺人，繼配楊孺人，皆有閫德。丙辰，先生下第，槐孺人慰之曰："下第何妨？即終身不第，吾未見布衣可輕，富貴可喜。"此豈婦人女子所及？當先生醵金救左、魏時，楊孺人出嫁時衣奩佐之，撫前子同己出，事槐孺人母如己母，奉養終身，皆人所難者。子六：立雅，恩貢；奏雅，生員；望雅，增廣生，槐孺人出。博雅、韻雅、尚雅，增廣生，楊孺人出。女二。孫十二：瀾，增廣生；潛，生員；溥，生員；溶，生員；淦，舉人；淳，生員；漢、浩、沐、浴、湛、源。孫女八。曾孫十三：用柔、用霖、用梓、用楠、用桓、用模、用楷、用樞、用楨、用杆、用樟、用柱、用棟。曾孫女五。四世孫一，熠。娶聘皆名族。孺人原葬容城先塋，今以衣冠祔。楊孺人原葬夏峰東阡，今移祔。銘曰：

至道浩浩，待人而行。貞元會合，大儒挺生。定交江村，志紹濂洛。奧旨微言，開關

---

[1] 湯斌《湯子遺書》此載："所著有《理學宗傳》、《四書近指》、《讀易大旨》、《書經近指》、《聖學錄》、《兩大案錄》、《甲申大難錄》、《歲寒居文集》、《答問日譜》、《畿輔人物考》、《中州人物考》、《孝友堂家乘四禮酌》、《乙丙紀事》、《孫文正公年譜》，共若干卷。"

啟鑰。窮理盡性，本於孝弟。表裏洞然，天空月霽。云臥蘇門，韜光斂耀。安樂窩叟，千載同調。峨峨夏峰，萬仞其高。攀援莫逮，仰止為勞。松楸鬱鬱，幽宮在茲。我銘不磨，永式來思。

康熙十有四年乙卯十月。

（文見道光《輝縣志》卷十八《藝文志》。王興亞）

和袁中郎二詩

康熙二十一年，以文選員外郎任河南鄉試正主考孫宗彝。

嘯臺
環佩天風欲杳冥，祇應中散靜中聞。
試看蘿月松烟外，嘹笑秋高何處雲。

安樂窩
蝸穴映雲窺石牖，天根浣月湧珠泉。
閑將太極圖中看，收檢梅花幾點烟。

（題嵌於輝縣邵子祠殿壁。王興亞）

孫徵君墓表 [1]

魏象樞

康熙十有四年四月二十一日，徵君前明舉人孫鍾元先生卒。其年冬十月，葬於輝縣夏峯之東原。又八年，蔚州魏象樞表其墓曰：

先生諱奇逢，字啟泰，鍾元其號，保定之容城人。大父臣，嘉靖辛酉鄉薦，歷官河東鹽運司運判。父丕振，邑諸生。先生年十七，舉萬曆庚子鄉試，與定興鹿忠節公善繼為友，以聖賢相期勉。忠節家江村，先生家北城，相去三十里，[2] 雖風雪暑雨過從無虛日。討論濂、洛之旨，而證諸六經，發為文章，皆自抒心得，不屑訓詁詞章也。性至孝，連丁父母憂，哀毀成疾，喪葬一準古禮，偕兄弟結廬墓次者六年。巡按御史以聞，下詔旌焉。家故貧，饔飧常不給，有巨室以金粟饋者，婉卻之。一日與鹿公講學，自晨至日昃，蒼頭始持豆麵作羹以進，怡然無不足之色。嘗言從憂患抑鬱中默識心性原本，生平學問實得力於此。

天啟末，魏忠賢竊柄，荼毒正人。左忠毅光斗、魏忠節大中、周忠介順昌，先後被逮，

---

[1] 錢儀吉《碑傳集》卷一百二十七標題作"徵君孫鍾元先生墓表"。
[2] 錢儀吉《碑傳集》作"相去十里"。

三君皆與鹿公爲友，於先生有國士之知。時鹿公贊高陽孫文正公軍於榆關，先生遣弟奇彦上書高陽曰："左、魏諸君，善類之宗，直臣之首，橫被奇寃，有心者誰不扼腕。昔盧次楩一莽男子耳，謝茂秦以布衣爲行。哭於燕市曰：'諸君今不爲盧生地，乃從千載下哀湘而弔賈乎！'李獻吉在獄，何仲默致書楊文襄，求一援手。康得涵至不自愛其名。左、魏之品可方獻吉，非次楩所敢望。某一介書生，無由哭訴，尚愬茂秦。閣下名位比肩文襄，豈至出德涵下乎。"高陽覽書，即具疏請入朝面陳軍事，將爲諸公申救。忠賢聞之，謂高陽興晉陽之甲，夜繞御牀而泣，乃馳詔止之。

時左誣贓二萬，魏、周皆數千，嚴期追比，三君子皆清白吏，無以應。而忠毅舊爲三輔屯田使，有遺愛，又嘗督學畿内，門下士甚衆。先生與鹿太公及其友張果中，倡义蠲助，輸者雲集。甫就，而三君子相繼拷死，則又經紀其喪，餘則按籍俵散。當其時，邏校嚴急，士大夫觸手糜爛，親戚故交，鍵户謝絶。先生慷慨急難，呼號同志，禍福不足動其心，而禍亦卒不及也。高陽知其有經世才，將題授職方郎與共事。先生知時不可爲，自陳愿老公車，不敢借途求用。臺諫交章推舉，堅辭不就。

崇禎丙子，容城被圍，土垣將圮，率宗族閭党，矢志守禦，城賴以完。巡撫都御史上其事，特詔褒嘉。南兵部尚書范公景文聘贊畫軍務，亦辭不赴。時秦、晉已陷，寇氛漸逼都城，攜家人易之五公山，結茅雙峯，姻黨門人依以自保者數百家。飭武備，定條約，暇則講詩習禮，修冠婚喪祭儀節，簡而可行，干戈搶攘之際，絃歌俎豆，遠邇服其德教，盜賊聞而屏跡，時以方田子春無終山焉。國朝順治初，祭酒薛公所蘊具疏讓官，兵部左侍郎劉公餘佑及巡按御史薦剡數上，先生堅臥不應。蘇門爲康節、魯齋讀書地，泉石幽勝，遂移家築堂，名曰"兼山"，讀《易》其中。子孫耕稼自給，門人負笈來者日衆。先生涵養益邃，每晨起謁先祠畢，澄心端坐，雖疾病未嘗見惰容。接人無貴賤少長必以誠，有請問者，隨其淺深傾懷告之，無不人人自得。子孫甥壻數十人，進退揖讓皆有成法，即耕夫牧豎亦知尊敬。時節花放，鄰村爭置酒相邀，兒童皆歡喜相就，曰："我先生也"。年九十二卒。士大夫弔哭屬路不絶，市者罷，耕者廢耒，督學使檄郡邑列祀百泉書院。容城、夏峯皆立專祠祀之。

先生著書甚富，《理學宗傳》表周元公以下爲十一子，別爲諸儒考附之，蓋出獨見，非依傍舊聞者。其學主於慎獨，而於人倫日用，體認天理。常曰：喜怒哀樂中節，視聽言動合禮，子臣弟友盡分，皆終身行不盡者。自言生平年愈進，功愈密。天理二字是千聖心傳，非語言文字可以承當。世之學者不務躬行，惟騰口說，徒增藩籬，於道無補。體先生之言，可以自悟矣。[1] 過其墓低徊俯仰，當有慨然興起，不能自已者。則先生之風教，愈遠而彌新也。

---

[1] 錢儀吉《碑傳集》作："余昔奉母里居，無由親炙與聞緒論，間嘗馳書請質所疑，荷先生手教邊答，千里如侍几席。今典型既邈，後進誰宗！因其孫壬戌進士淦之請，謹書其大者如此。過其墓者，低徊俯仰，當有慨然興起，不能自已者，則先生之風教，愈遠而彌新也。其子孫名次列存志銘者，不具述。"

康熙二十二年。

（文見道光《輝縣志》卷十八《藝文志》。王興亞）

題清暉閣

孫宗彝

流水高山不易酬，百門風月四時幽。
一絃杳冥清樽盡，萬斛紛飛藻鏡流。
草樹有情擁館樹，金銀無氣逐鳬鷗。
最宜睇喚清萍上，海嶠江天可遊舟。

（碑存輝縣市百泉碑廊中院。王興亞）

寄王金章學長並謝陳侯升庵

孫宗彝

文談詩思纈香蘅，泛我情瀾入座傾。
遂有風雲生絕壑，不比杯盞動門旌。
梅花水聲官河冷，滿袖春風夢獨清。
人在嘯臺秋色裏，雁行飛作鳳鸞聲。
康熙二十三年甲子秋杪，珠瑚孫宗彝孝則甫書。

（碑存輝縣市百泉碑廊中院。王興亞）

御製至聖先師孔子贊並序[1]

清聖祖

康熙二十五年七月初四日。
闔縣鄉紳士民仝立。
姓名另碑鐫列。

（碑存輝縣市文廟院內。王興亞）

---

[1] 見本書第一冊第3頁。

再游白雲寺二首

上方曇影舊氤氳，無恙重來廿載分。
花雨自臨清梵落，松風還行暮鐘聞。
山門夜靜僧敲月，野閣春深客伴雲。
我欲隨緣成解脫，千峰何處問麋羣。

憶昔登臨是少年，驅車重問翠微天。
穿林風送山上雨，掃石雲蒙處下泉。
燈影一龕清客夢，禪心片偈破塵緣。
蒼顏未了人間業，慚愧松陰半自眠。
獲嘉賀振能篷仙題，時丁卯花月也。

（碑存輝縣市百泉白雲寺殿壁。王興亞）

蘇門山雜詠六首

王際有，康熙二十六年河南按察副使提督學道。

百泉

高樓烟雨帶泉光，素影橫披十月霜。
萬顆珠瑛澄匹練，四時荇藻碧寒塘。
挽輪波靜魚龍窟，嘯詠聲傳鷗鷺房。
自是聖朝汪濊潤，塵纓可許濯滄浪。

嘯臺

公和幽興寄丹丘，一嘯橫空天地秋。
避世人誰堪問答，忘機我自任沉浮。
苔封窟口經霜澀，泉入絃聲帶月流。
欲聽鳳鸞清客夢，白雲黃葉滿山頭。

安樂窩

荒崖回抱百泉隅，桃竹成蔭慰卜居。
直向箪瓢尋寄託，非同土窟守清虛。

羊腸蝸角千重外，月脅天心一畫初。
會得先生經世意，不妨蹤跡混樵漁。

二程子祠
當年洛下兩夫子，講席曾同安樂翁。
許楣斷塵留夜雪，衣冠余暖坐春風。
流長萬古泉源合，氣振千尋嶽峙崇。
廟貌不嫌常寂寞，斯文俎豆近牆東。

思賢亭
我所思兮在昔賢，空亭相對竹娟娟。
乾坤未得一長嘯，身世還歸三絕篇。
玉局風流殘碣在，梅溪消息暗香傳。
歲寒莫悵無桃李，取次春光到檻前。

棲鳳閣
琅殲積翠自蕭疏，泉巘交輝鳳所居。
山外有山皆列幛，水源無水不通渠。
臺高月冷千秋韻，木脫天空萬象虛。
羣玉峰頭懷委宛，由來二室舊藏書。
康熙二十七年戊辰孟冬，京江王際有題。

（碑存輝縣市百泉湧金亭內壁。王興亞）

顏子贊[1]

清聖祖
康熙二十八年閏三月十六日。

（碑存輝縣市文廟院內。王興亞）

---

[1] 見本書第一冊第3頁。

孟子贊[1]

清聖祖

康熙二十八年閏三月十六日。

（碑存輝縣市文廟院內。王興亞）

興復水利灌田碑記

滑彬

蘇門山百泉，廣不過四五十畝，其深處或五六尺，淺者僅二三尺而已，湛然澄徹，毛髮可鑒。中有魚鳥，飛翔游泳其間，供人玩賞。遠而太行之層峰相映帶，近而孫登之嘯臺、康節之安樂窩在其上。泉之中央，建清暉閣以挹諸勝。他若噴玉、湧金、放魚、洗心諸亭，碁置泉上，信共城之名境也。其水自下湧出，累累如貫珠，晝夜涓流不息。相傳為衛水之源，紆迴曲折，直達於濟。建有五閘，以時啟閉，立廟祀神，歲歲郡牧為之主祭。一以濟漕艘之運道，留其餘以溉輝邑之稻田，輝民永利賴之。後因連歲亢旱，督河使者慮漕運之稽阻，具疏請禁彰、衛諸水，不得涓滴滲漏，惟漕是濟。自是，而昔之稱膏腴者，盡為石田，不可復問矣。共地因之日貧，而民日瘁，遂成瘠邑。

康熙己巳夏，余來令茲土，父老為余言狀，余閱前令稿案有諮訪利弊等事，一詳議復水利，往返僉謂向蒙皇上有漕運、民田均關緊要，務兩利之俞旨，久而未決，余復力為詳請，有四日濟漕、一日灌田之議。幸蒙撫軍閻公主之，河道俞公贊成之，而總河王公任之，特為二、三、四月濟運，五月以後聽民灌田；或時值插秧，雖漕河需水，亦准五日之內，暫留一日，曲為通融，以全兩利之道。夫而後，向之悲石田者，復為膏壤；而地之日貧，民之日瘁者，或可少蘇矣乎！宜輝民之歡欣鼓舞若更生也。賞思古之以水利利民者，若召伯之為埭，鄭國之為渠，白公、蘇公之隄，皆創所未有以為百世之樂利。今百泉之水，固利之所自有者，而忍棄之如遺乎！今日之復，非余之力能為之，道臣俞公、撫臣閻公、河臣王公之功也。諸臣之功，又皆聖天子廑恤民生之至德也。是為序。

康熙二十八年。

（碑存輝縣市百泉碑廊。王興亞）

---

[1] 見本書第一冊第4頁。

創置義塚碑

滑彬

　　聞之掩骼之舉，行於孟春，而瘞朽之條，亦嚴於田野，凡所以全其不忍之心於無已也。余自己巳孟夏，來令共城，見民貧地瘠，憔悴堪憐，加以連歲災荒，公私亦立。余曰：請蠲議賑，且將次第舉矣。而尤有最可憫者，四野之遺骸，累累不絕，余不禁徬徨久之，因詢之父老，咸言本縣窮民多無能葬，且以未成人之小口，伊父母又不令其葬埋，惡其中道而亡也。狐充野食，犬嚙心脔，行道為之心惻，何民之無良，一至此乎！夫鄉黨好義之士，於素不相識之人，尚有捐貲以為掩埋者，豈天性至恩而忍於出此？他若異地之無依者，益不可問矣。昔者文王之為伯也，澤及朽骨。穆公之為霸也，封骰尸而還。余雖不敢上擬古人，而不忍之心，有發於至情而不能自已者。因查北王一里，有閑田二十畝許，遂捐俸置買，代納本年錢糧，復為設法頂補，而永除其賦，以為義塚地。並僱覓閒人，拾取遺骸而埋之。又嚴禁民間之擅棄其屍者。夫而後，冷冷平原，燐燐鬼火，或不致向淒風冷雪，而悲恫矣乎！居嘗讀史至齊、梁、魏、隋間，見天下披靡於西竺之教，盡發齊民之蓋藏，而靡爛之金碧宇舍，文繡土木，疑其蕩而無節。吾為此而不為彼者，惟其實而已。後之令茲土者，亦將有感於文。

　　康熙二十八年。

（文見道光《輝縣志》卷十八《藝文志》。王興亞）

重修安樂窩記

滑彬

　　出共城五六里許，其西北隅為蘇門山，上有康節先生安樂窩在焉。先生為宋之大儒，不事王侯，而高尚其志者也。其志慮絕人，治《易》、《詩》、《書》、《春秋》之學，究意言象數之蘊，明皇帝王霸之道，著書十餘萬言。程明道每稱之曰："堯夫內聖外王之學也"。常遊洛而卜居焉，富鄭公為買園以處之，亦名安樂窩。茲則太行之層峰，積翠在其上；衛源之清流，激湍在其下。考其舊有大門臺閣一間，門外石坊一座，其路直至桃竹園北岸。門外拜殿三間，正殿三間，肖先生之遺象於內。後建皇極閣五間，此皆當日之盛也。臨風而聽之，琮琮琤琤與天合籟，悠然若韶濩之停耳。過雨而撫之，青蔥峭蒨，與天並色，濯濯若璆琳之寓目；值桃花既放，若錦繡之璀燦，灼灼動人。枕流而玩之，青紅之光，上下相接，而四時花鳥風雲，固引人於最勝也。宜先生之凝神息志，而終身安樂焉。迨乎多歷年所，兵燹之摧殘，與夫風雨之剝落，其傾圮日甚，即所存之室宇，亦且頹廢無餘，僅先生遺象之殿，尚巋然如魯靈光也。

余於己巳夏，始蒞茲土，不幸不得親炙先生之道範而函丈之，猶幸得見先生之遺徽而瞻拜之。倘不早爲修葺，使鞠爲茂草，非有司之過乎？適學憲王公來試士茲邑，登臨其上，因謂余曰："興舉之任，我輩事也。"共捐俸修之。余固飲冰自矢，然不敢以毫末煩吾父老爲也。遂命鳩工焉，材必取其良也，工必求其堅也。頹者爲之興，廢者爲之飭，污者爲之飾，即不能改復舊觀，而先生之廟貌已肅然矣。余以力不及規其盛，以俟後之君子推廣焉。

康熙二十八年。

（文見道光《輝縣志》卷十六《藝文志》。王興亞）

重修蘇門山嘯臺碑記

　　蘇門山嘯臺者，晉隱君子孫共和遊息地也。□□晉室傾頹，賢人遯跡，故嘯臺林泉，以寄志焉。觀其□□，嵇康之語爲多不而傲難乎？□□今之世，則明哲保身之智，有大過人者寡，只側□望□白而積翠盈淫□之□，則百泉之湲不竭也。其間，朝暮之異態，暗晦之異狀，寒暑之異姿，□□然□公會而公亦□然會得其流峙之音，以成□品，得其□立直之用，□□吾高得其風，行露潤之□，以□吾文章，一時稱名□焉。追歷□百年□□□相仍，數圮難振，不及□睹其盛矣。至於今，基址頹垣，幾蕩爲□葵燕□□□而漸不可問。予於己巳夏，來□興家□遵其二，見公之遺像猶存，而所爲□宇幾傾，臺柱皆□，徒見荒烟蔓草，□□□其而已，遂不禁有今昔之感，曰："是不可以湮沒也。"特爲捐俸以葺之。材取其□，室取其既，二□其堅，不數月而厥成。□之所謂壞□頹垣，蕩爲兔葵□□之場者，一旦更新之，登□一也，試一憑弔焉，猶總仿佛其遺□□如聞□然長嘯也。是□爲之記。

　　輝縣知縣滑彬撰並書。

　　康熙歲次庚午秋九月穀旦。

（碑存輝縣市百泉。王興亞）

重修衛源廟記

　　蘇山之下，有百門泉在焉，爲衛水所自出，故泉之上建衛源廟，立祠以祀之。蓋百泉之水，廣不過數十畝，而贏深不過二三尺而止。然水之出也，噴湧如貫珠狀，涓涓不息；而潺湲之聲，固晝夜未嘗間也。淵涵澄澈，荇藻交橫其下。十五里內，建有五閘，以時啟閉，由東南至新中，瀠折而迴，即爲衛河。東北與淇水合流於漳，會於清源，足以濟漕艘之遄行，餘亦以灌本邑之稻田百有餘頃。上下咸資，爲百世永利，是以設廟祀神，載在祀典，誠甚重也。

　　考其廟，肇建於隋，歷代崇祀，稱靈源公。宋宣和七年，封威惠王。至明洪武十一年，革前代濫封，止稱衛源神。每歲四月初八日，郡守主祭，祀事告虔。有其舉之，莫敢廢也。迨歷年既久，兵燹屢更，一修於宋之慶歷，至金明昌間李公重修之，元至治間趙公、至正間，伯顏公繼修之。至元三十一年，衛輝路總管井公上言，檄知州司公更新之。暨嘉靖三十三年，巡按霍公復下令飭治，自殿寢廊廡及內外角樓，繚以周垣，益拓其舊址，而宏壯邃肅，倍勝於當時矣。迄於今又百餘年，所謂風雨之摧殘，與鳥鼠之剝落，幾無以妥神靈，爲俎豆光也。余見而不禁憮然，不忍其即於傾圮也。於己巳冬，捐金興修孫公和嘯臺、邵子安樂窩及百泉之清暉閣等處，即整飭廟之山門並門旁兩大神像、左右之鐘鼓二樓，皆整整改觀矣。及閱大殿、寢殿至各廊廡，風日幾不蔽，而椽瓦多毀折者，余曰："此非大工不足以竣事，姑俟之。"值大中丞閻公撫軍全豫，一切興廢舉墜之事，凡有利於國與民者，靡不次第力行之。乃聞而歎曰："祀典之關於民社也久矣。有功德於民者祀之，能禦大災捍大患者祀之。今衛源神，上濟漕運，下灌民田，且能於地方水旱禱之輒應，又久在祀典，而令其祠宇傾圮，豈所以妥神靈之意乎？"即捐橐中金以倡之。余亦竭蹶捐助，以勷厥事，爲之經紀其材具，會計其工役。首葺前後殿，次及左右五龍廟，次及東西兩廊廡，爲楹二十有奇。瓴甓之損壞，榱棟之腐敗者，皆撤而更新之，完飾神像，塗墍垣墉，以至戶牖欄楯之屬，莫不煥然備矣。又置買義田六十餘畝，以供朝夕，庶管理有人，而事可垂久。

輝縣知縣滑彬撰並書。

康熙歲次庚午冬十二月穀旦。

（碑存輝縣市衛源廟院內。王興亞）

和河憲大司馬潼川王公閱百門泉五閘改建石絡偶賦

衛源如貫珠，造物噴湧久；合流走千里，停泓裁十畝。依山既偏淺，帶雨自清瀏，灌溉資民生，轉漕費官守，兩利欲並存，朝野苦掣肘。司空坐遙度，大勢早立剖。騤騤攬轡來，措置功不朽。試問神禹書，有此製作否。天稽既遍行，桑麻亦利藪；能參天地化，咸脫公私咎。爭美今公溥，乃歎昔拘狃。淇園竹菁菁，子來競織簍；蘯門石磊磊，層累移閘口，原隰絕旱干，輪將無先後，從此共伯城，歲歲書大有。拜表天開顏，行田農額手。雲章一載賡，歡聲浹童叟。

康熙三十年歲次辛未仲春之望，河南通省河道新陞湖北分守鄖襄道布政使司參議錢塘俞森。

（碑存輝縣市百泉碑廊中院。王興亞）

蠲免河南賦稅碑文

清聖祖

康熙三十年九月十九日，上諭戶部：朕孜孜圖治，軫切民依，閭閻新穡，時勤諮訪。

其有以荒歉上聞者，或蠲或賑，旋即施行，務令得所。念河南一省連歲秋成未獲豐稔。非沛特恩蠲恤，恐致民生計艱難，康熙三十一年錢糧着通行蠲免，並漕糧亦着停徵，至山西、陝西被災州縣，除照分數蠲免外，其康熙三十一年春、夏二季應徵錢糧，六省緩至秋季徵收，用稱朕眷愛黎元、撫綏休養至意，爾部即遵諭行。特諭。

（碑存輝縣市文廟院內。王興亞）

聖諭十六條

清聖祖

敦孝弟以重人倫，篤宗族以昭雍睦，和鄉黨以息爭訟，重農桑以足衣食。
尚節儉以惜財用，隆學校以端士習，黜異端以崇正學，講法律以儆愚頑。
明禮讓以厚風俗，務本業以定民志，訓子弟以禁非為，息誣告以全善良。
誡匿逃以免株連，完錢糧以省催科，聯保甲以弭盜賊，解仇忿以重身命。

康熙三十年。

（碑存輝縣市蘇門山。王興亞）

復興稻田碑記 [1]

輝邑水田之興，起於宋代，至明霍、敖二公其繼焉者。繼焉而民祀之，誌不忘也。彙典載，衛河舊名御河，源出輝縣蘇門山，建立五閘，以濟漕灌田，重運北上之後，聽民用水，是弗禁也，久歷年所矣。往者泉水彌漫，人藝秔稻，溝塍綺錯，昔稱膏腴，民鮮阻饑。自河運淤淺，當事者欲罄衛水以濟漕，奉有"漕運民田，均關緊要"之旨，是又未嘗禁止也。夫彙典載之矣，俞旨允行矣，然而水田湮廢，以至十數年之久者，其故何哉？週年以來，連遭饑歉，旱蝗相繼，民無儲積，人多菜色。每當春夏之際，農人拮据貲種，大抵皆遑遑質貸，有倍利之苦；而秔稻既種之後，正重運北上之時，舳艫相接，惟恐愆期，巡役一來，則聲言誤漕，睢盱官吏，肆虐愚民，甚則頻頻踵至，使閘堰屢啟，泉水直瀉，地涸苗枯，貲種並失，水田湮廢之故，蓋為此也。百姓既苦憂累，不得不改種菽粟，縱得中稔，

---

[1] 此碑現存，但不完整，且字有殘。錄之如下：
惧漕睢時，官吏肆□，愚民甚□□□若擾累，不得不改種粟麥，縱得□□黍化作荏滿，又兩夫發之，□因是民，撫軍呂公持疏題請，部議三日濟漕，總河王公倣西製之制，以竹簍儲石，使不振久矣。歲復歲，無人以任其舉。藩臺李公來衛水上源，陟之蘇山之嶺，□邑宰喻公遂覯縷而陳，得悉此苦，亿立公通詳諸上官，請禁巡役騷擾，皆聽許，無執異者。公親為督率，薄責怠者，自是波光繡疇。言德為善政之要，惟在養民，養一□也。茲勒碑為之記，使後之人感公是舉，猶夫今人之不忘霍、敖二公。新吾更望後之人繼公之志，庶水田不朽也。

僅僅共三上糧，使農人終歲矻矻，未見贏餘。倘遇霪霖山漲，則水田洿下之地，菽，麥，禾、黍化作萑蒲，又兩失之矣。因是民生日困，逋負日多。前撫軍閻公特疏題請部議，"三日濟漕，一日灌田。五月以後，聽民用水"。又總河王公仿西蜀之制，以竹簍貯石，使餘瀝旁洩以溉民田。無奈，巡役之來，狠戾咆哮，傾推之而弗顧。嗟乎！五閘之累賠積弊不振久矣。年復一年，無人以任其舉。藩臺李公來衛河上源，陟蘇山之嶺，訪前賢故址，流連登眺，訪問民瘼，邑宰喻公，遂覼縷而陳；得悉此苦，佇立餽歎，毅然欲復興之。今年首春，通詳諸上官，請禁巡役擾累。諸上官皆聽許，邑宰親爲督率責怠者。自是波光繡畦，農人遍野，殘弊之民，漸有起色。是舉也，力寡而利溥，可謂得其肯綮矣。昔范文正公嘗言："德惟善政，善政之要，惟在養民，養民之道，惟在務農。"非今日之謂乎！較之白公開涇以注渭，史起引漳而灌鄴，何先後一揆也。茲勒碑爲之記，使後之人，感公是舉，猶夫今人之不忘霍、敖二公也。大凡前人創之爲百利者，其間焉得無廢，所賴後人振興之，則前人之德惠益彰。吾更望後之人，繼公之志，庶水田之不朽也。

公諱良，欽口兵部職方清吏司督捕員外郎孟發祥。

康熙歲在甲戌閏五月。

（碑存輝縣市百泉碑廊。王興亞）

和藩憲李老大人百泉元韻

輝縣知縣喻良臣

仗節咨民瘼，清風繞百泉。碧光噴玉潤，白雪映珠圓。
滯沛一泓水，恩流萬丹環。青葱成繡錦，赤土盡膏田。
億兆承休日，旬宣處處傳。

（碑存輝縣市百泉碑廊中院。王興亞）

清暉閣

高閣臨泉上，叢陰四望齊。
萬珠浮大地，一水滴羣黎。
遠野來山色，憑檻聽鳥啼。
徘徊興未已，目送夕陽西。
康熙乙亥秋八月，蘇門今使漢陽喻良臣。

（碑存輝縣市百泉碑廊中院。王興亞）

重修衛源廟碑記

　　府屬輝邑之北，蘇門山麓，百泉在焉。翼然臨流者，曰衛源廟。創於隋，以祀衛源之神。歷代相沿，未之或改。迄明洪武，以每歲四月初八日，勅郡守主祭，載在祀典。國朝因之。蓋以職司水利，有裨於國計民生，報厥功也。予於庚午春，恭膺簡命，出守茲郡，循例致祭。殿宇摧朽，廊廡傾頹，幾幾乎風雨不蔽。考之，猶自明巡按御史霍公翼檄有司修於嘉靖三十年，閱今百歲餘矣。徘徊瞻顧，未嘗不以治民事神爲己責，而歎力之未逮也。時前縣滑公雖有復葺之意，究不果，邑乘志碑記，亦具文焉已耳。迨甲戌拮据，勉捐薄俸百金以爲倡，而授其事於邑令喻君，且不拒紳衿士民之有同志者，聚毛成裘，庀材鳩工，而興斯役焉。棟梁榱桷，階陛門牆，腐敗者易之，殘缺者完之，左右前後，翬飛鳥革，靡不巍煥一新。抑且金碧輝煌，聲靈赫濯，猗歟盛哉！落成之日，在乙亥深秋，而予適因科試提調至此，躬率僚屬，潔牲幣而祭告之。是日也，天朗氣清，波光掩映，迴思昔日荒涼滿目，已大相逕庭，神其以妥以侑乎！庶幾錫祉無疆乎！灌漑以時，無憂旱潦。多黍多稌，百室盈寧。是予前此之所深望，而不可必者。今幸一旦成之，心乎神者，心乎民也。若徒以美好恣遊觀，則失之矣。爰爲約畧述其經營始末，以貞諸石，庶使後之志存民社者，知所觀感云。

　　大清康熙叁拾肆年歲次乙亥陽月穀旦。
　　知衛輝府事加一級胡蔚先撰文。
　　庠生王光曦書丹。
　　輝縣知縣喻良臣立。
　　輝縣典史何鎮督工。
　　山人廖魁隆鐫。
　　捐工衛輝府通判曹新鄉縣知縣李登瀛、孟發祥。
　　鄉官百王鄰、舉人王元臣、貢生馬玉麟。
　　孫淦、冀業盛、李沂、秦儼、吉裔烈、高峋。
　　監生魏柏筮、郭熙、尚治、吉元吉、商人段瑞。
　　督工：生員馬崇簡、劉鍾元、一藩。

　　　　　　　　　　　　　　　（碑存輝縣市衛源廟院內。王興亞）

喻公書院碑記

孟發祥

　　歲乙亥，邑侯喻公捐俸，置廢園一區於百泉之濱。園爲楊公別墅，歲久蓁蕪，僅存庭三楹，頹樓數椽，公經營措畫，各得其宜，以庭爲講堂，延老成名宿，爲後進師。輝人士感其意，請以講堂位公銜以誌不忘，因題曰"喻公書院"。凡有志者，或家無受業之館，或貧無束修之資，咸來就學，方多購經史百家，俾輝人士博聞廣見。又置學田數百畝，爲膏火資，甚盛舉也。先是六年前，螟螣傷稼，適公下車之初，即有意興學，而舉目蕭涼，閭閻凋瘵，人皆垢衣癯形，朝不謀夕。於斯時也，縱有憤志讀書之士，而窮愁萎薾，不得不廢書長嘆。後雖稍稍完復，尚多風雨不調，旱潦相繼，地有高下，田有肥瘠，未見豐登。且輝邑農務不精，貪多獲少，凡嶢嵪薄鹵之田，終歲勤苦，僅足供正賦而無贏餘。故輝人士爲學之事，強半爲窮所沮。公意以爲教化爲風俗之本，不可須臾緩也。因告輝人士曰："諸生知我立學之意乎？夫自有制科以來，凡爲學之士，埋首帖括，疲精瘁神，徒事剽竊，工時藝以取青紫，諸生以爲讀書能事，如此而已。于今人不事師，後進之士，大抵皆所學空疏，寡聞少見，而自足自是，高自矜飾，不能虛懷謙受，雖有特達俊偉之才，淪落埋沉，終身而不知道。夫學以明道也，能明道則有其本矣。有其本，不患無好文章。苟不於本之是求，即能文章取科第，此豈爲學之道乎？宋之濂溪、伊川，明之白沙、敬齋俱未登科第，而其人自足千古。諸生但能以古自勖，明聖賢之心傳，講力行之實效，即取科第可也，即不取科第亦可也。"公之言，如此祥微賤病，廢不嫻文章，知公振微起衰，留心文事，故搦管以書其概。輝人士深相砥礪，即所以仰答公之意也。異日者與誦讀之餘，徘徊此碑之側，以想見其人，相與感歎而不能忘，故不可以無記也。

康熙三十四年。

（文見道光《輝縣志》卷十六《藝文志》。王興亞）

文昌閣除豁丁糧碑記

孫淦

與世俗之人，言理道，雖心不以爲非，終不免視爲迂遠，而不近於人情；言禍福，則肅然聳聽，咸隱隱中生趨避之思。夫人心之意向不同，而神道之教，遂亦若有炎涼之分途焉。往見東嶽城隍及壯繆公諸祠廟，大都殿宇壯麗，香火氤氳，士女祈禱報賽者，喧闐雜遝，往來絡繹不絕；而泮宮與文昌祠，則荒涼寂寞，窗户頹圮，荊棘縱橫，經年累月，求一灑掃焚香而不可得。嗚乎！倫常義理，垂千年而不爽，而且讀書識字者，或以之竊青紫，享富貴，曾不若緇衣黃冠，猶能感其師傅，而知所報稱焉？豈非兩間之大不平者歟！或則爲之說曰："瀆祀者褻也，荒涼寂寞，此儒教之所以尊也。不知聖賢靈爽，縱不與人爭勝於繁華熱鬧之場，而顧使之桷摧棟折，棲神無所，恐亦不能安然無怨恫耳！"蒜門東南古城外，舊有文昌祠一區，雖非宏廠直觀，而有閣、有臺、有享殿、有配廊、有奎樓，儼然妥神盛地也。自明季萬曆丙辰，官長紳衿，每仲春釀金錢會祭，且不時酌加修茸，迄今將百年，未嘗稍閒，亦可謂此地遭際之盛，而不至荒涼寂寞者矣。自康熙辛未以後，連遭蝗蝻荒旱，十室九空，雖祀事未湮，而牆屋傾圮，佳持饔飱不給，駸駸有不能自存之勢。今年丙子祀畢，邑侯喻公枚庭環顧而歎息焉。是時，道士李來喜已募甎石，旋甃傾臺，侯曰："布施十方，終屬權宜，補苴何若培其根源，爲久遠之計乎！"坐而細訪之，因知祠中舊有丁差二名。侯曰："烟霞羽士，豈堪與編户等徭役乎！"急籍除之。祠旁有行糧香火田二十七畝，侯曰："登豆之需，豈敢與里胥同事催科耶！"因倡紳士分認地糧二十畝，其餘侯復設法盡與除豁。由是住持之養贍有資，而復得以安其室廬，住持安居，而後得以長奉祀事，而後可以頻葺殿閣，是真無窮之功德也。夫以荒涼寂寞之地，而此獨有百年之會祭，一經災眚，而遂有人焉起而經畫之，且一唱羣和，雅有同心，不迫於趨吉避凶之私衷，並未嘗萌妥神食報之隱念，甯獨使聖賢靈爽免世態炎涼之感，亦足以見輝人士尚知崇重文教，而不沈溺於禍福之說。且文昌輔翼尼山者也，人果能推是心，而敦勵倫行，維持禮義，吟誦詩書，其關係一方之人心風俗，又豈淺鮮哉！

康熙三十五年。

（文見道光《輝縣志》卷十六《藝文志》。王興亞）

寧賈佟三公碑記

孟發祥

輝邑地處山僻，賦重民窮。邑之地高阜易旱者，下窪易澇者，沙鹻鹵薄壘塊磽崅者，蓋十之六七焉。其平而美，下而溉者，十之二三而已。地之制，舊爲五等，今總曰民中地。其下地與下下地，爲數且不及百頃，其餘盡以中地徵，不知定自何時。豈不知地之高者，遇旱則不收，而窪者或有焉。地之窪者，遇澇則盡失，而高者或熟焉。蓋天時不同，地利亦異，又有間一歲一收，間二歲而一收者，縱使窮民一畝兼數畝之地，而截長補短，取彼益此，庶可以上完錢糧，下有仰事俯育之資。今但曰中地，無他邑折三、折二之多，故窮民終歲愁苦，妻孥不飽，日有辦納之勞，歲無空閒之日。總之，瘠土多而沃土少，下地少而中地多，嗚呼！輝之人安得不窮且蹙也！地之數，明洪武初年，止四千頃，逮啓、禎之間，其數倍之。我朝定鼎之初，當流氛殘毀之餘，百姓凋零，地土荒蕪，尚存額數八千餘頃。在前代豈無飛擦捏報之弊？且年歲久遠，陵谷尚有變遷，而況地之浮沙水衝，變易不常者乎？安見其能足額也？故包賠之苦，民不聊生。順治二年，巡按甯公題免荒蕪無主地四千二百九十五頃，是後災荒疊見，逋賦尚多。順治十六年，巡撫賈公題免包荒地一千四十五頃，而民困稍蘇。至康熙十三年，巡撫佟公又題免侯兆川水衝無存地九十五頃，共題免包荒地五千四百三十五頃，除糧銀二萬八千六百餘兩。

嗚呼！三公者，有大恩於輝人矣。使無此三公者爲之題免，則蕞爾窮邑，剜肉瀝髓，轉徙溝壑，幾何而不蕩爲邱墟也？《傳》曰："有功德於民則祀之。"惟賈公舊有祠宇，在蘇門山麓，頹簷漏瓦，斷蘚荒烟，有祠宇而無俎豆。余嘗過之，不禁仰首嘆息，流連追慕之不衰，今軒窗闌楯俱廢毀無存矣。嗚呼！甯公去今五十二年。賈公才三十七年，佟公僅二十三年耳。而姓名漸滅，同歸蔓草，無復有記之者，後世孰從而知之？真又安得而祠之、而歲祀之也。余因鏤石以告輝人，且望後之人如三公者。

甯公諱承勳，字康侯，直隸大興舉人。賈公諱漢復，字膠侯，滿洲籍，山西曲沃人。佟公諱鳳彩，字高岡，滿洲籍，奉天人。

康熙三十六年。

（文見道光《輝縣志》卷十六《藝文志》。王興亞）

奇塚記

孟發祥

輝有奇冢，邑乘不載，里人呼爲陳小姑墓。墓在塹中，典史陳君諱汝秀之女，江西泰和人。相傳女孝謹貞節，隨父於輝，歿而葬於輝城之南。時萬曆三十年十月初四日也。舊墓碑菜儕碎之，用以甃井，城之南老人勾氏曾見之，不識當時葬於塹中者何意。里人曰：是塹也，當行潦之衝，凡山漲暴發，則波濤驟至，漱齧浸剝，高岸損落，而此塚無恙。里人又曰：山漲之來歲有之，漲之淺深，此塚隨而高下焉，未嘗復沒其巔。今年夏六月，雨滂沱竟夜，激流洶湧，壞民居千餘家，塹左右泛濫幾汩，而此塚巋然存。嗚呼，奇矣！余嘗過之，見邱封翳然，悲瓏月之蕭凉，而莫之識也。懼爲鍬錘所侵，久而湮沒闡幽襃揚之意，同人咸樂爲之。女身死已久，惟餘一抔土，經百年而不能濡蝕者，何靈也。吾以爲孝謹貞節之所感，有鬼神以憑之矣。昔陸機之賦感邱，謝惠連之祭古塚，古今人大抵相同也。吾更望諸同人，俟年豐歲穰，民勞少息，立祠於墓側，歲時一祀享之，使愚夫愚婦拜伏其中，知孝謹貞節之意，而有所觀感焉，是亦有助於風教也。因立碑而爲之記。

康熙。

（文見道光《輝縣志》卷十八《藝文志》。王興亞）

重修儒學碑記

聖人之道，如日月經天，江河行地，率由不忒，則人倫以序，學術以正，政教修而風俗美。故自都邑以及邊徼海隅之區，莫不設立學宮，特崇禋祀。雖道有隆汙，世有升降，此禮未之或改，誠以人倫風教攸關，非僅崇德報功之典宜然也。輝邑爲姚文獻、許文正化民成俗之地。而江漢趙仁甫先生，同姚許棲隱蘇門，講學百泉太極書院，其於孔孟垂世立教之旨，莫不抉其源流，揭其統緒。說者謂北學之傳，江漢先生蘇門講學之功居多。余生先生鄉，景行前烈。恒以不獲一至其地爲憾。歲庚午，猥以譾陋，承乏茲土，覽蘇門源泉山水之勝，溯姚許之遺徽，訪求江漢講學故處，已爲浮屠之宮，多湮廢不可考。及肅謁學宮，見其傾圮摧頹，鞠爲茂草，心竊傷之。顧時方荒瘠積逋相仍，期會徵求，日不暇給。方期一切與之休息，時絀舉盈，不敢遽議修舉。數年來，簿領徵發之煩，幸稍稍衰息，而興賢興材之地，乃可視爲緩圖，而任其廢壞乎？爰集邑紳士謀之，莫不人人競奮。乃捐俸爲之倡，鳩工庀材，堂、殿、齋、廡、垣牆、門屏，次第修葺，或仍其舊制，或新其規模，而瓦墁礆甓，題榮棨桷，堅好宏麗，煥然改觀，閲六月而工告成。邑紳士因造余請曰：輝之民殘矣，自公之惠蒞茲土也，補齾息劌，復其形體，噓槁吹枯，完其元氣；頻年以來，野無怨咨愁歎之聲，士有絃誦詩書之氣；且以蕞爾之區，科名聯翩蔚起，皆公所陶成而造就也。繼美前修，遠紹江漢，邑人士僉然宗之。既建書院於百泉之上，以志不朽。今公之修復學宮，以作新士氣。工竣矣，可無一言以教多士乎？余既不獲以不文辭，乃述所聞於昔賢者，以告諸生曰："陽明先生有言，立之師儒，區其齋廟，昭其儀物，具其廩庖，是有國者之立學也，而非士之立學也。葺其敝壞，新其圮墁，給其匱乏，警其怠弛，是有司之修學也，而非士之修學也。士之修學也，道德以爲之地，忠信以爲之基，仁以爲宅，義以爲路；廉恥以爲牆垣，六經以爲户牖，求之於心而無所於僞，措之於行而無所於飾，庶無負國家立學之意，有司修學之心也。若乃曠安宅，舍正路，圮基敗垣，則是朝廷立之，而爲士者傾之，有司修之，而爲士者毀之也。"可不勉哉！余乃於修學工竣，因諸君之請，於多士有厚望焉。若夫興學育材，表章江漢之絕學，紹前烈以詔來茲，則吾豈敢！經始於康熙三十六年正月壬寅，告成於六月丁未。克勤其事，不憚勞勩，則縣尉何君鎮也。

　　旹康熙三十六年歲在丁丑孟秋穀旦。
　　衞輝府加一級胡蔚先、通判曹熙。
　　文林郎知輝縣事喻良臣撰文。
　　儒學訓導鄭彩、主簿閻子秀、典史何鎮。
　　督工生員馬崇簡明、劉鍾元、一藩。
　　郡庠廩膳生員呂應鐫石。

（碑存輝縣市文廟。王興亞）

重修百泉先賢祠記

　　孫淦
　　明成化庚子，學使吳公伯通，檄衞守張公謙，創十賢祠於百泉書院，祀濂溪、康節、兩程、溫公、橫渠、紫陽、南軒、東萊、魯齋諸先生，而配之以姚文獻、竇文正，所以維世風而厚民俗，意深且遠也。壬午，棘闈遷輝，遂改建蓀門之坳，合十二賢，東西兩廡，俱配享先聖。康熙辛亥，學使史公逸裘念學者開山之功績，進趙公江漢。乙卯，先徵君公歿世，郡邑紳士又合詞請於學使朱公之翰，同祀之。後學使吳公子雲復以冀國梅軒、冀公蘭窗配焉。嗚呼！蘋藻雖可久留，榱椽安能常在。自改建以來，已數經修葺矣。邇因風雨剝蝕，兩室漸就傾圮。同志諸君，慨然倡義捐金，莫不歡忻從事，雖捐貲多寡不一，然當公私交迫，物力維艱之會，拮据之德，殊不可沒也。因礱石而詳泐於左。

康熙戊寅菊月。

（文見道光《輝縣志》卷十六《藝文志》。王興亞）

嵇公泉記

孫用正

斯泉也，今少宰嵇公之所經營，荒度手自疏鑿而成者也。泉成，而隨指公之姓以名焉，則民之不能忘也。先是河決武陟之馬營塞，未竟工，再決中牟之十里店，天子南顧而咨，慎選臣僚，求可以當斯任者。知公有濟川才，乃指授方畧，俾公秉成算以往。越七月，工告竣。公又條上善後數事，悉報可。會中州河事未艾，天子特簡公以少司馬總理河務。公益感知遇，矢勤矢慎，早作夜思，上下賓士，無有寧晷。疏引河，築格堤、補殘缺，越二年，而河防漸次就理。天子軫念民艱，復遣官周行山東、河南、江南諸省，濬泉源以濟漕運，開水利以漑民田。輝故有白沙、蓮花、梅竹諸泉，皆飭令畚鍤從事，而百泉其尤著者也。泉之西有地焉，砢磏而弗治，公徘徊往來，注視良久曰："是其中宜有泉。"或曰："泉之上土必潤，茲燥恐弗得。"公曰："試闕之。"闕之，果得泉。闕地畝許，小者若指，大者若盎，爲泉不可勝算。或仰而湧，或側而注，汩汩焉，疊疊焉，流衍洋溢，泉水頓增，而糧艘無滯。持鍤之夫，督役之吏，從行之官，咸歡躍驚拜曰："非公之神，曷克臻此？"公曰："聖天子懷柔百神，及河喬嶽，故地不愛寶，川瀆效靈，予何能之有？"於是，輝之士民，繹絡聚觀，咸曰："廣不踰畝，深不踰丈，而湧發暢流，曲折奔赴，深者益增其深，廣者益增其廣，田之苗若有助之長者，官之船若有推之行者，非泉之力不至此，此豈區區補偏救弊，私恩小惠，所可同日語哉！"夫山之有泉，不知其幾千百年矣，泉之閟而未發也，亦不知其幾千百年矣。巨石硿磳，砂礫委積之下，公何以知其必有泉？何以知其泉之必觱沸而噴薄？此非人力，殆有默相之者。君德立於上，則地道應於下，大臣忠君愛國之誠，無時不存，則五行徵祥，獻瑞之符，隨處而見。醴泉之出，甘露之降，信非偶然也。夫事輕重、大小、緩急，亦何常之有，有益於國，有利於民，雖小亦大，雖輕亦重，顧緩者緩之，急者急之，亦視任事者之識力何如耳！在《易》卦山上有澤爲咸，山下有澤爲損，咸之道主乎感，而損之用存乎益，苟有損上益下之心，則必有感而遂通之，故茲泉之爲嵇公出也。若鼓於桴，有動必聲，不踰時刻，不爽尺寸，在輝言輝，要特應感之一端耳。公之治河，奠民居以裕民食，千里慶安瀾焉，其有造於豫者多矣，是戔戔者，烏足以盡公。抑又聞之聖者作，而明者述，前有創，而後有承，兩相濟亦兩相成也。聖天子作之，明公述之。謀始之善，蔑以加矣。使創之於前，而不有人焉繼之於後，山水之暴發，砂石之壅閉，能保其久而不敝乎？續其緒，無廢其功。俾出者不窮，而用者不匱。後之君子端有責焉耳。

踵公之行，無失公之意，雖萬世永賴可也。衆曰：善。故援筆而記，以告來者。
康熙。

（文見道光《輝縣志》卷十六《藝文志》。王興亞）

嘯臺

河南提學副使按試百泉蔣伊

所思在流水，絕磴更尋君。
獨有蘇門石，寧知晉代文。
半峯紅日近，一嘯碧天聞。
逸響杳然去，荒臺空白雲。

川上已洗目，攬衣來謁君。
青山容隱士，碧鮮有遺文。
松籟暮濤急，鸞聲靜夜聞。
悠悠千載後，舉首向高雲。

（碑存輝縣市百泉湧金亭內。王興亞）

敬和家大人嘯臺詩二首

蔣陳錫，伊次子，字文孫，號雨亭。康熙二十四年進士，四十一年任河南按察使，遷雲南總督。

千載誰同調，芒鞋一訪君。
微茫山色外，斷續碣中文，
瀑響因風急，鸞聲隔樹聞。
只今嵇阮侶，猶得附青雲。

君心在流水，高眺思見君。
峭壁插天外，古木多龍文。
淙淙漱石齒，長嘯聲相聞。
攬衣正徘徊，萬山起白雲。

（碑存輝縣市百泉湧金亭內壁。王興亞）

敬和家大人嘯臺詩一首

進士蔣陳錫
征士何人在，心期獨此君。
一絃含太始，長嘯動星文。
山色靜中見，松聲默後聞。
少年忘世慮，我愛碧山雲。
康熙四十二年。

（碑存輝縣市百泉湧金亭內壁。王興亞）

重修餓夫墓小記

孫用正

嗚呼！此先徵君所表了凡先生墓曰"餓夫"。悲其志，矜其行也。千載而上，有餓死首陽者焉，曰"耻食周粟"。夫周聖人也，何耻食其粟？而太公曰："此義士，扶而去之。"蓋聖君賢相崇重節義，將以愧人臣之懷二心者。了凡先生可以不死，而甘心一餓，且何地不可死，而必輾轉低徊，死公和嘯臺旁，此其立志行事，概可想見矣。余嘗弔以句云："山頭長嘯原奇特，一餓捐軀行亦偏；事各快心方足色，清風博得古今傳。漫道泉源似畫圖，園林臺榭盡虛無；卻從冷處添神彩，長嘯臺邊有餓夫。"先是了凡遺屬不用棺，以甕復其屍，埋骨嘯臺之左下。先徵君題曰"餓夫"。同人爭爲詩弔之。歲久，石碣剝落，邑侯秀水范月如先生曰："斯人可傳也。"爲再封其塚，視昔高大，且新其豐碑，仍用先徵君題識，以徵君能爲餓夫重也。

時在康熙乙酉端午日。

（文見道光《輝縣志》卷十八《藝文志》。王興亞）

創建孫徵君祠堂記

徐潮

共城，古鄘門，晉、宋以來流寓多賢者，孫公和之高蹈，邵堯夫之棲隱，姚文獻、許文正之興學，流風餘韻，輝映今古，世遠學湮，名賢碩儒邈然不可復作。自晉以來，幾千餘年，宋、元以還，亦五百有餘歲矣。賢者之所居如此其重，而所遇如此其難也。容城孫徵君先生，其曠代而同揆者歟！

先生諱奇逢，字啓泰，號鍾元，直隸容城縣人。年十七，舉萬曆庚子鄉試，與定興鹿忠節公善繼交。以性命之學相砥礪。居親喪，結廬墓側，於哀毀慟慕中，悟心性本源，慨然以聖人爲可學。而至天啓乙丙間，楊、左、魏、周諸君子，橫罹閹禍，傾身營救，不懼禍，禍亦弗及。一孝廉家居，隱然大人長德。懷宗即位後，五經薦徵，力辭不就。國朝移居蘇門，四方來學者日衆。先生於古今諸儒造詣不能盡同者，莫不抉其精微，識其流弊，要以不謬聖人爲主，融會貫通，泯絕畛域，以慎獨爲宗，以體認天理爲要，以日用倫常爲實際，學者無不聞風興起，煥若發矇，曉然於口耳。軒輊之無當，而篤志近思，以返求於身心之內。程、邵、姚、許所未盡得，先生之表章發明而益著，其有功斯道，誠非淺鮮。百泉書院，自明成化庚子，學使吳公伯通，建十賢祠，祀周子、邵子、兩程子、張子、朱子、司馬公、呂公、張公、許公而配之以姚雪齋、寧子聲。崇禎壬午，改建蘇門山麓，合十二賢配享宣聖。康熙辛亥，學使史公逸裘續進趙仁甫。乙卯，徵君先生歿，學使朱公之翰復進先生同祀，合之爲十四賢。其來舊矣。余撫豫之明年，衛紳士以周、程、邵、姚既祔祭百泉書院，仍各有專，載縣志祀典。徵君先生於河洛之學，集其大成，請專祠如周、程諸賢。故事既依紳士之請，祠成而推余爲之記。余惟先生正學粹品，身任斯道之重，晚歲，歸隱蘇門，高年碩德，爲世儒宗。國朝大司成薛公所蘊疏讓先生。長，成均，中外大臣交章推轂，堅臥不出。嘗自謂七十歲工夫，較六十而密，八十歲工夫，較七十而密，九十歲工夫，較八十而密，一息尚存，此志不容少懈，此心庶幾稍明。其於《六經》、《四子》之書，各有論著，而《理學宗傳》一編，出獨是之見，息羣啄之爭，真有見於宋、明諸儒，千慮殊途，一致同歸者，而非徒依違調停爲兩可之說也。誠足以繼往聖，開來學，直接尼山之派。所謂鄉先生沒而祀於社者，當不足以盡之。固宜與周、程諸賢，專祀俎豆於無窮也。余雖未獲登先生之堂，而讀其遺書。考其行事，心竊嚮往焉，遂爲記以應紳士之請，而復騾括先生學行之大者，附論如右。後之覽蘇門源泉之勝，來遊來歌，當慨然於賢者所居之地如此，其不偶然也。

　　康熙四十五年。

（文見道光《輝縣志》卷十六《藝文志》。王興亞）

創建百泉大成門碑記

　　百泉之有先師廟，其改建修葺，詳諸擔峯孫公記矣。丙戌清和朔有二日，余來是邑，越六日，屆衛源神誕祭拜後謁先師廟，見大成門缺焉，欲修建而未暇。丁亥五月，擔峯嗣君用正，詣余商榷，而需費無出。余愧力綿，雖少捐助，實不及十之一。賴用正倡義，紳士樂從，不三月而工竣。巍煥堅固，頓改前觀。凡昔賢碑碣，向之苔封蘚蝕，臥寢於山阿之下者，悉爲移至，以得附於聖人之門牆而不朽。嗚呼！天下之人，惑於福田利益之說，梵宮道院，爭先布施，而聖賢祠宇，頹壞荒廢，不急爲整頓。用正此舉，不獨有功聖門，抑亦善承先志，可謂知本矣。因乞余書"大成門"三字，並爲之記。其襄事，則馬昉諸君，例得並書。

賜進士出身知輝縣事□水范景記。

康熙丁亥秋八月。

(碑存輝縣市百泉碑廊。王興亞)

衛源神誕拜後謁

朔有六日，余來是邑，越六日，屆衛源神誕，祭拜後，謁峰。嗣君用楨詣余商確，而需費金出。余愧力綿，雖稍捐助，實不及十之一。固頓改前觀，凡昔賢碑碣，向之苔封蘚蝕，臥寢於山河之下者，悉為移至。之說梵宮道院，爭先布施，而聖賢祠宇，頹壞荒廢，不急為之整頓，用正賴此三字並為之記。其襄事諸君，則馬昉、王元鐔等例得並書。

范景記

□有地拾畝，座落東野雞衝，後文廟內焚修有約，付住通學於存。

蕭鈺、李惠、郭連熙、楊令良、楊令楷、谷天佑、馬玉昆、張鳳翼、施林、周振宗、陳□□、周□、周郘、裴源、裴溶、孫浴、馬曾、□其瑛、李大林、孫用柱、郭蔚芳、郭惠芳、郭宗昌、孫用丹、王琯、周湧、李亮虞、楊興、武雷、張光顯、王佐才、李嶠、賀纘、劉其潤、王元凱、往□亭、常慎行、楊令榘、王元標、王元錫、王元筠、王景濂、齊永昌、周泉□、孫用果、孫用樺、孫用標、朱大章、裴傳聘、楊盛世、楊□洛、祝□琛、呂通、李□根、劉□俊、陳萬善、王□□、祝瑗、郭皆同、李生極、王□鼎、王綸、楊國柱、郝同權、靳琮、李□、張之英、郝士彥、齊永甯、周之棟、周延佑、周大成、周亮臣、裴棠發、馬善祐、陳所清、郭隆甯、王賓、馬□、楊潛、楊湛、周祥生、周飛渭、周景生、周籠、孫嬌、甯瀋、王銳、周燉、焦煥、符文彩、侯帝德、范綸、劉玉岐、陳守真、郭亮、尚士卿、梁澤弘、常□哲、李振、崔倬、李梓、王鍾英、趙鑒、張維錦、樊懋德、劉嘉麟、陳琬、禛鈺、禛鑄、禛鐸、邵鍾祥、牛鵬搖、付汝泗、付琮、王玗琪、王廷珪、張暉、張禮、錢賦、郭□璠、秦大有、秦宗盛、劉世超、王鏗、趙卜泰、王士遴、王宗美、張琦、趙天爵、趙振業、趙祿、郎希敬、段士槐、趙潛修、馬甫臣、張鑒紳、張縉紳、姚可人、張國麟、張國楨、張維鐏、朱亮啓、徐希偉、王□、李春旭、符文傑、劉琦、徐繼纘、朱亮益、李逢春、趙維新、楊宗孟、楊宗振、高殿元、陳倧、郭玉琰、周輇、儒士蔣顯公、楊廷相、耿之翰、張天星、張昭、裴之通、張麟、王臣、王宗文、陳宣化、李□照、方啓連、趙景洛、□田、王之禎、王琇、王寅、秦大□。

邑生馬曾書丹。

康熙四十六年。

(碑存輝縣市百泉。王興亞)

改建周程祠記

范景

昔姚文獻樞，元至正間建立太極書院於蘇門之百泉，與魯齋諸賢講明道學，以教學者。明成化庚子，河南學使吳公伯通、衛郡守張公謙復建十賢祠於書院中，祀康節、濂溪、溫公、兩程、橫渠、紫陽、南軒、東萊、魯齋諸先生，以姚雪齋、竇子聲配之。崇禎壬午，河決大梁，遷科場於輝，因以百泉書院改棘闈。移建十賢祠於蘇門山麓中。增宣聖殿，以十二賢配食東西兩廡，有司中丁致祭。而書院之廢自此始。順治庚子，科場復歸大梁，又因棘闈改考場，以爲學使校士之所。歲月既深，不惟書院之舊規不可復覩，並太極之名亦漸泯沒，不復識矣。某初至輝，見提學公署西北隅仍存周、程祠三楹，傾頹零落，委諸蔓草，以爲周、程即與十賢配享，復存廢祠，不幾再三之瀆乎。及考姚公本傳載，樞棄官，隱蘇門，建太極書院，立周子祠，以兩程配食，朝夕禮焉。蓋元公之學，太極之學也。先生懼聖道失傳，作《太極圖》易通，以綱紀斯道之精微，本太極二五，備神明之用，揭誠神幾，妙性情之德，而天人之指要備焉。諸所陳入德之方，經世之具，確乎可底於行，兩程親炙師傳，淵源所漸者最深，則周程三大儒於書院始建時，已有專祀，其所係於蘇門講席之重，其來舊矣。今即不能興復舊規，猶庶幾於茲祠以徵信來茲，而可任其傾頹磨滅，而不思一表章之乎？爰謀之邑紳孫君用正、馬君昉復捐俸首倡，改建於蘇門大成門左，砌以甄石，繚以牆垣，雖輪奐未崇，止期完固可久，乃於工竣而誌其興廢始末如此。抑予猶有說焉，書院改建十賢祠於山上可也，十賢之祠，而先之以宣聖不可也；合諸賢而共食於一堂可也，分諸賢而配食於兩廡不可也。夫孔子之聖，既已血食萬方，則常祭之外，復有百泉中丁之祀，其義何居？且兩廡從祀胥經論定，歷朝之功令存焉。則制倘有未安，皆當講求而釐正者也。至蘇門一席地，名賢碩儒，其遺跡廢墜者，尚多表章詳議，竊有誌焉。茲爲簡書所迫，時有未遑，故因祠成而附志之，以俟後之君子。

康熙四十六年。

（文見道光《輝縣志》卷十六《藝文志》。王興亞）

詠蘇門飛泉

河南提督學政湯右曾

刺山出飛泉，散作百道乳。歡喜千小兒，盡解饑渴苦。我持此願力，默坐何所補。大哉天公仁，憫此欲進土。山中氣候變，倏忽云生縷。竹間騷屑鳴，晚來泉上雨。陰連太行秀，地入嘯臺古。得酒對明燈，中夜更起舞。

戊子三月七日喜雨。

（石存輝縣市百泉釣魚亭石柱。王興亞）

弔餓夫二首

孫用正康熙二十五年拔貢禹州學正大梁書院主講。

漫道泉源似畫圖，園林臺榭盡虛無。
卻從冷處添神彩，長嘯臺邊有餓夫。

山頭長嘯原奇特，一餓捐軀行亦偏。
事各快心方足色，清風博得古今傳。
辛卯六月。

（碑存輝縣市餓夫墓前。王興亞）

五經閣二首[1]

黃釗
峭閣懸崖湧，蕪門別有天。
嘯空余古木，泉溢沸秋烟。
藜炬通心碧，高峰入眼妍。
斯文應屬我，明月起前川。

（碑存輝縣市百泉碑廊中院。王興亞）

觀文夜坐

蜇聲催擺急，夢斷不驚秋。
青白經夢眼，丹黃盡一樓。
守騷存教然，久病放新愁。
嘯客應為主，荒臺可縱遊。
丁酉秋日，楚客黃釗題並書。

（碑存輝縣市百泉碑廊中院。王興亞）

---

[1] 今存一首。

創建藥王廟碑

蓋聞《戴記》有云："能禦大災則祀之，能捍大患則祀之。"凡有功於民生，未有不千秋廟食也。藥王濟世活人，功補造化，尤非禦災一時，捍患一方者比，豈獨業醫者所當虔祀，即行販藥商亦當頂禮恐後矣！溯醫之為道，自神農嘗百草而藥性辨，黃帝、岐伯相問答而病源明，雷公立法鍛煉而炮製定。自是而後，代有傳人。華真人、韋真人、孫真人繼出，性稟清寧之正，術通天地之窮，發前人未洩之秘，開後世靈妙之傳，以故醫學隨地廟祀。茲共城西北隅蘇門山麓，每春末夏初，為南北藥商交易之所，獨無廟以妥神，眾商頂禮無地，固心所歉然不安也。爰公同立議，捐資儲金，創建廟宇。擇諸商中之精能幹辦者董其事，卜地資福宮東邊，聚材鳩工，建殿三楹，中塑三真人像。逢會瞻拜，報神功也，歆神德也。金妝丹堊，巍然煥然。落成之日，理宜勒石。因序其事之始末，以為後之南北藥商勸。

督工藥商李世榮。

陝西西安府華陰縣藥商。

河南懷慶府河內縣藥商同立石。

主持道人栗和貴。

大清康熙五十七年歲次戊戌孟夏穀旦。

（碑存輝縣市百泉碑廊。王興亞）

百泉觀魚

蘇門堪勝游，原泉共來往。臨淵羨獲魚，茫茫聽水響。恨不移舍居，歸來愧結網。試問漁人樂，鴛鷺為朋黨。泡影近清暉，烟霞結遙想。接籬去海邊，湧金憑幽賞。噴玉出靈泉，垂釣氣蕭爽。白雲籠古木，怪石互蒼莽。公和有鶯音，臺高明月上。邵子築行窩，桃竹留遺壤。高人不可追，高風千載仰。乘興浣清溪，泳遊如在掌。就淺亦就深，污池為長養。出沒隨其時，漁翁莫可強。巨澤同川流，誰謂大河廣。

李撫軍課士之作。

蘇門居士朱亮虞稿並書。

康熙壬寅夏四月。

（碑存輝縣市百泉碑廊中院。王興亞）

霍敖三公遺愛碑

孫用正

兵部尚書前巡按河南御史霍巡撫都御史前分守河北道敖明公遺愛碑

霍公諱冀，號思齋，山西孝義縣人，進士。

敖公諱宗慶，號梅坡，貴州思南人，進士。

謹案兩公之德，不專在輝，而獨俎豆之者，感恩最深。先是敖公分守河北，知縣民稻田久廢，不惟包賠重賦，抑且連遭水患，爲創建第二閘、第三閘、第四閘。適霍公按部至輝，敖公復痛陳民間疾苦，建閘情形，霍公嘉之。相與謀萬全，仍令民廣開溝渠，多立閘堰，水利大興。霍公又增修衛源神廟。民感兩公之德，建祠祀之。雖歲久頹圮，至今言水利者，必稱霍、敖不忘。查萬曆年間，有賢令段公祠，純以甄石砌成，可垂永久。因奉兩公與段公同祠，庶可與泉源並永矣。

（碑存輝縣市百泉碑廊。王興亞）

邑贒侯趙公去思碑[1]

孫用正

公諱希濂，字敦復，號晉逸，山西猗氏縣人。乙未科進士。才優學富，體用兼全。於雍正二年九月履任，首以孝弟節義爲治，雖匹夫匹婦有一善可稱，必修式廬之禮表其門，民翕然化之。其養民也，躬履田間，相土宜，課勤惰，教以耕耘之法，復詳示以耕耘之具，俾力省功倍，必期家給人足而後止。其教士也，聚民間子弟之俊秀者，延師教育，至多士，則直以師道自任，爲之講究書義，洞見本源。又精選前輩傳文，捐俸刊布，使家絃户誦，不致汩没於惡濫時藝。他如絕包苴，公聽訟，嚴胥吏，禁賭博，禁酗酒，禁演戲，人命絕不株連，行户從無賠累，善政種種，未易僕數。而其最大者，尤在荒田與五閘。輝之境，山岡沮洳，居十之七，昔有明盛時，磽坂寸壤皆起科，沙鹻污潦悉重賦，年久水衝沙墊，大半不毛矣。故原額不足，不在山則在水。公親查密訪，廉得其情其實，無荒田可開，亦非民間欺隱，數痛切爲上憲陳之。至五閘稻田，賦皆上上，百泉涓滴之水，民命生死攸關，蒙各憲上念國計，下體民瘼，實賴公明指利弊，反復陳情，籌畫焦思，心幾碎矣。蒞任甫二載，無利不興，無害不除，小民方慶更生，而公乃急流勇退，請以司鐸去。闔邑惶惶如嬰兒之失慈母，呼籲挽留不可得，乃奉生位與霍、敖、段三公同祀之。

雍正四年歲次丙午九月吉旦。

（碑存輝縣市百泉碑廊。王興亞）

過夏峰謁孫徵君祠款以田間雞黍（有跋）

先生真大隱，不是戀青山。

---

[1] 道光《輝縣志》標題作"趙公遺愛碑"。

道以人能重，身因天放閑。

高名齊華嶽，亮節炳塵寰。

留我炊雞黍，羲皇到人間。

康熙三年歲次甲辰季夏穀旦，上党張坦題。

此，不肖鏐先王父雍博公客衛，游蘇門遺稿也。鏐生也晚，未獲。追隨杖履，竊聞先叔王父中憲公司李衛源時，先王父過暑，因謁孫徵君先生，遂為百泉之遊，至今六十餘年。鏐乃功宰是邑，每登嘯臺覽源泉，輒暗然者久之。徵君之流風尚在，司李之善政猶存。追尋先人舊遊，聲音色笑遂邈不可復睹。昔覃懷許魯齋愛蘇門山水，長居於此。後其子為衛輝路總管，詢訪遺跡有思親亭之建。鏐非木石，詎能無情？因檢此稿磨礱石上，庶幾先王父輩精神手澤與源泉並永，不肖鏐蓋不禁悲感之交集矣。

雍正五年秋七月，輝縣知縣不肖出嗣子鏐沐手謹識。

（碑存輝縣市百泉碑廊中院。王興亞）

百泉道上

分守河北道駐節百泉朱若園

不是江南路，渠溝一樣同。

有泉皆竹茂，近水自清風。

宮柳披雲綠，山桃臻雨紅。

千峰疊晚翠，極目縱長空。

分守河北道憲朱公，以盛世名賢為中州保障，肅官箴於三郡，大法小廉，清烟戶於兩河，民安匪息，乃以開工改建，節駐共城。佈置經營，緘悉備至。俾三斗門、三石堰、兩民渠、十閘泉，咸不出三月而告成功。濟運灌田，均獲裨益，皆公指授之力也。此作為公勘工時所作，泱泱流泉，揮毫郵舍，才傾二酉，形若一代雄師；韻賦五言，爭羨千秋絕唱。邑人食公之德，固鐫公之詩於石，以垂不朽。

雍正五年丁未秋八月穀旦，邑紳士敬刊。

（碑存輝縣市百泉碑廊中院。王興亞）

蠲免永免碑記

輝縣知縣趙仔敦

爲詳明事：

雍正十二年二月初五日蒙本府票，二月初二日蒙河北分守道票，正月二十五日准布政司咨，正月十二日蒙總督河南山東等處地方軍務督理營田、兼理河道兵部右侍郎、兼都察院右副都御史、紀錄八次王批，據前司會呈，查得輝縣百泉河夫，並看閘夫役應給工食銀兩一案，詳蒙本部院批，飭令該縣議定成規，明白通詳等因。茲行。據輝縣知縣趙仔敦覆稱，會同合邑士民，將地畝通盤核算，共計旱地四千四百一十頃零，水地一百三十二頃零，令旱地人戶出給河夫工食，水地之家出給閘夫工食。在水地全資灌溉。閘夫工食既倍於河夫，應免其再出河夫銀兩。旱地每頃出銀六分，按河夫七十二名核算，每名每年應給工食三兩七錢。水地每畝出銀三錢，按閘夫五名核算，每名每年應給工食銀七兩九錢。各地戶內有情願自充河夫者，聽其本身供役；不能自充者，出銀僱夫。百泉之水，上關濟運，下灌民田，每年浚淤刈草，使水暢流利涉。執役之日甚多，非可臨時僱覓，應長養爲便等情。由衛輝府轉詳前來，本司道覆核無異，相應會詳轉報。伏候本部院鑒奪批示等情。蒙批如詳。轉飭遵照，勒石永遵。不許額外稍有私派擾累。如違，詳究。取碑摹送查，仍候總河部院批示。另冊候移撫部院衙門備案。繳。等因。批司咨道行府，轉行到縣。蒙此，又於雍正十二年二月十五日蒙本府票，二月十一日蒙河南布政使司票，二月初四日，蒙總督河南山東河道提督軍務、都察院僉都御史、加二級、紀錄十次朱批，前司會呈前事蒙批，仰候部院批示飭遵具報。繳。等因，俱批到司，行府，轉行到縣。蒙此。除即勒石百泉永禁，並將碑摹具文徑送督部院、撫部院，總河部院、布政司、河北道備查外，合將遵照緣由備勒，永誌不忘。

雍正十二年三月。

（文見道光《輝縣志》卷七《渠田志》。王興亞）

清輝泉名亭記

王士俊

古之賢太守，得泉以名其亭者，吾知之矣。范文正公守越陽，得泉名清白，遂作亭其上，而名之曰清白亭。歐陽文忠公守滁陽，得泉名豐樂，遂作亭其上，而名也曰豐樂亭。夫范、歐二公政事文章，冠冕百代，斯泉亦並垂不朽，後之人猶低徊不能去焉。則夫當日之臨流作賦，惠我嘉師，匪直遊目騁懷可知也。況實有關於水利之大者乎！今分守河北三郡兼理河務兵備監司馬君，曩者守衛輝時，曾解其月俸，開輝邑之泉一段，泄泄焉始可濫觴，漾漾焉繼可方舟，而流入於衛河。引以溉田，畎庶曰："公之澤也，協以濟運。"烝徒曰："公所資也。"爰是郡人築亭，立石其上，而余顏之曰清輝亭，其與古之所稱清白，豐樂者何如也。且夫范公之所稱清白，凡以爲居官勖也；歐公之所稱豐樂，凡以爲斯民慶也。而余以清輝賜名，則又有進於是者。考輝縣掘地多泉，今之百門泉，即《詩》所謂："毖彼泉水，亦流於淇。"又曰："泉源在左，淇水在右"是已。而泉上衛源神廟創於隋，世號靈源公，禱雨有驗，遂榜其殿曰清輝，沿革金、元，郡之名輝，邑之名輝，胥因殿名而起，是清輝爲神靈之所托，沿革之所關，粵溯厥由於哉。赫乎而余特舉以名泉者，不僅如范公之爲一已勸，歐公之爲百姓慶也。若曰乃神之所鑒云爾！《小雅》不云乎靖共爾位，正直是與，神之聽之。式穀以女，洵屬嗟爾，君子無恒，安處之義矣。明德惟馨，鬼神昭格，祥風甘雨，大有屢書，河誌安瀾，利有攸往。登斯亭也，顧名思義，凡郡邑之輝，咸於是乎有光也！借此嘉祐之功，以爲屋漏之惕，雖無師保，如臨父母，豈曰言大而誇式鄰於僭哉！是清輝賜名之意也。而馬君之爲神所福，則吾又知之矣。以清爲質，以輝爲文，人無於水監，當於民監，前稔馬君之調繁歸德也。衛民攀思，以斯亭爲召伯之甘棠。今悉馬君之寵擢監司也，衛民忭舞，以斯亭爲郭，伋之竹馬，民之所愛，神必據之，且泉亦應之。是以茲泉之左右，今又得泉兩股焉，鑿渠引注。彙歸清輝，合流入衛。或於百泉爭長清者，彌見其清輝者，益昭其輝，若非神之所福，安在如川方至以莫不增歟？吾聞范公清白泉之外，又有清陽泉焉。歐公豐樂泉之外，又有釀泉焉。昔治譜之佳話也。馬君勉乎敬鬼神以名亭，則不可度，思矧可射，思望范、歐以臨泉，則高山仰止，景行行止，馬君將由是益進矣。豈同秋水時至，見笑方家也。於是乎書。

雍正十三年歲次乙卯閏四月。

（文見道光《輝縣志》卷十六《藝文志》。王興亞）

登清暉閣同制府白公作二首

雍正末年至乾隆二年，任河南巡撫富德。

山水清暉閣上多，春風小隊偶來過。
百泉東走通聊攝，古沁南趨會濁河。
寒玉漫分齊晉國，珍珠濺起冀青波。
應須籌畫兼全局，敢學蕪門討嘯歌。

何處探幽愜素心，公餘聯袂此登臨。
浴鳧飛鷺菱蒲闊，檜楫松舟楊柳蔭。
人在江南圖畫里，誰從河北水雲尋。
應知白也詩無薩，興發聊為倚樹吟。

（碑存輝縣市百泉碑廊中院。王興亞）

登蕪門山

登山一步一回頭，身漸高兮興漸幽。
放眼遙觀山郭外，天光雲影逐波流。

勁竹堂主人楊洙題跋。

乾隆四年夏四月作。

（碑存輝縣市百泉孔廟殿壁。王興亞）

登蘇門山次韻

閑來無事坐山頭，萬頃蒼茫一望幽。
百道清泉噴玉液，碧波翻向海天流。
本山衲子香林和楊洙登蘇門詩。

（碑存輝縣市百泉孔廟殿壁。王興亞）

旌表孫用正碑[1]

乾隆七年奉旨
旌表孝子舉人孫用正現年八十二歲。
乾隆八年遵例立碑。

（碑存輝縣市文廟。王興亞）

重修百泉諸亭臺記

趙開元

　　謝康樂守永嘉時，於山水奇觀，極力搜剔，猶留雁蕩，以待後人。以此知造物之無盡藏，而潤色鋪張，則前事不忘後事之師也。顧際其勝者，須於夷猶往復之餘，乘巾車孤舟之興，乃有以領取其面目，而觸會其精神。若夫風塵羈鞅，或亦澹漠遇之，然而興廢舉墜，守土之責也。且昔人隨地措置。卓然不磨，若魯叔孫一日所館，必葺其牆屋，去之日如始至。而漢郭林宗寓客舍，瀕行必為灑掃塵垢，几席行列有定所。古人於一托足之地，類多周密如此，況湧湛波以濟天庾，而又鐘秀以縱遊目，顧可聽其俯仰之間，輒為陳迹已哉！輝治之蘇門山，為太行餘支，其麓泉湧百道飛流，宛若西泠。前此奇士高人低徊流連，石墨鐫筆，形容殆盡，固已崔灝題詩石上矣。不必操三寸管，為前人補闕。洒水之中央，巍然而矗峙者為穢翠亭，繼顏為清暉閣，殆有倣於朝暉夕陰，氣象萬千之意乎？而泉源之靈爽亦於此乎式憑焉。若前後之翠然而拱衛者其亭有二：曰洗心、曰放魚。向北而星羅鱗次如屏幛、如鐙足者亭有三：中曰靈泉、左湧金、右噴玉，命名之義，率於泉乎起見，要以

---

[1] 原碑無標題。

輔高閣之勝，而浸彼邐迤，如泰岱之有培塿，楨幹之有旁枝也。乃日月代嬗，圮毀無常，昔也刻桷鏤題，此日苔纏雨齧，豈惟山川爲之氣斂，雲霞爲之色晦。即觀者亦時有銅雀金雞之慨，不有維持調護，嗣而葺之，幾何不等於孟城之坳，令人撫今而憶故哉！壬戌，觀察德清胡公以中閣爲泉流之樞，動項營繕，其次第部署者，則與郡伯江都劉公、別駕漢陽張公、暨前令尹錢塘顧君，分俸董率，閣之紫甿雕薨，迴廊棟牖，臺仍其舊，物備其新，不數月而煥然可觀，有加於前。諸大君子，洵可謂棠芾千秋矣。而有待之舉，或亦隱望於接跡而興者耶。今夏永新楊公蒞郡治，後先濟美，且矚洗心一亭與中閣毗連，亟爲籌畫整飭。而元亦於是秋捧檄代輝事，復謀之前令顧君醵貲共勸，觀成有日矣。外此則放魚以及靈源，湧金，噴玉四亭，亦爲溯流所必經，而都人士所引領以跂其飛簷者，元廣憲德愜興情獨力鳩工，丹臒塗墍，犄角參差，與閣相輝映；而躡足徜徉，仰窺疊巘，俯矚澄泓，一碧千里。益信夫前人之肇造殊具有心胸，而後人之補救，不爲時紲而舉贏也。噫！古之政通人和，百廢俱興，以亭紀勝者夥矣。若滁陽之豐樂，與民樂也；扶風之喜雨，亦爲民喜也；矧夫泉源在左，風詩咏之，即吾夫子川上之在，廟貌聿新。登斯亭也，鬚眉畢現，直蒙莊所謂天地之鑑，萬物之鏡，可以見天心，可以涵道體，而凡我黎庶，優遊於山高水長之際，一如沐浴於深仁厚澤之中。即是亭之踵事而增輝，固以昭靈源之瑞應，而臺憲之居高倡義盛德，亦永永無極矣。

乾隆癸亥陽月望日。

（文見道光《輝縣志》卷十六《藝文志》。王興亞）

介庵碑記

先大人字杏濱，號介庵，生平寄情詩酒，尤嗜丹青。晚年來復涉獵黃，凡有求者，無不應。六旬後，病憊三載，竟日杜門，抄書揮畫，愈老愈辣。每稿輒爲愛慕者攜，太惜無有一之存者。甲子春，□□等移居百泉。挾仙弟恭謁至聖先師，適見壁間有大人遺詩，傍有香林釋子和韻，不覺瞿然。謂弟曰："此大人遺詩也，不可淹沒。"弟曰："唯唯。"爰命工人勒石以誌焉。嗚呼！大人卒於辛酉季夏月晦□日，志在甲子暮春既望，細想大人當年之音容，難再所得見者。只此手澤而已。悲夫！

旹乾隆九年歲次甲子暮春。

不肖男名賢、名教沐手謹誌。

文林郎知輝縣事李拔桂。

乾隆九年歲次甲子荷月吉旦。

李敏鐫石。

（碑存輝縣市百泉。王興亞）

重修孫公和祠

　　我家嘯臺旁，恨未得聞嘯。斯人已千載，俯仰恣憑弔。先生真大賢，學識俱遠到，遯世而無悶，孰能窺其奧？土窟別有天，中懷何浩浩！身世已忘機，寒暑詎能撓？無喜亦無怒，涵養想深造。阮籍徒倡狂，嵇康亦輕躁。才大乃不用，識真義微妙。平生喜讀《易》，期語抉其要。緬彼魏晉間，儀像失光曜。默以藏吾身，避世固有道。體用實兼備，茲已窺全豹。諸葛臥隆中，一出著明效。太公不遇文，渭濱亦終釣。見則為伊周，潛則為孫邵。先生跡獨奇，遂有仙釋號。神仙無實用，石隱不同調。高臺萬古存，勉勉從吾好。

　　乾隆甲子伏日，夏峰孫用正八十三歲識。

　　　　　　　（碑存輝縣市百泉嘯臺前壁。文見道光《輝縣志》卷十九《藝文志》。王興亞）

重修蘇門山孔廟記

李拔桂

　　東坡蘇子之言曰："匹夫而為百世師，一言而為天下法。"則吾夫子之道，如日月經天，江河行地。固不可以一鄉一隅求之也。然即此一鄉一隅，莫不尊崇之，敬禮之，如見諸羹，如見諸牆，而夫子之道之大，於茲益見，則今日蘇門山之聖廟是矣。余初蒞是邦，仲春上丁，即有事聖廟禮也，越十日，復有蘇門山釋奠之舉，究其故，則廟自明季由書院中移至山上，中丁致祭，禮以義起非瀆也。然廟已殘破矣。前任者方計改為，余喜其有同心曰："此吾事也。"於是，與諸紳士，相度經營，鼓舞振作，遂成於不日。因廟居山巔，風雨剝蝕，不百年而已敝，遂不用木植，純以磚石砌成，質有其文，樸素渾堅，庶可垂諸永久。乃進諸紳士而語之曰：個個人心有仲尼，詎不信哉？君臣父子夫婦兄弟朋友，人人俱足，不俟遠求者也。觸之即動，非作而致之者也。今觀邑乘所載，宋之末季，中原因兵，道喪學荒，聖人之道幾息矣。維時姚文獻樞崛起其間，來居蘇門，專以正學為己任。後得趙江漢復相與倡和，闢太極書院，講學其中，一以孔子為歸，尊遺象於中堂，旁列周、程、邵、張、司馬六君子，奉為典型。更以江漢所記，程、朱諸書，刊佈四方，北人知學，實自此始。明之中葉，僉事吳公伯通，加意興學，於書院中，專祀周、程、張、朱、邵、司馬、張南軒、呂、許十賢，以姚樞、竇默配。厥後，副使車公璽增祀先聖，用以化民成俗，一時人文之盛，甲於中州。迨棘闈遷輝，而廟逐移於山上。由是觀之，欲崇正學，必宗諸儒，欲宗諸儒，必尊孔子，源源本本，可考而知也。方今聖天子在上，崇儒重道，為正學昌明之會，而廟之重新，適當此時。諸紳士值中元之會，鼓方新之氣，黽勉精進，當必有俶儻奇傑之士，起而應之者。謂蘇門一席地，即洙泗杏壇亦無不可也。竊思百泉為中州名勝，要其所以勝者，果第在山水乎哉？晉隱公和宋寓堯夫，其流風餘韻，每令人感歎，流連徘徊不能去。矧復有聖廟儼臨其上，是山益增其高，水益增其深，遊入過客，其仰止景行，更當何如？而況生於其地者乎。夫書院猶是也，昔年興學樂育之人宛在也。地靈則人傑，人傑而地愈靈。余不敏，且欲與諸紳士共勉之矣。

乾隆九年。

（碑存輝縣市百泉碑廊。王興亞）

重建孫公和祠碑記

知縣李拔桂

蘇門佳勝，爲明賢高士棲隱之所。宋時周、程諸賢，嘗慨慕流連。親至其地，邵子從之，才受易數；厥後姚文獻、趙江漢、許平仲、寧子聲，迨有明諸公，於此闢太極書院，倡道開學，人人知之，人人能言矣。而孫公和嘯臺亦傳之千百年，久而勿湮，其故何與？史成孫登賤丈夫，無妻子，棲北山土窟，夏結草爲衣，冬披髮自溫。好讀《易》，撫一絃琴，他固無長可見也。人有造之者，不答一語，惟傳其善嘯。故世之論者，或疑爲仙釋，或稱爲高隱，訖無定評。余嘗深咏其言火有光，而不用其光，人有才而不用其才；故用光在乎得薪，用才在乎識真。夫乃慨然曰：公乃善用《易》而不言《易》者乎？《易》曰："天地閉，賢人隱。"孔子亦曰："賢者避世。"夫身何以隱，世何以避也？亦在乎所言所行而已矣。彼魏、晉之世，何時哉？三綱倒置，二曜無光，莊言正論者，禍必及身，即專尚清談，亦且不免。而公則藏身以默，神龍出沒，人知其然，而不能名其所以然。彼阮籍、嵇康，亦烏能窺其涯際？其喜怒不形於色，猶夫天地氤氳，元氣渾淪，無有而無不有，道德文章，獨善兼善，何所不包，殆兼備乎諸賢之長，而惜乎所遇之非其時也。易稱括囊，惟公有焉。然則嘯臺一席地，不且與蘇門泉水相爲終始矣乎。余初謁書院聖廟，竊從人心風俗起見，倡義修復。衆紳士僉曰："廟之陽有公和嘯臺，是宜與書院並垂不朽者也。"余聞而善之，遂鼓舞經營，成於不日。援筆記事，而論其大者如此。俾後之人有所折衷焉。

乾隆九年。

（文見道光《輝縣志》卷十六《藝文志》。王興亞）

創建百泉共姜祠碑記

孫用正

三代以前，閨閣婦儒，無節義之名也。有之，自衛夫人共姜始。夫爲臣盡忠，爲子盡孝，爲妻守義，此自庸德、庸行之常，無足異者。自臣而不忠，子而不孝，妻而不義，然後有忠孝節義之名，故聖人之道，祇曰中庸。乃又曰："中庸不可能。"蓋惟其中庸，則人皆視爲尋常日用而忍之。試思人之一生，舍君臣父子夫婦，豈別有奇能異術乎哉？夫禮義廉恥謂之四維，人而無禮義廉恥，則非人類矣。共姜夫人，亦祗自全其禮義廉恥已耳。載詠柏舟之什，其曰："髧彼兩髦，實維我儀之，死矢靡他。"初非以爲名也，亦非有慷慨激烈爲人之所不能爲者也。而大義凜然，寸心直欲與日月爭光，遂爲萬古節義之首。則夫道之所以爲道，與人之所以爲人者，從可知矣！夫人有廟，在縣治署中。其來舊矣。相傳廟下高臺，即夫人瘞玉之所。事雖無據，按古人不封不樹，再推以五父之衢之文，似亦理之所有。輝婦女每歲上元，羣至官衙於廟前拜禮，絡繹不絕，官莫能禁。前任顧公蕚既署篆趙公開元、吳公溶倡議，另建廟百泉之上，既於柏舟中流中河之義，確有指實，且使民人便於瞻禮。李公拔桂、王公孚實成之。而專司督理，則孟子五金、冀子世第也。今既三年矣。余曰："是不可無記。"夫蘇門百泉祠宇亭臺之勝，琳琅珠玉之章，不可勝紀矣。要不過點綴山水之光，而山水之所以光者，固當別有在也。孫公和之高蹈，邵堯夫之安樂，周、程之講學明倫，姚、許之化民成俗。而今又建此廟，使學士大夫，愚夫愚婦，瞻其遺容，想象其存心行事，禮義廉恥之心，竦然以動，悠然以興，於以正人心厚風俗，抑且化濡閨門，頓使山若益增其高，水若益增其清。然則此一片地，豈第供遊人騷客，娛目騁懷，快心玩賞之資也乎？廟之前即百泉書院，當事者方議修復，而廟適成。於以化民成俗，講學明倫，爲臣而忠，爲子而孝，胥視諸此矣。余雖髦，且拭目俟之。

乾隆戊辰冬至日。

（文見道光《輝縣志》卷十六《藝文志》。王興亞）

安樂窩記

孫用正

宋先賢康節邵先生，隨其父來自范陽，慕蘇門山水，與孫公和之爲人，遂卜居於此。家極貧而學極苦，冬不爐，夏不扇。李之才授以《易》，頓悟先天，樂天知命。顏所居爲"安樂窩"，在百泉之上，蘇門山深處。山之巔，即公和嘯臺，求其志快所依也。晚歸老洛陽，猶再至蘇門，後人因其故廬安樂窩建祠祀之。蘇門百泉得公和、康節兩先生，山若益增其高，水若益增其深，地誠以人重哉。國朝順治己亥，重修邑志時，有劣生某，視邵裔爲奇貨，不遂所求，竟謬稱邵子安樂窩實在洛陽，此地之窩，乃耶律公者。且援元王博文耶律神廟碑爲據，人皆知其謬，而不能指實其所以謬，雖經大中丞賈批駁飭懲，而無識者仍不免惑於碑文。今繹其言曰：汲郡共山百泉安樂窩，州民於此搆祠宇，塑公像而祀之。似以安樂窩爲地之名號，祠既建此，則窩宜屬耶律。字句游移，因起後人之疑。然固未嘗明言斯非邵子之窩，實耶律之窩也。邵在前，耶律在後，耶律烏得而有之？且以博文碑現在豎立之地，考之在窩左下，邵子本寒士，斗大一窩，自僻倚山隅。而耶律公以丞相之尊，又經其孫以本道憲使擴大其祠宇，何求不得？乃遜居窩前，存窩故跡，當亦以邵子大儒，不容泯沒，情勢顯然，何嘗以晚年遷洛，竟可奪彼，以予此耶？今耶律祠已傾圮無跡，邵子祠愈增式廓，狂悖怪誕，猶敢指鹿爲馬，似此異類，不足與較，而吾獨慮夫世尚新奇，烏知不再有異類者出，從而和之，以簧惑人心，因爲此記，將使後之人有所考衷焉。窩之故址，即今邵子祠後皇極閣三楹，繚以周垣，仍以安樂窩稱。又物以名重也。窩之外有桃竹園，邵子共城十咏序云：予家有園數十畝，皆桃李梨杏之類，自始營十餘載矣。去年歸自京洛，遇花繁茂，故有春郊一什云云。今其園無能指而實之者，然當在窩之左右，其名在則園斯在，當與安樂窩共傳不朽，幸毋視爲泛泛也。

時乾隆十四年春三月。

（文見道光《輝縣志》卷十六《藝文志》。王興亞）

衛源廟詩

清高宗

駐蹕蘇門下，躬瞻清衛源。地靈神以妥，脈遠物蒙恩。
百顆珠呈琲，一泓月貯痕。流淇潤桑土，利澤永中原。
乾隆庚午季秋題。御筆。

（碑存輝縣市百泉。王興亞）

百泉詩

清高宗

清蹕來遊衛水源，小加構築儼林園。洛中名勝山川秀，秋杪風光松菊存。
座俛滄池下鷗侶，階含碧蘚育桐孫。讀書近溯周程旨，恰喜明窗暖日暾。

半頃明湖菉竹園，衛詩風景尚依依。大珠小珠玉盤落，知樂仁樂逸興飛。
竿綫不期魚受釣，樊籠可惜鶴思歸。巡簷更讀前人句，却似韓陵可語稀。
乾隆庚午季秋七日，駐蹕百泉翠華行宮。御筆。

（碑存輝縣市百泉碑廊。王興亞）

嘯臺詩

清高宗

太行秀迤蘇門山，宜爲隱者所盤桓。我來深秋氣蕭霽，曠懷以上千年間。
辭騎屨步凌崇巒，憩藉猗靡之皐蘭。謖謖天風吹鳳鸞，即遇公和相周旋。
清激嘯旨我不解，慷慨嘯理我或閑。嗣宗娼狂豈能攀，詩留片石飄乎仙。

乾隆十五年。御筆。

(碑存輝縣市百泉碑廊。王興亞)

安樂窩詩

清高宗

前者周程後者朱，同歸何礙却殊途？深知天地理數蘊，不作語言文字儒。
咸思安貧樂道趣，常依月到風來湖。嘯臺近在烟霄裏，異世芝蘭結契無。
乾隆庚午季秋月題。御筆。

(碑存輝縣市百泉苏门山上。王興亞)

奇樹歌並敘

清高宗

　　百泉多奇樹，然不過曲拳轇轕，貌古形詭，而未始離夫木也。惟此樹其根盤錯多穴，望如淮石，亦有石于磥硊蒼皮間。其上則扶疎老幹，依然嘉樹，深秋葉落，不知其名。問之，則云皁荚。百泉奇樹，無復奇乎此者矣。既命筆爲傳其神，復成是歌。題於上而識之。
　　久竹清寧古或聞，異哉此樹非木羣。
　　木乎石乎難疏分，我忽相逢清衛濱。
　　下臨流水上于雲，盤根錯節如髠屯。
　　兩株直聳孥輪困，華清一樹其子孫。
　　小試成仙左騎軍，興來命筆傳其神。
　　乾隆十五年。御筆。

(碑存輝縣市百泉。王興亞)

白雲寺五絕六首

清高宗

入山秋色佳，到寺春陽煦。匪匜圍玉屏，芘虎張錦樹。
竹徑穿雲出，禪房花草菲。階前一泓水，去作垂虹飛。
一庭柏樹青，千嶂楓葉紫。平原逾月行，今朝見山喜。
靜室纔十笏，好山具四隣。當年誰結夏，無着與天親。
岩凹藏乳竇，竹底盼烟交。斷缺唐碑在，猶然稱白茅。
少坐清有餘，便去興未已。迴視失招提，鐘聲白雲裏。

乾隆十五年。

(碑存輝縣市百泉。王興亞)

七賢咏

清高宗

嵇生放達意真豪，嗣宗青眼誇神交。啟事吏隱何妨濤，沛國豫流形陶陶。向秀佐鍛爐錘操，小阮不愧玉樹曹。阿戎清爽舞濁醪，竹林之遊芳躅高。延之過激由去朝，五君成詠寓貶褒。我過山陽望古遙，土阜惟見橫岧嶤，猶使逸興軒軒飄。

乾隆十五年御筆。

(碑存輝縣市百泉。王興亞)

永免黃河夫役碑記

輝邑有百泉，乃運河發源之地也。自源頭抵運河交界四十餘里，每年修築隄岸，挑挖淤塞，舊例額設河夫七十二名，續修斗門，設閘夫十名，俱屬本邑人民輪流支應，並無錢糧，亦無隣封協濟。故自康熙元年，蒙總河部院朱票提黃河夫役，蒙縣主趙據請詳免，蒙准永免黃河夫役，留專修衛源，立有碑記，載在邑志。不意於乾隆十六年，陰雨連綿，黃河漲溢，衝決陽武縣申家潭隄口，需用人夫物料甚急。奉河北道胡准，布政司咨，巡撫部院札諭：陽工浩大，夫役不敷應用，又派本邑人夫物料若干行縣派撥。本邑士民踴躍急公，俱已照數供用，未敢推諉。嗣因陽工告竣，供應已畢。竊恐黃河夫役撥派輝民又成定例，闔邑士民某等具呈河北道憲，祈仍照康熙元年舊例，專修衛源，永免黃河夫役。懇恩轉詳定案。蒙批：陽工漫溢，爲數十年來僅有之事，爾等出夫辦料無悞，俱見馴順奉公。今大功已奏合龍，從此永慶安瀾。不復再煩夫料之供矣，無庸詳免，各歸安業可也。謹奉憲批，但未有明示永免黃河夫役之語。合邑紳士某等又再陳重役苦情，懇恩准定例，以便遵行一詞。內稱去年十一月紳士某等歷敘情由，備錄碑誌，叩懇超釋等詞，具稟蒙批，各歸安業在案。所苦者，陽工爲數十年僅有之事。衛源百泉乃每歲必興之工，現今別縣人民已各安業，而衛源衆工及春將動，誰爲代替。輝民偏苦，既不敢白於急工之前，又不稟明於工成之後，苦情何以上達？爲此，公陳偏苦下情，叩祈憲恩矜恤，金批定例，永留夫役，專修衛源，永爲定例。敬奉金批，士民戴德，故將始終備細爲文，勒石以垂不朽云。

乾隆十六年。

(文見道光《輝縣志》卷七《渠田志》。王興亞)

重建雙溪橋記

楊善榮

共城負山面河，秀甲中州。《詩》所稱"泉源在左"之故壤也。泉發於邑之西北隅，南走東注，折而北環，縈紆如帶。而當源之口，複道凌空，橫亙於河之兩岸者有雙溪橋，即俗所呼馬家橋者。是橋東達青、徐，西通汾、潞，爲林慮之咽喉，作上黨之門户。車騎雜遝，負販絡繹，往來於雀駕虹起之間者，晝夜如川流不息。橋之始建，無可攷，第自元洎明以及國朝，蓋屢修屢廢，以其非堅且厚，故其勢不可以經久。迨乾隆辛未六月，驟遇大雨傾盆，山水暴漲，橋被衝塌，幾乎變陵爲谷，基岸無復存留者。於時，文侯蒞任方新，覘往來行人，臨河躑躅，邊惶惑不自安，慨然厚捐廉爲倡。而邑紳士商民之好義者，咸仰體侯意爭附焉。鳩工伐石，尅期舉事，以環橋紳士黃君增墅、陳子星，楊子廷佐、鄭子克惠董厥役。激水別流，掘地數尺，徹底石砌，以固其基，旁築層磊，以厚其勢。爲梁六空，飛跨水面。凡九閲月而事竣。從此車騎負販，往來行人，百千年後，永保無病涉阻險之虞矣。既落成之三日，董事諸君，備牲醴，祀橋神，遂乞余言，誌侯德。余以侯自下車以來，善政、善教、康民、阜物，載在口碑，歌誦塗巷者，不一而足。而此一橋之修廢舉墜，曾何足爲侯誇道？然以思世之所稱善仕者，大都競騁才能，粉飾治具於上官耳。目所寓及，簿書期會，所不可諉者，則汲汲循循圖維以塞責。至於民生之大利病，往往置之若罔聞，而何有於一橋之成毀？乃侯一覩茲橋之衝塌，邊爲感惶不寧，厚捐廉俸，不啻已身蹟步溺淵，務期速成圖鞏固，永垂利濟於無窮若此，即此足驗侯仁心爲質，精神貫注，息息與民相通之一斑矣。履斯橋者，永沐侯惠，謂是橋爲侯措注之偏端也可；謂是橋固侯實心實政，全體之流露也無不可。余企侯之心乎爲民也，忘其固陋而爲之記。

侯諱兆奭，字季棠，號憩野，廣西靈川人。戊午冠於鄉，聯捷進士。橋工經始於乾隆十六年辛未九月，竣事於十七年壬申五月。勸資姓氏，附鐫於碑末。

後學黃為驥書丹。

大清乾隆十八年已酉五月吉旦立。

（文見道光《輝縣志》卷十六《藝文志》。王興亞）

臨海縣知縣王君郊墓誌銘

沈廷芳

河南衛輝府輝縣，山川秀潤，為河北諸郡之冠。其人亦多磊砢不羣，而最著者，莫如西門王氏。王氏先世自洪洞遷汴，七傳至某，為明諸生，尚氣節，崇禎壬午，為流賊所執，不屈死，贈中憲大夫、江西按察使司副使。子，參政某，遭李自成決河之難，抱一木浮出，遂流寓于輝，以順治丙戌進士，歷左春坊左中允，至浙江參政道，即君之考也。君諱郊，當參改分巡贛南時，使從甯都魏先生禧學。及吳三桂叛，贛州戒嚴，公誓以死守，而寄君於魏氏翠微峰，事定後始出，故字君曰魏存。少有聲黌序。初除修武縣學訓導。康熙癸未，聖祖幸河南，命巡撫徐公潮試豫省文士，君用首薦擢浙江臨海知縣。涖任十五年，坐臺灣軍興不事苛斂，忤大吏意，劾去。總督李公衛察其誣，為請於朝，得復職，而君竟決意歸。

君之治臨海也，地賦役不均，貧民無立錐者。輸二丁三丁之算，而富室多賕吏得免。君始建議以丁歸田，計畝承丁，民困始甦。嘗偕太平張令詣郡，會鞫疑獄，守意右張，俾因曝烈日中。君蹶然起曰："此酷刑也，某不能為。"徑趨出。守怒，白于上官，臬司楊公宗仁稱為强項吏，荐諸巡撫朱公軾，大奇之。有營兵酗酒殺人，副將蔡某諷君寢其事，不聽。又兵佔嫠婦田，君奪而還之。某恚甚，一日遇於守署，某曰："令尹每事右婦人，剡富姣耶？"君厲聲曰："君聞淫者之言多於色，貪者之言多於財，將軍以己度人，可謂恕矣。"某為之氣沮。其嚴正仁厚多類此。雅好經史，尤講求聖賢實學，事兩兄如嚴師，撫幼弟備至。嘗誡子孫居家守官法，以孝友儉勤、清廉正直為本，實能以身先之，非空言者。卒於某年月日，年若干。

配李孺人，事舅姑以孝敬聞。君罷任時，庫有闕幣，孺人悉出嫁時物，累千金以償，無怍色。家人或諷為子孫計，孺人曰："人顧自立何如，膏粱子未必不餓莩也。"聞者韙之。先君若干年卒。子屋霖，太學生；屋霈，直隸河間知縣。孫樁，乾隆壬戌進士，山東壽光知縣；梁，乾隆丁卯舉人，早歿；楷，乾隆乙丑進士，以編修改授知府，遷通永副使；樅，縣學生；楠，乾隆壬申舉人；杞，縣學生，松，太學生。曾孫某某。

君臨海治績，余夙聞之天台齊侍郎召南，每嚮往之。及官登萊，樁適宰屬邑，能不媿清白吏子孫，益以歎君之有後。蓋自君卒後十餘年，子孫取科第通仕籍者相踵，文學政理俱克世其家。因樁之請，乃為銘曰：

高門華纓，起自顛沛。一綫之延，族滋以大。我我參政，位不配功。府君繼之，弗墜父風。懿訓在庭，媺政在邑。載筆摘辭，百不及十。蕪門之陽，宰木千章。垂芘後嗣，永安厥藏。

（文見錢儀吉《碑傳集》卷九十五。王興亞）

創建高子祠記

文兆奭

余於乾隆庚午，奉命涖輝，歲之臘初始抵任，見邑之士習質愨，民俗樸直，若有古之遺風焉者。披閱志乘人物卷，首標高柴子羔氏。夫子羔之天質不可及，而夫子顧品之曰愚。稽史傳所紀行實，足不履影，啟蟄不殺，方長不折，執親喪泣血三年不見齒，避難而行，不徑不竇。又成人兄死不制服，聞子羔為之宰，遂為衰。嘗為衛士師，刖人足。及逃難，刖者，實爲郭門守。悅襄者用法之公，當三言以脫之。然則子羔之愚，豈靈蔽行塞之謂哉？故紫陽特爲之注曰："智不足而厚有餘。"蓋至誠渾樸之天真，未鑿未漓。即歐陽永叔所稱厚於仁者是也。竊惟聖門七十子，配食廟庭，俎豆千秋，固其所矣。顧嘗邀遊諸邦，訪求軼事。諸賢鍾靈之區，靡不建立專祠。於時進詢紳士，子羔之祠，輝殊未有專建者，心竊以爲缺典，欲急圖之，多事匆匆未遑也。迨己酉之夏六月，奉上憲檄各府州縣志乘之殘缺遺失者，使纂輯成書，以備採取。余遂集寅屬及合邑紳士共謀之，胥欣然願從事。予因更與商曰："志莫重於人物如子羔者，匪第我輝千古之人物，抑亦天下萬世人物也。聖門諸賢鍾靈之地皆有祠，而我輝於子羔獨無有，崇先則古謂何耶？"於將捐廉俸百，故以爲倡，諸君其有意以共成斯舉乎。維時學博楊君喜榮、邑佐劉君鏞、邑尉史君鯉稱許以爲得當，而縉紳多士亦咸歡顔喜額，俞贊曰："樂得奔走襄事，以崇奉先賢。"於是，卜地於城之東關，庀而材，鳩而工，凡八閱月而即竣，爲屋三進，分間九區，旁築垣墉，中砌引道，樹松植柏，規模備具。既落成，與寅僚邑紳，奉子羔神牌，備牲醴祭告，城鄉氓庶以爲奉我輝先賢也，輻輳來觀者如堵。禮既畢，士民羣進而請曰："願有記。"余曰："我之爲此，誠景仰前賢，不使我輝有缺典，然而更有微意焉。凡今之人，不患智之不足，而惟患厚之未必有餘。余始至輝，見士民習俗，恍然有古之遺風，得非先賢之化澤未泯耶！茲與士民特建祠奉祀。惟冀爾民，常守樸直，毋或涉於僞；爾士常矢質慤，毋稍隣於浮。余願與爾士民相與愚，以至誠袪察，察之用共遊於渾淳，無事之天，則是民愚民也。士愚士也，吏亦愚吏也。粵考昔人有以愚自號者，有以愚名亭、名齋、名溪、名谷者，我與士民相率相勵，而厚於仁，即以愚爲我輝之名號，當不爲觀風者之所誚讓而竊笑，此余建祠奉祀區區之微意也。"士民肅聽，再拜起謝曰唯唯。遂書以爲記。董是役者，學博楊君、邑佐劉君。司其總勤勤乃事，則有監生牛先治、廩生張峯望、增生孫在城、候選訓導王杞、副榜貢生孟秉堅。

乾隆甲戌仲夏。

（文見道光《輝縣志》卷十六《藝文志》。王興亞）

御製平定準噶爾告成太學碑[1]

清高宗
乾隆二十年五月。

（碑存輝縣市文廟院內。王興亞）

---

[1] 見本書第一冊第29—32頁。

御製平定回部告成太學碑[1]

清高宗
乾隆二十四年十二月。

（碑存輝縣市文廟院內。王興亞）

遊百泉二首

秦百里

夙有五湖興，今來到百泉，
瀠洄疑璧合，噴薄訝珠聯。
樹杪藏棲鳥，山嵐鎖夕烟。
倦遊難遍歷，秉燭意空懸。

風塵勞客夢，雅意到林泉。
倒影雕欄動，尋源滴露聯。
竹搖疑洩玉，樹暝欲含烟。
坐看銀輪起，清光上下懸。

（碑存輝縣市百泉湧金亭內壁。王興亞）

登嘯臺

此地倚長嘯，今餘風雨廬。
清音方浩發，塵氣已全除。
草闢淵明徑，名高屈子閭。
蕭蕭天外響，日暮起樵漁。

乾隆二十六年歲次辛巳孟冬望日，河南提學使者晉西鳳臺秦百里題。

（碑存輝縣市百泉湧金亭內壁。王興亞）

---

[1] 碑文詳見本書第1冊第32—34頁。

遊百泉作

　　幽懷結林麓，飲馬臨百泉。珠流漩廣野，洞壑噓層烟。清泚罕所似，明鏡含青天。掬之有餘思，泡絡如連錢。長往不可御，洶湧無微涓。大哉聖人歎，觀化非偶然。我來一俯仰，坐嘯忘塵緣。琳琅滿亭壁，沉吟緬前賢。

　　乾隆甲午春暮月中浣，中州學使天都徐光文題。

（碑存輝縣市百泉湧金亭內壁。王興亞）

新立泉西書院記

何文耀

　　聖天子臨御四十一載，文運昌明，士習端美，山陬海噬，咸知好學。自黌宮外，復命有司各就所治，建立書院，延師訓迪，所以廣文教而育英才，猗歟盛哉！輝邑蘇門山下，泉源之東，舊有太極書院，宋康節先生、元耶律相公，諸大儒講習其地。明成化壬寅，提學吳公伯通檄中州設四大書院，百泉其一也。崇禎壬午，汴梁水決，移鄉場於河朔。我朝順治乙酉至丁酉，共歷六科，後爲歲、科二試考院。雍正庚戌移棚，仍存書院。乾隆十五年九月，翠華巡幸，敬謹扃鍵，所以凜遵君奉上之意也。前任文公，因衆紳士公置地一頃八十餘畝，不足以資脩膳，假城館中，爲諸生肄業地。署任吳公，欲建立書院，籌備木料，於城壕植楊柳，將爲後圖。予自丁卯下車，訪求遺跡，閱甲午，適得泉西園亭一區，在桃竹園南，其規模雖不及泉東，而北枕安樂窩，左臨泉水，蘇門諸勝，具覽在目，且有樓、有堂、有竹、有木，讀書其中，吟風弄月，亦可以尋孔顏樂處矣。爰議價購之，延邑紳王中翰爲掌教，文章理學，駸駸然將日盛焉。復於萬泉、九龍及城中隙地，遍植樹木，擬擇其堪用者，爲擴充資。顧調解京餉，叨蒙聖恩，擢守潼關廳，丙申春，捧檄就道，瞻湧金、噴玉之清波，不勝白露蒼葭之眷念。香山詩云："未能拋得杭州去，一半勾留是此湖。"良有以也。因將所買地基、房間、價值開列四至，蕆諸石，俾後來者有所考。若夫鵞湖、鹿洞，以文學爲經濟，有如宋、元大儒，繼起於山明水秀間者，是則予之所厚望也夫。

　　乾隆四十一年。

（文見道光《輝縣志》卷十六《藝文志》。王興亞）

重修文廟碑記

高上桂

　　夫子垂大學之教，在明新兩端，傳者釋之。即引康叔作新武公學修以爲訓，則當日衛之君民，相與鼓舞振興者甚切，而其風甚古。輝本衛共邑，其民必親二公之教澤可知，惟鶴軒致敗以後，共與滕民流離遷徙，奚暇及學，迨楚宮再造，直以敬教勸學爲心。我夫子三至衛，師若弟猶必籌教於旣富之餘，是衛民之不可一日不教，夫子之惓惓於教衛也，至今可思焉。又邑志載子羔爲共人。子羔性誠篤，得聖人而師之，吾知其歸教鄉人，所謂大學之旨，當有薪傳，而其仁孝之行，亦必隱隱流播於蘇門百泉間。宜乎代有賢哲，若孫公和、邵堯夫、趙江漢、耶律相公、姚文獻、許魯齋諸大儒，後先托跡，即清初孫夏峯徵士，亦聚族於斯，非僅愛其山川奇麗，物產豐蕃，亦謂聖人之教，愚者不違，子羔之愚，雖不似顏氏子，而不徑不竇之操，實有得於誠正之學。考其行，尚想見其人，況入其鄉有不憬然嚮往者乎！乾隆五十五年庚戌冬，予蒞茲土，過子羔故里，碑見有專祠，方喜是邦人仰止高山，雖其及門，猶尊禮若是。矧夫子德教化神，懋昭祀典，其宮牆奕奕，俎豆莘莘，宜何如壯偉雄耀也。乃入其門而門墟矣，行其庭而庭墟矣，進而求所謂明倫立教之地，抑又墟矣，殿廡堂階，鞠爲茂草，問春秋釋奠，則但張布幕，列神几，遇風馳雨驟，上下飄零，香沉燭滅，往往不克盡禮云。嗚呼！百官宗廟，美富何如？顧茲荒涼，毋乃滋瀆。嘗考金、元時，北方學校多廢，賴姚、許數公於此間，搆檐楹，設遺象，朝夕瞻仰，講習其中，而後聖教復昌於河朔。當此右文之世，典制喬皇，茲何異於古所云也，豈真古今人不相及歟？守土者難辭其責矣。予視事後，即與邑人士相度經營，因費鉅年凶，屢作而輟者數載。六十年乙卯夏，時和歲稔，邑人士皆有鼓舞振興之色。予乃捐廉爲倡，維時輸者、募者，靡不爭先，得金錢八千緡有奇。於是，鳩工庀材，卜日興事。中則大殿兩廡，翼以祭器、樂器庖廚分其室，於前則泮池月橋，表以大成，欞星列其門，其旁祠名宦、鄉賢，更增齋宿館。祀生房、奎光，文昌有其閣，而其後有五王宮，敬一亭，明倫堂，次第並舉。繚以周垣，飾以丹雘，其事雖因，其工實創，舊時之頹殘敝陋穢不忍觀者，今則輪焉奐焉，規模大啟，而耳目一新。此可見聖教之感人者深，斯民好德之彝，未嘗一日或昧，作而新之，當必有進於是者。

夫學校者，新民之本也。古者民俗淳漓，視其學之興廢。王荊公謂廟作出於學廢。予謂廟壞不治，則學必益廢。是以大學始教，皮弁祭菜以示敬，非徒爲是崇奉之虛文已也。蓋將動其景慕之思，發其興起之念，使其爭自祓濯，以還其性之所固有。則修身齊家之訓著，而孝弟仁讓之俗成。其民牽車服賈，其士切磋琢磨，窮理之士，挺生其間，足以傳聖人之教，而是區區宮牆數仞而羽八佾者，特其跡耳。吾固厚望邑人士之相勉於聖教也，而其服教之誠，因以立學聖之基，實於是役有足多焉。是役也，集其力者邑人，董其成者徐君。徐君名賁，予壬午鄉科大同年丙戌進士，任直隸懷安令，以終養家居。予延爲書院長。即其勤勤於是役，則所以講明大學之道，以教人者必有在矣。予愧無作新之德，而樂觀新廟之成，是不可無記。

乾隆六十年。

（文見道光《輝縣志》卷十八《藝文志》。王興亞）

題百泉

情寄古懷同竹靜，品珠羣類契蘭修。

乾隆進士王文治。

（碑存輝縣市百泉。王興亞）

衆商協力同心督理工程碑

乾隆貳拾伍年歲次庚辰創建。凡衆商協力同心督理工程，各芳名台號，開列於後，以誌夷行。

特授河南衛輝府輝縣知加五級紀錄一次文兆奭。

百川總鹽店：侯松年、王永盛、魁振號、生髮號、衛利盛、鳳昌號、公興坊、德盛號、安盛號、全盛義、□益號。

常裕總鹽店：郎應賓、英立號、韓同順、合義號、三公號、芳盛號、義興坊、濬恭義、泉程號、恒興號、段和號、恒昇號、高永興、宋廣興、東三和、福順號、極興號、天成號、賢盛號、程義合、侯永興、冀興號、和合號、米通順、寵盛號、張文興、牛義盛、明盛號、馬興誠、西吉興、三協號、東興號、誠意坊、興成油坊、天誠號、三全工、宋永盛、璩興盛、協盛號、陳榮盛、楊天培、萬昇號、平昇泰、祥泰號、仁義號、新和號、三興坊、侯泰福、恒泰號、西三發、平萬盛、天□□、豐亨典、賀萬興、同盛號、西同興、西常裕、新盛號、泰和號、左美合、雙興義、增盛號、永豐號、利盛板店、通□□、高文盛、鑒興別、寶合號、東同興、燦興號、和興號、三支號、三同坊、寵泰號、義盛號、馬萬興、廣順號、□□□、明泰典、李榮盛、賀興成、田永泰、魁興號、同順號、錦興號、永裕坊、同興號、通盛油坊、王全義、秦京□、衛源茂、楊福全、廣聚號、司義和、芳盛義、聚和號、同九號、全興號、永合號、王和合、山西館、西□□、軼盛典、行正興、馬同盛、趙義盛、元順號、瑞興號、宋泰興、新興坊、三聚坊、興成號、史誠號、萬福號、六全號、韓玉柱、三義號、源興號、程同泰、廣盛號、興盛號、德興號、魁太坊、義合坊、順興號、王聚盛、義和油坊、馬萬號、崖仰沂、三興號、史文盛、合義號、邰大成、益昌號、元興坊、全成坊、王秀文、日昇號、興油坊。

住持僧安慧，徒：洪泰，孫：恩琦

嘉慶五年歲次庚申工竣勒石。

（碑存輝縣市商業局院內。王興亞）

重修文昌帝君閣創建先代祠碑記

張丹桂

惟神像列西垣，樞環北極，六匡麗曜，翊世遠之光華，萬丈光芒。煥天章之的爍，故巍峩祠宇，千秋之禋祀常新。佑啟人文，百里之觀瞻宜壯。余蒞茲疆土，步及城隅，望高閣之穹窿，東南屹立，覯飛甍之委折，次第彫零，曷禁傾圮之傷，莫著衣冠之礙。夫爛斑七曲，久戴神光。《陰隲》一篇，懋昭世訓。舉凡身躋士甲，固有賴於提攜，即目識一丁，罔不蒙其苾蔭。則楹丹桷刻，方將踵以增華，而椽斷檐摧，何可任其就廢？辛酉冬，紳士以繕修來告，欲成後起之功，兼以疏引相求，首創勸輸之舉。幸衆擎之維易，洵並急於乃公。官此土者，各分鶴俸之廉，居是邑者，不惜鳩金之費，爰庀材以興作，未踰歲而落成。頓返舊觀，聿覩新制，前則禮崇，配祀譙門，騰奎壁之輝。後則典重追封，宏宇表宗祊之守，既聳秀於巽次，尤蔚煥乎離明。獨是環相基地，尚多閒隙，擬藉資於羣力，再增廣夫數楹，仿百泉書院之規，作一邑會文之地，顧有志而未逮，惟持願於將來。果能年穀屢登，仍當勉爲倡事，行見齋廬繼起，庶幾宏此遠模也。是爲記。

嘉慶六年冬。

(文見道光《輝縣志》卷十六《藝文志》。王興亞)

遊百泉口占紀事

編修擢工部尚書白鎔

向君有約謁山靈，嵐影波光展畫屏。一幀春烟濃似染，清暉閣外湧金亭。長嘯高吟幾代還，鈍根何處叩賢關。芳菲過眼饒生趣，野竹桃花翠水環。石壁鐫題盡雅才，金篦刮眼絕塵埃。愧無謝眺驚人句，曾踏靈鼇背上來。重游未卜定何年，系我心情是百泉。鴻爪他時尋舊夢，蔦蘿初附豔陽天。

嘉慶甲子仲春，遊百泉口占紀事，燕山白鎔。

(碑存輝縣市百泉。王興亞)

輝縣出示曉喻以肅神會以安商賈事碑記

藥商復會百泉，於嘉慶八年四月初十日，蒙誥授奉直大夫、知衛輝府輝縣事、加三級、紀錄十次張，通示曉喻一紙，詳勒於後。爲稟懇出示曉喻以肅神會以安商賈事。□生四月初九日，□百泉士民鄭士俊、牛尌邦等呈稱，緣百泉四月古會，由來已久。嘉慶七年，藥商諸商遷移新鄉縣，生等挽留勸請，於本年四月初，照□行商復會百泉。生等邀衆公議會規章程。茲恐會大商廣，難以周知，爲此，稟懇出示曉喻，並祈將所議會規章程，□列曉載，咸使周知，如事則會固□□。生等與各商均感鴻恩無已矣。爲此，叩乞記粘單一紙，開一房屋地基，供各照舊生理居住，不許彼此易換。

一、房屋地基賃價亦各照舊規，不許多收少取，以後賃價永無增減，來由主，去由客。

一、住客日用伙食，由客自便。地主房主永不許把持包攬。

一、全蠍、麝香任客貨買貨賣，不許獨立行市。

一、本處山貨藥材，無論遠近，散行行店□說行者，設有官秤、腰牌，領秤，說行貼錢一千。違者不許說行，查出稟官究治等情到案。

□此合行出示曉喻，爲此示仰百泉士民商賈人等知悉，自示之後，爾等各宜遵照會規，行商立會，不得妄滋事端。如有不遵，即指名稟究，各宜凜遵勿違。特示。試思藥商一移官士同同，足見謀事成全之苦。規章□列主客共議，永杜異日不齊之整，公議既定，通示□詳主遵會規，客□行商，茲値諸商畢集，全會咸在，除再爲公議皆同，各無異說，主客各盡其禮外，相應敬神獻戲，勒石詳紀會規，永垂以誌不朽云。

會首牛太、郭良、史發魁、祝彬、趙起福、郭濤、朱文廣、陳國寶。

藥商王加魁、張乾、董士冠、牛尌邦、鄭世俊、陳均，

士民、住持道人金正福仝立。

大清嘉慶九年次歲甲子孟夏之吉。

（碑存輝縣市百泉。王興亞）

游蘇門七首

析城人吳俊

百門泉

太行奇氣落雲根，瀉作靈泉映百門。
邵子祠前天淡蕩，呂公堂下玉潺湲。
洗心俗客留名鐫，濯魄仙人舊姓孫。
莫道西湖與東海，一泓清已擅中原。

湧金亭

湧金亭好足留情，坐愛靈泉百道生。
碎噴珍珠魚眼細，乍飛蘭棹鷁頭輕。
雨過芳菲香偏媚，風上琅玕韻更清。
自覺神安如在骨，置身直在小蓬瀛。

再過湧金亭
山環水榭又重尋，舊景新詩借興吟。
百道靈泉穿地脈，一鈎斜月釣波心。
細鱗巨口魚吹浪，趨泅登花蝶出林。
西嶺夕陽催客去，不知情到十分珍。

安樂窩
不爐不扇閉門居，雪案黎床樂有棲。
丸里乾坤非遁士，靜中羽翼聖賢書。

雨際尋三仙洞
與雲爭步覓仙蹤，雲駕山風我馭龍。
入山樵夫無消息，讓雲先上第三峰。

過梅溪
野梅飛盡已無香，路入清徑古鑒塘。
耶律亭臺何處是？數家烟火在斜陽。

道房醒夢
仙風吹夢出雲房，飛上瀛州選桂漿。
塘中忽來荷蓋響，水邊驚去杜蘭香。
嘉慶丙寅八月既望，析城吳俊。

（碑存輝縣市百泉碑廊中院。王興亞）

垂遠

丁卯冬十有三日，史誠意以蠹書專權，屢訛無厭，稟府憲案下。越五日，牛同、左義、王泰興、何恒興又以再陳冤抑等詞具稟，蒙恩斷明，永不採買。例價谷石並無斗規，亦不碾砑谷石，至其斷詞詳細，有卷可查，故攝其大要，勒石以永爲遵守云。
同事行友：
在縣：永裕坊、新興坊、公合坊、元興坊、中興坊、義合坊、泰興坊。
鋒壁鎮：六合坊、合興坊、貴興坊、公聚坊、振興坊、均盛坊、公興坊。
趙國鎮：義和坊、同義坊、瑞成坊、公順坊、福盛坊、六順坊。
吳村鎮：天泰坊、復盛坊、玉興坊。

浴河鎮：恒興坊、會昇坊、福瑞坊。
高莊鎮：義順坊、西口坊、同心坊。
侯兆口：重寧坊、清泰坊。
嘉慶十三年孟夏中浣，城鎮六陳行。

（碑存輝縣市商業局院內。王興亞）

邑侯加州銜張大老爺頒定會廠章程諭令請復藥會商民兩便碑

侯諱丹桂，字秋園，山西曲沃人，丙午科順天舉人。嘉慶四年，來宰蘇門八年，循聲清聲清廉公正，固已口歌於野，商歌於室矣。百泉四月初八日廟會，時代久遠，客商雲集，一時居民相待未周，遂至客藥商於嘉慶七年，全行移徙他處。會廠既復寥寥，居民亦形落。侯洞摹原委，不忍使數百年浴蘭大會廢於市儈之手，因而嚴革前非，酌之妥協章程，口令武生牛振邦，業儒鄭世俊持束請懷，婉詞邀請。爾時口商散四境，未曾議妥。次年，又復禹州會棚，延約各商，仰體侯意，乃於次年，仍復歸來。所有屢次來往支費銀兩，均葆牛振邦口口口固議明，各居民以次請還，此亦義舉也。未幾，牛振邦英年即世。越四載，而會廠同行復舊。振邦之父名士俊者，忠悫人也。目睹口會之盛，迴意請會之難，更有不能已於懷者，恐日久再又饒舌，前功盡棄矣，遂命子侄董幫同鄭士俊總理會事，庶以遵守會規，傳之永遠。口邑侯招集商賈之盛德，牛、鄭兩君延請商客之苦衷，不可以湮沒無聞，用是勒石，以紀其畧云。

計開口會規：

一、房屋地基俱各照舊生理，不許彼此易換。

一、房屋地基賃價亦各照舊規，不許多收少取，以後賃價永無增減，來由主，去由客。

一、住客日用伙食由客自便，地主房主永不許把持包攬。

一、全蠍、麝香任客貨買，永不許獨立停市。

一、本處山貨藥材無論遠近散行、行店、說行者，設有官秤腰牌，領秤說行貼錢壹千文。違者，不許說行。查出稟官究治。

總會首王廣昌、董會興、李悅、李玉成。此會復興賴此數人。

會首牛士俊、鄭世俊、陳均。

大清嘉慶十三年歲次戊辰四月十五日。

（碑存輝縣市百泉碑廊。王興亞）

重修關帝廟碑[1]

　　古共城西南隅關帝廟，創建於乾隆二十五年，又於嘉慶二年，開工陸續增建，至嘉慶十七年，一律完工，重加金粉，共慶落成。名勒諸貞珉，用垂永遠。其廟後擬建春秋閣，俟年歲豐稔，捐有餘資，再行營繕焉。

　　今開：

　　總理維首二十七字號

　　常裕典、益隆典、泰興號、恩昌號、郜恒成、西吉興、泰興坊、恒泰號、美豐號、公順號、□貞號、義豐號、復興號、廣源號、原文盛、兆興號、同順號、西常裕、晉元號、元興坊、公和油房、宋廣興、同興發、同盛號、永和坊，以上總理。

　　永盛號、天合號、王聚興、福興號、秦裕天、魁聚號、牛義盛、廣盛號、史文盛、韓同順、益昌號、西聚興、魁昌號、永盛號、西同盛、聚成□、和盛號、福順號、集成號、廣裕號、錦興號、同興號、六合號、興泰號、心合坊、東聚興、程水伯、魁興號、廣聚號、仁興號、聚和號、大興公、振泰號、□和號、同聚號、程萬順、福盛號、東興號、郜大成、公義坊、廣泰號、魁元號、寵義號、中和號、三益號、和合號、王魁號、王美號、左義合、東同興、錦盛號、晉合公、廣合號、公合坊、新合號、寵盛號、同千號。

　　大清嘉慶十七年歲次壬申十二月。

（碑存輝縣市商業局院內。王興亞）

嘯臺

　　浙江嘉興人嘉慶十九年署輝縣典史李璹

　　孫登長嘯地，此日剩荒臺。
　　振谷鸞音杳，流泉琴音哀。
　　千秋思默士，一語斷英才。
　　惟笑嵇中散，殷勤枉自來。

（碑存輝縣市百泉碑廊中院。王興亞）

流芳

　　大凡興作之事，創始者固難，繼起者亦不易也。而繼起之人，尤其同心協力，始可襄

---

[1] 標題係補加。

其成功。□□廟之東隅有鐘樓，西隅有鼓樓，廊塑馬仆神像，誠其觀也。歷年來風雨飄搖，牆垣則有傾圮之患，□□不無殘缺之憂，屬在同人公議商酌，各出貲財，俾廢者葺之，損者益之，不三日而工程告竣。雖曰小補，究莫非豫防勿墜之患耳。是爲序。

杜義和、同泰號、通興號、興成號、邢廣泰、立盛號、義恒號、九誠號、聚興衣店、三同公、西益盛、寶順坊、三盛號、全義布店、遇上號、洪泰公、元義坊、聚永號、聚興面店、全盛號、元泰號、泰和坊、興泰和、同義號、恒興號、福順坊、會川號、萬聚魁、義合號。

維首：益隆典、三義合、東義盛、復興號、義豐典、同盛號、史文盛、恩昌號、福順號、廣聚號、原文盛、廣裕號、大成號、順成號、集成號、東興號。

嘉慶二十三年三月吉日公立。

住持僧洪泰，徒恩盛、恩和、恩錫，孫普益，曾孫瀾麟。

（碑存輝縣市商業局院內。王興亞）

改建宋包孝肅公廟記

周玘

余歸自京師之明年，授徒家塾，筆翰餘暇，則於《十三經》、諸子史中，信手抽閱。偶得《宋史》內元右丞相監修國史，脫脫等所謂包、吳、趙、唐四公合傳，其論包孝肅公云："公本忠厚，非孔子所謂剛者乎。"吾其西舊有包公廟，北距太行之麓二十餘里，南臨峪水，其創建碑碣，邑乘皆無，攷其重修，則某代年月日某人也。廟之北，居人數十百家，聚成村落，即名曰"包公廟村"。村中爲往來孔道，舉凡大河南北，以在晉省澤、潞諸州，商貿摩擊，絡繹不絕，以故數千里外皆知有包公廟。至其地者，往往謁公之廟，瞻仰公之遺像焉。歲在辛巳夏秋之交，疫病大作，村人或禱於廟，輒有奇驗，於是，遠近焚香拜祝，車馬喧填，累月未已，且又各捐貲財，以爲重修廟宇之備。冀公之靈，大有造於斯人，而咸獲其庇佑於靡涯也。余於是村，先世有田園廬舍，踰河而南，去廟半里許，隴墓在焉。又於嘉慶年間，攜兒子輩，授徒是村。公之廟，余瞻拜而憩息者數矣。每謂廟之基址，負山面河，地勢高廠，信爲形勝，然瀕岸陡僨，秋漲衝齧，恐無以妥公靈也。既而村人某某等，果有改建之舉，以昔年衆捐之貲，卜地於舊廟之東偏數武，經始於某年某月，至今春事竣，而俾余爲之記。余維公在宋仁宗朝，忠國愛民，不可勝紀，曾以京東轉運使，改尚書工部員外郎直集賢院，徙陝西，又徙河北，又承命往河北調發軍食，又除龍圖閣直學士、河北都轉運使，請罷河北屯兵。吾共於宋屬河北，當日隸於部內，受公之庇，食公之福，概可想見。而公之威靈復有以呵護而保全之，固有是理。必謂予時疫流行之際，顯厥靈以惑衆人之耳目，則不類於公之生平，而爲吾儒所存而不論矣。然即此亦足以見公之德澤在人，越數百年而銘心未艾也。祠廟之改建，豈不宜哉！抑余又有說焉，公廬州人也。按《廬州府志》香花墩者，在南城外濠水中，爲公生平讀書處，今爲公祠，蒲葦數重，魚鳧上下，長橋徑渡，舊有軒名回瀾。遊人至此，作濠濮間想，茲之廟貌，踞岸臨流，掩映行麓，佳勝殆足相媲。倘吾鄉之士，謁公之廟，仰公之靈，而慨然想見公之爲人，舉《宋史》之所大書特書不一書者，從而私淑之，步趨之，一如公在花墩之戀，厥修焉，則公之所庇於吾鄉者，又不在乎祈禱之靈，而隱寓乎身心性命之益也。是爲記。

　　道光元年。

（文見道光《輝縣志》卷十七《藝文志》。王興亞）

神前挂袍張幔序

　　聞之禮莫大於尊神事，莫先於主敬神者，敬之所由生。禮者，事之所由立也。故毋論通邑大都，載在祀典者，歲有儀文，即比屋連雲，立有壇廟者，亦時設奠祭，況商賈貿遷有無，生財貨殖，可不祀神展敬先正一己之心，共和衆人之志乎？輝邑城邑設立會館，爲商友禮拜之地，歷有多年，其後寖以怠慢，每逢朔望，至者參差，甚者失誤。於嘉慶二十一年，商友公議，序列香牌，輪流執事。每逢朔望，一齊聚集，環拜致誠，甚爲整肅，違者有罰，至今十年。所有香貲餘積，除另自挂匾外，還存錢壹佰三拾千零陸佰捌文。商友公議爲帝君挂袍，諸神張幔，勒石記名，以誌不朽。嗣是永照前規，香烟不暫，以正人心，以和衆志，是則商友之願也夫。

　　恩貢生候選教諭邑士張黎照撰文書丹。

　　商友存心號、西同盛、恒德號、利盛號、慎興號、義恒號、史文盛、同義號、牛益盛、永成號、立盛號、牛義盛、義和號、雙盛號、三盛號、東盛號、天成號、聚盛號、義豐號、義合好、增益號、沛興號、全成公、郃全成、原文盛、王興號、太山號、晉元號、永昌號、東同盛、西義盛、永戀號、廣義合、天合號、泰豐號敬立。

　　住持洪泰，徒：恩和、恩錫。

　　石工劉玉鐫字。

　　道光六年。

（碑存輝縣市商業局院內。王興亞）

移置百泉書院城內記

　　知縣周際華

　　百泉在縣城西五里，泉上有山曰蘇門，爲晉孫公和讀《易》處。宋則邵堯夫居之，元則姚雪齋父子、趙仁甫、許魯齋、竇子聲先後講學於此，而孫鍾元則於國朝初由容城徙家夏峯，授生徒於百泉上，湯潛庵、耿誠齋其尤得力於先生者也。太極書院之名，關於姚、趙二公，偕許、竇諸公講明太極之理，此書院之所由始也。明吳伯通爲提學副使，更名百泉。百泉云者，蓋憂俗學支離，冀諸生探本窮源，得蒙養之道耳。孫用正謂太極書院，專以爲已。百泉書院，有督課學校之責，專爲下學之士。言之有本者如是，是之取爾。其址舊在泉之左。崇禎壬午，汴梁遭寇，决水沒城，遂移鄉試於河北，改百泉書院作貢院。至順治乙亥，始復貢院於汴，而屋舍猶存。康熙二十三年，改作科歲試考棚。乾隆十五年，改作翠華行宫。時邑令鋃江文公季棠，課士最勤，謀欲重建，而有志未逮。至四十一年，曹縣何公文耀始得地於邵子祠之南，而書院乃移於泉右矣。閱八十年來，漸零漸落，半廈無存。道光六年，予蒞任之初，祈雨泉上，惟見頽垣碎甓而已。青衿城闕，是用隱憂。因念聖天子作育羣材，培養備至，邊隅僻壤，均荷陶甄；矧此地代産名儒，師資固不遠也，川流嶽峙，何獨於此時無靈耶？儒行之不修，督課之不力耳！我輩讀書成名，身膺司牧，不此之務，將焉務哉！於是，籌所以葺之者，計工料必需四千金以上，而諸生膏火，亦必以數千金生息乃可，勢不能作新築於泉上。幸城内南街，有官房一所，完舍百餘間，以此講業，寬然有餘，乃捐金一千四百兩置之，移百泉書院於此。雖易其地，而仍其名，以誌不忘先儒之意，且以爲諸生務本之箴，庶幾乎肄業有所矣。而膏火之資未備也，爰謀之郭楳坪、璩艮齊兩學博集諸紳議捐，聞者樂赴，共捐錢三千餘貫，分商生息，按夏冬兩季分給，除每月校試捐廉優獎外，又歲捐脩金三百兩，聘請名師，力加訓課、考校之暇，講明身世之本，並作爲學約十條約詳書院卷内以資磨礪，此規模之粗具者也。顧此事爲國家儲材，非徒爲諸生蒙養，來茲學者，須深求乎姚、許諸儒講學之旨。與夫太極百泉之所以名，各正性命，自課身心，俾道學之傳，不讓前賢獨步，斯文風日振，士習可端，家誦户絃，科名不待問矣。是爲之記。

　　道光六年。

（文見道光《輝縣志》卷十七《藝文志》。王興亞）

百泉書院歲修紀畧

　　知縣周際華

　　書院分中、東、西三院，計房一百餘間，論者以爲屋舍過多，來學者頗形寥廓，且歲修難於籌款，恐終傾廢，殊非長久之策。乃集諸紳商之，以西院四十餘舍，爲講學之所。中、東兩院出售，廉其值，售錢千貫，發當商生息，息計周年一分，可得百千，歸儒學司其出入。除歲時補葺費用外，每有鄉科，即以所餘修費資，俾在院肄業諸寒士得以觀光，以勸來者。其僅在外應課者，亦準給以院内之半。無論人數之多寡，盡其所有資之，本金切不可動，永以爲準。倘後有樂善之家從豐添補，使之寬然有餘，尤爲守土者之所厚望。謹書其畧於石。

　　道光六年。

（文見道光《輝縣志》卷十七《藝文志》。王興亞）

建義學碑記[1]

知縣周際華

古之教者，黨有庠，家有塾，春仲出。民里胥隣長，坐於左右塾，稽其勤惰，至農隙而於此肄習焉。義學之設，蓋仿諸此。先王非徒以是廣登進之路也，惟使天下之人無不學。斯野處者，既不匿其秀；而蠢愚無知之民，習聞仁義中正之訓，亦得相安於耕鑿衣食，不至惑於異端邪說，陷罪戾而不自知，此三代之隆，所由道德一而風俗同也。

國家文教誕敷，無遠弗屆，偏州下邑，皆設有書院、義學，以廣樂育，興教化；顧奉行歲久，名存實亡者有之。丙戌春，余始蒞輝邑，首捐立書院於縣治之南，爲諸生講業地。其城關鄉鎮勸諭共立義學，邑中紳耆咸踴躍從事。東關爲近城地，經首事孝廉方正秦炳、生員張兆芳及紳士人等公議，設於子羔夫子祠，並勸捐錢壹百千，余亦助錢壹百千，共貳百千，生息以充公用。其延師脩脯，附學額數，一切經費出入，諸首事分年輪班經理，備刻於石，以垂永久。其餘城關村鎮共捐十九處，規條悉準東關焉。抑余考《縣志》所載義學之處，今俱不存，豈非有司視爲具文，而諸經理之人，處置有未善歟？則凡諸君子之司其事者，實力奉行，久而不墜，使人材輩出，以仰副盛朝崇儒重道之誼，其必有不俟余言者。文治之興，將拭目視之矣。是爲序。

道光六年。

（文見道光《輝縣志》卷十七《藝文志》。王興亞）

學約十條

一、立學。學於古訓，乃有獲學者斆也。斆爲父子，斆爲君臣，斆爲長幼，夫婦朋友，全要在五倫上用功。因自己未能知道，爰取古聖賢做個樣子，照看樣子斆去。始而費力，久後也就自然了。如忠孝節義，古人事迹多端，斆其處常如何？處變又如何？無大無小悉具胸中；然後將我之所以言行者證之，果有會心，斯爲實學。若徒讀其書而不明其義，知其事而不能師其行，縱考據精詳，文章燦爛，其於學相去遠矣。故學者先問我所學何事。

一、立教。傳道授業解惑之謂教。教者必先明乎道之所由，修業之所由成，惑之所由辨，然後以其所得使人各得，庶幾乎師道立，而善人多也。今之學者大則爲科名起見，小則爲溫飽是圖耳。無所謂道，無所謂業，終其身於狂惑之途。而又以其所惑到處惑人，外惑生徒，內惑子孫。修身立命之旨不聞講說，日以其庸俗不可耐之八股文，私相傳染，牢不可破，是自誤而因以誤人也。百泉舊爲先儒講學之地，閱其所講，有如諸生之所謂私傳

---

[1] 此碑同時刻立在縣內義學二十處，內容略同。

八股文否乎？諸生收視返聽，能潛心於尊德性道，問學兩端，則山水之靈，必當發祥於儒者。豈姚、許、趙、竇而後，遂不復有達人哉？予日望之矣。

一、立志。《學記》云：士先志，凡事必要立定主意，站定腳跟，嚴定牙關做去，事方有成。若見異思遷，或委靡不振，到底一事無成。譬如欲行千里，立定心腸要走，日復一日，終有到時；若一日不走，便一日不到，此亦事理之至明者矣。故大學首重知止，乃能得止。總視乎志之定不定耳。諸生讀古人書，便要志在古人，看准了那一條路是我當走的，即竭力以赴；那一條路是我不當走的，即死心不爲。諺云：有志者事竟成。切莫把念頭錯過。

一、立身。人莫不愛身，幸而得爲讀書人，是何等身分，此更要自愛了。故內而格致誠正，外而齊治均平。皆以一身任之。若把此身看輕了，便可無所不爲，而心思骸骨皆爲無用，豈止無用已哉！必將敗度敗禮，以速戾於厥身，是不如不有此身之爲愈矣。吾身能爲聖賢，豈不甚好，即不能到聖賢地位，斷不可流於不肖。故愛身爲學人第一要務。諸生能看得此身甚重，然後事業可圖。否則罔之生也，幸而免耳，豈不危哉！

一、立品。士君子立品宜高，取法乃大。所謂正其誼，不謀其利，明其道，不計其功，其立品者峻也。彼卑污之習，聲色貨利之謀，醜聲穢行，爲鬼爲蜮，是爲敗類。衣冠中豈宜有此？既爲士人，即宜從氣節上用心。氣節可伸，雖貧賤何辱？雖富貴何榮？卓然如蒼松翠竹，經歲寒而不變，乃爲可貴。孟子曰：人有不爲也，而後可以有爲。可知品之所在，光明磊落，當不似齷齪寒酸矣。

一、立德。孔子曰：據于德訓，行道而有得於心。之謂此事，原不是高遠難行的。只要在人生日用間，隨處體貼，如吾事吾親，能盡一點心，能出一點力，便是一點孝。自大本大原之地，以至於一言一動之微，推而廣之，無所不實，則德已無所不具矣。讀書人不從己身上積德，每見聖賢行事，竟以爲非我所能。道之不明，何問乎德？德之不立，何所爲據？諸生能於家常行習間，事事物物逐處講求，先明乎道，乃可蓄德，事業文章，何所施而不順也。

一、立功。儒者有道德而後有事功。事功根于道德非矜言才氣，馳逐榮華之謂也。生人際遇各殊，莫不各有當爲之事，即莫不有當盡之功。幸而得志於時，則爲相爲卿功在天下。等而下之，一官一邑，各隨其職分之所爲，皆可以展吾抱負。即不幸山林終老，無所發揮，而遇事程材，亦足以成人善。俗如漢之王彥方，陳太邱輩，儀型鄉里，薰其德皆爲善良，非儒者功耶！處士純盜虛聲，願先生宏此遠謨，是不可無立功之願。

一、立言。言以闡道，古來載籍極博，必其道明於心見於行，而後發於言也。取士以制藝，將以其言驗其所識與其所行耳。非徒摭拾陳言，敲金戛玉，襲取聲調，掠影浮光，僅僅焉爲博青紫計矣。學者作文，原是籍題發揮，各抒底蘊，若先不明其理，必至言之無物。朝廷三年考校，比得一士，即以爲服官之選，豈可以無味之談，違心之論，與人家國事哉。諸生有志爲文，宜取古人立言之旨而深味之，然後味乎其言，而言且不朽也。夫德行本也，文藝末也。求其本末，知所先後，可與入德矣，豈徒掇科第已哉。

一、立名。聲聞過情，君子所恥。蓋無其實而榮其名，實足爲士行之累耳。然疾沒世而名不稱，其又謂之何也？彼甘心廢棄之流，見事則蒽，其或堅僻成性，又故與世違者，無不託名高潔，以遂其偷惰忤逆之私。不知好高潔亦名也，而卒未嘗高且潔焉，其亦適成爲無用之名而已矣。況至於不顧其名，又豈止於無用耶？果其立志爲人，當必有奮發於中，而日章於外者。故君子原無近名之心，而不可無立名之道。

一、立誠。所謂誠，其意者毋自欺也。這是人間生死關頭。誠則爲人，不誠則爲鬼。誠僞之辨，敬肆之所由分，即人禽之所由判也。是以君子慎之。孔子曰謹、曰信、曰忠、曰敬千言萬語，總是要學人矢一片誠心。心信得過方可爲人。若自問先不自信，又何以求信於人乎！天地之誠於物之可見，驗之聖賢之誠，於人所不見，基之始于一心，而成於萬事，忽於一夕，而積之終身。稍有欺罔，魂夢難安矣。學者曷自思之。

道光六年。

（文見道光《輝縣志》卷八《學校志》。王興亞）

孫夫子祠碑記

程祖洛

　　容城三賢者，光明俊偉，皆足以撐拄宇宙，元劉子靜修，明楊子椒山，明與大清交會之際，則有孫子夏峯。三君子有合刊文集行於世，如華嶽三峯，動千古之仰企焉。夏峯先生諱奇逢，字啓泰，萬曆二十八年庚子領鄉薦，癸丑試禮部，報罷。是年交周吏部順昌，庚申魏科都大中出使江右，與先生定交於楊忠愍祠。天啓元年，客都門，左僉院光斗，亦以氣節敦交誼。吏部、科都先生皆假於鹿職，方善繼，而僉院之交先生，則假於科都也。左魏與周，先後罹瑞難，先生與定興鹿氏祖孫父子，苦心營救不可得，作《乙丙紀事》，載集中。僉院身後諡忠毅，科都諡忠節，吏部諡忠介，三忠姓名，芳流史筆，視其所友，則先生可知矣。崇禎三年庚午，御史黃鶴嶺疏請徵聘，以病辭。八年乙亥，禮科給事中王正志疏舉真孝真廉，乞擢用，不赴。九年丙子，聚義勇，守容城。直隸巡撫張其平恤刑員外胡向化，叠次薦舉，皆不就。十一年戊寅，入五峯山，結茅爲避地講習計。國朝順治六年己丑，告墓移家，南徙至祁州，忠毅門下士刁生名包者，留止其家。七年庚寅，徙輝縣。九年壬辰，衛河使馬光裕以夏峯田廬持贈，疎籬敝席，兀然一榻，先生安焉。順天巡按御史陳渾水，舉山林隱逸，督撫巡按下所司，起送赴京，以老辭。聖人寬厚全其志，不加敦迫。十年癸巳，作十友社講學，月一會於百泉。康熙五年丙午九月，睢州湯公斌詣百泉問學，門弟子負笈數千百里來受教者無數，皆稱爲夏峯先生。十四年乙卯，捐館舍，葬夏峯東原。睢州作啓，約輝邑合衛郡紳耆儒生具牒，籲督學使者祀先生於百泉，是即所謂夏峯先生祠也。方望溪宗伯作先生年譜序云：其行事，或近於俠烈，而治身與心，則粹乎先儒。睢州序徵君文集云：當草昧初開，干戈未戢，人心幾如重寐，賴先生履道坦坦，貞不絕俗，使人知正心誠意之學，爲興朝理學之大宗。二公之言，可爲定論。

余奉帝命，來撫中州，得讀先生全集，心切嚮往久矣。越三年，前山右觀察劉君大觀述及夏峯祠堂，日就頹壞。余曰："是有司之責也。"爰捐俸於輝縣周大令際華，大令亦踴躍願捐俸終其事。遂起工，適稽賑務抵獲嘉，去輝咫尺，拜先生祠下，見祠後有空室數楹，爲比邱積薪所，因思先生營救左、魏諸公，多義士，冒危險，忘身家性命，相與奔走絡繹，皆以先生之心爲心者也，即空室爲忠義祠，以定興鹿太公正、忠節公善繼及夏峯先生，與三忠頡頏於中，餘子列諸左右，忠肝義膽，既炳照於生前，復得萃臨於奕禩，準以古法，實無乖違，在天靈爽，當亦欣然也。然扶持正人，動捋虎尾，在人爲一生奇特事，在先生則爲餘事。先生廬墓六年，著麻衣以讀《禮》，是立本於孝也。鶴書頻下，終守白雲，是進退有據也。睢州執弟子禮，得先生指授，以理學名臣配饗聖廟，是師道立，成就天下之眞儒也。夫孝廉、俠烈、隱逸三德備於一身，先生爲何如人哉？然猶未足以盡先生正心，誠意、全節、完名，臥巖谷而師天下，其道尊矣。祠續修於道光丙戌之秋，而迄工於冬，爰伐鹿門山中一片石，記述先生之峻德清風，使欽仰者知俎豆馨香非倖致，而出於世道人心之所不能已也。是爲記。

　　道光六年。

（文見道光《輝縣志》卷十七《藝文志》。王興亞）

百門八咏

道光三年任河南按察使遷江南河道總督麟慶

衛源
雪晴觀衛水，尋路過共城。
民氣此中古，泉源分外清。
孕靈澄碧落，利濟到蒼生。
寄語巖居者，休徒羨濯纓。

嘯臺
有才甘不用，長嘯托山林。
已息龍蛇跡，能傳鸞鳳音。
道通三絕易，心契一絃琴。
臺頂留遺像，高風滌我襟。

安樂窩
宦海半塵鞅，今來安樂窩。

鳶魚參易妙，桃竹得春多。
放誕非真率，從容有太和。
小亭標擊壤，正好獻衢歌。

孫徵君祠
三征仍不起，道寄夏峰尊。
嘯咏聯前輩，聲華重及門。
新碑容我讀，良史倩誰存？
抱得遺書在，名山盡屬孫。

百泉
從我皆仙吏，相邀問百泉。
波心清見底，池面淡霏烟。
映日金齊湧，涵虛鏡倒懸。
臨流看不足，竟向水亭眠。

清暉閣
清暉聯雪月，貯我在冰壺。
樹影疏還密，泉聲乍有無。
在川尊孔氏，樂道契堯夫。
夜坐清如此，休誇明聖湖。

白露園
清曉山禽鬧，歡呼喚客醒。
一園題露白，萬竹掃天青。
雪意侵書函，烟光展畫屏。
摩挲看肺石，灌頂水玲瓏。

共城留別
共城賢令尹，此地幾經營。
栽竹迎門綠，疏泉澈底清。
風流君嗣響，遊咏我含情。
欲訂重來約，春鷗合證盟。
道光丁亥仲冬，予復共城，周大令石藩同年招游蘇門百泉嘯臺諸勝，盤桓一日，率成八律，以紀遊蹤。時同行者蘇門主人高靜軒、陸渾少尉王以如，見亭麟慶。

（碑存輝縣市百泉碑廊中院。王興亞）

重修姚文獻公祠堂記

知縣周際華

輝邑多古名賢遺蹟，而開道學之統者，自文獻公始，國朝孫徵君繼之。其卜築蘇門，蓋亦步武雪齋，希蹤先哲，非徒樂其山水已也。明嘉靖初，始建專祠祀公。康熙時邑紳孫君，暨乾隆三十五年前令吳君，相繼修葺，迄今五十餘年，又就圮矣。丙戌春，余始蒞茲邑，慨古蹟之盡廢，擬次第修復。首葺孫徵君祠。適文獻嗣孫一峯呈請修理，顧同時並作，力有不逮，是以屬其族眾，共襄盛舉，而予即捐俸以助工焉。今年五月，一峯以重修落成，告請署祠額，並為之記其事於石。余惟表彰先賢遺軌，乃司牧之事，方愧未能獨任，既得其賢子孫，追崇根本，煥然更新，樹一邑之典型，來四方之觀法，尤可喜也。方今聖天子敦尚正學，若徵君者，既從祀聖廟，而文獻公名在天壤，廟食千祀，固非茲一邑所獨推而奉之也。然而里居在焉，族姓相仍，箕裘罔墜，則所宜觀感而興起者當何如？又況為其子孫者乎！爰書之以彰其不忘先澤之美，而並勖其後嗣，共相砥礪，遠紹數百年正學之傳，是余之厚望也。若夫文獻之學問淵源，與其出處大節，則有其遺書及史傳在，茲不復書。

道光七年。

（文見道光《輝縣志》卷十六《藝文志》。王興亞）

重修衛源廟碑記

國家惇崇秩祀，凡名山大川之在郡邑者，歲時命有司虔恭將事，所以答神庥，重祀典也。四瀆之在中州者有二：曰淮、曰濟。然濟發於懷，旋已伏流，而淮入於河，獨衛源為河北巨鎮，興雲降雨，澤沛四方。附泉良田數百頃，咸資灌溉，而下流合丹、淇諸水，自臨清而北至直沽，會河入海，迤邐千餘里，通漕濟運，千艘銜尾，以達神京，水德靈長，尤非僅一州一邑之利賴已也。考《縣志》，廟始建於隋，加封徽號，爵同王者。歷唐、宋、元、明迄我朝康熙三十四年歲次乙亥，相繼修理。乾隆十五年歲次庚午，翠華臨蒞，宸翰親頒，山川焜曜，迨茲幾百年矣。道光五年，前令監利仙舫游君，憫其日就頹敝，與今儒學槑坪郭君、艮齋璩君，共謀所以新之。捐廉倡修，眾紳樂附。不逾時，而正殿、大門均已告成。適游君以憂去。丙戌春，余承乏斯邑，展事廟中，周覽循視，尚有西廡及鐘鼓兩樓亦就剝落，與夫象設之未整，丹臒之未施，是皆不可不亟為興飭者。爰召紳耆，捐俸以為之導，亦皆踴躍樂從，遂鳩工庀材，閱五月而蔵事。飛甍舒翼，俯鏡清泉，紺闕凌雲，仰規碧巘，靈居肅秘，神貺允昭，歲比有秋，災癘不作，亦可見天人感應甚微而至速矣。

夫妥神以爲民祈福，補前人未竟之功，皆守土責也，而諸紳耆恪恭執事，寒暑無懈，亦有可嘉者。爰書其事於石，其樂捐姓名，並工費若干，詳記碑陰，爲後來者留意焉。

大清道光八年歲次戊子三月中浣穀旦。

賜進士出身知衛輝府輝縣事前內閣中書貴築周際華撰文捐廉三百兩。福建將樂縣事調署惠安縣羅源縣充丙子戊寅己卯同考官前輝縣知縣楚光遊昌廷捐廉銀貳百三拾兩。敕授修職郎己酉科選拔衛輝府輝縣教諭林慮郭士冠捐俸拾兩。敕授修職郎庚申舉人教諭衛輝縣訓導安陽璩輝捐俸拾兩。衛輝營分防駐防輝縣城守營把總河內范照麟捐銀陸兩。衛輝府輝縣管河主簿金守仁捐銀捌兩。衛輝府輝縣典史姚濬捐銀貳拾兩。

貢生保舉孝廉方正王泰秉書丹，總理工事賬務捐銀拾貳兩。

總理工事：生員陳嘉謨、貢生段大蒼、李霑。

採買武生李方聽監理工事捐銀拾兩。監生朱錦章捐銀拾肆兩。貢生張登逵捐銀柒兩。管賬監生朱九閹捐銀四兩。武生木鑒捐銀六兩。

（碑存輝縣市衛源廟院內。王興亞）

邵夫子祠碑記

麟慶

邵子之學，本於言理，而極於言數；始於豪邁，而終於謹細；基於刻苦，而成於安樂。雖其所造詣，與二程橫渠稍有異同，而明道以爲內聖外王之學，晦翁以爲古之風流人豪。至於言《易》，且引其說，以補伊川所未備，然則先生之於程、朱豈有間哉。輝縣蘇門山，向傳爲邵子所居之地，考諸本傳，邵子先世范陽人，曾祖令進徙衡漳，父古又徙共城。共城者，今輝邑也。以居母喪，廬於蘇門山百泉之上，堅自淬厲，冬不爐，夏不箑，夜不就席者數年。是時，北海李之才，以獲嘉主簿權共城令，聞其篤苦，乃往與語物理性命之學，授以《易》圖，而邵子妙悟天授，旁通四達，其超然自得者，有非之才之學所可盡也。其後客遊四方，葬親伊水上，遂定居焉。詔書繡帛，屢徵不出。安樂窩之名聞天下，而不知其始寔托基於輝之蘇門山百泉也。輝邑山水多奇秀，而蘇門與百泉最名，非但其地之佳勝足以怡人，亦以邵子之故。其學之探賾索隱，鉤深致遠，足以知百世之後，其風之頑廉懦立，鄙寔薄敦，足以師百世之下。凡孔子，孟子之所言者，邵子皆足以當之，然則其祠之廢而弗舉非罟與？山舊有邵子安樂窩，後移泉上，其西南有桃竹園，園有擊壤亭，亭有邵子像，其後裔祠奉焉。予於道光七年，攝視按察使事，以護送凱旋大兵，道出百泉，見牆宇傾圮，竹樹荒蕪，惻焉傷之。會黔中周大令際華有興修之舉，而欣然爲之助。今年八月落成，易亭爲祠，而奉像於其中。書來囑爲之記。予惟邵子之學久有定論，淺督末識，誠不足以測其淵深。徒以生平仰止之懷，而又適經所栖息之地，誠不忍先賢遺址遽就湮沒。祠舊有祭田，久而失之，周侯復爲經理其廢，以田屬縣學，收其稅入，用供祭祀，而以所餘給奉祀生。祠之祀，庶以永久。園之南，有孫夏峯徵君祠，亦久廢，前大中丞歙邑程公擴而新之。懿哉！聖學庶由此益明。非但爲山水生色而已也。是爲記。

道光十年八月。

（碑存輝縣市百泉，文見道光《輝縣志》卷十七《藝文志》。王興亞）

勸重疏玉帶河

周際華

為重疏玉帶河以培風脈以資灌溉事。

查縣志載海虞陳侯必謙以萬曆四十五年為輝縣尹，見衛河南下，一往無情，因創改新河，名曰玉帶。自禮字閘下引水東流，至新橋折而南下，由三里屯西南流至胡家橋，入智字閘，下仍歸衛河。紆抱城邑，以培風水。一時人文鵲起，科甲蟬聯，不惟本邑稱盛，即他鄉之發跡者亦多係輝人。應驗不爽，歷歷可徵。後因山水漲淤，至國朝康熙二十八年縣尹滑公彬詳請復浚，久之又塞，乾隆十五年，縣尹文公兆奭又浚之。每浚則文風戶口無不增盛。今又八十年矣，人文寥落，令人徒致慨于山川之明秀也。而且向稱素封之家，概就衰微，即商人貿易，亦復難期殷實。追溯其由，未必非此河淤塞之故。且自方山而下，山水漲發，城之東南，湮沒者無可以禦，是疏浚之功，誠不可緩。本縣自丙戌年來宰茲土，面奉前任巡撫程大中丞諭疏此河，乃因連年修葺頗多，恐同時力不暇及，未便兼營。本年各工漸次就理，徼天之幸，年穀順成，民心和樂，不乘此興役，其又奚俟？當經親詣勘驗，故道依然，帶同弓手丈量，自禮字閘起至智字閘止，計長一千四百五十丈，約計經費不過三千餘金，即可藏事。商之眾紳者，無不踴躍樂從，並以捐錢僱夫，恐多滋擾，不若倣河工論段之例，較為簡捷。計輝邑共二十里，分作二十段，量其里分遠近，酌其段落短長，各出民夫，照段疏瀹，是為眾擎易舉。邑中急公好義者，當莫不以為有益之舉，爭先恐後；而委靡苟安者，或以為勞民傷財，竟致觀望因循，亦未可定。為此，示仰闔邑紳民人等知悉。爾等務須乘此農功未起，寒氣初融，各具鐝鍬，以襄其事，仍照舊志寬深各二丈，以期一律疏通，不使稍有阻滯。並即勒石為界，俾年久遇有壅塞之處，皆可按界挑挖，免致推諉。天與輝人以靈秀，而人自棄之，是民之咎也。民望有司以率作，而有司自委之，非獨民之咎矣。明趙公彥復撰《創改新河記》，縣尹滑公彬詳請開復水道原文，該紳民等自係習聞，可知此河為利無窮。本縣諄諄告誡，願同志者互相勸導，使得剋日成功。豈特人文蔚起哉？即農工商賈，藉此振作，亦可轉啬為豐，而城之東南亦可永絕水患矣。振衰起靡，莫此為急，眾庶同心，一呼即至，其各具櫌鋤毋緩。

道光十年

（文見道光《輝縣志》卷十七《藝文志》。王興亞）

新修耶律文正公祠碑記

　　元儒耶律晉卿，名楚材，謚文正，其出處詳載《元史》，不復贅錄。茲以其宜祀諸泉上之義，爲都人士告之。公以晚年去相，讀《易》梅溪，著有《梅溪詩集》。梅溪去泉上里許耳，予考其舊址，故老皆不能詳，徒於荒煙蔓草中，作憑弔無聊之感，大懼崇祀之不修，而儒行之終沒也。魂兮歸來，何所棲止哉！泉之東北，有屋三楹，幾於剝落，初不知其爲前明賢邑宰張侯克儉祠也。因葺而新之，祀公於此。公之所以托跡梅溪者，蓋無時不樂乎泉上矣。以其所樂，而奠其所居，神其有靈，當必我許。且得與周、程、邵、孫諸夫子，環泉相向，儼乎晤對一堂，非尤其所樂耶？方肇修，適中丞楊海梁先生巡閱至泉上，樂聞此舉，即捐俸百金以助，閱兩月而告成。設主致祭，而公於是乎有所托矣。嗣知其爲張侯舊祠，而文正已主之，奈何？因更設張侯木主以配，張侯有知，或崇儒有同心而恕予之考古不力也。幸甚。

　　道光十年庚寅之冬，後學黔筑石藩周際華撰，男□□書。

（碑存輝縣市百泉衛源廟。王興亞）

報德祠碑記

　　知縣周際華

　　邵子安樂窩，舊在蘇門山之西麓。乾隆十五年，添置新安樂窩於舊窩之南，彼其時蓋取其遊覽之便，遂不計其名實之誣也。麟見亭先生，秉臬來豫，偶憩百泉，上訪邵子遺跡，屬修擊壤亭，亭成，勒之石，桃竹園即其所也。並屬將新安樂窩改作報德祠，凡有功德於泉上者，皆宜春秋享祀以報之，而仍以安樂之名，還之舊窩，毋使牽混。俾攷古者得所依據焉，斯善矣。華於是遵而改之，祀中丞章公、總河嵇公等二十二人於其內，旋於舊窩中建祠三楹，聚石爲垣，以期永久。而新窩之遺像，乃有所歸矣。

　　是舉也，有兩善焉。安樂窩之名，原無新舊，還其本來之面目，庶幾地有專屬，而名無兩歧也。且人之好善，誰不如我，有此祠以彰之，則往者可以不朽，而來者亦因以自勸。有此二者，余不敢忘見亭先生之意也。爰勒之石，以告後之守此土者。

　　道光十年。

（文見道光《輝縣志》卷十七《藝文志》。王興亞）

修三城樓記

　　知縣周際華

　　封建必以城郭爲先，非徒示以觀瞻，寔乃資之保障。城上有樓，名之曰敵，以伺寇戎，以貯甲兵，以嚴刁斗，胥於是乎在焉。吾儕身處太平，目不見旌旗，耳不聞金鼓，豈非大幸。然古人安不忘危，則思患而預防之，惟有備乃可無患。昔董安于之治晉陽也，公宮之垣，皆以荻蒿苫楚廧之；公宮之室，皆以鍊銅爲柱，質尹鐸循之，孟談資之，趙襄子恃以不敗。顏真卿之備平原也，逆知祿山芽蘖，乃陽託霖雨，增陴濬隍，科丁壯，儲廥廩，以備不虞。厥後，祿山反，河北盡陷，惟平原存。魏時王元謨，猶在滑臺，江淮無警，而沈璞爲盱眙太守，繕城濬隍爲城守之備，僚屬皆非之。及魏兵南向，郡邑皆亡，惟璞城守。此皆寓深心於無心，而弭有事於無事者也。前師不遠，安得人轉而西焉，則太行屛列，北麓雲橫，固足以資曠覽而逞勝遊矣。而或者興懷忠武，動念楊侯，則所喜者，當不在遊目騁懷，極一時之壯麗已也。予爲斯宰，當爲斯備，不待言矣。即張生、賈生皆寓居城下，亦屬分所應捐。所難得者，鹺商則出自津門，典商麪局皆家於山右，乃同聲樂赴，衆志成城，其好善之雅，不更足多乎！是爲之記。

（文見道光《輝縣志》卷十七《藝文志》。王興亞）

重疏峪河築紅石堰碑記

知縣周際華

峪河在縣西南六十里，由山西流入輝縣界，歷平旬、老路窰等處，至張家莊，入獲嘉縣，滙丹河入衛河。當山水漲發，勢甚盛也。舊有紅石堰，以禦旁溢。紅石堰壞，而峪河遂淤塞矣。余蒞任後，即爲勸修，奈經費過多，難以圖始。本年四月二十八日，因公住峪河鎮，值雨甚，水勢瀚漫，傷農寔多，擬倡捐俸錢以爲率作之資，而紳民創深痛鉅，亦急欲修此以弭災也。用是羣情鼓舞，願各出民夫，相爲疏築，擇吉於九月二十四日開工。予親詣河上祭告土神。董其事者有周其城、周容、周十圖、宋玉珩等，互相督率。日計二三百夫，歡呼之聲，聞於道路。予亦顧而樂之。於冬至前告竣。衆生請紀其事於石，以昭示來茲。予曰："物久必壞，此理之常。爾輩利害切身，此後善自爲謀，當有不俟有司之督勸者。況人之欲善，誰不如我。"百年以後之事，前人不能預知，而後人未嘗不樂補也。故以爲予功，予不任受，以爲民力，民亦宜然，夫何昭示之有？惟是禦患雖有同心，而舉事必循舊典，則即以今日籌辦爲異日之章程，庶幾可乎。

道光。

（文見道光《輝縣志》卷十七《藝文志》。王興亞）

築東石河紀畧

知縣周際華

東石河自方山而南，滙衆山積水建瓴而下，其勢橫決不可遏抑。每於夏秋之際，大雨時行，由東郭至於南關，不特淹沒地畝甚多，即民房亦受其禍。推原其故，上流過急而下洩無所，夫是以任情衝突如此。茲已重疏新河，則此水順河而去，自可安流矣。惟是入河一段，地勢突起，皆前此水壅沙積之故，若不急爲開鑿，則橫決不免。橫決不免，則新河仍塞，此必不得已之功，不可不急備者也。爰諏吉日，親率民夫，塞者疏之，缺者培之。近河六十餘丈，鑿與河平，其北岸則就所鑿之土，築成堅壩，毋使旁溢。所幸民皆樂赴，荷鍤如雲，不一月，而蔵事。而茂才劉大用者，督勸其間，尤爲出力，寔堪嘉尚。爰勒之石，以告來者。

道光年。

（文見道光《輝縣志》卷十七《藝文志》。王興亞）

北陽里修路碑記

知縣周際華

古者司空氏以時平易道路，凡徒杠輿梁亦復應候修舉，所以通往來，利車馬，以爲行人計，至便也。其有田間水道，亦各有經塗環塗之，則庶幾耕夫饁婦泥濘不憂矣。近年來，雨水過多，輝邑鄉路，半歸坍沒。而北陽里屬在西南，地處窪下，尤爲山水所浸，是以道路淹斷，橋梁傾圮，行者苦之。予於巡歷所經，進紳耆而共議，時則有紳士趙八元、趙殿元等，同聲稱善起而勸之，各村莊亦樂相捐助。尅日興工。自春正起，至秋七月蔵事。自分水橋西至田家莊河西岸，約二十里許，斷者續之，窪者填之，兩旁各挖深溝，俾水有所洩。中間修大石橋六座，小石橋四座外，又添設小石橋六座，以暢其下流。南下趙固鎮，又建小石橋一座，田莊河新建大木橋一座，交地方隨時稽查，勿使毀壞。除蘭公橋係九聖營所修，約費錢一百餘千外，此番道路橋梁共用餞三百餘千，均係量力輸將，毫無勉強。其同時經理者，首事有趙八元、莊來周，司賬務者有李椿棋，買辦物料器具者有李澄波，分任監工者有趙廷雋、趙殿元、陳大中、王溥、趙清、苗玉、蘧大貴、孫振，地方有九聖營之李盛、北陽里之王亮采，皆不惜勞苦，共成其事。事成後，請記於予，欲以示後人，俾知所遵循，以爲他日補修之式。予嘉其義而記之，願後來者，隨時加修，毋相推諉，乃能永保無虞也，勉之望之。

（文見道光《輝縣志》卷十七《藝文志》。王興亞）

程公泉碑

程大中丞洛□梓□，安徽歙縣人。道光□年歲，奉土撫河南。在任六年，於□□諸大政，靡不畢舉。偶經百泉，謂水脈流通，擇地必得。遂相度於稽公泉迤西，畚鍤甫施，流泉噴湧，廣□可數千畝，至今□賴之。於以見名宦之澤潤生民，後先輝映，是宜泐諸石，以誌弗諼也。

署河北道事開封府知府存業督同輝縣知縣周際華謹立。

道光辛卯夏。

（碑存輝縣市百泉。王興亞）

新建文光閣記

知縣周際華

余蒞輝五年，時以振興文教爲念，下車即捐廉，移置百泉書院於城之西偏，爲諸生肄業地。又閱縣志，自明季開玉帶河後，科甲相繼，文風爲諸邑冠。於是，疏而濬之，還其舊觀。而諸紳士董其役者，復據形家言，羣請捐貲建閣於城之東南隅，顏曰文光。蓋其位居巽地，與乾方磚塔相峙，古者靈臺、辟廱在國之陽，文明之象，固信而有徵也。於是，擇吉於孟秋二十三日興工，越兩月而蕆事。方治地，得石礎二，疑昔本有是閣，而志乘不載，故老亦無有能道之者。意者昔人已得吉卜而有志未逮，留此片石，以待今日之興葺耶！磚塔久就傾圮，今亦同茲修葺，庶幾，文運可振興乎！雖然，天時地利，與人事交相應，余尤願諸君子務修其實，而不徒乞靈於地之發祥，於以掇巍科，取榮名；固有若操左卷而可自信者，是在諸君子勉之而已。

道光十一年。

（文見道光《輝縣志》卷十七《藝文志》。王興亞）

重修清輝閣記

楊國楨

太行之支山有蘇門，其下爲百泉。園林亭榭，甲於豫中。苔繡雨齧，日就荒陋。邑令周君石藩於政事之暇，率其邑人士，以游以休，揣民之所樂，以振其頽壞。節級補綴，不獨疏泉源，剔灌莽，如湧金、噴玉諸亭，咸施丹堊，與飛瀑茂林，掩映於煙沉日朗之際，一若疲委者起，鬱塞者宣。凡居斯土者，奔走熙熙，亦既同其樂矣。余嘗駐旆觀風，歷覽巖麓，憩幽篁中，俯臨明鏡，延耆宿而問焉，皆以爲清暉一閣，尤據百泉之勝，即易榱正瓦，動慮繁費，縣令不欲以民之所樂者，轉以病民，故脩整猶有所待。適黎觀察雲屏告余曰：名蹟不可以久圮，況詢謀僉同乎！遂各捐俸若干，屬周君規圖全局，拆閣而更新之。周君又於閣之下，添設船房，以資輔翼；改築雲橋，以束體勢，曲徑繚垣，周遮包絡，室之陋者華，亭之摧者立。鳩工始於辛卯春，涉秋而竣，所需逾捐數，周君力任之，并請余爲之記。余謂是役也，其濬流也，可以激濁而揚清；其植材也，可以扶危而固本。其延攬無遺也，可使邑之人散者聚，而隱者顯。其旁達交通而咸宜也，可使邑之人各得乎其所，且將使後來者，不以爲登臨之美觀，而推尋撫恤之深意也。是則余之所望也已。

道光十一年秋。

（文見道光《輝縣志》卷十七《藝文志》。王興亞）

程子祠碑記

知縣周際華

古稱三不朽，曰立德、立功、立言。三者之大小廣狹不同，其足以不朽一也。昔宋元祐、紹聖間，河南程子慕蘇門山水之勝，遊於此，結茅而居。學士翕然景從，所居遂成聚落，因名曰程村。其後思公不置，建祠祀之。蓋先賢之遺澤長矣。程村地勢卑下，耕種維艱，至明萬曆間，金谿聶念初先生令輝，開渠引水，田始無患。則程村之民，至今得無凍餒者，又金谿聶公之力也。夫程子之德言與功尚已。其所以不朽者，詎關茲一鄉一村之細，而被澤者，沐其教，思其人，藉此以誌響往之意，有不容已於懷者，故立祠其地，且以誌村之所由名。相去五百餘年，而思之不啻一日，即傳之千萬世，當亦不能不如是耳。聶公固不敢與程子埒，第其功之補救於一時，利賴於後世者，亦何可沒哉？在勝國時，進士王同倫以聶公配享程子，并述公開渠之事，剔石祠前，迄今年久頹廢，祠宇無存。歲丙戌，余來撫茲土，謁百泉程、邵諸祠，慨然有興舉廢墜之念，除捐俸重修諸祠外，并諭四鄉有先賢祠宇頹殘者，皆行葺理。其時程村紳民，約衆出貲，規仿本村程子祠舊址，重建正室三楹，立純公、正公神位，仍以聶公配享。今年冬，始慶落成。觀者以規模狹小爲憾，不知是舉也，爲一方人民，不忘本始，俾名賢循吏，永著芳徽，用以振勵士風，敦崇民俗。其裨益正非淺鮮，非以窮極土木爲事也。告竣之日，董事者屬余記之。余謂程子之賢，如日月之經天，江河之行地，其所以深入於人心者，自不待余之覶縷。即聶公德政之大者，載在邑乘，亦不煩記。僅臚其立祠，與重修之始末如此。

道光辛卯歲冬至後三日。

（文見道光《輝縣志》卷十七《藝文志》。王興亞）

新修萬壽宮碑記

知縣周際華

祝釐者，臣民之所以致敬也。自省垣以迄郡縣，無人不戴高厚之恩，即無人不生雲日之慕，婦孺皆然，而矧其在官紳也。際華自丙戌蒞此，恭逢慶祝之秋，竟無拜跪之所，不得已，而以祝融廟代之，不安孰甚！急欲建修萬壽宮，率吾民而拜舞其下，又苦於擇地之甚難。癸巳秋，有拔貢李君瑤林、歲貢孟君大炳等，請於余曰：邑有佛寺居城之中，傾圮實甚，衆紳等不忍聽其破壞，羣欲修之矣。請即以此爲祝釐之所。卜日興工，閱七月而蕆事。大殿三楹，東西朝房各一座，正門三楹，左右角門各一座，圍牆七十餘丈。紳民所樂輸者二千餘緡。經費雖約，而規模實壯。於是，體統以尊，觀瞻以肅。過其下者，父老嬉娛，兒童舞蹈，其樂有不可支者。其東偏，舊有磚塔，高十餘仞，久就傾斜。據形家言，此方屬乾，爲奎宿本宮，既於巽方，建文光閣，則此塔尤宜修整，遂並葺之。因書其畧於石。

道光十三年癸巳。

（文見道光《輝縣志》卷十七《藝文志》。王興亞）

雲石記

知縣周際華

員嶠之山有奇石，廣可數百里，駁駱如錦，扣之雲片片蓊然出，世所傳雲石是也。《齊書》海上有越王石，嘗隱蔽雲霧。謠云：清廉太守乃得見。虞愿爲晉太守，往觀之，清澈無雲翳，其徵驗殊不虛，異哉！何？員嶠之石以雲傳，而越王之石又以無雲顯。石同而雲之取舍不同，毋亦天之生是石爲雲母。而其子清濁異氣，爲休爲咎，各以類應之也耶！煮可爲糧，化可爲鵲，佐岳通理，惠以甘霖，是謂休徵。鞭之而血，隕之而星。摩拂竹木，墜於江都，是謂咎徵。休咎之不齊，雲亦有幸有不幸耳。顧雲因石出，石因雲蔽，雲與石兩有所分，從未聞是雲是石，即石即雲，以爲雲而不能浮，以爲石而不能蠢。形狀蒼勁，精神鬱蟠，秉天地之堅心，聳岡陵之瘦骨，岸然稜然、斑斑然如百門泉之雲石者也。石不知其何自，邑志載之而不言其顛末，尋之而無其踪，意謂不與俗吏見，如越王石之隱蔽焉，未可知也。抑亦員嶠山引而去之，不復向人間出雲作雨焉耳？癸巳秋，吾友聶基堂鑿地得石，長六尺，方廣三尺有奇，雲氣縈紆，生波疊縐，極有文理，捫之如老龍鱗，欲脫不脫，狎獵參差離奇，不可擬似。舉之泥沙之窟，樹之雲橋之墟。就石而問之，胡爲乎其隱也。豈避俗如仇讎，甘爲尺蠖而不侮耶！胡爲乎其又見也，豈將與石藩爲石藩，以類相從，聊壯蘇門山色澤耶！吾將用汝作礎潤之徵，備興雲之象，濺珠泉之潘，降甘澍之靈。汝其能之，吾爲爾祝。祝曰：

雲耶石耶，來從何處。止汝於此，且莫飛去。

道光十三年。

（碑存輝縣百泉清暉閣南船房西。王興亞）

重修嘯臺記

知縣周際華

太行之麓，蘇門之巔，公和長嘯，有臺存焉。不詳始於何時。攷之乘志，有明御史許完重修之，祀之以像。

國朝共城令滑彬又重修之，自康熙二十九年庚午歲，迄今百四十餘年矣。廢址頹垣，又幾爲兔葵燕麥之場而不可問。欲振而新之，非具大力，當不易辦。癸巳夏，巡憲文一飛先生查衛河，憩百泉上，登蘇門山而憑弔焉。徘徊良久，不忍舍去，遂出白鏹千二百金，屬華修之，且曰："臺不似臺，象不能象，去其象，庶可還本來之面目；峻其臺，乃可表賢士之高風乎。"華敬誌之。購料興工，五越月而蕆事。臺之下，有閣十數仞，已就傾斜。臺之右，則邵夫子之安樂窩也。破廟縱橫，芳蹤不辨，悉趁此而理之，而蘇門山儼然完整矣。華讀明副史李夢陽記，又讀祭酒王教紀遊文，慨然想見孫公和之爲人，所謂不降其志，不辱其身者，非耶。而世乃傳爲隱士，且比於列仙，誤矣。張梧岡太史作《嘯臺贊》，辨之甚詳。余喜有同心，因付之石，以備參攷。而尤幸巡憲之獨成此舉也。夫抗心古處，儒者皆然，慕古而不能爲之表章，與不能爲之振飭，古人亦何賴焉？鍊補天之石，以彌茲缺陷，非其識力過人烏足以與此？此華之所爲幸際其盛而與有榮施者也。爰紀其顛末，以待來者。
　　道光十四年。

（碑存輝縣市百泉衛源廟。王興亞）

重修先農壇碑記

知縣周際華

　　古者理國，以本爲務。王政養民，以食爲先。故仰司星辰，以審其時，俯耕籍田，以率其力；封祀農稷，以神其祀；祈穀報年，以寵其功。是以民和年豐，神降之福也。我朝農政之詳，軼於前代，廣三推之數，以爲萬姓先，下及各省郡縣，無不恪遵典禮，崇祀先農，以爲率育之勸。蓋民事之重，莫重於此矣。輝邑壇在東郊，不知廢自何時，荊榛瓦礫之場，神位久無位置。每至耕藉，怵然於心。迺延李君瑤林、張生兆芳謀葺之。自春正始工，匝兩月而告竣。爲正室三楹，既高且固。壇之四面，易以新石，高三尺許。築垣四圍，以禁出入。庶幾，可以妥神靈而勸耕作也。謹付之石以誌之。
　　道光甲午歲清和月。

（文見道光《輝縣志》卷十七《藝文志》。王興亞）

過蘇門山有序

鄒鳴鶴

　　乙未季，奉檄防堵晉匪，歷太行，奇險幾遍，行抵輝縣之蘇門山麓，聞晉匪已潰去，喜賦。

馳驅日陟太行巔，晉豫中分兩戒懸。
青障疊排天險峻，黃巾迅掃國威宣。

設而不守全依德，實必行聲利用權。
籌筆未干飛露布，居然談笑靖烽烟。

（碑存輝縣市百泉碑廊中院。王興亞）

游百泉喜晤周石藩年丈

十年夢想此林園，雲影山光別有天，
難得主人是仙吏，名流不愧住名泉。
霽月光風第一流，政成學道自優遊。
此間吏隱談何易，多少先生在上頭。

（碑存輝縣市百泉碑廊中院。王興亞）

謁孫徵君祠

衛水源頭經籍香，三千人拜魯靈光。
積誠早格羣奸蠢，養晦獨持吾道防。
難得英雄歸理學，由來節義植文章。
石齋化去巋山沒，誰樹儒宗一幟強。

（碑存輝縣市百泉碑廊中院。王興亞）

留蘇門兩日頻行留贈石藩年丈

本色不嗤俗吏俗，好吟恰在深山深。
名泉一勺供湯沐，往哲千古聯苔岑。
悟到鳶魚川上樂，嘯成鸞鳳空中音。
隱耶仕耶學道耶，茂叔一笑吾無心。
此乙未舊作也。己亥春，權衛郡椽，重遊百泉，書此誌感。錫山鄒鳴鶴偶筆。

（碑存輝縣市百泉碑廊中院。王興亞）

共城百泉水利碑記

共城百泉，亦名□刀泉，下流曲折，繚繞百餘里，皆在衛境，名曰衛河。凡共城境內□之地勢多汙下，止易種秔，不易豆穀，而河無門，堰泉流下注，非蓄水無以蕪。是以前明嘉靖年間，郭公、敖公建築倡義兩閘。聶公、章公、盧公建築禮、智、信三閘，使共城均沾是利，蕪荒之地，旋成膏腴。國朝定鼎，歷順治至康熙四十餘年，維有五閘之設，放流濟運，民間不得溉田。水利一壞，每地一畝行糧三畝，水田荒蕪，每年賠糧，民間棄地而逃亡者十之六七焉。康熙三十年，邑人假上錦雷□苑具呈縣案，懇恩興復水利。邑侯滑公力任不解，再四詳請河道俞公、巡撫閻公、總河王公咨商入奏，上於四月以前，□日濟運，一日溉田。至五月，民間插秧，漕運回空，任民間溉田。水利復興，是共城水利皆滑公、俞公、閻公、王公之力也。雍正五年，侍郎何國琮條陳共城之民偷水溉田，有誤漕運，飭將五閘拆毀三十餘並水利又復一壞，爾時御史劉公、巡撫田公、總河嵇公在百泉清味閣上宣旨，五閘人民聲震天下。□稟訴種一畝地，納三畝糧，原因用水溉田，以備荒欠。今國家用水，百姓焉敢損生偷水，懇減重賦。田公顧謂劉公、嵇公云：吾向亦疑百姓偷水，不料如此重賦，三公相商，入口水利得以仍存，是保全共城水利，又田公、劉公、嵇公之力也，迄今百五十餘年矣。己亥春月間，因漕運阻淺，山東巡撫奏請將官閘官渠大放通流，民閘民渠，盡行杜閉，以濟漕運。俾共城水田五月下旬不得插秧，五閘之民奔走惶恐，紛紛稟訴邑侯案下。邑侯陳老父母日夜焦思，急力詳請，使水溉田。又蒙侍御史汪、賈大人條奏，巡撫朱大人奉旨同道憲劉公、府憲耿公，親臨察看，五閘百姓數千人懇恩留水救命，蒙恩率同印委各官，將官閘下板杜閉，俾水勢專注民渠。朱大人嗣又復旨入奏，共城水利仍復遵照舊規。是今日水利不壞，又皆邑侯陳公、府憲耿公、道憲劉公、巡撫宋大人之力也。謹記顛末，以垂不朽。

康熙三十年，興支水利河臺王大人、撫臺閻大人、道臺俞大人、邑侯滑老爺。

雍正五年，保全水利河臺嵇大人、撫臺田大人、御史劉大人。

道光十九年，保全水利河臺栗大人、撫臺朱大人、御史汪、賈大人、道臺劉大人、府憲耿大老爺、邑侯陳大老爺。

歲貢生和致中撰文。

邑廩生姚書林書丹。

道光二十年歲次庚子仲春上浣。

仁義禮智信五閘口。

（碑存輝縣市百泉碑廊。王興亞）

靈源噴玉二亭綴句

庚子季夏，余以履勘衛源百門泉，山固蔥蒨，泉漾漣漪。見靈源、噴玉二亭，片甓無存，未足壯觀，捐廉修葺。今山色波光，增其明媚，使文人學士稅駕于此者，不為山川留有餘憾耳。落成，綴以短句，用資高賢。

護理河北道補沿河知府下北河同知長洲龔慶祥謹記。

靈源亭

為覽蘇門勝，靈泉此溯源。
脈通千罣遠，勢拱一亭尊。
活潑參天趣，澄清見道根。
徘徊尋古井，中有蟄龍存。

噴玉亭

一亭峙中址，碎玉響玲瓏。
噴飲搖空月，鏗鏘戛遠風。
孤琴吟外答，仙珮靜中通。
倘得作霖雨，千疇祝歲豐。

（碑存輝縣市百泉靈源亭。王興亞）

恭和龔大人靈源噴玉二亭綴句

福建閩縣人道光十五年輝縣知縣陳祚康

靈源亭

籌河三紀久，沂衛訪靈源。
保障徑猷壯，旬宣位望尊。
匯流稽海眼，遺址築雲根。
放鶴分清俸，千秋勝概存。

噴玉亭

飛流紛出石，萬竅剔玲瓏。
杞櫟追前跡，稊程留遺風。
檐濃烟外接，琴聲靜中通。
芳躅誰堪擬，滁州樂歲豐。

（碑存輝縣市百泉噴玉亭。王興亞）

恭和龔大人靈源噴玉二亭原韻

道光二十年輝縣教諭閻其泰

靈源亭

勝地旌旐過，新亭建水源。
平臨方鑒潤，對拱太行尊。
密實深融液，靈岩浚有根。
興修承往烈，功德古今存。

噴玉亭

異然亭並峙，噴玉倍玲瓏。
的瀿同濺露，璇玤遠帶風。
灌塍民力厚，挽漕帝畿通。
上下功全賴，年年志歲豐。

（碑存輝縣市百泉噴玉亭。王興亞）

恭和龔大人靈源噴玉二亭原韻

道光二十年輝縣訓導楊保恒

靈源亭

盛跡留河軌，遺蹤溯衛源。
勢淳千脈蓄，山護萬靈尊。
空水開雙鏡，塵緣淨六根。
異然瞻對肅，鐫德此常存。

噴玉亭

更看亭外出，碎玉夏玲瓏。
激石寒堆雪，濺珠靜和風。
挽輸千里借，沾溉萬疇通。
一雨披公志，何如歲歲豐。

（碑存輝縣市百泉噴玉亭。王興亞）

龔大人靈源噴玉二亭綴句次韻

道光二十年輝縣主簿孫德薰

靈源亭

安瀾昭茂績，衛水溯淵源。
萬派分流遠，千秋仰德尊。
泉疏通石窟，亭築近山根。
洞酌追前躅．芳名得共在。

噴玉亭

兩山屏障處，響戛玉玲瓏。
地著溫其德，人歌穆若風。
籟聲清欲答，琴韻暗相通。
喜雨分餘韻，時和葉屢豐。

（碑存輝縣市百泉噴玉亭。王興亞）

龔大人靈源噴玉二亭綴句次韻

輝縣典史金遠暉

靈源亭

通漕資灌溉，滴滴溯歸源。
此水靈全洩，如公道本尊。
廉分輪鶴俸，節錯老龍根。
指點西山里，千秋德並存。

噴玉亭

振衣亭上日，射出日璁瓏。
柱石青含月，琅玕靜生風。
奔雲千派湧，吼雪萬塍通。
霧晃宣勤處，膏敷卜歲豐。

（碑存輝縣市百泉噴玉亭。王興亞）

六陳行復收芝麻行帖碑記

【額題】永垂

蓋聞立道設教，啟賢才以經邦濟世，以有易無，咨立商而裕國便民，事雖不同，理明無異。故夫善爲若虛，償一念出位營求，其不至名損而□云也，鮮矣！因憶吾六陳糧行，謹守舊規，凡所以量計者，不過泯爭斷，豈若壟斷居奇，鄰于小丈夫之所爲乎？里邑有另額芝麻行一帖，歷無專設，原寓六陳而糶，有來亦已久矣。道光十九年秋七月，邑侯陳大老爺入圍，代理奉檄上任，突有事不干己者無斷誣控，以致輕聽蠱惑，糧行□□□□。陳大老爺回任，察實情形，始得無害，然已不勝其累矣。適又值芝麻行無力充膺，秉□□帖，復議縣鎮輪流當差，仍著公具司帖領狀以憑，按年承辦可也。謹復遵稅，領出執帖納稅，按轉輪值。是則前車之鑒，國稅攸關，勿得虛缺，豈其尤而效也哉。茲將復收芝麻行帖緣由，勒石以誌，遵守云爾。

六陳行列後：

在縣：元義坊、文泰坊、天順坊、洪裕坊、泰興坊、和成坊。

薄璧鎮：德昌坊、同義坊、貴興坊、六合坊、合興坊。

趙國鎮：致和坊、通興坊、順義坊、天成坊。

浴河□：全興坊、裕興坊。

道光貳拾年歲次庚子小陽之吉　　六陳糧行縣鎮仝立。

（碑存輝縣市商業局院內。王興亞）

自衛輝繞道遊百泉九首

亙北烏雲是太行，遊山得雨助新涼。
出郊便覺雙眸朗，直抵山彪綠繞莊。

上嶺籃輿步步輕，潞王園寢盡荒荊，
斷雲一片將疏雨，掠過輿前又放晴。

三里蕉門濕氣封，入林已聽水琤琮，
山容巘巘凌清漢，若論丹青近北宗。

白露洲前水似圭，十三古柏種來齊。
繚雲抱住清暉閣，月夜應招老鳳棲。

碎錦離離傍岸花，花間叢竹至闌遮。
瓶笙攜向魚磯上，試過邛茶更洱茶。

串串珍珠水折回，水晶世界水晶杯。
鮮魚突過西湖鯉，道向牛郎橋下來。

下釣人歸舊路徑，上鐙時候水冥冥。
凡間那有蘓門嘯，借笛僧房隔水聽。

公和仙去夏峰尊，問到山名合姓孫。
七載蘓門方識得，輪君苔石是重溫。

樹杪懸鐙代月輪，山中一宿亦前因，
年來禱雨多靈應，齊祓明朝拜衛神。
道光二十三年己卯夏六月，華亭張祥河。

（碑存輝縣市百泉碑廊中院。王興亞）

重修子在川上碑記

輝縣學宮，止一蘓門山，文廟祀也。考新舊縣明季壬午，汴梁遭寇被湮，次年，補行書院而圍以棘。先是書院後廟祀孔子，額曰"子在川上"。至是，急迫之聖像十間，見者麎然。邑紳者是□中修者也。偶置文廟於蘓門山，而移山巔。舊記之人成題之，厥後康熙、乾隆間，官紳屢加修葺，多易以石，爲經久計。嘉慶十六年，宋郡紳蔣予蒲□此，捐資屬修，並易□□□石，惟坊則馱頂瓦，額川上二字。道光丙午秋，余履歷時，□□斜將傾□□□易以石，顧年□時紲，經始纂難。監生□□□有輪一日，使之改任保衡，詢諸貢士孟大炳、庠生謀皆合規□□，五閱月而成。額字則庠生史全存詮所書。經費則取諸監生朱樹芳所捐。□百泉東北兩門之資焉。用省而工堅，是不可不紀。或曰孔子魯人，逝者如斯。夫當在魯之洙泗河汶，而不在衛之百泉也。《兗州府志》□陽縣東北一里，有□□泉流入泗。《史記》孔子生昌平。□昌平，山名。《括地志》云：在兗州泗水南六十里。《太平寰宇記》曲阜縣北五里南爲泗水。子所居背洙面泗汶水，出泰山萊堯縣□朱盧縣東。泰山汶水所出，閭□□謂門子，□上之汶當在徐州。沂水□魯之雩門注之小沂水，與杜預所謂大沂水者別。曲阜有溫泉，在縣南七里入河，舞雩壇在沂水之曲阜縣南六里，曾□風浴，樊遲從遊在於此。康熙二十三年，東流經泗水東境，幸泉林寺指示曰：此當是"子在川上處"。乾隆十五年，高宗駐蹕百泉，藻翰墨懸而未及川上。今坊額毋假借與曰至聖之□之神，在天下古今如明經天，江河行地，不可於一鄉一隅求之。昔人廟於斯，坊於斯，題額於斯，仰以登東山，登泰山之意。江濯澳之情，以此爲□，我夫子之地，非必謂即夫子釣遊之地也，抑更有說焉。夫子五至□□之水，莫大於百泉。君子見水，必多以類記。第九篇所記琴牢、子貢皆衛人，《畏匡》即在去□□□時爲，《臣章》必子路仕□時事。《好德》章爲衛而發，又安知亟稱于水者，低佪景仰，即以此爲羹牆之見也，可□。

道光戊申年，直隸州用輝縣知縣衡山陳焯撰並書。

同官教諭閻其泰，訓導楊保恒，□□□安法，曾署訓導趙□、白春升，主簿高□□，把總侯中元，典史金遠暉得備書。

黔築張新鐫。

（碑存輝縣市百泉。王興亞）

安樂窩

邵子安樂窩，舊在蘇門山之西麓。乾隆庚午，以張公祠前偏廢名賢故址，改爲新安樂窩，又稱邵子祠，自是遂有兩安樂窩。道光十年，縣令周君際華以新舊兩窩名實混淆，復移邵子神位於舊窩，改桃竹園爲邵子祠，即新窩，建報德祠祀中丞章公、總河稽公二十二人於其內，祠後敗屋數椽，仍祀張公神像，偏東一楹，塑關壯繆像。泉北有關廟祠祀，復□大抵工人爲之耳。已酉春，項城宮太保遊歷蘇門，以安樂窩頹敗窄隘，建議重修，因新窩形勢軒敞，經營建置，度地築室，並築堆假山，添建亭廊，拓其垣墉，廣植樹木，氣象爲之一變。其報德祠，仍規爲名賢祠，復祀邵公，右偏添建三楹，祀郡守張公昇，並移祀邑宰張公克儉，名賢祠不廢，張公祠永存，安樂窩亦得善地。庶幾，一舉而三善歟。至舊窩荒廢已久，僅有正室三楹，即皇極閣舊址，今復其名，而曩日之所有者亦不泯焉。若夫周侯所名實相淆，似亦無庸過拘也。夫窩以人傳，不以地顯，志稱邵子自幼從父徙居共城，隱蘇門山下，結廬百泉之上，則其窩不離乎泉者近是，又安知其在彼不在此也。故於其上之成也，敘其遷改之意，而誌之於石。

汲縣何揆撰。

香河縣吳春鴻書。

道光二十九年。

（碑存輝縣市百泉碑廊。王興亞）

遊百泉七律四首

咸豐二年任輝縣知縣周劼

拋除案上幾堆塵，來踏城西一片春。
草正齊腰堪駐馬，山如識面解迎人。

欄杆屈曲循溪轉，樓閣玲瓏映水新。
得到蓬萊清淺地，合從仙界認前身。

此地曾經駐翠華，宮門晝靜五雲遮。
和風燕語長堤柳，細語鶯聲滿院花。
萬斛泉源滋地脈，九重題咏燦天葩。
無端觸我春明夢，猶戀觚棱日影斜。

嘯臺千仞勢嵯峨，繼重芳徽安樂窩。
從古名山留翰藻，本來高士愛烟蘿。
樹圍村角陰城堙，橋跨池心水旋渦。
閑向徵君祠畔望，夏峰還占白雲多。

野籬門徑總常開，多少遊人特地來。
風月幾曾論價值，山林原不著塵埃。
烹茶好試清冷水，載酒宜斟潋灩杯。
鷺嶼鷗鄉圖畫里，得消閒處且徘徊。

（碑存輝縣市百泉碑廊中院。王興亞）

蘇門咏古六首

咸豐二年任輝縣知縣周劼

孫公和嘯臺
一嘯竟千古，高風傳到今。
山中無嗣響，世外少知音。
鸞鳳渺然遠，烟霞如許深。
生芻奠空如，令我懷遐心。

邵堯夫安樂窩
名教有樂地，如公真得之。
涉園撫桃竹，閉戶陳龜蓍。
靜演先天數，閑吟擊壤詩。
安居三不出，清味少人知。

周程三夫子祠

萬古圖書閟，三賢俎豆聯。
斗山飲雅望，濂洛溯真傳。
道統斯文續，風光此地偏。
閑尋舊遊跡，想見性中天。

耶律文正公祠

濟世抱偉畧，遭時良獨難。
奇書搜讖律，靜況愛烟巒。
琴調秋風古，梅花夜月寒。
逍遙好亭榭，相憶愧初官。

孫夏峰先生祠

獨卻飛朝聘，甘為肥遁身；
范陽儕烈士，睢水得傳人。
手釋遺稿富，躬耕舊業貧。
宮牆欣列祀，何止重鄉鄰。

餓夫墓

避世身無着，皇皇竟出疆。
風徽仰孤竹，蹤跡同翳桑。
地僻烟雲冷，林深草木香。
憐君姓名隱，揮淚酹椒漿。

（碑存輝縣百泉碑廊中院。王興亞）

衆商協力同心督理工程各芳名台號開列於後

總理維首：

李常裕、和成禮、天合坊、魁興成、吉祥號、雙合義、義豐典、慶和號、桓盛店、王崐興、景源臨、永興坊、公義號、源發昌、百鳳號、元義坊、和興號、瑞成號、夏恒成、三益公、北義合、天興義、衛和盛、史文盛、天順坊、天興合、和盛號、牛頓美、永成號、存成裕、郜全成、義泰昌、天聚成、文泰坊、全興公、同義號、洪盛號。

督工：晉元號、昱興號、丁公恒、合成號、大豐號、元泰坊、全興義、三和義、廣順利、全成公、杜義和、敬興號、東義盛、全盛號、雙興號、慶源號、恒泰號、雙裕號、趙集成、泰興坊、公裕號、復盛永、坤興號、廣義合、廣聚號、承興號、靖興和、慶源魁、洪裕坊、永興號、坤和義、萬順號、恒昇號、永成萬、魁興公、遇盛源、景源坊、公興號、一心成、紅星號、鴻興隆、元泰號、廣昱號、泰昌秀、和盛坊、泰和號、復昇昌、統興號、義聚恒、新盛號。

咸豐四年歲次甲寅三月。

住持清泉仝立。

（碑存輝縣市商業局院內。王興亞）

重刻朱柏廬先生治家格言

  黎明即起，灑掃庭除，要內外整潔；既昏便息，關鎖門户，必親自檢點。一粥一飯，當思來處不易；半絲半縷，恒念物力維艱。宜未雨而綢繆，毋臨渴而掘井。自奉必須儉約，宴客切勿流連。器具質而潔，瓦缶勝金玉；飲食約而精，園蔬愈珍饈。勿營華屋，勿謀良田。三姑六婆，實淫盜之媒；婢美妾嬌，非閨房之福。奴僕勿用俊美，妻妾切忌豔妝。祖宗雖遠，祭祀不可不誠；子孫雖愚，經書不可不讀。居身務期質樸，教子要有義方。勿貪意外之財，飲過量之酒。與肩挑貿易，毋佔便宜；見貧苦親鄰，需多溫恤。刻薄成家理無久享；倫常乖舛立見消亡。兄弟叔侄，需分多潤寡，長幼內外，宜法肅辭嚴。聽婦言，乖骨肉，豈是丈夫；重資財，薄父母，不成人子。嫁女擇佳婿，毋索重聘，娶媳求淑女，無計厚奩。見富貴而生諂容者最可恥；遇貧窮而作驕態者賤莫甚。居家戒爭訟，訟則終凶；處世戒多言，言多必失。毋恃勢力而凌逼孤寡，毋貪□腹而恣殺生禽。乖僻自恃，悔誤必多；頹惰自甘，家道難成。狎昵惡少，久必受其累；屈志老成，急則可相。輕聽發言，安知非人之譖訴，當忍耐三思；因事相爭，安知非我之不是，須平心暗想。施恩無念，受恩莫忘。凡事當留餘地，得意不宜再往。人有喜慶，不可生妒忌心；人有禍患，不可生喜幸心。善欲人見不是真善，惡恐人知便是大惡。見色而起淫心，報在妻女；匿怨而施暗箭，禍延子孫。家門和順，雖饔飧不繼，亦有餘歡；國課早完，即囊橐無餘，自得至樂。讀書志在聖賢，爲官心存君國。守分安命，順時聽天。爲人若此，庶乎近焉。

  潘紹烈敬錄。

  咸豐歲次庚寅仲秋上澣。[1]

  遼陽瑞徵敬挽。

（碑存輝縣市百泉。王興亞）

---

[1] 按：咸豐無庚寅紀年。

重修天爺廟戲樓碑記

　　村西北隅舊有戲樓三楹，起於明嘉靖三十九年，工竣於隆慶元年。逾至我朝乾隆四十八年，重修一次。後經數十年，風雨剝落，瓦木凋殘，且規模淺狹，難堪暢舞。有本村崔公印燦者宦游山左，每有村人至東，談及此事，輒生唏嘘。時值崔公身體違和，心許酬願，於是，精神頓爽，飲食尤加，於道光二十五年冬月，旋里獻戲酬願，目睹心感，頓起修念。緣官事在身，匆匆回東，遂以中止。至咸豐十年，崔公因丁外艱卸篆回里，即邀請本村社首及余等共為商酌。於是，我村共喜樂為。於同治元年六月十六日，集匠興工，寬其基、高其樓，不三月，而厥工告成。畫棟雕樑，煥然一新。雖曰重修，事同開創，一時華美，百世偉觀。此前人倡於前，而後人樂於後 /[1]

　　清同治元年菊月刻立。

（碑存輝縣市西平羅鄉西平羅村聖佛寺天爺廟內。王興亞）

頌九執上人短偈一章

　　白雲寺僧人鶴峰氏珍

　　巍巍紫霞關，仙釋多靈異。關南矗奇峰，中有白雲寺。香林在雲間，政和歲月記。卓錫來高僧，九執乃其字。息機亦有年，了了西來意。北秀與南能，宗風浣法嗣。受法至汴城，中邦傳福地。創自天保年，相國經敕賜。火開選佛場，屢為主其事。歸來依舊林，慨然立宏志。邀及合籃僧，勳贊憑扶持。重修觀音閣，東西分座位。慈航濟大衆，工浩不易遂。一缽走天涯，黃金積佈施。多寡隨檀越，成山起一簣。時火行橐滿，鳩工煥碧翠。雙閣已告成，作者心力碎。相國諸同參，仰為人中瑞。延請主方丈，堅辭不復至。唯於晨昏間，課誦練法咒。功德與年高，蓮臺永可異。我來登閣中，語我內典義。指頭月光明，頂珠隱舍利。釋子其仙乎？卤我塵寰累。留話不知火，晚楓染霞醉。廂壁書短章，喜聊寸心寄。

　　同治三年歲次甲子冬日，鶴峰氏珍。

（碑嵌於輝縣市白雲寺廂壁。王興亞）

嘉蔭軒兩首

　　江蘇長洲人知縣彭鳳高

　　攝篆共城十閱月而受代，思有以誌之未果也。蓋自冾至此，兩年來，案牘勞形，月課

---

[1] 此碑 / 以下字殘。

之餘，諸生復以所業來質，日無暇晷，吟興久衰，益信王筠一官一集，非風塵簿領所可及耳。適理行篋，見《唐槐》、《共姜臺》舊作，皆咸豐乙卯從戎來此，欲作未果。至辛酉，於役崤潼，阻雨，始補成之。旅次無韻，本即用途中憶吳門宋梅柏梁體韻，未及推敲，不免束縛。然兩詩末句，預識重來，若有前定。爰並錄宋梅詩於後，以誌用韻緣起，勒石廨壁云。

唐槐

槐龍植自初唐中，籌糈曾記賓僚從。嘯臺遙聽酬笙鐘，根深直與泉源通。班超九棘輯瑞琮，因風還想珂瓏璁。李花河北開方穟，虬髯逐鹿窺唐公。忽瞻日角天人容，道士色沮停雙瞳。凌烟甘讓五等封，扶余海外韜英鋒。孫枝留此猶如龍，當時未入仁壽宮。不學殷浩頻書空，祇慕盧鴻堂築崧。年年黃雪飛廉櫳，長安獨佔韶光融。舉子忙時氣倍雄，天街得意酣春風。端門策士始太宗，殼中早入無衰慵。玉堂更在禁苑東，守宮環繞祥烟籠。豈徒學市難追蹤，音聲幾卜三廳逢。中郎偶聽爨下桐，大夫獨號秦時松。精芒便擬赤堇銅，株守還笑號寒蟲。縱誇絕調吳江楓，誰憐無用空山榕。訟庭千載覆蔭濃，月透葉隙光溶溶。請纓愧非弱冠終，不材蠖落莊樗同。聆音漫期俞遇鐘，濟川空仗信與忠。焚膏兀兀終年窮，賞詩孰許第一功。不如畫手求迂蒙，夢痕繪出尋重重。漫似槐安醒匆匆，南柯好戀深碧叢。日高睡足三丈紅，古樂府體歌懊憹。午陰寐寐銷烟烽，遊山更策蕉門笻。

共姜臺

共姜節冠宮閫中，守志莫奪靡他從。霜鳴雖應豐山鐘，柏舟不與新臺通。地道無成德比琮，愧死鏘佩聲蔥瓏。臺前不植桃李穟，此意便可賢諸公。祠外再拜肅改容，懍然秋水含雙瞳。龕中遺像塵常封，不可逼視同霜鋒。墓頭貞木蟠雌龍，靈兮恍惚憑幽宮。皎如烟霧開長空，清光碧洛秋涵崧。潔如松月明房櫳，積雪太行春未融。嘯臺雖高敢自雄，荷鍤浪誇名士風。仲容越禮等嗣宗，思舊奚取嵇生慵。山王執政晉室東，鬚眉氣短全牢籠。餓夫墓獨堪希蹤，三千年後乃一逢。空山不乏孤生桐，歲寒亦有凌霜松。女而稱士行擬銅，得失詎止爭雞蟲。花紅漫斗天平楓，樹高孰逾漢關榕。蕉門一角淡不濃，珠泉千古清溶溶。女德無極怨無終，以此持論豈盡同。正氣偏向沫土鐘，矢貞勝效饎饙忠。寒閨勵操今無窮，髟髦實推倡首功。從一自此開鴻蒙，導師合奉蓮臺重。軍中昔捧符匆匆，懷清莫記干戈叢。雁來一色臺邊紅，舊行中斷猶懊憹。大河以北久息烽，訪古好卓秋山笻。

附：憶吳門積善庵

宋梅

問梅詩社開吳中，聯吟諸老相追從。多年不聽寒山鐘，宋梅消息誰能通。當時貴若璋璧琮，根枝蟠屈花玲瓏。縝雲委地芳姿穟，紅拂突過虬髯公。唏噓罷舞悽玉容，虞兮泣別楚重瞳。琉璃凍裂冰雪封，彥章銕篙銳挺鋒。涇河憔悴牧懶龍，錢塘破陣攜還宮。繁英飄忽騰碧空，飛劍魏博辭辟嵩。玉蕊嗣落吹雕櫳，笙歌絳帳圍馬融。翠羽數聲醒師雄，美人歌倦嬌春風。珍珠一斛還元宗，江妃賦罷臨妝慵。藐姑射在大江東，含芬竟體鮫綃籠。葶綠花謝塵世蹤，低鬟一笑瑤臺逢。如龍門矗百尺桐，如王屋森萬年松。如錦官柏柯擬銅，如太液柳葉蝕蟲。如夔人之千歲楓，如稱城之八閩榕。老干著花香更濃，月光瀉地波溶溶。天水迄今星幾終，剪伐不與冬青同。西湖有柏靈所鍾，南枝不改欽精忠。為時先後未可窮，扶持胥賴造化功。江雲鄉樹烟濛濛，山回水繞郵重重。從前底事遊匆匆，悔不飽看花叢叢。禪林恐已一炬紅，南陵作冶徒懊憹。安得早息江頭烽，巡檐依舊支吟筇。

同治十二年己酉潤六月，長洲彭鳳高書於嘉蔭軒。

（碑嵌於輝縣市百泉振衣亭壁。王興亞）

蘇門留別十二首

一

爪印重尋歲月深，同袍舊侶半銷沉，
只除不覺唐槐老，當日孫枝又綠陰。

二

名山管領常難久，十九年來十九人，
水榭風廊多漸圮，更無昭子況頑竣。

三

共姜臺古廟東偏，山木祠新傍百泉，
畢竟民心重遺蛻，仍來官舍拜荒阡。

四

淇水泉源左右分，清波一樣綠沄沄。
恍如尚作林慮長，隔道青山不隔雲。

五

太行秀氣結蘇門，不似黃華虎豹蹲。
若向畫家論法派，大癡原異趙王孫。

六

一從川上歎如斯，後世咸知道在茲。
天下名山僧占盡，此間祇合聖賢祠。

七

五帝三王敢妄談，才多識寡又何堪，
括囊無咎惟長嘯，嵇阮安知易理參。

八
天津橋上起鵑聲，荊棘銅駝兆已萌．
尋得孔顏真樂處，行窩何必洛陽城。
九
完顏忽相東丹後，天賜賢良活兆民。
能語角端非世瑞，公來止殺是麒麟。
十
河汾志本同房杜，江漢生原異許姚。
道編自任人望屬，兼山堂起掛箕瓢。
十一
漫擬馮君大小呼，甑塵總愧范萊蕪。
解嘲猶賴同宗秀，不負青衿有餓夫。
十二
高村秋色賞無緣，孤負來時在菊前，
不是今年逢夏閏，再遲一月即霜天。
長洲彭鳳高倚裝草。
同治十二年。

（碑嵌於輝縣市百泉振衣亭壁。王興亞）

六陳在縣麻行油坊兩行碑記

【額題】永垂不朽
六陳在縣麻行油坊兩行碑記
　　輝邑由來有芝麻帖單，並無專設，隨六陳行週養，歷年久矣。近有地户，不赴糧行糶賣芝麻，今至油房出售，或以債延遲日久，糧行賠累甚大，而不能抽用者。油房亦有支官之累，意欲新辦芝麻帖單，致會兩行理較，將以涉訟。在與兩造理處，離城七里為油房，每年共挪糧行錢貳拾伍串文。每年九月初九日，均至會館交領。無論家數多少，地户自投油房賣芝麻者，糧行不得過斗抽用。如投糧行者，以及油房出賣若干，仍照舊規過斗抽用。凡係紳□平以後，兩行永無攪擾，各安生理，日增月盛。自此以垂永遠。爰勒貞珉，以誌其盛事也。是此為序，永為記耳。
　　兩行字號開列於後：
　　糧行：益源坊、和成坊、文聚坊、順誠坊、安同坊。
　　油行：隆盛號、合成號、坤興號、恒茂隆、興盛號、興盛棧、協成永。
　　理處和事人：史心吾、張仙、米昭書、王壯亭。

石工姚太方鐵筆。

大清光緒貳年清和月中浣吉日油、糧兩行仝立。

（碑存輝縣市商業局院内。王興亞）

光緒三年魏家溝災荒碑

嘗思天災流行，何國蔑有，饑饉之禍，昔人所悲，此云漢之詩所以歎周秦黎民，靡有孑遺也。溯自光緒元年，春雨調和，二麥大熟，每斗價錢一百六十文。麥後小旱，然秋禾亦有六七分收，餘糧愈賤。二年，春季雨貴，麥僅四五分收，麥後大旱七旬，至後五月始雨。惟玉麥有七八分收，餘皆三四分耳。至冬，米麥大貴，每斗五百餘文，餘糧亦漸增價。只因秋旱，蝗蟲遍野，麥景止安二三分，冬又無雪。至三年，月間始雨，故麥僅三四分收焉！自此以後，終年無雨，秋麥未種，蝗蟲復出，山、陝、河南，三省同旱。米麥愈貴，每斗七八百文。十月以後，父子離散，夫婦逃亡，壯夫遠適於異國，少婦自嫁於他鄉。十室之邑，日死數人，屍骸遍野，雞犬無遺，屠人而食，析骨而炊，始猶割死人而食，之後更殺生者而哺之。父子相殺，兄弟互食，亦不爲異。所食之粟，皆自山東、廣東運來，每斗八九百文。豆箕糠粃幾缺於市，樹皮草根亦盡於野。惟柴肉皆賤，肉每斤二十余文，柴每斤亦止四五分金。數月之中，人死四分焉！至四年三月始雨，糧價益增，米麥每斗一千五百文。即秋黍、蕎麥，每斗亦皆八九百文。三月以後，雨雖不缺，瘟疫大行，六分之中，又死三分矣！即魏家溝社視他猶勝，然百有餘户，僅留其半，七百餘□亦止存百餘人焉！七月之後，五穀豐登，糧價頓減，每斗一百余文，惟麥種尚貴，每斗八百余文。秋後麥已普種，至五年，而麥價亦減焉。嗚呼！天降喪亂，饑饉薦臻，後之視今，猶今之視昔，可不懼哉！

大清光緒五年歲次己卯七月十五日。

（碑存輝縣市南村鄉魏家溝觀音廟内。王興亞）

百代流芳

百泉：路克正捐錢三千，晁俊捐錢三千三百，戚盛僉捐錢三千，楊潤捐錢二千五百，邵大中捐錢二千一百，恒太店、邵化商各捐錢二千，王啓順、高建文、党榮、申啓蒙捐錢一千五百，吳賢捐錢一千四百，朱福成捐錢二千一百。馮保全、鄭際昌、李甫、馮保元、戴相、周同文、郭德成、許合、郭全、郭彥、郭啓貴、郭儀、邵化雲、趙□、韓三才、王昆玉、楊□、郭清香、邵化元各捐錢一千。王賢、蔡永興各捐錢□□。劉清、張保善、王文長、同太成、王玉殿、鄭克順、史金堂，各捐錢七百。申啓寶、韓德潤各捐錢六百。鄭永昌、鄭建登、鄭克明、鄭克成、楊百□、馬方、李如、郭有富、郭治、三吉林、邵化方、李清和、崔自成、李金龍、李□福、李昌、陳善福、張清、史存現、史存銀、周芝惠、金東洋、申法榮、高同寅、周臣西、朱衛梅、路永玉、路永德、王樹禎、王樹棠、路永新、李春林、楊百全、楊保太、郭明、□清、魏鳳枝、邵化花、袁有富、呂德福、郭純、路永順、高連□、郭俊，各捐錢三百。朱殿元、焦尚富、楊俊、楊傑、朱法、高升堂、朱得寶、王桂林、王祖棘、韓德朋、同泰店、路永富、路魁、王啓富、董全祿、邵化有、鄭業福、朱得財、楊百金、楊百全、□花道、王寅、姬林、張清儒、王志□、□啓元、高□元、王福林、楊富、周業、李長年、□上、廛逢春、趙祥麟、屈多深、平懷西、常讓、楊根、李逢春、崔費蘭、路玉明、崔汝賢、郝珦、郝全、屈秉楨、牛□氏、屈秉清、趙葆真、崔承□、崔咏春、崔際春、崔典，各捐一千。任鳳鳴、馮春華、蕭民、常清明、申天三、丁善、原天德、郝文功、王九功、□秉魁、屈多明、申瑞、趙百琛、岳芝室，各一百。

城里：會文堂、恒成興、同義鹽店、□德鹽店、劉昌緒、劉克長、劉昌運、張毓魁錢三千，張毓慶、劉昌廷、朱浩錢二千。秦西屏、朱士林、秦成號、段輔京、林長華、□義和、恒興三。

東門：張金盛、張仿顧、張仿融、李同蓮、成福興、德興隆。

官莊：秦珦、李珍、張五福堂。

西門：馮金善、姚瑞。

南門：糧行、祀典會、王錒、牛漢奎、劉振清、元興會、壽興號、大成公、同和堂、大永號、公順恒、蘇化登、靳銘亭、鄧德益、義成永、恒茂隆、蘇天錫、□新同、侯晉榮、義聚恒、馮□賢、王文炳、靳□□。

新橋：王文平、羈鳳山、王玉、李□、□□□、王合森、張秀珍、張玉□。

獅路□：梁秀、□□□。

車水：聶林、聶楷、聶春熙。

□南鄉：趙連□、劉金釗、侯傑、梁翠歧、李桂芳、徐保元、劉隨元、寶連清錢六百。

東南鄉：郭謙□、范璋、武尚文、邦河源、戴爾楨、李作棟、盧炳文、駱應麟、王際淘、王正模、武德良、范金榜、范金章、王功銘、王連銘、李作梅、賈紹祖。

西鄉：□留□、西淮興、榮興盛、合聚成、九華樓、生意和、薛瑞圖、張峴田、義利貞、馮學海、雲茂功、裕清德、周學文、周舉賢、劉桂、泰興□、至成店、義泰坊、義興坊、通義長、恒泰公、天德堂。

（碑存輝縣市百泉。王興亞）

課桑亭記

利莫大於農業，俗莫敦於耕織。古盛時，女與男平□□□，而天下鮮貧民，而天下於是乎無薄俗。大河南北，民習素惰。耕田而外，不知樹桑。一遇災祲，束手待斃。光緒丁丑、戊寅間，歲大饑，道饉相望，哀鴻遍野，甚且有焉。己卯歲，雖轉□而流未返，十室九空，元氣卒難驟復。長自□豫東屏方伯陳□中州，旋權藩篆。撫此遺黎，怒然心傷者久之。由是，稟商塗□，欲爲斯民興利，以爲計長久，莫善於樹桑也。中丞急慾遄之。方伯手著《蠶桑纂要》一篇，教民樹桑之法詳矣。又捐集巨貲，往湖州購桑秧數十萬。各州縣民於□前謂得本務矣。予於是冬，來宰斯邑，自捐廉俸，請領桑秧數千株畀民植。時適亢旱，百姓未知種法，活者十無一二焉。散給之餘，尚□，予就蘇門山麓，擇曠地三弓，遣人植之。躬親督率，早夜汲泉灌溉，活者十有六七焉。居無□，其葉大而肥，綠蔭交加，較本地之桑迥異。百姓見而□學種。去年冬，各鄉殷實戶聞方伯又使人往湖州購桑，於是，踵門來見。樂□未提，乞余轉請方伯，附購湖桑，自爲布種。予欣許之。有自捐廉，請□株以給貧民。今春運到，除分給外，尚餘數百株，補栽於蘇門隙地，且具百泉東南，負土□上，建一亭。余當聽政餘間，策快馬，駕輕車，坐亭子中，召其父老，□□然教以種桑之法。口講指畫，不憚其繁。而百姓鵠立亭外，環日聽者如堵。爰名其亭曰"課桑"。蓋紀其實也云爾。但願百姓如法培植，家喻户曉，將□後收蠶繭之美利。雖有凶年，無憂凍餒，而風俗亦由此蒸蒸然日近乎古樸。則庶幾無負中丞與方伯殷殷然富教吾民之雅意，是則予之厚望。爰握管而爲之記。

同知銜知輝縣事婺源潘江文濤氏撰。

候選知縣史春荃書丹。

光緒八年歲次壬午仲夏之月端午節前二日立石。

（碑存輝縣市百泉。王興亞）

課桑亭石柱題聯

一境以內學栽桑固其本自沃其技但願應培盡活

十年之計在樹木難於先必獲於後待看被遍羣生

輝縣知縣潘江光緒八年題。

（碑存輝縣市百泉課桑亭。王興亞）

弔餓夫五首

朱樹

櫻花凋落故園秋，報國儒生志未酬。
惟有被囊是知己，從今四海欲周遊。

托孤寄命平生志，徒死難將素願償。

人事天心十五載，途窮無處覓天潢。

魯連一死無知己，思孝如生定故人。
國已為墟家已破，殘山剩水作芳鄰。

或聞風走或髡降，世運如斯最可傷。
甘與夷齊成一餓，直從絕處作綱常。

兩京倡首吳橋老，慷慨捐軀幾輩從，
同此成仁無愧色，輸公附義更從容。
光緒己未初稿。

（碑存輝縣市百泉碑廊中院。王興亞）

重修盤路碑文

鹽課大使崔詠春撰文。

　　古人言道，每藉譬之於路，易占坦坦，書紀平平，孔歎莫由，孟舍戒止，皆言道也。非真路也。而吾謂於路科技見道焉，使今有共行之路，任其茅塞而不治，水衝而不移，商旅艱難，輪蹄摧折，則是此邦之人，無急公好義之心，有鄙倫安之習。人欲識天理微尚可與議道乎。縣西北四十五里，通侯兆川之路，有十八盤。盤者自下至巔，路皆鳥道羊腸，蜿蜿蜒蜒，南北約五六里許，故名十八者，言旋折之多也。創修不知何代。然考之載籍，宋岳武穆追金兀朮，由新鄉至川大戰，則彼時此路已非蹊徑，可知無奈代久年湮，山水衝壞，川中紳耆目擊心傷，僉曰："今不急修則日後工程益難，而需費愈巨，然有其事而無其工，則將是廢矣。有其工而無其首創則工將馳矣。"正在躊躇之際，有緒文高僧者，慨然有志監工視事。遂集川眾而議之。僉曰：俞。於是，印傳竭力募化。川人有遠交者，則托之以吹噓；川人有出仕者，則親之以跋涉，而在川之人，則更皆有施捨。乃自同治十三年督夫採石，始修盤北面。路隘者擴之。陂者平之。至光緒元年告成。一切需費，全持捐資。方擬按歲興工，逐段修補，而二年禾麥欠收，人力不濟。三年，全豫大荒，而川中尤為甚。各村人民相食，朝不謀夕，死亡十之七。四、五年間，秋禾雖登，而斗米五六十文，鄉戶拮据，國課尚難足完。奚暇治斯事乎！迨六年春，穀價稍增，即修橋北坡路，秋又修石嶺北沙河上一截。而石嶺前後亦一律修補。冬，又修大小倉關洞口路，至創修印底河路，則七年春事也。補修南上一截路，關王郊南小石橋、大佛殿北路，則又八年春事也。則石嶺北至盤嶺南約二十里，而橋北坡、關王郊、印底河、大小倉關洞口及大佛殿，則皆其中必經之路。故統謂之盤路。計此事閱時十餘年，約費千餘緡。任此事者，勞苦艱辛，亦可謂之備嘗矣。事成，印傳囑余為序。余憶年前秋後，歸自東魯，適逢印傳監工道旁。余下騎，極贊其勤，又從而勉勵之。今日之事，余能以不文辭耶。嗚呼！修路者所以濟行人，事甚微末，然有此一念以推之，則古人治水教稼者此心，吊民伐罪者此心，即一車兩馬周遊列國者亦此心，聖賢博愛之道，其在斯乎，其在斯乎！緒文，中湖寺僧，印傳其號也。慈悲願為普濟功德，此發其端。

光緒十年歲次甲申秋七月中旬吉日。

（文見道光《輝縣志》卷十四《碑碣志》。王興亞）

游蘇門懷人四首

浚縣知縣黃璟

光緒乙酉正月，約李雨人、章子如兩孝廉，周小軒公子攜子汝彭、汝周，游蘇門得懷詩四首。

高山流水快登臨，長嘯荒臺孰賞音，
冠蓋不逢強項令，泉聲激動鹿門心。

得閑攜屐趁春初，來訪蘇門隱者居，
謝絕紅塵即高尚，優遊何必武陵漁。

從君屢躡大伾云，我到蘇門不見君，
應料同遊吟興好，特分肴核助餘醺。

幾度栽花更欲仙，卜居猶得占林泉。
問君何事不歸隱，娛老曾無貧郭田。

（碑存輝縣市百泉碑廊中院。王興亞）

和子如韻示雨人及少洲

浚縣知縣黃璟

裙屐喜相陪，公和安在哉。
臺前莫舒嘯，泉上共徘徊。
蒼茫蘇門暮，風流絳帳開。
相思偏不見，徐孺亦清才。

光緒十一年。

（碑存輝縣市百泉碑廊中院。王興亞）

荒年實錄碑

邑庠生員葛幼春撰文。

子衍慶書丹。

普照寺重修勒石，予因石有餘隙，署記荒年實事以警後。當光緒元、二年，歲已歉收，三年更大荒。河南、山西尤甚。是年春，諸糧昂貴，存糧之家盡行糶賣，倉已空矣。三月，雨一犁，春苗普種後大旱，又被土蝗食苗殆盡，籽粒未見。米麥更貴，每斗米價至一千五百文。所幸徐州一帶是年倍豐，故移粟尚易，此荒之一助也。粟貴肉賤，豬羊牛肉一斤價至二十余文。凡有騾馬牛羊盡殺食之，且有以地換牛羊而食者。即雞鴨貓犬被人偷殺。至是人愈無聊，遂食白土、榆皮、玉麥骨、豆稭、瓜秧、稈草、蕎麥花、樹葉此類。惟榆皮、瓜秧、玉麥骨攪糧尚可食，食蕎麥花者皆腫死。若豆稭、稈草、樹葉，原非食物，而竟有食之者。然自冬至次年春，有餓斃道旁被人剮食者，有童子幼女被人誑至其家而殺食者，有入鄰家借物被人窩殺者，甚有父食子、子食父、兄食弟、弟食兄，剮其肉爨其骨者，更有死後埋已數月，被人發塚竊去而食者，有才貌婦女賣於人販，價祗三兩串者。兼之夜間搶劫甚夥，有山村獨居，因家存斗糧被人殺死一家者，有婦女棄夫拋子而竊逃者，有與夫商賣己身者，有及笄閨女自鬻其身者，有婦女行至半途被人殺食者，有婦人將親生幼子女或毒死、或棄溝壑，恐累己身者，或丟街市望人拯救，遂至千百成羣，終於餓斃者，白晝手無兵刃而不敢行路者。當是時也，日月無光，山川減色，傷心慘目矣。地土賤亦無人受，房屋盡行拆毀，桌椅等物皆作薪賣。有預先逃外就食者可免死，後有欲逃而力不能，行至斃半途者。是時，國家軫念民艱，連賑者三，然有名無實，人難依爲生活。總計死荒逃戶十損其七。就我本村而論，荒以前計戶百三十有奇，大小一千三百餘口，荒後計戶五十有奇，僅存四百八餘口。一村如是，其餘可知矣。

又，光緒十三年三月念八日，二麥秀齊，忽降嚴霜，盡行霜毀，乾萎於地，羣言不能收矣。故有牲口者趕緊犁毀，以備種秋；無牲口者猶稍遲待。不料數日後，從旁滋芽，漸至秀穗、結實。凡未毀者至期尚有五六斗收，已毀者悔無及矣。倘再遇是災，當以前車爲鑒也。至十四年四月初十日，天氣漸熱，人皆著單衣，忽大風雨起，冷非常，人牲行至半途，竟有凍斃者。此亦未有之奇災，因並誌之。右錄數異，皆予身歷目睹，並無誕妄驚駭後人。所不載何地何名者，以片石難備述也。願後世處豐而有餘一餘三之道，處歉而有因荒備荒之術，思患預防，此予所深望之者。是爲記。

光緒十四年。

（碑存輝縣市百泉。王興亞）

和黃令尹作二首

順天武清縣人主講百泉書院徐紹康

蘇門勝跡足徘徊，人日題詩上嘯臺。
羨煞風流賢令尹，偷閑只為看山來。

小住園林趁早春，滿山花鳥倍精神。
百泉空有頭銜在，翻讓佳賓作主人。
與同遊分詠各名勝詩及兒子和作，刊入四百三十二峰草堂黎陽集。
庚寅，長至小宋黃璟並記。
蘄百泉主人蔡竹軒司馬藏石，愚汝彭、汝周謹書丹並監製。
光緒十六年。

（碑存輝縣市百泉碑廊中院。王興亞）

邵雍祠拜殿石柱題聯

河出圖，洛出書，觀象玩占，明乎理亦達乎數
冬不爐，夏不扇，覃思刻勵，經其地如見其人

精義入神，著皇極經世六十卷
同聲相應，有夏峰繼軌五百年
光緒十八年，康曾定撰書。

（碑存輝縣市百泉邵雍祠。王興亞）

百泉漫賦三首

光緒乙未新正四日，偕慕中諸友游蘇門山百泉漫賦。

蘇門形勝迥無論，敢詡提樹屬我身。
到此直疑蓬瀛地，景色絕好歲華新。
前趨後從皆豪俊，且與名山作主人。
如此山川供眺覽，我將何術衛斯民。

名區何幸得邀游，眼應風光筆應收。
水自伏源流出遠，山從大勢結來遒。
相傳聖跡宮牆煥，不朽貞靈寢殿幽。
且上嘯臺舒望眼，吟寓隱舍併千秋。

山川曾襃御爐烟，盛事難追已百年。
自被宸遊留睿藻，至今風物呈奇妍。
千竿玉戛森森竹，萬顆珠翻滾滾泉。
俛仰不知天欲暮，夕陽光隱太行巔。
漢陽易釗。
輝人張春皋摹刻。
光緒二十一年。

（碑存輝縣百泉碑廊中院。王興亞）

重修蘇門山聖廟記

　　共城西北四五里而遙，曰蘇門山，百泉出焉。山之上有聖人廟，閱□嚴也。有其嚴也，莫敢舉也。一舉一廢，所關顧爾重興。夫以蘇門山□□於其上，□知敬聖人，時習禮，所以正人心、維風俗者，亦於是乎在。不然，天下郡縣文廟設學宮以豊之朔望，行春秋焉。非其時不能入。朝廷禮制應爾也。豈聖人無隱之意。今者廟貌重矣然。

　　邑人侯錫、王□、朱竹、錢士。

　　王觀蘭、朱金明、張毓華捐錢八千。

　　首史春荃、牛一林、李啓文、邵化光，各捐錢五千。

　　□鎮藩、袁國臣，各捐錢三千。懷慶鹽商雙合堂捐錢三十千文。泉會藥棚行捐錢二十千文。泉會貨行捐錢一十千文。新鄉衛敬烟堂、遊强恕堂，各捐銀六兩。李景顧捐錢四千。孫金相、段恩浩、魏慎修、□秉臣、鄭德昌、祝德清，各捐錢二千。韓維琦、郜邦鎮，各捐錢一千。靳連、靳延、□丙、郭□、郝□、朱□。

　　光緒二十一年歲次禾清[1]。

（碑存輝縣百泉。王興亞）

---

[1] 下残。

百泉攬勝四章有序

大清光緒二十有五年春三月，余遊百泉，历攬勝跡，得詩四章，遁題蘇門崖，以誌鴻雪。

怡雲生王廉湧之題。

咏百泉
西湖擅名勝，流亞逮斯泉。
活泼浮亭榭，清幽駐偓佺。[1]
晉賢棲隱處，衛女思歸篇。
惆悵空山里，村墟起暮烟。

咏嘯臺
嵇阮雖鸞鳳，翻飛尚宇寰。
羽毛驚世好，矰繳墮時艱。
長嘯超千古，高臺擁四山。
卓哉晉隱士，邈矣難追攀。

咏康節祠
小車任去留，康節聖賢儔。
象數乃余事，程張與共遊。
蘇門足安樂，洛水見風流。
未盡平生學，端居何所求。

咏餓夫墓
餓死夷齊後，先生殉國亡，
勝朝悲逝水，荒塚對斜陽。
一帶松杉古。千秋洞壑香。
此山同不朽，酹酒立蒼茫。

（碑存輝縣市百泉碑廊中院。王興亞）

---

[1] 原作以下爲："屏開山峝夃，簑繞竹便娟。靜樂園堪買，蘇門仰昔賢。"今碑文所載，爲刊刻時改作。

輝縣會館捐買山西義塋碑序

【額題】樂善不勝

嘗聞仁者無不愛，見義當勇爲。聖賢望人，其必如天如日，而始謂之仁義哉。即一念惻怛，一絲豪舉，亦足令人樂而稱道之。即如此，慮後隙地，向有停柩數十，皆係山西商人所不能歸之柩。近年所積愈多，更有停頓於此廟東院者。歷經風雨，棺木朽壞，骨已現天，屍難入土。此誠仁人見之所當仗義之時也。公議會諸首事，甚念切同鄉，不忍坐視。歲甲辰冬，公請於行糧四□歸本邑尊少庵李公捐廉董辦，又復募諸士商積金若干，於本境東新莊東原置買義地四畝，廟住持完納，覓工役人等將以前停柩改棺木，一併浮埋。每一墓頭，刻姓名、居住記石一方。事竣，請序予。予曰：昔范堯□夫以三千斛麥助發喪，至今稱之。茲舉也，雖不多，功堪不朽，且見惟仁人能好義焉。予亦何贅乎。乃記其顛末及捐資名姓、首事人等，悉書勒石，以誌盛事云。

邑庠廩生。

正堂李捐錢二十千文，順成典捐錢十五千文，花城油行捐錢五千文，宋守文捐錢兩千文，王天順捐錢一千五百文。廣豐坊、蓋源坊、申楨坊、廣聚昌、李玉□、祥盛隆，以上各捐錢三千文。公興永、司慶雲、恒茂永、義利貞、李樹東、同源生、研經堂許、垂裕堂李，以上各捐錢壹千文。和順隆、王銘、益和成、張祥魁，以上各捐錢五百文。

首事申楨、王春榮、李玉書、宋守文、崔來發、李積源、司慶雲、王開田。

大清光緒三十年歲次甲辰梅月之吉闔會同立。

（碑存輝縣市商業局院內。王興亞）

重建孔廟於百泉蘇門記

中州場屋改於蘇門泉畔，起自先朝壬午，因汴梁湮沒，遂展鄉闈於明年七月，□□百泉書院□棘焉。莊嚴廟貌，懸之以額，子在川上，其來遠矣。□本仲尼，亟稱之旨。有司以試期迫近，遂遷□□□□於□祠，無風雨剝落之修。比時，余□分校《易》闈，仰瞻廟貌，爲之惻然。諸當□亟□□□□之，旋因冠□□□□舉茲□舉之典。監臨豫士於蘇門百泉。撤棘後，率多士拜謁聖宮，則□□□□剝落風雨者也。□□□□議遷□，孝廉諱應熊者，即以昔□掇桂，毅然身任此舉，高置共□於門□麓□□東山大山之□□□□泉，作□贊行山，襟帶衛水，兩峰拱峙，百脉蕞鍾，正可位置吾夫子矣。奈□公堂遇居先師之□□□□妥真□南隅，改建呂祠舊址爲孔廟，列諸賢於兩廡，闢山取衛□荆建門，曾階逼天，翬桷絢日，山輝□□□□宮，卒四方之靈秀，誠盛舉也。余曰：是真有關於兩河之□士也。多士從此脫穎，即從此立身。然□□□□仲尼□敝壞，新其圮墁，是人爲仲尼

□，非衆自爲仲尼□也。士之所自爲修者，衢德以爲之地忠□□□□之基，□以外垣牆，《六經》以外牘户，《四子》以爲階梯，十賢以外坊表，□之於心而無假於雕飾也。其功之□□□□□措之乎，師百世之仲尼，師此矣。廟貌之仲未妥，有司之責也。人心有未妥之仲尼之，是師之咎。士之□□□□從□遠於耻咎，□猶是擴，乃地厚，乃基安，乃宅闢，乃户固，乃垣牆高，乃聲望□，而成用大之，則庇□□□□之，則宗族庶無負朝廷作人之意，諸當事校讐苦心，存吾心之仲尼以對廟貌之仲尼可也。若乃□□□□舍正縱横狎闢之行，則廟貌之仲尼既一新，而人心之仲尼已傾幾完，何益哉？中州爲天下腹心，而□□□兩河攸關匪編。吾固因遷建聖宫之擧，嘉地方有毅然維新之志，將進而存之以人心之仲尼，斯□□□竣極。

丙午菊月巡方使者平原羅士撰文。

邑人冀應熊隸額。

邑庠生賈。

光緒三十二年。

（碑存輝縣市百泉。王興亞）

甘泉記

輝之西北皆山，山下多泉，皆上出□衛□。所謂泉源□異多，總名曰百泉。衛水之□源也。泉之大者，出藕門山麓，水流三，折西南，雲門與萬泉連蒼曰沙清，晤諸泉合流。今衛民近水居者，引水灌田，兼種稻，頗以爲利。丙午春夏之交，天久未雨，宿麥就僇□，田漸涸，二秋防歉，是用隱憂。惟念雨澤自天，誠難力致，水利在地，可以人爲。山泉既多，必有潛流之壯□也。邊掘而出者，乃於□泉西地施工，巨石既鑿，泉□湧汩汩異，未深不測。□流旁引，可增水田數十頃，異水清泙而味甘，無以誌喜，田以甘泉名之。泉西則程公泉，東則嵇公泉。沙□壅塞，水源不通，復尋跡而疏瀹之，數泉□彙下流，蓋暢公有餘暇，得於春秋□□□二三僚友，臨□倘祥，欣與田父野老，共話豐稔，其樂何如！夫牧民以利民，□□余有志多未遂，後之官斯者，有能廣興水利，□□□曰渠首彼者，尤斯民之厚重也夫。

光緒三十二年春次□□敦祥□□穀旦。

（碑存輝縣市百泉。王興亞）

秋禾碑記碑

自古迄今，歲之凶與豐，人之禍與福，莫不由天意而定矣。則人食人，典莊田，賣妻女，耳雖聞之，不若目視之見也。歲之凶，莫凶於清光緒三年至四年春矣。旱既太甚，麥未種，秋未收，縣令放賑，設飯場，立買賣人市。小米每斗一千二百文，小麥每斗一千文，玉糧每斗八百文，粗糠每斗一百文，更有鑿白甘土拌粗糠，聊以充饑。各村人等死與逃與賣，十分之內僅存三四耳。牲口、雞犬，幾乎宰殺盡矣。斯人聞見之，孰不歎而畏之哉！

偶遇卅二年，麥雖微獲，六月十一日立初伏，甘雨未降，小米每斗七百文，小麥每斗六百文，玉糧每斗五百文，酬神禱雨，無感而無靈。十八日暮間，忽降大雨，半夜，山田溝壑衝倒田岸無數。七月初一立秋，二伏之內，百谷始播。人孰不喟然歎曰：秋景難望豐收矣。不意天氣常暖，無短雨水，每畝玉糧有一石收，有石四五收，穀子石收，猶有五七斗收，蕎麥三斗收，綠豆四五升收，即耄耋之輩，未見亦未聞之也。因有村中人貢生郭進德、郭揚、陳香、孫福聚、陳希孟、孫海偕衆商議，勒石以爲後世之鑒也。所願者各捐資財。書告于左云爾。

清光緒卅四年四月十五日。

（碑存輝縣市百泉。王興亞）

蘇門懷古[1]

析城人王繼修

簡編識得孫居士，親到林泉弔古魂。
石室窮經鳳已渺，蘇碑湮字事難論。
撥雲分路尋山寺，入竹穿橋認水村。
不效阮生狂欲絕，一聲長嘯過蘇門。

（碑存輝縣市百泉碑廊中院。王興亞）

嘯臺弔古[2]

輝縣人王齊鰲

為訪孤蹤過水鄉，白雲堆上舊臺荒。
風高西晉英賢傳。名壓中原逸士堂。
鸞嘯暗飛駕阮籍，火光不用教嵇康。
一丘一壑成真陟，那計聲華萬古香。

（碑存輝縣市百泉碑廊中院。王興亞）

---

[1] 原刻無年月日，置此。
[2] 原刻無年月日，置此。

登蘇門山嘯臺

清末遼陽人虎崧

晉時朝廟幾塵埃，處士於今當有臺。
俯視川原清氣象，高臨泉樹崖畔栽。
周程祠宇佑山起，桃竹園林傍麓開。
當日嗣宗露輕薄，空驚鳴鳳自天來。

（碑存輝縣市百泉湧金亭內壁。王興亞）

百泉曲六首[1]

蘇門烟雨頷流泉，淡蕩湖光送酒船。
煮茗自敲山頂石，開尊齊折水中蓮。

百尺層樓瀑布前，遠山如壁淡含烟，
興來把酒凭高坐，醉聽灘頭吼石泉。

鴛鴦穩睡乍驚時，欸乃漁郎釣艇移。
捕得細鱗長尺半，採蓮聲里醉銜卮。

（碑存輝縣市百泉碑廊中院。王興亞）

百泉[2]

蘇山壓地開玲瓏，下有百道飛泉通。
历落明珠誰斷續，一消一息無終窮。
淺湛得于秋葉露，卻能變化生黿龍。
涓涓不離衣帶下，狂行曲環山海東。
大造之作河淵廣，特為幽人役鬼工。
丘壑清冷天半靜，雨林綠厚霜樹紅。
指點數峰遺讀在，曠古珠雲樣罟同。
誰緣瀦汴移鄉貢，時駐行營射大弓。

---

[1] 原作六首，現存第一、三、五首。作者姓名和刻石時間不詳。
[2] 作者姓名和刻石時間不詳。

每到夜深登閣望，唯聞流暗入天風．

（碑存輝縣市百泉碑廊中院。王興亞）

嘯臺[1]

蘇門有隱者，衣單處岩峭。
三年不一語，獨向空山嘯。
偶然游市城，羣呼頭不掉。
所贈輒賫奕，怒激但微笑。

其學惜無傳，後來失精妙。
僅見答嵇康，絕音在典要。
唯有山公臺，古今無憑弔。

（碑存輝縣市百泉碑廊中院。王興亞）

雨後遊百泉

徐世昌

一雨快人意，出廓綠無盡。
陂陀數里遙，村橋遞相引。
雲開見蘇門，水潔魚難隱。
高閣攬清暉，窗列羣峰近。
昔賢不可作，王道閟幽蘊。
衆說正紛厖，破碎如齏粉。
伊誰剪榛穢，亭榭位置穩。
山川不改色，村屋樂棲遁。
長嘯激天風，孤臺靜潭影。

（碑存輝縣市百泉館石。王興亞）

重修百泉諸名勝一首

徐世昌

喚起山靈問水濱，池臺竹樹幾經春。

---

[1] 作者姓名和刻石時間不詳。

棲遲賢聖空懷古，護惜山川要有人。
雲月未教今古易，嵩條遞送雨風頻。
疏泉移石勞收拾，曳杖重來墊角巾。
宣統元年。[1]

（碑存輝縣市百泉館。王興亞）

百泉宴客一首

徐世昌

小集林園樂有羣，氤氳嵐氣上衣裙。
碧池高閣人初到，黃葉疏廊酒半醺。
流水靜時魚見月，亂峰缺處雁隨雲。
湧金亭畔秋花好，幾樹垂楊帶夕曛。
仲琴丈屬書，刻石于蘇門山下。水竹村人。

（碑存輝縣市百泉湧金亭內壁。王興亞）

水竹村散步一首

徐世昌

門外溪橋似掌平，半林黃葉遠山橫。
歸來初識田家樂，水竹村南打稻聲。[2]

（碑存輝縣市百泉館。王興亞）

水竹村宴集一首

徐世昌

歲晚農閑萬事輕，雞豚社酒各言情。
一灣綠水分橋路，十里青山繞縣城。
避世何人傳樸學，逃名今日合躬耕。
夕陽扶醉村邊立，閑聽鄉親話稻粳。

（碑存輝縣市百泉館。王興亞）

---

[1] 宣統元年，袁世凱隱居輝縣，同徐世昌重修了百泉諸名勝。
[2] 水竹村：在百泉下游六里處，有徐世昌的別墅。

為安定君說水竹村一首

徐世昌

我從共城來，說我水竹村。萬竹圍村舍，一水抱村門。曲折石橋通，窄徑穿雲根。小樓三面起，眾綠浸琴尊。老屋貯稻粱，剪茅敞前軒，樹密雜榆柳，塘多菱藕繁。叢葦界溪流，平塍接短垣。太行山色來，劈溜溯泉源。村東蓄水閘，翻雪飛瀑喧，四時耕耨勤，日夕惟灌園。相將挽鹿車，脫我塵籠樊。歸我水竹村，童稚皆笑言。我耕驅短犢，君釀傾瓦盆。我吟無寒暑，君織忘晨昏。閑田課桑柘，墟晚歸雞豚。歲時餉鄉里，隴畝長兒孫。既耕亦以讀，村俗古處敦。與君發雙白，相攜老田原。

（碑存輝縣市百泉館。王興亞）

夏峰村謁孫徵君祠墓一首

徐世昌

白楊夾道上朝暾，來弔先生講學村。
岳峙淵渟遺像在，道微世變有人存。
雙松祠宇留琴杖，古柏碑塵冷墓門。
北學至今猶未泯，雪亭誰掃舊苔痕。

（碑存輝縣市百泉館。王興亞）

雪後游席氏花園

徐世昌

瘦石疏篁雪後奇，菜畦花塢有情思；
任他園林森森茂，曾蔭居人幾歲時。

（碑存輝縣市百泉館。王興亞）

春陰

徐世昌

春陰又過牡丹時，蝶怨蜂愁總不知。
無語但傳情脈脈，傷懷更若鬢絲絲。
雨荒別館人歸曉，花落空庭鳥下遲。

衣薄天寒烟樹暝，閑階徙倚獨沉思。

（碑存輝縣市百泉館。王興亞）

辛亥人日

徐世昌

人日逢立春，嫩晴天卵碧。草荄未萌動，生意含郊陌。庭樹挺高柯，雪消見松柏。坐我退耕堂，閉門無履跡。偶然啜苦茗，無言意自適。騁念窮八荒，時序相迫促。同此一日間．寒燠殊懸隔。歎息芸生繁，菀枯亦何劇。大造有本心，百卉無偏澤。牖此草堂靈，機緘一闔辟。

宣統三年。

（碑存輝縣市百泉館。王興亞）

袁氏山莊二首

徐世昌

峰頂平田亦可耘，石樓茅屋幾家分。
新開盤路無人到[1]，自有閑亭鎖白雲。

屋角黃榆已合圍，滿山檉柏映荊扉。
丹崖翠嶂疑無路，時見樵人荷擔歸。

（碑存輝縣市百泉館。王興亞）

晚眺

徐世昌

海上青山在，蒼茫入望時。
晚鐘歸鷹遠，斜日去帆遲。
夜市明燈火，山樓動戍旗。
抱琴不成弄，孰與伯牙期。

（碑存輝縣市百泉館。王興亞）

---

[1] 新開盤路：宣統三年，袁世凱在此修盤山路十里。

西寨行

徐世昌

　　脂車向薄壁，遙望石門口。太行東北來，山勢蛇龍走。蜿蜒向河洛，盤屈此岩藪。行行西寨近，笋輿穿林阜。峭壁嵌紫翠，嶄然若新剖。一峰迎面來，回頭卻在後。絕頂見山村，迎笑來農叟。茅屋三兩家，籬碓淨無垢。闢地似螺旋，嶺斷不成畝。辛勤耕寸土，獲一力則九。巒峰聳村背，幽邃西崖陡。飛瀑千仞懸，落澗寒光吼。紫石坐盤陀，濴慮空諸有。試招古仙子，來往相攜手。秋色滿岩谷，赭黃上榆柳。夕陽下崇岡，白雲重回首。

　　出共城西行六十里至薄壁，又西北行十五里至葛榛莊，登山行十五里，至西寨作此。退耕老人徐世昌。

（碑存輝縣市百泉館。王興亞）

游山歸途中遇雨作

徐世昌

平田秋獲後，微雨濕輕塵，
黃葉穿渠水，青山睹野人。
遊蹤天地闊，歸夢笠蓑新。
今日宜樽酒，朋儕笑語親。

（碑存輝縣市百泉館。王興亞）

春日游蘇門山

河南商丘人，曾協袁世凱、徐世昌重修百泉諸名勝，謝煊。

湧金亭下一樽酒，贏得先生幾度來。
老樹戰風巒欲活，亂泉翻雪玉成堆。
一篇佳咏池塘句，千里遙傳中聖杯。
山倘有靈應感激，募新祠宇啟親裁。

謝仲琴师百泉懷徐菊老次其韻。

（碑存輝縣市百泉湧金亭内壁。王興亞）

原陽縣

重修觀音堂碑記

　　大清國河南衛輝府新□□白馬村重修□□觀音堂一座，萬曆三十七年創建，至乾隆四年□月十二日，以至二十八日，彼兩場大雨七天七夜，□□街人□靡弗感歎，乾隆五年六月三十日，□□□竭力踴躍鼓舞，以成聖事。

　　會首：姚廷奇施艮五𠆤，馬鐏施艮五𠆤，姚恭施艮五𠆤，張鳳□施艮五𠆤，祁廷治施艮五𠆤，馬□施艮五𠆤，路堯施艮五𠆤，王好友施艮五𠆤，耿□施艮五𠆤，姚龍施艮五𠆤，馬□施艮五𠆤，馬作慶施艮五𠆤，馬崇祿施艮五𠆤，郭可仁施艮五𠆤三卜，姚存仁施艮三𠆤，乔文施艮五𠆤，馬釵施艮三𠆤，馬鎮施艮三𠆤，馬金平施艮三𠆤，耿得民施艮三𠆤，姚存信施艮三𠆤，姚存智施艮三𠆤，姚廷宰施艮三分，姚廷相施艮三𠆤，劉漢卿施艮三𠆤，耿得心施艮三𠆤，申天福施艮二𠆤，劉君敬施石碑。

　　木匠朱成喜。

　　石匠王瓊。

　　泥水匠：于廷棟、普玉。

　　乾隆五年後六月初□日。

（碑存原陽縣文物保護管理所。王興亞）

重修關聖帝君廟碑記

　　大清國河南開封府陽武縣北東福城集地方，甄家杏蘭關聖帝君神前，舊有一木供桌，以被小人盜去。會首李天爵、生員毛代賢，目睹心傷，公同商議，願置一石供桌，以使永不能盜。遂約里中人等公修一石供桌。施財善人姓名開列于後。

　　會首李如金施艮四𠆤，毛云生施艮二𠆤，孫化廣施艮二𠆤，姜萬里施艮乙𠆤，劉弘學施𠆤乙百文，孫成施𠆤五十文，馬珩施艮乙𠆤，霍翩施𠆤五十文，霍進倫施𠆤五十文，甄顯功施𠆤三十文，周俊施𠆤五十文，范喜增施𠆤五十文，甄顯勇施𠆤三十文，許苞施𠆤乙百文，董作棟施𠆤三十文，霍起福施𠆤五十文，撒黃施𠆤五十文，孫好施𠆤三十文，孫天正施𠆤五十文，馬秀施𠆤五十文，孫治才施艮三分，鄭雅信施𠆤乙百文，生員徐鈖施艮乙𠆤，撒弘學施𠆤五十文。

　　孫松施工。

　　石匠李呈祥。

　　乾隆十四年歲次己巳十二月二十四日仝立。

（碑存原陽縣文物保護管理所。王興亞）

觀音菩薩堂修醮三年完滿碑記

【額題】萬善同歸

觀音菩薩堂修醮三年完滿碑記

會首李文查孀母丁氏，會首李文查孀母丁氏，會首李文查孀母丁氏，會首李文臣母范氏，會首李九母趙氏，會首劉敬楊氏，會首劉文濤母賈氏，會首李永成母丁氏，會首吳雲母楊氏，會首毛桐母賈氏，會首李文查孀母丁氏，會首賈鴻福母趙氏，會首李文查孀母丁氏，會首胡琰母閻氏，會首李文查孀母丁氏，會首婁繼紳母趙氏，會首王好敬趙氏，會首張０孀母馬氏，會首劉信孟母李氏，會首馬食棟孀母馮氏，會首宋良胡氏，會首吳少智母杜氏，會首胡理母張氏，會首胡天林母孫氏，會首全珩母丁氏，會首全范聶氏。

大清乾隆三拾貳年[1]

（碑存原武縣堤東。王興亞）

重修廣生殿碑記

邑庠生莊釗

歲癸已，余館于張新寨，講習之暇，有會首劉君諱越、邢君諱國卿、親家張君諱梅、周君諱□士，揖余而言曰："吾村泰山廟東隅，舊有廣生殿三楹，自歷年久遠，風雨剝蝕之□，金碧凋謝，棟宇傾敗，今議重修，因求君言以記之。"余曰："豫土多男，揚土多女，此殆地氣使之然也。"諸君曰："昔簡狄禱于高禖而商道興，顏氏禱於尼山而至聖出。雖曰地氣，寔有神以主之也。"余曰：然。是亦有說焉。天無私篤，因村而篤。神無私庇，惟善是庇。人誠能由一念之善充，而至於念念皆善，則□□夢羆，無不克最。厥後，倘素行不善，而欲媚神以求嗣也，余不知之矣。語曰：樹谷滿倉，樹德滿堂。願諸君三復斯言焉。是為序。

國學□□張梅書丹。

會首張季夏亽壹千，會首劉越亽五伯，會首蔣梅亽五伯，會首邢國庠錢三伯，會首張仁亽三伯，會首毛得實艮五亽，會首劉志道亽三伯，會首周珍亽三伯，會首劉經會艮五亽，會首王長安亽三伯，會首邢國卿亽三伯，會首程久祥亽二伯，會首張柱亽二伯，會首張士超亽二伯。

□永□亽三伯，李名正亽一千，劉殿鰲亽一千二伯，國學婁光周亽一千，林克讓亽□伯，趙至功亽四伯，朱珍亽五伯，郝玥亽五伯，馮起□亽四伯，莊輝亽四伯，莊釗亽四伯，王□□亽五伯，□盛亽二伯，□元美亽二伯，劉銳亽四伯，劉萬載亽三伯，劉震祖亽三伯，

---

[1] 以下字漫漶。

劉田保仒三伯，劉□仒二百，劉文□艮二仒，劉進選仒一百，劉延□仒二百，劉榮嗣仒二百，劉志壽仒二百，劉家振仒二伯，劉永禎仒二伯，郭和興仒一伯、張喜貴仒一伯，婁忠奇仒一伯，尹俊仒一伯，張六宇仒三伯，蔣發武仒三伯，武增榮仒二伯，郝瑤仒二伯，□□仒一伯，郝溫仒一伯，朱君□仒一伯，毛慶仒一伯，王祿伯仒一伯五，婁天資仒一伯，熊大財仒一伯，王三義艮二仒，□振先仒三伯，倪全盛仒二伯，單銀山仒二伯，袁錫盈仒二伯，張順興仒二伯，任中正仒一伯，毛友仒一伯，袁百皋仒一伯，王梅仒一伯，王□禮仒二伯，靳洪緒仒二伯，毛有學仒三伯，曹國漢仒二伯，播永吉仒二伯，李連仒二百，汪廣仒二百，毛相元仒二伯，王常春仒三伯，王常□仒三伯，張□恩仒三伯，□獻仒二伯，李仁揚仒二伯，王弘緒仒二伯，王有福仒二伯，宋有財仒一伯，薛□智仒二伯，李興仒一百五，李繼先仒二伯，楊蘭仒二伯，申□仒二伯，□一榮仒一伯，程□仒一伯，程□捷仒一伯，程有捷仒一伯，薛天建仒二伯，吳進先仒五伯，邢俊國仒二伯，張亦式仒二伯，張化甫仒一伯，張輔仒二伯，張國正仒三伯，張建勳仒五伯，丁祿仒一伯，張化仁仒一伯，張中禮仒一百五，邢國命仒八十，周□明仒一伯，史守先仒一伯，周超仒一伯，邢文仒一伯，王有道仒一伯，邢俊甫仒一伯，周壁仒一伯，盧克基仒一伯，陶明仒二伯，李□□仒一伯，王貴仒一伯，許祿仒一伯，范紹隆仒一伯，周吉安仒一伯，毛興龍艮三仒，毛□仒二伯，張金貴艮三仒，盧亮賢仒二伯，彭□仒二伯，張含兆仒二伯，于隨福艮三仒，喬化秀仒一伯，張含林仒一伯，陳思夏仒一伯，張含壽仒一伯，宋云仒一伯，焦智仒一伯，毛守福錢一伯，時運來仒一伯，王可柱仒一伯，彭和玉仒一伯，毛欽仒一伯，任魁仒一伯，孫有財仒一伯，張有山仒一伯，毛溫仒一伯，時道遠艮三仒，安六裕艮三仒。[1]

大清乾隆叁拾捌年歲次已孟秋吉旦立。

石匠吳進先鐫。

（碑存原陽縣文物保護管理所。王興亞）

杏蘭科會碑記

嘗聞建碑之說，所以傳來世，亦所以著名利者也。吾陽邑北鄙東福城地方，北近□門，地接不毛。自乾隆四十三年以及嘉慶二十三年，暴風異常，風沙壓境，二麥不收，秋難望成，此誠困苦無聊之秋也。各村士民非出外趁墟，即屬逃亡。守戀之家，負薪糊口，猶在所緩，而糧差追呼猶甚焉。自嘉慶二十四年馬工漫溢，地稍被淤，風亦稍減。至道光二十年，飛沙又動。予恐復蹈前轍，遂與劉德、王義、楊福成約五村莊各出資財，共栽小葉楊樹、棠科，以擋來沙，乃年未四、五，而樹森茂，風沙已蔽。此人事之所以勝天也。故磨刻片石以誌之。

---

[1] 以下十二人姓名，字多模糊不清。

共立會規：梛枝，罰錢一千。鐮殺、斧砍，罰錢一千。如不受罰，稟官究處，異日樹大售錢，地主與會各得其半，永不許地主毀壞樹木。

大清道光二十六年　月　敬立。

會首：魏祿來、侯鯤銀、楊石柱、王義、王成業。

李論秀撰文，李清貴書丹。

（碑存原陽縣文物保護管理所。王興亞）

重修五聖祠碑記

【額題】流芳百代

陽邑坎方西偏，去城可十八里許，有聚落焉，名□王莊，莊坤地，舊有五聖祠一座。祠創自何時，成自何人，俱無碑碣可考。訪諸父老，亦無有知者。竊思先王之制，祭祀也必能扶綱常持名教，人者始得俎豆百世。故《禮》云：法施於民則祀之，以死勤事則祀之，以勞定國則祀之，能禦大災、能捍大患則祀之，非淫祀。自釋教流入中國，而淫祀之設，所在多者。鄉區野鄙所塑像而奉香火者，率多荒唐誕妄，不可窮詰，殆非口舌。可以奉祀者，是亦未可概可輕訾，則如茲之五聖祠是也。五聖者何？曰馬王、牛王、財神、土地、五道。蓋馬王、牛王，源而利及天下二地，倣古方社遺意，主伯亞旅，咸得而祭之。至於五道則五行之謂也。而應乎五方，比乎五色合聖者，豈非有切乎民生，而皆不可缺也哉！特以歷年久遠，風雨漂搖，廟貌崩摧，神靈無依。父老覩茲荒凉，惻然動念厥事。闊狹無改于厥初，繪藻輕勝於伊始，逾月告竣，煥然一新，不但神有所依，而人亦有展誠之地矣。時余舌耕斯記，余不敏，固辭弗獲，因為畧記其事云爾。

邑庠生員劉昴撰文。

邑庠生員王省身書丹。

會首耆老李位捐錢四千文，耆老李發捐錢六千文，耆老李光國捐錢五千文，□□□張其祥捐錢四千文，李光裕捐錢三千文，王松元捐錢三千文，李芹捐錢二千五百文，李端、路蘭、宋玉純、李英，各捐錢二千文，杜永貴捐錢一千文，李永捐錢一千五百文，李長捐錢一千五百文，李羲捐錢一千文，張其貴捐錢五百文，李蘭捐錢八百文，于萬青捐錢八百文，杜永□捐錢五百文，李蕾、張忠志、王廷臣、張法湯、李清芳、許敏、吳傑、劉福，以上各捐錢五百文，劉廷□、毛來□、杜本[1]

大清咸豐五年歲次乙卯陽月上浣。

（碑存原陽縣文物保護管理所。王興亞）

---

[1] 以下字殘。

重修關帝廟碑記

【額題】流芳百代

磁固堤五牌閆莊北首，舊有關帝廟一座，不知創自何時，重修次數。嘉慶二十四年，河決馬營，廟未全壞，神像傾圮。道光六年，會首閆榜、閆桂、閆禮、胡清池率衆修補，金妝神像，開光獻戲，未嘗勒石。至二十九年，風沙損傷，廟宇又壞，榜子錫田，禮子選開與閆貞、閆長禮、閆穉、閆和、閆鴻、開桂孫報義，各矢虔心重修廟宇，復金妝聖像山門垣牆，煥然一新，開光獻戲。從共欽工竣，刻諸珉石，以永垂不朽云。

咸豐九年歲次己未十一月立。

（碑存原陽縣祝樓鄉閆村關帝廟。王興亞）

獄空碑

咸豐九年十二月初七日。

囹圄空虛。

欽加同知銜、陽武縣知縣林錦堂。

典史秦光杙，刑房王。

（碑存原陽縣文物保護管理所。王興亞）

重修佛祖寺碑記[1]

大清國河南省懷慶府陽武縣東北距城三十五里馬家庄西首，舊有佛祖寺院一處。先大明前二千餘年之初，未詳創之何朝，建之誰氏。由大明來，四百餘載之及其間數次墮落，屢屢造修，究之會首廟主為別姓總擔。迄今歲春，東西別河、河底鋪庄村內，別姓合族人等，視佛祖寺院已破，發揚漂蕩，神像墜脫，又念先輩歷應會首，屢成善事，因此以承先輩之勳德，修復廟宇，金飾神像，使之煥然致新。時會首無人總擔，因而合族公議，公舉祖長別文國承應，並約四方近村紳民之善者，以勷功治。至於別姓合族每人所捐貲財，雖多寡不同，聚而一之，共錢四十餘千文，共書於馬家庄碑記。別文國名下二十五千餘，為合族共有。唯囑執事者，各捐貲財，各書於馬家庄碑記本人名下。今工既竣，猶恐合族所捐資料，人或有心中不明者，後滋疑意，因刻諸於石，聊為別姓合族永誌焉。有觀之者，勿誤以爲文視。

---

[1] 標題係補加。

咸豐十一年。

（碑存原陽縣文物保護管理所。王興亞）

張元堂合葬墓碑

同治十一年清明日立。
皇清誥封御前衛補授浙江安吉營守府陞中軍都司署本鎮副將張公行五諱元堂合葬之墓
　　　　　　　　　　　　　　　　　　　　　　淑人　□
　　　　　　　　　　　　　　　　　　　　　　淑人　□
國學應華、侍衛應登、庠生應兆、廩生應南、庠生應時。

（碑存原陽縣文物保護管理所。王興亞）

張琴堂合葬墓碑

同治十一年三月清明日立。
皇清例贈武德騎尉張公行二諱琴堂字佘清、宜人□氏宜人合葬之墓
　　　　　正
　俊才　　璜
　　　　　文
　徽、　　珍、
男應兆，孫廷舉。
　魁、　　槐、
　運、　　勳、
　　　　　璽、
　　　　　盈、

（碑拓片藏原陽縣文物保護管理所。王興亞）

宋美合葬墓碑

碑聯
身入九泉魂不返
名留千古氣如生
公正身竭力稼穡，誠心好善，公平處事，人己為一，朝山進香，一鄉咸稱其善士云。
　　處士恩賜耆老　　考宋公諱里仁君合葬墓府

皇清　　　　　顯　　　　　　　君合葬墓
　　待贈孺人　妣　陳　　　太
　　　　　　　　　趙

　　　　　　　　　　明德、
男監生光華，孫武生振邦，曾孫學德　　奉祀
　　　　　　　　　堂、
　　　　　　　　　声、　俊德、
光緒拾壹年歲次乙酉仲冬上旬穀旦。

（碑存原陽縣文物保護管理所。王興亞）

關帝廟重修碑記

　　自先王以神道設教，而廟以興。廟也者，所以妥神靈而祀有功德於民者也。前人有創建，後人難□□□，帝精誠貫日月，德威侔天地，浩然正氣，震古鑠今，即婦人孺子莫不聞而感激，其隱懾乎人心者彌深寰區焉。本村于嘉慶拾年建廟一楹，棟宇雖非闊峻，結構亦頗固潔，中塑帝像，而左塑司牧牛總河大王，右塑火帝真君職□土地四位之神以配之，春秋拜祀，致欽慕以祈保障，迄今歷時久遠，風雨剝蝕，檐宇倒塌，下則沙土□墊，根基朽壞，廟貌隳殘，神像脫落，村人無不目睹心惻。甲申歲冬，□重修，村人翕然同志。但定其議而未舉其事。越明年乙酉榴月，重修之善念勃然莫遏，各捐錢貲，鳩工庀材，□日而工程告竣，規模則仍其舊，堂構則煥然新。此合村勇於從善，而實神之靈有以默感之也。落成而後屬余文，文何敢言，但敘其事，勒諸石，以垂不朽云。

　　本村邑庠生魯毓新篆額、撰文並書丹。

　　會首掌書魯彥平買辦捐錢捌千文，會首生員魯東山掌歷捐錢拾貳千文，會首耆老李武成監工捐錢陸千五百文，會首監生張文德催錢捐錢伍千二百文，會首魯毓美監工捐錢伍千二百文，會首張志仁催錢捐錢貳千文，會首魯毓瑞監工捐錢貳千文，魯毓靈捐錢貳千文，張福喜捐錢乙千四百文，楊貴堂捐錢乙千三百文，李長章、李文華、張西成、李復興，各捐錢乙千文，李朝聘捐錢八百文，魯毓春、魯毓發、魯毓棠、魯毓寶、張□山，各捐錢七百文，李魁捐錢伍百文，李進寶捐錢伍百文，蘇金堂捐錢伍百文。

　　光緒拾貳年歲次丙戌仲春月上浣。

　　木作焦景冶。

　　泥作李有福。

　　石作張廷翰。

（碑存原陽縣文物保護管理所。王興亞）

題古博浪沙

古博浪沙
大清光緒壬辰嘉平月雍州劉宗瀚題石。

（碑存原陽縣東南三里。王興亞）

（陽武縣）

順治六年重修大成殿東西廡戟門泮池欞星門改建鄉賢名宦祠於戟門左右記

知縣姜光印

緬維學者效也，能效先聖先賢，為成人有德者，均得身入其門，故路曰義路，門曰禮門。惟能由是路出入是門者，為聖賢功臣。苟有背禮畔義，弗類聖賢立心制行者，輒擯不得入。後之入學者，當思國家所以立學之本意，與有司所以修學之本情則得矣。遡陽邑有學，建自洪武三年，修於弘治戊午。其時，誦法聖賢，崇尚禮義者稱濟濟焉。明末，教化凌夷，人材散落，士不操鉛槧而操戈矛，不務寔行而務虛憍，幾幾乎聖賢之堂奧為淵藪也，禮儀之門墻騰鴞鱷也。我朝入關定鼎，首行考校，天下諸生立之成均，夫亦以彰明禮儀，維聖賢之風於不衰。

己丑春，余奉簡命，來尹茲邑。吉蠲，首謁先師廟，見門壁頹圮，殿廡荒凉，古柳無顏，蒼槐落色，官師、署舍不蔽風雨，心惻然久之，輒欲補葺丹臒，恨無其由。越明年庚寅，政通人和，首捐俸金，為諸生倡。諸生亦不吝，且意氣鼓舞，鳩工庀材，爭先恐後。文廟而外，若敬一亭，余自任造。名宦祠，分葺鄉紳。鄉賢祠，派修後昆。皆余顧名思義，揆時度務，微時速成意也。工始於客歲冬十一月，至今年春，不三月間，俱次第告成，苞竹茂松，郁哉改觀。因進師友與語曰：「爾師若弟知余修學之功，亦知自修其學，以成有司之功乎？」夫之學以道德為閑，以忠信為基，以《六經》為戶牖，以四維為垣墻，不雕飾而自精，統四端而皆備，三代之學皆在此矣。我國家□定寰區，立制一以科目取士。士生其間者，毋亦峻乃閑，厚乃基，闢乃門戶，固乃垣墻。學成而用世，大之則亦庇天，下次之則亦庇一省一郡，庶幾無負於國家立學之意，有司修學之心哉！若或逾閑圮基，潰垣壞戶，倚聖賢之門墻以作奸，是仍以學校為淵藪，而鴞鱷之姓終不化也。將朝廷立之，而為士者傾之；有司修之，而為士者毀之，亦獨何心哉！

陽武，古博浪地。豪傑俊偉，先後相望，其文采之炳蔚，科甲之蟬聯，乃所自有，固不屑於言者。故余因新學之舉，嘉師若弟有維新之志，而將進之以聖賢之學也。嗣是而社學成，有將以厚成人，厚小子焉。羣曰：善。因鑱石而為之記。

順治六年。

（文見乾隆《陽武縣志》卷二《建置志》。王興亞）

姜邑侯德政碑

邑人趙賓

己丑春王二月，三韓姜侯以豐鎬產縉銅符治博浪，甫三月，循良聲不脛四馳。不佞雞肋三輔，昆弟紀綱述善政者如一日。庚辛壬癸，凡五霜，不佞郎司寇渡黃河。黃河經砥柱，從天下大梁之野，無尺寸阜。每秋霖，濱河之民憂魚腹。今歲平地可舟，河朔數百里，城復于隍，所見無完堵。平邱號名封，化為天塹。吾邑崇墉矗立，疑冶金為之不善崩。各廟學數仞宮牆，兵燹後草深數尺，即有巍然存者，上雨旁風苦不蔽。侯曰："根本地，無容草。"率捐俸，倡紳衿出橐中，裝市物料，鼓鳴而興，篝燈而止。登登聲不停，堂殿門廡，一切更新之。春絃夏誦者無倦色。又從堪輿家言，拓奎樓地于城巽隅，翬飛鳥革，以關風噓，倩名手刻木示敬。謹曰："青青子衿，何遽遜緇衣黃冠者之鄭重？"其教也，司文檄州、縣，令賦采芹者以大小為額。侯曰："吾諸徭視比鄰為上上，獨文學役可異。是力爭得，當著為令"。今歲童子脫穎者四十人，蓋自侯始也。侯曰："經生之事治矣。"二三父老胼手胝足，金錯爾問，簠簋爾問，諸吉凶軍賓亦爾問，遊談丕事事，天不雨粟，爾父老其勿令終年來臥蓬蒿，爭膏腴也。赤日行隴畝，伺其惰者笞無赦。其不鹵莽從事，間出酒食慰勞之。境之東西南北無茂草、石田焉，稱兩河開墾最。當事者列為鶚章冠軍。適五省督臣檄禁軍問鬼方不庭罪，都門至鄴下，可千里為大兵休息地，博浪治河北應輸秸。符牒雪片來，侯燈下草文書曰："博浪隸開封，版越三百里，代相人秣馬。異日者，陳、許、鄭、杞之有事，諸臺肯以一線水相寬假乎？"語戇甚，上之台。台不為忤也，緣期迫，溫語勸勉之。侯衝風雪，一日夜抵鄴，鬚眉冰結，排闥謁台座，持前說不變。台語益溫曰："事急矣，後不為例，第出阿堵物，吾令標下諸將領共襄之。"咄嗟而辦。侯已於事而旋，諸鄰氓載車荷肩，策羸蹇絡繹於雨雪霏霏中，泥塗沒骭，日僅古吉行之數。於時，吾邑父老富者煬竈擁爐，酤米汁以速。父舅貧者偃仰茅簷下，曝背乎冬之日矣。不佞憩里門，未三十日，雙瞳所睹，與聞於甘泉，及里父老者無少異，曰為改歲。父老乞言頌侯，不佞以侯之諸大政，已刻七尺豐碑中，第次第耳聞目及者塞來意，備太史氏異日作史料。

順治十年。

（文見民國《陽武縣志》卷五《文徵志》。王興亞）

重修東嶽離宮記

邑人趙賓

自七十二家金簡玉書"封禪雲亭"之說，載於龍門父子。史海內外，無論都會與百家，聚率有殿巋然。跂翼矢棘，鳥革翬飛，稱東嶽離宮云。而好事者又緣餹道子地獄，變相諸刀鋸，鼎鑊，磔烹，醢醯事刑書所不載者，皆范土象人，創見雜書以附會于宮之廡。遊人周覽之，震夢寐，奪魂魄，匪直三老竈嫗合掌誦大士號，即五陵俠小，使酒負氣，亦疑天陰黑夜，啾啾鬼哭，舉生平跅弛無良，不可檢束事，輒恐懼懺悔，則土偶氏之靈，殆可中分南面，臨民之權，無怪乎離宮別館之巋然者徧海內外也。脫有毀淫祀，詆佛骨，如梁國、昌黎兩君子，亦不能火室廬，撤肖像，與他依艸附木者，同類而共斥之何者？《十翼》云：「帝出乎震岱，固震之巨鎮也。」齊相國之言曰：「山高不崩，則祈羊者至。」矧岱為重華協帝，五載東巡狩之，所首有事也。然則跂翼矢棘，鳥革翬飛，固不同三楚之尚巫，百越之佞鬼矣。攷古制，嶽秩視三公，岱即長，亦華、嵩、衡、恒伯仲耳，胡儼然取其字而宮之，且冕旒衣，山龍疑踰制？然《易》既帝乎震，則冕旒山龍正帝者之冠服，又何嫌于正其名而宮之也。

邑東關舊有東嶽離宮，經始何時、何人，父老無可問，斷碣殘碑無可考，兵後鐘皷無聲，田畯襄簀。車操豚、肩斗酒者絕跡焉。褐之父某曰：「此東嶽之故離宮也，豈可使妖狐跳、野豕眠哉？」於是，刲羊首社事，三老、子弟醵金捐錯刀，易梓材、鴛瓦，來百工，出肆更新之。五月告成事。于是，罘罳几筵之，裹蛛網、粘鼠矢者髹彩之，壁之溜雨雪者堊塞之，冕旒山龍象笏之黯淡無色者玄黃丹青，儼然宮矣。曩三老竈嫗，纏白鐐繭足朝日觀者，可稽首此中，省道路費，風鶴驚矣。吾獨怪比年穀不熟，邑大夫日以三木五刑督責諸更老，即青衿子亦皆纍纍乎皐陶之祠，而歲賦卒不登，某一呼而募朱提如取寄物，固曩者震夢寐，奪魂魄之效也。其檢攝羣情，鼓吹王化，固捷于《周禮》「三物」、瞿曇氏之「五戒」。則是役也，寧惟閻閻橐橐為獄，去鳥鼠除風雨哉。

順治十年。

（文見乾隆《陽武縣志》卷六《祠祀志》。王興亞）

謝邑侯生祠祀

邑人趙賓

邑西南偏去城可十五里許，厥聚落曰五柳，蓋曩昔縉紳者流，種樹門前，倣淵明高致而命名者也。某年未壯，授經何生所。烟火數百家，麻麥懞懞稱奧區，邇晤何生，數數問五柳狀，則曰：「草與人爭地，烟火數百家者皆徙而他去。白晝無雞犬聲，惟同姓諸子矜感父母孔邇尚戀戀首邱，不忍稱逋民。即羣從中前流亡者，亦且褓負其子，從他所還，稱土著。」

甲辰春寒，疑行冬令，二月尚墐户，聞剝啄聲，令門者啟扉，入則户外之屨，六蓋五柳諸何生。余從倩昉菴，並兩從濟菴、浦菴焉。濟菴者，授經時問字弟子也。坐定，三生曰：「屬者穀賤如泥塗，尫倪無從得賦錢。邑父母迫功令，不能為清衿地，況三生者。困鹿空虛，又不第苦價低也，得以苟延旦夕，我獨有二天耳，謀所以報之，欲踵亢桑，畏壘武築一畝之宮，於所謂五柳村社而祭之，俎豆而祝之。既于三之日，伐木經始矣，丁丁登登有聲矣；且阻東西南北，氓之携畚插，匠石之持斧斤繩墨者，勿子來庶，聚族搆堂，稱報德之舉。已磨七尺石臥堦下，先生其示之一言，書而樹之"比甘棠"。某曰："三生臚其凡，然後不佞潤色以青白之文、赤青之章，可乎？"三生曰："往地大不治，四野宅狐兔焉。人行草莽中，數步不見臺笠。侯溫語勸懇，寬其賦稅，期會今飯。牛而耕壟上者，扣角之歌相聞也。自逃逋有藪，人多反鎖衡門，號遷客，即青青子衿，亦且寄人廡下，而糊其口于四方矣。郊以外，卓午無炊烟，侯撫字心勞，皆陸續歸鄉井。曰："父母慈，背之不祥。"每社鼓聲闐闐，濁醪瓦盆半醉，大聲歌少陵"差科死則已，誓不舉家走"之句，即逋崙，亦其人也。簿書閒，聚諸生甲乙之拔其尤，列帳前，有馬扶風，風兩造，陳堂下數語，得其要領，立遣去。初無束矢入，故人同榆社與通籍諸公之稱雁行者至，捐俸金助逆旅酒貲，絕不令以掌大赫蹏，取閭左青蚨。洪水犯官道，虞延一帶，無車轍馬跡焉。邑冠蓋望于境上，一切八簋之陳與果，僕從腹者，蔬蘀豚魚皆平直，給赤仄。商賈家不苦子母錢飛去不來也。歲賦有應，輦京師上度支郎或貯少府者，旁郡邑不戒于途。遭探丸里，父老傾家無能抵。侯每解發預選伍佰中，健足驍勇力十數輩，豐其餞，如鳥飛兔走。漓然而往來，及告成事，里父老尚暴背簷下，夢未知。煮海客多，高貲估人，樓船載鹽米，昂其置，穀之以石計者五，易鹽一斗。侯平心疏通，使不得上下其手。困褐父鄰封之虎翼者，給事上官，持郵符鞭怠驛卒，所過諸郡邑，飲食金錢如流水，率側目束手莫誰何。侯力白上官，虎翼者股慄，宵遁去。此其大署云爾。白叟黃童，胸有野史，非三生之私言也。某曰：二三子之言信。遂潤色，付三生。生求如伏靈芝者，鑱諸贔屭之石。暇且載酒過祠下，聽鼓腹歌康衢者，屬而和焉。

順治十年。

（文見乾隆《陽武縣志》卷十一《文徵志》。王興亞）

潭口寺大王廟紀事

知縣伍九官

社司土稷統五穀，邑長吏春秋報饗之。黃河之水天上來，歷番羌而歸尾閭，豈無明神主張之？河流縣北時，治河者於上流起河伯宮，黑洋山其地也。前代歲遣大臣祭之。七尺豐碑鐫王言者，森立如林，不但歲時伏臘走村農也。今河已南移，春秋猶于舊祠供犧牲，于潭口寺無涉也。自河徙南，建有大王廟。不佞到任後，河勢孔急，北岸崩潰，將不支。時攜篆築河堤，與水爭旦夕之命。瞻拜大雄殿河伯宮，上雨旁風，偏身莓苔，遂捐俸莊嚴之。於大雄殿則燃香燭燈，於河伯則刲羊而祭。適河水復南流，兩岸人家安堵，未必非大慈悲之賜，而職司黃河者之效其靈也。敬紀其事，著人神感應之理云。

順治十二年。

（文見民國《陽武縣志》卷五《文徵志》。王興亞）

陳曲逆侯祠碑記

知縣謝包京

壬寅秋，謝包京出宰陽武。明年春社，父老請舉祀典。入户牖鄉，謁漢陳丞相曲逆侯平廟。夫丞相，世多稱其智計，以包京觀之，殆一清心寡欲、忠勤愿謹人也。天下惟清心寡欲之士為能忘機，故能燭機之先，而不為機之所乘；為能輕物，故能據物之上，而不為物之所累，而且矢志忠勤。其於身名也，有時而不足惜，而圖以報千秋國士之知存心愿謹；其於身名也，有時有所甚重，而欲以成國家萬全之福。何以知其然也？初公遊學四方，結軫於賢豪長者，家無儋石，宴如也。富人張負奇公相，歸公女孫，始得衣服鮮麗，渡河以觀時勢，非與世人得錙銖，營什一，挾輕貲防肱篋者比，蓋忘機者也。及舟中人動色，謀不利於公，公輒心知之。躶而佐刺舡，卒免於禍。凡人懷寶則懼，無寶則釋。公不以寶為寶，而以我為寶也。非其清心寡欲，燭機於先者乎？此其一徵也。尋亡楚歸漢，漢使為護軍長。譖者謂其受諸將金，高帝詰之，公初不以為意，但曰："平子然處貧，非此無以自資。苟身不用，金具在，可還也。"帝因知公有輕物之心，不為物累者，必能善于用物，故捐之黃金四萬斤而不問其出入，卒以成間楚之功，此又其一徵也。高帝崩，呂后、惠帝治喪，諸大臣務為廉潔，為身名計，無敢私謁。公罔然不顧，獨馳赴幕下效忠，懇於后。時惠帝在，后未有王諸呂意。公竊計帝孤處，恐諸呂之間已也。是以主先入之謀，其迹若蹈于阿附者而不知恤。及惠帝亡，少帝立，禄、產王公，是時，唯唯諾諾，又似乎甚愛惜其身名，而與王陵小異。至乃燕坐深思，憂形於色。舉其一生所謂陰謀奇計者都無所施，獨用陸生一言，交歡太尉，不旋踵誅呂而安劉，非其愿謹自將，則身已死於諸呂，又焉能延赤帝之祚也哉！是則公之贛直不如王陵，奇計不如酈生，而獨其清心寡欲，忠勤愿謹者過之，誠有道之士也。用能集人望而承天庥，身兼兩相，享有壽考，晚益進學，以燮理為己任。董仲舒，醇儒也，天人之策實自公啟之，豈徒以智計稱耶？世人不察其學問之所從來，惟相與翊翊焉譽其六出之奇，是其譽之也與。其為謗之也，相去寧能以寸？包京遵典禮拜獻已，因指俎間肉，謂諸父老曰："今社日也，此餕餘胙，若曹咸得均其惠焉，寧復能起曩日孺子為若宰乎？惟其清也故能均，惟其忠也故能惠，吾愿天下之為宰者皆以公為法何如？則咸頓首曰：善。請為記而勒諸石。

康熙元年重修。

（文見乾隆《陽武縣志》卷六《祠祀志》。王興亞）

留侯祠碑記

知縣謝包京

秦政暴橫，天下共欲亡之，不特留侯也。獨無有倡之者，非智不給而勇不足也，英烈之氣，耗折于虐焰間耳。侯，五世相韓，追韓之亡，而思以報之，散家資給力士，擊秦於博浪沙中。余初意博浪必深山大澤，茂林曲澗，可以藪匿逋逃，否則發笱門，卻笠居，憑力鬭于穴，可倖免耳。及余吏茲土，見皆平原曠野，牛羊散其間，可數而知也。以秦之威，乃大索十日不獲，何哉？或疑其有章剛埋草之術，如世所稱犇天馬覆華蓋，為黃石所授遁甲祕莢，是不徒誣侯，兼誣天下矣。夫侯自擊秦後，亡命遊下邳，逾年，始有圯上老人之事。豪傑報國，成敗禍福，固不計也，豈必逆料其不死而後為之哉？使侯當日果有鬼神之謀，又豈不知秦皇之有副車而誤中之？則是鬼神之術亦窮矣。蓋秦之索侯而不獲者人也，亦天也。侯之擊秦而不中者天也，非人也。假令擊秦而中，秦皇斃于槌下，椵匠不得埋，鮑魚不得混；扶蘇旦夕奔喪，蒙恬自上郡將兵還，趙高、閻樂、李斯之徒不得逞其狡，秦之亡不亡，未可知也。惟擊之不中，索之不獲，秦皇於是始知天下之同心而叛也，車中之人皆可疑矣。惴惴慄慄而隕于沙丘，豈非天乎？若夫大索之舉，秦法細苛不獲，則未必盡天下而誅之，獲則必究其所從來，疑為同逆而當之，以赤族天下之人，亦何利于獲侯為哉？且漢興四百年，張儉以罪亡，坐匿儉者千餘家而不憾。況侯舉大義，時在漢初，去三代未遠，人心固未嘗喪也，相與全之，亦復何疑？矧天業生侯為赤帝師，豈白帝子之所能死然？而侯之心報仇而已，初不意其相全若此也。天下之人，見博浪之舉事而索之不獲，始知天命之有定分，而虐焰之不足畏，壠上之鋤、野廟之狐、魚腹之帛，同聲而起，智者奮其謀，勇者奮其力，咸為侯之氣所感，則侯為之倡也。高祖稱侯為人傑，太史公亦獨以志氣許侯，而不及其才畧，蓋才畧特其餘耳，士固以志氣為尚哉！

康熙元年重修。

（文見乾隆《陽武縣志》卷六《祠祀志》。王興亞）

大王廟碑記

邑人張慎為

余垂髫時，讀書北郭玄武之寢室。室傍河，神祠附焉。則址也，無個室之翼，無階級之可拾。數楹軒於前，每歲時誕日修祀，父老緣阡，衝曙色。爇香石鼎，招吳下梨園，度子夜新聲。余有"摀鼓西風"之句，迄今四十餘年矣。祠不加式廓，而亦無他締造。灑酒刲羊如故。余旋里，亦預茲社偕諸同人揮觴奪席，頹然無禮法。今歲多稌多黍，百室墉櫛。社父老謂："吾歲歲搆木勞工，人為假室，何如費一歲以已歲歲勞苦！"遂有今役，結構密緻，枝撐巍峨，是亦點綴昇平之一事也。蓋社之人率河朔鎮商，往來涉黃流，歲無慮數數，所謂中流失楫，一壺千金。故於臨深履冰，尤為惴惴。特為是舉，以伸陪敦之私焉。先是，祠之前，老槐翠柳以陰清。晝下有芳塘碧流，荷垂夾岸，長夏永晝，足恣流連坦懷之適。而今荒蕪，彌望不復可得矣。茲之誌，不獨記剏建，亦今昔之感，不能不三致慨矣！

康熙十七年。

（文見乾隆《陽武縣志》卷六《祀祠志》。王興亞）

劉侯生祠記

邑人張慎為

生祠者，古法乎，古法之遺也。《傳》曰："俎豆者，敦功者也。"報功，則宮之寢之。宮之寢之，此國法也。不宮之寢之，則為祠而已矣；不宮之寢之，而祠則私矣。私，故於法得無不可乎？曰：畏壘之人為之。畏壘之人為之前，此矣於法不可，於情不自知其不可也。祠者，思也。思必有所寄。思之，思之神將通之，遂葺之祠。祠矣而必謹其冒，遂被之石。石矣而又嫌於無文也，遂記之。記亦於法得行乎？曰：此亦史法也。《春秋》書築書作書。修小事必書，況乎思也有歌，歌也有謠，則記亦謠，歌之遺也。何不可也？寄思於祠，又寄祠於記，寄記於石，思不窮，寄亦不窮，行將寄所寄焉矣。初猶葺祠者思之，既而附近祀側者，亦將以瞻拜者瞻拜之焉，將以歌舞者歌舞之焉。思不獨在一姓也。初猶葺祀之人思之，一再傳以長子孫，不見者慨有所見焉，不聞者優有所聞焉。思不獨在一世也。異時，外史輯之，內史採之，編傳循良，天子又將附髀而思之矣，維小民善思亦善記也。祀者誰？三韓劉諱邦彥。葺祀者誰？王氏一族之子姓輩也。

康熙十七年。

（文見民國《陽武縣志》卷五《文徵志》。王興亞）

折漕記

邑人張慎為

聞之利不百不興，害不百不除，洵乎伯國者之言也。利而百猶可需也，害而至於百，則民存者什一矣。除害貴斷，而因循苟且乘之，百姓之剜肉以醫瘡也。其餘幾何？夫法沿之久而生弊，小臣不敢言，大臣不肯言，百姓得見天子而言情也，何日之有？所賴撫斯地者，軫念民瘼，又遇聖天子從諫轉圜簡，朝上而夕下，仁人之言其利溥矣。

陽邑濱于河，歲歲奔命於漕也，二者交弊而漕為甚。往昔太倉之運，附衛水而達於灘。迨水變而陸，此中弊孔千端，不可勝言。萃億萬轉輸之吏，而綰轂其處萬一。歲之豐歉不常，米昂其價，負者販者得以摻其緩急，且越境而受徒旅之欺，廩人、胥人皆其糠覈，蓋所費不貲矣。茲我撫軍大人王公，昔日四載防河，寢瓟子之宮，障桃花之浪，著績河干者素矣。幸新命重臨，父老塞幛思見顏色。甫下車，奉行六條，不啻嚴武之再持蜀節，陶士行之重撫荊門也。其尤著念者，漕折以事。夫以縣官仰食萬姓，賴下供奉，以實神京，非有謀斷，足以聳當寧重時論，安能撤宸聰而可其奏，俾億萬漕艘僕夫不嗟，況瘁無雨雪載途之艱，雖姚崇十事無此剴切，鄭俠之圖無此抗直也。事有我所得為者，己之事，有我所不得為者，請之則感德，固家家戶戶蒙恩，實子子孫孫也。用是書之石，以比硯山之碣石云爾。

康熙十七年。

（文見民國《陽武縣志》卷五《文徵志》。王興亞）

府君廟碑記

邑人張爾韜

昔先王之治，祭祀也。法施於民，則祀之；以死勤事，則祀之；以勞定國，則祀之；能禦大災，則祀之；能捍大患，則祀之。非此族也，不在祀典。

按舊碑，君姓崔氏，祁州人也。生於隋大業三年，登賢良科，授汲縣尹。上書陳言，得便宜從事。邑瀕衛河，開渠數百頃，令民種稻，各享其利。是能法施於民者也。會邑有水患，下民其魚矣。君料理有方，無何，巨蛇浮水面而去，安堵如故，是能禦大災者也。君蒞汲七載，口碑載道，有"天降神君"之謠。維時，猛虎啣符至庭，是能捍大患者也。唐、宋以來，頻加徽號，或曰"廣佑"，或曰"護國"，或曰"顯衛"，是以勞定國者也。捐館後，作《百字銘》以遺厥子。凡水旱夭札，民禱於祠，應若桴鼓，又能以死勤事者也。嘻嘻！邨落井臼，春祈秋報，賽鼓彭彭，矧君仰映日星，俯視河嶽，有功于民甚大。文學趙寔、毛鳳璉、曹轉清等率我仝人醵金庀材，一新廟貌。時絀，不憚舉盈，亦以云報也。拜廈者何？所以列幣陳牲也。樓臺者何？所以歌舞侑神也。經始于丁巳仲秋，落成于己未孟夏。香火俎豆，垂諸永遠。援筆書于麗牲之石，敢告後之聞風而起者。

康熙十八年重修。

（文見乾隆《陽武縣志》卷六《祠祀志》。王興亞）

學前安堤記

知縣安如泰

余甫在蒞茲土，恭謁文廟時，見學前路徑坎坷，一望淊沒，行者每紆折循牆而走，心即耿耿。竊念曰："黌宮乃士林之淵源也。何得門以外，令人褰裳濡足若此。"先是，平築小道以便往來。厥後欲堤工而未果。會己巳夏旱，因詣城隍廟壇，諸鄉先生鱗集，廣文侯年兄語及學宮前水落地出，及時可修。若衆力舉行，殊易易耳。余云："此吾夙願也，當亟為從事。"爾時，在座忻然。卜日營度，不數月而堤告成矣。復設橋置亭，以次修葺。綠楊環繞，芙蕖滿池，更可作遊憩登臨所焉。夫風水之理，其亦渺矣哉！矧余素不諳堪輿事，何緣侈談符應？聞之，善言天者，必有驗于人，善知微者，必先鏡乎顯。今以理信事，以事揆理，固可如燭照而數計也。越庚午秋，果文壇樹幟，非創築之先徵乎？由此甲第聯雲，共操左券已。余不敢沒諸鄉先生之力，與僚友共勤之功，直述梗概，用鐫于石，以見一時盛舉云。至命曰"安堤"。余獨何勞兼為誌，愧云。

康熙二十四年。

（文見乾隆《陽武縣志》卷二《建置志》。王興亞）

學前安堤三橋記

邑人王永祚

余舊居學宮西，故宅遺址猶存。其先世申請開小南門，與聖域邇。距宅數武，則黌宮在焉。碧瓦丹楹間，以檜柏蒼翠，而文昌樓、尊經閣又畫棟宿雲，危楯掠月，殊令人目瞠瞠而喪精也。學正南列雉崚岈，其下有水，一碧數頃。自月池而南，折而東西，水曲繞而淼淼，極目烟光，盪之頗有濠濮之致。兼之環居櫛比，樓閣倚伏，宛然五城，十二水月庵鄰其東南，復堂邃閣，巍然鹿苑，此環築之可因者也。但地浸庫道，忽隆忽坳，軌有執軸之患，而滂水小積，徒者不免蹇裳濡足，邑人苦之，已垂二百餘年矣。己巳年，旱極，水涸，竟成斥鹵區。宮牆數仞外，一望寥廓，渙若不相攝。議者欲於學前建置，以為結聚精靈之所。由是，廣文侯先生及邑縉紳請於邑侯安公，公曰：「予志也。」乃集諸公議先捐俸，僚屬紳衿以次捐輸，委主簿督工，實窪培庳。閱數月而堤告成，名曰安堤。亦倣蘇堤之意云爾。其南北曲折如龍蛇狀，東西蕩平成康衢，此藏風聚氣之說也。中疊土為臺，築一亭額曰「宛在」。亭左右窗垣繚之，可三十步，楹柱叢相倚，審陰陽，合規矩，誠一嘯吟勝區。前則編竹為籬，冶磚為檻，內種青玉數竿，卉草間之。行者至其處，多低徊不欲去。一亭後，深突曲紆，築一橋，名曰「先登」。橋與月池逼近，荷葉吐榮，欲攬全勝從此始。

又設短墻可坐臥，縱步橋頭，鷗鳥翔集，野鶩出沒，騷人韻士流連其上，飄飄然若羽化之登仙。亭南築一橋，名曰「道岸」。橋闊而坦若大路，斷岸如削，可藏小舠。同人時登舟放乎中流，水天一色，觴政紛錯，不覺頹唐。至醉起，為咏「五湖明月又誰爭」之句，笑衣繡者輸烟波人一籌也。舍舟而陸，緩步蘅皋，可省僕馬之煩。又堤之極南築一橋，名曰「觀瀾」，橋穴通三空，以達澤氣。縱目碧潯，一灣豔瀲，桃柳樹蔚森，所以點綴綠波也。波中魚影搖搖，得泳遊之樂。噫，觀止矣。誰謂斥鹵之地，不足以成大觀也哉？此堤也，亭也，橋也，其樂也，洩洩哉！抑又有說凡動生乎氣，氣鼓乎物，以百年之廢區，突而議乎創成氣翔象美，是必有應運之人，勃萃蓬起，令動者不覺而奧聚衍廢，蚤已肇敏厥工。況今上側席旁求五人、九人之烈，亦或於斯為盛者乎。予既相鳩僝，且樂觀鵲起，氣生物鼓，予說或不誣也已。是工起於己巳之四月，成於十一月，不可沒也。援筆而為之記。

康熙己巳十一月。

（文見民國《陽武縣志》卷五《文徵志》。王興亞）

重修八蜡祠碑記

知縣安如泰

古者，大蜡之典，始於伊耆。蓋以萬寶既登，不可不思其所由致也。爰是自天子至于庶人，凡順成之方，皆得通行祀事，則知蜡之行也，一以報歲功，一以休民力，上下均宜，公私悉便，甚盛舉矣。然此典雖具，而廟貌無存，則神之不依，祀將安附？因於辛未歲，擇城東隙地數畝，先創正殿二間，虔立神位八座，上自主嗇，下逮坊庸，一切神廚、供桌、臺石、欞楄具備，頗壯觀焉。嗣是而兩廡，而山門，耳房六，外有粮地四十餘畝，為香火資。以次就理者，則又鄉大夫、紳士之力與齊民之功居多。所謂集腋成裘，聚絲為錦者，不誼其然乎？竊思維天生民，維民重食，一歲之中，冬至南郊，夏至方澤，與夫春祈秋報，無一非為民事計，即無一非為農功計，則民者邦之本，食者民之天，其又彰彰較著矣。及十有二月，合聚萬物而索饗之者，此則專言乎蜡也。蜡行而民息，以見一歲之必有所終，百穀之必有所止。休養生息，以遺民力，又將為東作方興地焉。蜡之義不煌煌著於千古哉！今廟成，而神有所依，神依而禦災捍患有所恃將，繼此之水旱無虞，昆蟲罔作，神之力也，民之慶也，豈不歲歲長享其福乎！予，淮人。自乙丑冬蒞任茲土，歷今癸酉，幾九載矣。無以為我邦人士福，而特邀福於蜡之靈，以福我邦人士也，願神其永庇之。想仕轍東西，不知此後復蒞何所。而邦人士所云創必有因。羣相與樂其成而詳其事。遂立碑以為之記。

康熙三十二年。

（文見乾隆《陽武縣志》卷六《祠祀志》。王興亞）

三皇廟碑記

邑人趙五雲

博浪諸廟祠，自三韓姜明府繕緝後，歷今五十年，所就圮者十且八九。邑安父師製錦於茲十餘載。成民而致力於神，建蜡社、陶許祠，新黌序、東嶽諸宮寢，凡有神黔首者，悉經之營之，不畏其艱，而一任于己。出其東門，有廟三楹，肖太昊、炎帝、黃帝三聖人像，其中旁列歷代神醫，配胏虀，蓋德施於民，禦災捍患，邑之人俎豆祝之，匪今斯今矣。然政翼矢棘突出，岡鞠無門垣為藩衛，南北習坎，東臨乎溱浪之野，車轍馬足循牆走，豕龍遊臥几筵町畽間，苦霪霖沮洳，淊濮薄蝕非一日，岌岌乎棟折榱崩，鼠竄礎塌矣。侯將起而更新之。以余族祖國學生繼緒居於廟密邇，慨然顧謂曰："八卦一畫，為萬世文字祖，斲木為耜，粒我蒸民。至制冠裳，作陰符，文經武緯，振古為昭，網罟方書，其利溥矣。食其德而圮其宮，將何以彰報賽乎？第庀材、賃工、朱提，自有俸薪。而呈能督役，動經歲月。不佞既縮百里符，豈能與捄度諸徒役課勤惰，量稍食民社事，孰與為理耶？子苟不以奚斯所作為鞅掌，吾將使鄉耆佐吾子勿辭拮據，坐觀廢頹，致開物成務之聖人，怨恫不懌也。乃出如千金，俾平直易鴛瓦，松桷高明之麗，聚梓匠興作焉。殿仍舊貫，拜廡則擴之，神貌几筵，金碧丹青，不似昔之日頹宇巖牆，豚蹄斗酒，絮祝篝車者，鞠而陳諸野矣。陽四野文教蔚起，稽事日興，癘疫不作，民不夭札荷神庥者，其勿忘我侯之德哉！

康熙三十五年重修。

（文見民國《陽武縣志》卷五《文徵志》。王興亞）

關帝廟碑記

邑人趙五雲

帝忠義塞天地，冠古今，官家春秋胙蠻，所至與素王同虔，月吉聽朔，瞻禮必及，惡少使酒負氣，敢於叛父母、侮官長，入廟，輒忕忕然，低首下心，恂謹若老成人。蓋剛大之氣，有以震魂魄，肅肝隔也。至魑魅魍魎，狐羣鬼物諸邪祟，莫不震其聲靈，則赫濯之靈爽，固幽明一轍矣。帝廟所在多有，邑城中凡數見，其枕城隅者，所自不復詳。自重修後，物換星移幾度秋，苦霧寒煙，颶風霆雨，薄蝕無已，石礎半塌，肖像黯淡，及肩之宮牆，圮為圯垣，町疃間積瓦礫，走豕龍矣，迄今二十餘年。生員曹轉清與毛素等復為結社，募朱提搆梓材，賃工楷柱，而垣墉之丹青髹彩，輪奐炳若，雖未必璃宮璇室，亦庶乎革鳥飛翬矣。百堵皆作矣。已於事而竣，鐫鼂鼇紀其事。後之君子，勤樸斲修，叱檠斯一畝之宮，巍然常若魯靈光云。

康熙三十六年重修。

（文見乾隆《陽武縣志》卷六《祠祀志》。王興亞）

補修大成殿兩廡戟門櫺星門啟聖祠記

知縣葉元錫

天子操至道以治天下，公卿大夫亦各出其德能，以佐盛治。而所謂公卿大夫其始進，大都由乎士，國家之于士也，有其用之，必有以取之；有其取之，必有以養之。取之于場屋之中，養之于學校之內，雖徵聘不必行于上，薦舉不必行于下，而要之飲射有設，俎豆有儀，事皆師古，而不失其意，則士之為上所養，且將取而用之者，其可不知所自勵！而凡所以養士之地，以備異日之取而用之者，苟稍有未飭，其何以壯厥觀？今文教大興，士風日盛，自國都至縣，學宮煥然。陽武學在縣治西南，雄麗獨冠諸邑。但歷年既久，屢修屢敝。

余下車，謁拜之餘，顧瞻興歎，修廢之責蓋已心焉任之。爰與兩學師、諸僚友及各紳士謀，一唱百和，咸鼓舞樂輸。于是乎鳩工庀材，自大成殿、兩廡、戟門、文昌、尊經閣、啟聖祠，靡不重整而新其舊。工既成，咸請余為之記。余惟學校之興以教化為務者也，士人服習其中，必修其詩書禮樂之業，殫其父子、兄弟、夫婦之倫，以探夫道德性命，精微之奧，俾衆人有所則效，感興以成其美俗。而又階科第而糜祿秩，建勳名而留竹帛，上可以備公卿大夫之選，次可以具百執事之用，俾國家收養賢之效，而賢者獲有用之名，則此舉誠非徒美觀而已也。且夫志聖人之道者，必得其門而入。今而後，登厥殿廡，瞻厥几筵，授受揖遜，若聆若接，堯、舜、禹、湯、文、武、周公之緒之在我夫子者，咸在于茲。可以此師聖，升其堂，寬以容，入其室，宏以闢，衆寡咸圉，少長勿圍；可以此知仁，周道如砥，出入惟時，左之右之，無不宜之；可以此思義，崇庫有等，大小有量，遠近有度，後先有序；可以此觀禮，重門洞開，無遠弗徹，蔀庯勿蔽，瞻矚從心；可以此言智，由是循而習焉，久而安焉。以優入于聖賢之域，而窺河洛之秘，俱自此焉卜之，夫豈徒採芹拾紫，博取榮名云爾哉。余不文，特述其大意如此，以為諸士勸。若夫共勷厥事者，例得並書其名，以垂不朽云。

康熙四十四年。

（文見乾隆《陽武縣志》卷二《建置志》。王興亞）

增修文廟碑記

昆明人清署令任洵

皇上御極五十二年，久道化成，一時文明之盛，號稱已極。今年恭遇萬壽六裹，復命開鄉會科試，伊古以來，辟門籲俊，從未有如斯之曠典也。宜士生其時，心焉感激，莫不爭自濯磨，以奮興學校中者，而從而鼓之、舞之。俾其專業無異營，廣厲學宮，以仰副聖天子右文之治，是則守土者之責也。昨夏五月，原令西蜀田公以讀禮去任，余奉憲檄由延津令代庖茲土。謁文廟，一見傾廢狀，不禁愀然心目，以為是非所以妥先聖、先賢之靈也。因於明倫堂講學之次，與諸人士考厥興衰之由。蓋自前令寶安鄧公重修以還，歲久就圮。比年次第補葺。聖殿落成于康熙庚辰歲，欞星門落成於庚熙乙酉歲。隨以饑饉洊臻故，東西廡、戟門、鄉賢、名宦兩祠及左右牆垣，迄今有志未逮耳。余竊思：身其地者職其事，是雖五日京兆，而修廢舉墜，不敢諉為異人任也。乃捐俸付之任事諸子。時田公亦出俸，且謂："此我素志，今將賴君成之矣。"自是，闔邑紳士聞風躍起，又捐資有差。生員師應午則專任妝飾聖賢像，以竟父生員師文之志。貢生薛增、薛永定，生員高遐鎮、唐瑀、王璟、高遐烈、王崇儒、趙承烈等，更相與率作其間，鳩工庀材，不遑寧處。余每閱異日往視之，而榱楹豎矣，垣墉築矣；又閱異日往視之，而鴛瓦覆矣，戶牖開矣；又閱異日往視之，而丹雘燦矣，幾筵備矣。自孟秋下浣，歷季秋下浣，不勞一民，而向之傾廢者悉舉而新之。爰與闔邑官師、紳士釋奠其間，以告厥成功。斯時也，拜於殿，拜於廡，儼若先聖先賢之如在其上，而嚴翼之志生，玩愒之心釋焉。拜於名宦祠，而儼然有藎臣之為憲焉。拜於鄉賢祠，而儼然有先民之是式焉。相顧而喜可知已。余因進諸生而告之曰：原，古卷邑也。漢《地理志》云："梁魏之墟，人多俊髦，好儒雅。"《寰宇記》亦云："俗尊年齒，學重經術。"其風尚矣。故自唐及明，千餘年中，名臣碩士，史不勝書。今原陵一片地，士樸民淳，猶有先民之遺風焉。繼自今，誠願諸人士誦詩讀書其間，直若坐富美之宮牆，以聖賢為必可學而至，於焉敦倫紀，於焉迪行德，於焉謀事功；而道德之積，蔚為文章，以之黼黻皇猷，羽翼盛世，將見一方文明之盛，必有月異而歲不同者。此則朝廷所以建立學校之本，亦余與紳士今日所以修葺學校之心也夫。

康熙五十二年。

（文見民國《陽武縣志》卷五《壇廟祠》。王興亞）

關帝廟碑記

邑人費璿

嘗攷祀典：自五嶽四瀆而外，有能扶持綱常，維持名教，閑邪衛正，使千百世以後皆曉然於大經大法，而不迷于所往者則祀之，非此則謂之淫祠。淫祠者，祀典之所不載，狄梁公所以奏毀也。若關帝之廟食天下，自通都大邑以及遐陬僻壤，莫不虔奉而尸祝之。僉曰："帝之福善、禍淫、捍災、禦患之所致。"不知當漢祚將移之時，曹瞞擅權，雖荀文若之才，猶為之運籌帷幄，而帝以間關羈旅之身，日蒙非分之榮寵，曾不足以動其一瞬。迄今讀辭曹一書，如子女玉帛之覬覦之存丹，他日幸以旗鼓相當，退避三舍之言，英氣凜凜。華歆、董昭輩見之，當必縮首咋舌矣。至於孫權竊據江東，已歷三世，兵雄將勇，曹瞞之所畏也。昭烈都蜀，帝鎮荊州，權置三大吏，帝以受命守土，不敢以尺寸與人，一怒盡逐之。權畏威慕德，遣使請婚，帝視逆權曾禽犢之，不若罵使以絕之。一生心乎漢室，痛抑魏、吳，浩然之氣，綿日月，亙河嶽，終古不磨。此諸葛武侯所以有超羣絕倫之目也。帝之所以為帝，人之所以祀帝者，其在斯乎！其在斯乎！陽武城內西南隅，舊有帝廟，創始於國朝定鼎之初。歷年既久，風雨漂搖，廟圮而金像殘，草深而石堦塌。士民往來，慨焉興嗟，遂出囊金，來百工而更新之。闊狹無改于厥初，苞茂較勝于伊始。由是遷客、騷人、黃童、白叟，肅冠裳拜籩下，皆曉然於大經大法，而不迷於所往。則帝之所以扶植綱常，維持名教，為功於天下後世者，至深且遠也，寧僅福善、禍淫、捍災禦患而已哉？是為記。

康熙五十五年重修。

（文見乾隆《陽武縣志》卷六《祠祀志》。王興亞）

重修關帝廟碑記

邑人楊生幹

日月經天，氣之精也。江河行地，氣之流也。剛大配義，道扶一時，綱常正，萬古人心,氣之塞天地而大參贊也。曾閱漢史,至關聖帝君,見其忠貫白虹,東拒孫吳,北拒曹魏,斬將搴旗,威鎮華夏,不以離亂廢君臣,不以間關廢兄弟,併明燭達旦,逐吏絕婚,諸大義不可枚舉,非所謂浩然之氣至剛至大者歟?於天為日月,於地為江河,斯其聲靈之赫濯,千古為昭知。有不係廟貌之興頹爾者,然人心之敬,緣感而動,如在之誠。目擊則興,神所憑依,自無容聽其荒凉也。吾邑北城之陲,舊有帝君廟宇一區,日久損壞。有善士吳滌等同道會司潘合松欲圖重新,念埏埴不資之旅人乎?貲非衆舉而難成。枝者、撐者,不選高明之麗乎?選必協力而始就。設色、攻木之工不辰午,而恃哺乎哺,必捐助而始辦。乃通啟一時冠蓋、貴客、多金長者,以及縫掖田儓、販夫商賈,或探奚囊,或指囷鹿,聚絲為錦,集腋成裘,將楹桷瓴甓之蠹窳者盡易,塗堊丹艧之漫漶者盡飾,阤城之圮,墙垣之陁者盡甃。采色奪目,颯爽如生,今已不啻百雉城邊有赤兔叫月,八寶樓外聽戰馬嘶風矣。都人士肅將香幣欽仰明威於其神武,想其義盡於其正性,想其至命而氣之塞天地,大贊贊者具在乎是。第曰:"護佑良善,捍災禦患,庇一邑生靈,猶未盡其剛大者之浩然也。"爰據始末,勒之貞珉,以垂不朽。

雍正七年。

（文見乾隆《陽武縣志》卷六《祠祀志》。王興亞）

重修三教堂記

邑人楊仲震

三教堂者,瀆聖之祠也。祠以崇聖而曰瀆者,何也?道玄釋寂,彼皆異說,其於聖教若冰炭之不相入也。若黑白之別其類也,若薰蕕之不可以同器處也。茲乃並列吾夫子而祠之,且釋中道左右吾夫子,是侮聖也,是卑聖也,故曰瀆也。瀆則奚為其祠而重修之也?曰:"世衰道微,邪說溺人。"三家村裏淫祠之區宇,靡可殫述。三教堂之名,不知始於何人,昉於何代也。然稽之於史,孔子適周,問禮於老子,且有老氏猶龍之嘆,則知老氏者,其先生於夫子,所謂識大識小之賢、不賢正此,其人不可謂非常師者之所師也。至於佛法,世傳漢明帝時,始入中國,然《列子》云:"西極之國,有化人來穆。王事之,作中天之臺,其高千仞。"及秦時,沙門室利房等至,始皇以為異,囚之。夜有金人破戶以出,是則周、秦之間,久已有佛,特其教不行,其名不著。至漢以後,始猖獗。故按之載籍,終夫子世,未嘗齒及之也。孟子有言:"魯人獵較,孔子亦獵較,不違俗也。"又曰:"仲尼不為已。"甚者,無矯激也。將必崇正除邪,迸釋與道,不與聖人之列,此宜儒臣之所陳,功令之所頒,而欲泛泛責諸沿習。既久之,三家村裏竊恐矯激違俗,戾乎聖人之指也。且自釋教盛行以來,吾道奚翅奪席割據?然而天地自若也,日月自若也,山川自若也,而聖人之道,至今巋然也。雜而不亂,晦而不淆,是天理之不終泯,而人心不死也。則雖鼎立並祀,貌瀆而實不瀆,又何害乎祀之而重修之也。是故堂之設,士人之所虔供香火,妥神位也。重修之舉，士人之所革故鼎新、肅觀瞻也。道教清淨，佛法廣大，聖人定之以仁義中正，自今以引以翼，以永其世，胥於此乎！沐聖澤，庇神庥，故重修不可無記也。重修者誰？首倡事張、朱、吳三家，左右之者，五十有餘人也。

雍正十年。

（文見民國《陽武縣志》卷五《文徵志》。王興亞）

創修正誼書院記

巡撫王士俊

董江都云："非其誼不謀其利。"夫誼者，人所宜也，抑又即義也。《漢書·江都傳》以摩民，以義為，摩民，以誼是也，則誼之當正亟矣。《周禮》閭胥、族師、黨正、州長以及鄉大夫皆有教民之責，而閭胥、族師、黨正之所書，州長、鄉大夫之所考，必以德行道義為率，皆正誼之說也。我皇上龍飛御極，文德覃敷海隅，翕然從風，則仁育、義正不誠較唐、虞三代而獨隆哉！余奉命節制河東，兼攝河撫，首計養民，繼期厚俗，無非仰體皇上作人盛心，而宏菁莪棫樸之化也。陽武宋令奉行維勤，於雍正十三年秋，擇學宮之傍，創建講堂五間，東西書舍各三間，門宇牆垣如式，延師聚徒，肄業其中。申請定名，以示鼓舞。余欣而許之，顏之曰"正誼書院。"而其碑文即因是以撰。夫正誼之說，非江都之說乎？三代以後，儒者朱子獨許江都醇粹，蓋學者立身，在崇正學而去浮華，屏聲援而敦實行，設使正學不崇，實行不敦，雖有文章何足取焉？正誼者，即正學實行之吃緊功夫也。誠體而行之，可以直內，可以方外，可以進德，可以修業，古聖人正心誠意之學，以及齊治均平之理皆由此，幾之無難焉。是江都之本指，朱子所亟稱，爾多士可不急講哉？

考陽武之為邑也，得名最久。其地則背山濱河。其人則漢之陳平、唐之韋嗣立、宋之王文寶，昔日賢豪其表表一時，以華國者，洵足徵博浪之鍾靈矣。然于正誼二字，猶未足以當之。余自幼讀書，即以此二字為的，後由庶常宰外邑，蒙聖恩不次之擢，總制兩省，尤無一時一事不奉為依歸。今舉以名院，實有望于敬業諸生皆體此道而力行之，則學乃正學，行乃正行，不負江都正誼之訓矣。抑亦《周禮》敦以德行道藝之意也。異日者，承宣聖化，佐理闕廷，或為後生，或為正德，蔚然登斯世于道一風同之盛，庶不負聖天子樂育英才之至意云爾。至若捐資襄事之人，例得並書，以垂永久。有司其詳列于碑陰，不必余之覶述也。爰為之記。

雍正十三年，知縣宋維孜創修。

（文見乾隆國《陽武縣志》卷二《建置志》。王興亞）